三國遺事　　　　遊行
삼국유사 인문학 유행

# ▌ 저자 고영섭

- 동국대학교 불교대학 불교학과(불교철학, 인도철학) 졸업.
- 동국대학교 대학원 불교학과 석박사과정(인도불교, 한국불교) 졸업.
- 고려대학교 대학원 철학과 박사과정(동양철학, 한국철학) 수료.
- 고려대학교 민족문화연구원 연구교수 역임.
- 미국 하버드대학교 아시아센터 한국학연구소 연구학자(2010~2011) 역임.
- 현 동국대학교 불교학과 교수(한국불교사, 동아시아불교 유식/기신/화엄/선 사상 전공).
- 현 한국불교사학회 및 한국불교사연구소 소장.
- 현 동국대학교 세계불교학연구소 소장.
- 시인. 월간 『문학과 창작』 2회 추천.
- 저서: 『원효, 한국사상의 새벽』, 『한국불학사』, 『한국불교사연구』, 『원효탐색』, 『한국의 사상가
  10인-원효』, 『한국불교사탐구』 외 다수.
- 시집: 『몸이라는 화두』, 『흐르는 물의 선정』, 『황금똥에 대한 삼매』, 『바람과 달빛 아래 흘러간 시』.


# 삼국유사 인문학 유행

초판1쇄발행  2015년  9월  21일
초판2쇄발행  2016년  7월  12일

저  자  고영섭
발행인  윤석현
발행처  박문사
등  록  제2009－11호

주  소  서울시 도봉구 우이천로 353 성주빌딩 3F
전  화  (02) 992－3253 (대)
전  송  (02) 991－1285

전자우편  bakmunsa@daum.net
홈페이지  http://www.jncbms.co.kr
편    집  최현아
책임편집  김선은

ⓒ 고영섭, 2016. Printed in KOREA.

ISBN 978－89－98468－73－6   93150          정가 46,000원

三 國 遺 事　　　　　　　　遊 行
# 삼국유사 인문학 유행

고영섭 저

**박문사**

# 한국인의 유전인자 유행遊行

고대 한국인들은 홍산문화의 주역들이다. 이들은 저 시베리아 몽골의 거센 바람을 맞으며 동진하고 남진하여 만주 일대에 자리를 잡았다. 환桓국과 배달(檀)국을 이은 조선朝鮮은 47세계世系로 이어지는 통치자인 단군檀君을 통해 역사로 기록되기 시작하였다. 이 때문에 중국의 개별적인 나라였던 하夏-은殷/商-주周를 삼대三代로 언급할 것이 아니라 오히려 우리의 역사를 환국桓國-배달倍達-조선朝鮮의 삼대로 인식해야 하는 것이다. 이것은 천신신앙-산신신앙-무속신앙이 결합된 천지인天地人 삼재三才 사상에 기반한 고대 한국인들의 정체성을 올바로 세워가는 지름길이다.

『삼국유사』는 한국인들의 역사와 문화, 꿈과 이상, 슬픔과 희망이 담긴 보물창고다. 하지만 『삼국유사』가 지닌 가치와 의미가 온전히 평가되기 시작한 것은 지난 2002년 개최된 한일월드컵과 한류韓流 붐 때부터라고 해야할 것이다. 월드컵을 통해 '대~한민국'의 국호를 외치며 등장한 영웅적 성군은 '전쟁(승리)의 신'인 배달국 14대 환웅천황인 치우蚩尤/慈烏支천황이었다. 그런데 치우천황을 두려워한 중국인들이 인간이 아닌 '붉은 악마' 즉 '도깨비'로 왜곡해 놓았다. 우리 전국민은 그것을 모른 채 붉은 악마의 상징으로 도깨비를 사용하여 응원하였다. 이 사건은 우리의 뿌리와 역사를 되돌아보는 계기를 만들었다. 우리 민족의 심층마음 속의 잠재의식에 깊이 훈습되어 있는 '신바람', '혼바람'의 유전인자가 붉은 열정을 지닌 치우천황으로 나타난 것이다.

기마민족의 후예들처럼 우리는 '강남스타일'을 부르는 가수 싸이를 따라 말 타는 자세로 일심동체一心同體, 일념동체一念同體가 되어 손발을 저으며 노래하고 춤춘다. 신명에 젖어드는 이러한 몸놀림에 대해 어떠한 말로 설명하기는 어렵다. 하지만 우리의 의식을 꿰뚫고 있는 어떠한 유전인자가 있지는 않을까? 누가 시키지 않아도 저절로 일어나 손과 발로 장단을 맞추며 어깨춤을 추고 열두 발 상무를 돌리듯 말이다. 그 것이 과연 무엇일까?『삼국유사』는 우리의 민족문화를 온전히 담고 있는 '한국고대민족문화대백과사전'이다. 여기에는 한국인의, 한국인에 의한, 한국인을 위한 정신과 문화가 깊이 훈습되어 있다. 이것에 대해 탐구하는 '인문학'은 인간의 향기, 인간의 가치, 인간의 무늬에 대한 연구이며, 인간다움에 대한 연구이다. '유행遊行'은 또렷한 사명과 목적을 지닌 노닒이다.『삼국유사』인문학 위에서 놀되 인문학 전도의 유행을 떠나는 것이다.

인각 일연麟角一然(1206~1289)은 한민족의 유전인자 지형을 찾아내기 위해 전 생애를 걸었다. 불교는 천신신앙과 산신신앙 및 무속신앙이 퍼져 있는 토양 위에서 전래 - 수용 - 공인 - 유통의 과정을 거치면서 서로를 인정하는 '융화融和'의 법을 통해 '교화敎化'의 길로 나갔다. 이러한 그의 자세는『삼국유사』전체를 관통하는 모습으로 나타났으며 그것은 『삼국유사』를 교화서敎化書로 의식하며 찬술하였음을 시사해 주고 있다. 나는『삼국유사』「왕력」,「기이」1,「기이」2,「흥법」,「탑상」,「의해」,「신주」,「피은」,「감통」,「효선」 등의 9(10)편의 구조를 의식해 81

회로 구성해 보았다. 그리고 일연과 『삼국유사』를 기리는 한 편의 시를 통해 인문학 교화서를 펴낸 그의 마음과 이 책의 정서를 환기해 본다.

역사는 흘러가는 물결 아니네/ 그렇다고 쏟아내는 말들도 아냐/ 더욱이 저 승자들의 기록 아니라/ 이 힘 없는 백성들의 기억들일 뿐// 즈믄 해를 뛰어 넘어 남아 있는 건/ 구중궁궐 부귀영화 바이 아니네/ 날 진실을 알고 싶은 것이 아니라/ 다들 듣고 싶은 것만 듣는 것일 뿐// 난 저들의 숨소리 또 기침소리/ 비통과 울음 또 피눈물까지/ 갈필로 대신해서 적은 것일 뿐/ 날 언어로 타지 않는 탑을 쌓았을 뿐!// 살아있는 것은 글을 쓰는 것이듯/ 숨을 뱉고 들이쉬는 이 한 순간도/ 나는 쓴다 고로 나는 존재한다며/ 불타지 않는 탑을 쌓아 올렸네.

(고영섭, 「일연의 독백 -『三國遺事』서시」 전문)

아울러 이 책에 실린 사진 중 일부는 『삼국유사』의 민속신앙 연구로 학위를 받은 장정태 박사가 제공하였으며, 불교대학원 명계환 석사반 생이 교정해 주었음을 밝힌다. 또 『현대불교신문』에 연재의 기회를 주신 최정희 국장님, 조동섭 기자, 노덕현 기자에게도 감사를 드린다. 아울러 인문학 서적의 판매 불황에도 불구하고 졸저를 펴내 주신 윤석현 사장님, 다시 책을 낼 수 있는 인연을 마련해 주신 권석동 이사님, 자세한 교열과 사진 편집을 맡아준 김선은 과장님에게도 감사를 드린다.

2015년 8월 15일
동국대학교 만해관 321호 舍笑房에서
蔓山거사 高榮燮 근지

# 차례

1. 이 책은 우리 민족의 경전인 『삼국유사』에 대한 인문학적 유행遊行
을 시도한 학술서이다.

2. 『삼국유사』「왕력」,「기이」1,「기이」2,「흥법」,「탑상」,「의해」,
「신주」,「감통」,「피은」,「효선」편 순으로 주제별, 내용별로 풀어
보았다.

3. 『삼국유사』가 5권 9편 138조목으로 구성되어 있지만 동양의 만수
가 9(10)수이므로 9(10)편에 맞추어 총 81장으로 풀어 보았다.

4. 이 책은 전체 81장으로 되어 있지만 『삼국유사』의 성격과 특징 및
우리가 읽어야 하는 이유 등등에 해당하는 5회 분량을 서두의 해제
부분으로 모았다.

5. 해당 편목과 해당 조목에는 가급적 사진을 넣어 내용 이해에 도움
이 되도록 하였다.

6. 『현대불교신문』에 2011년 10월 하순부터 2013년 8월 하순까지 연
재하며 분량이 넘쳐 싣지 못한 내용도 모두 실었다.

해제
解題

정탁영 화백의 일연 표준영정(국립현대미술관 소장)

# 우리가 『삼국유사』를 읽는 까닭은?

## 1. 우리 민족의 수트라

『삼국유사』(1281)는 우리 민족의 '수트라'이자 '바이블'이다. 그런데 우리는 이 서책을 우리 민족의 수트라로 여기면서도 정작 이것을 다 읽은 사람은 매우 드물다. 왜 그럴까? 종교성이 강한 우리 민족에게 있어 『삼국유사』를 매개로 하는 '법회'와 '미사'와 '예배'라도 열어야 할 텐데 현실은 그렇지 못하다. 어째서 그러할까? 많은 사람들이 『삼국유사』를 읽고 있는 것처럼 보이지만 의외로 널리 읽히지 않고 있다. 그 이유는 여러 가지가 있을 것이다. 적지 않은 사람들이 『삼국유사』를 각기 '불교문화사(한국문학사)' 혹은 '불교설화집(한국불교사)' 또는 '일반역사서(한국일반사)'로만 분절해 알고 있다. 『삼국유사』는 이들 세 가지의 개별적 성격뿐만 아니라 종합적 성격을 지니고 있다. 하지만 젊은 시절에는 선입견 혹은 경직된 정보망으로 이 서지를 만날 기회를 놓쳐 왔다.

『삼국유사』는 한국 고대의 민족문화대백과사전이다. 이 서지는 한국문명사를 집대성하고 있으며, 한국정신사를 거의 혼자 담당하고 있다. 이 사실을 알고 있는 조선총독부는 1920년대에 이 서지와 함께 한국 고문서 20만여 종을 모아 불태운 적이 있다. 이 때문에 고대를 기록하고 있는 사료가 적은 탓인지, 이 서책은 대중들 속에서 매우 제한적인 존재감만을 지니고 있는 것처럼 보인다. 그러다 보니 한문세대가 줄어들고 있는 현시점에서『삼국유사』원문은 고사하고 번역본조차도 크게 읽히지 않고 있다. 하지만 우리 민족의 정체성 확보와 인식틀 확립이라는 점에서 생각해 보면 이 서지만큼 주요한 역사서도 없다.『삼국유사』는 우리 민족의 시원에 대한 것에서부터 각종 정치사, 경제사, 사회사, 문화사, 과학사의 날줄적 측면만이 아니라 문학사, 사학사, 철학사, 종교사, 예술사의 씨줄적 측면과 함께하고 있다.

『삼국유사』는 인문학의 고전 중의 고전이다. 인간학이 인간의 본래성에 대한 연찬이라면, 고전학은 보편적 인간상에 대한 논구라고 할 수 있다. 인문학은 있는 것과 있어야 할 것 사이의 거리의 최소화를 지향한다. 동시에 살아 있는 것들의 생물학적 조건의 통일성을 탐구한다. 해서 인문학은 인간의 향기와 가치와 무늬가 스며있는 인간 본래의 바탕을 그려내는 노력이라 할 수 있다. 동시에 인간학과 고전학을 통섭하는 인간다움에 대한 연찬의 노력이라 할 수 있다. 본디 '오래된 책'인 고전古典은 무수한 시공 속에서 비판의 칼날을 견디고 살아남은 서물이다. 아울러 고전은 동시대 사람들의 보편적 의식인 동시대성을 담지한 '새로운 책'이다. 때문에『삼국유사』는 우리의 '고전'이자 '현대'이며 '현대적 고전'이자 '고전적 현대'라고 할 수 있다.

우리가『삼국유사』를 읽는 까닭은 단순히 어제를 읽고자 함이 아니다. 오히려 우리는 '오래된 미래'를 읽기 위해 고전을 보는 것이다. 이 책의 제목을 인문학 '유행遊行'이라고 붙인 것은 붓다의 마지막 유언에서 "자 비구들이여, 전도傳道를 떠나라. 모든 사람들의 이익과 안락을 위하여"라고 역설한 것처럼 우리 고전의 전도 유행을 떠나기 위함이다. 모든 인문학자들은 인문학의 전도 유행을 위해 길을 떠날 수밖에 없는 시대에 살고 있다. 가볍고 편리한 것만이 널리 떠도는 시대에 고전학자들은 인간의 향기와 가치와 무늬를 지니고 있는 인문학 서물을 들고 전도의 유행을 떠날 수밖에 없기 때문이다. 우리의 인문학 '유행'은 '유행流行'이 아니라 '유행遊行'이다. 때문에 우리의 인문학 '유행遊行'은 또렷한 사명과 목적을 지니고 있다.

## 2. 일연의 초발심지

2010년 8월 1일부터 2011년 8월 1일까지 나는 미국 하버드대학 아시아센터에서 첫 연구년을 보냈다. 처음 맞이하는 연구년이라 기대와 설렘이 교차하였다. 어떤 자료들을 가져가야 제대로 연구할 수 있을까? 결국 가능한한 최소한의 자료를 담아가되 핵심적인 것들만 가져가기로 하였다. 결국 한국을 떠나기 전 나는 인각 일연麟角一然(1206~1286)선사의 『삼국유사』와 이를 모티프로 쓴 나의 시집 『바람과 달빛 아래 흘러간 시 ─ 시로 쓰는 삼국유사』 그리고 『원효전서』와 『퇴계전서』를 가장 주요한 서지로 챙겨서 갔다. 이렇게 정한 것은 나의 연구주제가 국학 즉 한국학이었을 뿐만 아니라 원효와 퇴계 및 『삼국유사』와 불교였기 때문이었다. 나는 연구년 내내 세계 동양학연구의 본산인 옌칭도서관과 한국학연구소 및 학부와 대학원 강의실을 오가며 『삼국유사』를 숙독하면서

몇 편의 논문들을 구상하고 다수의 시편들을 지을 수 있었다.

보스톤 웨이크필드 시의 문수사를 오가면서『삼국유사』의 찬술자인 일연선사가 출가한 진전사陳田寺는 늘 내 머리 속을 떠나지 않았다. 나는 출국 직전까지 불교방송 아이피티비(ipTV) 파워특강 〈고영섭의 한국불교사〉를 강의하고 있었다. 그 사이 나는 불교방송(BBS)의 의뢰를 받아 2010년 부처님 오신 날을 기념한 3부작 '신라승 무상無相'(684~762)의 나레이터가 되었다. 진전사는 조계종의 개조인 도의道義국사가 개창한 선찰이었고 신라 출신의 무상선사 일대기를 녹화한 곳이었다. 당시에 은사이자 법사인 대웅大雄장로가 머물고 있었던 그곳은 일연의 초발심이 이루어진(1219) 곳이라는 점에서 특별한 장소였다. 지금은 비록 삼층석탑과 빈 터 밖에 남지 않았지만 말이다.

근래 몇 차례에 걸쳐 중국 사천성의 대자사에서 무상선사 국제학술대회와 무상선사비 제막식에 참석한 이래 선종의 기린아 마조 도일馬祖道(709~788)이 젊은 시절 신라 출신의 정중 무상淨衆無相(684~762)선사 밑에서 출가 수행한 제자였음이 동아시아 한중일 삼국의 불교학계에 공인되어 가고 있다. 한국의 불교학계 역시 이 사실을 대중화시켜가는 즈음 중국의 오백 나한 속에 무상선사(455위)가 자리하고 있음도 밝혀졌다. 그리고 정중 무상에게서 공부했던 마조 도일의 고족이었던 서당 지장/ 남전 보원/ 마곡 보철/ 염관 제안/ 장경 회휘 등에게서 신라 칠산 선문의 개조 및 개산조들이 선법을 전해왔다.

해서 이곳 진전사에서 시절 인연을 기다리며 한국 남종선의 요체를 전한 원적 도의元寂道義(?~825) 국사의 맥이 스승인 서당 지장 → 마조 도일을 거슬러 올라가 무상선사와 접하고 있다는 사실을 조계종단이 공인하기 시작했다는 점에서 의미가 적지 않았다. 이러한 사실은 봉암사의 「지증국사비문」이 전하는 것처럼 훗날(875) 신라승 행적行寂과 현휘玄暉가 사천지역을 찾아가 무상과의 접점을 확인하려고 했었다는 사실이 알려지면서 더욱 더 주목을 받고 있다. 진전사는 도의국사가 연 가지산문의 사찰로서 일연이 젊은 시절을 보냈던 곳이기 때문이다.

## 3. 나를 찾아가는 유행

『삼국유사』는 한국인들의 꿈과 이상, 슬픔과 희망이 담긴 보물창고다. 나아가 우리의 민족문화를 온전히 담고 있는 '한국고대민족문화대백과사전'이다. 김부식金富軾(1075~1151)의 『삼국사기』가 담아내지 못한 이야기까지 '유사遺事'라는 이름으로 온전히 갈무리한 『삼국유사』는 한국인의, 한국인에 의한, 한국인을 위한 책이다. 육당 최남선의 표현처럼 『삼국유사』는 한국 고대인의 모든 것을 '혼자 담당'하고 있다.

이처럼 『삼국유사』는 자아와 세계 및 인간과 자연과의 접점과 통로 사이에서 절묘하게 꽃을 피워 내고 있다. 이 꽃은 여타의 역사서들이 피워 올린 꽃들과는 사뭇 다르다. 온갖 꽃들로 장엄하고 수식한 『화엄경』처럼 이 책은 드라마의 구조를 지니고 있다. 때문에 소설이 지닌 이야기 구조처럼 『삼국유사』의 설화들은 서사의 재미를 지니고 있다. 이 재미는 무궁무진한 상상력에 의해 그 외연을 증폭시키고 있다. 이 상상력은 곧 불교적 상상력이다. 하여 『삼국유사』는 우리시대의 화두인 문화콘텐츠의 보배창고가 되어 가고 있다.

우리의 과거와 현재를 담고 있는 우리들 한겨레의 업경대業鏡臺로서 말이다. 그럼에도 불구하고 오랫동안 『삼국유사』의 찬술자가 제대로 밝혀지지 않았다. 다행히 20세기에 들어와 제5권의 권차에서 비로소 찬술자 일연의 이름이 밝혀지면서 비로소 이 저술의 진가가 드러나기 시작했다. 이제 『삼국유사』는 한국인의 정체성과 인식틀을 가장 넓게 드리우고 있는 텍스트로서 스토리텔링과 문화콘텐츠의 보고로 확인되면서 부활하고 있다. 우리에게도 '켄터베리 이야기'와 '로마인 이야기' 그리고 '해리포트 이야기'를 능가하는 '인물이야기(스토리텔링)'가 있다고 자위하면서 말이다.

　우리는 종종 남들이 좋다고 하고 나서야 비로소 그런가 보다 하는 경우가 적지 않다. 우리가 자신의 가치와 의미를 스스로 받아들이지 못하고 남에 의해서 겨우 발견하게 되기 때문이다. 그러다 보니 종래의 우리 것은 뭔가 왜소하고 모자라는 것처럼 생각해 오고 있다. 다행스럽게도 최근 우리나라의 국격國格이 높아지면서 점차 우리 것에 대한 인식을 조금씩 새롭게 하는 듯해서 가슴이 뿌듯해지고 있다. 우리 스스로 문화의 정형 혹은 원형을 만들어내는 '씽크 탱크'의 역할을 하기 위해서는 고전古典으로 돌아갈 수밖에 없다. 고전은 힘의 보물창고이기 때문이다. 『삼국유사』는 고전 중의 고전이며 보고寶庫 중의 보고이다. 우리 모두 '나를 찾아가는 유행'인 『삼국유사』의 세계에 들어가 보자.

　　그대의 얼굴을 생각만 해도/ 나 그대와 나란히 꿈속에 있고/ 그대의 이름을 불러만 봐도/ 나 그대와 더불어 자리해 있네// 나는 그대 앞에서 숨을 멈추고/ 너는 그대 옆에서 몸을 기대고/ 우리는 그 안에서 맘을 졸이고/ 그들은 그 뒤에서 쉬었다 가네// 환웅에서 고려까지 삼천 칠백년/ 단군에서 대한까지 사천 사백년/ 아, 그대는 우리의 길라잡이고/ 아, 그대는 우리의 대안사서代案史書니// 우리의 고대사를 혼자 받치고/ 우리의

정신사를 홀로 지키며/ 넓은 가슴 큰 마음 되비쳐주는/ 우리들 한겨레의

업경대業鏡臺이네.//　　　　　　　　　　（고영섭, 「삼국유사」 시 전문）

# 『삼국유사』는 어떻게 편찬되었을까?

## 1. 기록의 힘

역사는 과거에 일어난 일 혹은 그 기록이다. 즉 과거로부터 자기 민족이 경험한 일 또는 기록을 말한다. 해서 역사는 인류가 과거에 행해 온 사건이자 인간 사회가 독자의 운동 법칙에 따라 발전하여 온 과정이 된다. 인간의 역사는 인간의 정체성을 세워주고 인식틀을 넓혀준다. 때문에 한 나라의 역사서는 당대의 사가가 평가하고 해석해 온 과거의 사건에 대한 기록이다. 사마천은 궁형의 치욕을 감당하면서 감옥 속에서 『사기』(100권)를 저술했다. 그의 의식 속에서 궁형은 순간이었지만 역사의 기록은 영원한 것이었다. 그리하여 그는 동양 역사의 아버지가 되었다.

돌이켜 보면 하늘은 한 시대의 기록을 아무에게나 맡기지 않았다. 하늘은 자신의 역사를 감당한 만한 사가에게 역사의 기술 자격을 부여하였다. 해서 역사의 기록은 누군가 하고 싶다고 해서 할 수 있는 일이 아니다. 오직 백성의 명령과 시대의 요청에 부응한 사가에 의해 기술되는 것이다. 이것은 과거의 역사가에게만이 아니라 오늘날의 역사가에게도 적용되는 것이다. 역사가는 역사뿐만 아니라 정치·경제·사회·문화·과학 등 인간의 삶의 현상에 대해 통효한 사람이며 인간 역사의 발전법칙에 대한 깊은 이해와 자신의 주체적인 역사 인식에 의해 역사를 기술한다.

일찍부터 한민족은 문자에 대한 인식이 남달랐다. 그러한 인식은 역사 기술에서도 두드러졌다. 우리 역사를 기록한 서책은 고구려의 『유기留記』(태학박사 李文眞이 『新集』 5권으로 요약), 백제의 『서기書記』(박사 高興)와 『백제신찬』 그리고 신라의 『국사』와 『삼국사』 및 『화랑세기』(金大問) 등과 가야의 『가락국기』(金陽溢)가 있다. 일연一然(1206~1289)의 『삼국유사』는 이들 선행 역사서들의 주체적인 집성이자 새로운 대안사서代案史書이다. 여기서 '대안'이란 이미 이루어진 어떤 안을 대신할 안을 가리킨다. 마찬가지로 '대안사서'란 종래의 사서들이 지니고 있는 한계를 대신할 사서를 의미한다. 때문에 일연의 『삼국유사』는 김부식의 『삼국사기』를 대신할 사서임을 상징하고 있다. 서명에서 드러나고 있는 것처럼 '세 나라의 (정사에서) 빠진 이야기[三國遺事]'란 명명은 이것을 입증해 주고 있다.

고려 전기 이래 백성들은 왕권과 문신 귀족 중심의 질서에 익숙해 있었다. 중기에 들어서면서 무신들이 집권하기 시작했고 뒤이어 송나라 중심의 중국 관념이 무너지고 원나라 중심의 중국 관념이 새롭게 대두하고 있었다. 백성들과 지식인들은 무신들의 집권과 송나라의 멸망 그리고 원나라의 건국을 바라보면서 커다란 충격을 받았다. 지금까지의 질서는 무너지고 새로운 질서가 이루어지고 있었다. 이러한 주체의 변화와 세계의 변화는 새로운 역사인식과 세계인식을 가능케 하였다. 일연의 『삼국유사』는 주류의 붕괴와 정통의 소멸 사이에 생긴 '힘의 공백'이 가져다 준 공허함을 채워준 사서였다. 그것은 대안사서에 대한 요망과 함께 새로운 역사 편찬의 실마리가 되었다.


## 2. 일연의 살림살이

『삼국유사』의 찬자인 보각普覺국사 일연은 고려 후기에 활동하였던 불교계의 고승이다. 그는 분황 원효芬皇元曉(617~686)의 고향이었던 장산(경산)군에서 태어났다. 어릴 때의 이름은 견명見明이었다. 자는 회연晦然이었으나 뒤에 일연—然으로 고쳤다. 1214년(9세)에 해양海陽 무량사無量寺에 기탁하여 공부하였다. 뒤에 설악산 진전사陳田寺에서 출가한 뒤(14세) 뒷날 구족계를 받았다. 1227년(22세) 이후 승과고시選佛場에서 상상과上上科(최고성적)에 합격하였다. 그 뒤 수행에 전념하던 중 1237년에 깨달음을 얻었다. 그는 나말여초에 전국 각지에 성립된 구산선문 가운데에서 가지산문의 문도로 자리매김되었다.

일연은 계속해서 선사와 대선사의 승계를 거치면서 당대 불교계의 큰 스승으로 우러름을 받았다. 1249년부터 수년간 남해 분사도감의 주맹主盟이 되어 『대장경』 간행사업에 관여하였다. 뒤이어 선월사, 오어사, 용천사, 운문사 등 주요사찰에서 주지 소임을 맡으면서 많은 제자를 양성하였다. 1283년(78세)에는 국사의 자리에 올랐다. 하지만 늙은 어머니의 봉양을 위해 인흥사로 내려왔다. 그곳에서 그는 구산九山문도회를 두 번이나 개최하였다. 그 뒤 일연은 선문의 법회를 이끄는 열정을 보이다가 84세에 입적하였다. 「일연비문」은 그가 '멀리 목우(지눌) 화상을 이었다[遙嗣牧牛和尙]'고 적고 있다. 가지산문의 사문인 일연이 사굴산문의 사문인 목우자의 법을 이었다는 것은 세계와 역사에 대한 그의 유연성을 보여주는 대목이다.

당시 선종 승려들의 산문 귀속은 한번 정해지면 바꿀 수 없는 내규가 있었다. 산문의 이동은 왕명에 의해서만 가능하였다. 쉰 한 살이 되던 해 남해의 두륜산 길상암에 머물던 그는 '평소 꿈꾸어 오던 일'이라며 조동종의 주요전적인 『조동오위』를 중편重編하여 간행하였다. 그가 가지산문의 선사였음에도 불구하고 수미산문의 전적인 이 저작을 재편집하여 펴낸 것이다. 이러한 점은 『삼국유사』에 스며들어 있는 것처럼 일연의 선사로서의 자유로운 세계인식을 잘 보여주고 있다. 종래의 연구에서는 그의 비문 속에 『삼국유사』의 이름이 언급되지 않은 것은 선사로서의 위의를 드러내는 엄숙한 행장 속에 정사와는 다른 야사류의 기록을 넣을 수 없었기 때문이라고 했다. 하지만 기존의 관점과 달리 민지閔漬가 비문을 저작할 시기에 아마도 『삼국유사』가 공식 간행되지 않았기 때문에 그렇게 된 것으로 보는 것이 옳을지도 모르겠다.

일연은 우리 역사를 집성하여 전승하기 위해 젊은 시절부터 말년에 이르기까지 발로 뛰어다니며 여러 자료들을 수집하였다. 그 자료들을 편집하고 보완하면서 깊은 애정 속에서 『삼국유사』를 집성했다. 이 텍스트가 비록 신라 중심의 기록이라 하더라도 한 자 한 구절—字—句도 가벼이 보지 않고 당시에 남아 있던 갖가지 자료를 수집 검토하고 요약 채용했다는 점은 여타의 저작들과 구분되는 이 저술만의 독특한 성격이라고 할 수 있다. 이러한 편찬의 노력이 앞 시대 김부식의 『삼국사기』와 각훈覺訓의 『해동고승전』(1215)과의 차이점이라고 할 수 있다. 그리고 이러한 독자성이 이 저술을 우리 민족의 경전이라 부르게 한 이유라고 할 수 있을 것이다.

## 3. 『삼국유사』의 간행 연기

『삼국유사』는 국사國師(國尊) 일연이 짓고 그의 입적 뒤 제자 무극 혼구無極混丘(1250~1322)가 간행하였다. 책이 간행되는 과정을 살펴보면 먼저 저자는 책의 집필 계획을 세우게 된다. 그는 광범위하게 자료를 수집하고 그 자료를 분석한다. 그 위에서 해당 원고를 집필하고 집필한 원고를 교정한다. 그 뒤에 원고를 판각한 뒤 인쇄 간행하는 과정을 거친다. 젊은 시절부터 역사에 대한 인식이 남달랐던 일연은 오랫동안 자료를 수집했을 것으로 추정된다. 사국왕들의 연대기인 「왕력王曆」편을 비롯하여 일반사서인 「기이紀異」편, 그리고 불교문화사인 「흥법興法」, 「탑상塔像」, 「의해義解」, 「신주神呪」, 「감통感通」, 「피은避隱」, 「효선孝善」편 등은 모두 오랜 시간동안 자료를 편집해야만 가능할 수 있는 것이다. 이 중에서도 특히 가장 많은 분량을 차지하는 일반사인 「기이」편은 국사國師의 신분으로서 강화도에 옮겨진 여러 관찬사서들을 섭렵하면서 채록했을 가능성이 크다. 때문에 『삼국유사』는 유교적 편집 제강이 요구하는 편찬 목적, 절차, 양식, 자료의 선별 표준, 문장 표현의 체식과는 다른 형식으로 구성되어 있다. 일연은 애초에 그런 것을 의식하지 않고 자유롭게 이 책을 서술했을 것으로 보인다.

하지만 『삼국유사』는 오히려 그러한 제강들에서 벗어나 자유롭게 기술함으로써 정사正史의 무미건조함과 천편일률성을 벗어나고 있다. 그렇다고 전혀 새로운 창안으로만 이루어진 것은 아니다. 엮은이는 역대 고승전의 제강을 주체적으로 흡수해 우리 사서의 편집 제강으로 발효 숙성시켜 냈다. 이것은 각 편명과 조목명의 부기에서도 확인되고 있다. 평소 일연은 삼국 이전에 존재했던 여러 나라의 건국 신화를 밝히기 위해 이미 사라진 『구삼국사』 등의 사료를 발굴 정리했다. 그는 중국의 문헌을 참고하면서도 해당 항목의 주체성을 살리려 애를 썼다. 중국의 자료는 단지 27종만 원용했다. 이와 달리 우리나라의 자료는 50여 종이나 활용했다. 특히 고기, 향기, 비문, 고문서, 전각 등을 다양하게 인용했다. 해서 무엇보다도 이 책은 그 이름이 '세 나라의 빠진 이야기' 또는 '세 나라의 잃어버린 이야기'임에도 불구하고 사실은 더 많은 나라의 '되찾아야 할 이야기들'을 담고 있다.

　『삼국유사』는 신라, 고구려, 백제 세 나라의 이야기만 담고 있는 것이 아니다. 우리 민족사의 시원인 고조선을 필두로 북부여, 위만조선, 마한, 낙랑국, 북대방, 남대방, 말갈, 발해, 예맥, 옥저, 졸본부여, 동부여, 변한, 백제, 진한, 신라, 가야, 통일신라, 후백제, 후고구려(마진, 태봉), 고려 등 20여 나라의 건국 시조와 시조신 및 인물과 유물, 유적들에 대해 기술하고 있다. 그러므로 이 책의 이름을 새로 붙인다면 '삼국유사'가 아니라 '십국유사' 또는 '이십국유사'가 되어야 할 것이다. 바로이 점에서 이 저술의 의도와 특장이 잘 드러나고 있다. 또 일연은 종래신라 관계 불교 사적의 잘못 전해진 부분을 바로잡기 위해 전편의 절반분량을 이곳에 할애하고 있다. 우리나라 유명 사찰의 사적과 이름난 승려의 행적, 명승고적에 관한 설화와 고대 조각, 건축 등을 다량 실었다. 나아가 그는 새로 수입된 외래 불교사상과 기존에 있던 사상 생활과의모순 또는 동화 과정을 보여주는 사상사적 자료들을 풍부하게 실었다. 마침내 일연은 이러한 '금상'에다 우리 민족의 심미안과 감수성을 담고있는 향가 14수와 가사 두어 수 및 찬시 48편의 '꽃'을 덧붙였다.

인각사 안내판

인각사 표지석

인각사 극락전

# 『삼국유사』를 어떻게 읽을 것인가?

## 1. 역사를 보는 눈

우리는 직립이라는 사건을 통해 역사적 인간으로 태어났다. 허리를 곧게 펴고 선 역사적 인간은 자신의 소리를 성대로 모아 대뇌를 자극하면서 가장 짧은 기간 내에 만물의 영장이 되었다. 그리하여 인간은 소리를 가공하여 언어를 발견하였고 자유로워진 손으로는 도구를 발명하였다. 이들은 언어의 발견을 통해 문화를 창안하였고, 도구의 발명으로 문명을 탄생시켰다. 인간에 의해 변화 발전되어 온 문명과 문화의 자취와 기록은 역사가 되었다. 그리고 문명과 문화의 흔적인 기록과 유물과 유적 등은 사료史料로서 자리를 잡았다. 이렇게 온축된 사료들은 역사가의 해석을 통해 새로운 역사로 자리매김된다. 역사 해석은 곧 역사를 어떻게 볼 것인가의 문제로 환원되기 때문이다.

우리는 역사적 현상을 전적으로 파악하고 그것을 해석하는 경우의 체계적인 견해나 입장을 '사관史觀'이라 부른다. 역사가는 남아 있는 문헌의 총체인 사료들을 통해 해독 작업을 시작한다. 이 해독 작업을 우리는 '역사 해석'이라고 하고, 역사 해석을 지배하는 사가의 인식 체계 혹은 관점을 '사관'이라고 한다. 역사를 어떻게 이해할 것인가, 즉 역사를 어떻게 해석할 것인가라는 사관의 문제는 해당 철학 또는 해당 역사의 세계관이 된다. 붓다는 "나는 세간과 더불어 싸우지 않는데 세간이 나와 더불어 싸운다"고 말하면서 인간 중심의 철학사관을 제시했다. 나아가 붓다는 "나는 한결같이 이것을 설하니 이것은 말하지 않을 것은 말하지 않고 말할 것은 말한다" 하였다. 그런 뒤에 우리의 현실적 고통을 해결할 진정한 길로서 사성제四聖諦를 제시하였다.

사관은 역사를 보는 눈이다. 즉 사관은 하나의 팩트(사실)가 머금고 있는 시공의 흐름을 총체적으로 바라보는 시선이다. 다시 말해서 사관은 역사기술의 주체인 인간(역사가)과 그 인간이 직면하는 세계(사실, 사료)를 어떻게 볼 것인가의 문제라고 할 수 있다. 때문에 동서 고금의 사가들은 저마다의 관점 위에서 역사를 바라보는 관점을 정립해 왔다. 역사해석을 지배하는 사가들의 인식체계인 사관이 문제가 되는 것은 어떠한 역사적 사실이 과거 한 시점에 대한 역사적 평가를 넘어 역사가의 현재의 관점 혹은 견해로서 지속적으로 해석 또는 이해되는 속성을 지니고 있기 때문이다. 그리고 이 사관은 오늘 여기를 사는 역사적 주체로 하여금 "어떻게 살 것인가?", 또는 "왜 살아야 하는가?"라는 물음을 불러일으키기 때문이다.

『삼국유사』 역시 이러한 사관에 입각해 기술한 저술이다. 거기에는 일연의 시대정신과 역사의식이 투영되어 있다. 일연의 『삼국유사』는 중국의 고승전을 참고했으면서도 체재나 형식 그리고 내용면에서 종래의 승전들과 차이를 보이고 있다. 심지어 전시대 각훈의 『해동고승전』과도 변별되고 있다. 대다수 고승전의 찬자들이 같은 승려의 신분이고 그 형식이 고승전의 형태를 띠고 있음에도 불구하고 편명, 편명의 성격, 편명의 유기적인 관계 설정 등에서 일연은 독창의 모습을 보여주고 있다. 특히 편명의 명명과 조목명에 투영된 언어 감각과 시인적 감수성, 찬시와 민요 및 향가 등 작품의 배치와 수록, 138조목의 분류방식, 서두의 「왕력」편, 비평적 시각에 근거한 명료한 할주割註 등에서 우리는 이 사서를 편찬하고자 했던 일연의 역사관을 엿볼 수 있다.


## 2. 불교적 세계관

불교의 우주관은 수미산 중심과 연화장 중심으로 해명한다. 이 두 세계관은 모두 이 세계의 최저에 풍륜風輪이 있다고 설명한다. 이 풍륜은 중생들의 공동업이 만들어낸 무명無明 업풍業風의 띠이다. 그 위에 수륜水輪과 금륜金輪이 있고 금륜의 한 복판에 수미산이 있고 그 주위에 7산山과 8해海가 있으며 맨 바깥의 철위산 밖에는 4대륙洲이 떠 있다. 붓다의 가르침은 업설業說에 기초한 연기적 세계관으로 요약된다. 업설이란 중생과 세계로 이루어지는 일체의 만상은 모두 중생들 각자의 업력業力에 이루어진다는 담론이다. 때문에 우리는 스스로 뜻을 결정하고 그 결정을 동작과 말로 발표하여 업을 짓게 되고 그 업력을 심층의식으로 잠재세력화 시킨다. 그리고 이들 세력은 없어지지 않고 반드시 그 결과를 불러온다. 우리는 전세에서 자기가 뿌린 업력의 종자에 의해 지금의 과보를 받는다. 즉 죽음(死有), 죽음이후(中有), 태어남(生有), 죽어감(本有)의 차례로 업을 짓고, 업에 의하여 윤회 전생하며, 이 업력에 의해 국토도 물질의 원소들을 모으고 흩고 하여 세계를 이룩한다.

깨침[悟]의 세계에서와 달리 미혹[迷]의 세계 속에 사는 중생에게는 여섯 갈래로 나아가는[六趣] 차별이 있다. 모두 각각의 주체인 중생과 중생이 의지하여 사는 국토, 즉 자신의 업력에 의해 몸과 세계 사이를 끊임없이 윤회 전생한다고 한다. 이러한 업설에 기초한 업감業感연기론은 계속해서 다른 형식으로 변주되어 간다. 유식에서는 우주 삼라만상이 뭇삶 각자의 아뢰야식으로 상속되어 그 아뢰야식이 우주만상을 변현시킨다는 (아)뢰야((阿)賴耶)연기설로 해명한다. 여래장에서는 우주만상이 모두 일심진여一心眞如의 이체理體로부터 일어난다는 진여眞如연기설로 설명한다. 화엄에서는 법계(현상계)의 사물이 천차만별하지만 상호교섭[相卽]과 상호투영[相入]의 원리에 의해 무애자재하게 연기하므로 피차가 단독으로 존재하는 것이 없다는 법계法界연기설로 언표한다.

'서로 의존하여 함께 존재한다'는 '연기'의 개념에는 연생緣生과 연멸緣滅이 동거하고 있다. '의해서 생겨난다[緣生]'는 것은 무명에서 노사로 나아가는 고통 생성의 이론적 근거가 된다. 반면 '의해서 사라진다[緣滅]'는 것은 '노사'에서 '무명'을 거쳐 '깨침'으로 나아가는 고통 소멸의 이론적 근거가 된다. 무명의 업풍으로부터 연생한(成住, 生) 우주에서 우리는 '괴공壞空'과 '노사'의 연멸로부터 본디의 자리로 돌아오게 된다. 나의 역사는 나의 업의 흔적과 자취 뿐만 아니라 타인들의 업의 흔적과 자취의 연기로 이루어졌다. 때문에 개인의 업과 공동의 업의 연기로 인해 세계와 내가 존재하는 것이다. 그러므로 불교의 업설은 연기설의 다른 이름이라고 할 수 있다. 오늘의 나는 나 혼자만의 힘으로 이루어지지 않았다. 오늘의 내가 있기까지는 무수한 인연들의 도움과 협동이 전제되었다. 해서 연기를 부정하는 브라흐만과 아트만과 같은 어떠한 고정 불변하는 존재로서 나의 자기 동일성은 존재하지 않는 것이다. 무상無常과 무아無我와 고苦인 나 역시 실체가 없는 공성空性의 존재이기 때문이다.

『삼국유사』를 찬술한 일연은 이러한 불교적 세계관에 깊이 투영된 인물이다. 그는 출가자로서 종래의 일반사를 불교의 우주관에 입각하여 오늘의 불교사로 재구성했다. 그는 전통적 하느님인 '환인桓因'을 '제석帝釋'(忉利天王)으로 비정했다. 이것은 이 땅의 역사를 불교의 세계관에 입각하여 새롭게 기술한 것이다. 그는 안함安含과 자장慈藏 이래 비롯된 '과거불연국토설'을 이어 이 땅을 과거부터 부처와 인연이 있던 나라로 설정하고 있다. 불연국토설에 입각한 과거불국토사상은 신라의 왕통은 불타의 종성인 찰리종이고, 신라 고도 경주 황룡사에 남아 있는 '가섭불연좌석' 자리는 전불前佛시대에 가섭불迦葉佛이 앉았던 터이며, 황룡사 장육상의 조성은 불국 유연설有緣說에 입각하여 이루어진 것으로 파악했다.


## 3. 불교적 인간상의 제시

불교는 연기성緣起性과 무자성성無自性性과 공성空性의 제시를 통해 궁극적으로 자비행慈悲行을 강조한다. 그리하여 불교는 아라한상과 보살상을 통해 붓다로 나아가는 길을 제시하고 있다. 아라한은 대승불교 이전의 불교적 인간상이다. 그는 자기의 깨침과 구원에 힘쓸 뿐 타인의 깨침과 구원은 도외시한다. 반면 보살은 자신의 깨침과 구원은 팔호치고 타인의 깨침과 구원을 앞세운다. 그런 뒤에 그는 자각을 위한 노력과 구원을 위한 노력을 원만히 완수한다. 그리하여 그는 바라밀적 삶의 방식으로 많은 이들의 고통을 뿌리 뽑아주고[拔苦, 悲] 즐거움을 건네준다[與樂, 慈]. 일연의 화두는 "중생의 세계가 줄어들지 않고[生界不滅] 부처의 세계가 늘어나지 않는다[佛界不增]"였다. 어떻게 해야 중생의 세계가 줄어들지 않으면서 부처의 세계가 늘어나지 않게 할 수 있을까? 어찌해야 중생이 스스로 부처임을 각성하고 부처의 세계를 늘리지 않을 수 있을까?

일연은 평생을 출가 수행자로 살았다. 출가자는 집이 있는 곳[信家]에서 집이 없는 곳[非家]을 향해 집을 벗어나는[出家] 사람이다. 일연은 몸의 출가만이 아니라 마음의 출가에 철저한 수행자였다. 그의 화두에는 '중생과 부처의 이분'을 없애기 위한 절절함이 배어 있다. 원나라의 침입으로 고통스러워하는 고려 백성들을 보고 그는 어떤 생각을 하고 살았을까? 그는 육당(崔南善)의 언급처럼 "석교홍통釋敎弘通의 역사적 사실을 철합綴合하기에 주력主力을 주注한 김부식의 독단적 괘오를 정정訂正하고 전반적인 편파를 광구匡救하려"고 했다. 또 "『삼국사기』의 주관적 자고自錮와 무단적武斷的 천폐擅廢에 반反하야 고기古記의 유주遺珠를 원형대로 수철收綴하야 박고博古와 아울러 전기傳奇의 자자를 삼으려" 했다. 때문에 일연은 『삼국사기』에서 빠뜨린 것으로 보이는 사료를 "귀[耳]와 눈[目]과 손[手]이 미치는 것이면 문득 채록"하였던 것이다. 이러한 그의 자세는 『삼국유사』 찬술이 개인의 애국심을 넘어 대승의 보살심으로 이룩한 것임을 보여준다.

일연은 『삼국유사』의 여러 조목에서 보살적 인간상을 담아내고 있다. 그는 자장의 아상을 깨어주기 위해 있었던 문수보살의 현신 이야기를 싣고(慈藏定律), 효소왕의 아만을 일깨워주기 위해 진신 석가의 화신인 승려를 등장시키고 있다(眞身受供). 추위에 얼어 죽어 가는 모녀를 구하기 위해 자신의 옷가지를 다 벗어주고 거적풀로 긴 겨울밤을 떨면서 보낸 정수대사의 보살행을 수록하고 있다(正秀師 救氷女). 그뿐만 아니라 중생을 살리기 위해서 부득이한 경우에는 소소한 계는 얼마든지 버릴 수 있으며, 한 세계에서는 한 부처만이 존재한다고 설하는 경설과 달리 한 세계에 두 부처의 존재를 제시하기도 한다(南白月山二聖 努肹夫得 怛怛朴朴). 또한 여인의 몸으로는 성불할 수 없다는 경설과 달리 여인의 몸으로도 성불할 수 있는 예를 제시한다(郁面婢 念佛西昇). 나아가 도가 계통의 인물로 언급되는 선도성모 조차 끝내는 산신이 되어 나라와 국토를 진호鎭護하고, 한 가난한 여인(智慧 비구니)의 소원을 들어 불상 조성을 성취시킴으로써 민중을 위한 제도의 길을 열어 놓는다.

모든 존재는 원인과 조건의 결과로 이루어졌으므로 상호의존의 속성을 지닌다. 동시에 상호의존의 속성으로 이루어진 존재의 참모습을 통찰하게 되면 상호존중의 실행으로 이어지지 않을 수 없다. 붓다는 "연기법은 내가 만든 것도 아니요, 또한 다른 사람이 만든 것도 아니다. 그러므로 그것은 여래가 세상에 나오거나 나오지 않거나 법계法界에 항상 머물러 있다. 저 여래는 이 법을 스스로 깨닫고 바른 깨달음을 이룬 뒤에 모든 중생들을 위하여 분별하고 연설하고 개발하여 드러내 보인다"라고 설했다. 그러면서 "이 연기의 바다는 참으로 깊다. 감히 함부로 들어오지 못한다" 역설했다. 연기법에 대해 '머리의 앎'과 '가슴의 함'을 넘어 '온몸의 삶'으로 이어지기 위해서는 어떻게 해야 하는가? 일연은 "중생의 세계가 늘어나지 않고 부처의 세계가 줄어들지 않게 하기" 위해서 생평을 살았다. 그에게 중생과 부처의 통로는 보살적 삶 자체가 아니었을까? 그리고 그것이 『삼국유사』의 찬술로 표출된 것이 아니었을까? 나아가 우리는 바로 이 점을 살피며 『삼국유사』를 읽어야 하지 않을까?

인각사 국사전에 안치되어 있는 일연선사 영정

군위군 화본리의 일연선사 영정 벽화

# 풍류도를 불교적으로 통섭한 『삼국유사』

## 1. 현묘한 도인 풍류도

이 땅에 불교가 들어오기 전에도 우리에게는 독자적 세계관이 있었다. 우리 민족의 생각의 체계는 '하늘님 신앙'과 '무교巫敎적 사유' 위에 기반을 두었다. 오랫동안 자리잡아 온 이들 천신신앙과 무속신앙은 점차 불교의 전래 이래 도교와 유교적 사유와도 만나게 되었다. 단군의 건국 이야기는 부계적 천신인 환인(하늘)과 모계적 지모신인 웅녀(땅)가 만나 내적 초월신인 단군(사람)을 낳는 과정을 보여준다. 즉 단군 이야기는 환인(환웅)의 신성성과 웅녀의 동물성이 단군의 인간성 안에서 하나로 융합되는 과정을 담고 있다. 이것은 환인(환웅)의 천天과 웅녀의 지地와 단군의 인人 삼재三才가 결국 하나이며 단군의 인간성 안에서 환인(환웅)의 신성성과 웅녀의 동물성이 하나가 되어 있음을 의미한다. 또 자연에 대한 경외심은 신령을 매개하는 주술사인 무당(샤먼)을 통해 무속신앙으로 이어졌다. 이 땅의 무속신앙은 신선사상과 샤머니즘과 융합하여 풍류도로 토착화하였다.

하늘님 신앙은 '널리 인간을 이롭게 한다[弘益人間]'는 인간 중심[人本]과 인간 존엄[現世]사상으로 자리잡았다. 하늘에서 내려온 환웅은 땅의 동물인 곰과 호랑이를 보듬어 인간이 되는 길을 연 뒤 이곳에 머물며 그들을 다스리고 교화하고자 했다. 그러나 환웅은 세계의 기원이나 내세 및 하늘의 신에 대해 말하지 않았다. 오직 현재의 인간과 인간 세계에 대해 얘기했을 뿐이다. 또 단군과 주몽 및 박혁거세 이야기에 담긴 하늘님 신앙은 우리나라 건국의 자주성과 주체성을 암시해 주고 있다. 조선의 개조인 단군이 하느님의 아들인 환인의 소생이라는 것은 우리 민족의 기원이 하늘에 있음을 보여주는 증좌이다. 그리고 고구려의 개조인 주몽도 하느님의 아들天帝子인 해모수解慕漱의 아들이며, 신라의 개조인 박혁거세 역시 하느님의 아들로 불린다. 이것은 우리가 중국과 대등한 자주성과 주체성을 지닌 천자天子의 나라임을 암시해 준다. 나아가 신과 인간 혹은 신과 동물 사이의 조화정신과 자연친화 정신 및 생명존중 의식도 보여주고 있다.

풍류도는 신라의 진흥왕이 청소년 수양단체인 원화源花에 이어 제정한 풍월도風月道로 제도화되었다. 고운孤雲 최치원崔致遠(857~?)은 「난랑비서鸞郎碑序」에서 "나라에 현묘한 도가 있으니[國有玄妙之道] 풍류라고 한다[曰風流]. 그 가르침을 세운 근원은[設敎之源] 『선사仙史』에 상세히 갖춰있다[備詳仙史]"라며 "그 실제는 삼교를 포함하고 있으므로[實乃包含三敎] 뭇삶을 제접하고 교화한다[接化群生]"라고 역설하였다. 또 "집안에 들어와선 부모에게 효도하고[入則孝於家] 집나가 벼슬하여 나라에 충성함[出則忠於國]은 노나라 공자의 취지요[魯司寇/(孔子)之旨也], 함이 없는 일에 처하고[處無爲之事] 말이 없는 가르침을 행함[行不言之敎]은 주나라 노자의 종지요[周柱史/(老子)之宗也], 모든 나쁜 일들 하지 않고[諸惡莫作] 모든 좋은 일들 높여 함[諸善奉行]은 축건태자의 교화이다[竺乾太子/(釋尊)之化也]"라고 하였다. 이처럼 풍월도에는 불도유 삼교에서 말하는 가르침이 이미 포함되어 있었다. 풍월도의 주체인 화랑花郞은 산천을 순례하고 심신을 단련하면서 인위를 배격하고 소요자재한 삶을 살았다. 그들 무리[徒]는 생명체를 소중히 여기는 불교적 삶과 나라(임금)와 부모를 존중하는 유교적 삶, 그리고 무위의 자연을 소요하는 도교적 삶을 함께 살았다.

때문에 불교가 전래되기 전에도 이 땅에는 고유한 삶의 방식이 있었다. 고려의 이지백은 "다른 나라의 이법異法인 유불선을 행하지 말고 선왕이 행하던 연등燃燈·팔관八關·선랑仙郞 등을 부활하여 다시 행하는 것이 국가를 보위하고 태평하게 하는 길"이라고 성종에게 주청하고 있다. 이들 셋은 불교 이전의 이 땅 고유의 세계관이며 이들을 통틀어 우리는 풍류도 세계관이라고 할 수 있다. 신라의 풍류도 세계관은 신라의 문화를 이어간 고려의 국가 의례로 거행되었다. 이들 의례 속에는 하늘을 주재하는 천신뿐만 아니라 산을 주재하는 산신 및 물을 주재하는 용신 등이 하나로 어우러져 있었다. 그리하여 고대 이 땅의 사람들은 하늘과 땅과 사람을 분리하지 않고 하나로 통섭해 왔다. 그것은 하늘에서 내려온 환인과 땅에서 살아온 웅녀 사이에서 새로운 인간이 탄생하는 과정과도 연속된다.

## 2. 무속신앙의 불교적 통섭

본디 기마민족의 후예였던 선조들은 이 땅에 정착한 이래 농경을 시작하면서 큰 변화를 경험하였다. 이들은 가뭄과 홍수를 이기기 위해 정성을 다해 하늘(의 북두칠성)을 향해 기우제를 지냈다. 또 성황당의 고목을 향해 가족의 무사와 무탈을 기원하였다. 이들은 하느님인 환인을 숭상하고 하늘과 땅을 잇는 큰 바위나 우주수宇宙樹를 숭배하였다. 하늘로 우뚝 솟은 바위와 큰 나무는 신이 내려오는 길이었다. 불끈 솟은 바위 밑의 감실 앞이나 나무 밑의 제단은 정성을 들이는 기도처가 되었다. 환웅이 태백산 꼭대기에 내려온 박달나무(神檀樹), 늘 티 없이 동구 밖에 서 있는 느티나무, 동아리를 틀고 타고 올라가는 등나무 등은 대표적인 당나무였다. 사람들은 이 당나무에 타르쵸(티베트 경문)와 같은 울긋불긋한 천들을 걸었다. 그리고 사람들은 '바람'을 일으키는 이 당나무를 향해 촛불을 밝히고 향을 사루며 음식을 올리고 정성을 들였다. 산과 나무는 기원자에게 감응하여 현몽하거나 현신하였다.

이렇게 일상의 문제를 해결해 온 무속신앙은 '복을 빌고 재앙을 물리치는[祈福禳災]' 공능을 확보해 갔다. 하지만 불교계는 공인 이후 천신신앙과 고목신앙을 대체해 가면서 사상계를 주도해 갔다. 그 결과 산신은 바위 밑의 감실 옆에 산신각으로 자리 잡았고, 칠성은 바위 꼭대기 아래에 칠성각으로 자리 잡았다. 그리고 이들 옆에는 나반존자를 모신 독성각이 세워졌다. 불교는 점차 개별적으로 존재했던 독성각과 산신각을 아우르기 위해 강우降雨와 수명壽命과 재복財福을 주재하는 칠성을 칠성여래 혹은 치성광여래熾盛光如來로 승화시켜 산신과 독성을 삼성각三聖閣(三神閣) 안으로 이끌고 왔다. 이제 삼성 혹은 삼신이 삼성각 안에 함께 들어오면서 이 땅의 전통적 신앙은 불교로 통섭되기 시작했다. 그리하여 이 땅의 신들은 점차 불법을 지키는 호법신장으로 수렴되었다. 환인이 전통적 하늘님인 도리천주인 제석帝釋으로 비정된 것 역시 이같은 맥락에서 이해할 수 있다.

일연은 『삼국유사』에서 불교의 우주관을 접목하여 민족사를 재구성하였다. 불교는 욕계(6천)와 색계(18천)와 무색계(4천)를 아우르는 삼계를 28천으로 세분하고 있다. 불교의 백과사전인 당나라 도세道世의 『법원주림』(100권)에 의하면 욕계 제2천인 도리천은 선견성(궁)이며 이곳을 지키는 주인은 제석이다. 도리천은 수미산의 꼭대기에 있으며 지거천地居天의 끝이자 공거천空居天의 시작이다. 그 중앙에 제석천이 있고 사방에 각기 8천天이 있어 합하면 33천이 된다. 천태가인 형계 담연荊溪湛然은 삼계를 6도道·25유有·9지地로 나누어 설명했다. 이처럼 불교의 세계관에 의해 일연은 환인을 불법의 호법신장인 '제석'으로 비정하였다. 그러면 일연은 왜 우리의 하느님인 환인을 제석으로 비정했을까? 그는 몽고의 침입에 의해 '주체'와 '구심'을 상실한 우리의 역사를 불교적 역사로 새롭게 세워내고자 했다. 그리하여 일연은 전통적 하느님인 환인을 불교적 하느님인 제석으로 비정했다. 이것은 일연의 거대한 문화적 전략에서 이루어진 것으로 짐작된다.

해서 불교는 전통의 담지자로서 정치와 경제, 사회와 문화 및 과학 등에 지대한 영향을 끼칠 수 있는 길을 열어나갔다. 종래 무속신앙은 특히 부여의 제천행사인 영고, 고구려의 동맹 등에서처럼 집단 굿의 원형으로 자리 잡아 왔다. 우리 조상들은 집단 굿을 통해 풍성한 수확과 공동체의 안녕을 빌었다. 이들 집단 굿은 '푸는 의식'으로서 가무와 놀이 등에 큰 영향을 미쳤다. 그리하여 우리 민족 정서의 밑바탕에 다리

잡고 있던 무속신앙은 현실에서 오는 불안과 공포를 위안 받고, 삶에 대한 의지를 북돋우며 정신세계를 활발발하게 드높였다. 그리고 외래 사상을 주체적으로 수용하는 데에 있어 주요한 역할을 하였다. 결국 불교에 흡수된 무속신앙은 이제 전통문화의 구심인 불교의 주변부에서 전통문화의 아이콘으로 자리해 오고 있다.


## 3. 불교적 우주관의 건립

제석은 '석제환인帝釋桓因' 혹은 '석가제바인다라釋迦提婆因陀羅' 또는 '석가제환인다라釋迦提桓因陀羅' 등으로도 불린다. '샤크라Sakra'는 번역하여 '능能'이라 하고, '제바提婆(Deva)'는 '천天'이라 하며, '인다라因陀羅(Indra)'는 '주主' 혹은 '제帝'라고 한다. 이를 종합하면 '석제환인'은 곧 '능천주能天主' 혹은 '능천제能天帝'로 옮겨진다. 이 제석은 욕계 제2천인 도리천(33천)에 있는 선견궁(城)의 제왕이다. 그는 묘고산妙高山(須彌山) 꼭대기에 머물며 33천의 제왕이 되었다. 제석은 수미산정에 머무르며 주변의 8천왕을 다스린다. 그는 큰 위덕을 가지고 32천을 다스리면서 불법을 보호하는 하늘의 임금님이다.

일연은 부계적 천신인 환인을 욕계 제2천인 도리천의 성주인 제석으로 비정했다. 그의 의도는 과연 어디에 있었을까? 일연은 당시 동아시아 질서를 주도했던 세계관인 불교를 통해 우리 역사를 새롭게 재구성하려고 했던 것은 아니었을까? 원나라의 무도함에 맞서기 위해 불법을 통해 새로운 역사 만들기에 동참했던 것은 아니었을까? 중국(원)과 대등한 역사의 기획을 통해 당시 고려 지식인들에게 우리 역사를 온전히 전하기 위해서가 아니었을까? 왕검이 평양성에 도읍하고 조선이라 부른 해가 요堯임금이 왕위에 오른 지 50년 경인년(정사년?)으로 할주割注를 단 것은 이를 뒷받침하는 증좌라고 볼 수 있지 않을까? 이것은 지상과 천상의 관문을 지키는 제석을 불법을 지키는 호법신장으로 비정함으로써 이 땅을 불교적 우주관으로 새롭게 재편시키는 계기가 되었다.

단군이야기에 의하면 하늘의 제왕인 하느님인 환인의 아들인 환웅이 지상의 웅녀를 만나 단군을 낳았다. 단군왕검은 47대의 세계世系를 가진 실존 왕조의 개조이다. 그는 조선의 개국조이자 부계적 천신인 환인의 아들인 환웅과 모계적 지모신인 웅녀 사이에서 태어난 아들이다. 이것은 조선의 시원이 중국의 시원과 마찬가지로 하늘과 맞닿아 있음을 보여주는 대목이다. 일연은 「기이」편의 서문에서 중국의 성인인 공자가 '괴력난신怪力亂神'을 말하지 않았음에도 불구하고, 정작 중국의 개조 혹은 개국조들이 괴력난신을 통해서 태어났음을 기술한 중국 역사가들을 통렬히 비판하고 있다. 이것은 공자를 성인으로 떠받드는 중국 지식인들의 자가당착이요 자기모순을 지적한 것이다. 그러면서 일연은 "조선(삼국)의 개조 혹은 개국조들 역시 모두 신비스러운데서 탄생했다는 것이 무엇이 그렇게 괴이하랴"고 역설하면서 반전을 도모하고 있다.

일연은 '직지인심直指人心', '견성성불見性成佛', '불립문자不立文字', '교외별전敎外別傳'의 기치를 내세우는 선사禪師였다. 그럼에도 불구하고 그는 우리들의 삶의 본질을 담아내는 역사서를 찬술했다. 일연은 출가자로서 국가와 제도 및 역사와 사상 등에서 비교적 자유로운 위치에 있었음에도 오히려 그는 우리의 그것들에 대해 남다른 애정을 지니고 있었다. 그러면서도 그는 신화를 신화로서 이해하고, 역사를 역사로 인식하는 매우 냉철한 감각을 지닌 사람이었다. 또 일연은 선사이면서도 국사國

師의 소임을 다하였고 남해 분사도감의 대장경 판각에도 능동적으로 참여한 선각자였다. 때문에 그는 삶의 본질을 담아내는 역사 기술의 중요성을 남다르게 인식하였고 그 결과 우리 민족의 수트라인 『삼국유사』를 찬술해 낼 수 있었다. 이는 불교의 연기적 세계관에 대한 일연의 투철한 확신과 보살적 자비심에서 가능할 수 있었던 것으로 이해된다.

# 『삼국사기』와 『삼국유사』의 차이는 어디에 있는가?

## 1. 유교사서와 불교사서

역사가 시대의 소산이듯이 역사서 역시 시대의 산물이다. 이 때문에 역사서에는 역사를 기술한 사가의 역사해석이 투영되어 있다. 『삼국사기』에는 편찬을 주도한 김부식金富軾(1075~1151)의 생애가 교차되고 개성이 훈습되어 있다. 이 때문에 우리는 그에 대한 이해를 전제로 『삼국사기』를 살펴보아야만 한다. 마찬가지로 『삼국유사』에는 찬술을 주도한 일연一然(1206~1289)의 생애가 교차되고 개성이 배어들어 있으므로 그에 대한 이해를 함께 해야만 한다. 그래서 역사가와 역사서의 관계는 긴밀할 수밖에 없는 것이다. 이러한 사실을 놓치게 되면 역사에 대한 평면적 이해와 단선적 인식으로 문제의 본질을 바로 읽어내지 못하게 된다.

고려 전기 사회는 귀족 중심의 유교주의적 통치이념으로 출발하였다. 고려 중기로 들어서면서 시작된 파국의 조짐이 보이기 시작하였다. 이 때문에 이 파국의 전조를 어떻게 극복하느냐가 당시 지식인들에게 주어진 과제였다. 김부식은 국가의 번영과 민족의 위기를 극복하는 시대인 11세기 후반에서 12세기 중반을 살았다. 이자겸李資謙과 같은 외척의 발호는 정치적 안정과 왕권의 안정을 뒤흔들었다. 북방에서는 거란족의 요遼나라와 여진족의 금金나라가 명암을 달리하고, 이에 따라 중원의 송宋나라와 고려 왕조의 긴밀한 대응으로 이어졌다. 게다가 서경천도를 둘러싸고 묘청妙淸의 난까지 일어나 파국과 위기에 직면하였다. 이 과정에서 김부식은 인종의 명을 받고 고구려, 백제, 신라의 세 왕조를 대상으로 한 기전체의 역사서로서『삼국사기』(50권) 편찬을 완수하였다.

일연이 살았던 13세기에는 국난의 극복과 민족의 자존을 수립하는 시대였다. 그는 몽골(元)의 침입으로 국토가 초토화되는 현실을 목도하면서 고조선의 건국신화부터 고구려, 백제, 신라 삼국의 역사 사실을 수록하여 한민족의 정체성을 담아내려 하였다. 일연은 정사에서 요구하는 지정된 집필 제강이나 전통적인 편찬 절차나 고전적 편집 양식에 제약됨이 없이 비교적 자유로운 입장에서 정사에서 '빠진 이야기[遺事]'들을 추려 모아『삼국유사』(5권)를 찬술하였다. 그리하여 그는 정사에서 요구하는 까다로운 제약들로부터 벗어나 자신의 정력을 다하여 유사들을 들추어 기술함으로써 이 저술의 가치를 극대화시켰다.

『삼국사기』와『삼국유사』는 정사正史와 야사野史라는 점으로 변별된다. 이러한 구분은 국가의 명을 받고 편찬된 관찬사서와 개인에 의해 찬술된 민간사서라는 성격에서 비롯한다. 이 두 사서의 차이는 일반사서를 지향하는『삼국사기』와 불교사서를 지향하는『삼국유사』에 내재해 있다. 즉 유교사관에 입각한 편년체의『삼국사기』와 달리 불교사관에 입각한 유사체인『삼국유사』의 입각지에서 기인하는 것이다. 한 번

다스려지면 한 번 어지러워지는 유교(맹자)의 '일치일난一治一亂 사관'과 달리 자신의 자유의지를 역사의 동인으로 파악하는 불교의 '중도 연기(업설) 사관'의 차이이기도 하다.


## 2. 표문表文과 서왈敍曰

김부식은 『삼국사기』를 짓고 인종에게 올린 「진삼국사표」에서 아래와 같이 저술 취지에 대해 밝히고 있다.

> "지금 학사와 대부들은 모두 오경五經과 제자의 글[諸子之書]과 진한의 사서[秦漢史書]에는 널리 통하지만, 우리나라 사실은 망연하여 그 시말을 모르고 있으니 매우 가슴 아픈 일입니다. 더구나 신라와 고구려와 백제가 세 나라를 세우고 서로 정립하여 예로써 중국과 통한 바 있어 『한서漢書』나 『당서唐書』의 열전列傳에 모두 기록된 바 있습니다. 그러나 국내(중국)의 것은 자세하지만 국외(삼국)의 것은 간략하게 써 놓았으므로 실리지 않은 것은 적지 않습니다. 더욱이 『고기古記』에는 문자가 거칠고 사적이 빠지고 없기 때문에 이것으로는 군후君侯의 선악善惡이나 신자臣子의 충사忠邪, 국가國家의 안위安危와 인민人民의 이난理亂 등을 모두 드러내어 후세에 경계를 할 수 없습니다. 따라서 삼장三長(材, 學, 識)의 인재를 얻어 일가지사一家之事를 이룩하여 만세에 남겨두는 교훈을 삼아 해와 별같이 밝히고 싶습니다."

김부식은 『삼국사기』를 저술함으로서 재주와 배움과 지식이 뛰어난 인재를 얻어 한 집안의 일을 이룩하여 만세에 남겨두는 교훈을 삼아 해와 별같이 밝힘으로써 후세에 경계를 하고자 하였다. 송나라 증공량曾公亮이 올린 「진당서표進唐書表」를 모델로 작성한 이 표문에서처럼 『삼국사기』와 『구삼국사』의 관계는 『신당서』와 『구당서』의 관계에 비유된다. 『자치통감』을 찬술한 사마광司馬光은 일반적 체제에서는 『신당서』를 따랐지만, 구체적 사실들에서는 『구당서』를 많이 채택하였다. 반면 김부식의 『삼국사기』는 『구삼국사』로 일컫는 자료를 비롯하여 많은 『고기』류와 금석문들 그리고 새로 입수한 중국의 사서 및 경서와 문집들을 활용하여 보충하고 윤문하며 수정을 가하면서 재편하였다. 이처럼 『삼국사기』는 12세기를 살았던 한 유교 지식인의 관점에서 이루어진 것이었다.

반면 일연은 『삼국유사』를 찬술하고 따로 서문을 쓰지는 않았다. 하지만 「기이」편의 서두에서 이 저술의 간행 의도에 대해 아래와 같이 밝히고 있다.

> "옛날 성인聖人이 문화文化로써 나라를 일으키고 인의仁義로써 교화를 베푸는데 있어 괴력怪力과 난신亂神을 말하지 않았다. 그러나 제왕이 장차 일어나려 함에 있어서는 부명符命을 받고 도록圖籙을 받아 반드시 여느 사람과 다른 데가 있었다. 그런 뒤에야 능히 사변事變을 이용하여 정권을 잡고 대업大業을 이룰 수 있었다. 그러므로 황하黃河에서 그림[河圖]이 나오고 낙수洛水에서 글[洛書]이 나오면서 성인이 나타나게 되었으며, 무지개가 신모神母를 둘러싸서 희羲를 낳고, 용이 여등女登과 관계하여 염炎을 낳고, 황아皇娥가 궁상窮桑이라는 들에서 놀다가 자칭 백제의 아

들이라는 신동神童과 관계하여 소호少昊를 낳고, 간적簡狄이 알을 삼키고
서 설契을 낳고, 강원姜嫄은 거인의 발자국을 밟고서 기棄를 낳았으며, 요
의 어머니는 잉태한 지 열넉 달 만에 요堯를 낳았고, 패공의 어머니는 용
과 큰 못에서 교접하여 패공沛公을 낳기에 이르렀다. 그 뒤에 일어난 이
와 같은 일을 어찌 다 기록할 수 있으랴. 그런즉 삼국의 시조가 모두 신
이神異한 데서 나왔다는 것이 무엇이 괴이하겠는가? 이것이 신이의 이야
기를 서두에 둔 까닭이다."

일연은 삼국의 개국조들을 중국의 역대 왕조들의 개국조들과 대등하
게 기술함으로써 삼국의 역사가 중국의 역대 역사와 대등함을 언표하
고 있다. 즉 '신이'를 '신이'로 받아들여 기술함으로써 신화의 영역을 역
사의 영역을 옮겨내고 있다. 이것은 『삼국유사』의 사료적 내용을 더욱
풍부하게 만든 것이다. 일연은 저명한 불교 승려이면서도 유교적 정치
도덕을 정확히 비판할 수 있는 높은 수준의 유학지식을 가지고 있었으
며, 그의 사상은 삼한三韓, 해동海東 등의 개념으로 연장되는 '조선사람'
의식에 튼튼히 섰다고 볼 수 있다. 이것은 13세기 후반을 살았던 한 불
교 지식인의 관점에서 이루어진 것이었다.

조선 중중 때의 경주진 병마절도사 전평군全平君 이계복李繼福은 이
두 책을 간행하면서 아래와 같이 발문을 쓰고 있다.

"우리 동방 삼국의 『본사本史』와 『유사遺事』 두 책이 다른 곳에서는 간
행한 것이 없고 오직 우리 고을에만 있으나, 세월이 오래되매 자획字劃이
떨어지고 이지러져 한 줄에 알아볼 만한 글자가 겨우 네댓 자이다. 내가
생각하매 선비가 세상에 나서 여러 가지 역사를 두루 읽어 천하 정치의

잘잘못과 흥망이며 이와 함께 여러 가지 이적마저 널리 알고 싶어 하겠거늘, 더군다나 이 나라에 살면서 이 나라의 사적을 모르는 것을 옳다고 하랴? 따라서 이 책을 고쳐서 간행코자 완전한 대본을 널리 구한 지 몇 해가 되었건만 얻지 못하였다. 그것은 일찍부터 이 책이 세상에 드물어 사람들이 쉽게 얻어 보지 못하였던 것임을 알게 한다. 만일 지금에 고쳐서 간행을 못한다면 장차 실전되어 동방의 지난 날 사적을 후대의 학도들은 마침내 알 수 없게 될 것이니 한탄할 만한 일이다. 다행히 우리 유학도儒學徒인 권주權輳는 내가 이 책을 구한다는 말을 듣고 완본을 얻어서 나에게 보냈다. 나는 기쁘게 받아 감사監司 상국 안당安瑭과 도사都事 박전朴佺에게 자세히 사실을 고하였더니 모두가 좋다고 하였다. 이에 여러 고을에 나누어 각판을 새겨 우리 고을에 돌려서 건사하도록 하였다. (중략)

슬프다! 사물은 오래되면 반드시 없어지고 없어지면 반드시 생기는 것이니 생겼다가 없어지고 없어졌다가 생기는 것은 떳떳한 이치이다. 이 떳떳한 이치를 알아서 어느 적당한 시기에 이런 사업이 다시 진행되어 이 책이 영원히 전해질 것은 물론 앞으로도 학계에 기여할 인사들에게 촉망되는 바 있다고 본다."

경주진 병마절도사 이계복은 무릇 "선비는 세상에 나서 여러 가지 역사를 두루 읽어 천하 정치의 잘잘못과 흥망이며 이와 함께 여러 가지 이적마저 널리 알고 싶어 하며", 무엇보다도 "이 나라에 살면서 이 나라의 사적을 모르는 것을 옳다고 할 수는 없다"는 문제의식 아래『삼국사기』와『삼국유사』를 판각하여 널리 보급하였다. 병마절도사가 역사에 대한 문제의식이 철저할 정도이니 다른 문관들은 그보다 더 했을 것이다. 하지만 그들은『삼국사기』의 가치는 높게 평가했을지언정『삼국유사』에 대해서는 '허탄한 책'으로 평가하여 소홀히 하였다. 두 책에 대한 평가로 알 수 있듯이 유자들 대다수는 중국 역사서를 가까이 하면서도 한국 역사서는 가까이 하지 않았고, 『삼국사기』는 접하면서도 『삼국유사』는 잘 접하지 않았다. 김부식의 '표문'과 일연의 '서왈'은 비록 짧은 글이기는 하지만 그들의 찬술 의도를 잘 담고 있을 뿐만 아니라 유교사서와 불교사서의 지향을 잘 보여 주고 있다.


## 3. 함께 읽어야 할 두 책

『삼국사기』와 『삼국유사』는 함께 읽어야 균형적인 시각을 유지할 수 있다. 동양 역사의 아버지인 사마천이 죽고 나서 남긴 『태사공서太史公書』 혹은 『태사공기太史公記』의 약칭으로 불린 '사기史記'가 동양 역사서의 전범이 된 것처럼 '정사'로 평가받는 『삼국사기』는 '삼국三國'을 대상으로 하면서 고조선을 필두로 삼국 이전의 민족사는 배제한 '사기史記'이다. 그런데 이 책은 통일기 신라시대 민족사의 또 다른 줄기를 담당한 대발해 역사를 고려하지 않았다. 나아가 가야의 사적도 정당한 대우를 하지 않았다. 그 결과 우리에게는 고려 이전의 민족사 체계가 제대로 파악되지 않았다.

이 책은 『삼국사기』라는 이름에 걸맞게 오직 고구려, 백제, 신라의 삼국 역사에 대해서만 기술하고 있다. 이 때문에 삼국 이외의 왕조사를 포함할 때 『삼국사기』라는 이름을 붙일 수 없음 또한 부정하기 어렵다. 이렇게 본다면 서술 대상의 결여라는 지적은 『삼국사기』가 감당할 몫이 아니라 『삼국이외사』가 감당할 몫이 될 것이다. 조선 후기의 유

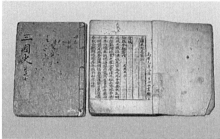

삼국유사                    삼국사기

득공은 『발해고』를 찬술하면서 삼국의 역사와 별도로 통일기 신라와 대발해가 병존했던 '남북국사'를 편찬하지 않은 고려 사람들의 책임 문제를 제기하였다. 이처럼 대발해사에 대한 숙고에서 나온 유득공의 사관은 매우 건강하다고 할 수 있다.

아마도 대발해가 외면된 것은 삼국전쟁에서 승리한 신라인들의 현실적 필요에서였다고 할 수 있다. 이들은 7세기 동아시아 세계전쟁의 명분을 '일통삼한一統三韓'으로 설정하였으므로 '고구려를 계승한 나라' 또는 '고구려가 부활한 나라'를 자처하는 대발해의 존재는 신라 지배집단이 표방한 전쟁 의의를 훼절하는 도전이 되었다. 동시에 고려의 지식인들은 신라인들의 대발해 인식을 옳게 극복하지 못하여 대발해사를 기술하지 못하였다. "『삼국사기』에 숱하게 등장하는 '말갈靺鞨'이 6세기 이후에나 중국 사서에 모습을 드러내고 있는 점은 이를 반증한다. 이 때문에 말갈이 기원전부터 삼국의 성장에 깊숙이 개입될 수는 없는 것이다. 말갈은 삼국통일 이후 신라시기에 가장 잘 들어맞는 존재였을 뿐만 아니라 오히려 신라적 관점이 여과없이 반복된 대표적 사례"(이강수)였던 것이다.

이렇게 본다면『삼국사기』가 지닌 장점에도 불구하고 이 책에는 숱한 오류와 모순을 지니고 있다. 이러한 오류와 모순은『삼국유사』를 통해서 보완되어 균형을 잡아나갈 수 있다.『삼국사기』의 편향과 배제가『삼국유사』에서는 균형과 보완으로 나타나고 있기 때문이다. 그러므로 우리는 바로 이 대목에서『삼국사기』와『삼국유사』를 함께 읽어야만 할 이유가 있는 것이다. '사기'가 온전히 감당하지 못한 것, 혹은 빠뜨린 것, 또는 의도적으로 배제한 것을 '유사'가 담고 있기 때문이다. 여력이 된다면 이들 두 사료 사이에 간행된 각훈覺訓(?~?)의『해동고승전』도 함께 읽을 필요가 있다. 비록 단간이기는 하지만『삼국사기』와『삼국유사』의 빈틈을 어느 정도 채울 수 있을 것이다.

삼국유사 권 제1

# 왕력
## 王曆

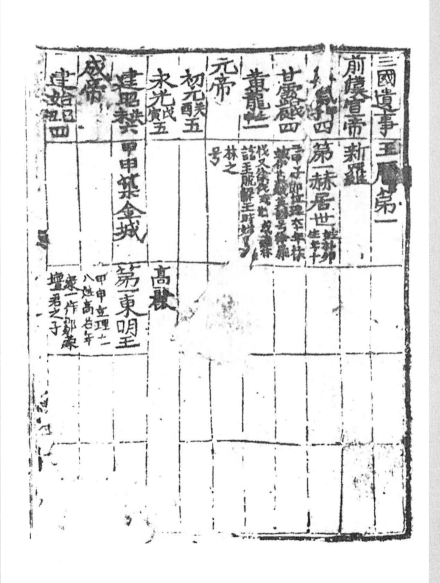

前漢宣帝　新羅

號

鼠子四　第一赫居世

甘露四

薨蘢二　黄龍二

元帝

初元戊五

永光戊五

成帝

建昭癸甲申築金城

建始己四

第二東明王　高麗

壇君之子

一作鄒牟

甲申立理十八

姓高

# '왕력'을 어떻게 읽을 것인가?

## 1. 역사와 연표

역사를 기록한다는 것은 한 시대를 기록하는 일이다. 한 시대 속에 투영되어 있는 자신의 유전인자, 즉 자신의 혼과 얼을 만나는 일이다. 역사가는 다양한 사건들이 빚어내는 불협화음들을 일정한 사관에 의해 하나의 하모니로 이끄는 지휘자와 같다. 각 '점點'들이 빚어내는 사건들과 그 점들이 연속되어 이어 가는 '선線'들의 흐름, 그 흐름들이 중중무진으로 얽어내는 '망網'들과 그것이 빚어내는 다면적 의미망들의 덩어리인 '입체立體'로 사서가 탄생하는 것이다. 그러므로 하나의 사서가 탄생하기까지는 기록과 유물과 유적 및 기억 등의 사료 채집과 사관 정립 및 시대구분과 연표작성이 함께 준비되어야 한다. 이런 것들이 함께 모색되어야 비로소 온전한 통사가 태어날 수 있는 것이다. 이렇게 태어난 역사서에 대한 교육은 과거의 기억과 미래의 예지를 통해서 현재의 자기를 성찰하는 작업이 될 것이다.

일연一然(1206~1289)은 출가한 선사임에도 불구하고 고전문화와 역사 전통에 대한 남다른 시선을 지녀 왔다. 그는 선종의 여러 전적들을 접하면서도 조사들의 계보와 가풍 및 그들의 살림살이와 사고방식에 대해 남다르게 주목을 해 왔다. 수행의 기쁨[禪悅]을 느끼는 틈틈이 대장경을 두 번이나 열람하였고, 여러 불학자(家)들의 장소章疏를 깊이 연구하였다. 또 유가의 서적들을 두루 읽고 제자백가의 글도 겸하여 읽었다. 국사에 추대되면서 충효忠孝 개념에 대한 불교적 이해와 해법 및 불교적 국가관과 윤리관의 확보도 주요과제로 삼았던 것으로 짐작된다. 그 과제를 실현시키기 위해『삼국유사』편찬을 기획하였고 그 과정에서 소략하나마 최치원의「제왕연대력」을 참고하고 제자들의 도움을 얻어 만든「역대연표」로 역사 기술의 근거로 삼았다.

연표年表는 말 그대로 역사의 흐름을 일목요연하게 도시화한 표이다. 『삼국유사』제1권에 편재된「왕력」은 역대 왕의 출생과 즉위 및 치세를 중국 연대와 비교 서술하여 기록한 연표이다. 일연은 제일 왼쪽에 중국 연표를 두고 '신라'와 '고구려' 및 '백제'와 '가락駕洛'의 순서로 적었다. 이는 신라 중심이 아니라 역사 기록상 가장 먼저 재위한 신라의 제1대 박혁거세(B.C.E. 57)를 앞세운 것일 뿐이다. 그 다음에 건국한 고구려의 제1대 동명왕(B.C.E. 37)과 백제의 제1대 온조왕(B.C.E. 18), 그리고 가락의 제1대 수로왕(C.E. 42)의 출생과 즉위 및 세계世系와 치세治世 등을 적고 있다. 중국 연표는 국가명과 황제명 및 연호와 연호 유지 기간 등을 적었다. 이에 상응하여 신라의 시조 혁거세赫居世 마립간의 재위기간에 해당하는 전한 선제宣帝로부터 기록하여 신라 경순왕과 고려 태조 및 후백제 견훤시대에 대응하는 당말 5대 10국에 이르기까지 중국의 황제명과 연호를 적고 있다. 그런데『삼국유사』「왕력」이후에 유목을 나타낸 것은「기이1」,「기이2」,「흥법」,「의해」,「신주」,

「감통」, 「피은」, 「효선」 등 7편이다. 이 때문에 「기이」 다음에 제2가 될 무엇과, 「흥법」 다음에 제4가 될 무엇이 빠져 있다고 본 학자가 있다.

일본학자 이마니시 류今西龍는 유목을 나타낸 것이 일곱에 지나지 않아 유목을 세우고 이미 숫자로서 차례를 매기면서 같은 이름을 거듭 썼을 까닭이 없기 때문에, 그리고 빠진 것이 또 다른 유목이었을 것은 쉽게 짐작할 수 있기 때문이라고 하였다. 이것은 조선 중종中宗 연간에 간행된 정덕본正德本에 근거해 보면 '동경흥륜사금당십성東京興輪寺金堂十聖'과 '가섭불연좌석迦葉佛宴坐石' 두 조항 사이에 필요 없이 끼어든 것으로 보이는 「탑상」 제4란 편목의 '제4'란 두 글자가 탈락된 나머지 글일 것이라고 논한 것이다. 또 「기이」와 「흥법」 사이에는 권도 바뀌고 편도 하나 넘어감으로 그렇게 보려고 하였다. 이것은 「왕력」을 제1권으로 볼 때 제2권 「기이1」과 「기이2」의 권차 배정 문제와 두 조목 사이에 끼어든 「탑상」 제4의 권차 배정과 조목 배정 문제에서 비롯된 것이다. 하지만 「기이」와 「흥법」 사이에는 같은 기사가 계속되고 있어 억지로 나눠야 할 이유를 발견할 수 없다. 또 「기이」 제1 앞에 책이름을 나타낸 것이 없어 이것이 책 첫머리가 아닌 것을 알 수 있고, 책 이름이 「왕력」 위에 나와 있을 뿐만 아니라 '「왕력」 제1'이라고 차례를 매긴 것이 분명하므로 「왕력」이 유목 중의 하나이자 제1권의 첫머리가 되는 것은 의심할 여지가 없다고 할 것이다.


## 2. 역사의 보물창고

「왕력」편은 제일 첫 부분에 편재되어 있다. 하지만 이야기 중심으로 된 편이 아니어서 『삼국유사』 독자들은 「왕력」편을 건너뛰고 「기이」
부터 「효선」까지 읽게 된다. 「효선」을 다 읽고 나서조차도 다시 「왕력」
편은 읽지 않는다. 그러면서도 『삼국유사』를 완독했다고 생각한다. 때
문에 일부 번역본에는 서두의 「왕력」편이 가독율이 떨어진다는 이유로
아예 「효선」 뒤에 편집해 넣기도 한다. 이러다 보니 「왕력」편을 읽는
사람은 일부 전공학자들뿐이다. 과연 「왕력」은 읽을 필요가 없는 편일
까? 아니면 읽어 보아도 재미를 전혀 느낄 수 없는 편일까? 그런데 「왕
력」편을 읽지 않고 『삼국유사』 「기이」에서 「효선」까지만 읽으면 사국
의 세계와 치세가 잘 잡히지 않는다. 반드시 「왕력」을 읽어야만 왕실
의 세계나 치세가 잘 잡히게 된다.

「왕력」은 신라와 고구려 및 백제와 가락 역사의 보물창고이다. 보물
창고에는 보배들이 가득 차 있다. 「왕력」편에는 일연이 삼국 중 신라
의 시대구분을 상고기, 중고기, 하고기로 구분하고 있음을 알려준다.
그는 제1대 혁거세마립간에서 제22대 지증마립간까지를 상고기로 보았
다. 제23대 법흥왕에서 제28대 진덕여왕까지를 중고기로 보고 성골의
왕이 재위했던 시기로 보았다. 제29대 태종무열왕에서 제56대 경순왕
까지를 하고기로 보고 진골의 왕이 재위했던 시기로 보았다. 이것은 제
1대 혁거세마립간赫居世麻立干부터 제28대 진덕여왕眞德女王대까지를 '고
대'(기원전 48~기원후 653), 제29대 태종무열왕太宗武烈王부터 제36대
혜공왕惠恭王까지를 '중대'(654~779), 제37대 선덕왕宣德王부터 제56대
경순왕敬順王대까지를 '하대'(780~935)로 시대구분 한 김부식의 『삼국사
기』와 대비된다. 일연은 왕의 호칭과 출자를 중심으로 마립간 시기, 성
골 왕의 시기, 진골왕의 시기로 삼분한 반면, 김부식은 왕의 정계와 방
계를 구분하여 박석김 삼성시기-무열왕계시기-방계김씨기로 삼분하

였다.

「왕력」편에는 신라의 국명이 '서라벌徐羅伐' 또는 '서벌徐伐' 혹은 '사로斯盧'-'계림鷄林'-'신라'(德業日'新' 網'羅'四方)로 변화하였음을 알려준다. 또 왕의 호칭이 차차웅-거서간-이질(사)금-마립간으로 변천되었음을 보여주고 있다. 다시 또 법흥왕 때부터 시호諡號를 내리기 시작하였으며, 왕의 내외가 출가하여 승려僧侶가 되었고, 십재일十齋日에 살생을 금하고, 도첩度牒을 주어 승려가 되게 하였음을 알려준다. 진흥왕 (내외)도 출가하여 승려가 되었음을 알려준다. 가락駕洛 흡수 이후부터는 신라·고구려·백제만을 기술하고 있으며, 백제와 고구려 흡수 이후부터는 통일신라의 연표만 기록하고 있다.

또 후삼국의 시대를 열었던 후고구려 즉 마진摩震(904~918)의 궁예, 후백제後百濟(892~935)의 견훤, 고려高麗(918~1392)의 왕건에 대해서도 기술하고 있다. 태조 왕건에 대해서는 별도의 조목을 시설하여 기술한 것은 아니지만 그가 철원경鐵原京에서 즉위(918)한 뒤 기묘년(919)에 송악군으로 도읍을 옮기고 나서 창건한 법왕사, 자운사, 왕륜사, 내제석사, 사나사, 대선원(보제원), 신흥사, 문수사, 원통사, 지장사 등 10개의 절 이름도 상세히 기록하고 있다. 중국 한漢나라의 황제명 및 6조朝의 국명과 수나라 그리고 당나라의 황제명과 5대 10국 시절의 나라들인 주량朱梁, 후당後唐, 석진石晉, 유劉, 한漢, 곽주郭周 나아가 송宋나라의 국호까지 기록하고 있다. 이들 연표는 저 신라로부터 고구려, 백제, 가락, 후고구려, 후백제를 아우른 고려가 탄생하기까지 중국 각 나라의 이름과 황제명에 준하여 사국四國 및 후삼국의 왕명을 병기함으로써 중국과 대등한 역사연표를 기술하고 있다.

## 3. 왕력, 반드시 읽어야 될 편명

연표는 역사를 읽는 지남이 된다. 연표는 역대 나라와 통치자 및 즉위와 치세 등을 종합적으로 살펴볼 수 있는 이정표이다. 때문에 역사고전을 볼 때 연표는 필수적인 지도라고 할 수 있다. 그렇지 않고는 역사서의 숲에서 길을 잃게 된다. 해당 시대나 통치자의 연호에 상응하는 시대 비정을 하지 않고는 역사의 길목에서 방황하기 마련이다. 그러므로 우리나라 사국四國시대의 '역대 왕의 연표'라고 할 수 있는 「왕력」편은 『삼국유사』를 읽는 이정표이며 나침반이라고 할 수 있다. 그럼에도 불구하고 다수의 독자들은 「왕력」편을 건너뛰고 「기이」편부터 읽기 시작한다. 이러한 독서법을 개선하기 위해서는 역사에 대한 인식이 전환되어야 한다.

'왕력'은 왕의 이력서라 할 수 있다. 여기에는 통치자인 왕의 성과 태생, 부모의 이름, 형제 관계, 즉위년과 재위 기간, 왕비의 이름, 나라 이름, 도읍지, 수도 이전, 영토 확장, 장례법과 장례지 등 통치자에 대한 간략한 정보가 압축되어 있다. 담겨 있는 정보로 치면 간략한 인명사전을 보는 듯하다. 짧은 칸(란) 속에 담는 속성상 해당 인물의 정보가 집약되어 있다. 해서 역사서 본문을 읽는 때에는 반드시 함께 읽어야만 도움을 얻을 수 있다. 『삼국유사』의 경우에는 「왕력」편만을 따로 읽고 나서 본문과 연계시켜 읽어나가도 큰 도움을 얻을 수 있다. 그렇게 하면 중국 역사에 상응하여 신라와 고구려 및 백제와 가락의 역사가 어떻게 전개되었는지를 일목요연하게 살펴볼 수 있다.

일연은 『삼국유사』를 편찬하면서 연보의 필요성을 남다르게 인식한 것으로 알려져 있다. 그는 역사서류인 '고기古記' 중에서도 최치원의 「제왕연대력』과 『신라수이전』, 김대문의 『고승전』과 『화랑세기』, 대구화상大矩和尙의 『삼대목』, 최승우의 『호본집餬本集』과 홍관의 『편년통재속편編年通載續編』과 같은 문헌들을 검토하면서 연보학, 계보학, 향가집, 전기류 등의 편재와 구성 등을 깊이 참고한 것으로 짐작된다. 이러한 선행 연표와 역사서 및 향가집과 전기류 등은 『삼국유사』 찬술의 밑거름이 되기에 충분하였다. 특히 김대문의 『화랑세기』의 출전 인물들을 넓게 탐구한 것으로 추정된다.

『삼국유사』의 9개 편명 중 「왕력」편은 제일 처음에 자리해 있다. 그럼에도 불구하고 가장 손이 가지 않는 편목이라고 할 수 있다. 이것은 이 편명이 지니고 있는 '연표'라는 특성상 그럴 수밖에 없을 것이다. 하지만 연표를 읽고 난 뒤에 본문을 본다면 본문의 지형이 훨씬 더 유기적으로 그려질 수 있다. 동시에 이렇게 사고방식을 바꾸어 보게 되면 이 편명은 매우 달리 보일 것이다. 연표에는 사전적 기능과 지도적 기능 등이 있다. 그리고 내용상으로도 서술형 문장으로 되어 있어 얼마든지 이야기로 읽을 수 있다. 이런 점을 감안하여 앞으로는 『삼국유사』의 독자들이 「왕력」편을 반드시 먼저 읽고 「기이」편을 읽었으면 한다. 그렇게 된다면 「왕력」편은 반드시 읽어야 할 편명으로 자리매김될 수 있을 것이다.

삼국유사 권 제1

# 기이 제1
## 紀異 第一

敍曰大抵古之聖人方其禮樂興邦仁義設教
則怪力亂神在所不語然而帝王之將興也膺
符命受圖籙必有以異於人者然後能乘大變
握大器成大業也故河出圖洛出書而聖人作
以至虹繞神母而誕羲龍感女登而生炎皇娥
遊窮桑之野有神童自稱白帝子交通而生小
昊簡狄吞卵而生契姜嫄履跡而生弃胎孕十
四月而生堯龍交大澤而生沛公自此而降豈
可殫記然則三國之始祖皆發乎神異何足怪

# '기이紀異'를 어떻게 이해할 것인가?

## 1. '황탄하다'는 평가

조선시대의 유자들은 자신의 저술에 『삼국유사』를 인용하면서도 대부분 '황탄荒誕하다'고 하였다. '황탄'하다는 것은 "말이나 하는 짓이 허황되고 허탄하다"는 것이다. 유교의 명분론이 공고해질수록 이런 생각들은 더욱 강화되어 왔다. 송시열의 친척인 송준길의 문하에서 공부한 남구만(1629~1711)은 『삼국유사』의 "말은 요망하고 거짓되고 비루하고 과장되어 애당초 길거리의 아이들도 속일 수가 없다"라고 하였다. 이의현(1669~1745)은 "설명이 매우 황탄하다"라고 하였다. 강재항(1689~1756)은 『삼국유사』는 "황탄하여 가소롭고 변증할 수 없다"라고 하였다. 안정복(1712~1791)은 "더러 채택할 만한 것이 있지만 역시 허황된 말이 많다"라고 하였다. 이긍익(1736~1806)은 "말이 요망하고 거짓되고 비루하고 과장되어 애당초 길거리의 아이들도 속일 수가 없다"라고 하였다. 이덕무(1741~1793)도 "설명이 황탄하다"라고 하였다. 정약용(1762~1836) 또한 『삼국유사』의 세계에 대해 황탄하다는 인식을 가지고 있었다.

이들의 주로 단군신화와 역사 및 지리 관련 저작들에서『삼국유사』에 대한 자신의 생각을 밝히고 있다.「단군기」의 기록에 대해 남구만은 "단군으로부터 주몽이 탄생할 때까지가 거의 2,000여 년이니, 설령 하백의 딸이 과연 귀신이고 사람이 아니라 하더라도, 먼저는 단군에게 시집가고 뒤에는 해모수와 사통한 것이 기필코 똑같은 여자이며, 앞의 부루와 뒤의 주몽이 반드시 형제 간임을 어떻게 알겠는가"라고 비판했다. 안정복도 이익에게 보낸 편지에서 "구해 본『고기』한 책은 바로 신라의 이속俚俗을 전한 것으로 고려에서 이루어진 것입니다. 대부분 신령하고 괴이한 말들이고 불가佛家의 언어가 과반을 차지하고 있습니다.『삼국유사』또한 고려의 일연이 찬술한 것으로 대개 불가의 문자를 찬한 것이거나 국사國事에 언급된 것입니다. 때문에 더러 채택할 만한 것이 있지만 역시 허황된 말이 많습니다"라고 하였다.

이처럼 안정복은『삼국유사』가 '신령'하고 '괴이'하며 '더러 채택할 만한 것이 있지만' 또한 '허황된 말이' 많다고 했다. 심지어 "어찌 선비 하나가 없어서 이런 불경스런 책만을 후세에 전하느냐"고 탄식까지 하였다. 조선 후기의 대표적인 통재通才로 평가받는 이덕무 역시『삼국유사』의 서지사항에 대해 간략히 소개하면서 "그 이야기가 황탄하다" 하였다. 정약용 또한 이 책의 제5권에 나오는 '일연 찬'에 대해 살펴보지도 않고 "이 책은 누가 지었는지 모른다" 한 뒤 "고려 중엽 이후에 나타났는데 엮어서 실은 바가 모두 황탄하고 경전에 맞지 않아 믿을 만하지 못하다. 하지만 삼한三韓을 변증하는 설명에서는 증거가 무척 명쾌하여 동방의 지리를 말하고자 한다면 마땅히 참고하여 보아야 한다" 하였다. 조선 후기의 대표적 유자인 이덕무나 정약용조차 '괴력난신'을 말하지 않은 유교경전에 부합하지 않으면 모두 황탄하다고 보았다.

유자들이 『삼국유사』의 지리서로서의 가치는 부분적으로 인정했지만 대부분 '황탄'하고 '경전에 맞지 않아' '믿을만 하지 못하다'는 인식을 견지했다. 과연 그렇게 볼 수 있는가? 육당 최남선은 『삼국유사』 해제에서 "『삼국유사』의 결점을 말하는 사람들은 대개가 그 내용이 허탄하고 괴상하다는 것을 들고 있다. 그러나 실상인즉 허탄하고 괴상한 그 점이 바로 『삼국유사』의 생명이며, 우리가 그로 인해 큰 힘을 얻게 되어 깊이 감사드리게 되는 까닭이다"라고 변론하고 있다. 육당은 오히려 '허상'과 '괴상'을 『삼국유사』의 정체성으로 확립하였다. 유자들은 눈에 보이지 않고 손에 잡히지 않는 신이와 영험, 기적과 이적을 받아들일 안목과 여유가 애초부터 없었다. 그것은 그들의 얕은 시공 인식 때문만이 아니라 삶의 본질에 대한 근원적 이해의 부족 때문이었다.

## 2. '기이'의 참다운 의미

'기이紀異'의 용례는 또렷하지 않다. 중국 한 대의 왕충王充의 『논형』(80권)에 '기요紀妖'(64편)라는 용례가 있다. 하지만 '기이'라는 용례는 쉽게 찾아볼 수 없다. 『삼국유사』의 「왕력」에 이은 「기이」의 편명의 의미에 대해서는 오랫동안 논란이 있어 왔다. 이 편속의 조목들을 보면 '기이'는 '기신이紀神異'의 약칭으로 해석할 수 있다. 해서 「기이」의 '기紀'는 '기기'와 통하므로 '기이'는 '신이를 기록한다'의 의미로 환원될 수 있다. 일연은 「기이」편의 '서敍'에서 '괴이怪異'와 '용력勇力'과 '패란悖亂'과 '신이神異'에 대해 말하지 않은 공자의 가르침과 달리 '기이'의 의미를 적극적으로 피력하고 있다. 이것은 인간과 세계에 대한 깊은 이해에서 가능한 언표라고 할 수 있다. 그리하여 그는 고대 이 땅에서 이루어졌던 여러 국가의 개조 및 개국조들의 신이한 탄생을 거부하거나 피하지 않고 과감하게 기록하겠다고 했다.

이 점은 일연이 공자를 성인으로 받들며 그의 가르침을 신주단지처럼 받드는 중국의 사가들조차 공자의 가르침을 따르지 않고 중국 고대 국가의 개조 및 개국조들의 신이한 탄생에 대해 기록하지 않았냐는 반론에서 확인되고 있다. 그런 맥락을 고려해 읽어 보면 '기이'는 '신이를 기술하다'는 의미로 읽혀진다. 조선의 유자들은 자신들의 눈에 보이지 않고 손에 잡히지 않는 사건을 하나의 팩트(사실)로서 기술한 『삼국유사』를 황탄하다고 했다. 그들이 이해하는 황탄의 의미는 『유사』의 시공관과 우주관이 유교적 세계관과 부합하지 않는다는 것이었다. 하지만 유자들조차도 조선의 단군은 하늘에서 내려온 환웅천왕의 아들이고, 고구려의 시조인 동명왕은 천제의 아들인 해모수의 아들이며, 신라의 시조 혁거세왕은 하늘에서 내려온 황금색 알에서 나온 하늘의 아들이라는 사고방식은 인정하지 않을 수 없었다.

다수의 유자들이 『삼국유사』의 세계관을 황탄하다고 여기는 대목은 유교적 세계관에서 보면 어느 정도 일리—理가 있을 수 있다. 하지만 유교적 세계관을 넘어 삶의 실제 국면을 있는 그대로 보려고 할 때 이 관점에는 상당한 무리無理가 뒤따른다. 이러한 무리는 유교와 불교의 시공간관의 불일치에 근거한 것이었다. 과거와 미래를 인정하지 않고 오직 현재만을 인정하는 유교의 시간관은 현세 중심의 매우 좁은 시간 인식을 보여준다. 오직 절대자에 의해 피조된 이후의 현재와 미래(내세)만을 인정하는 유일신교의 가르침도 크게 다르지 않다. 하지만 불교의 시간관은 과거와 현재와 미래를 인과적으로 보는 삼세의 시간 인식을 견지한다. "우리는 어디에서 와서 어디로 가는가?"라는 화두를 들고 보면 삼세의 시간관은 자연스럽게 수용할 수밖에 없게 된다. "부모에게서 태어나기 전에 나는 어디에서 왔으며 어디로 가는가?"라는 물음은 지극히 자연스러운 물음이자 근본적인 물음이기 때문이다.

또 일연은 중국의 황제들만이 사용한 죽음 의식의 문자적 표현인 '붕(崩)'을 우리나라 왕들의 죽음의 기술에도 사용했다. 즉 『예기』에 나타난 죽음의 기술방식인 황제의 '붕', 제후(왕)의 '훙薨', 대부의 '불록不綠', 사士의 '졸卒', 서인의 '사死'와 같은 하이어라키(위계질서)에 대한 기술방식에서 주체적으로 표현하고 있다. 또 동아시아 역사서의 전형으로 자리잡은 사마천의 『사기』의 편재에서 제시한 황제 중심의 기록 형식인 「본기」처럼 삼국시대 우리나라 왕들의 서술에도 「고구려본기」, 「백제본기」, 「신라본기」 등으로 표기하고 있다. 이와 같은 것들은 중국과 대등한 역사관을 지녔던 종래 이 땅 역사서들의 주체성을 일연이 몸소 계승한 결과였다. '신이'는 비합리적인 사실들, 즉 현실적 인간들의 상식으로는 도무지 이해가 안 되는 일들을 가리킨다. 이것은 『삼국사기』가 지향하고 있는 유가 중심주의의 합리적인 사관에 입각해 기술한 것과 '다름을 지향한 것'이다. 그 다름은 『삼국유사』의 독자성으로 드러났다.


## 3. 불교의 시공관

『삼국유사』는 과거－현재－미래로 이어지는 삼세와 시작도 없고 끝도 없는[無始無終] 시간인식을 담고 있다. "모든 것은 변화한다"라는 명제는 불교 세계관의 기초가 된다. "영원히 변하지 않는 실체는 없다"라는 이 말은 모든 존재(현상)는 변화 속에서만 존재한다는 것이다. 변화 속에서의 존재는 곧 시간 내에서의 존재를 의미한다. 그래서 '모든 현상' 혹은 '모든 존재'는 끊임없이 흘러간다는 이 언표는 어떠한 고정된 현상이나 존재는 없다는 것이다. 동시에 모든 존재는 시간적 존재라는 것이다. 인식의 대상인 시간적 존재는 만들어진(有爲) 존재이며 법칙성으로서의 존재(法)이다. 반면 초시간적 존재는 '만들어지지 않은(無爲)' 존재이자 시간으로 환원되지 않는 존재(法)이다. 때문에 모든 집착과 그 잠재적인 힘인 종자를 끊어버릴 때 아뢰야식은 전환하며 거기에서 시간과 관련을 지닌 식의 변화는 정지되고 법계와 깨달음의 세계가 나타나는 것이다. 해서 불교에서 시간이란 '의식 내적 존재'이며, 이것은 '언어적 시간'이자 '마음의 시간'으로 해명한다.

불교 유식에서는 모든 존재는 유식에 의한 존재이며 인식의 흐름 속에서 표상되는 존재이다. 때문에 외계에 실재하는 어떠한 객관적 존재는 없다. 시간 역시 외계에 실재하는 어떠한 존재가 아니라 인식 내적 존재이다. 그런데 이 식은 '인식하기(舊唯識)'도 하고 '전변하기(新唯識)'도 한다. 그런데 아뢰야식에는 모든 존재를 생성시키는 잠재적 능력(종자)이 있다. 이것을 '나(자아)'라는 것으로 보면 말라식(자아의식)이 생겨나고, 자기가 '오성적으로 인식'한다는 형태를 취하면 육식六識이 생긴다. 아뢰야식에서는 파악하는 주체와 객체는 아직 종자로서 잠세(潛伏)적이지만, 자아의식과 육식에서는 그 종자가 현세(現行)화하여 주체와 객체의 관계에서 존재가 출현한다. 여기에서 일상의 인식과 선악의 행위가 전개된다. 심층심리와 표층심리의 관계 속에서 보면 아뢰야식의 종자는 원인이 되고(種子生現行), 그것이 현행하여 주체와 객체의 관계로 성립하는 인식 또는 행위는 그 결과가 된다(現行熏種子). 이때 나타난 인식 또는 행위는 영향력을 지니며 그 영향력은 아뢰야식 안에서 새로운 종자가 된다(種子生種子).

이때 현행하거나 잠복하는 종자 자체는 순간마다 생멸한다. 그러면 결국 과거와 미래를 언제나 내장하면서 순간마다 현재의 것으로 재생하여 이어진다. 이것은 시간을 현재를 중심으로 파악하고 그 현재가 순간마다 변화를 더하면서 비연속적으로 연속해 가는 모습을 보여준다. 유식에서는 과거와 현재와 미래를 단지 표상에 지나지 않는다고 이해한다. 이것은 아뢰야식 속의 종자가 어떤 외적인 실재에 의지하는 것이 아니라 객체로서 현행하고 그 현행된 존재에 대해 과거와 미래와 현재를 가상하고 있는 것이다. 때문에 '일체는 유식'임을 체득하는 순간 이와같은 가상 구조 위에서 성립하는 모든 일상적 시간관념은 사라져 버리는 것이다. 모든 집착과 그 잠재적인 힘인 종자를 끊어버릴 때 윤회의 근거인 아뢰야식은 전환하며 거기에서 시간과 관련을 지닌 식의 변화는 정지되고 법계와 깨달음의 세계가 나타나는 것이다. 해서 유식의 시간론은 현실에서 전개되고 있는 미혹의 세계를 마음의 분석을 통하여 설명함으로써 현실세계의 구조를 비연속적인 연속으로 파악하고 아울러 시간의 허구성도 밝혀내게 된다. 따라서 시간은 단지 우리 의식의 스크린에 표상된 허구적 존재이자 언어적 존재임이 드러나는 것이다.

동시에 불교에서는 시간을 순환적 혹은 나선형적으로 인식하며 시작도 없고 끝도 없는 것으로 파악한다. 시간은 무명이 일어나듯 홀연히 일어난다. 때문에 불교의 시간은 '무시유종無始有終의 무명無明'으로부터 유시무종有始無終의 반야般若로 나아가는 것이다. 불교의 공간은 동서남북의 상극적 공간이 아니라 '동남서북'의 상생적 공간으로 파악한다. 동시에 지옥-아귀-축생-수라-인간-천상-성문-연각-보살-부처의 십계의 공간으로 해명한다. 그러므로 불교의 우주관은 지구의 천지 모델로 설명하는 유교적 우주관과 달리 지구와 태양계와 은하계와 우주계까지 아우르는 우주 모델로 해명한다. 해서 하늘은 둥글고 땅은 네모나다는 천원지방天圓地方의 우주관을 제시한다. 즉 사람의 머리가 둥글 듯 하늘은 둥글고 사람의 어깨가 네모나듯 땅은 네모나서 불교의 우주관은 시공간을 아우른다. 일연은 이러한 시공관 위에서 『삼국유사』를 기술하였던 것으로 짐작된다. 그러므로 '기이'는 불교적 시공관 위에서 인간과 세계를 인식한 언표라고 할 수 있다.

# '단군조선'을 어떻게 볼 것인가?

## 1. 조선의 시원

조선朝鮮은 우리 민족 최초의 나라 이름이다. '조선'을 한자 그대로 풀면 '고요히 해 뜨는 아침의 나라'이다. 하지만 조선은 '목초牧草 꼴인 선蘚을 따라 이동을 하며 순록을 치는 부족의 이름'으로도 불렸다. 순록 유목단계에서는 '소욘蘚'족과 '차아탕', 즉 '조족朝族' 또는 '코리치高麗族'로 불렸다. 이것은 순록유목단계에 진입한 순록치기를 하던 유목하는 조족朝族과 방목하는 선족鮮族을 구분한 것이다. 바로 이 유목하는 차아탕, 즉 조족이 선족을 통합해 세운 '예맥濊貊 단단국檀檀國'이 단군조선이라 불린 것이다. 이들 동이족[朝鮮, 濊貊, 韓, 夫餘, 沃沮, 肅愼(靺鞨 또는 挹婁], 즉 북방유목민족은 한족漢族과 달리 소리글자를 우선하며, 두 음절 국가명을 사용한다.

우리 역사에는 다섯 개의 조선이 있었다. 단군조선과 기자조선과 위만조선과 이씨조선과 김씨조선이다. 기자와 위만 조선은 동이족이 세운 나라가 아니었다. 해서 동이족의 조선은 단군(왕검)조선과 이조李朝

와 김조金朝 셋이라고 할 수 있다. 단군이야기는 천지창조 신화와 건국 신화가 융합된 것이다. 천신인 환인의 아들이 하늘에서 내려왔다는 것은 환웅으로 대표되는 북방민족이 중앙아시아 혹은 시베리아에서 이주했음을 암시한다. 환웅집단의 언어는 알타이어 계통 중 퉁구스어 계통으로 짐작되며 이 어계를 따라 퉁구스족이라고 한다. 이들은 한반도에 들어오면서 토착세력이었던 곰 부족과 범 부족과 관계를 맺었다. 결국 환웅은 웅녀로 상징되는 토착민을 정복하고 새로운 신시를 건설하였다.

그런데 곰 부족과 인연을 맺은 환웅집단은 모계였을 것으로 추정된다. 또 환웅을 환인의 서자庶子라고 기술한 것은 모계사회를 이해하지 못한 유학자가 유교식으로 표현한 것으로 짐작된다. 고려시대에도 고대의 모계 계승을 따라 서자는 모계를 따랐다. 때문에 환웅을 서자로 기술한 것은 곧 부계적 해석이었으며, 서자는 또한 말자상속제末子相續制와도 관련이 있다고 주장하는 학자도 있다. 다시 말해서 부계의 장자상속원리와 달리 모계의 성격상 마지막으로 집에 남은 딸이 혈통을 잇게 되는 것이다. 해서 환웅은 모계사회의 서자이면서 아울러 부계사회로의 전환의 상징이라고 할 수 있다. 이것은 최근 중국 랴오허 강 일대에서 발견된 신석기 만기의 홍산紅山 우하량牛河梁 문화(기원전 3500~3000년)에서 발견된 여신묘의 두상에서 확인된다. 홍산문화의 주도세력은 곰 토템족이었으며 웅녀족熊女族=단군=모계에서 부계로의 전환을 보여주는 고고학적 자료로서 주목받고 있다.

홍산문화 만기는 모계에서 부계사회로 넘어가는 과도기라고 할 수 있다. 천신인 환인은 모계사회에서 살았고, 그 아들인 환웅은 모계사회에서 부계사회로의 전환기를 살았으며, 단군은 초기의 부계사회를 살았을 것으로 짐작된다. 유라시아 대륙 전역의 초원과 산지에 자리를 잡고 있던 곰 부족은 모계사회 혹은 모계적 전통을 지녔던 것으로 추정된다. 반면 범 부족은 유라시아 대륙의 북방에서 남방에 이르는 산지에만 자리를 잡고 있었다. 곰 부족인 웅녀에게서 태어난 단군은 모계사회에서 부계사회로 옮겨가는 전환기에 살았다. 이것은 곰(신앙)이 사라지고 범[산신(령)신앙] 신앙이 등장하는 과정에서 확인할 수 있다.

## 2. '단군왕검'의 의미

조선의 건국 시조인 단군壇君/檀君의 본뜻은 '산신' 혹은 '무당'으로 불린다. 이것은 무당의 이름인 '당굴'의 음을 베낀[寫音] 것이며 '제사장祭司長'의 뜻을 지니고 있다. '단군'의 표기 역시 '제단 단'자와 '박달나무 단'자로 혼용해 쓰고 있다. 대부분의 기록에서 '박달나무 단'자를 쓰고 있는 점에 근거해 보면 처음에는 이 나무가 신이 내려오는 길인 세계수世界樹로서의 의미가 강했음을 알 수 있다. 하지만 그 나무 아래에 제단祭壇을 만들고 제의祭儀를 거행하면서 점차 '제단 단'자로 쓴 것으로 추정된다. 일연 역시 불경에 근거하여 '단월檀越' 또는 '단나檀那'를 '베푸는 사람[檀君]' 혹은 '베푸는 이[壇君]'라는 뜻으로 이해한 것은 아닐까? 그 결과 단군이 산신이 되어 산 속 무당집(城隍堂)에서 어려운 일을 해결해 주는 '단골네' 또는 '당굴네'로 불리며 백성들의 점복과 장수 및 재복 등의 노력을 베푸는 '충복忠僕' 또는 '심복心腹'의 역할을 한 것으로 이해해 볼 수 있다.

단군은 1천 5백년간 나라를 다스린 뒤 주나라 무왕이 은나라의 기자箕子를 조선에 봉하자 그는 장당경藏唐京으로 옮겨 갔다. 뒤에 다시 돌아와 아사달에 숨어서 산신이 되었는데 나이가 1,908세였다고 한다. 이 것은 단군조선이 세상을 다스리던 47세계世系의 기간을 말한 것으로 이 해된다. 치세 기간을 살펴보면 단군조선은 아마도 신석기에서 청동기 를 걸쳐 존재했던 것으로 짐작된다. 그리고 철기로 무장한 위만 등의 새로운 세력에 의해 통치를 마감했던 것으로 이해된다. 이같은 신화적 담론이 형성되었다는 것은 단군의 탄생(개국)과 죽음(망국) 시점에 커 다란 변화가 있었음을 시사해 준다. 즉 지배세력의 교체, 다시 말해서 곰의 모계사회가 사라지고 범의 부계사회가 등장한 것을 암시해 주고 있다.

왕검은 '엉큼' 또는 '검'을 가리킨다. 즉 '큰 사람[大人]' 혹은 '신성한 사람[神聖人]' 또는 '정치적 지배자'의 의미를 지니고 있다. 단군이 조선 왕의 '직함' 또는 '통치자'라는 의미를 갖고 있는 반면, 도읍인 '왕검'은 땅 이름(李奇 주장) 혹은 낙랑군 패수 동쪽에 있던 성 이름(臣讚 주장) 이라고 했다. 하지만 앞뒤 문맥을 보면 왕검은 땅 이름 또는 성 이름이 기보다는 통치자의 이름으로 보는 것이 자연스럽다. 즉 단군은 무조巫 祖이자 국조國祖이며, 신라의 거서간居西干, 차차웅次次雄, 니사금尼師今, 마립간麻立干 등의 샤먼 킹이나 왕의 '직함'과도 상통한다. 반면 왕검은 그 샤먼 킹의 '이름'으로 보아야 할 것이다. 북방에서 이주한 세력으로 추정되는 신라의 '혁거세'나 가야의 '수로' 역시 샤먼 킹이자 정치적 지 배자의 이름이었다.

단군은 우리 민족의 시조이자 상징이다. 동시에 우리 민족의 정체성 의 근거가 된다. 한민족이 위기에 처해 있을 때마다 단군은 재해석되어 왔다. 때문에 단군은 분단 상황인 오늘에도 남북한 양쪽에서 크게 선창 되고 있다. 북한은 평양에 거대한 단군릉을 세워 우리 민족의 주체의식을 단군과 연결시켜 해석해 왔다. 남한 역시 오래 전부터 단군학회를 결성하였고 한민족 연합이라는 단체는 360개의 단군상을 전국의 초중고등학교에 세웠다. 그런데 일부 기독교 단체들이 단군상을 파괴하는 일이 여러 차례 벌어졌다. 때문에 단군은 여전히 우리 민족의 국조이면서 일부 기독교인들에게는 '우상偶像'으로 인식되어 있다. 하지만 단군은 남북한이 통일을 앞두고 있는 현재에도 남북한을 하나로 묶을 수 있는 유일한 기제임이 분명하다. 단군 이외에 우리 민족의 정체성을 확립할 수 있는 강력한 상징은 없다. 해서 우리 모두가 한국어를 쓰고 있고 한민족의 문화를 공유하고 있다는 것 이외에 단군은 우리 민족 정체성을 확립하고 공유하기 위한 유일한 심볼이라고 할 수 있다.


## 3. 조선의 주산과 무대

천신인 환인의 아들인 환웅과 웅녀 사이에서 태어난 단군왕검이 조선을 세웠던 아사달은 과연 어디일까? '아사달'을 한자로 표기하면 '조양朝陽'(옛 營州)이 된다. 지금의 랴오닝 성 차오양朝陽이라 할 수 있다. 차오양은 '조선의 양지바른 땅'을 일컫는다. 이곳은 단군왕검이 조선을 연 도읍이다. 환웅은 하늘에서 랴오닝遼寧城 베이전北鎭 시에 있는 태백산 꼭대기의 신단수 밑에 내려와서 이곳을 신시神市라 불렀다. 여기서 태백산은 '이우뤼 산醫巫閭山'으로 추정된다. 그런데 일연은 이 백악산白岳山을 온전히 파악하지 못하고 지금의 묘향산이라고 비정했다. 고려 후기에 살았던 일연은 중국의 지리지인 『산해경』을 인용하여 '무엽산無葉山' 또는 '백악白岳'이며 '백주白州'에 있다고 하고 그곳을 개성開城이자 지금의 백악궁白岳宮이라고 했다. 이것은 단군왕검이 처음 자리를 잡았던 '고조선'의 첫 도읍지인 롼허 강灤河 건너편 요서 지역의 베이전 시의 흰 바위로 된 백악산白岳山인 이우뤼 산을 인식하지 못하고 '신조선'의 마지막 도읍지인 대동강 유역의 평양平壤으로 잘못 비정했기 때문이다.

이우뤼 산은 우리 민족 최초의 나라인 조선의 수도가 있던 현재의 랴오닝 성 베이전 시에 있는 산이다. 환웅의 아들 단군왕검은 새로운 나라 조선을 세우고 아사달(조양)을 도읍으로 삼았다. 중국은 주나라 이후 요서 지역 너머 동북 지역을 통칭하여 조선이라고 불렀다. 정도전鄭道傳이 지은 조선 최초의 헌법서인 『조선경국전』에는 조선이란 국호가 정해진 내력이 소개되어 있다. 이성계가 나라를 세운 뒤 명나라의 황제(朱元璋)에게 나라의 후보 이름이었던 '화령花翎'과 '조선朝鮮' 가운데 "조선이라는 이름이 아름답고 또 그 유래가 오래되었으므로 그 이름을 사용하라"고 권하자 조선을 사용하였다는 것이다. 이를 근거로 미루어 보면 중국은 일찍부터 단군왕검이 세웠던 조선의 존재를 알고서 이성계의 나라를 그것과 변별하여 (신)'조선'을 권유했다는 사실을 알 수 있다.

옛부터 우리 민족의 진정한 주산은 백두산이 아니라 이우뤼 산이었다. 이 이우뤼 산에서 뻗어나간 동쪽 내맥이 백두산이 된 것이다. 그러면 민족의 주산이 왜 이렇게 변화되었을까? 우리는 환웅이 그 무리 3천 명을 거느리고 내려온 태백산을 어디로 비정할 것인가? 일연은 이 태백산을 묘향산이라고 했지만 이것은 고조선의 주요 무대였던 요서 지역의 이우뤼 산에 대한 이해의 부족에서 비롯된 것으로 짐작된다. '평양平壤'이란 지명 역시 '평평한 토양'을 지닌 요서 지역의 조양(아사달) 인근을 일컫는 것이다. 이것은 고조선 관련 사료가 부족한 상태에서 일연 앞시대 역사가들이 연燕나라의 위만衛滿에게 밀려나 새롭게 건국한 신조선의 마지막 도읍인 평양을 고조선의 첫 도읍으로 잘못 기록한 것에 연유한 것으로 이해된다. 하지만 조선조 이래 다수의 학자들 역시 민족의 주산을 이우뤼 산으로 보았다.

미수 허목은 "진산鎭山인 이우뤼 산 아래에 고구려 주몽씨가 졸본부여(의 수도)를 도읍하였다"라고 기록하고 있다. 중국을 다녀왔던 담헌 홍대용은 "이우뤼 산은 동이족과 중국족이 만나는 곳으로서 동북의 명산이다"고 했다. 구한말의 위암 장지연은 "북방 영토의 주산이 이우뤼 산인데 그 내맥이 백두산이 되었다"라고 했다. 이처럼 조선조 학자들 역시 고조선 이래 우리 민족의 주요 활동무대가 이우뤼 산이었음을 알려주고 있다. 고조선이 위만조선에 의해 밀려나고 위만조선 역시 한나라에 의해 평정되고 진번·임둔·낙랑·현도의 한사군이 설치되면서 우리는 요서 지역의 활동 무대를 상실하고 요동 지역으로 밀려나고 말았다. 이후 우리 민족의 시원지였던 만리장성 바깥 동북 삼성의 광대한 영토를 무대로 하였던 고조선의 영광은 재현되지 못했다. 고조선을 이은 부여와 고구려 및 대발해는 잃어버린 영토를 되찾기 위해 끊임없이 중원으로 나아가려 했으나 뜻을 이루지 못했다. 결국 일연 이전 사가들의 역사 인식은 대발해 이후 대동강 전후를 넘나드는 반도 중심의 영토관에 묶일 수밖에 없었다. 그 결과 냉철한 역사적 감각을 지녔던 일연이 보여준 『삼국유사』의 영토 인식 역시 요서 및 요동의 광활한 무대를 담아내지 못하였다.

사직동 헌정회의 단군 영정

남산 식물원 옆 단군굴의 단군상, 일광상, 월광상, 칠성상

도봉산 천진사 단군상

# '고조선'의 주체를 어떻게 비정할 것인가?

## 1. 고조선의 건국과 해체

한韓민족이 세운 최초의 나라 이름은 무엇일까? 우리는 너무나 당연하게 '고조선'이라고 말할 것이다. 하지만 불행하게도 '고조선'의 주체에 대해서는 아직까지 전공자들 사이에서도 합의를 보지 못하고 있다. 일부 학자들은 고조선의 구성에서 단군조선을 배제하고 기자조선 혹은 위만조선부터 한사군漢四郡까지 포함하고 있다. 또 몇몇 학자들은 일본 학자들의 비판을 의식하여 기자조선을 제외한 뒤 그 시기의 공백을 메꾸기 위해 '개아지'조선(奇氏朝鮮 혹은 解氏朝鮮)이나 '한조선韓朝鮮' 또는 '예맥조선濊貊朝鮮'으로 불러야 한다는 의견도 제시해 왔다. 그뿐만 아니라 기자箕子와 그의 40여 세대 후손으로 알려지는 준왕準王은 '후손' 관계가 아닐 것이며, 이것은 중국인들이 '이민족동화술異民族同化術'로 꾸며낸 이야기일 것이라고 보았다.

종래 단군조선에 대해서는 중국인들뿐만 아니라 일본인들 또한 믿을 수 없는 '전설' 혹은 '신화'로 치부하여 말살해 왔다. 그들은 또 기자가 중국에서 멀리 떨어진 한반도까지 왔다는 것은 불가능하다며 부인하였다. 나아가 기자가 조선에 봉해졌다는 중국의 문헌기록들은 중화사상中華思想에 의해 조작되었을 것이라고 주장하였다. 이것은 고대부터 한반도에 영향력을 행사한 주체는 중국이 아니라 일본이었다는 논리를 세워 그들의 한반도 진출을 정당화하기 위한 것이었다. 이를 위해 만든 것이 임나일본부설任那日本府說이었다. 이러한 주장들은 해방 이후가 지나서도 우리나라 사학계에서 사라지지 않았다. 그 결과 토착인들이 세운 어느 정도 단군조선은 복원시켰지만 일본 식민사관의 강력한 영향 아래 기자조선을 배제하고 위만조선과 한사군으로 전개되었다는 주장을 통설로 받아들이기에 이르렀다.

고조선은 우리 민족이 한반도와 만주 지역에 출현시킨 첫 고대국가이다. 고조선은 강력한 중앙집권 국가는 아니었지만 많은 거수국渠帥國(諸侯國)을 거느린 지방분권 국가였다. 그러나 고조선은 마지막 단군인 고열가古列加 시대에 통치력을 잃었고 부여·읍루·고구려·동옥저·예·한 등의 거수국들은 독립을 꾀하였다. 이 과정에서 고조선의 단군과 그 일족의 후손들은 통치권을 잃어버렸지만 일정한 지역에 머물면서 '조선'이라는 명칭을 사용했던 것으로 추정된다. '조선'이란 국호는 단군왕검이 건국한 고조선의 국명으로 사용하였고, 고조선 내에 있었던 역대 단군들의 직할국만을 부르는 명칭으로도 지칭되었다. 이 때문에 이 지역은 주변의 국가들로부터 보호를 받았을 것으로 짐작된다. 이들 거수국들 역시 고조선의 변천과 더불어 새롭게 성장해 갔다.

일연은 우리 역사서에서 처음으로 '고조선'이란 용어를 사용했다. 그는 『삼국유사』 5권 9편 138조목의 서두를 '고조선' 조목으로 내세웠다. 일연은 '고조선'을 '위만조선'과 분리하여 독립된 조목으로 사용함으로써 단군조선만이 고조선임을 만천하에 공표하였다. 그럼에도 불구하고 우리 학계에서는 아직도 단군조선의 실체에 대한 논란 속에 있다. 그러나 고조선의 주체는 단군조선일 뿐 거기에 기자조선과 위만조선과 한사군은 포함되지 않는다. 고조선은 오로지 단군조선만을 가리킬 뿐이다. 이미 일연이 고려 말에 이 점을 분명하게 선언하였음에도 불구하고 적지 않은 학자들은 고조선의 주체를 정확히 인식하지 못하고 있다. 그리하여 그들은 『삼국유사』의 '고조선' 조목에 의거하여 단군조선을 연구함에도 불구하고 단군조선의 실체를 온전히 인정하지 못하고 있다.

## 2. 고조선과 신조선의 변별

일연은 '고조선' 조목에서 "주나라 무왕武王이 즉위한 기묘己卯년에 기자箕子를 조선에 봉하니 단군은 곧 장당경藏唐京으로 옮겼다"고 기술하고 있다. 그는 주나라가 조선후朝鮮候로 봉封한 기자가 조선으로 망명해 온 결과 단군이 고조선을 장당경으로 옮기게 되었던 연유에 대해 설명하고 있다. 여기서 고조선은 기자조선이 아니라 단군조선을 가리킨다. 일연이 종래의 사서를 통해 '고조선' 조목과 '위만조선' 조목을 분명히 구분했듯이 그의 인식 속에서 '고조선'과 '기자조선'은 분명히 다른 나라였다. 중국인들은 예로부터 롼허 강灤河 바깥으로부터 시작되는 만주전역과 한반도를 '조선朝鮮'으로 일컬었다. 때문에 조선은 중국과 변별되는 동북아 지역의 총체적 명칭이었다. 단군조선과 기자 및 위만의 조선을 갈라본 일연의 안목은 주나라 무왕이 기자를 조선에 봉한 것을 근거로 그를 고조선의 통치자로 보았던 유학자들과 또렷이 구분된다.

일연은 불자이자 선사였다. 때문에 유교 문명의 패러다임을 만든 요堯·순舜·우禹·탕湯·문文·무武·주공周公과 같은 성인의 권위에서 자유로웠다. 해서 일연은 중화주의나 사대주의에 구애받지 않고 역사적 사실을 있는 그대로 기술했다. 그 결과 '고조선'은 우리 역사 속에서 정당하게 자리매김될 수 있었다. '옛 조선'이란 의미의 고조선은 본디 롼허 강 동쪽과 랴오허 강遼河 및 다링 강大凌河 서쪽을 무대로 존재했던 한민족의 첫 나라였다. 고조선은 그곳 만주에서 터를 잡고 한반도와 긴밀한 관계 속에서 한민족의 정체성을 담아내었다. 기원전 12세기경에 주周나라의 신하였던 기자箕子가 롼허 강을 넘어 고조선으로 망명하였다. 주나라 무왕武王은 기자를 죄인으로 취급하지 않고 그 사실을 인정해 주었다. 뒷날 유학자들은 뒷날 중화주의적 사관에 입각하여 주나라 무왕이 기자를 조선의 통치자로 봉했다고 기술했다.

주나라를 떠나온 기자는 단군조선의 서쪽 변경인 롼허 강 유역에 머물며 기자조선을 세웠다. 기자조선은 단군조선의 변경인 그곳에서 수백 년 동안 존재하였다. 이후 기자의 40여 세대의 후손이었던 부否왕에 이어 재위에 오른 그의 아들 준準왕은 천여 명의 무리를 이끌고 온 위만衛滿에게 정권을 빼앗겼다. 위만은 단군조선의 제후국(거수국)이었던 기자조선의 정권을 빼앗고 그곳에다 위만조선을 세웠다. 그리고 위만은 서한의 외신外臣이 되어 단군조선을 침략함으로써 고조선(단군조선)과는 적대적인 관계를 형성하였다. 본디 위만조선은 중국 서한의 망명 세력에 의해 건립된 정권이었다. 그러나 뒷날 위만의 손자인 우거右渠왕이 서한의 말을 잘 듣지 않았다. 이에 무제는 위만조선을 쳐서 멸망시키고 그 지역을 서한의 행정구역인 한사군을 설치하였다.

단군조선 이후 신조선으로 자리했던 기자조선과 위만조선은 고조선을 계승한 나라가 아니었다. 본디 기자箕子는 중국 상商 왕실의 후예로 서 기국箕國에 봉해졌던 제후였다. 그는 상나라가 주족周族에게 멸망이 되자 단군조선의 변경이었던 지금의 란허 강灤河 유역으로 망명하여 단 군조선의 거수(제후)가 되었다. 이 거수국을 훗날 '기자가 다스리는 조 선'이라는 뜻에서 '기자조선'이라고 불렀다. 그 뒤 서한西漢(前漢)의 외신 外臣이 된 위만은 단군조선의 제후국이었던 기자의 후손인 준왕準王으 로부터 정권을 빼앗았다. 그리하여 위만은 단군조선의 제후국이었던 기자국을 무너뜨리고 나라를 세웠다. 해서 단군조선의 새로운 거수인 '위만이 다스리는 나라'라는 뜻에서 '위만조선'이라고 불렀다. 기자조선 과 위만조선은 모두 '고조선'인 단군조선과 변별되는 '신조선'이었다.

## 3. 신조선과 한사군의 영토 비정

고대사 연구에서 가장 어려운 일은 '용어'(개념)에 대한 이해라고 할 수 있다. 그 개념이 고유명사인가 일반명사인가에 따라 해석이 달라지 기 때문이다. "어떤 종류에 속하는 특정한 한 개 만의 이름을 나타내어 다른 것과 구별하는 명사"인 고유명사는 인명과 지명 등에서 그 독자성 을 지닌다. 한민족이 세운 최초의 국가인 '고조선'은 '신조선'과 별별되 는 고유명사이다. 그런데 '신조선'과 변별되는 '옛 조선'이라고 할 때, 이것은 고유명사이기보다는 "여러 가지 사물의 공통된 특성을 나타내 는 명사"인 일반명사적 성격일 수밖에 없게 된다. 때문에 신조선에 대 응하는 고조선은 이후에 건국된 기자조선과 위만조선뿐만 아니라 이성 계가 건국한 이씨조선과 김일성이 건국한 김씨조선과의 변별 문제가 생긴다. 일부 국사학자들이 이씨(이성계)가 세운 이씨조선을 왕씨(왕검)가 세운 '고조선'과 변별하여 '신조선'이라고 일컫는 것도 이 때문이다.

중국의 옛 문헌 기록들에 의하면 기자조선과 위만조선과 한사군은 지금의 요서 지역에 자리해 있었다. 중국의 상商·주周 교체기인 기원전 12세기 말에 기자 일족이 고조선(단군조선)의 변방인 지금의 롼허 강 하류 동부 유역으로 망명하여 단군조선의 제후국이 되었다. 그 뒤 기원전 195년에는 서한에서 망명한 위만은 기자의 40여 세 후손인 준왕의 정권을 빼앗아 위만조선을 건국하였다. 위만은 서한의 외신이 된 뒤 단군조선 지역을 침략하여 롼허 강에서 다링 강 유역에 이르는 영토를 확장하였다. 기원전 108년에 서한 무제는 위만조선을 멸망시키고 그곳에 낙랑·임둔·진번의 세 군을 설치하였다. 다시 단군조선을 침략하여 기원전 107년에는 현토군을 설치하였다. 먼저 설치한 낙랑과 임둔과 진번은 롼허 강에서 다링 강에 이르는 유역에 걸쳐 있었고, 뒤이은 현토는 다링 강과 랴오허 강 사이에 자리해 있었다. 그리고 기자 일족의 망명지이자 위만조선의 건국지였던 롼허 강 하류 동부 유역은 이후 한사군의 낙랑군樂浪郡 조선현朝鮮縣이 되었다.

이승휴의 『제왕운기帝王韻紀』에서는 고조선이 무너진 뒤 한반도와 만주에 있었던 한(三韓)·부여·비류·신라·고구려·남옥저·북옥저·예·맥 등은 단군의 후손이라고 했다. 이들 거수국(諸侯國 혹은 封國)들은 고조선의 통치자였던 단군의 후손이었다. 여기서 '후손'이라는 표현은 이들 나라의 통치자(渠帥)들이 혈연적으로 단군의 후손이라는 의미이자 동시에 이들 나라는 고조선에서 분리되어 나왔음을 암시해 준다. 동시에 이들 나라들이 모두 고조선의 후계세력이라는 집단귀속의식을 지니고 있었을 것이라는 사실을 보여주고 있다. 한중 문헌기록은 부여夫餘·

고죽孤竹·고구려高句麗·추追·진번·낙랑·임둔·현토·숙신肅愼·청구靑丘·양이良夷·양주楊州·발유發·유愈·옥저沃沮·기자조선·비류沸流·행인荇人·해두海頭·개마蓋馬·구다句茶·조나藻那·주나朱那·진辰·한韓 및 예濊와 맥貊이 고조선의 거수국들이었음을 시사해 주고 있다. 현재는 이들 거수국들의 위치를 정확히 비교 확정하기는 어렵지만 대체적으로 요서지역에 자리했던 고조선 주변에 있었던 것으로 짐작된다.

단군조선이 해체되고 난 뒤 그 유민들은 주로 주변의 거수국들에 흡수되었다. 특히 다수의 유민들은 부여와 고구려 및 진辰과 한韓 등으로 이동하였던 것으로 이해된다. 한나라는 단군조선의 무대였던 요서지역에다 한사군을 설치했다. 요서에 설치된 한사군 바깥으로는 부여와 고구려 및 예와 맥 등이 자리하고 있었다. 한나라의 군제인 한사군은 분명 요서 지역에 있었다. 하지만 오래전부터 중국의 학자들은 한사군의 위치를 요동과 한반도 내에 비정함으로써 새로운 '동북공정'에 착수했다. 남북한의 국사학자와 일본의 학자들 역시 이렇게 마련된 역사기록에 표를 던져 줌으로써 고대 중국의 동북공정에 '동참'했다. 그 결과 한민족의 첫 국가였던 단군조선이 부정되고 거수국이었던 기자조선과 위만조선 및 한사군까지 '고조선'의 주체로 자리하게 되었다. 일연 역시 이렇게 만들어진 자료를 피할 수 없었고 그 또한 고대 중국의 동북공정에서 자유로울 수 없었다.

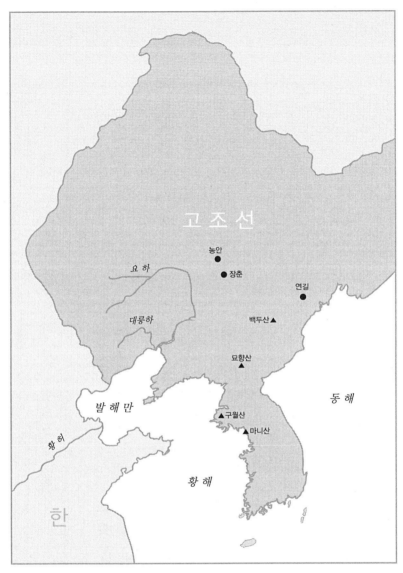

고조선

농안

장춘

연길

백두산▲

요 하

대릉하

묘향산▲

발 해 만

동 해

구월산▲

마니산▲

황 하

황 해

한

고조선 강역 지도

裁此紀異之所以備諸篇也意在斯焉

古朝鮮 <sub></sub>王儉朝鮮

魏書云乃往二千載有壇君王俭立都阿斯達 經云無葉山亦云

白岳在白州地或云在開城東今白岳宮是開國號朝鮮與高同時古記云

昔有桓囯謂帝釋也庶子桓雄數意天下貪求人世父知子

意下視三危太伯可以弘益人間乃授天符印三箇遣

往理之雄率徒三千降於太伯山頂即太伯今妙香山神壇樹

下謂之神市是謂桓雄天王也將風伯雨師雲師而主

穀主命主病主刑主善惡凡主人間三百六十餘事在

世理化時有一熊一虎同穴而居常祈于神雄願化為

# '고조선'에서 종교와 사상의 지위는?

## 1. 고조선의 통치 방법

고조선은 단군조선만으로 이루어져 있었다. 단군조선은 만주 전역과 한반도의 넓은 강역을 통치한 나라였다. 단군조선을 통치하였던 47세 계世系의 '단군'들은 각 지역의 거수渠帥에게 거수국渠帥國을 위임하여 간접 통치하는 지방 분권의 체제로 광대한 제국을 유지하였다. 단군조선이 지방분권의 통치체제를 고수한 것은 고조선 출현 이전에 만주 전역과 한반도 지역에 존재하였던 성읍국가들(마을연맹체)을 지방 정권으로 인정하면서 그들을 결집해 세웠기 때문이다. 전 시대에 광대한 제국의 영역을 다스려 본 경험이 없었던 단군조선은 정복을 통한 '지배'의 방식이 아니라 앞선 선진 문명을 통한 지방 정권의 '인정'의 방식을 추구하였다. 그러나 청동기를 지나 철기문명으로 나아가면서 지방분권 체제 속의 거수국들은 언제라도 단군조선의 통치에서 벗어나 독립할 생각을 지니고 있었을 것으로 짐작된다.

단군조선은 이러한 상황을 예의 주시하면서 중앙정부의 무력 체제를 공고히 유지하였다. 동시에 정권과 결탁한 종교조직과 종족에 기반한 혈연조직 그리고 정무와 행정을 관장하는 관료조직을 적절히 활용하였을 것으로 추정된다. 통치자들은 신의 존재를 의심 없이 믿었던 고대인들의 공동체 의식을 유지하게 하기 위해 종교를 적절히 활용하였다. 고대인들은 만물에는 신령이 깃들어 있다고 믿었다. 때문에 만물은 신으로 인식되었고 인간의 일들은 신의 의지에 의해 전개되는 것으로 이해했다. 당시의 고대사회에서 종교는 정치의 상위에 자리하면서 각 구성원들을 지배하였다. 동아시아에서 가장 오랜 기록으로 알려진 갑골문甲骨文은 기원전 1330년경부터 기원전 1111년경까지의 상商나라 왕이 신의 뜻을 파악하기 위해 점을 친 기록물이다. 갑골문에 의하면 상나라 왕은 모든 제사·제도·공납·재해·농사·사냥·질병·분만 등 종교의식과 국가 중대사 및 개인의 일에 이르기까지 신의 뜻을 묻고 그 반응에 따라 집행하였음을 알 수 있다.

상나라 왕은 신의 뜻을 대신하여 상나라 정치를 행하는 신권神權통치의 성격을 띠었다. 고대인들에게 신은 인간의 모든 일과 자연의 모든 현상을 섭리하는 절대적인 존재였다. 그들에게 신은 선택사항이 아니라 의무사항이었고, 미신이 아니라 과학이었다. 결국 이러한 의식은 사람의 영혼을 믿는 조상숭배로, 만물은 모두 신령을 지니고 있다는 생각은 애니미즘으로, 동물을 숭배하고 그것을 그들의 조상으로 인식하는 토테미즘으로 발전하였다. 지배질서를 갖춘 나라가 출현하기 전에는 지역에서 정치세력을 이루고 있던 씨족들은 그들의 수호신을 중심으로 한 종교를 지니고 있었다. 수호신들은 자신의 씨족들을 하나의 공동체 의식으로 묶어 주는 강력한 기제였다. 해서 나라의 통치자들은 이들 씨족들의 신들을 통합하기 위해 강력한 종교조직이 필요했다. 이 과정에서 신의 계보가 만들어지고 힘의 세기에 따라 위계가 형성되었다.

단군사화[壇君史話]에 언급된 환웅족과 곰족과 범족의 명칭에는 고대인들의 종교의식이 투영되어 있다. 환웅족은 하느님(환인)을 수호신으로 숭배했던 조선족이었다. 이들은 '목초[牧草] 꼴인 선[蘚]을 따라 이동을 하며 순록을 치는 부족'으로 이해된다. 즉 순록유목단계에 진입한 순록치기를 하던 유목하는 조족[朝族]과 방목하는 선족[鮮族]을 통합해 세운 부족이었다. 곰족은 곰을 수호신으로 숭배했던 고구려족이었다. 그리고 범족은 범을 수호신으로 숭배했던 예족[濊族]이었다. 이들 중 하느님은 고조선 종교의 최고신이었고 그를 숭배했던 조선족은 고조선의 최고 지배족이었다. 단군사화는 하느님을 숭배하는 환웅족 중심의 기록이어서 가장 대표적인 신과 씨족들만을 기록하고 있다. 하지만 이들보다 더 많은 신들과 씨족들이 고조선 사회를 이루고 살았을 것이다. 단군은 몽골어의 '하늘'을 뜻하는 '텡그리[tengri]'와 상통한다. 본디 만주 지역과 거주민들의 토착어였을 '단군[壇君]'과 '천군[天君]'은 고조선과 한[韓]족에서는 '하느님'을 섬기는 사람이자 종교의 최고 지도자 및 정치 지도자였다.


## 2. 고조선의 종교

중국의 발음인 고조선 '탄준[tanjun](壇君)'과 그의 거수국인 한[韓]족 '티엔준[tianjun]'은 소리값이 매우 가깝다. 단군이 하느님의 후손이었듯이 천군도 하느님에 대한 제사를 주관하는 존재였다. 환웅이 하늘에서 내려온 태백산(醫巫閭山) 마루에는 신단[神壇]과 신단수[神檀樹]가 있는 신시[神市]가 있었다. 이곳은 고조선 종교의 최고 성지이자 고조선 사람들의 마음의 의지처였다. 단군왕검(仙人)은 이곳에 머물며 종교의식을 주관하고 주재하였을 것이다. 단군조선의 거수국들 역시 단군에 의해 통치를 받으며 종교 의식을 거행하였을 것이다. 또 거수국인 한韓의 정치중심지인 국읍國邑에도 천군이라는 종교 지도자가 있었다. 거수국들의 여러 종교성지인 별읍別邑에는 천군이 "천신天神에 대한 제사를 주재하였고, 소도蘇塗를 만들고 그곳에 큰 나무를 세워 방울과 북을 매달아 높고 귀신을 섬겼다." 해서 누구든 도망하여 종교적 성소인 소도 안에 이르면 아무도 돌려보내지 않았다. 이처럼 한韓족은 도읍인 국읍뿐만 아니라 종교 성지인 별읍도 두었다.

고조선의 종교 이름은 선도仙道이자 선교仙敎였다. 『삼국사기』에 실린 최치원의 「난랑비서鸞郎碑序」에서 "나라에 현묘한 도가 있으니 풍류風流라고 한다. 그 가르침이 세워진 기원은 『선사仙史』에 상세히 갖춰져 있다"라고 했다. 여기서 『선사』는 선도의 역사를 기록한 책이다. 이 책은 현재 전해지지 않지만 아마도 풍류도의 역사에 대해 적은 책으로 짐작된다. 풍류는 불도유 삼교가 이 땅에 전해오기 이전에 있던 고유의 '정신' 혹은 '종교'였을 것이다. 그렇다면 '현묘한 도'인 풍류는 과연 어떠한 것일까? '바람의 흐름[風流]' 혹은 '바람과 달빛[風月]'의 이미지를 지닌 이들 두 단어는 본디 같은 뜻이다. 즉 풍류도 또는 풍월도는 하늘님 신앙에 기반한 신선사상과 산신신앙에 기초한 무속신앙이 하나로 융섭된 세계관이다. 풍류도는 고조선 이래 이 땅에 면면히 전해져온 세계관이며 신라에서 활짝 꽃 피운 독자적 세계관이다.

고조선의 종교는 왕검王儉에 의해 시작된 것으로 추정된다. 고조선의 통치자이자 종교 지도자였던 그는 선인仙人이었다. 고조선에서는 '선仙'을 추구하는 길을 '선도仙道'라고 했고, 그 가르침을 '선교仙敎'라고 했으며, 그 길을 가는 지도자들을 '선인'이라고 했다. 『삼국유사』「고조선」조에서 "단군은 바로 장당경으로 옮겼다가 뒤에 아사달로 돌아와 은거하여 산신이 되었다"라고 한 것처럼 그는 '산신'이 되었다. 여기서 '산신'은 '선인'과 다르지 않다. 산에서 오랜 수명을 누리는 이가 선인이며 산신이다. 결국 단군은 아사달(조양)로 돌아와 은거하여 산신이 되었고 선인이 되었다.

일연은 「고구려」조에서 『단군기』를 인용하여 "단군이 서하西河 하백의 딸과 친하여 아들을 낳아 부루夫婁라 이름하였다"라면서 "지금 이 기록을 살펴보건대 해모수解慕漱가 하백의 딸을 사통하여 뒤에 주몽을 낳았다"라고 하였다. 그러면서 "부루와 주몽은 어머니가 다른 형제일 것이다"라고 하였다. 부루와 주몽이 이모형제라는 것은 시기적으로 합당하지 않다. 다만 단군조선의 건국 이후 그리고 고구려의 건국 이전에 고조선의 거수국이었던 고구려족의 통치자로서 단군의 아들들이 참여했을 수 있다. 여기서 단군과 해모수는 동일인이다. 그렇다면 해모수의 '해'는 하늘의 '해'이며 '모수'는 '머슴애'를 뜻하므로 해모수는 '해의 아들' 즉 '일자日子'를 가리킨다. 고조선의 최고신은 하느님이었고 하느님은 '해' 즉 '일日'이다. 단군은 해(하느님)의 아들이자 하느님의 대리자이다. 고조선 건국의 주체들은 해를 하느님으로 이해하고 '환님' 혹은 '한님'으로 부르면서 그들의 수호신으로 숭배하였다. 그리하여 고조선은 하느님을 최고신으로 하는 환웅족의 천신신앙과 민간신앙으로 전락한 곰 신앙과 범 신앙을 받아들이면서 신행체계를 유지하였던 것으로 이해된다.

## 3. 고조선의 사상

　고대사회는 종교적인 사회였다. 고대인들은 인간의 모든 일들과 자연의 모든 현상을 수호신의 의지로 받아들였다. 때문에 고대인들은 자신의 눈앞에 일어나는 현상들을 모두 신과 연관시켜 이해했다. 그들에게 신은 삶의 의지처였다. 그들에게 신은 하느님이었고 지배자들은 하늘의 아들임을 자처했다. 환웅족은 하느님을 수호신으로 한 부족이었다. 하느님을 수호신으로 숭배하였던 환웅족은 곰을 수호신으로 숭배하였던 고구려족과 범을 수호신으로 숭배하였던 예족을 제압하고 자신의 휘하에 두었다. 특히 천상에서 내려온 환웅족은 마늘과 쑥을 견뎌낸 곰족과 통혼하면서 높은 신분의 지배질서를 형성했다. 마늘과 쑥을 견뎌내지 못한 범족은 그 아래의 신분을 차지했다. 그 과정에서 점차 종교의식과 혈연의식과 관료의식이 생겨나왔다.

　종교는 말뜻 그대로 '으뜸가는 가르침'이자 도덕관념이다. 「고조선」 조목이 전하는 것처럼 "널리 인간을 이롭게 하는[弘益人間]"의 정신은 고조선의 종교이자 사상이다. 해의 아들인 단군은 하느님의 대리자로서 강력한 지배체제를 구축했다. 그는 "널리 인간을 이롭게 하기" 위해 지상의 태백산(이우뤼 산)에 내려온 환웅의 아들이었다. 해서 단군은 아버지인 '홍익인간'의 이념을 통해 다스렸다. 이것은 하늘 중심의 세계관이 아니라 인간 중심의 인본人本주의 세계관이었다. 모든 사람이 널리 이익을 얻어 다함께 행복한 사회, 공존공영을 위한 사회를 목표로 하고 있다. 동시에 인간의 360여 가지 일을 모두 주재하면서 "세상에 있으면서 이치에 맞게 교화하였다[在世理化]." 이처럼 고조선 사람들이 추구했던 목표는 세상을 합리적인 사회로 진화시키는 것이었다.

그들은 하늘의 신성성을 지닌 환웅과 땅의 동물성을 지닌 곰녀의 결합을 통하여 인간성을 지닌 단군을 탄생시켰다. 이것은 천상신과 지상신의 화합과 조화를 통하여 새로운 인간신을 낳은 것이다. 즉 환인과 환웅과 단군의 세 단계, 환웅이 하늘로부터 내려올 때 받은 징표인 천부인 세 개(청동칼, 청동거울, 청동구슬), 하늘로부터 거느리고 온 무리 삼 천 명, 환웅이 거느렸던 풍백과 운사와 우사의 세 명, 곰이 여자로 진화한 기간의 3×7일 등에서 보이는 것처럼 '삼'(3)의 지향을 보여주고 있다. 이처럼 고조선의 종교 사상은 하늘과 땅과 사람의 삼재三才를 하나로 통섭하였고 그 하나는 다시 셋으로 전개되고 있음을 보여준다. 이것은 3·1사상과 삼위일체 혹은 일체삼위 사상이라고 할 수 있다. 적색과 황색과 청색의 삼태극, 과거와 현재와 미래의 삼시三時, 공간과 시간과 인간의 삼간三間, 하늘天/圓과 땅地/方과 사람人/角의 삼재 관계가 모두 그렇다. 그리하여 고조선 사상의 체계는 셋으로 시작하여 하나로 나아갔고 다시 하나에서 시작하여 셋으로 나아갔다. 이후 우리들은 이 셋이 하나가 되고 이 하나가 다시 셋으로 되는 반복과정을 전 방위에서 경험해 오고 있다.

고조선의 종교 사상에는 사람이 마땅히 해야 할 구체적인 도덕규범이 있다. 최치원의 「난랑비서」에서 보이는 것처럼 "집안에 들어서는 어버이에게 효도하고, 나아가 벼슬하면 나라에 충성하며, 함이 없는 일에 처하고 말이 없는 가르침을 행하며, 나쁜 일들 하지 말고 좋은 일들 높여 하라"라는 공자와 노자와 석존의 가르침들은 『선사』에서 말한 가르침들과도 상통하는 것이다. 불도유 삼교가 이 땅에 들어오기 전에 이미 있었던 풍류 또는 풍월의 세계관은 공자와 노자와 석존의 가르침과 다르지 않았다. 그것은 사람으로서 마땅히 해야 할 도덕 규범이었고 존재 이유였다. 이보다 도덕 규범들은 『선사』에 자세히 갖춰져 있었지만 최치원은 그들 중 불도유 삼교의 가르침과 상통하는 것들만을 소개한 것으로 짐작된다. 때문에 고조선의 종교였던 선교仙敎에는 사람으로서 마땅히 해야 할 도리들에 대한 구체적인 덕목들을 담고 있었을 것으로 이해된다.

# 고조선에는 독자적인 '문자'가 있었을까?

## 1. 고조선의 기록 문화

이천여 년의 역사를 지녔던 고조선 사람들에게는 과연 독자적인 문자가 있었을까? 그 시대에도 사람들이 의사소통을 하고 살았다면 설사 문자는 없었다고 하더라도 그에 상응하는 기록문화는 있지 않았을까? 1988년 경남 의창군 다호리茶戶里 고분에서 기원전 1세기경으로 추정되는 청동기와 철제 농구 및 제기와 칠기 등과 함께 출토된 '다섯 자루 붓'은 중국 한나라 시대에 사용했던 것과 동일한 문자의 필사용 필기구였다. 때문에 이들 붓은 두 나라 사이의 교역에 필요한 서류를 만드는 것으로 짐작된다. 또 내몽고 자치구 옹우특기 석책산 유적, 랴오닝 성 뤼다 시의 윤가촌 유적 및 비자와 고려채 유적, 함경북도 나진시 초도 유적, 평양시 남경 유적 등에서 출토된 질그릇에는 부호들이 새겨져 있었다. 해서 이들 부호들이 발전하여 문자로 정착하지 않았을까 짐작된다. 하여튼 이들 몇몇 고고학 자료들과 유적들은 고조선 말기에 필묵을 사용한 기록문화가 지방 곳곳에 널리 퍼져 있었음을 암시해 주고 있다.

고조선은 기록을 전담하는 신지神誌라는 관직을 두었다. 당시 사람들은 기록을 담당하는 이를 '신지선인神誌仙人'이라고 불렀다. 그리고 신지가 시적詩的으로 기록한 저술을 『신지비사神誌秘詞』라고 했다. 선인은 고조선에서 종교에 종사하는 사람들을 일컫는 호칭이었다. 때문에 신지선인은 기록관일 뿐만 아니라 종교 소임도 맡았던 인물로 이해된다. 문자를 다루는 사람은 고대사회에서 대개 영향력을 지닌 지식인이자 종교지도자였다. 조선 선조(1583) 때에 평양의 법수교法首橋 밑에서 세 조각 난 비석이 발굴된 적이 있었다. 이 비석에 새겨진 문자는 중국과 인도의 문자와 다른 것이어서 읽을 수가 없었다. 때문에 이 문자를 단군 때 쓰던 신지문神誌文으로 보는 이도 있다고 『평양지平壤誌』는 적고 있다. 현재 단군의 가르침을 적은 『천부경天符經』과 『삼일신고三一神誥』도 고조선의 신지가 단군의 가르침을 기록한 것이라고 한다.

일연은 『삼국유사』 권3의 「흥법」편 '보장봉로 보덕이암' 조목에서 고구려의 개소문蓋蘇文에 대해 "『신지비사』의 서문에서 '소문蘇文 대영홍大英弘이 서문과 함께 주석했다'고 하였으며, 소문은 관직명이니 문헌으로 증명된다" 했다. 또 『고려사』 「김위제열전金謂磾列傳」에도 김위제가 (평양) 천도를 주장하는 상소문을 숙종肅宗에게 올리면서 『신지비사』의 기록을 인용하고 있다. 여기에는 인간을 널리 이롭게 해야 한다弘益人間의 이념뿐만 아니라 "저울(대·추·꼬리)처럼 머리(極器)와 꼬리의 자리가 균평均平해야 나라가 흥하고 태평이 보장된다"라는 '풍수지리'의 '균평의 이념'까지 역설하고 있다. 나아가 조선 전기의 「용비어천가」(제16장)에서조차도 이 기록을 언급하고 있다는 점에서 이 저술은 조선시대까지 전해졌음을 알 수 있다. 이처럼 고조선의 기록관이 남긴 『신지비사』에는 고조선의 다양한 기록문화와 정제된 철학사상과 그를 바탕으로 한 풍수지리의 이념도 갖추고 있었음을 알 수 있다.

고조선의 가사로 알려진 유일한 글은 당시의 가사인 「공후인箜篌引
(또는 公無渡河歌)」이다. 이것은 『고려사』 권122 「열전」 35에 인용된
"님이여 물을 건너지 마오[公無渡河]/ 님은 결국 물을 건너시대[公竟渡
河]/ 물에 빠져 죽으시니[墮河而死]/ 장차 님아 이를 어찌할꼬[將奈公
何]"라는 4행시이다. 이 가사는 기원전 4, 3세기에 흰 머리를 풀어헤치
고 손에 술병을 들고 세차게 흐르는 물을 건너려는 노인[白首狂夫]이
아내의 만류에도 불구하고 강물 속에 뛰어들었다. 그의 아내가 공후箜
篌라는 악기를 타며 지아비의 죽음을 슬퍼하며 노래를 마친 뒤 그녀도
강물에 몸을 던졌다. 이 장면을 본 낙랑군 조선현의 진졸津卒 곽리자고
霍里子高가 아내인 여옥麗玉에게 이야기하자 그녀가 공후를 타며 노래를
세상에 전했다고 한다. 『고금주古今注』의 편찬자인 중국 진晉나라 혜제
惠帝(291~307) 때의 최표崔豹는 이 「공후인」을 고조선의 가사라고 했
다. 가사의 구성이나 내용으로 보아 고조선인들은 빼어난 감성과 숭고
한 미학을 지니고 있었음을 알 수 있다.


## 2. '고조선'과 '마한' 사이의 '위만조선' 조목

『삼국유사』 「기이」편 서두의 '고조선'과 '마한' 사이에는 '위만조선'
조목이 자리하고 있다. 일연은 서두를 '고조선' 조목을 설정함으로써 고
조선은 단군조선만으로 이루어져 있음을 분명히 했다. 하지만 그 다음
에 '위만조선' 조목을 설정하여 한민족의 정체성 확립에 어려움을 주었
다. 위만(기원전 194~?)은 본디 연나라 사람이었다. 이때에 노관盧綰은

연燕왕으로 옛 연燕나라 땅을 다스리게 되었다. 하지만 얼마 뒤에 한漢이 주위의 제후들을 시기하여 제거에 나서자 연왕 노관은 미연에 화를 면하려고 한漢나라에 반항하여 흉노 쪽으로 도망을 하였다. 때문에 연나라는 한나라 군대에 점령당하면서 일시에 혼란에 빠져버렸다. 이 틈을 타서 위만은 천명의 무리를 이끌고 망명하여 패수浿水를 건너서 기자조선의 왕인 기준箕準을 달래어 옛 빈터[故空地]의 수비를 하겠다고 하였다.

기준왕은 위만을 믿고 박사博士를 삼아 서쪽 가장자리 백리[西邊百里]의 땅을 봉하여 주었다. 하지만 그는 망명의 무리들을 통솔하고 그들과 결탁하여 세력을 확장하였다. 하루는 위만이 기준왕에게 사람을 보내어 거짓으로 한나라 병사들이 십도十道로 쳐들어오니 자신이 성으로 들어가 왕을 호위하겠다고 하였다. 성에 들어간 그는 갑자기 군사를 몰아 기준왕을 쳐서 나라를 빼앗고 스스로 조선왕이라고 하였다. 위만은 '신조선(위만조선)'을 세우고 왕검성을 도읍으로 삼고 사방을 정복하여 영토를 넓혔다. 한편 기준왕은 남쪽의 진국辰國으로 망명하여 한왕韓王이 되었다. 그렇다면 위만조선을 세운 위만을 동이족의 범주 속에 넣어 우리의 역사 속에 편입시켜야 하는가? 과연 일연은 '고조선' 이후에서 '마한'까지의 공백(?)을 메꾸기 위해『삼국유사』의 조목 속에 '위만조선'을 설정한 것일까? 아니면 '위만조선'을 고조선을 계승한 신조선이자 동이족의 일부로 본 것일까?

그런데 두계 이병도는 위만에 대해 그가 망명해 올 때 1) 상투를 짜고 조선옷을 입었고, 2) 요동 방면에는 한인漢人 계통뿐만 아니라 동호東胡·조선인 계통의 사람이 지리적으로 보아 많이 살았을 것이며, 혼란한 틈을 타서 조선계 사람들이 본연의 자세로 돌아가 집단적으로 모국

母國에 들어왔을 것이고, 3) 준왕의 신임을 받았다는 점을 들어 순수한 외족外族이 아니었을 것이며, 4) 위만조선 말기의 관직명이 조선적朝鮮的이었고 응소應劭가 위만조선을 융적시戎狄視하였다는 것 등에 근거하여 위만은 패수 이북의 요동지방에 토착하였던 조선인계의 연인燕人으로 보고 있다. 이에 대해 이홍직은 "위만이 처음에 망명하여 올 때에 상투를 짜고 조선옷을 입고 왔다는 것은 그가 연인燕人이기 때문에 조선땅에 들어와서 정권을 잡기 위하여 조선인의 행세를 하였을 것이라고 봄이 타당하지 않을까 한다"라고 했다.

위만은 고조선의 거수국인 기자조선을 무너뜨리고 새로운 거수국인 위만조선을 세운 연나라 사람이다. 때문에 위만조선을 고조선을 계승한 나라라고 할 수는 없다. 그럼에도 불구하고 일연의 '위만조선' 조목 설정은 역사학자들에게 영향을 미쳐 일부 국사학자들은 위만조선을 한국사의 일부로 편입시키고 있다. 그렇다면 일연은 왜 이 '위만조선' 조목을 설정했을까? 알려진 것처럼 그는 고조선의 회복을 통해 몽골 치하에서 신음하는 한민족의 정체성을 확보하려고 했다. 그럼에도 불구하고 일연은 서두의 '고조선' 조목에 뒤이어 '위만조선' 조목을 덧붙이고 있다. 과연 이것을 어떻게 해명해야 할까? 일연의 의식 속에서 '위만조선'은 고조선을 계승한 나라로 이해되었을까? 국내의 국사학자들 역시 이 문제에 대해 명쾌하게 합의를 이끌어 내오지 못하고 있다. 반면 고려 중기와 조선 초기의 학자들은 오히려 단군을 부정하고 기자를 한민족의 후예로 선양하였다. 그들은 대체 왜 그랬을까?

## 3. 일연의 조목 설정 이유

일연의 '위만조선' 조목 설정과 달리 조선초기의 일부 유학자들은 오히려 '기자'를 고조선을 이어 조선왕이 된 것으로 보았다. 과연 기자조선을 고조선을 이은 왕조로 볼 수 있겠는가? 그럴 수는 없을 것이다. 『상서대전尚書大傳』에 의하면 "무왕이 은나라를 멸하고 기자를 석방하자 기자가 조선으로 도망갔다. 이에 무왕이 그를 조선후候로 봉했다"라고 했다. 『송미자세가宋微子世家』에는 "무왕이 은나라를 멸하고 기자를 방문하여 안민安民의 도를 묻고 그를 조선에 봉했다"라고 했다. 『한서 지리지』에는 "은나라가 쇠하자 기자가 조선에 가서 예악禮樂을 가르쳐 범금팔조犯禁八條를 행하였다" 적고 있다. 대부분의 국사학자들은 이들 문헌 기록들을 연구 비판하고 다른 사료들과 비료하여 기자동래설을 부정하고 있다. 반면 이병도는 한씨조선韓氏朝鮮설을 주장한다.

그는 "후한 왕부王符의 『잠부론潛夫論』에는 '주나라 선宣왕 때 한후韓候가 있었는데 연燕나라 근처에 있었다. 그 후 한의 서쪽에서도 성姓을 한韓이라 하더니 위만에게 망하여 해중海中으로 옮겨 갔다'고 기록되어 있다며, 여기서 위만에게 망한 것은 준準왕이니, 기자조선의 마지막 왕 준의 성이 한韓씨임이 명백하다. 그러므로 조선왕조의 성은 기씨箕氏가 아니라 한씨韓氏이며 중국인이 아니라 한인韓人인 것이다. 후대에 가자를 한씨의 먼 조상이라고 하는 것은, 중국의 성인聖人을 자기의 조상으로 함으로써 가문家門을 빛내기 위함이었으며, 특히 기자릉箕子陵이 생기고 기자묘箕子廟가 건립된 것은 고려 때부터의 사대사상事大思想에서 유래된 것이다" 하였다. 아마도 고려 중엽에 와서 평양에 기자묘箕子墓를 찾아 묘사廟祠를 세웠다는 기록으로 보아 이즈음부터 기자에 대한 숭배사상이 심해진 것으로 짐작된다.

지금도 평양시 기림리箕林里에는 기자릉과 묘사(丁字閣)와 비석(重修記蹟碑) 등의 유적이 있으며 이것들은 모두 고려와 조선 때에 세워진 것이다. 기자묘는 고려 숙종 7년(1102)에 무덤 형태[墳形]를 찾아 제사하고 성종과 고종 때 증축한 것이다. 그러나 후세에 내려와 봉묘封墓한 이 묘가 과연 단군조선을 이어 조선왕이 되었다는 이른바 기자箕子의 묘인지에 대한 정확한 근거도 없다. 기자의 후손 우평友平은 기奇씨의 조상이 되었고, 우직友直은 한씨韓氏의 조상이 되었으며, 우량友諒은 선우鮮于씨의 조상이 되었다고 한다. 고려 중기 이후 생겨난 기자에 대한 사대사상에 대해 일연은 반감하고 고조선 역사의 정립에 대해 남다른 생각을 지니고 있었을 것으로 짐작된다. 그렇다면 단군조선만을 고조선이라고 했던 일연은 왜 '고조선' 뒤에 '위만조선' 조목을 설정했을까?

당시 일연은 일부 유자들에 의해 원元나라에 의해 무너진 송宋나라의 조상인 기자가 선양되고 신봉되는 현실을 목격하였을 것이다. 이에 그는 원으로 대표되는 중원의 나라들과 대등하였던 단군조선을 복원시킴으로써 한민족의 자존심과 확보하고 자긍심을 확립하려고 했을 것이다. 이를 위해 일연은 한족漢族의 조상이 세운 기자조선을 무너뜨리고 새롭게 등장한 위만조선에 대해 새롭게 발견하였을 것이다. 더욱이 위만은 연나라 출신으로서 고조선의 고토를 지배하면서 한족漢族과 맞서 싸우면서 한韓민족과 깊은 유대감을 확보하였을 것이다. 일연은 바로 이 대목을 주목하였을 것으로 짐작된다. 때문에 일연은 기자는 인정할 수 없었지만 원나라로 대표되는 중원세력에 맞선 연나라의 후예인 위만에 대해서는 나름대로 동질감을 느끼지 않았을까? 위만의 손자인 우거右渠왕은 중원세력으로 대표되는 한나라에 의해 멸망당했다. 때문에 만리장성 바깥으로부터 시작되는 롼허 강灤河 이동지역에 뿌리를 둔 고조선을 복원하고 그 이후의 공백을 메워 준 주체로서 위만조선을 아우르려고 했던 것을 아닐까?

# 마한은 어디에 있었고 주체는 누구였을까?

## 1. 마한의 위치와 주체

한국고대사에서 한韓의 위치 비정에 대해서는 아직 논란이 남아 있다. 고조선 이후 '한후韓候'로 명명된 기준箕準왕이 세운 한씨韓氏조선과 한韓은 분명히 다른 민족이다. 하지만 안타깝게도 일부 국사학자들은 기준箕準이 세운 한씨조선과 한韓민족을 동일시하려는 이들이 있다. 일연의 『삼국유사』 찬술(1281) 직후 같은 충렬왕 때에 간행된 이승휴의 『제왕운기』에 의하면 한반도와 만주지역에는 한(三韓)·부여·비류·신라·고구려·남옥저·북옥저·예·맥 등의 나라가 있었다고 한다. 이승휴는 『제왕운기』의 「전조선기前朝鮮記」에서 이들 나라 모두를 고조선의 통치지역으로 비정하고 있다. 그리고 『제왕운기』의 「한사군급열국기漢四郡及列國記」에서는 이 나라들을 모두 단군檀君(삼국유사)의 후손으로 적고 있다. 아마도 이승휴는 이 나라들이 본디 고조선에 속해 있다가 단군檀君(제왕운기)조선의 해체 후 각기 독립을 했지만 그 통치자들은 모두 고조선 단군의 후손들이라고 본 것 같다.

이승휴의 주장은『시경詩經』「한혁韓奕」편과 동한시대의 왕부王符의 『잠부론潛夫論』에 나오는 '한후韓侯'와 '한韓의 성城'에 대한 기록에 의해 좀 더 분명해진다. 특히 왕부는 "옛날 (서)주의 선왕宣王 때에 또한 한후韓侯가 있었으니 그 나라는 연燕나라에서 가까웠다"라고 한 뒤 "그 뒤 서쪽에서도 또한 성姓을 한韓이라 하였는데 위만衛滿에게 공벌攻伐당하게 되어 해중으로 옮겨가 살았다"라고 하였다. 왕부는 서주 왕실과 동성인 '희성姬姓'으로서 한韓나라의 제후였던 환숙桓叔의 후손(韓氏·言氏·嬰氏·禍餘氏·公族氏·張氏 등)이었던 한씨韓氏와 다른 또 하나의 한후韓侯가 있었는데 그 나라는 연燕나라와 가까웠다는 것이다. 환숙의 후손이었던 한韓은 지금의 섬서성陝西省에 있었던 서주의 제후국이었으며 그 군주 역시 한후韓侯였다. 때문에『시경』「한후」편의 한후는 연燕나라와 가까이 있었던 기준箕準왕이 분명하다고 할 수 있다.

당시 연나라는 지금의 톈진天津 시와 접해 있는 발해만渤海灣부터 동쪽에 자리한 제스 산碣石山 사이에 걸쳐 있었다. 이렇게 본다면 한씨조선은 기자의 후손인 기준왕이 위만衛滿에 밀려 무리 수천을 거느리고 도망하여 바다(가)로 들어가 한韓의 땅에 거주하면서 스스로 한왕韓王이라 일컬었던 곳으로 짐작된다. 그리고 한후韓侯의 나라는 중국의 동북쪽에 자리한 지금의 베이징北京 가까이에 있었음을 알 수 있다. 연나라 군사들은 연나라 국경선 가까이 있는 한후의 나라 사이에 연장성燕長城을 쌓았고, 이 성을『시경』「한혁」편에서는 '한의 성(韓城)'이라고 불렀음을 알 수 있다. 그렇다면 기준왕이 다스렸던 기자조선의 후신인 한씨조선은 고조선 서쪽 변경인 롼허 강灤河 유역에 있었으며 지금의 요서 지역이라고 할 수 있다. 반면 왕부가 말하는 한후의 나라는 기자조선 이전부터 그 동쪽에 있었던 고조선이었다. 때문에 여기서 한후韓

侯는 고조선의 최고 통치자인 단군壇君을 가리키는 것이었음을 알 수 있다. 한韓(三韓)은 바로 단군조선이 해체된 이후 그 후예들에 의해서 다스려진 나라였다.

한韓은 이후에 마한과 진한과 변한으로 나뉘어졌다. 삼한은 한반도 바깥 만주 지역의 요서와 요동 지역에 있었다. 고조선이 해체된 뒤 그 후예들은 부여와 고구려 및 진국辰國 등으로 흩어져 살았다. 진국은『후한서』「동이열전」〈한전〉에서 보이는 것처럼 지금의 요동 지역에 자리해 있었다.『위략』에서 위만조선의 우거왕 때 "조선상朝鮮相 역계경歷谿卿이 우거右渠에게 간하였으나 받아들이지 않으므로 동쪽의 진국辰國으로 갔다"라고 적은 것처럼 서쪽 롼허 강灤河 유역에 있었던 위만조선에서 볼 때 진국은 동쪽에 자리해 있었음을 알 수 있다. 진국 사람들은 한韓의 지배층이 되어 고조선에서 내려온 앞선 문명을 한인韓人들에게 계승시켰다. 최치원의 지적처럼 마한이 고구려라면 고조선의 해체 이후 그 유민들이 진국을 거쳐 한韓으로 이어졌음이 분명하다. 동시에 마한은 고구려의 무대였던 요동 지역에 있었음을 알 수 있다. 일연一然 역시 마한을 "지금 사람들이 혹시 (익산 지역의) 금마산으로 인해 백제라고 한 것은 대개 잘못된 것이다. 고구려에 본래 마읍산馬邑山이 있었으므로 마한이라 이름지은 것이다"라고 했다. 그리고 북부여에서 갈려나와 졸본부여를 거쳐 고구려를 세운 동명왕은 당시에 마한을 아우르며 새롭게 도약을 시작했다.

## 2. 동이의 여러 나라

'동이東夷'란 명칭은 중국 고대의 화이론華夷論에 의거해서 부르는 명
칭이다. 그러나 이 표현은 예로부터 우리 민족의 특성을 잘 보여주고
있다. '이夷'란 활을 잘 쏘는 '주몽朱蒙'이란 뜻 이외에도 '군자君子'라는
의미도 담겨 있다. 그런데 이夷에는 동이東夷·서융西戎·남만南蠻·북적北
狄을 통칭하는 사이四夷, 『후한서』의 견이畎夷·어이於夷·방이方夷·황이
黃夷·백이白夷·적이赤夷·현이玄夷·풍이風夷·양이陽夷의 구이九夷, 『이아
爾雅』「이순李巡」의 현토玄菟·낙랑樂浪·고려高麗·만식滿飾·부유鳧臾·색
가索家·동도東屠·왜인倭人·천비天鄙의 구이九夷가 있다. 또 구한九韓과
예맥濊貊뿐만 아니라 "『주례周禮』에서 직방씨職方氏가 사이와 구맥九貊
을 관장했는데 구맥은 동이의 종족이니 구이를 일컫는 말이다" 한 것처
럼 구맥도 있다. 여기서 아홉 개의 한韓이나 아홉 개의 맥貊은 모두 고
조선 해체 이후 흩어져 살았던 유민들과 그 거수국들의 사람들이라 할
수 있다.

한나라 회남왕 유안劉安이 지은 『회남자准南子』(21권)의 주석에는 동
방의 이夷는 아홉 종이나 된다고 했다. 위나라 하안何晏이 지은 『논어정
의論語精義』에는 구이를 현토, 낙랑, 고려, 만식, 부유鳧臾(夫餘), 소가素家,
동도, 왜인, 천비天鄙라 했다. 또 신라의 고승이었던 안홍安弘이 찬술한
『동도성립기東都成立記』(『海東安弘記』)에는 구한을 일본, 중화中華, 오
월吳越, 탁라乇羅(耽羅), 응유鷹遊, 말갈靺鞨, 단국丹國, 여진女眞, 예맥이라
했다. 여러 기록들을 검토해 보면 시대에 따라 표기가 조금씩 다르기는
하지만 아홉 곳이 자리했던 그 지역을 살펴보면 각 나라의 비정이 조금
만 다를 뿐 대체적으로 같다. 그렇다면 이들은 고조선이 해체된 이후

유민들이 그곳으로 이주해 가서 지배했던 나라들이거나 고조선의 거수국들을 총칭하는 것으로 볼 수 있지 않을까?

동이의 여러 나라들은 고조선의 앞선 문명을 흡수하면서 살아왔다. 고조선의 지배자인 단군壇君을 한후韓侯라고 한 것은 중국이 만리장성 바깥의 만주 전역과 한반도를 '조선'이라고 일컬은 것과 상통한다. 이 지역에서는 통치자를 한汗(Han) 혹은 칸干(Khan, 可汗, Kahan)이라고 불렀으며 이것을 한자로 적은 표기가 한韓이다. 단군은 고조선의 통치자이다. 그런데 우리는 '단군'의 표기가 '단군壇君'(『삼국유사』)과 '단군檀君'(『제왕운기』) 두 가지임을 통해 이 명칭이 한자에서 온 것이 아니라 한민족의 순수한 토착어였음을 짐작해 볼 수 있다. '단군'은 비슷한 소리의 한자로 표기를 통해 알 수 있는 것처럼 그는 하늘을 받드는 천군天君이자 종교의 최고 지도자였다. 해서 단군은 중국의 천자天子와 같이 종교적 의미를 지닌 칭호였다.

이로 미루어 보아 고조선에서도 통치자를 '한'이라 불렀을 것이다. '단군'이 종교적 지도자라면, '한'이 정치적 지배자를 일컫는 칭호였다. 종교가 정치보다 우위에 있었던 고대사회였던 점을 감안하면 고조선에서는 '단군'이란 호칭이 '한'이라는 호칭보다 더 권위를 지녔을 것이다. 이 때문에 고조선 내에서는 '한'보다는 '단군'이라고 불렀을 것으로 이해된다. 중국 역시 진秦나라 이전의 하은주夏殷周 삼대와 춘추春秋 및 전국全國 시대에는 통치자를 '왕王'이라 불렀다. 진나라가 건국하면서 처음으로 황제皇帝라고 불렀고 이들은 하늘의 아들인 천자라고 했다. 최고 신인 하늘님의 아들인 천자란 호칭을 서한西漢시대부터 사용했었다. 고조선의 '단군' 역시 중국의 천자에 대응하는 호칭이었다. 반면 '한韓'은 왕 또는 황제에 대응하는 호칭이었다. 때문에 고조선 해체 이후 그 유민들에 의해 통치되거나 거수국에서 독립한 '한韓'은 '단군'조선과 긴밀한 관계 속에서 한민족의 동질감을 만들어 나갔을 것으로 짐작된다.


## 3. 삼한과 원삼국

　고조선의 해체 이후 그 거수국이었던 한韓은 고조선의 단군들에 의해 한동안 지배를 받았을 것이다. 한韓은 기자조선을 밀어낸 위만조선과 그를 밀어낸 한사군과 충돌하면서 점차 요서 지역에서 요동 지역으로 이주했을 것으로 추정된다. 때문에 한韓은 부여족과 고구려족 및 예족과 맥족 등과 경쟁하면서 고조선 이래의 한민족의 정통성을 견지해 갔을 것으로 짐작된다. 하지만 한은 마한과 진한과 변한의 삼한으로 갈려 나갔다. 이후 삼한은 제 각기 독립적으로 국가를 경영해 나갔다. 그 중에서도 요서와 요동을 넘나들며 고조선의 정체성을 이어갔던 마한은 고구려족으로 이어지면서 주도적인 역할을 해 갔다. 『통전』에는 "조선의 유민이 70여 개국으로 나누어져 있는데 모두 지방이 1백 리였다"라고 했다. 또 일연은 "백제 온조왕의 말에는 동쪽에 낙랑이 있고, 북쪽에 말갈이 있다고 했는데, 이 말은 아마 예전 한나라 때의 낙랑군 속현屬縣의 땅일 것이다"라고 했다. 이때의 낙랑은 롼허 강灤河 이동의 요서 지역에 설치되었던 낙랑이지만 문맥상으로 보면 일연은 평양 주위로 보고 있는 듯하다.

　최치원은 "마한은 고구려고 진한은 신라"라고 했다. 그리고 "변한은 백제"라고 했다. 그런데 『후한서』에는 "변한은 남쪽에 있고, 마한은 서쪽에 있고, 진한은 동쪽에 있었다"라고 했다. 반면 송나라 구양수歐陽脩

와 송기宋祁 등이 기술한 『신당서』와 후한 유구劉昫 등이 지은 『구당서』에는 "변한의 후손들이 낙랑땅에 있었다" 하였다. 이에 대해 일연은 "『당서』에 변한의 후손들이 낙랑땅에 있었다고 함은 온조왕의 계통이 동명왕으로부터 나온 까닭으로 그렇게 말했을 뿐이다. 혹 어떤 사람이 낙랑 출신으로서 변한에 나라를 세우고, 마한 등과 서로 대치한 일이 온조왕의 전에 있었던 것 같고, 도읍이 낙랑 땅에 있었던 것은 아니다" 하였다. 그렇다면 마한은 한반도 안에 있었던 것이 아니라 요서와 요동에 걸친 만주의 서쪽에 있었으며, 그 동쪽에는 진한인 신라가, 그리고 그 남쪽에는 변한인 백제가 있었다고 할 수 있다.

두루 알다시피 고조선의 해체 이후 부여와 고구려와 한韓 그리고 예와 맥 등은 진번·임둔·낙랑·현토의 한사군과 대립하면서 한민족의 정체성을 지켜 왔다. 이 정체성은 중국과 변별되는 지리적·문화적·정신적 배경 위에서 형성된 것이었다. 때문에 본연적이든 기질적이든 한민족의 문명은 중국 문명과는 그 기원이 다른 것이었다. 그런데 한반도 대동강 유역에는 최리왕崔理王이 다스렸던 낙랑국樂浪國이 있었다. 이것은 종래 한사군의 낙랑군과 다른 나라였다. 그럼에도 불구하고 낙랑국을 서한의 낙랑군과 혼동하여 많은 오해가 있었다. 하지만 이 지역에서 발굴된 유적과 유물들의 조성연대가 한사군이 설치되었던 서한西漢시대가 아니라 동한東漢시대 이후로 밝혀졌다. 일본인들은 이 지역을 롼허강灤河 지역에 있었던 한사군의 낙랑군과 동일시하려고 했지만 발굴된 유적들은 그것과 다른 대동강 유역에 자리했던 '최리왕의 낙랑국' 유물이었다. 때문에 많은 오류와 의문점에도 불구하고 일본인들은 한사군의 낙랑군에 견강부회하여 자신들의 논의를 정당화하려고 하였다.

이 대동강 유역에 자리잡고 있었던 낙랑국에 대해서는 낙랑공주와 호동왕자의 사랑이야기로 널리 알려져 있다. 이 낙랑국은 최리왕의 딸 낙랑공주樂浪公主가 고구려 3대 무휼왕無恤王(大武神王)의 왕자 호동好童 과의 사랑 때문에 무기고에 들어 있던 자명고自鳴鼓를 찢게 되면서 고구려에 정복당한 나라이다. 고조선 이후에 그 유민들이 그 거수국이었던 한韓으로 흘러들었던 무대가 어디였는지에 대해서는 학자들 사이에 합의를 보지 못하고 있다. 하지만 중국의 사서들이 비정하고 있는 위치를 무시해서는 아니될 것이다. 문제는 중국의 사서들이 어느 쪽을 기준으로 방위를 잡고 있느냐에 있다. 마한을 서쪽에 있다고 할 때 어느 지점을 기준으로 해서 서쪽인지 궁금하다. 중국인들의 관점에서 볼 때 서쪽일까? 혹은 한국인들의 관점에서 볼 때 서쪽일까? 아니면 고려의 선사였던 일연의 관점에서 볼 때 서쪽일까? 아직 합의하지 못한 여러 점들을 고려하여 미술사학자 김원룡은 고조선 해체 이후 신고백新高百 삼국의 건국 사이를 잠정적으로 '원삼국原三國'시대로 구분 비정하였고 그의 학설을 채택한 용산의 국립박물관에는 '원삼국실'까지 마련되어 있다.

# 부여는 어디에 있었고 어떻게 이어졌을까?

## 1. 부여의 위치와 주체

　고조선은 개국 초부터 국가기구의 조직과 법 이념 및 그 기능을 세웠던 것으로 이해된다. 『삼국유사』「기이」편 '고조선' 조의 언급처럼 단군은 후대의 '삼정승'과 같은 최고기관인 풍백風伯과 운사雲師와 우사雨師의 3부 '영감令監'을 두었고, 그 아래에 후대의 '판서'와 같은 주곡主穀과 주명主命과 주질主疾과 주형主刑과 주선악主善惡을 담당하는 5부 장관長官을 두었으며, 그리고 그 아래에 360여 가지 소임을 맡은 '하급 관리'를 두어 후대의 국가기관의 모범을 세웠다. 또 『한서』「지리지」'낙랑군' 조에는 "조선은 법이 엄하고 인심이 순후하여 팔조八朝만으로도 문을 잠그지 않았다"라고 했던 금법팔조禁法八條의 존재는 고조선이 법으로 통치된 사회였음을 알려주는 주요한 근거가 된다. 현재 전해지는 살인과 상해 및 도적(과 간음)의 금법 3조목은 대단한 엄격성을 보여준다. 즉 1) 살인한 자는 사형에 처하고 그 가족은 노비가 되게 하고, 2) 남에게 상해를 입힌 자는 곡물로써 배상하며, 3) 남의 물건을 훔친 자는 노예가 되며 50만 금의 속전(다량의 금)을 바치고 사형을 면할 수 있었다고 한다. 범금 8조에 이어 부녀들의 정신貞信 문제가 기록되었던 점을 미루어 보면 아마도 8조 중에 이 간음 금지[禁姦] 조목이 있었을 것으로 짐작된다.

또 북애北崖의 『규원사화揆園史話』의 「단군기」에서는 단군이 국내의 관리와 백성들에게 제사를 지내게 한 뒤에 8조목 혹은 8훈을 통해 그들을 깨우쳤다고 전한다. 즉 '1) 하나인 모든 덕의 근원인 신(일신)을 공경할 것, 2), 황조皇祖의 공덕을 기릴 것, 3) 모든 사람의 양심을 지키는 천범(자연법)을 지킬 것, 4) 어버이를 공경할 것, 5) 서로 화합하여 미워하지 말며 음탕하지 말 것, 6) 서로 사양하며, 빼앗거나 훔치지 말 것, 7) 간접적으로라도 다른 사람을 상하게 하지 말고 서로 구제하며, 남을 업신여기지 말 것, 8) 타고난 떳떳한 성품을 지켜서 좋지 못한 생각을 품지 아니하는 것이 곧 하늘을 공경하고 백성을 친하게 하는 것'이므로 그리하면 무궁한 복을 누릴 것이다. 이 8조목은 '널리 인간을 이롭게 하라[弘益人間]'는 이념을 구체화한 것으로 이해된다. 이 같은 고조선의 홍익인간의 이념은 부여의 법사상에도 구현되었다. 부여는 일찍부터 책임정치의 토대를 확립하였다. 부여인들은 공개심리 판결에 의한 신형愼刑주의를 채용하고 부족 대표자의 평의회제도를 시행하였다. 그리하여 기아와 전쟁 등에 대한 책임군주제의 관습법을 실시하였다.

고조선의 해체 이후 그 유민들은 부여와 고구려 및 한과 예와 맥 등으로 흘러 들어가 '동이족'으로 자리를 잡았다. 특히 부여는 지역적으로 고조선 지역과 맞닿아 있었던 요서 북부 지역에 자리했던 거수국이었다. 때문에 고조선의 해체 이후 요동으로 옮겨간 한韓족 이외에도 요서 북부로 옮겨간 부여는 고조선의 통치자였던 단군들이 한동안 지배체제를 이어갔다. 부여는 고조선과 함께 일찍부터 중국에 알려져 있었으므로『통전』,『삼국지』,『후한서』,『진서晉書』등에 그 기록들이 남아 있을 것으로 추정된다.

『단군세기』는 부여에 대해 "서기전 239년에 해모수가 웅심산에서 군사를 일으켰는데 그의 선조는 고리국인이다"라고 하였다. 몽골 과학원의 베슈미야타바르 교수는 몽골의 부리야트족이 자신들을 부여족의 후예라고 주장하고 있다고 전한다. 이 부족은 현재 몽골 내륙에 자리하고 있는 부여국의 모체인 고리국槀離國이다. 부여는 몽골땅에서 몽골족과 길 하나를 사이에 두고 건국하였다. 부여국의 흘승골訖昇骨은 몽골의 할힌골 강을 가리킨다. 몽골족의 한 파인 부리야트인들은 지금도 스스로를 코리槀離라고 부른다 증언한다. 부여는 고조선의 거수국이었던 예맥족으로서 흥망을 반복하다가 서기 22년에 고구려에 합쳐져 고구려와 백제의 시원이 되었다. 그 일부는 가락국을 거쳐 일본으로 건너가 일본국의 조상이 되었다. 일본의 에가미 나미오江上波夫는 1916년 경에 "일본 천황가의 조상은 부여 백제계"라고 하였다. 그가 주장한 일본의 기마민족 기원설은 곧 이 부여족의 이동을 언급한 것이다.


## 2. 부여의 갈래들

일연은 '고조선' 조목 다음에 '위만조선'을 설정한 뒤 다시 한사군이 고조선에 밀려 철수하기 직전 평주平州(平那+현토)도독부와 동부東部(임둔+낙랑)도위부로 축소하였던 '2부'를 싣고 있다. 그 뒤에 대동강 유역에 있었던 최리왕의 '낙랑국'을 한사군의 낙랑과 구별하지 못한 채 두

지역의 기록을 종합해 적고 있다. 그 뒤에는 후한 헌제憲帝 때 요동후遼東侯 공손강公孫康이 광무제가 요서의 롼허 강灤河 유역에 자리했던 한사군의 낙랑군의 남부도위를 관장하는 7현을 관할하기 위에 치지治地를 두면서 설치했다는 '북대방'과 '남대방'의 조목을 시설하고 있다. 후한 광무제는 서기 30년에 동부도위의 관직을 폐하고 링둥嶺東의 7현을 완전히 포기하고 철수하였다.

하지만 일연은 한사군이 반도 내에 있었다는 일부 고대사의 기록에 의거하여 북대방과 남대방의 역사를 『삼국유사』에 편입시켰다. 이러한 조목 편입은 일연의 『삼국유사』 전편이 창작이 아닌 전술傳述의 형식을 띠고 있기 때문일까? 아니면 충렬왕 7년(1281) 즈음에 걸쳐 김부식의 『삼국사기』를 몸소 보고 느낀 바가 있어 『구삼국(사)기』의 편재에 의거해서 엮었기 때문인지는 알 수 없다. 일연은 한반도 내에 있지 않았던 한사군의 낙랑군의 관할소였던 '북대방'과 '남대방' 조목 이후에 '말갈과 발해' 조목을 설정한 뒤 다시 경북 청도 지역에 있었던 '이서국'과 경남북도에 있었던 '오가야' 조목을 시설하고 있다. 그리고 그 뒤에서야 비로소 '북부여'와 '동부여' 조목을 두고 있다. 두 '부여' 조목 앞 나라들의 역사적 기원이 부여나 고구려보다 앞섰다고 볼 수 없다. 그럼에도 불구하고 일연이 앞의 몇몇 조목들이 왜 그 자리에 있는지는 알 수 없다.

일연이 참고했던 『구삼국(사)기』의 편제의 영향일까? 또는 일연이 임의로 그렇게 한 것일까? 그렇지 않으면 고조선의 해체 이후 단군조선의 거수국들이 독립하면서 옛 고조선 영토 지역에 흩어져 살았기 때문일까? 그렇다 하더라도 이서국과 발해 등의 조목이 부여와 고구려에 앞서 있는 것에 대한 해명이 되기는 어렵다. 그러다 보니 일반사 중심으로 기술된 「기이」편의 체재에 대해서 다시 생각해 보지 않을 수 없게 된다. 부여는 예로부터 예맥 조선족으로 알져져 왔다. 일찍부터 농경생활을 해 오면서도 경제력과 군사력이 강대하였다. 중국의 옛 기록에는 부여가 "부유하고 강력하여 일찍이 패한 적이 없었다" 적고 있다. 또 "국민성이 견실하고 강용하고 근후하여 도적질을 하지 아니하고 예절이 정중하다" 하였다. 추수 뒤의 12월(음력 1월)에는 '맞이굿迎鼓'이라는 국가적 제천의식을 거행하였다. 살인과 간음 및 부녀의 투기 등에 대하여는 극형에 처했으며 일부다처와 축첩 및 순장 등의 풍습이 있었다. 한민족이 즐겨 입었던 것처럼 남녀가 모두 흰옷白衣을 입었다. 특산물로는 이름 있는 말[名馬], 붉은 옥[赤玉], 아름다운 구슬[美珠], 동물의 가죽털[毛皮] 등이 있었다.

일연은 부여의 뿌리인 북부여에 대해 보여주』에 의거하여 적고 있다. "임술년(기원전 59) 사월 팔일에 천제가 오룡거를 타고 흘승골 성에 내려와 도읍을 세우고 왕이라 하며 나라 이름을 북부여라 하였다. 스스로 이름을 해모수라 하고 아들을 낳아 이름을 부루라 하였으며 해解를 성씨로 하였다. 그 뒤 상제의 명에 따라 도읍을 동부여로 옮겼다." '동부여' 조목에 의하면 북부여왕 해부루解夫婁왕이 꿈에 천제의 현몽을 받은 대신 아란불阿蘭弗의 권고로 동해의 가섭원迦葉原으로 수도를 옮기면서 동부여라고 했다고 전한다. 그 뒤 부루왕이 늙어 아들이 없어 산천에 제사를 지냈는데 그가 탔던 말이 곤연鯤淵에 이르러 큰 돌을 보고 눈물을 흘린 곳에서 금빛 개구리 모양의 어린애를 얻어 금와金蛙에게 왕위를 잇게 했다고 하였다. 금와를 이은 대소帶素는 고구려 무휼無恤왕에 의해 죽임을 당하게 되면서 동부여는 역사에서 사라졌다(22년). 해서 일연은 "동명제가 북부여를 계승하여 일어나 졸본주에 도읍하고 졸본부여라 하니 곧 고구려 시조이다" 하였다. 결국 부여는 북부여 → 동부여 → 졸본부여 → 고구려로 이어지면서 곰족과 범족은 하나로 통합되었다.

### 3. 졸본부여와 고구려

고조선의 거수국이었던 부여족은 고구려족과 많은 부분을 공유하고 있다. '환국恒國'의 통치자 환웅이 토착민이었던 부여족(범족)과 고구려족(곰족) 중 곰족을 정복하고 자리를 잡으면서부터라고 할 수 있다. 곰을 토템으로 여겼던 고구려족은 점차 세력을 확장하여 범족을 아우르며 자신의 역사로 만들어 나갔다. 초기의 부여족과 고구려족의 지배자는 고조선의 통치자였던 '단군'이란 호칭을 사용해 왔다. 고대 중국인들은 조선민족을 '맥'이라고 부르다가 뒤에는 '예' 혹은 '예맥'이라고 불렀다. 때문에 예족과 맥족을 따로 보는 경우와 하나로 보는 경우가 있다. 사마천의 『사기』에는 "예맥 역시 조선에 속하며 그 예맥은 부여와 고구려와 삼한 즉 백제와 신라 등의 시원이다" 적고 있다. 이처럼 예로부터 중국인들이 '롼허 강灤河' 이동부터 만주 전역과 한반도 전체를 '조선'이라 부른 것처럼 '예맥'은 조선족의 공통 칭호로 불려져 왔다. 예맥은 모두 고조선의 거수국이었던 시절부터 독립된 이래 우리 민족에 대한 공통의 칭호로 일컬어졌다.

그런데 점차 예맥이란 호칭은 그 범위가 줄어들어 동예를 가리키게 되었다. 이것은 고구려 중심으로 역사가 재편되면서 그 동쪽에 자리했던 예와 옥저는 자연스럽게 동예와 동옥저 등으로 불렸기 때문이다. 특히 동예는 한때는 한나라와 맞설만큼 강성했다고 전하지만 자주적인 국가를 이뤄내지 못했다. 결국 1세기 경에 '예'는 고구려에 복속되었다. 『삼국지』「위서」'동이전' 제30의 '예전濊傳'에 의하면 "문을 닫지 않더라도 도적이 없다"고 적고 있다. 이들은 강직, 용맹, 근후, 질막, 성실하고 보전步戰에 능하였다고 전한다. 동예와 옥저는 다양한 풍습들이 있었다. 마직과 잠사술이 발달하고 어염 등 해산물과 해표피 같은 피물, 우마의 축산물 및 단궁檀弓이라는 명궁을 생산해서 주변국들을 대상으로 활발하게 부역을 했다.

동예와 옥저의 언어와 습속 및 의식주와 예절 및 법제 등은 고구려와 대체로 비슷하였다. 옥저의 민며느리제는 고구려의 데릴사위제와 비슷했다. 특히 동예는 동성 친척 사이에 결혼을 피하는 불혼법不婚法이 있었다. 아마 옥저도 마찬가지였을 것이다. 환자나 주검이 생기면 새집으로 옮겨 사는 기휘忌諱와 위생의 풍습도 있었다. 또 동예는 국중 행사로서 무천舞天이라는 공동대축제를 거행했다. 그리고 경제와 제천의 구역인 산천을 중시하였다. 이러한 풍습들은 고구려에 통합되면서 고구려 문화로 이어졌다. 졸본부여로부터 출발했던 고구려는 과거 한 사군이 있었던 '현토군의 지경'에 있는 졸본주에 도읍을 하면서 세력을 키워 나갔다. 해모수의 아들이었던 그는 본성이 '해解'였지만 자기가 천제의 아들로서 햇빛을 받고 태어났기 때문에 스스로 '고高'로 성을 삼았다. 그리하여 '구리' 또는 '구려'를 고씨가 다스리는 나라라는 의미에서 '고구려' 혹은 '고구리'라 하였다.

기원전 38년을 기점으로 한 고구려는 668년 나라가 망하기까지 700여 년을 동북아시아의 대제국으로서 군림했다. 고조선의 해체 이후 그 유민들이 여러 거수국들로 스며들면서 고조선의 앞선 문명과 제도는 여러 나라들의 삶의 방식과 질서가 되었다. 천신신앙과 토템신앙 및 산신신앙과 고목신앙들은 모두 고조선에서 비롯된 것이었다. 전통적 하느님(환인) 신앙을 비롯해서 성황당을 중심으로 한 산신신앙, 풍류를 기반으로 신선신앙, 그리고 곰(고구려)과 범(부여), 닭(신라)과 말(신라) 등에 대한 숭배는 우리 문화의 기반을 이루었다. 이같은 천신 혹은 산신신앙과 무속신앙 및 풍류는 불교와 도교와 유교가 이 땅에 들어오기 전부터 이어져 온 한민족의 정신적 원천이었다. 일찍부터 이들 신앙들을 이어오던 고구려는 불교를 수용하면서 고대국가의 틀을 공고히 해갔다. 그 첫 걸음의 모습을 일연은 『삼국유사』「흥법」편 '순도조려' 조목의 찬시에서 "압록강에 봄이 깊어 물풀은 곱고/ 백사장 해오라기 한가히 조네/ 홀연히 저 멀리 노 젓는 소리/ 어느 곳 고깃밴가 안개 속 길손"이라고 노래하고 있다.

# 고구려와 백제 및 가야와 대발해의 기술

## 1. 고구려와 대발해

흔히 사가들은 일연이 '세 나라의 빠진 이야기'를 『삼국유사』에 담아 내겠다고 했으면서도 이 서책이 신라 중심, 경주 중심, 왕실 중심으로 기술되었다고 지적한다. 그 까닭은 일연 자신이 신라 왕족의 혈통을 받은 김씨로서 장산(경산)군에 살았고, 도인이자 선승이며 국사의 신분을 지녔으며, 남쪽에서 태어나고 남쪽에서 자라나 현풍의 비슬산인 포산과 의흥의 화산인 가지산 등지에서 일생을 마쳤다는 점을 들고 있다. 물론 『삼국유사』의 내용들이 그런 점이 적지 않지만 지적하는 것처럼 신라 중심, 경주 중심, 왕실 중심으로 기술되었다고만 할 수는 없다. 오히려 『삼국유사』는 신라를 중심으로 기술해 가면서도 고조선과 부여 및 고구려와 백제 그리고 가야와 대발해 등 여러 나라들의 건국이야기를 담아 놓고 있다. 이것은 일연이 국사國師의 소임을 맡으면서 강화도경의 국립도서관에서 많은 역사서들과 경사자집을 열람할 수 있기 때문에 가능한 일이었다. 그리하여 그는 이들 고전들을 깊이 섭렵하고 취사 선택하여 신라만이 아니라 '삼국'을 넘어 약 '십국' 내지 '이십국' 유사를 담아내었다.

물론 이 책의 각 편 속에 신라 이외의 내용이 많지는 않다. 하지만 일연이 고조선과 마한 및 부여와 신라를 넘어 고구려와 백제 및 가야와 대발해 등까지 담아낸 것은 『삼국유사』가 신라사 중심의 서책이 아니라는 것을 증명하고도 남는다. 고조선의 거수국이었던 부여에서 갈려 나온 고구려는 마한을 필두로 부여와 옥저와 동예 등까지 흡수하여 제국을 경영하면서 동북아시아의 맹주로서 오랫동안 군림하였다. 점차 남진을 한 뒤에는 신라와 연합하여 백제와 가야 및 왜국까지 위협하면서 제국의 힘을 보여주었다. 천제의 아들인 해모수의 아들로 태어난 동명제東明帝는 북부여를 이은 동부여로부터 시작된 졸본부여를 고구려로 탈바꿈시켰다. 일연은 '북부여'와 '동부여' 조목에 이어 '고구려' 조목을 시설하여 천제의 아들인 해모수와 하백의 첫째 딸인 유화 사이에서 태어난 추모鄒牟왕의 가계를 보여주고 있다. 북부여를 세운 해모수의 아들이었던 해부루는 곤연鯤淵의 큰 돌 아래에서 아이를 얻어 금와金蛙왕으로 키워냈고, 그 금와왕은 중매도 없이 혼인한 뒤 부모로부터 쫓겨난 유화柳花를 거둠으로써 그녀가 낳은 알에서 아이가 태어날 수 있게 했다.

유화의 아들은 활을 잘 쏘았던 까닭에 '주몽朱蒙'이라고 불렸다. 주몽은 이복 형제인 대소帶素 등으로부터 벗어나 오이烏伊 등 세 사람을 벗삼아 엄수淹水에 이르렀다. "나는 천제의 아들이요 하백河伯의 손자다. 오늘 도망나오는 길인데 뒤쫓는 자가 거의 다 쫓아왔으니 어찌해야 하겠느냐?" 이에 고기와 자라가 다리를 만들어 그를 건너가게 하고는 곧 흩어지니 뒤쫓는 기병들은 건널 수 없었다. 주몽은 졸본주에 이르러 도읍을 정하고 졸본부여를 세운 뒤 곧 '고구려'로 국호로 삼았다. 『삼국유사』는 고구려 기사로 「탑상」편의 '요동성 아육왕탑'과 '고구려 영탑사' 조목과 「흥법」편의 '보장봉노 보덕이암' 조목을 싣고 있다. 그리고 일연은 김부식이 『삼국사기』에서 '발해'를 빼버림으로써 고구려 이후 동북아시아 지역에서 이루어진 우리 문화를 잃어버리게 하였다. 반면 일연은 고구려의 후예인 대발해에 대해 '말갈 발해' 조목으로 담아냄으로써 우리 민족의 뿌리였던 만주 전역에 대한 연결 고리를 이어내고 있다. 여기서 말갈靺鞨은 종족의 이름이며 주周나라 때에는 '숙신肅愼'이라 했고, 한나라와 위나라 시대에는 '읍루挹婁'라 했으며, 후위시대에는 '물길勿吉'이라 했고, 수당시대에는 '말갈'이라 했다.

말갈은 당대에 '흑수(헤이룽 강) 말갈'과 '속말(쑹화 강) 말갈'로 나뉘어져 당대에 속말 말갈은 발해渤海를 세웠고, 송대에 흑수 말갈은 금(金)나라를 세웠다. 금을 세운 황제는 경주김씨였던 김치양의 아들(金致陽+千秋太后)인 완안完顔(王)씨 함보函普이며, 고씨의 별종인 대씨(조영)는 고구려 유민과 말갈세력과 함께 진국震國을 세웠다. 그 뒤 712년에는 '말갈'이란 이름을 버리고 오로지 '발해'라고만 불렀다. 대씨가 세운 대발해는 고구려의 계승자로서 고조선 이후 한민족의 강역을 가장 크게 넓혀 5경 15부 62주를 두었다. 문황(대흠무) 시대에 서쪽으로는 산둥 반도의 등주를 함락시켰으며 북쪽으로는 헤이룽 강가에 자리한 흑수 말갈을 정벌하였다. 그 뒤 230여 년간 주변의 당나라와 일본 및 통일신라와 교역하면서 동북아시아의 대제국으로서 자리하였다. 926년에는 마지막 애황(대인선) 때 글안契丹의 이간책에 넘어가 나라가 무너졌으며 후발해, 흥요국, 정안국(열만화), 올야兀惹(오소경), 대원국 등 여러 나라가 일어나 부흥을 도모했으나 지속되지 못했다. 일연은 대발해를 담아냄으로써 조선조 실학자인 유득공의 『발해고』가 편찬되기까지 만주 전역이 우리의 강역임을 환기시켜 주었다.

## 2. 가야와 임나가야 그리고 왜가야

일연은 『삼국유사』의 「기이」 상편에 '오가야' 조목과 「기이」 하편에 고려 문종 때 금관주지사를 했던 김양일(金陽溢 ?)이 편찬한 『가락국기』를 요약하여 싣고 있다. 그는 '대가락국'과 '오가야'를 '조목'으로 편입시킴으로써 6부 가야의 전모를 알 수 있게 했다. 최근의 고고학과 인류학의 성과에 의하면 가야의 시조인 김수로는 부여에서 이주해 온 것으로 밝혀졌다. 고조선이 해체되면서 그 거수국이었던 부여는 청동기에 이은 철기 문명을 흡수하면서 앞선 문화를 누렸다. 특히 철기에 대해 능했던 이들은 배를 타고 바다(하늘)을 건너 온 것으로 짐작된다. 처음 가야로 들어온 수로는 주민들에게 일종의 주문呪文인 '구지가龜旨歌'를 부르게 함으로써 자신의 출현을 정당화시키고 있다. "거북(신)아, 거북(신)아/ 수로를 내 놓아라/ 내놓지 않으면/ 구워 먹겠다." 여기의 '구하龜何'에서 '구龜'는 '검' 또는 '감'의 향찰이고, '하何'는 존칭호격조사 '하'의 향찰이다. 이를 풀어 보면 '신이여' 혹은 '산신이여'처럼 호격으로 읽을 수 있다. 수로首露는 '세상에 처음으로 머리를 나타냈다'는 뜻이며, '수릉首陵'은 죽은 뒤의 시호이다.

수로왕은 즉위 이후 완하국琓夏國에서 건너온 탈해脫解에 의해 왕위 찬탈의 위험을 겪었다. 왕위를 내놓으라는 탈해의 협박에 수로가 양보하지 않자 탈해는 '기술奇術'로써 승부를 결정하자고 제안하였다. 잠깐 사이에 탈해가 매가 되자 수로는 독수리가 되었고, 다시 탈해가 참새가 되자 수로는 새매가 되었다. 곧이어 각자 본모습으로 돌아온 뒤 탈해는 죽이기를 싫어하는 수로의 '인덕仁德'에 머리를 조아리며 항복하였다. 그 뒤 탈해는 가야를 떠나 신라(계림)로 도망하였다. 이후 수로는 인도의 아유타국의 허황옥 공주를 맞이하여 나라를 반석 위에 올려 놓게 된다. 점차 가야는 낙동강을 주변에 형성된 수십 개의 부락국가들을 연합하여 부족국가를 형성하여 금관가야(김해), 아라가야(함안), 고령가야(진주?, 상주 함창?), 대가야(고령), 성산가야(성주), 소가야(고성)의 6가야가 되었다. 이 중 가장 세력이 큰 금관가야가 다른 5국을 관할하는 맹주가 되었다.

특히 금관가야는 42년 개국 이후 491년 동안 지속되다가 법흥왕 19년(532)에 신라에 멸망당할 때까지 존속하였다. 대가야는 지금의 고령 지역을 중심으로 500여 년 동안 지속하다가 신라 진흥왕 23년(562)에 신라에 합병되었다. 그런데 금관가야는 부산 복천동에서 고구려와 신라 연합군과 가야-백제-왜의 연합군의 마지막 전투에서 패배한 이래 왜국으로 건너가 왜가야를 건국하였다. 김해 대성동 고분 13호에서 출토된 파형동기와 청동솥[銅鍑], 23호에서 나온 호랑이모양띠고리[虎形帶鉤], 송산리 6호 고분에서 나온 벽돌 도판 등의 유물들은 이 사실을 증명하고 있다. 한편 고구려 대무신왕에게 무너진 동부여(대소) 이외에 북부여의 세력들은 만주의 북서쪽에 머물며 세력을 유지하였다. 285년 고구려 서천왕 16년에 선비족 모용외慕容廆의 침입에 의해 옥저 땅으로 도망하였다가 뒤에 다시 본국을 회복하였다. 하지만 346년 연왕燕王 모용황慕容皝에게 공격을 받아 멸망하였고 그 땅은 고구려의 판도가 되었다. 철기를 배경으로 한 부여의 일족들은 다시 동해 바다를 타고 내려와 가야 지역에 자리를 잡았다. 가야가 철 생산지와 무역으로 두각을 나타낼 수 있었던 것은 부여로부터 계승된 제철기술 덕분이었다.

금관가야의 왕이었던 응신應神은 나라가 고구려－신라 연합군에서 무너지자 수많은 가야인들을 이끌고 왜국으로 건너와 동쪽으로 이동하면서 가와치 왕조의 기반을 다졌다. 그리하여 그는 이후 왜국(일본)의 실질적인 시조가 되었다. 이곳으로 도래한 30여 년 뒤에 가와치 왕조를 세운 인덕은 일본의 16대 왕으로 자리잡았고 그를 모신 인덕천황릉仁德天皇陵은 이 사실을 증명해 있다. 인덕천황의 원래 이름은 오호사자키노 스메라키코도(大鷦天皇)이며 313~399년까지 재위한 것으로 기록되어 있다. 그는 선왕이었던 응신應神의 네 번째 아들이었다. 이 능은 107기가 넘는 수수께끼의 백설조百舌鳥 고분군 중 가장 큰 전방후원분이다. 사방에 거대한 해자垓字가 둘러쳐 있는 인덕천황릉은 이집트의 피라미드와 중국의 진시황릉과 함께 세계 3대 대형고분으로 꼽히고 있다. 전장 486미터와 전방부 306미터로 된 총면적 464,123제곱미터로 된 이 큰 능의 축조는 과연 누구에 의해서 이루어졌으며 어떠한 토목 기술로 가능했을까? 일본 하비키노羽曳野 시에 있는 인덕천황의 아버지인 응신천황릉의 규모 역시 이 능에 버금갈 정도로 크다.

철에 능했던 가야인들은 오랫동안 철 생산으로 호황을 맞이하였다. 가야인들은 철을 대량 생산하여 반도와 대륙을 오가며 중개상을 했던 대방帶方 등을 통해 만주와 중국 등지에 철을 판매했다. 철의 대량 생산 과정에서 인력이 모자라자 왜인들을 용병으로 데려다 썼다. 그들이 사용하였던 유물들 일부가 가야 지역에 남아 있다는 것을 근거로 일본 학자들은 왜국(일본)이 가야 지역에 임나일본부를 건설했다고 주장하고 광개토대왕비문을 조작하기까지 했다. 하지만 이것은 고고학과 인류학의 연구 성과에 의해 사실이 아님이 밝혀졌다. 오히려 일본으로 건너간 가야인들이 경상도 일대에 존재했던 임나가야와 긴밀한 관계를 유지하였고 왜국 지역에서는 왜가야를 경영하였다. 규슈와 관서 지역에 널리 퍼져 있는 가야의 유물 유적들은 이러한 사실을 반영해 주고 있다. 이처럼 일연은 『삼국유사』에 '오가야'와 '가락국기' 조목을 담아냄으로써 한민족의 해외 진출의 시원을 짐작할 수 있게 하였다.


## 3. 백제와 대화왜

최치원은 일찍이 마한을 고구려라 하고 변한을 백제라 했다. 일연은 『삼국유사』의 「기이」편에서 '변한 백제', '남부여·전백제·북부여', '무왕', '후백제 견훤' 조목과 「흥법」편의 '난타벽제', '법왕금살' 등 백제 관련 조목을 싣고 있다. 졸본부여인이었던 소서노小西努가 아들 비류沸流와 온조溫祚를 데리고 졸본부여의 주몽과 연합하여 고구려를 건국하였다. 고구려를 세운 주몽이 아들 유리琉璃를 태자로 옹립하자 소서노는 아들들을 데리고 남으로 내려 왔다. 비류는 주변의 조언을 듣지 않고 인천 부근의 미추홀에 비류백제를, 온조는 서울 하북 위례성(잠실 몽촌토성)에서 한성백제를 세웠다. 온조왕 14년에 하남 위례성에 도읍을 하고 '십제十濟'로 국호를 삼았다. 반면 비류는 습기가 많고 물이 짠 미추홀에 살 수 없어 위례성으로 돌아온 뒤에 나라 이름을 '백제'로 고쳤다. 이것을 흔히 한성백제라 한다.

이후 문주왕은 도읍을 웅천(공주)로 옮겼고(475), 성왕은 다시 소부리군(부여)으로 옮겨(538) 국호를 남부여라 했다. 일연은 사비백제를 '남부여'라고, 한성백제를 '전백제'라 했으며, 졸본부여가 북부여에서 나왔으므로 '북부여'라고 조목을 병기하였다. 백제와 가야와 왜국의 연합군이 부산 복천동 전투에서 고구려와 연합한 신라군에게 패하면서 가야의 중심은 왜국으로 이어졌다. 가야는 경상도 일대에 임나가야로서 영향력을 유지하면서 왜가야를 무대로 한민족의 정체성을 이어 나갔다. 반도의 임나가야 세력이 미미해지자 점차 왜가야 지역의 주체가 백제인들로 대체되었다. 백제 사마斯麻왕이었던 무녕왕은 개로왕의 왕비가 곤지왕과 함께 왜로 가던 중 낳았다고 전해진다. 왜국에서 태어난 무녕왕은 백제로 돌아와 왕위에 오른 뒤 왜국에 대해 막강한 영향력을 행사하였다. 1971년 7월 5일 무녕왕릉에서 발굴된 유물들은 한성백제가 망하고 남부여(공주/부여백제)로 이어지면서 그 일부세력들이 왜국으로 건너가 왜가야 이후의 지배질서와 영향력을 이어 받았음을 강력히 시사해 주고 있다.

고구려 광개토대왕과 신라의 연합작전은 금관가야의 유민들을 왜국으로 건너가게 하였다. 이들을 바다 건너 북 규수 지역으로 이끌고 간 응신과 인덕은 동쪽으로 더 나아가 긴키 지방으로 진출하여 야마토大和조정의 토대를 마련하였다. 장대한 업적을 이뤄낸 뒤에 응신과 인덕은 그곳에 묻혔고 그들의 위업을 기념하기 위해 왕실은 거대난 왕릉 역사를 감행한 것으로 짐작된다. 비록 가야는 신라에 합병되었지만 왜가야를 통해 대화왜, 즉 야마토 조정의 기반을 마련하였다. 그리고 한강을 중심으로 오랫동안 선진문명을 발전시켰던 한성백제는 몰락하고 그 일부 세력이 내려가 남부여로 이어졌지만 한편으로 백제는 왜국으로 시선을 열어갈 수 있었다. 결국 대화왜의 첫 주자는 무녕왕에서 비롯되었다. 이후 야마토 조정은 백제계 주도로 이루어지면서 왜국의 기반은 점차 가야 중심에서 백제 중심으로 이동하였다. 해서 이러한 부분들에 대한 논의는 좀더 연구되고 논증되어야 할 것으로 이해된다.

　일연은 『삼국유사』 안에다 만주 전역과 한반도 및 왜국 열도에서 일어난 여러 역사 기록들을 담아내려고 노력하였다. 하지만 사국 사이의 전쟁을 비롯하여 후삼국 전쟁 및 거란과 여진의 침입 그리고 몽골과 홍건적 등의 침입으로 인해 많은 사료들이 사라진 뒤에 『삼국유사』를 편찬할 수밖에 없었다. 때문에 앞서 이루어진 김부식의 『삼국사기』와 각훈의 『해동고승전』 등 여러 고기들을 참고하면서 나름대로 사료들 사이의 정합성 확보할 수밖에 없었다. 그 결과 우리 민족의 수트라이자 바이블인 『삼국유사』가 태어날 수 있었다. 신라에 앞서 이들 여러 나라들의 개국조들에 대해 언급하지 않고서는 온전히 『삼국유사』를 탄생시킬 수 없었다는 점에서 우리는 이 서책의 역사적 가치를 다시 반추하게 된다.

서울 방이동 고분군

# 해동성국 대발해는 어떤 나라였을까?

## 1. 고구려를 이은 동북아 대제국

　김부식은 고구려의 해체 이후 그 유민들 중 고구려 고씨高氏의 별종別種인 대씨大氏가 세운 '대발해'를 독립된 '국명國名' 또는 건국조인 대조영을 독립된 '본기本紀'로서 기술하지 않았다. 다만 신라의 「최치원전」에서 고구려 유민들이 세운 (대)발해에 대해 "의봉儀鳳 3년(678) 고(구)려 유민들이 태백산 아래에 의거하여 나라를 세우고 (대)발해라 하였다"고 기술하고 있을 뿐이다. 반면 일연은 『삼국유사』 「기이」에서 '말갈 발해' 조목을 시설하여 대발해가 한국사임을 분명히 하였다. 고구려가 망하자 약 20여 만 명의 고구려인들이 당나라로 끌려갔다. 유민들은 당나라로 끌려가면서 당의 정략에 의해 동아시아 전역으로 흩어졌다. 이들 중 일부 유민들은 요서의 영주營州를 중심으로 고구려 부흥운동을 도모하였다. 유민들 일부는 고구려 장군이었던 대(걸)중상大乞仲象과 대조영大祚榮을 따라 고구려의 부흥운동에 전념하였다.
　때가 무르익자 고구려 유민들은 말갈인들을 거느리고 대(걸)중상은

678년 소국에 준하는 정치세력을 형성시킨 뒤 684년에는 진국震國(小渤海)을 건국하였다. 이 소발해(진국)는 다시 대중상의 아들인 대조영에 의해 '대씨의 발해'이자 '광대한 발해'인 '대발해大渤海'로 이어갔다. 대조영이 건국한 대발해는 '고씨의 고구려'를 계승한 '후고구려'이자 '고씨의 별종'인 대씨가 세운 대제국이었다. 대발해의 건국은 종래 동북아시아 지역을 통치하였던 고구려의 복원과 당나라에 맞서는 새로운 제국의 출현을 의미하는 것이었다. 고구려의 해체 이후 낯선 영주營州로 떠나 객지의 삶을 살아야 했던 유민들과 고구려의 지배를 받던 속말말갈과 백산말갈 등은 이 지역의 글안(거란)족들과 반당反唐 전선을 형성하면서 새로운 제국의 건설에 전력하였다.

696년 반당 봉기로 추장 이진충李盡忠과 손만영孫萬榮에 의해 글안국이 건설되었다. 이에 발맞추어 고구려 유민들과 고구려의 지배를 받던 말갈족 등은 동북쪽으로 이동했다. 이들을 뒤쫓던 당나라 장수 이해고李楷固가 이끄는 대군과의 천문령天門嶺 전투에서 대승한 대조영은 동모산으로 이동해 대발해를 세웠다. 대조영은 홀한해(경박호) 가까운 곳인 상경용천부東京城를 수도로 잡았으므로 나라 이름을 '홀한해'를 달리 말하는 '발해'라고 불렀다. 그런데 '작은 바다'를 나타내는 보통명사 '발해'는 길이가 약 55킬로미터, 폭이 약 10킬로미터의 타원형으로 된 '경박호'를 가리키는 이름이었다. 때문에 이 호수를 바다처럼 넓다고 여긴 '홀한해'를 제국의 이름으로 사용하는 것에 대해 당시부터 문제가 제기되어 왔었다.

해서 676년 고구려 유민들이 형성시킨 소국에 준하는 정치세력과 대걸중상이 684년 동모산 중심으로 세운 소발해(진국) 등과의 구분을 분명히 하고, 약 260여 년 간 동북아시아의 여러 나라와 부족을 지배했던 대제국의 위상을 온전히 드러내기 위해서는 '대발해'라고 부르는 것이 합당하지 않을까 한다. 그렇게 되면 대발해가 멸망한 뒤 열만화가 세운 후발해인 정안국定安國과 몇몇 발해국들과 글안이 유민을 이끌고 세운 위성국 동단국東丹國 등과도 변별할 수 있게 된다. 여기서 '대씨가 세운 발해'를 '대발해'라 한 것은 '고씨가 세운 구려'를 '고구려'라고 한 것에 부응한 표현인 것이다.


## 2. 한민족사 최초의 해외 원정

대발해는 초조인 고황 대조영부터 제15대인 애제(大諲譔, 906~926)까지 약 230여 년간 존속했던 동북아시아의 대제국이었다. 태조인 고황(698~719 재위)을 이은 대무예大武藝(719~737)는 냉철한 판단과 대담한 전략으로 주변의 당나라와 흑수黑水말갈 및 글안(거란)과 해奚족 그리고 신라와 왜(일본)를 제어하여 신생 제국의 위상을 드높였다. 때마침 흑수말갈이 당 현종을 찾아와 조공을 바치며 관리 요청을 하면서 대발해를 배신하였다. 현종은 흑수말갈을 꾀어 관작을 주면서 흑수말갈에 관청을 설치하고 관리를 파견하였다. 대무예는 동생 대문예를 보내 흑수말갈의 토벌을 명했다. 하지만 동생 대문예는 당에 인질로 살았던 경험을 토대로 당과 등지는 것이 나라에 좋지 않다며 형의 명을 어기고 당에 투항하여 작위를 받았다.

대무예는 동생 문예를 방치했다가는 나라의 정국이 흔들릴까 저어하여 당 현종에게 국서를 전달하며 동생 문예를 죽이라고 요청했다. 현종은 문예를 죽였다고 거짓으로 알리면서 그를 안전한 곳으로 피신시켰다. 이 사실을 안 대무예는 당나라에 대한 강력한 응징을 꾀하기로 하였다. 때마침 당에 인질로 가 있던 대무예의 아들인 태자 대도리행이 급사했다. 당은 대발해 배후에 있는 흑수말갈과 남쪽에 있는 신라와 삼각동맹을 맺고 대발해를 포위했다. 대무예는 당나라 중심의 질서에 맞서기 위해 일본에 사신을 파견하였다. 일본으로 파견된 신하들은 목숨을 걸고 동해를 건너 일본과 교류를 꾀하였다. 동시에 그들은 당－신라－흑수말갈의 삼국의 제휴를 깨기 위해 기습전을 펴기로 했다.

무황 대무예는 서해로 나아가는 유일한 항구인 압록강의 박작구泊汋口에 수군을 결집시켰다. 고구려의 빼어난 수군 전통을 계승한 대발해 수군 정예병 2만은 장군 장문휴張文休의 통솔에 의해 산동 성의 등주蓬萊를 공격하였다. 대발해 수군들은 우수한 군사력과 속전속결의 전략으로 등주자사 위준韋俊을 죽이고 산동 성 일대를 한동안 지배했다. 이 전투는 한민족의 역사 속에서 첫 해외 원정에서 승리한 전투로 기록되어 있다. 당 현종은 나당 전쟁 이후 한동안 소원한 관계에 있던 신라를 부추겨 대발해를 공격하게 하였다. 당 현종은 김유신의 손자인 김윤중金允中을 장수로 거명하면서 10만의 병사를 보내 대발해를 공격해 주도록 하였다. 군사를 이끌고 출병한 신라군은 대발해 국경에서 큰 눈을 만나 싸워보지도 못하고 반 이상의 병사들을 잃고 회군하였다.

당 현종은 토벌군을 1만 명을 모아 무황의 동생 대문예에게 진두를 맞겨 형 무예에게 맞서게 하려 하였다. 이에 무황은 암살단을 낙양의 천진교로 파견하여 문예를 습격하였으나 그를 죽이지 못하였다. 무황은 (마)도산郡山으로 군사 1만을 거느리고 몸소 중원으로 진격해 나가 당나라에 대한 적극적인 응징을 꾀하였다. 당군은 수적으로 열세를 면치 못하자 산의 지형지물을 이용하여 수성전으로 버텨냈다. 결국 무황의 공격을 이겨내지 못한 당군은 심각한 손상을 받고 궤멸되었다. 당시 전쟁에 참가한 당나라 장수 「오씨묘비명」에는 "관리와 백성들이 달아났다[吏民逃]" 혹은 "본업을 상실했다[徙本業]"라고 적혀 있다. 결국 세계 최강이었던 당군은 전멸하였고 무황에게 무릎을 꿇고 말았다. 이후 당나라는 대발해의 실체를 인정하지 않을 수 없었다. 그들은 대발해를 "해동성국海東盛國"이라고 불렀다. 이처럼 산둥 성의 등주를 기습적으로 공격하여 정치 외교전에서 승기를 잡은 대발해는 동북아시아의 새로운 강자로 떠올랐다.

## 3. 바다 동쪽의 강성한 대제국

무황을 이은 문황 대흠무大欽茂(737~793)는 대발해 역사상 가장 강대한 영토를 확보하였다. 내치內治가 강화되고 국력이 공고해지면서 불교문화를 기반으로 제국으로서의 면모를 확립하였다. 송나라의 사서인 『책부원구』는 그가 "말갈과 불열과 철리 부족을 복속시키고 북쪽으로 강역을 크게 확장시켰다" 적고 있다. 그는 불교식 황명이자 존호인 '대흥보력효감금륜성법대왕大興寶歷孝感金輪聖法大王'이라는 존호로 불리어졌다. 문황이 즉위하여 쓴 독자 연호인 '대흥'과 '보력'은 문황 자신이 사용하였던 연호였다. 연호의 반포는 황제의 고유한 권한이자 제국으로서의 위엄을 대내외에 과시하는 것이다. 774년 문황은 유신維新을 단행하여 연호를 '대흥'에서 '보력'으로 개원했다. 그리고 스스로 '고려국高麗國'이란 국호와 '대왕大王' 및 '천손天孫'과 '황상皇上'이란 칭호를 사용하였다. 이윽고 통치 후반기에 들어선 그는 국력을 크게 신장하면서 자신감이 생기자 좀 더 과감한 불교정책을 펴기 시작했다.

문황의 이 호칭은 당나라 측천무후에 대한 적극적 의식에서 비롯된 것으로 짐작된다. 측천무후는 종래의 존호에다 '금륜성신황제金輪聖神皇帝'를 덧붙였다. 이어 '월고금륜성신황제越古金輪聖神皇帝'로 칭하였고 다시 '자씨월고금륜성신황제慈氏越古金輪聖神皇帝'로 일컬었으며, 또다시 '천책금륜성신황제天冊金輪聖神皇帝'로 바꾸어 부르게 했다. 문황 역시 측천무후가 자신의 권위를 강화하기 위해 전륜성왕 설화를 이용하여 붙인 불교식 황명을 적극적으로 활용하였다. '금륜'은 사천하를 통치하였던 '금륜왕'을 의식하였던 것을 의미한다. 전륜성왕은 일곱 가지 보배를 성취하고 네 가지 덕을 갖추어 수미산을 둘러싼 동남서북 4주를 통일하고 정법으로 세상을 다스리는 제왕을 말한다. 그리고 '성법왕'은 과거불인 세자재왕불世自在王佛을 가리키며 전륜성왕과 관련이 있다.

그가 '대왕'과 '천손' 및 '황상'의 칭호와 맞물려 전륜성왕 설화를 채택한 것은 자신의 권위를 강화하려는 데에 목적이 있었다. 이것은 수도를 비롯한 5경(돈화, 중경, 상경, 동경, 남경) 등에 세웠던 다수의 사원들과 유적 유물 및 정혜·정효 공주 묘비의 유물들 그리고 팔련성과 반랍성 등을 중심으로 한 이불병좌상二佛竝坐像의 광범위한 분포 등에서도 확인된다. 기록에 의하면 상경용천부에는 9개의 절을 짓고 절 앞에는 석들을 세웠다고 한다. 현재는 6미터 높이의 석등 1기가 남아 있다. 대발해 황실은 여타의 제국과 달리 건국 이래 네 차례나 수도를 옮겼다. 동모산 아래 '구국(敦化 지역)'에서 도읍을 한 대발해는 3대 문황 천보 연간에 '구국'에서 '중경中京'으로 천도한 뒤, 다시 '상경上京'으로 수도를 옮긴 뒤, 또 다시 동경東京으로 천도하였고, 5대 성황은 즉위하자마자 상경으로 수도를 옮긴 뒤 이곳은 국망 때까지 수도로 자리했다.

대발해는 상경용천부를 중심으로 압록도와 영주도, 거란도와 신라도 및 일본도 등 다섯 갈래의 길을 개설하여 교역하였다. 일본의 구법승인 원인圓仁(794~864)의 『입당구법순례행기』에는 "등주에는 신라관과 발해관이 나란히 있었으며", 대발해의 대표적 수출품은 "부여의 사슴, 막힐의 돼지, 솔빈의 말 등이었다"라고 한다. '담비가죽貂皮' 등의 특산물은 일본에서 크게 팔려 많은 이익을 남겼다고 한다. 고구려 장수 이정기李正己가 세운 제濟(평로치청번진)나라에는 '솔빈의 말'을 수출하여 안록산의 난으로 위기를 맞은 당나라를 압박하게 하였다. 대발해를 멸망시킨 글안은 유민들을 요양遼陽 지역으로 강제 이주시키고 상경성과 여러 절들 및 관련 기록들을 불태웠다. 그 뒤 글안은 대발해 강역을 잠시 동단국이라 하여 지배하였다. 발해 유민 일부는 고려에 귀부하였다. 국망 이후 여러 차례 부흥운동이 일어났지만 이 지역이 말갈의 후신인 여진족의 무대가 되면서 대발해 관련 기록은 더욱 더 묻혀 버렸다. 여진은 이곳에 금金나라를 세웠고, 금을 이은 후금은 뒷날 다시 청나라가 계승했다. 그 뒤 이곳은 한국인들이 일군 간척지 동간도와 서(북)간도의 일부만이 반도와 이어지면서 독립운동의 무대가 되었다. 일본은 위성국인 만주국을 세웠으며 현재는 중국에 통합되어 있다.

# 신라 천년은 어떻게 지속되어 왔는가?

## 1. '신라'의 시원과 국호

고조선의 해체 이후 부여와 고구려 및 백제와 가야를 계승하거나 흡수한 신라는 사국을 통일하고 새로 일어난 북쪽의 대발해와 함께 '남북국시대'를 열었다. 후삼국 이후 고려에 귀부한 신라는 고려와 조선 및 대한시대에 이르기까지 지대한 영향력을 미쳐 왔다. 삼한의 일통 약 한 세기 전에 이미 가야를 합병한 신라는 당나라와 연합하여 백제를 무너뜨리고 반도 내 백제의 고토를 흡수했지만 왜국에 대한 그 영향력을 지속시키지는 못했다. 동시에 고구려를 무너뜨리고 반도 내 평안도 일부까지는 흡수했지만 그 북쪽과 만주 전역에 대한 영향력을 계승해 내지는 못했다. 때문에 통일신라는 왜국과 한반도 북부와 만주 전역을 회복하지 못함으로써 한국사 기술의 주체인 역사가들에게 사국 통일의 의미가 절하되었다. 결국 한반도 북부와 만주 전역에서 고구려를 계승하면서 일어난 새로운 제국인 대발해를 아우르기 위해 '남북국'이란 표현으로 시대를 구분하고 있다.

마한을 흡수하고 계승한 고구려와 변한을 흡수 계승한 백제와 달리 신라는 진한을 흡수하고 계승하였다. '신라'의 시원에 대한 해석에는 여러 갈래가 있다. 『후한서』에서는 "진나라에서 망명한 이들이 한국에 오니 마한이 동쪽의 땅을 떼어서 그들에게 주고 서로 부르기를 '무리[徒]'하며 진나라 말에 가까웠기 때문에 혹은 진한辰韓/秦韓이라 했다"는 진한 어느 노인의 말을 인용하고 있다. 또 "진한은 열두 개의 소국이 있어 각기 만 호나 되었으며 나라라 일컬었다"라고 했다. 한편 최치원은 "진한은 본디 연燕나라 사람들이 피난해 왔던 것이므로 탁수涿水의 이름을 따고 그들이 사는 읍과 마을을 일컬어 사탁沙涿과 점탁漸涿 등으로 불렀다" 말하였다. 일연은 "신라 사람의 방언에 '탁'의 음을 '도道'라고도 했기에 지금도 더러는 사량沙梁이라고 쓰고 양梁을 또한 도道라고도 읽는다"라고 하였다.

나라 이름인 '신라新羅'라는 말의 어원에는 여러 가지 설이 있다. 먼저 '서라벌徐羅伐' 또는 '서벌徐伐' 혹은 '사라斯羅' 또는 '사로斯盧'라고 했다는 주장이 가장 널리 알려져 있다. 일연은 "지금 세간에서 경京자를 훈독하여 서벌이라 이르는 것도 이 때문이다" 하였다. 또 '신라'의 수도이자 국호였던 '서라벌' 혹은 '서벌'이란 이름은 아마도 인도의 '슈라바스티' 또는 '사밧티'로부터 왔을 것으로 짐작된다. 이럴 경우 신라의 지배층 일부는 슈라바스티에서 오거나 그곳과 연관된 인물들일 가능성이 있다. 한편 제15대 기림基臨이질금(혹은 지증 또는 법흥왕) 때에는 한민족의 꿈에 기초하여 '덕업이 나날이 새로워지고[德業日新]' '사방의 백성을 망라해간다[網羅四方]'는 기치 아래 국호를 '신라'라고 했다.

또 하나의 나라 이름이었던 계림鷄林은 박혁거세의 왕후가 계정鷄井에서 탄생하였기 때문이다. 혹은 계룡鷄龍이 상서를 나타냈기 때문에 계림국이라 하였다. 다른 설에는 탈해왕 때에 김알지를 얻어 닭이 숲속에서 울었으므로 국호를 고쳐 계림이라고 했다고 한다. 계림은 그곳에서 처음으로 닭이 울었기에 '시림始林'이라고도 했다. '신라가 좁아 떠났다'(?)는 8세기 혜초(704~787)의 오언 율시인 '남천로위언南天露爲言'의 끝구절 역시 '계림'이란 국호를 보여준다. 달 밝은 밤 고향 길을 바라보노니[月夜瞻鄕路]/ 뜬구름만 너울너울 돌아가누나[浮雲颯颯歸]/ 편지 써서 가는 편에 부치려 하나[緘書參去便]/ 거센 바람 내 청을 듣지 못하네[風急不聽迴]/ 내 나라는 천산북로 저쪽에 있고[我國天岸北]/ 이 고장은 서쪽의 땅끝에 있네[他邦地角西]/ 남방에는 기러기 조차 없으니[日南無有雁]/ 그 누가 계림 향해 안부 전하리[誰爲向林飛].


## 2. 신라의 시조 내외


대체적으로 한 나라의 개국조는 왕뿐만 아니라 그 왕후에 대한 이야기를 특별히 기술하고 있다. 환인의 서자였던 고조선의 환웅은 웅녀를 만나 단군壇君을 낳았고, 하늘의 아들인 북부여의 해모수는 하백왕의 첫째 딸 유화와 인연을 맺어 주몽朱蒙을 낳았다. 고구려의 주몽은 졸본부여의 공주였던 소서노와 혼인했으나 그 이전에 혼인한 예씨 부인 사이에서 태어난 유리瑠璃를 태자로 삼아 왕위에 옹립했다. 결국 고구려를 건국한 뒤 소서노는 전 남편 사이에서 난 비류와 온조를 데리고 한반도 남부로 내려갔으며 아들들은 각기 비류백제와 한성백제를 세웠다. 부여에서 이주한 가야의 김수로는 인도의 아유타 공주 허황옥을 만나 거등居登을 낳았다. 신라 역시 혁거세왕과 아리영 부인 사이에서 남해南海가 태어났다. 하지만 아직까지 신라 지배층의 주체를 어디로 볼 것인가에 대해서는 여러 해석들이 존재한다.

신라의 지배층인 6촌은 고조선 해체 이후 그 유민들이 바다와 육지로 이동하면서 한반도 남쪽의 경주 일대에 자리를 잡았을 것으로 짐작된다. 일연 역시 "이들 6부의 조상들은 모두 하늘에서 내려온 것 같다"라고 적고 있다. 여기서 '하늘'은 '북쪽의 높은 곳'이면서 '바다'를 거쳐 이동했음을 상징적으로 시사해 있다. 경주 일대에 정착한 6촌들은 일정한 권역을 관할 지배하면서 독자적 세력을 형성해 왔다. 노례왕은 9년(32년)에 6부의 이름을 고치고 6성姓을 내려주었다. 즉 1) 급량부 이李씨의 알천 양산촌-중흥부, 2) 사량부 정鄭씨의 돌산 고허촌-남산부, 3) 모량부 손孫씨의 무산 대수촌-장복부, 4) 본피부 최崔씨의 자산 진지촌-통선부, 5) 한기부 배裵씨의 금산 가리촌-가덕부, 6) 습비부 설薛씨의 명활산 고야촌-임천부 등이다. 고려 태조 5년(천복 5년)에는 신라 노례왕이 명명한 이들 6부를 다시 개명하였다.

일연은 "지금의 고려 풍속에는 중흥부를 어머니, 장복부를 아버지, 임천부를 아들, 가덕부를 딸이라 하는데 그 이유를 자세히 알 수 없다"라고 했다. 아마도 경순왕이 935년에 고려 태조에게 귀순한 이래 이들 4부 역시 효성스런 가족처럼 단군조선을 이은 고구려를 계승한 고려에 귀부했기 때문에 이렇게 불렀던 것이 아닐까? 신라의 개국 초기 이들 6부의 조상들은 3월 초하루에 알천의 언덕 위에 모여 회의를 열었다. "우리들은 위에서 백성을 다스릴 임금이 없으므로 백성들이 모두 방자하여 제 마음대로 하게 되었소. 어찌 덕 있는 사람을 찾아 임금을 삼아 나라를 세우고 도읍을 정하지 않겠소." 이에 높은 곳에 올라 남쪽을 바라보니 양산 밑 나정蘿井 곁에 이상한 기운이 전광처럼 땅에 비치는데 흰말 한 마리가 꿇어 앉아 절하는 형상을 하고 있었다. 그곳을 찾아가 살펴보니 붉은 알 한 개(혹은 푸른 큰 알)가 있었는데 말은 사람을 보고는 길게 울다가 하늘로 올라가 버렸다. 그 알을 깨어 보니 사내 아이가 나왔는데 모양이 단정하고 아름다웠다. 그 아이를 동천東泉에서 목욕을 시켰더니 몸에서 광체가 나고 새와 짐승이 따라 춤추며 천지가 진동하고 해와 달이 청명해졌다. 이 일로 인하여 그를 혁거세赫居世(밝게 세상을 다스린다)왕이라 했다.

그의 왕비가 되는 알영閼英 역시 같은 날 사량리 알영정閼英井 가에 계룡鷄龍이 나타나 왼쪽 옆구리에서 여자 아이를 낳았는데 모습과 얼굴은 유달리 고왔으나 입술이 닭의 부리와 같았다. 월성 북천北川에 가서 목욕을 시키자 부리가 떨어졌다. 서라벌의 혁거세왕은 알에서 태어났고 알영왕비는 우물에서 태어났다. 혁거세설화와 주몽설화는 '난생卵生'이라는 점에서 상통하며, 북부여의 해모수의 부인인 유화와 서라벌의 알영의 탄생은 '수생水生'과 깊은 관련을 맺고 있다. 일연은 주석割註에서 해설자들의 말을 인용하여 "이것은 서술성모西述聖母가 낳은 것이기 때문에 중국 사람들은 선도성모善桃聖母를 찬양하는 말에 '어진 이를 내서 나라를 세운다'라는 말이 있음은 이것이다"라고 했다. 그러면서 "계룡이 상서를 나타내어 알영을 낳았다는 이야기 또한 서술성모에게서 나타난 것이 아닌지를 어찌 알겠는가"라고 하였다. 혁거세 설화의 천마와 붉은 알 및 알영 설화의 계룡과 닭의 부리는 이들을 토템으로 하던 부족과의 연관성을 암시해 준다.

## 3. 사국의 통일

사국이 병립된 이래 이들 네 나라는 수많은 전쟁을 벌였다. 해당 군주들의 영토 확장의지는 강국이 되는 지름길이었지만 전쟁에서 진 나라는 고스란히 피해를 감수해야 했다. 요동의 마한을 병합하고 요서지역의 부여를 아우른 고구려는 만주와 반도에 걸쳐 대제국을 경영했다. 특히 광개토대왕과 장수왕에 이르는 시기에는 강성대국을 경영하여 주변의 후연과 백제 및 신라에 위협적인 존재로 부상했다. 백제 역시 근초고왕 때는 고구려의 평양을 공격하여 고국원왕을 살해할 정도로 강성한 대국이었다. 가야는 한반도 남부에서 제철을 생산하며 왜열도까지 경략하였던 철기제국이었다. 가장 약했던 신라는 법흥왕과 진흥왕 대에 고구려 연합군과 가야 - 백제 - 왜의 연합군을 무너뜨리고 가야를 합병했다. 뒤이어 당나라와 연합하여 백제와 고구려를 무너뜨린 뒤 삼국을 통일했다. 이 과정에서 셀 수 없는 전쟁이 일어났고 헬 수 없는 인명이 살상되었다.

사국의 전쟁 과정에서도 한민족들은 저마다의 종교적 심성을 지녀왔다. 고조선 이래의 풍류를 기반으로 한 하느님신앙과 신선(산신)신앙과 고목신앙과 무속신앙은 끊이지 않았다. 이들 풍류사상을 통섭한 불교는 나라의 정사와 교육을 뒷받침했으며 전쟁으로 죽은 영가들을 천도하였다. 아마도 당시의 통치자들은 우선 한반도와 만주 전역 및 왜열도에서 중국을 의식하면서 힘의 균형을 유지할 수 있는 길을 고민했을 것이다. 사국 혹은 삼국 사이에서 끊임없이 일어나는 죽고 죽이는 전쟁을 근원적으로 멈출 수 있는 길은 무엇이었을까? 고구려도 백제도 가야의 통치자도 그런 생각을 했을 것이다. 신라의 통치자도 대대로 '덕업일신 망라사방'의 기치를 내걸고 전쟁을 멈출 수 있는 길을 모색했을 것이다. 어떻게 해야 힘의 균형으로 인한 전쟁의 윤회를 무너뜨리고 삼한을 일통할 수 있을까?

무엇보다도 사국의 일부 통치자들은 왕조와 권력의 지속을 위한 사국(삼국)의 현상유지를 고려했을 것이다. 하지만 고조선의 시조인 단군왕검 이래 보다 근원적인 측면에서 '한민족'이라는 의식을 지닌 통치자는 얼마나 되었을까? 물론 사국 혹은 삼국의 통치자들은 나름대로 생각은 했을 것이다. 하지만 사국(삼국)의 힘의 균열은 반도내 임나가야의 해체로부터 비롯되었다. 신라의 법흥왕과 진흥왕은 반도내 가야를 합병하면서 강국으로 발돋움을 시작했다. 신라는 고구려와 백제의 수많은 도전을 받으면서 당나라를 끌어들여 삼국의 통일전쟁을 시작했다. 삼국통일 전쟁 당시에 이들 삼국인들 사이에 '한민족'이라는 의식이 얼마나 있었으며 당(唐)이 '외세'라는 개념이 있었는지는 알 수 없다. 고조선의 해체 이래 엷어졌던 한민족이라는 의식은 오히려 신라가 삼국을 통일하면서 비로소 다시 복원된 것은 아니었을까? 끊임없이 죽고죽이는 전쟁의 윤회를 근원적으로 끊어버리기 위해서는 적당한 현상유지 의식이나 힘의 균형 의지를 깨뜨리지 않으면 아니되었을 것이다.

김춘추(태종무열왕)와 김유신(흥무대왕)을 비롯한 신라인들의 삼국통일 의지는 바로 이러한 배경에서 발로된 것으로 짐작된다. 한반도의 제일 남단에 자리해 있으면서 '아랫배에 숨을 모으고' '장판때를 묻히며' 정진했던 신라였기에 가능한 것이었을지 모른다. 이들이 벌였던 삼국통일전쟁은 결국 고조선의 해체 이후 처음으로 '한민족'이라는 의식을 불러 모은 첫 번째 계기였을 것이다. 일부 학자들이 삼국통일이 불완전했기에 후삼국의 분열이 일어났다고 하더라도 말이다. 고려 태조 왕건은 통일신라에 이어 다시 '한민족'이라는 의식을 불러 모았다. 그리고 고려 후기 몽골의 침입으로 나라가 바람 앞의 등불이 되었을 때 일연은 『삼국유사』를 찬술하여 「기이」편에 '고조선' 조목을 편입시킴으로써 또 다시 한민족이라는 의식을 불러 모았다. 우리는 오늘날의 국가 개념 아래 신라의 삼국통일 과정에서 당을 불러들인 것을 부정적으로만 볼 수는 없다. 김유신이 당나라 총관 이적(소정방?)의 교만함을 보고 백제(고구려)보다 당을 먼저 무너뜨리겠다는 기백을 보였던 것은 많은 것을 시사해 주고 있다. 남한과 북한을 통합하고 다시 '한민족' 의식을 회복할 날은 언제일까?

# 통치자들의 이름과 연호는 어떻게 변천되어 왔는가?

## 1. 황명 혹은 왕명의 함의

고대부터 현재에 이르기까지 국가통치자의 명호는 많은 의미를 지녀오고 있다. 중국의 통치자는 전욱씨, 복희씨, 수인씨 등으로 명명된 이래 요임금과 순임금 등을 거쳐 하은주 삼대의 우왕, 탕왕, 문왕과 무왕 및 주공 등으로 이어졌다. 은나라의 유민이 세운 노나라의 공자는 요/순과 우/탕과 문/무와 주공을 성인으로 추존하고 자신의 모범으로 삼았다. 춘추시대와 전국시대를 거쳐 천하를 처음으로 통일한 진시황이 '황제'란 말을 창안한 이래 '황제' 또는 '천자'는 중원의 통치자를 일컫는 대표적인 명호가 되었다. 이후 하은주 삼대 이전의 통치자를 '삼황오제 三皇五帝'라고 일컫은 것은 진시황 이래 명명된 '황제'란 명호를 소급 적용해 부른 것이다. 기원 이전 시대의 로마의 '황제(집정관)'나 일본의 '천황(천왕)'의 명호 역시 중원의 '황제' 혹은 '천자'에 준하여 쓴 것이라고 할 수 있다.

고조선의 최고통치자인 '단군'이란 명칭 역시 '천제' 또는 '황제'의 다른 이름이었다. 고조선의 해체 이후 주변의 거수국(제후국)들인 부여와 고구려 등은 한동안 최고통치자를 '단군壇君'이라고 불렀다. 단군은 천자天子이자 천군天君이었으며 제정일치 시대에 미래의 천문天文과 운기運氣 등을 예측하고 기우祈雨와 기청祈晴 등을 주재하는 제사장이자 무당이었다. 농경시대에는 이러한 기능을 지닌 자가 '가장 힘이 센 자'였다. 그 힘은 반드시 '하늘'과 매개되어 있었다. '해'(빛)가 떠 있는 하늘은 통치자의 힘의 원천이었다. 하늘은 의인화되어 천제天帝가 되었고 그 천제의 아들인 천자는 하늘의 권위를 자신의 권위로 삼았다. 천자는 하늘과의 소통을 독점하여 권력을 지속적으로 생산해내었다. 그러나 천인天人이었던 천제의 아들이 지상에 안착하여 인간人間이 되어 가면서 그 기능은 제사장에게로 서서히 옮겨가면서 역할이 분리되었다. 또 고조선이 해체된 이후에도 '단군'이란 명칭은 부여와 고구려 및 주변국 등 거수국에서 한동안 원용되었다. 점차 거수국들이 자립해 가면서 통치자의 이름은 새롭게 붙여지기 시작했다.

부여는 '해의 아들[日子, 天子]'인 해모수가 하늘에서 내려와 '왕'이라 했고, 고구려는 '태왕' 혹은 '대왕'이라 했다. 백제는 '어라하' 혹은 '건길지'라고 했고, 가야는 '왕'이라 했으며, 대발해는 '황제'라 했다. 『주서周書』 「이역전異域傳」에 의하면 백제의 왕은 '어라하於羅瑕'라 일컬었고 백성들은 '건길지鞬吉支'라고 불렀으며, 왕비는 '어륙於陸'이라고 했다. 여기서 '어라'는 '대大'를 의미하는 '엄니', '욱니', '어니'와 통하고, '하瑕'는 부여와 고구려의 족장을 가리키는 '가加'와 통하며, '어라하'는 대족장에서 유래한 것으로 짐작된다. 또 『일본서기』에서는 백제 왕비를 '오리쿠oriku' 혹은 '오루쿠oruku'로 읽고 있다. 여기서 '오리ori' 또는 '오루oru'는 '어라하'에서처럼 '대大'를 가리킨다. 해서 어륙은 '대부인大夫人', '대후大

后', '대비大妃'를 일컫는다. 우리말 '올케'의 어원도 여기서 나왔을 것이다. 무가의 사설인 '어라(왕) 만슈萬壽 어리(왕비) 만슈萬壽'에서처럼 '어라하'는 통치자를 일컫는 명칭이었다.

신라의 통치자는 혁거세 거서간(1인), 남해 차차웅(1인), 유리 이사금(16인), 내물 마립간(4인) 등으로 불리다가 '왕'으로 통칭되었다. '거서간'은 신라 최초의 왕호이며 고대 진한辰韓 말로 '임금' 또는 '귀인貴人'을 뜻했다. '제사를 맡은 웃어른'이란 뜻도 있었다. 차차웅次次雄은 '자충慈充'이라고도 했으며 제정일치 시대의 원시사회적 수장首長의 명호였다. 김대문은 "차차웅은 방언에 무당을 일컫는 말이며 세인들이 무당이 귀신을 섬기고 제사를 숭상하는 까닭에 그를 두려워하고 공경하게 되므로 마침내 존장되는 이를 일컬어 자충이라 했다" 적고 했다. 이사금은 '이질금尼師今', '치질금齒叱今', '이질금爾叱今'이라고도 쓴다. 김대문은 "니사금은 방언이며 이를 다스리는 이[齒理]를 일컫는다"라고 했다. '잇금'은 연장자年長者 혹은 사왕嗣王, 계군繼君의 뜻을 지니고 있다. 또 김대문은 마립간에서 "마립은 '말뚝橛'을 일컫고 함조諴操를 말하니 궐위에 따라 시설되므로 임금의 궐은 주主(主席)가 되고, 신하의 궐은 그 아래에 배열되기 때문에 이렇게 일컫은 것"이라 했다. 어떤 학자는 마립을 가리키는 '함조'가 '함표諴標'의 오기誤記 혹은 오자誤字이며, '함'은 곧 화백和白과 같은 부족회의의 주석主席에 있었기에 마립간이란 칭호가 생기게 되었다고 하였다. 어떤 학자는 신라 고대 남자집회소 혹은 부족회의 등의 간干으로 푼다. 또 다른 학자들은 우리말의 '머리'란 말과 연관시켜 두간頭干 즉 '머리 간'의 의미에서 '우두머리'의 뜻으로 보고 있다. 이 모두가 통치자를 가리키는 이름들이다.

## 2. 불교식 왕명과 연호의 사용

불교식 왕명은 왕을 비롯하여 왕실이 능동적으로 불교를 신행할 때
붙여질 수 있었다. 고구려와 백제 및 가야와 대발해의 왕실은 적극적으
로 불교를 수용하였다. 반면 신라는 이차돈의 순교사건을 통해 어렵게
불교를 공인하였다. 고구려 소수림왕 2년(372)에 불교가 공인된 이래
백제와 신라 등에서는 불교식 왕명을 사용하였다. 고구려는 불교 공인
이래 불교식 왕명을 사용하지는 않았다. 백제는 침류왕 때에 불교를 공
인(384)한 이래 성聖왕(523), 위덕威德왕, 혜惠왕, 법法왕으로 이어지는
불교식 왕명을 사용하였다. 가야는 질지왕 대에 불교를 공인(452)한 이
래 불교식 왕명을 쓴 흔적은 보이지 않는다. 신라는 자비慈悲왕과 비처
毗處(혹은 炤知)왕의 이름도 불교식 왕명에 준하여 볼 수 있으나 불교
공인 이전이었다. 법흥왕 때에 불교를 공인하고 '법흥法興'이라는 불교
식 왕명을 처음으로 사용하였다. 이후 신라는 진흥眞興, 진지眞智, 진평
眞平, 선덕善德, 진덕眞德에 이르기까지 불교식 왕명을 사용하였다.

여기서 특기할 것은 불교식 왕명을 사용하였던 신라의 왕들이 모두
연호年號를 사용하였다는 사실이다. 이것은 불교가 추구하는 세계적 보
편성과 능동적 주체성과 관련지어 이해해 볼 수 있다. 불교식 왕명의
사용은 무열왕 때에 유교식 왕명을 제정하기까지 140년간 지속되었다.
불교적 왕명이 제정되던 시기에 신라는 율령의 반포와 병부의 설치 및
불교의 공인과 영토의 확장 그리고 사찰의 건립을 통해 전성기를 구가
하였다. 통일신라와 함께 남북국 시대를 이어간 대발해 역시 불교를 공
인한 이래 고황 대조영(698~719) 때 불교를 수용한 이래 불교문화를
꽃피웠지만 불교식 황명을 사용하지는 않았다. 반면 궁예는 자신의 지

위를 합리화하기 위하여 미륵신앙을 이용하여 스스로를 미륵불彌勒佛이라 일컫고 두 아들을 청광보살青光菩薩과 신광보살神光菩薩이라고 하였다.

과거의 중화 중심의 세계질서 속에선 오직 중국만이 연호를 쓸 수 있었다. 동북아시아와 한반도 북부를 무대로 한나라와 후연 및 수와 당과 맞섰던 고구려의 광개토대왕은 연호를 영락永樂이라고 선포하였다. 또 경남 의령에서 출토된 '연가칠년명금동여래입상延嘉七年銘金銅如來立像'에서 보이는 것처럼 '연가延嘉'라는 연호도 아울러 사용함으로써 중국과 대등한 국가임을 과시하였다. 이 금동여래입상의 광배에는 고구려인들이 인현의불을 조성 발원한 인연에 적고 있어 고구려 불상임을 확인할 수 있다. 백제 역시 일부 논란이 있기는 하지만 일본에 있는 칠지도七支刀의 명문銘文에 적힌 '태화泰和'라는 연호를 사용하였음을 알 수 있다. 신라 또한 불교를 공인한 법흥왕 시대에 이르러 처음으로 '건원建元'이라는 연호를 사용하였고, 법흥왕은 개국開國(551~567)과 대창大昌(568~571)과 홍제鴻濟(572~583)을, 진평왕은 건복建福(584~633)을, 선덕여왕은 인평仁平(634~647)을, 진덕여왕은 태화太和(648~653)를 사용하여 중국과 대등한 국가임을 과시하였다. 반면 가야는 연호의 사용이 확인되지 않는다.

조선의 실학자이자 사학자인 유득공의 『발해고』는 고구려를 이은 대발해 역시 독자적인 연호를 사용했다는 사실을 알려주고 있다. 궁예의 후고구려(태봉/마진)도 연호를 사용하였다. 고려의 태조(왕건) 역시 고려를 건국하면서 천수天授라는 연호를 선포했고, 광종은 준풍峻豊과 광덕光德이라는 연호를 제정했다. 평양 천도를 주장하며 나라를 세웠던 묘청도 국호를 대위大爲라 하고 연호를 천개天開라고 선포했다. 여기서 알 수 있는 것은 연호의 제정이 해당 국가가 독립적인 나라임을 선언하는 하나의 '정책'이었다는 점이다. 반면 조선은 독자적 연호를 쓰지 않고 중국의 연호를 따랐다. 하지만 대한제국시대에는 광무光武와 융희隆熙 등의 연호를 사용하였다.


## 3. 시대 구분의 특성

해당 역사서에서 가장 주목되는 부분은 역사를 바라보는 '사가의 관점(사관)'과 '시대의 구분'이라고 할 수 있다. 그런데 '사가의 관점'과 '시대의 구분'은 떨어질 수 없는 것이다. 역사서에 담긴 사관 속에는 이미 시대 구분이 전제되어 있으며, 시대 구분 속에는 사가의 관점이 투영되어 있다. 사가의 관점은 우선 역사의 주체를 누구로 볼 것이냐의 문제와 상통하며, 시대의 구분은 해당 시대의 특징(특성)을 어떻게 볼 것이냐에 달려 있다. 역사의 주체를 왕과 왕실에 두고 본다면 그 역사서는 왕조 중심의 시대 구분 아래 역사를 기술해 갈 것이다. 반면 역사의 주체를 사대부(사림)와 같은 지식인으로 본다면 그 역사서는 사회의 변화를 중심으로 역사를 기술해 갈 것이다. 반면 역사의 주체를 민중(인민)과 같은 피지배층으로 본다면 그들을 중심에 놓고 역사를 기술해 갈 것이다. 때문에 사관은 역사를 기술하는 역사가의 제일의 관건이며 시대 구분은 사가의 관점을 긴밀하게 뒷받침하게 된다.

김부식은 『삼국사기』에서 신라의 역사를 왕실의 변화에 따라 상대·중대·하대로 시대 구분을 하였다. 상대上代(시조~28대 진덕여왕, BCE. 57~CE. 654)는 원시부족국가와 씨족 국가를 거쳐 고대 국가로 발전하면서 골품제도가 확립되던 때이다. 골품제도가 성립되고 성골 왕실이 확립되어 왕위를 독점한 것은 매우 후대의 일이다. 중대中代(29대 무열왕~36대 혜공왕, 654~780)는 성골 왕통이 끝나고 무열왕계 왕실이 이어지던 때이다. 이 시기에는 삼국을 통일하고 전제왕권專制王權이 확립되어 문화의 황금기를 이루었다. 하대下代(37대 선덕왕~56대 경순왕, 780~935)는 무열왕계 왕실이 끊어지고 내물왕계 진골 왕실이 주도한 때이다. 이 시기에 골품제도가 무너지고, 족당族黨이 형성되며 왕권이 쇠퇴하여 호족豪族·해상 세력이 등장하면서 나라가 무너졌다.

반면 일연은 『삼국유사』에서 신라의 역사를 불교와 관련하여 상고上古·중고中古·하고下古 시기로 구분하였다. 상고上古(시조~22대 지증왕, BCE. 57~514)기는 불교 전래 이전으로서 신라가 고대 국가로 발전하기 전단계이다. 중고中古(23대 법흥왕~28대 진덕여왕, 514~654)기는 불교식 왕명이 사용되고 골품제 아래 성골 왕실이 성립되어 소멸하는 때이다. 하고下古(29대 무열왕~56대 경순왕, 654~935)기는 불교식 왕명 사용이 끝난 뒤의 때이다. 하지만 하고기의 구분은 중대와 하대의 구분이 없기 때문에 잘 사용하지 않는다. 시대 구분은 역사가가 역사를 기술하기 위해 편의에 따른 것이기는 하지만 거기에는 역사를 바라보는 사가의 관점이 투영되어 있다는 점에서 가벼이 볼 수 없는 것이다.

때문에 역사의 주체를 불자로 보고 불교와 관련하여 시대를 구분한 일연의 불교사관과 역사의 주체를 유자로 보고 왕실의 변화에 따라 시대를 구분한 김부식의 유교사관은 다를 수밖에 없다. 일연의 불교사관은 업설사관 혹은 연기사관이라고 부를 수 있다. 그는 역사의 주체를 불교 또는 불자로 보고 역사의 동인인 '업'을 능동적이고 적극적인 인간의 자유의지로 이해하고 있다. 현실적 인간의 행위에는 능동적인 측면과 수동적인 측면이 있다. 동시에 개인적 측면과 공동적 측면도 있다. 개인업의 영향은 공동업으로 확산되며 공동업은 개인업에 영향을 미친다. 때문에 인간의 자유의지가 역사의 주체 의식을 형성한다는 각성이 무엇보다도 중요하다. 『삼국유사』에 투영된 일연은 불교사관은 불교 내지 불자의 능동적이고 적극적인 자유의지에 의해 역사를 얼마든지 새롭게 만들어갈 수 있음을 보여주고 있다.

# 신라의 왕족과 왕비족은 어떤 관계를 유지했을까?

## 1. 왕족과 왕비족의 관계

고대 국가에서는 통치자인 왕과 왕족은 배우자인 왕비족과의 관계 유지에 적지 않은 힘을 쏟았다. 황제(왕)의 아들인 태(세)자는 어려서 부터 황(왕)비에게서 크기 때문에 외삼촌을 비롯한 외척들과 깊이 연루 될 수밖에 없었다. 그러다 보니 황(왕)비를 주축으로 한 외척들은 황제 (왕)의 통치에 상당한 영향력을 행사해 왔다. 때문에 황제(왕)나 황(왕) 족들은 외척들의 통치 참여나 간섭에 일정한 제약을 두기 위해 노력해 왔다. 신라의 갈문왕葛文王제는 왕족이 왕비족과의 관계를 유지하기 위 해서 마련한 대표적인 제도라고 할 수 있다. 이와 유사한 것은 요서 지 역을 무대로 건국했던 요遼나라가 중세에 들어서면서 왕비족을 관장하 기 위해 마련한 국구장國舅帳제이다. 국구장제는 왕의 장인 중 일정한 세력가를 왕에 준하는 높은 대우로 관장하는 제도였다. 요나라의 국구 장제는 본디 2천년 훨씬 전부터 고대 동호東胡(고몽골족)족이 지니고 있었던 문화로 알려져 있다. 그렇다면 신라 박씨 왕조와 동호는 긴밀한 관련이 있는 것일까?

요나라의 신화에 의하면 신라의 건국신화와 매우 유사한 점을 발견할 수 있다. 『요사遼史』에 실린 글안족의 시조설화는 다음과 같다. "한 신인神人이 '백마白馬'를 타고 마맹산에서 토하를 건너 동쪽으로 왔으며, 한 천녀天女는 '청우靑牛'가 이끄는 마차를 타고 평지 송림에서 황하를 따라 내려와 두 물이 닿는 목엽산 기슭에서 서로 만났다." 이것은 '백마 – 청우'설로서 북방 기마민족들에서 나타나는 전형적인 시조설화이다. 마찬가지로 신라 박혁거세 시조설화에도 '백마'가 등장한다. 『삼국유사』 '신라시조 혁거세왕' 조목을 보면 "흰말[白馬] 한 마리가 꿇어 앉아 절하는 형상을 하고 있었다"에서처럼 '백마'가 나온다. 『삼국사기』에 의하면 제4대 탈해왕에 이어 박씨로서 왕위에 오른 제5대 파사왕 조목에서는 "고타군주古陁郡主(安東)가 청우靑牛를 바쳤다"는 기록이 나온다. 여기에서 '청우'는 무엇을 말하는 것일까? 글안신화와 대비하여 갈문왕 허루許婁의 딸이었던 김씨 부인(史省夫人) 이외에 '청우'로 묘사되는 왕비족에서 새 왕비를 맞이한 것으로 읽어야 할 것인가?

신라 박씨와 글안족 사이에는 또 하나 유사한 것이 있다. 이를테면 왕을 일컫는 왕의 명호이다. 글안족은 왕을 막불莫弗이라고 했는데 본디 발음은 '박불'이다. 반면 신라는 혁거세를 '불구내弗矩內'라고 했는데 '불구'가 순수한 우리말로 '붉을' 혁赫이다. 그래서 '박혁거세'의 '거세'는 동호족 군장이름인 '가사'계 명칭이고, '박혁'은 글안족이 사용하던 왕의 명호인 '박불'에 해당한다. 때문에 신라를 건국한 박씨(九夷의 하나인 赤夷; 烏桓族, 烏丸族?) 왕조와 요나라를 건국한 글안족은 본래 '동호東胡'족이라는 동일한 뿌리에서 출발한 민족이었을 것으로 짐작된다. 적이인赤夷人은 본디 우수리강 이동의 해안지역에 거주하다가 서쪽으로 이주하여 지금의 내몽고 동부 대흥안령大興安嶺 양쪽에 정착하였다. 한때 적이인은 동호족의 군사연맹에 가담하기도 하였으나 기원전 동호족이 흉노의 묵돌 선우冒頓 單于(기원전 209년~기원전 174년 재위)에게 무너지자 오환족은 해체되었다. 혁거세 설화에 나타나는 '백마'와 고타군주가 바친 '청우'는 아마도 이들의 토템이었을 것이다. 몽골족의 전신인 흉노족의 토템은 천마天馬였다. 하늘을 날으는 제비보다 재빠른 천마의 형상은 뒷발로 제비의 날개를 밟고 하늘로 비상하는 모습을 띠고 있다.

예로부터 기마민족의 상징은 말이었다. 스키타이인들은 말을 타고 유라시아를 횡단하면서 살았다. 한漢 무제武帝는 장군 장건張騫을 사신으로 삼아 서역에 파견하였다. 서역을 다녀오던 장건은 다수의 일행을 잃고 흉노족에 잡혔다가 혼자서 한나라로 돌아왔다. 하늘을 나는 제비보다 빠른 천마를 보았던 장건의 건의에 의해 한 무제는 한나라의 조랑말을 천마로 개량하여 끝내 흉노를 무너뜨렸다. 그 결과 한나라의 강역은 서로는 중앙아시아로 나아 갔으며 동으로는 만리장성 바깥의 롼허 강灤河 너머 요서와 랴오허 강遼河 너머의 요동에까지 이르렀다. 이 시기의 스키타이의 후예였던 흉노의 일파(金氏계)는 롼허 강 너머 요서에 머무르다 한반도에 들어와 경주에까지 이르렀던 것으로 짐작된다. 이들에 앞서 이주하여 왕위에 오른 혁거세(오환족?)는 계룡鷄龍(뱀)을 토템으로 하는 왕비족과 결합하여 신라를 건국하였고, 부여계로 추정되는 석탈해왕에 이어 다시 박씨 왕조를 연 파사왕은 다시 '청우'를 토템으로 하는 왕비족과 결합하여 나라를 통치하였던 것으로 추정된다.

## 2. 갈문왕 제도

신라는 건국 초기부터 통치의 주체였던 왕과 왕족은 방계 왕족 내지 왕비족과 관계를 유지하기 위해 갈문왕葛文王 제도를 두었다. 갈문왕葛文王은 신라 때 혈통을 달리하여 왕위를 계승한 임금의 생부生父·장인丈人(外舅－國舅)·외조外祖·동모제同母弟·여왕의 배우자 등의 근친近親에게 추봉追封한 봉작封爵이자 명호였다. 이것은 신라 중기 지증왕 이후에 실시된 시호법諡號法과도 연결이 된다. 하지만 왕의 생부나 장인이 모두 갈문왕으로 추봉된 것은 아닌 듯하다. 28대 진덕여왕 이후 갈문왕이란 이름은 보이지 않기 때문이다. 해서 일부 학자들은 갈문왕은 대왕代王 혹은 군장君長을 뜻한다고 주장하기도 한다. 처음 박씨왕朴氏王 때에는 왕비의 아버지, 즉 왕비족인 김씨족의 장이 책봉되었다. 이어 석씨왕과 김씨왕이 등장하여 왕위의 형제 상속이 이루어지면서 박·석·김 세 왕족의 왕부王父가 원칙적으로 갈문왕에 추봉되었다. 그러나 눌지마립간訥祇麻立干 이후 김씨의 왕위 부자상속제가 확립된 이후에는 왕위계승자의 지위에서 밀려난 왕제王弟가 갈문왕으로 책봉되었다. 이에 준하여 왕비와 왕모 혹은 여왕의 남편도 추봉되었다.

갈문왕제에서 '갈문'은 '잔'(작은 혹은 적은)을 뜻하는 '소小'를 가리키는 점을 고려해 볼 수도 있다. 또 단군조선 때 연나라에서 망명해 온 위만을 본국의 통치자를 보좌하는 임금을 가리키는 명호로서 '한왕韓王' 혹은 '비왕裨王'이라고 불렀다는 사실도 연상해 볼 수 있다. '제帝'나 '황皇'을 보좌하는 왕은 '비왕'이었고, 대왕을 보좌하는 이는 '소왕'이었으며, 왕의 비왕은 군君, 후候, 간干 또는 한汗이었다. 때문에 대왕을 보좌하는 '비왕'은 '왕' 혹은 '소왕'이었으며 신라의 갈문왕은 왕에 준하는 '작은 왕'에 해당한다고 할 수 있다. 고구려의 적통대인嫡統大人(부족장)이었 던 고추가古雛加와도 유사하다고 할 수 있다. 고추가는 고구려 때 왕족 이나 귀족에 대한 칭호의 하나였다. 즉 고추가는 왕족인 계루부에서는 각 가各家의 적통 장자를 가리켰고, 옛 왕족인 소노부 및 왕비족인 절노 부에서는 적통대인을 일컬었다. 이것은 '존귀한 사람'을 뜻했던 백제의 길사吉師와도 상통하고 있다. 백제는 대왕이었던 의자왕과 달리 소왕이 란 제도를 두었다. 백제의 소왕은 신라의 갈문왕 제도와 비슷한 것으로 추정된다. 하지만 소왕은 대군과는 다른 것이었다.

　살펴본 것처럼 신라의 갈문왕은 왕실에서 왕위에 오르지 못하고 죽 은 왕족 및 왕의 근친 귀족 및 왕과 혈연관계에 있는 최고 성씨집단 (朴·昔·金) 또는 가계家系의 장長에게 주던 칭호였다. 왕의 아버지, 장 인, 외조부, 형제 등에게 주어진 갈문왕은 실제 왕은 아니었지만 왕위 에 버금가는 높은 지위를 지니고 있었다. 이는 조선시대의 대원군과 부 원군府院君에 상응하는 지위라고 할 수 있다. 이들 갈문왕은 왕과 일정 한 관계를 가진 신라 최고 성씨집단의 씨족장, 혹은 가계家系의 장에게 준 칭호로서 왕과는 엄연히 구별되었다. 하지만 지배세력 내에서는 왕 에 준하는 특수한 위치를 차지하였던 사람들이다. 때문에 갈문왕제는 연맹왕국에서 중앙집권국가로 발전과정에서 시행한 제도로 이해할 수 있다. 중대의 태종무열왕 이후 전제 왕권이 성립되자 갈문왕제는 대왕 의 추봉에 의해 이루어졌을 뿐 그 시행의 의미는 미미해졌다. 836년에 왕위에 오른 희강왕의 왕비가 충공 갈문왕의 딸인 것으로 볼 때 이때까 지 갈문왕제는 존속했던 것으로 보인다.

　『삼국사기』에 보이는 갈문왕 중 왕의 생부의 경우는 골정骨正(助賁 王의 부), 세신世神(沾解王의 부, 骨正과 동일인), 구도仇道(미추왕의 부),

습보習實(智證王의 부, 北燕, 409~436)의 모용씨 왕족으로 436년 멸망
뒤 신라로 망명), 입종立宗(眞興王의 부), 국반國飯(진덕여왕의 부) 등이
추봉追封되었다. 왕의 장인의 경우는 일지(日知, 유리왕비의 부), 허루
許婁(파사왕비의 부), 마제摩帝(지마왕비의 부), 지소례支所禮(일성왕비의
부), 내음奈音(유례왕비의 부), 이칠伊柒(미추왕비의 부), 복승福勝(진평
왕비의 부), 충공忠恭(僖康왕비의 부) 등이 추봉되었다. 또 왕王의 동모
제同母弟의 경우는 진정眞正(伯飯)과 진안眞安(國飯) 등이 갈문왕으로 추
봉되었다. 또 여왕의 배우자 경우는 음飮(선덕여왕의 남편) 등이 갈문
왕으로 추봉되었다. 그렇다면 갈문왕제는 글안과 같은 뿌리였던 동호東胡
계통의 고몽골족에서만 존재했던 제도임을 알 수 있게 된다. 우리 역사
에서 유독 신라에만 보이는 갈문왕제는 왕족과 왕비족의 관계를 엿볼
수 있는 주요한 제도라 할 수 있다. 이것은 전제 왕권이 확립되기 이전
왕위에 오르지 못한 후보자와 왕비족을 어떻게 예우할 것인가에 대한
고민의 결과에서 비롯된 제도라고 할 수 있다.


## 3. 골품제도의 기원

전제 왕권 확립을 위한 지배제도였던 갈문왕제와 함께 신라에서만
보이는 또 하나의 독특한 제도가 골품제라고 할 수 있다. 본디 골품제
도는 신라 지배층 내에서 만들어낸 '관등제도'였으나 점차 '신분제도'로
고착되어 갔다. 현재 학계에서는 박씨 왕조인 사로국 성립 전후부터 시
작하였다는 주장과 중대 이후에 정착하였다는 주장이 병존하고 있다.
골품제는 '골제骨制'와 '두품제頭品制'의 합성어이다. 골제는 왕과의 혈연

관계에 있는 성골聖骨과 진골眞骨로 대표되는 왕족에 적용되며, 두품제는 왕도王都와의 지연관계地緣關係에 있는 6·5·4두품의 귀족에 적용된다. 신라의 관등제는 중앙의 경위京位와 지방의 외위外位의 이원적 체제로 구성되어 있었다. 골품제의 적용을 받은 경주인들은 중앙관직에 진출하여 경위를 지급받았다. 중앙귀족인 왕경인王京人은 외위外位의 규제를 받던 지방인地方人과는 신분이 구별되었다. 반면에 지방인들은 골품제 적용대상에서 제외된 채 중앙정계에 진출하지 못하고 외위만을 받았다. 점차 신라 왕실은 독자적 영역세력인 '가加'와 '간干' 등과 같은 '족장' 혹은 '군장층'을 신라 지배체제 내로 끌어들이기 위해 상호 혈연성과 세력 규모에 입각하여 지배세력의 서열을 정하였다. '골'제에 의해 편성된 성골聖骨(부모 모두 왕족)과 진골眞骨(부모 한쪽 왕족) 역시 지배집단의 입장에 따라 등장한 개념이다. 신라는 이를 기반으로 진덕여왕까지 성골이 독점 세습하였으며 무열왕 이래 경순왕까지는 진골이 왕위를 세습하였다.

처음에는 12등급의 관등으로 정했다. 점차 체계를 잡아가던 법흥왕 때에 이르러 병부를 설치하고 율령을 반포하고 불교를 공인하면서 17관등을 기반으로 한 골품제도가 정착되어 갔다. 골품제는 지배층인 '국인國人'에게만 적용된 제도라는 점이 가장 큰 특징이다. 신라 정부는 신라의 각 지역을 다스리는 족장세력을 지배체제로 끌어들이기 위해 지배층을 '골'과 '품'의 두 족으로 나누어 대우를 달리하였다. '골' 족은 족장세력이거나 유력한 왕실 혈연세력이자 지배층인 거서간과 마립간 등의 '간'층을 국가 체제로 끌어들여 특권을 부여한 계급이다. 반면 골' 족은 그 세력 규모나 혈연성과 관계없이 모두가 평등하였다. '골' 족은 신라에서 차지할 수 있는 높은 관직을 거서간과 마립간 등의 '간' 층만

이 소유할 수 있었기에 '간군 관등'이라고 불렸다. 반면 '품' 족은 '간' 층의 신하계급이며 '품' 족에서도 왕족과 왕비족 등의 일부 '품' 족만이 관등을 받았으며, 유력하지 못한 '간' 층의 관료와 신하 계급은 '품' 족에 끼지도 못하였다. 이것은 어길 수 없는 절대적 규칙이었다. 그런데 이들 '골' 족의 지배를 받는 백성인 '노인' 계급이 있었다. 비록 왕이 모든 지배층(국인)을 총괄하기는 했지만, '골' 족은 특별히 하위 백성인 '노인'을 다스리는 이중적 구조를 지니고 있었다. 점차 왕 중심의 중앙집권이 이루어지면서 '골' 족의 특권은 폐지되고 왕은 '노인'층을 직접 다스리게 되었다.

관등제도는 국가 정책에 참여할 수 있는 '골'과 '품'을 그 능력에 따라 등급을 주어 편성한 관료제도이다. 초기 신라의 12위 관등에서 '골' 족은 1~9위 관등을 차지했고, '품' 족은 10~12위 관등에만 머물 수 있었다. 이것은 철칙이어서 '품' 족은 절대 '골' 족의 관등에 올라갈 수 없었다. 그리고 '품' 족도 그 능력에 따라 제1위(이벌찬)~제5위(대아찬) 두품을 두었으며 5두품이 가장 높은 두품이었다. 하지만 10위 관등에서 더욱 업적을 쌓은 '5두품'들은 더 이상 진급할 수 없었다. 이러한 제도적 모순을 보완하기 위해 만든 제도가 바로 '중위제中位制'였다. 중위제는 당시 10위 관등이었던 '나마'에 1등 나마, 2등 나마, 3등 나마로 관등을 세분하여 '골' 족의 관등으로 진급하고자 했던 '품' 족들의 욕구를 충족시키려고 만든 제도였다. 그러나 이들 12관등으로는 점차 성장해 가는 신라의 관료사회를 감당할 수 없었다. 해서 법흥왕은 12위 관등을 17위 관등으로 확장하였다. 그러나 '품' 족이 더욱 높은 관등을 요구하는 분위기가 일어나자 지배층은 다시 대나마에 '중위제'를 적용하였다. 즉 이전 중위제인 나마 중위제를 없애는 대신, 대나마에 1등 나마, 2등

나마, 3등 나마를 만들어 '품' 족들의 진급 욕구를 일부 해소하였다. 이 17위 관등은 나마라는 관등 위에 '대나마'라는 새로운 10위 관등을 상설하여 '품' 족들이 1단계 더 진급할 수 있게 하였다. 중위제는 관등이 늘거나, 시대가 바뀔 때 1시대 1시기에만 적용하는 제도였으며 초기에는 나마에, 17위 관등시기에는 대나마에 적용하던 제도였다. 신라의 영토가 확장되고 삼국 통일기에 가까워지면서 이제 신라사회는 '신분제도'의 골품제를 맞이하게 되었다. 이것은 새로운 세력으로 부상하는 진골의 출현과 밀접한 관련이 있었다.

통일기 신라의 새로운 지배층으로 형성된 진골은 5두품 관료 중에서 공로가 뛰어난 사람에게 더욱 높은 관등을 줌으로써 '품' 족을 자신들의 편으로 끌어들이려고 했다. 그리하여, 원래는 10등급 이상으로는 절대 진출할 수 없었던 '품' 족에게 신라 6두품 아찬까지 진급할 수 있는 길을 열어준 것이다. 때문에 신라에는 원래 있어서는 안 될 새로운 '품' 족이 탄생하였고, 이들은 하위 '간' 층 귀족과 맞먹는 지위를 가지게 되었다. 이러한 새로운 '품' 족인 '6두품'은 '득난難得'이라고 불릴 정도로 '귀성貴姓'이었다. 당시 지배층은 혈통을 따져 자신들과 동일계라고 인정되는 계열에 한하여 김씨를 주고 성골과 진골로 편입시켰던 것으로 보인다. 그들의 성씨를 김씨로 정한 것은 최초의 (경주) 김씨인 흉노왕 김일제의 성씨를 따랐기 때문으로 추측된다. 결국 골품제는 정치, 경제, 사회, 문화 모든 분야에서 당시 신라인의 생활을 규제하게 되면서 신분제도로 고착되었다. 골품과 두품은 집안과 신분을 뜻하였으며 그들의 '벼슬'은 일대一代에 제한했으나 '신분'은 세습되었다. 6두품이 등장한 이후 하위 두품인 1, 2, 3 두품은 점차 존재감이 사라진 두품으로 전락하여 평민화되었다. 결국 골품에 의한 제한은 후대에 내려올수록

복잡해져서 지배층의 관계官階뿐만 아니라 평민화 된 1, 2, 3 두품의 생활(의복, 집, 그릇 등)에까지 등급을 두어 제한함으로써 일상생활을 규제하는 제도로 자리잡게 되었다.

# 신화와 설화의 거리는 얼마나 될까?

## 1. 신화이야기

흔히 신들의 이야기를 신화라 하고, 인간의 이야기를 설화라고 한다. 그런데 신이란 인간이 만들어낸 것이라는 주장과 그 이전에 이미 선재한다는 주장이 공존한다. 과연 신은 인간에 의해 '만들어진 존재'인가 아니면 '선재하는 존재'일까? 선행하는 전제나 선입견을 버리고 있는 그대로 본다면 신에도 자연신이 있고 인공신이 있다. 자연에는 모두 신성이 내재해 있다는 데서 자연의 신이 존재한다. 반면 인간이 만들어낸 가상의 존재로서 인공의 신이 존재한다. 신에는 사람이 죽어 혼비魂飛백산魄散한 뒤에 음덕을 준다는 조상신을 비롯해서 천신과 지신 및 동물신도 있고 식물신 등이 있다. 『삼국유사』에는 많은 신들이 등장하고 있다. 이들 신에는 용신, 지신, 산신, 바다신 등, 그뿐만 아니라 생명체와 연루된 귀신들도 있다.

『삼국유사』에 실린 건국시조들은 모두 신이한 탄생을 전제로 한다. 신이한 탄생은 인간과 변별되는 가장 큰 기제가 된다. 중국 고대의 제왕인 복희伏羲는 무지개와 신모神母 사이에서 태어났고, 역시 중국 고대 제왕인 염제炎帝는 용과 여등女等 사이에서 태어났다. 또 중국 고대 황제인 소호제小昊帝는 스스로 백제白帝의 아들이라는 신동과 황아皇娥 사이에서 태어났고, 상나라의 시조인 설契은 알과 간적簡狄 사이에서 태어났다. 주나라의 시조인 기弃(后稷)는 거인의 발자취와 강원姜嫄 사이에서 태어났고, 한고조 유방劉邦(沛公)은 용과 어머니 사이에서 태어났다. 이들 건국시조들은 모두 남성인 엑스(X)로 표현할 수 있는 '무지개'와 '용', '백제자白帝子'와 '알', '거인의 발자취'와 인연을 맺어 탄생했다. 여기서 '엑스'는 신들의 메타포이자 심볼일 것이다. 반면 여성인 어머니는 분명히 드러나 있다.

일연은 "옛날의 성인孔子이 예악禮樂으로써 나라를 일으키고, 인의仁義로써 가르침을 베푸는 데 있어 괴이함怪과 용력함力과 패란함悖과 신이함神에 대해서는 말하지 않았지만, 제왕이 장차 일어날 때는 하늘이 제왕이 될 사람에게 상서를 주어 수명을 징험하는 부명符命과 천신이 주는 부신인 도록을 받게 되므로 반드시 남보다 다른 점이 있었다"라고 했다. 그리고 "그래야만 능히 변화를 타서 제왕의 지위를 얻고 큰일을 이룰 수 있는 것이다"라고 했다. 불교의 선사임에도 불구하고 일연은 신화를 신화로서 이해할 줄 하는 합리적 사유를 지니고 있었다. '신화를 신화로서 이해하는' 이러한 태도는 『삼국유사』를 이해하는 데에 있어 주요한 전제가 된다. 때문에 이 책에는 무수한 신들이 등장하고 그것이 이 책의 이해에 아무런 문제가 되지 않는다.

여기에는 하늘님의 서자인 환웅이 웅녀와 혼인하여 단군왕검을 낳고(고조선), 귀신과 결혼하여 아이를 낳고(도화녀 비형랑), 귀에 대나무잎을 꽂은 원군이 미추왕릉에서 나타나 적군을 쳐부수고(미추왕과 죽엽군), 문무대왕이 승하하여 동해의 용이 되고(만파식적), 삼십 삼천의 한 아들이었던 김유신이 인간으로 내려와 대신이 되고(만파식적), 옥대의 왼편 둘째 눈금을 떼어 시냇물에 넣자 곧 용이 되어 하늘로 올라가기도 하는(만파식적) 등 신이한 일들이 손으로 꼽을 수 없을 정도로 즐비하다. 이 이야기들은 신 혹은 귀신의 삶과 무대가 인간의 삶 속에서 공존하고 있음을 시사해 준다. 때문에 우리의 삶 속에서 일어나는 이것을 '미신迷信'이니 '맹신盲信'이니 '광신狂信'과 같은 언어로 매도할 수 없다. 그 안에도 나름대로의 정신正信이 없지 않을 것이기 때문이다.

## 2. 설화이야기

일연은 역사적 사실을 있는 그대로 그려내는 사가는 아니었다. 그는 오히려 사실(팩트)을 압축하고 절략하여 빼어난 이야기꾼으로서 재미있게 재구성해 냈다. 이 때문에 '팩트(사실)'에 대한 가감을 허용하지 않는 실증주의사학에서 볼 때『삼국유사』를 사서로 수용하기 어려울지 모른다. 하지만 역사가 시간이자 의식의 흐름의 기록이라면 그 시간에 참여하는 인간의 시간과 흐름 역시 인정하지 않을 수 없게 된다. 동일한 사실이라도 보는 사람의 각도와 시선에 따라 얼마든지 다른 관점을 내올 수 있다. 그 팩트가 나의 주관과 무관하게 존재한다 하더라도 그것을 기술하는 나의 의식 속에서 이미 취사선택되기 때문이다. 다시 말해서 일연의『삼국유사』가 편집적 성격이 강한 저술이라 하더라도 수많은 사료를 취사선택하고 그것을 자신의 편제에 따라 기술하는 과정에서 주관이 투영되기 때문이다. 이러한 주관의 투영이『삼국유사』가 단순한 편집적 저술을 넘어서고 있다는 평가를 증명해 주고 있다.

　해서 『삼국유사』에는 눈에 보이고 손에 잡히는 실재적인 사실 중심으로 기록한 『삼국사기』에는 실마리조차 보이지 않는 '이야기들'이 문학적 상징과 비유로 수놓아져 있다. 때문에 『삼국유사』에는 왕실 안팎의 즐비한 정치적 사건들을 자신의 사관에 맞춰 없애버린 많은 '진실들'을 고도의 비유와 상징으로 담아내고 있다. 즉 승자의 편에서 기술한 『삼국사기』가 제거해 버린 것과 달리 『삼국유사』는 승자의 편뿐만 아니라 패자의 편에서까지 기술해 냄으로써 우리 역사를 보다 풍성하게 복원하고 있다. 그리하여 편향된 시각에 서서 주요 부분들을 일방적으로 생략해 버린 『삼국사기』와 달리 균형적 감각 위에서 이루어진 『삼국유사』는 인간 삶의 극단을 치우침 없이 놀랍게 복원해 놓고 있다.

　이를테면 일연은 '도화녀 비형랑' 조목을 통해 신라문명의 르네상스를 구축한 진흥왕 이후 신라 왕실의 정치 지형도를 패자와 승자 사이의 균형 속에서 보여주고 있다. 진지왕과 도화녀 사이, 즉 사람과 귀신의 결합[人鬼交媾] 이야기는 그들 사이에서 태어난 비형鼻荊의 남다른 출생과 신이한 능력을 암시해 줄 뿐만 아니라 그의 능력이 유감없이 발휘될 것임을 시사해 주고 있다. 사람과 귀신의 결합으로 임신된 것을 '귀태鬼胎'라고 한다. 귀태설화는 중국의 『태평광기』의 '염수茍逡'설화에서도 확인할 수 있다. 이 설화는 도화녀 설화에도 일정한 영향을 끼쳤을 것으로 짐작된다. 물론 귀신의 이야기를 역사적 사실로 받아들일 수 있느냐는 반문이 있을 수 있다. 하지만 신 혹은 귀신의 이야기는 인간이 '만들어낸 신' 또는 '인간이 만들어낸 귀신'일 수밖에 없다는 점을 고려하면 또 하나의 사료가 될 수 있다.

　'도화녀 비형랑' 설화의 이면에는 역사적 진실이 투영되어 있다. 비형이 진지왕의 사후에 태어났다면 그는 진지왕의 유복자遺腹子일 수밖에 없다. 일반 사서들에 근거하면 진지왕의 아들로는 용춘龍春이 있다. 반면 근래 발견된 필사본『화랑세기』에 근거하면 진지왕에게는 용수와 용춘 두 아들이 등장한다. 이 둘의 관계를 형제로 보는가 하면 용수는 단순히 용춘와 음이 서로 비슷할 뿐[音相似]이라고 보는 이도 있다. 설화는 용수와 용춘이 형제간이든 아니면 용춘의 다른 이름이 용수이든 간에 사륜계의 후손이었던 용춘이 왕위 다툼에서 동륜계(진평－선덕－진덕여왕)에 밀려난 사실을 보여주고 있다. 그러나 후대의 사실이기는 하지만 사륜의 손자인 춘추가 무열왕으로 등극하게 되는 과정에서 이 설화는 역사적 진실을 시사해 주고 있다.


### 3. 사가의 관점

설화의 내용을 들여다보면 사륜舍輪계와 동륜銅輪계의 갈등과 공생 관계를 읽어낼 수 있다. 이 설화의 주인공인 비형은 용춘을 상징하고 있다. 용춘은 진평왕 51년(629) 고구려의 낭비성娘臂城 공격 때 대장군으로 출전하였고, 황룡사 구층탑을 총지휘 감독하기도 했다. 그는 아버지 진지왕이 폐위되자 왕위에 오르지 못한다. 대신 진평왕의 딸인 천명天明공주의 남편이 된다. 이 무렵 진지왕은 화랑제도 전반에 대한 유신維新을 감행하였다. 왕은 화랑과 미륵신앙을 통해 정국의 주도권을 잡으려 했다. 하지만 이 과정에서 거칠부와 김무력의 죽음을 맞았고 동륜계의 위협 속에서 백제의 공격까지 직면하게 되었다. 결국 기록대로 그의 '정사는 어지러워졌고[政亂] 주색에 빠져 있었으므로[荒淫/嬌]' 불명

예스럽게 폐위되었다.

기록은 진지왕이 사량부의 서녀인 도화녀에게 통정通情을 요구한 것으로 되어 있다. 당시로 보면 이것은 신분질서를 깨뜨리는 것이어서 성사될 수 없는 일이다. 하지만 이 설화의 주인공인 비형이 용춘이라는 전제 아래 본다면 도화녀는 사량부의 서녀일 수 없게 된다. 동시에 도화녀는 사량부 기오공起烏公의 여식이자 진지왕의 비인 지도 부인으로 짐작된다. 또 사량부는 중대 무열왕실의 왕비족이었다. 김유신의 금관 가야계도 사량부에 편입되었고 효소왕 대의 화랑 부례랑의 어머니 역시 사량부 경정鏡井궁주로 봉해졌다. 이러한 사실을 감안하면 이 설화는 진지왕 폐위 이후 그의 장인인 사량부 기오공의 몰락에 기초한 기록으로 이해된다. 왕이 폐위되면 폐위된 왕비족 역시 몰락할 수밖에 없을 것이며 더욱이 '정란황음'이란 표현에 담긴 '무능력'과 '부도덕성'으로 공격한 뒤라면 더했을 것이다.

그리고 기록처럼 비형이 무리를 이끌고 다니며 나라의 큰 공사(다리 -문루)를 지휘했다는 것은 그가 전쟁에 무장으로 나아간 것을 암시한다. 또 그를 '랑郎'으로 불렀다는 것과 진평의 명에 의해 비형이 휘하의 유능한 인물로서 길달吉達을 천거한 일 등으로 보아 그와 그들을 화랑과 낭도 관계로 볼 수 있다. 14·15~17·18세 미소년으로 구성된 화랑도는 무리를 지어 도의를 연마하고 산수를 유람하였으며 인품의 호오好惡를 살펴 인물을 조정에 추천하였다. 『동국여지승람』 경주의 불우佛宇인 '영묘사' 조에 의하면 신라의 불교 사찰들이 다 무너졌지만 영묘사만큼은 완연하게 서 있었다고 한다. 세간에 전하기를 이 절터는 본디 못이 었는데 두두리(도깨비)의 무리가 하룻밤 사이에 그 못을 메우고 절을 지었다고 한다. 황룡사 구층탑에 버금가는 영묘사의 창건이 선덕여왕

대의 양지良志법사에 의해서가 아니라 비형이라는 신이한 인물에 의해 지어졌다는 사실을 확인할 수 있다.

당시 진평왕－선덕여왕의 동륜계는 석존의 종족임을 내세우는 진종설眞種說을 원용하여 권위를 확립하려고 했다. 그리하여 그들은 신라의 불국토설을 제창하였다. 결국 왕권이 동륜계로 넘어가자 당시의 안홍과 자장 등과 같은 고승 대덕 역시 왕과 왕실의 편에 섰다. 반면 사륜계인 비형은 비록 왕권 계승에서는 밀려났지만 여전히 그를 지지하는 언중言衆은 적지 않았다. 때문에 자신들의 나라 신라가 흥하려면 신이한 능력을 지닌 자여야 한다는 무언의 암시가 있었다. 이들은 용춘(비형)으로 대표되는 전통적 사유와 가치를 존중하는 부류였고, 이 설화는 '신라 도깨비 시조에 대한 본풀이(시조설화)'라고 할 수 있다. 일연은 양지법사가 선정禪定 속에서 영묘사를 이루어냈다고 풀이했지만, 또 다른 전승에서는 두두리(도깨비)의 솜씨라고 적고 있다. '도화녀 비형랑' 조목은 신라문명의 반석이 불교라는 신사조新思潮에 의해서만 아니라 전통적 사유와 가치를 존중하는 또 다른 흐름에도 의지했음을 상징적으로 시사해 주고 있다.

# 나라의 '신물' 혹은 '보물'을 만든 까닭은 무엇일까?

## 1. 신라의 삼보

고조선 이래 각 나라의 통치자는 자신의 권위를 드높이기 위해 신물神物을 창안해 냈다. 통치자는 기물의 조성을 통해 '신(성)'의 각성覺性을 부여받으려 했다. 통치자가 신에게 다가갔을 때 그 신의 기운이 담긴 신물은 신과 동일시되었다. 신물은 그 주인되는 신의 분신과 같은 의미를 지니고 있었다. 때문에 신물을 갖는 이는 신의 대리자 혹은 신 자체이기도 했다. 고조선의 신물은 '다물활'이었고 고구려의 신물은 '다물활'과 '청동방울'과 '청동거울'이었다. 여기서 '다물多勿'은 김부식의 『삼국사기』 권13, 「고구려본기」 '동명성왕'편에서 '옛 땅을 되찾는다復舊土]'는 고구려 말이라고 하였다. 최씨 낙랑국의 신물은 적군의 침입을 놀랍게 알려주던 '자명고'였다. 신물이 사라지자 낙랑은 고구려에 망하고 말았다.

제사와 정치가 일치했던 고대사회에서는 제사장만이 신의 소리를 내는 영물靈物을 소유할 수 있었다. 당시 사람들은 지엄한 소리를 내는 청동방울이 울리면 신의 강림이 시작된 것으로 보았다. 그리고 그 방울을 흔드는 자는 신을 마중하는 의전儀典의 주재자였다. 점차 제사와 정치가 분리되면서 제사장과 통치자의 역할 분담이 이루어졌다. 하지만 통치자는 여전히 신성神聖의 권위를 빌기 위해 위해 신물을 창안해 내었고 그것을 매개하여 자신의 권위를 확보하려고 했다. 신라 진평왕 때 등장하는 천사옥대天賜玉帶와 황룡사 장육존상丈六尊像과 황룡사 구층탑九層塔의 삼보三寶와 신문왕 대 이후 등장하는 만파식적萬波息笛과 거문고[玄琴]의 이보二寶 역시 이러한 역할을 한 신물이었던 것으로 이해된다.

『삼국유사』「기이」편 '천사옥대' 조목에서는 제26대 진평왕이 즉위 원년에 상황上皇의 천사天使가 내려와 옥대를 전해 주었다고 전한다. 왕은 모든 교제郊祭(천지신 제사)와 묘제廟祭(종묘 제사)의 큰 제사[大祀] 때는 으레 이 띠를 띠었다고 한다. 그 뒤 고구려 왕이 신라를 치려고 도모하다가 신라에 황룡사의 장육존상과 황룡사 구층탑과 천사옥대라는 세 가지 보물이 있다는 얘기를 듣고 계책을 그만두었다고 한다. 『삼국사기』「신라본기」 12권 경명왕 5년 조는 "왕이 천사옥대가 보관되어 있다는 천존고天尊庫로 추정되는 남고南庫를 열어 보게 했다. 하지만 천사옥대가 보이지 않자 따로 날을 잡아 재계하고 제사를 올린 뒤에야 그것을 보게 되었다" 기록했다.

또 '만파식적' 조목에는 "신문왕이 문무왕 해중릉에 나아가 그 산에 들어가자 용이 검은 옥대[黑玉帶] 받들고 와서 왕에게 바쳤다. 왕이 놀라고 기뻐하여 오색 비단과 금과 옥을 하사하고 사람을 시켜 대나무를 베어 가지고 바다에서 나오자 산과 용이 문득 사라지고 보이지 않았다" 라고 했다. 왕궁으로 돌아온 왕은 그 대나무로 피리를 만들어 월성의 천존고에 간직해 두었다. 나라의 어려움이 있을 때 이 피리를 불면 적병이 물러나고 질병이 낫고, 가물 때는 비가 오고, 장마 때는 개이며, 바람이 가라앉고 물결이 평온해졌으므로 이 피리를 만파식적萬波息笛이라고 부르고 국보를 삼았다고 전한다.


## 2. 왕권강화의 기제

살펴본 것처럼 천사옥대는 신라의 중고기인 진평왕 대에 조성한 신라 삼보의 하나였다. 그런데 신문왕 대에 다시 흑옥대黑玉帶가 등장하고 있다. 이미 하나의 옥대가 있는데 다시 새로운 옥대를 조성한 것을 어떻게 이해해야 할까? 이에 대해 중대 무열왕권의 정당성을 주장하고 왕권강화를 도모하기 위해 천사옥대 설화를 재편성한 것이라는 주장이 있다. 또 신문왕 이후 진골왕들도 흑옥대를 착용함으로써 비로소 나라 제1의 사당 신궁神宮에 제사를 지낼 수 있었다는 견해도 있다. 그러나 신궁에 제사지낸 때는 동왕 2년 1월이고 흑옥대를 받은 시기는 같은 해 5월이어서 이 견해는 수용되기 어렵다. 그리고 후대자료인『동국여지승람』의 '경주고적' 조목에는 '옥대'만 나올 뿐『삼국유사』의 표현 그대로인 '흑옥대'와 '천사옥대'와 '성대聖帶'가 아니어서 어느 것인지 확정하기도 어렵다.

'만파식적' 설화는『삼국사기』32「악지」에도 등장한다. 신문왕 때에 동해에 홀연히 한 작은 산이 나타났는데 모습이 거북머리와 같고 그 위에 한 줄기의 대나무가 있어 낮에는 갈라져 둘이 되고 밤에는 합하여 하나가 되었다. 왕이 사람을 시켜 베어다가 피리를 만들고 이름을 만파식萬波息이라고 하였다. 이에 대해 김부식은 '이런 이야기가 있으나 괴이하여 믿을 수 없다' 덧붙이고 있다. 『삼국유사』'만파식적' 조목에서는 이 사건을 신문왕 10년의 일이라고 했다. 이와 달리 이 사건은 신문왕 대가 아니라 효소왕 대의 일이며, 만파식적은 효소왕의 왕위계승을 정당화하기 위해 지어낸 이야기로 보는 학자도 있다.

『삼국유사』'원성왕' 조목에는 왕의 아버지는 대각간 효양이 선대로부터 지녀온 만파식적을 왕에게 전하였다는 기록이 등장한다. 정원貞元 2년 병인 10월 11일에 일본왕 문경文慶이 군사를 일으켜 신라를 치려다가 신라에 만파식적이 있다는 말을 듣고 군사를 물리고 사신을 보내 금 50냥으로 피리를 보자고 청하였다. 왕이 이르기를 "내가 듣기에는 상대上代의 진평왕 때에 그것이 있었다고 하는데 지금은 어디에 있는지 알 수가 없다" 하였다. 이듬해 7월 7일에 (일본왕 문경이) 다시 사신을 보내 금 1천 냥으로 청하기를, "과인이 그 신비로운 물건을 보기만 하고 그대로 돌려보내겠습니다"라고 하였다. 왕은 전과 같은 대답으로써 이를 거절하고 은 3천 냥을 그 사신에게 주고 금은 돌려받지 않았다. 그 피리는 내황전內黃殿에 간직하였다고 한다.

이들 기록에서 확인할 수 있는 것처럼 만파식적은 신문왕 대에 이뤄진 것일까 아니면 효소왕 대에 이뤄진 것일까? 위의 맥락을 종합해 보면 만파식적은 신문왕 대에 이루어진 것으로 추정된다. 그것은 중대 왕실이 중고기 왕실의 상징을 계승함으로써 무열왕계가 왕위 계승의 적자임을 설득할 수 있었을 것으로 추정되기 때문이다. 무열왕계는 중고기의 신라 삼보를 이으면서도 고구려로부터 전해진 현금玄琴과 만파식적에 만만파파식적을 가작加爵함으로써 삼한의 정통성과 독자성을 겸하고자 하였다. 이러한 노력은 신라 하대에 중고기의 천사옥대와 중대의 만파식적의 존숭으로 나타나고 있다.


## 3. 나라의 상징

신물은 『삼국유사』 「기이」의 서문에도 나오는 '부명符命'이자 '도록圖錄'과 같은 상징적 기물이다. 일연이 "옛날의 성인은 그 예악禮樂으로 나라를 일으켰다" 한 것처럼 신물은 예禮와 악樂으로 나라를 다스리는 데에 있어 주요한 기제였다. 해서 신물은 백성을 통치하기 위해 통치자와 그 주변에서 주도한 '이미지 메이킹'의 산물이자 통치자와 제사장 사이를 매개하는 기물이라고 할 수 있다. 고대 국가에서 신물을 창안한 것처럼 진평왕 대에 창안한 신라 삼보 역시 사직의 상징이었으며 이보 역시 백성들의 마음을 하나로 묶는 신기한 기물이었다.

옛날엔 피리로 대표되는 소리로 나라를 다스리려는 것은 '유교'뿐만 아니라 불교도 마찬가지였다. 여기서 '소리'는 물리적인 음악을 의미하는 것만은 아니었지만 왕실은 의례와 음악을 통치에 적극적으로 원용해 왔다. 중고기의 신라 삼보 중의 '천사옥대'는 허리띠였고, 중대의 이보 중의 '만파식적'은 소리를 내는 피리였다. 이로 미루어 보아 여러 신물 가운데 허리띠나 소리를 내는 피리는 상징적 의미가 내포하고 있다. 고대 사회에서 통치자는 신 혹은 하늘을 상징하는 신물과 교감하면서 백성을 통치하였다. 때문에 통치자의 권위는 사회 바깥의 신 또는 하늘에 가탁함으로써 생겨날 수 있었다. 진평왕은 신라 삼보를 만들어 내었고 중대의 무열왕계는 이를 계승하면서도 고구려에서 전래한 현금과 만파식적이라는 또 다른 상징을 만들어냈다.

신물 가운데에서 천사옥대는 '하늘이 내려준[天賜]' 허리띠였고, 만파식적은 '용이 받들고 온[龍奉來獻]' 대나무로 만든 피리였다. 이들은 황룡사의 장육존상과 구층탑과 달리 모두 쉽게 움직일 수 있는 것들이었다. 그리고 옥대와 피리는 모두 바깥의 권위에 의탁한 신물이었다. 통치자인 왕은 이러한 상징을 만들어냄으로써 내적으로는 힘[力]의 권위를 확립하고, 외적으로는 세[勢]의 우위를 확보하려고 했다. 결국 왕실에 의해 이루어진 이들 신물은 대외적으로 고구려와 일본의 침략을 막아냈으며, 대내적으로는 백성들과 내부의 결속을 다질 수 있었다. 그리하여 중고기와 중대 왕들이 만들어낸 나라의 상징은 대대로 계승 발전되면서 위용을 발휘하였다.

황룡사에는 신라 삼보 중 두 가지가 간직되어 있었다. 한 절에 두 가지 삼보를 비정하고 간직할 수 있었던 까닭은 황룡사 구층탑 건립을 주장한 안홍安弘과 이 절의 사주寺主이자 또는 구층탑 건립을 건의하고 지휘 감독한 자장慈藏의 요청이 받아들여졌기 때문으로 짐작된다. 하지만 고려 태조 왕건은 천사옥대만을 넘겨 받았다. 아마도 황룡사 구층탑은 고려 수도로 옮겨 올 수가 없는 것이었으며, 옮겨 오기 쉽지 않은 황룡사 장육존상 역시 선덕왕이 영묘사에 장륙상을 새로 조성해 모심으로써 신라 유일의 장육상이 아니었기 때문으로 이해된다. 결국 고려 태조 왕건은 신라 삼보 가운데 천사옥대를 넘겨 받음으로써 신라 중고기 이래 신라 왕들이 계승 발전시켜 온 문화적 전통까지 이어받을 수 있었다.

# 여왕이 신라에만 있었던 까닭은?

## 1. 성골남진과 성조황고

고구려와 백제 및 가야와 대발해에는 여왕이 존재하지 않았다. 이후의 고려와 조선 및 대한에도 여왕이나 여성 대통령은 추대되지 않았다. 이와 달리 유독 신라에만 여왕이 있었던 까닭은 어디에 있을까? 그 첫째 이유는 53년간 재위하였던 진평왕에게 왕자가 없었기 때문이다. 박·석·김씨의 교대에 의해 왕위가 이어지기는 했지만 김씨로의 교체 이후 아직까지 왕자가 끊어진 적이 없었다. 때문에 진평왕은 재위 중에 자신의 지위를 계승할 후보에 대해 결정을 하지 못하였다. 한때 진평왕은 자신의 형(眞智王)의 아들인 용춘龍春을 염두에 두었던 것으로 짐작된다. 하지만 진평왕은 '도량이 넓고 어질며[寬仁] 총명하고 민첩한[明敏]' 덕만德曼(善德)의 품격을 본 뒤 그를 후계자로 염두에 두게 되었다.

지귀志鬼 설화와 선덕에게 배필을 구해주겠다는 당 태종의 발언에 따르면 선덕여왕은 미혼未婚처럼 보인다. 결혼 전의 미려美麗한 덕만을 사모한 지귀志鬼의 사랑의 불길이 영묘사를 태우고 자신은 심귀心鬼가 되었다는 이야기는 불전에 실린 인도의 설화[心火燒塔]의 변용에 의한 것이며 미혼 때의 이야기로 추정된다. 또 태종의 발언 역시 '여인이 왕위에 오른 것에 대한 조롱'으로 이해될 뿐 사실이 아니다. 선덕여왕(632~647)은 먼저 '음飮'(飯의 誤記?), 갈문왕과 결혼한 뒤 을제乙祭와 용춘龍春과도 결혼한 것으로 추정된다. 당시의 기록을 종합해 보면 그의 첫 배필은 '반飯'으로 불린 갈문왕이다. 당시 '-반飯'으로 불린 사람은 백반白飯과 국반國飯 두 사람뿐이었다. 삼촌인 국반은 사촌 동생인 승만勝曼(眞德女王)의 아버지였다. 그렇다면 덕만(선덕여왕)의 남편은 다른 삼촌인 백반 갈문왕이었음이 분명해 진다.

하늘의 사자로부터 상황上皇(先代 왕들)의 옥대를 전수받았던 진평왕은 덕만에게 왕위를 물려 주고자 했다. 하지만 이전 신라의 역사에서는 여인이 왕위에 오른 예가 없었다. 이 때문에 진평왕은 이 문제를 해결하기 위해 진종설眞種說을 제창하였다. 우선 왕실의 종성種姓을 붓다의 찰제리刹提利(왕과 귀족) 종성에 결부시키고 '신성한 왕조의 황통'을 잇기 위해 '성聖'의 개념을 창안하여 성골聖骨을 신성시했다. 당시의 골품제는 남녀의 구분에 앞서는 상위의 제도였다. 해서 진평왕은 '성골 남자가 끊어졌다[聖骨男盡]'고 널리 알렸다. 이것은 성골 여자의 왕위 계승 명분을 확보하기 위한 것이었다. 덕만은 성골 여인이었다. 결국 성골의 신성시는 성골 이외의 종성에 대한 배타성을 지닐 수밖에 없었다.

그런데 진평왕이 갑자기 승하하면서 상황이 급변하였다. 덕만의 즉위 당시 그의 남편인 백반 갈문왕은 이미 사망했던 것으로 짐작된다. 해서 대신(상대등)이었던 을제乙祭(閼川의 漢字式 표기?)가 일정 기간 왕권을 대리하여 정사를 도맡았음을 알 수 있다. 『신당서』「신라전」에서 종친인 '대신 을제가 국사를 잡았다[大臣乙祭柄國]'고 한 것이나 『삼국사기』 법흥왕 조목에서 '대신 을제가 국정을 총괄적으로 담당했다[大臣乙祭摠持國政]'고 한 것에서 우리는 선덕여왕이 옹립되기 전까지 그가 과도過渡정권을 유지했음을 알 수 있다. 『삼국유사』「왕력」편에서 그의 즉위를 634년으로 적은 것은 이러한 사실을 뒷받침해 주고 있다. 그리고 진평왕의 재위기간(53년)과 그가 왕의 맏딸이었음을 고려하면 선덕여왕이 재위에 올랐을 때의 나이는 아마도 50대 초반(52~53세?)의 중년이었을 것으로 추정된다.

## 2. 신라 여성들의 지위와 위상

몇몇 기록들에 의하면 선덕여왕은 진평왕이 승하한 해이자 그의 원년(632)까지만 해도 실권을 장악하지 못했던 것으로 보인다. 즉위 전이나 즉위 후에도 일부 귀족들은 여전히 여왕의 권위를 인정하지 않으려 했다. 진평왕의 승하 이후 재위 2년(633)을 맞이한 선덕여왕은 정월에 신궁神宮에 제사를 지냈다. 이것은 제사장의 권위를 자신의 권위 아래 종속시켰음을 시사하는 것이다. 그리고 재위 3년(634) "정월에 연호를 인평仁平이라 고치고, 분황사芬皇寺를 창건하였다." 부왕인 진평왕의 연호建福에 이어 자신의 연호로 '인평'을 개원改元한 것은 국내외에 신라의 독존적인 국가의식을 과시하는 것이었다. 동시에 이것은 왕권이 어느 정도 안정되었음을 보여주는 증좌라고 할 수 있다. 그가 세운 분황사는 '향기로운 황제[芬皇]'임을 과시하는 여황의 치세를 기념하는 사찰이라 할 수 있다.

당나라로부터 책봉을 받은 재위 4년에 '국인國人'들이 선덕여왕을 '성조황고聖祖皇姑'로 부르기 시작했다. '신성한 황조를 이어받은 여인'을 뜻하는 성조황고란 존호는 선덕여왕의 왕위 계승의 당위성을 천명하기 위해 올린 것으로 보인다. 이것은 이때부터 왕권이 대내외적으로 안정되어 갔음을 시사해 주고 있다. '선덕여왕이 세 가지 일을 알아맞췄다'는 설화는 이때 즈음에 만들어진 것으로 추정된다. 신라의 귀족사회는 처음부터 여인이 왕이 되는 것을 원치 않았다. 그렇다고 해서 신라가 여성들에 대해 차별이 심했던 것은 아니다. 오히려 고구려와 백제와 가야 등에 견주어 볼 때 신라 여성들의 사회적 지위는 상대적으로 높았다. 신라는 선덕善德여왕을 필두로 진덕眞德여왕과 진성眞聖여왕의 시대를 열었다. 물론 선덕여왕 이전의 탈해, 미추, 나물, 실성, 눌지왕은 모두 사위로서 왕위에 올랐다. 선덕여왕 이후의 흥덕, 경문, 신덕왕도 사위로서 왕위에 올랐다. 나아가 외손주였던 걸해, 지증, 진흥왕도 왕위에 올랐다. 사위와 외손주가 왕위에 오를 수 있었던 것은 전적으로 그들의 왕비인 여성들의 지위와 위상에 의해서 가능한 것이었다고 할 수 있다.

사위와 외손주에게 왕위를 내어준 점에서 본다면 신라사회는 고구려와 백제 및 가야 등에 견주어 여성들에 대해 굉장히 개방적인 사회였음을 알 수 있다. 경주 황남대총의 두 합장 무덤의 유물에서 알 수 있는 것은 당시의 남녀 사이가 '차별'이 아니라 '차이'였다는 사실이다. 남편이 안장된 남분에는 금동관과 은관과 함께 고리장칼과 정강이 가리개 등이 부장되었지만, 아내가 안장된 북분에는 부인대夫人帶와 금관이 부장되어 있었다. 남분의 금동관은 장식이 단순하고 규모도 작았지만, 북분의 금관은 장식이 화려하고 규모도 컸으며 왕과 최고의 귀족만이 사용할 수 있는 것이다. 또 신라에서는 남해왕의 비인 운제 부인이 선도산 성모가 되어 국신國神으로서 기림을 받기도 하고, 아노阿老의 경우처럼 여성으로서 제사장을 맡기도 했다.

고대사회나 현대사회나 경제력은 사회적 지위를 가늠하는 척도가 된다. 경북 봉화의 축서사 3층 석탑에서 발견된 사리함에 새겨진 명문에 의하면 이찬의 딸인 명단明端의 이름이 시주자로 새겨져 있다. 이것은 당시 여인들이 '시주'라는 사회적 활동을 통해 불탑의 조성에 참여할 수 있었다는 사실을 보여준다. 또 여성들의 일상생활에서 길쌈은 주요한 역할이었다. 당시 신라에서 거둔 세금이었던 견포와 마포 등은 길쌈을 통해서 만든 직물이었으며 이것은 화폐의 기능을 대신했기 때문이다. 그리고 신라의 직물생산을 담당했던 여성 관리자인 '모母'의 존재나 현존하는 몇몇 기록들에 실려 있는 여자들의 실명 기록을 통해서 확인할 수 있다. 또 부모가 자식에게 재산을 나눠줄 때도 차별이 없이 균분 상속을 하였다. 이러한 것들을 통해 신라 여성들의 자유로운 지위를 가늠해 볼 수 있다.

## 3. 여왕시대의 개막

살펴본 것처럼 제27대 선덕여왕은 즉위 전이나 즉위 후에도 여성이라는 이유 때문에 권위를 확립하기 어려웠다. 고대의 신분사회에서 전에 없던 여왕이 되기 위해서는 명분의 축적이 필요했다. 때문에 '성골 남자가 없다'고 강조해야만 '성골 여자가 왕위에 오를 명분'을 쌓을 수 있었다. 진평왕 재위 초기부터는 왜국에 사신을 파견하여 선물을 교환하면서 긴밀한 교류를 가졌다. 왜국을 다녀온 신라의 사신을 통해 스이

코推古 여왕의 통치에 대한 보고도 들었다. 진평왕은 선덕을 왕위에 추대하기 위해 진종설과 도리천忉利天설의 시설을 통해 그가 즉위할 수 있는 환경을 조성하였다.

선덕여왕 역시 재위에 오른 뒤에는 새로운 연호를 반포하고 분황사를 창건하였다. 아울러 '신성한 황실을 이은 여인'을 뜻하는 존호인 '성조황고'를 사용하였다. 또 여왕의 주변에서는 여왕이 1) 당 태종이 보낸 3색의 모란꽃 그림에 향기가 없음을 알았고, 2) 여근곡女根谷에 백제의 장군 우소于召가 이끄는 군사 오백 명이 숨어들었음을 알았으며, 3) 그가 죽을 달과 죽을 날을 알았다는 '지기삼사知機三事'의 기록을 통해 그의 선견지명과 예지력을 뒷받침해 주었다. 선덕여왕의 출자出自에 대해 안함安含은 '도리천녀忉利天女'로 추존하였고, 자장慈藏은 '찰리종'으로 추존하였다. 선덕여왕은 이들 두 사람이 제시한 불연국토佛緣國土설과 황룡사 구층탑의 조성을 통해 불교적 세계관을 구축하였다. 그리고 그는 신들이 노니는 숲[神遊林]을 낭산狼山으로 조성하고 수미산을 본딴 제천소祭天所인 첨성대를 세워 이곳을 중심으로 한 불교적 우주관을 건립하였다.

그리하여 선덕여왕은 우리나라 최초로 여왕시대를 열었다. 그를 이은 제28대 진덕여왕은 국반 갈문왕의 딸로서 6년간 재위했다. 그는 선덕여왕 만년에 일어난 비담의 난을 제압한 뒤 김유신과 김춘추 등에 의해 왕위에 올랐다. 진덕여왕은 즉위하여 직접 '태평가太平歌'를 짓고 비단을 짜서 무늬를 놓아 사신을 보내어 당 태종에서 보냈다. 그는 낭산 아래에 사천왕사를 지어 도리천녀인 선덕여왕의 세계관을 이어갔다. 이어 진덕여왕은 정월 초하루의 아침 조례를 행했고 처음으로 시랑侍郞 호칭을 사용했다. 또 경문왕을 이은 제51대 진성여왕은 대구화상大

선덕여왕이 조성한 첨성대

矩和尚과 각간 위홍魏弘에게 명을 내려 신라의 상중하대 향가의 안목인 『삼대목三代目』을 편찬하게 했다. 이들 세 여왕이 왕위에 오를 수 있었던 것은 부왕에게 왕자가 없었기 때문이다. 그러나 이들이 왕위에 오를 수 있었던 것은 여성의 지위에 대해 개방적인이었던 신라사회였기에 가능했던 것으로 이해된다.

고구려와 백제 및 가야는 여성을 왕으로 옹립하지 않았다. 고구려는 직계의 왕자가 없으면 방계의 왕자를 세웠다. 그리고 백제는 직계의 왕자 뿐만 아니라 형제의 상속을 병행하였고, 왜倭국의 통치자로는 직계와 방계 왕자를 동시에 파견하였다. 반면 신라는 선덕여왕을 필두로 하여 여인을 왕위에 추대하였을 뿐만 아니라 사위와 외손주까지 왕위에 옹립할 정도로 개방적이었다. 이러한 맥락에서 볼 때 선덕여왕이 왕위에 오를 수 있었던 것은 진평왕에게 단지 왕자가 없었기 때문이라는 것은 필요조건은 될지언정 충분조건이 되지는 못한다고 할 수 있다. 선덕여왕의 즉위는 신라사회에서 여성들이 차지하는 지위와 위상에 의해서 가능한 것이었다고 할 수 있다. 대구 팔공산 부인사符仁寺/夫人寺에는 선덕여왕을 기리기 위해 세운 숭모전崇慕殿과 그의 영정이 모셔져 있다. 매년 음력 삼월 보름이면 이 지역 여인들이 모여 선덕여왕을 기리는 숭모제崇慕祭를 지금도 열고 있다.

# 김유신이 흥무대왕으로 추존된 까닭은?

## 1. '삼국통일'의 주역

우리 민족은 자나 깨나 '남북통일'이란 화두를 들고 있다. 이 화두는 우리의 몸과 마음이 한결같이 또렷또렷[惺惺]하고 고요고요[寂寂]해야만 타파할 수 있는 것이다. 하지만 우리는 여전히 남북 분열로 가라앉아[惛沈] 있고 남남 분열로 들떠[悼擧] 있다. 과연 남한과 북한은 어떻게 통합하고 통일해야 할 것인가. 신라는 과거 사국 혹은 삼국의 분립시대에서 가야와 백제와 고구려를 통일하여 '한민족의 원형'을 열었다. 그리하여 고조선 해체 이래 신라의 삼국 통일을 통해 한민족이라는 민족적 연대감을 최초로 확보하였다. 하지만 지금 우리 사회는 사국 또는 삼국이 통일되던 역순으로 나눠져 있지 않은지 반문해 보게 된다. 단지 '총선'과 '대선' 때문에 일시적으로 분립되어 있는 것일까? 아니면 저 고대의 사국 또는 삼국의 분립시대 이래 그렇게 되어 온 것일까?

우리는 일제로부터 민족의 해방을 자력으로 얻지 못했기 때문에 남북이 분단되었고 6·25가 일어났다. 그 결과 우리는 너무 오랫동안 분열의 시대를 경험해 오고 있다. 과연 이 분열을 끝내고 통합의 시대를 앞당길 수는 없을까? 어떠한 지혜를 발휘해야 민족의 통합을 앞당길 수 있을까? 지금 우리에게는 김유신과 같은 통일의 주인공이 필요하고, 원효와 같은 통합의 사상가가 필요하며 김춘추와 같은 외교가와 문무왕과 같은 지혜로운 군주가 필요한 것이다. 아울러 왕건과 같은 통치자, 도선과 같은 사상가, 일연과 같은 역사가가 요청되는 것이다. 그들 같은 지도자와 사상가와 역사가가 우리에게는 준비되고 있는가 되묻게 된다. 바로 이러한 점에서 가야 출신이었던 김유신의 증조부(仇亥)가 사국 중 가장 약소국이었던 신라에 귀부한 이래 그 증손인 김유신이 삼국통합의 주역이 되었다는 것은 남북통일 과정에 많은 것을 시사해 주고 있다. 과연 우리는 남북의 분단을 겪고 있는 지금 '삼국통일'의 주역이었던 김유신에게서 어떤 지혜를 배워올 수 있을까?

분열의 시대에는 '통합'이 제일 의제擬制가 된다. 통합은 물리적인 통일과 달리 화학적인 융섭을 의미한다. 해서 물리적 '통일'과 화학적 '통합'은 우리 민족의 제1의 화두라 할 수 있다. 남북 갈등의 해소를 위해서는 우선 정치적 물리적 통일이 요청된다. 그리고 '한민족'이라는 정신적 화학적 통합이 요망된다. 정신적 화학적 통합은 두 개 이상의 정치적 물리적 분리의 일통을 의미하는 '통일'과는 변별된다. 문제는 물리적 통일 이후에 화학적 통합을 해야 하는가. 아니면 화학적 통합 이후에 물리적 통일을 해야 하는가. 그것이 아니면 통합과 통일을 동시에 해야 하는가. 통일과 통합을 동시적 또는 순차적으로 이루기 위해서는 지혜가 필요하다. 그 지혜는 살아서는 삼한 일통을, 죽어서는 삼한 통합을 위해 헌신한 김유신(595)에게서 배우지 않을 수 없게 된다. 만일 당시의 백제가 일본이고 고구려가 중국이고 러시아가 가야라면 우리는 어떻게 해야 할까? 또다시 바다 건너 미국의 힘을 빌어야 될 것인가?

김유신은 삼국통일의 주역이다. 중국 정사인 진수陳壽의『삼국지三國志』에는 조조와 제갈량이 주인공으로 되어 있다. 진수는 조조曹操에게 정통성을 부여하고 많은 분량을 할애하여 정밀하고 자세하게 기술했다. 반면 나관중의 소설『삼국지연의』에는 유비와 관우와 장비와 조조가 주인공이다. 김부식은『삼국사기』에서 김유신 전傳에 많은 부분(41~50권)을 할애했다. 그는 삼국시대 인물 51인을 다룬 전傳에서 김유신의 '열전列傳'을 상중하의 3권(열전 1~3)에 걸쳐 싣고 있다. 이것은 다른 인물들(50인) 모두를 합친 것보다 많은 분량이며 또 어떤 제왕보다도 자세히 기술하고 있다. 경주김씨인 김부식은 김해김씨인 김유신을 특별히 높여야 할 까닭이 없다. 그럼에도 불구하고 그는『삼국사기』에서 김유신을 '주인공'으로 삼고 있다. 김부식의『삼국사기』가 대국(중국)과 유교사관에 대부분 의존하고 있지만 김유신에 대한 기록 등에서처럼 자주적 사관을 견지하려고 애쓴 부분이 적지 않다는 것은 주목해야 할 점이다.


## 2. 토착신앙에서 불교신앙으로

진흥왕은 청소년 수양단체인 원화源花를 두어 국가의 미래를 기약했다. 하지만 아름다운[美] 소녀들 300여 명으로 구성된 이들은 주로 '제사'를 담당했다. 하루는 원화 교정姣/준정俊貞낭이 남모南毛낭을 시샘하여 죽인 것이 탄로가 나서 왕은 교정을 죽이고 원화제를 폐지해 버렸다. 여러 해 뒤 진흥왕은 나라를 흥성하려면 반드시 풍월도를 먼저 일으켜

야 한다고 결심하고 '오리지날 화랑'인 '원화'에 이어 미美소년으로 구성
된 풍월도를 시설했고 여기에 소속된 화랑들은 심신 수양을 목표로 했
으나 점차 '전쟁'을 담당했다. 이들은 시조묘始祖廟에 사철마다 제사를
지내고[四時祭之] 하늘과 땅 및 산과 물[龍] 등의 신들에게 기도를 드리
며 토착신앙을 이어나갔다.

김유신은 15세에 화랑이 되었고 17세는 용화향도가 된 뒤 단석산 석
굴 속에 들어가 수행하였다. 이 과정에서 김유신은 토착신앙과 긴밀한
관계를 맺었다. 이후 불교의 난승難勝노인(보살)을 만나 비법秘法을 전
수받은 뒤 18세에는 국선國仙이 되어 용화향도를 이끌었다. 당시 신라
왕궁인 월성 남쪽의 도당산陶堂山 주위에는 사령지四靈地가 있었다. 신
라 왕들은 즉위한 다음 해에 이곳 영지의 신궁神宮에서 즉위의례卽位儀
禮를 거행하였다. 귀족들은 이곳에서 정사를 논의하면서 도당정치를
펼쳤다. 김유신이 국선國仙이었을 때 화랑도에 속해 있던 고구려 첩자
백석白石이 그를 고구려 정세를 살펴본다며 유인해가자 내림奈林(경주
남산)과 혈례穴禮(영천 금강산)와 골화骨火(경주 烏山) 등 세 곳의 호국
신들이 나타나 위급을 알려주었다.

이들 호국신의 도움에 의해 사로잡은 백석은 김유신의 전생에 대해
얘기하고 있다. 백석은 고구려 국경에 물이 역류하는 까닭은 고구려 선
비 추남楸南이 고구려 대왕의 부인이 음양의 도[陰陽之道]를 역행(동성
애?)한 징조 때문이라고 점을 쳤다. 이 때문에 그는 왕비의 노여움을
샀다. 왕비가 함 속에 쥐 한 마리를 감추고 '이 안에 무엇이 들었는지'
를 물으며 틀리면 중형을 가하겠다고 하였다. 추남이 '쥐 여덟 마리가
있다'고 맞추자 '말이 틀린다'며 그를 죽이려 하자 그가 '내가 죽은 뒤
반드시 고구려를 멸망시킬 것'이라 맹세하였다. 왕의 꿈에 그가 신라의

서현공 부인의 품속으로 들어가는 것을 보고 군신들에게 알리자 '과연 그렇게 되었다'고 하였다. 이에 김유신은 백석을 을 죽인 뒤 온갖 음식을 갖추고 세 신에게 제사를 지내자 신들이 모습을 드러내 제사를 받았다. 이 일화는 김유신이 토착신앙과 긴밀한 관계 속에 있었음을 보여주고 있다.

또 젊은 시절 토착신앙과 긴밀한 관계를 맺었던 김유신은 도당산 주위의 영지에 드나들면서 제사를 담당하던 한 여사제[天官女]를 사랑하게 되었다. 중국 주나라의 6관(天·地· 春· 夏· 秋· 冬官)제 의하면 천관은 하늘에 제사를 주관하는 부서였고 그녀는 여사제女司祭였다. 하지만 가야계 후예로서 공을 세워 진골 귀족에 새로 편입된 아버지(서현)와 결혼(김부식은 '野合'이라 기록)하여 갖은 어려움을 겪은 어머니 만명萬明의 간청으로 김유신은 천관녀와 헤어지기로 결심하였다. 어느 날 잠든 사이에 애마가 성지聖地 도당산의 천관녀 처소에 이르자 그는 말의 목을 베고 그녀와의 인연을 끊었다. 결국 토착신앙을 담지하는 여사제[天官]란 신분 때문에 김유신에게 버림을 받은 천관녀는 머리를 깎고 김유신을 위해 평생 기도를 하며 삶을 마감하였다. 훗날 김유신은 그녀를 기리기 위해 그녀가 머물던 곳에 천관사天官寺를 지었다.

### 3. '흥무대왕'의 추존

선덕여왕 재위 16년에 일어난 비담毗曇과 염종廉宗 등이 여왕이 정치를 잘못한다 하여 반역을 도모하였다. 어느 날 한밤중에 큰 별이 떨어지자 비담 등이 병사들에게 여왕이 패할 징조라고 병졸들에게 알렸다.

이에 김유신은 허수아비 속에 불씨를 넣어 풍연風鳶을 만들어 하늘에 올라가게 하였다. 이튿날 사람을 시켜 '어젯밤에 떨어진 별이 도로 올라갔다'고 퍼트리게 하였다. 결국 적군으로 하여금 의심이 생기게 하여 위기를 역전시킨 뒤 난을 제압하였다. 그리고 김춘추와 연합하여 진덕여왕을 세운 뒤 다시 알천 등과 타협하여 김춘추를 무열왕에 옹립하였다. 김춘추가 '태종'이라 일컬은 것을 당 고종이 문제를 삼자 신라왕은 '신라가 비록 작은 나라이나 성스러운 신하 김유신을 얻어 삼국을 통일하였으므로 태종이라 봉하였다'고 표문을 보냈다. 당 고종이 태자시절에 하늘에서 "33천의 한 사람으로 신라에 내려왔으니 그가 바로 유신이다" 하고 들었던 노래가 생각나 태종 칭호를 고치지 말도록 허락을 받기까지 하였다.

또 소정방이 신라 독군督軍 김문영金文穎이 늦게 왔다는 이유를 들어 군문 앞에서 목을 베려 하자 김유신이 여러 사람에게 말하기를 "대장군이 황산의 싸움을 보지 못하고 늦게 왔다고 죄를 주려는 모양이나, 나는 결코 죄없이 욕을 받을 수 없다. 반드시 당군과 먼저 싸움을 결정한 다음에 백제를 부수겠다"라며 결연한 의지를 보였다. 그러자 소정방이 마침내 김문영의 죄를 묻지 않게 되었다. 일찍이 화랑이 된 뒤 용화향도로 편입되어 국선에 올랐던 그는 여러 전장에서 공을 세워 높은 자리에 나아갔다. 진평왕과 선덕여왕을 거쳐 진덕왕 때에는 최초이자 최후인 '태대각간'에 올랐으며, 뒤에는 상대등에까지 올랐다. 김유신은 김춘추와 정치적 동반자가 되어 평생을 신라의 통일대업에 헌신하였다.

금관가야의 말왕이었던 그의 증조부 구해仇亥는 신라에 나라를 바치고 귀부하였다. 그의 아들 무력武力과 그 아들 서현舒玄은 큰 공을 세워 어렵게 진골 귀족으로 편입되었고 김유신은 신라 중심의 삼국 통일의

경주 숭무전 흥무대왕(김유신)릉

주역이 되었다. 그의 둘째 누이인 문희와 첫째 누이 보희는 모두 태종
무열왕에게 시집을 갔으므로 왕에게 그는 처남이 되었다. 그리고 태종
왕의 셋째 딸인 지소智炤와 결혼함으로써 왕의 사위가 되었다. 이처럼
김춘추와 피로 맺은 혈맹에 의해 가야계인 김유신은 온전한 가야계 '신
라인'이 되었다. 그의 동생인 흠순欽純과 그의 사위인 인문도 신라의 통
일대업에 동참했으며 그의 아들 다섯 형제와 딸 넷 모두 헌신하였다.
김유신이 죽자 그의 아내 지소 부인은 머리를 깎고 베옷을 입고 비구니
가 되었다. 김유신은 보통사람과 달리 살아서는 하늘과 신령과 교통하면
서 삼국 통일을 위해 헌신하였고 죽어서는 신라의 호국 신령이 되었다.
김유신이 '흥무대왕'으로 추존된 까닭에 대해서는『삼국사기』와『삼국유
사』모두 기록하고 있다.
　김유신 사후 100년쯤인 신라 혜공왕 때 한밤중에 괴성이 울려퍼졌
다. "내가 삼국을 통일하고 신라에 온갖 충성을 다 바쳤는데 신라 왕가

는 나의 수고를 알아주지 않는 것 같다"며 그는 신라를 떠나려고 하였
다. 이에 놀란 신라 왕실은 제사를 올려 김유신을 위로하고 그 묘역을
관리하는데 쓰이는 토지를 열배 가까이 늘렸다. 그 때문일까? 김유신은
신라를 떠나지 않았다. 김유신은 사후 162년이 지난 흥덕왕[興德王,
835; 일연은 景明王(914~923)대로 기록]에 의해 '흥무대왕[興武大王'으로
추존되었다. 삼국통일의 주역인 김유신은 흥덕왕 때 '흥무대왕'으로 추
존되었다. 그는 왕이 아닌 이가 '대왕'으로 추존된 유일한 예라고 할 수
있다. 그리하여 가야의 왕족 출신의 후예로서 사후에 왕위에 추존된 유
일한 인물이 되었다. 살아서나 죽어서나 신라의 대들보이자 수호신이
된 그를 신라 왕실은 '무武의 존재감을 크게 부각시킨 위대한 왕[興武大
王]'으로 추존하지 않을 수 없었을 것으로 짐작된다.

장우성 화백의 흥무대왕 김유신 표준영정
(진천 길상사 소장)

# 무열왕이 태종으로 불릴 수 있었던 까닭은?

## 1. 김유신과의 혈연동맹

삼국 통일은 고조선 해체 이래 이루어진 한반도 최초의 통일대업이었다. 삼한 일통은 고조선이 해체되면서 그 거수국(제후국)이었던 부여와 고구려 및 한韓 그리고 옥저와 동예 등으로 갈려진 이래 처음으로 '한민족'의 원형을 만들었다. 동시에 당과 대발해 및 신라와 왜(일본)의 사국체제를 기반으로 동아시아 질서를 재편시켰다. 선덕여왕은 통일을 위해 그 기반을 닦았다. 그는 진흥왕 때 착공했던 황룡사를 완공하고 자장慈藏의 주청에 의해 황룡사 구층탑을 세워 국민 여론을 한 곳으로 모았다. 선덕여왕이 마련한 토대 위에서 진덕여왕을 거쳐 김춘추는 왕위에 올라 삼한 일통의 물꼬를 텄다. 고구려와 백제와 신라의 삼한 일통을 위해 김춘추는 발군의 실력을 발휘하였다. 이를 위해 우선 그는 먼저 새로운 진골세력으로 편입되어 군사권을 장악하고 있는 가야계의 김유신과 결탁했다. 가야의 세력 유지를 위해 진골계와의 연합이 필요했던 김유신 역시 김춘추와 이해관계가 부합했다.

이미 오래 전부터 김춘추는 김유신과 가까이 지내오고 있었다. 처음에 문희文姬의 언니 보희寶姬가 꿈에 서산에 올라가 소변을 보자 서울에 가득 찼다. 다음날 아침에 동생에게 꿈 이야기를 하자 문희가 듣고 말하였다. "내가 그 꿈을 살게." 언니가 "무엇을 주겠느냐"고 하자 동생이 말하였다. "비단치마면 팔겠어?" 언니가 "좋다"고 하자, 동생이 치맛자락을 벌렸다. 언니가 말하였다. "간밤의 꿈을 너에게 준다." 그리고 동생은 비단치마로 값을 치렀다. 10여 일 뒤, 김유신은 정월 오기일五忌日에 유신이 춘추와 함께 축국蹴鞠(弄珠戱)을 하다가 짐짓 춘추의 옷을 밟아 옷고름을 떼어 놓고 말하였다. "우리 집에 들어가 (옷을) 꿰맵시다." 이에 춘추가 따라 (유신의 집에) 들어갔다. 유신이 아해阿海(보희)를 시켜 꿰매게 하였다. 하지만 그녀가 한사코 사양하자 (유신은) 아지阿之(문희)에게 시켰다. 춘추가 유신의 뜻을 알고 아지를 가까이 하여 자주 왕래하더니 아지가 아이를 잉태하였다.

어느 날 유신이 아지가 잉태한 것을 알고 꾸짖었다. "네가 부모에게 고하지도 않고 잉태하였으니 어찌된 일이냐?" 그리고는 누이동생을 불태워 죽일 것이라고 온 나라에 소문을 퍼트렸다. 하루는 선덕여왕이 남산에 행차하는 것을 기다려 뜰 안에 나무를 쌓고 불을 질러 연기가 솟게 하였다. 왕이 보고서 "무슨 연기냐?"라고 하자 신하가 말하였다. "김유신이 그 누이를 불태워 죽이려나 봅니다." 왕이 "무슨 이유냐?"라고 물으니 신하가 말하였다. "그 누이가 지아비없이 잉태한 까닭입니다." 왕이 "누구의 소행이더냐?" 하고 물었다. 그때 춘추가 앞에서 가까이 모시고 있다가 갑자기 안색이 변하므로, 왕이 춘추를 보고 말하였다. "이는 네 소행이로구나. 빨리 가서 구해 주도록 하라." 그리하여 춘추는 명을 받들어 말을 달려 왕명을 전하게 하고 (화형을) 중지시켰다. 그 뒤에 떳떳이 혼례를 올렸다.

춘추는 문희(문명왕후)와 결혼한 뒤 뒷날 보희와도 결혼을 하였다. 그리고 그와 문희 사이에서 난 셋째 딸 지소智炤/照는 김유신에게 시집을 보냈다. 해서 김춘추는 김유신의 매제妹弟이자 장인丈人(聘丈)이 되었다. 김유신 역시 김춘추의 처남이자 사위가 되었다. 이러한 '결혼동맹'은 둘 사이만이 아니라 성골세력에 맞서는 진골세력의 약진과 문文의 세력과 무武의 세력의 결합을 의미했다. 나아가 김유신의 가야세력과 김춘추의 신라세력의 연합을 의미했다. 선덕여왕 11년(642)에 의자왕의 부하인 장군 윤충尹忠에 의해 대량주大梁州(陜川)가 함락되고 딸 고타소랑古陁炤娘와 사위 품석品釋이 죽자 "대장부가 어찌 백제를 못 없앤단 말이냐" 하며 통일 전쟁의 속도를 내기 시작했다. 우선 김춘추는 가야 출신의 김유신과 혈연 동맹을 맺고 고구려에 이어 왜倭국에 건너가 군사 지원을 요청했다. 『일본서기』는 김춘추 인질로 삼았으며 그가 '용모가 아름답고 쾌활하게 담소했다'고 적고 있다. 왜국을 떠난 그는 당나라로 건너가 백제와 고구려를 통합하는 한반도 통일의 계획을 세웠다.


## 2. 동아시아의 대외교가

김춘추는 탁월한 외교가이자 전략가였다. 그는 자국의 이익을 위해 고구려와 왜국 및 당 사이에서 실리 외교를 하였다. 신라 왕실은 진평왕 이래 '성골의 남자가 다하자[聖骨男盡]'는 성골 여자의 옹립을 정당화하기 시작했다. 선덕여왕과 진덕여왕이 성골의 여자는 성골일 뿐만 아니라 성골의 남자가 다할 때 가능한 것이다. 이제까지 성골 남자가 오르던 왕위를 성골 여자인 선덕여왕이 처음으로 올랐다. 술렁임이 없지 않았지만 영명한 군주였던 선덕여왕에 대한 문제들은 잦아들었다. 그는 삼한 일통의 기초를 닦았으며 그를 이은 진덕여왕을 뒤이은 무열왕은 통일 대업을 실현시켰다. 왕위에 오르기 전 김춘추는 백제에 대한 오랜 원한[宿怨]을 풀기 위해 군사를 청하러 고구려를 향했다.

그해 6월 5일에 김춘추는 사간[沙干] 훈신[訓臣]과 함께 고구려를 향해 길을 떠나 대매현[大買縣]에 도착하였다. 그 고을 사람인 사간 두사지[豆斯支]가 청포[靑布] 300보[步]를 그에게 선사하였다. 김춘추가 고구려 경내에 들어가자 고구려왕이 태대대로(재상) 개금[蓋金]을 보내어 사관을 마련하고 잔치를 베풀어 후한 대접을 하였다. 어떤 이가 고구려 왕에게 고하기를 "신라의 사자는 보통 사람이 아닙니다. 지금 여기 온 것은 우리의 형세를 정찰하려 온 것이니 왕은 미리 작성하여 후환[後患]이 없도록 하십시오"라고 하였다. 왕은 일부러 춘추에게 대답하기를 어려운 질문을 하여 욕을 보일 작정으로 말하였다. "마목현[麻木峴/痲木峴]과 죽령[竹嶺]은 본디 우리 땅이다. 만일 나에게 돌려주지 않는다면 그대는 돌아가지 못할 것이다" 하였다. 춘추가 대답하기를 "국가의 토지를 신자[臣子]가 마음대로 할 수 있겠소. 신은 감히 명령을 듣지 못하겠소"라고 하였다. 왕은 노하여 (그를) 옥에 가두고 죽이려고 하다가 죽이지는 않았다.

춘추는 가지고 간 청포 300보를 왕의 총신 선도해[先道解]에게 남몰래 선사하였다. 도해는 술상을 차려 가지고 와서 서로 마시다가 술이 얼큰해지자 춘추에게 농담조로 말하였다. "그대도 일찍이 거북과 토끼의 이야기를 들었소? 옛날에 동해 용왕의 딸이 심장(?)병을 앓고 있는데 의사가 말하기를 토끼의 간을 구해서 약에 넣어 먹으면 나을 수 있다고 하였소. 하지만 바다 속에 토끼가 없으니 어쩌겠소. 그때 한 거북이 용왕에게 아뢰기를 '제가 구해 오겠습니다' 하고는 육지로 올라갔소. 토끼를 보고 말하기를 '바닷속에 섬 하나가 있는데 샘물도 맑고 돌도 하얗고 숲도 무성하고 좋은 과일도 많으며 덥거나 춥지도 않고 매나 독수리 같은 것도 없다. 네가 만일 거기에 간다면 아무 걱정없이 살 것이다' 하며 살살 꾀었다. 드디어 토끼를 등에 업고 헤엄쳐 2, 3리쯤 가다가 거북이 토끼한테 이르기를 '지금 용왕의 딸이 병이 들어 토끼의 간으로 약을 해야 하기 때문에 수고를 마다 않고 그대를 업고 가는 것이오' 하였소. 토끼가 대답하기를 '나는 신명神明의 후손이라 능히 오장을 꺼내어 씻어서 잠깐 바위 틈에 두고 당신의 달콤한 말을 듣는 바람에 깜빡 잊고 바로 왔다. 간이 지금 거기 있으니 어찌 돌아가서 간을 가져오지 않을 수 있겠소. 그리한다면 당신은 구하는 것을 얻게 되고, 나는 간이 없어도 살 수 있으니 양편이 다 좋지 않겠소?'라고 하였소. 거북은 그 말만 믿고 되돌아가 겨우 언덕에 오르니 토끼는 곧 풀 속으로 깡충깡충 뛰어들어가며 하는 말이 '어리석은 놈은 너다. 간이 없이 사는 것이 어디 있겠느냐'고 하였소. 거북은 기가 막혀 묵묵히 '물러갔소'라고 하였다. 춘추는 선도해의 말을 듣자 그 뜻을 알아차리고 고구려왕에게 글월을 올려 '마목현과 죽령은 본디 대국의 땅이온즉 신이 본국에 돌아가는 즉시로 우리 왕께 청하여 돌려보내 드리도록 하겠소. 저를 믿지 않으신다면 저 해(日)를 두고 맹세하겠소'라고 하니 왕은 기뻐하였다."

당시 신라에서는 김유신이 국내의 용사 3,000명을 뽑아 김춘추를 구하기 위해 고구려를 치려고 하였다. 고구려 첩자인 승려 덕창德昌이 사람을 시켜 고구려왕에게 이 일을 고하자 왕은 감히 김춘추를 더 이상 억류하지 않고 후한 예로써 대우하여 돌려보냈다. 신라로 돌아온 춘추는 이후 진덕왕 원년(648)에 백제를 치기 위해 다시 왜국에 건너가 군사를 청했으나 여의치 못했다. 드디어 당에 들어가 태종에게 군사를 지원해 달라고 하였다. 당 태종은 말하기를 "듣자니 그대 나라에 유신이 있다는데 그 인품이 어떠한가?" 하므로 춘추가 말하기를 "유신이 비록 재주와 지혜가 있다 하나, 만일 상국上國의 위력을 빙자하지 않는다면 어찌 쉽사리 이웃 나라의 침략을 제거한다 하오리까?" 하였다. 태종은 "진실로 군자의 나라다" 하고 이에 조서를 내려 장군 소정방蘇定方으로 하여금 군사 20만을 이끌고 나가 백제를 치게 하였다. 고구려와 왜에서 군사를 지원받지 못한 그였지만 삼한 일통을 위해 삼국의 힘의 균형을 무너뜨리기 위한 그의 다짐은 결국 당나라 원군을 이끌어내었다.

## 3. 삼국통일의 정초자

진덕왕이 승하(654)하자 아들이 없었으므로 김유신은 재상으로 있는 이찬 알천關川과 상의하여 이찬 김춘추를 맞아들여 왕위에 나아가게 하였다. 그가 바로 태종대왕이다. 젊은 시절 김춘추는 김유신에 의해 그의 처남이 되었지만 만년에는 자신의 딸을 김유신에게 시집보냄으로써 그를 사위로 삼았다. 이것은 신라의 삼국통일의 물꼬가 선덕여왕과 진덕여왕 이래 김춘추와 김유신의 결합에 의해 이루어지기 시작했음을 의미한다. 비록 딸과 사위를 백제에 잃은 원한으로부터 시작하기는 했지만 김춘추는 삼국의 힘의 균형을 무너뜨리기 위해 제일 먼저 백제를 과녁으로 삼았다. 『일본서기』에서 석도현釋道顯은 "김춘추의 뜻은 본래 고구려를 치는 데에 있었는데 먼저 백제를 쳤다"라고 하였다. 이 과정

권오창 화백의 설총 표준영정(국립현대미술관 소장)

에서 김유신과의 혈연동맹은 원효와의 동맹으로까지 이어졌다.

원효가 하루는 춘의春意가 동하여 거리에서 외쳤다. "누가 내게 자루 빠진 도끼를 주려는개[誰許沒柯斧]/ 내가 하늘 떠바치는 기둥을 깎으리 [我斫支天柱]." 사람들이 그 뜻을 알지 못했다. 그때 무열왕이 이를 듣고 말하였다. "아마 이 스님이 귀부인을 얻어 어진 아들을 낳겠다는 말 같구나. 나라에 위대한 현인이 있으면 더없는 이익이다." 그때 요석궁 瑤石宮에서 홀로 사는 공주가 있었으므로 궁리에게 명하여 원효를 찾아서 궁으로 인도해 들이라고 하였다. 궁리宮吏들이 명을 받들고 원효를 찾으려 가는데 원효는 이미 남산에서 내려와 문천교蚊川橋를 지나다가 그들과 만나자 일부러 물에 빠져 옷이 젖었다. 궁리는 원효를 요석궁으로 이끌어 옷을 갈아 입히고 그곳에 머물게 하였다. 공주가 과연 태기가 있어 설총薛聰을 낳았다. 무열왕은 당대의 고승이었 원효의 '풍전가瘋癲歌'를 통찰하고 그를 사위로 맞아들였다. 원효는 일심一心의 철학을 통해 삼국의 통일을 이념적 사상적으로 뒷받침하였다.

또 원효는 나당 연합군이 고구려를 공격할 때 암호 풀이를 통해 삼한 일통 대업에 참여하였다. 김유신은 군사를 일으켜 당군과 연합하려고 연기然起와 병천兵川 두 사람을 당나라군 진영에 보내어 만날 기일을 물었다. 당나라 장수 소정방은 종이[紙]에다 난새[鸞]와 송아지[犢]를 그려 돌려보냈다. 신라군에서는 그 그림의 의미를 풀 수 없어 사람을 보내어 원효에게 물어보았다. 원효는 그림을 풀이하여 "빨리 (군사를) 되돌려라[謂畵犢畵鸞二切也]"고 일러주었다. 한자에서 두 자음을 반씩 따서 한 소리를 만들어 음을 표하는 반절법反切法에 의하면 암호는 '혹환'이 되지만 영남지방에서는 히읗(형) 발음이 시옷(성) 발음으로 전해오듯이 그 병사들을 '빨리 돌리라[速還]'는 의미로 풀이된다. 이에 김유신은 군사를 돌려 패강을 건너기로 하고 "늦게 건너는 자는 목을 베리라"라는 군령을 내렸다. 군사들은 다투어 강을 건넜다. 군사의 절반쯤이 건넜을 때 고구려 군들이 공격해 와 아직 건너지 못한 자들을 죽였다. 다음날 유신은 반격하여 고구려군 수만 명을 잡아서 죽였다.

태종이 처음 즉위하였을 때, 머리 하나에 몸이 둘이고 다리가 여덟인 돼지를 바치는 사람이 있었다. 누가 말하기를 "이것은 반드시 천하를 통일할 징조입니다"라고 하였다. 또 태종 때 처음으로 자장慈藏법사가 당 태종에게 청하여 전해진 중국의 의관과 아홀牙笏(조례시 대신들이 지닌 수첩)을 사용하였다. 당 고종은 무열왕에게 태종太宗이란 칭호를 참람(僭濫)되이 쓴다고 고치라는 명을 내렸다. 문무왕은 "신라가 비록 작은 나라이나 성스러운 신하 김유신을 얻어 삼국을 통일하였으므로 태종이라 봉하였다"고 표문을 올려 말하였다. 고종이 태자시절 하늘에서 '33천의 한 사람으로 신라에 내려온 이가 김유신'이라고 노래하던 것이 생각나 놀라움을 금치 못하고 사신을 보내 태종 칭호를 고치지 말고 쓰도록 허락하였다. 이처럼 젊은 시절부터 영명한 외교가이자 전략가였던 김춘추는 김유신과 원효와의 혈연 동맹을 맺음으로써 삼국통일을 위한 정초자로서 확고하게 자리매김하였다. 그리하여 진덕여왕 사후 섭정을 사양한 이찬 알천(閼川)의 평처럼 왕위에 올라서는 '세상을 바로 잡을 영걸'로서 삼국통일의 물꼬를 연 대왕이 되었다.

김기창 화백의 무열왕 표준영정(경주 통일전 소장)

삼국유사 권 제2

# 기이 제2

## 紀異 第二

三國遺事卷第二

文虎王法敏

王初即位龍朔辛酉四沚南海中有死女尸身長七十

三尺足長六尺陰長三尺或云身長十八尺在封乾二

年子卯

緫章戊辰王統兵與仁問欽純等至平壤會唐兵滅麗

唐師李勣獲高藏王還國〈高藏王之現慶五年庚申蘇定方〉〈按唐書高藏〉

〈等征百濟後十二〉

月大將軍契苾何力爲浿道行軍大摠管蘇定方爲浿

道大摠管劉伯英爲平壤道大摠管以伐高麗又明年

辛酉正月蕭嗣業爲扶徐道摠管任雅相爲浿江道摠

# 문무왕이 대왕암에 묻히고자 한 까닭은?

## 1. 동해구와 대왕암

한국 미술사학의 아버지로 불리는 우현 고유섭(1905~1944)은 "경주에 가거든 문무왕의 위적偉蹟을 찾으라. 구경거리의 경주로 쏘다니지말고 문무왕의 정신을 기려 보아라. 태종 열왕의 위업偉業과 김유신의 훈공勳功이 크지 아님이 아니나 이것은 문헌에서도 우리가 가릴 수 있지만 문무왕의 위대한 정신精神이야말로 경주의 유적遺跡에서 찾아야할 것이니 경주에 가거들랑 모름지기 이 문무왕의 유적을 찾으라" 했다. 또 경주의 수많은 유적들이 국방國防적 경영이자 정경政經적 치적이아님이 아니나 "무엇보다도 경주에 가거든 동해의 대왕암大王嵓을 찾으라" 하였다. 이것은 우현의 「경주기행의 일절一節」 4장 '경주에 가거든'에 실린 글이다. 그는 '문무왕의 위대한 정신'을 더 없이 기리고 있다. 우현의 지적처럼 동해 입구의 큰 돌 위에서 장사를 지내달라는 문무왕의 유언은 그의 '정신'의 지향을 의미할까? 아니면 그의 '무덤'의 시설을 의미할까?

문무왕은 살아서는 삼국통합을 위해 나라 걱정을 늘 하였다. 그는 죽어서는 용이 되어[爲龍] 나라를 지키고자 했다. 『삼국사기』(권7) 「신라본기」(7) 문무왕 21년 조에는 "뭇 신하들은 (왕의) 유언에 따라 동해 입구의 큰 돌 위에서 장사를 지냈다. 「속전俗傳」에 왕은 돌아가시어 용이 되었으므로 그 돌을 가리켜 대왕석大王石이라 한다"라고 하였다. 여기서 문제가 되는 것은 대왕을 '동해 입구의 큰 돌 위'에서 '장사를 지낸 것[藏骨處]'이나 아니면 '다른 곳에서 장사를 지내고 이곳에 뼈를 뿌린 것이내[散骨處]'이다. 문무왕은 유조遺詔를 통해 "임종 열흘 뒤 교외 궁문[庫門] 바깥 뜰[外庭]에서 서국(인도)식으로 불[火]로 태워[燒葬]장사 지내라" 하였다. 그는 장례의 장소와 법식에 대해서까지 조칙詔勅을 내려 놓았다.

여기서 교외의 '궁문 바깥 뜰'이란 과연 어디를 가리킬까? 대왕암을 해중릉海中陵으로 보는 이들은 '고문외정'을 경주시 배반동排盤洞의 능지탑陵只塔이 있는 곳으로 비정하고 있다. 이들은 능지탑의 유구가 탑묘의 모습을 띠고 있을 뿐만 아니라 이곳에서 출토된 탄편炭片과 인근에 자리한 사천왕사지에서 문무왕비편文武王碑片이 나왔고, 비가 꽂혀진 귀부의 거북머리가 대왕의 탑묘가 있는 북쪽으로 향하고 있으며, 신라 사람들이 문무왕의 화장터를 그냥 방치할 리가 없다는 점을 근거로 든다. 또 이곳의 지명인 '능지陵只'가 『동경잡기』에 나오는 '능지陵旨'와 동일하며, 능지탑이란 '능의 탑'을 가리키고, 마을사람들이 이 일대를 '고문 뜰'이라 부르고 있기 있다는 점을 들고 있다. 하지만 화려한 탑묘 양식을 지니고 있는 이곳은 평소 검소한 장례를 원했던 문무왕의 유조와 어긋난다고 할 수 있다.

"대왕이 나라를 21년 다스리다 영륭永隆 2년 신사년(681)에 붕어하자, 유조에 따라 동해 속의 큰 바위 위에서 장사를 지냈다[遺詔葬於東海中大巖上]. 왕은 평소에 늘 지의智義법사에게 '짐은 죽은 뒤 나라를 지키는 큰 용[護國大龍]이 되어 불법佛法을 높이 받들며 나라를 지키고 싶소'라고 하였다. 법사가 말하였다. '용이란 축생의 응보인데 어찌 용이 되려 하십니까?' '짐은 세상의 영화에 염증을 느낀지 오래요. 비록 추한 갚음을 받아 짐승이 된다면 짐의 뜻에 맞는 것이오." 그런데『삼국사기』의 기록처럼 '동해 입구[東海口]' 즉 '곳집 문 바깥 뜰[庫門外庭]'에서 대왕의 장례를 치렀다면 바닷가 큰 바위 위에 매장한 것이 아님이 분명하다. 그렇다면 신문왕은 바닷가 가까운 뭍에서 부왕의 장사를 치르고 바닷가의 큰 바위 위에 뼈를 뿌린 것이 분명하다. 이는 평소 죽어서 용이 되고자 했던 문무대왕의 뜻을 의식해서 이루어진 것으로 이해된다.

## 2. 사중기의 이해

『삼국유사』(권2)「기이」'만파식적' 조목에는 '절의 기록[寺中記]'을 할주割註에 싣고 있다. "신문왕은 아버지 문무대왕을 위하여 동해변에 감은사를 창건하였다. 『사중기』에는 문무왕이 왜병을 진압하기 위해 이 절을 지었으나, 마치지 못하고 돌아가시어 바다의 용이되었으므로 그 아들 신문왕이 즉위하여 개요 2년에 끝마쳤는데 금당의 층계 밑에 동쪽을 향한 구멍을 뚫어 놓았다. 즉 용이 이 절에 와서 돌아다니게 한 것이다. 유조에 따라 뼈를 묻은 곳이 대왕암이고 절의 이름은 감은사이며 용이 나타난 모습을 본 곳이 이견대利見臺라고 하였다." 문무왕과 김유신의 호국 충정을 담고 있는 '만파식적'에 대한 기록은 『삼국사기』(권32) 「악지」편에도 실려 있다.

"고기古記에서 이른다. 신문왕 때 동해에 홀연히 한 작은 산이 나타났다. 모습이 거북머리와 같고, 그 위에 있는 대나무 한 줄기가 낮에는 갈라져 둘이 되고 밤에는 합하여 하나가 되었다. 왕이 사람을 시켜 베어다가 피리를 만들고 이름을 만파식萬波息이라고 하였다. 이런 이야기는 괴이하여 믿을 수 없다." 김부식은 만파식적 설화를 긍정적으로 평가하지 않았다. 하지만 그가 기록한 문무왕이 '용이 되었다[爲龍]'는 이야기는 주장은 점차 해중릉설로 발전하여 갔던 것으로 짐작된다. 이것은 태어나기 5년 전에 신문왕의 태자 이홍理洪(理恭)이 부왕에게 와서 축하를 했다는 기록은 효소왕孝昭王의 적통성과 권위를 내세우기 위한 것이었음에서도 확인된다. 그 결과 위용설爲龍說은 문무왕이 바다에 늘 머물면서 나라를 돕는다는 이야기로 널리 퍼졌다.

그런데 위의 「사중기」에서 주목되는 지점은 왜병의 진압에 관한 것이다. 삼국통일 시기의 왜국은 문무왕이 걱정할 정도의 국력을 지니지 못했다. 백제 부흥을 위해 3만 척의 배를 출범시켜 나당연합군에게 크게 패했던 왜국이 신라가 위협을 느낄 정도의 국력과 침입을 지니지 못했던 것은 잘 알려진 사실이다. 그럼에도 불구하고 이 「사중기」에는 이같은 기록들이 부가되어 있다. 때문에 이것은 삼국통일 시기의 기록으로 보이지 않는다. 오히려 일연一然 당시 왜국의 움직임을 고려하여 문무왕의 위신력으로 그들을 제압하기 위해 고려 국민들의 민족적 연대감 내지 국민적 일체감을 확보하기 위해 만들어낸 설화를 기록한 것으로 짐작된다. 불교나 붓다의 위신력과 결부시켜 외침을 이겨내기 위한 이야기들은 지속적으로 양산되어 왔다.

문무대왕이 나라를 지키는 용이 되었다면 나라를 침범하는 대상이 상정되지 않을 수 없다. 동해에 자리한 문무대왕릉을 염두에 둔다면 외적은 왜국을 이은 일본이 되는 것은 너무나 당연한 일이다. 고려 당시 일본은 나라奈良와 헤이안平安에 이은 가마쿠라鎌倉시대를 열면서 새롭게 비상하게 된다. 종래의 한반도 영향권에서 벗어나 열도의 자립과 대륙 문물의 직수입을 위해 국력을 강화하게 된다. 그들은 당시의 중심 세계관이었던 불교조차도 반도에서 수용하지 않고 인도와 중국을 거쳐 곧바로 일본으로 유입되었다는 '삼국불법연기사관'을 주창하기까지 하였다. 일본 가마쿠라시대의 승려 교넨凝然(1240~1321)은 72세에 『삼국불법전통연기三國佛法傳統緣起』(1311)를 저술하여 이러한 입장을 뒷받침했다.


## 3. 망해 의식과 호국 정신

짧은 시간대로 잘라 보면 역사적 팩트(사실)와 문학적 상상은 대립되어 온 것처럼 보인다. 하지만 긴 시간대로 겹쳐 보면 문학적 상상과 역사적 사실은 상호 교섭을 거쳐 왔음을 알 수 있다. 마치 복선 위를 달리는 두 열차가 나란히 가다가 어느 지점을 지나면 간이역에서 만나는 것처럼 '사실'과 '상상'은 종종 해후하기 마련이다. 신들의 이야기를 담은 신화의 영역이 국부적이라면 인간의 이야기를 담고 있는 설화는 통합적이다. 인간의 역동적인 삶의 장 속에서 일어나는 모든 것들을 통합하기 때문이다. 기록에 의하는 한 '동해 입구의 큰 바위 위에서 장사를 지내달라'고 했던 문무왕의 유언은 기록상으로 보면 '역사적 사실'임이 분명하다. 하지만 신문왕이 부왕을 바다 속의 대왕암에 장사를 뼈를 묻거나[藏骨] 뼈를 뿌렸는지[散骨]에 대해서는 분명히 알 수 없다.

기록에 의거해 짐작해 보면 문무왕은 '동해 입구'의 교외 '궁문 바깥 뜰'에서 화장되어 그 뼛가루만이 대왕암 위에 뿌려졌을 것이다. 하지만 그렇게 장사를 치른 이들의 의식 속에게는 나라를 보호하는 용이 되겠다고 한 대왕의 유조가 대왕암 위에 뼈를 뿌리는 내내 끊임없이 메아리쳤을 것이다. 그리하여 문무왕이 동해의 용이 되었다는 전설은 그의 승하 이후 어느 시점에 이루어졌을 것이다. 동해에 대한 관심이 남달랐던 점을 감안하면 감은사는 문무왕이 짓다가 마치지 못하고 승하하자 그 아들인 신문왕이 낙성한 것이라는 사중기의 기록을 더 신뢰할 수 있다. 동해에 대한 문무왕의 깊은 관심은 「문무왕비문」의 '파경진씨波鯨津氏'와 '분골경진粉骨鯨津'이라는 구절에서도 확인된다. 문무왕은 '경진氏'이 동해神임을 알고 스스로 동해 용왕이 되고자 하였던 것으로 짐작된다.

『삼국사기』의 「속전」과 「사중기」 후반에 보이는 '개蓋' 이하는 「사중기」와 달리 『삼국유사』의 찬자를 포함한 당시 사람들의 이해나 인식을 적어 놓은 것으로 이해된다. 즉 '향인은 지금 대왕암이라고 부른다'는 표현에서처럼 '향인'은 당시 사람들이자 『삼국유사』 찬자뿐만 아니라 이 설화를 믿은 사람들을 가리키는 것이 분명하다. 그렇다면 '바위'나 '돌' 앞에 붙은 '대왕'은 문무왕으로만 확정할 수 없다. 오히려 대왕암의 '대왕'은 이후 여러 왕들에게도 가탁되어 왔음을 시사해 준다. 동해신에 대한 믿음은 문무왕 이전에도 있었고, 그 이후에도 변함없이 있어 왔기 때문이다. 이렇게 본다면 울산 앞의 대왕바위를 비롯해 전국 바닷가 곳곳에 살아 있는 다수의 대왕신大王神 혹은 대왕신앙大王信仰은 미추이사금(3년, 264)이 동쪽으로 순행하여 '망해望海' 의식을 치른 이래 지속되어 온 동해신에 대한 경건한 의식에서 비롯되고 계승되어 온 것이라고 할 수 있을 것이다. 문무왕에 대한 신앙 역시 이러한 망해의 식의 계승으로 이해할 수 있다. 이견대는 망해의식을 치르는 곳이었다.

이렇게 본다면 감은사感恩寺의 '감(은)'은 그 소리인 '감'을 취한 것이니 곧 신神을 의미하는 것이라 할 수 있다. 그리고 감은사는 동해신(용)을 모시기 위한 절이었다. 나아가 대왕암은 문무대왕의 해중릉으로만 제한해서 볼 것이 아니라 동해신인 용신의 상주처이기도 했다. 종래에 용의 순우리말인 '미리' 혹은 '미르' 또는 '미륵'은 '황제' 또는 '왕'을 상징하여 왔듯이 대왕암은 죽어서 호국용이 되어 불법을 지키는 호법신장을 기리기 위한 곳이며, 동시에 감은사는 불법을 지키는 호법신장인 용의 지킴을 받는 절이었다고 할 수 있다. 이러한 믿음은 이 땅 사람들의 의식 속에 지금도 면면히 계승되어 오고 있다. 문무왕이 대왕암에 묻히고자 한 까닭은 이 땅을 지키기 위함이었으며 선조들이 그것을 믿고 그 정신을 계승하려고 했던 이유 역시 우리의 역사와 문화를 지키기 위함이었다. 그 역사와 문화의 한복판에 상호의존성과 상호존중행을 역설하는 불교가 있었다.

감은사지

문무왕 해중릉

# 『삼대목』 향가와 『삼국유사』 향가의 차이는?

## 1. 『삼대목』과 『삼국유사』

신라 상중하대 삼대의 안목이라고 불리는 『삼대목』과 삼국의 빠진
일들을 기록한 『삼국유사』는 긴밀한 관계를 가지고 있음에 틀림없다.
두 저술은 향가를 수록하고 있다는 점에서 상통하지만 일연대사一然大
師와 대구화상大矩和尙이 모두 문화에 대한 이해가 깊은 이들이자 출가
수행자라는 점에서 특히 상통하고 있다. 하지만 대구화상과 각간角干
위홍魏弘이 편찬한 『삼대목』이 현존하지 않아 그 안의 향가와 일연이
찬술한 『삼국유사』의 향가가 어떻게 변별되는지에 대해서는 알 수 없
다. 다만 동시대에 지어지고 불린 향가라는 점에서 둘 사이에는 일정한
연속성이 있을 것으로 짐작된다.

그렇다면 『삼국유사』에 실린 향가 14수와 향가집 『삼대목』 속의 향
가는 어떠한 차이가 있을까? 전자가 신라에 유행하였던 향가를 선별하
여 실었다면, 후자는 향가 전문 저술이라는 점에서 일정한 차이가 있
다. 즉 『삼대목』이 당대 향가 시인들의 사화집이라면 『삼국유사』는 역

사서이자 문학서이며 종교서라는 점에서 변별되고 있다. 향가의 작자들이 대체적으로 왕, 승려, 화랑, 여류, 무명씨 등의 여러 계층에 걸쳐 있었다는 점에서 보면 이 두 저서의 성격 차이는 분명해진다. 하지만 『삼국유사』에 현전하는 향가의 저자들이 대부분 화랑이거나 승려들이라는 점은 집성자인 일연과 대구 모두 출가자라는 것을 환기시켜 준다.

『삼국유사』의 향가는 형식적인 면에서 4구체와 8구체와 10구체로 나뉜다. 아마도 『삼대목』의 향가도 다르지 않았을 것으로 추정된다. 4구체의 향가들은 구전되던 민요나 동요가 정착되면서 발전한 것으로 이해된다. 또 8구체의 향가들은 4구체에서 10구체로 발전해 가는 과정에서 과도기적 형식으로 짐작된다. 그렇다면 『삼대목』의 향가들도 이러한 형식을 지니지 않았을까? 대구화상이 출가자이고 작사가이자 작곡가라는 점을 고려한다면 그가 집성한 『삼대목』 속 향가의 가사와 곡조 역시 유사한 형식을 취했을 것이다.

『삼국유사』의 향가 14수가 대체적으로 '주술가呪術歌'나 '치리가治理歌'인 점에서 보면 『삼대목』의 향가들도 그런 시편들로 이루어졌을 가능성은 있다. 반면 『삼대목』이 향가 시인들의 사화집이라는 점을 고려하면 반드시 주술가나 치리가는 아니었을 수도 있다. 마치 고대 중국의 유행가를 엮은 『시경』처럼 『삼대목』도 그러한 노래 가사집일 가능성도 있지 않을까? 대중 속에 널리 유행하는 '애창가곡집'이나 '애창유행가집'처럼 말이다. 『삼대목』이 승려인 대구화상만이 아니라 진성여왕의 삼촌이자 애인이었던 각간 위홍이 공동 편집자였다는 점을 고려하면 『삼국유사』 향가의 성격에 구애받지 않고 볼 수도 있을 것이다.

## 2. 국가國歌와 향가鄕歌

언젠가 나는 『삼대목』의 발견을 염원하며 그 흔적을 찾아보려고 한 적이 있었다. 몇 년 전에 나는 일본 오사카의 도톤보리 시장 아케이드를 지나 왼쪽 식당가를 돌다가 입간판에서 '삼대목三代目'이란 표기를 보고 깜짝 놀란 적이 있다. 우리나라에서 사라진 책의 이름 『삼대목』이 일본 식당의 입간판에 씌어 있었기 때문이다. 입간판의 맨 위에는 '면옥 삼대목麵屋三代目'이라고 적혀 있고 아래에는 두 단으로 음식 이름과 값이 적혀 있었다. 그렇다면 '면옥 삼대목'은 '면옥의 최고'라는 것일까, 아니면 가장 오래된 '삼대목의 면옥'이라는 뜻일까?

2015년 5월 16일에 '한강가의 사찰기행'이란 테마로 학생들을 인솔하며 〈한국불교사 강의기행〉을 거행하던 중 이태원의 터키 과자가게 옆집 앞의 일식집 입간판에서 또 '삼대목'이라고 적힌 입간판과 음식 차림표를 보았다. '면옥(屋) 삼대목'의 입간판에는 왼쪽에는 '라멘 7,000원', '블랙(黑) 라멘 7,500', '야키(燒) 라멘 9,000원', '히야시(冷) 탄탄면 9,000원', 오른쪽에는 '카라쿠치[辛口] 라멘 7,500원', '츠케 면(麵) 8,000원', '미소(味口曾) 라멘 7,000원'의 음식차림표가 적혀 있었다. 서민들이 제일 좋아하는 라면의 품종개량이라고나 할까? 라면의 다양한 변신이 내내 눈에 밟혔다. 이 차림표로 짐작해 보면 '면옥 삼대목'은 '가장 질이 높은[最高] 면옥'이 되기도 하고, '가장 오래된 삼대목집의 면옥'이 되기도 할 것이다.

노래란 노래는 모두 모아서/ 부르고 또 불러나 보았는데요/ 그중에서
제일로 좋은 노래는/ 신라의 상중하대 안목이었죠// 노래 중의 노래는 향

가鄕歌이듯이/ 가사 중의 가사는 사뇌가詞腦歌지요/ 사람 중의 사람은 누구일까요/ 시인 중의 시인이 그 사람인걸. (고영섭 시, 「삼대목」 전문)

신라 제49대 경문景文대왕 때 요원랑邀元郎과 예흔랑譽昕郎 및 계원桂元과 숙종랑叔宗郎 등이 강원도 통천 지방의 금란金蘭을 유람하다가 은근히 임금을 위하여 나라를 다스릴 포부가 있어 노래 세 수를 짓고 심필心弼 사지舍知를 시켜 초고를 주어 대구화상에게 보내 세 가지 가곡을 짓도록 하였다. 첫째는 현금포곡玄琴抱曲요, 둘째는 대도곡大道曲, 셋째는 문군곡問群曲이었는데 왕에게 들어가 아뢰었더니 왕이 매우 기뻐서 칭찬하였다고 한다. 하지만 노래의 사설은 알 수 없다고 하였다. 이때의 세 가곡을 지은 이가 『삼대목』을 편찬한 대구화상이라는 점에서 『삼대목』의 향가와 같은 형식의 노래인지는 알 수 없다.

대가야의 명인이자 악성인 우륵于勒은 대가야국 가실왕의 명을 받고 12줄의 가늘고 섬세한 가야금으로 12곡의 노래를 작곡하였다. 12곡의 이름은 아마도 망해가는 나라 대가야의 주요 지명에서 따온 것으로 추정된다. 반면 6줄로 된 거문고는 굵고 중후한 소리부터 높은 소리까지 넓은 옥타브의 소리를 내는 한국의 전통 현악기이며 '현학금玄鶴琴' 또는 '현금玄琴'이라고도 한다. 당시의 화랑들이 임금을 위하여 나라를 다스릴 포부로 지은 노래 세 수에 대구화상이 지은 「현금포곡」이 어떤 곡인지는 알 수 없지만 '현금' 즉 거문고로 연주하는 곡이라는 점은 분명하다.

현재 거문고로 연주되고 있는 곳은 '여민락與民樂' 전10장 1~7장 즉 '보허사步虛詞', '밑도드리(尾還入)', '윗도드리(兩淸還入)', '계면가락도드리(界面加樂還入)', '양청도드리(兩淸還入)', '우조가락도드리(羽調加樂

還入)', '영산회상靈山會相(거문고회상)', '평조회상平調會相', '취타吹打', '가곡歌曲' 등의 정악과 거문고 산조 등의 민속악이 있다. 당시의 현금포곡은 거문고로 켜는 노래임이 분명하지만, 대도곡 즉 임금의 치도治道에 대한 노래와 문군곡 즉 백성들에게 묻는 노래[問群曲]의 가사나 곡조에 대해서는 자세히 알 수 없다.

판소리에는 '일고수一鼓手 이명창二名唱'이란 말과 '일청중一聽衆 이고수二鼓手 삼명창三名唱'이라는 말이 있다. 전자는 '북을 치는 사람이 첫째이고, 소리 잘하는 사람이 둘째'라는 말이다. 이것은 소리가 중심이 되는 것이 판소리이지만 고수도 그 이상 중요하다는 말이다. 아무리 천하의 명창이라도 고수의 반주가 형편이 없으면 제 실력을 발휘할 수 없기 때문이다. 후자는 명고수 김득수가 한 말로서 '귀명창이 명고수, 명창보다 더 중요하다는 말이다. 아무리 천하를 호령하는 국창國唱일지라도 귀하고 멋진 소리를 제대로 알아듣고 사랑해 주는 사람이 없으면 아무 소용이 없다는 것이다. 명창이 아무리 소리를 잘 해도 청중이 도대체 무슨 소리인지 잘 알아듣지 못하면 명창은 제 실력을 발휘할 수 없다. 이것은 귀명창 청중의 커다란 비중을 표현한 말이다. 신라의 국가였던 향가는 가사와 곡조뿐만 아니라 고수와 명창과 청중 모두가 잘 어우러진 노래로 알려졌을 것으로 이해된다.


## 3. 찬시와 가곡과 민요

『삼국유사』에는 향가 이외에도 찬시(48수)와 가곡과 민요가 실려 있다. 워낙은 찬讚이라는 것이 불교 수트라(經典, 修多羅) 즉 불전佛典의 양식과 성질을 문학적 형식으로 9가지(9分教) 또는 12가지(12分教)로 나눈 장르상의 한 갈래에 속해 있는 게야(祇夜)와 가아타아(偈陀)에서 온 말이다. 게야(應頌, 重頌)는 길게 늘여 쓰는 산문散文 뒤에 다시 운문韻文으로 이를 거듭 설하는 것으로서, 앞의 것을 요약하거나 앞의 것의 밋밋한 점을 보충 혹은 부연하기 위해서 쓰는 양식이다. 가아타아(伽陀, 諷頌)는 단독의 운문으로 나타난 형태로서 고기송孤起頌이라고도 한다. 우리가 게송이라고 쓰는 말의 원어는 이 게타偈陀와 풍송諷頌에서 '게偈'와 '송頌'을 딴 것이다. 일연이 쓴 찬讚(詩)은 바로 이 불교의 게야와 가아타아라는 양식에 의해 유래된 것이다. 이러한 찬讚이 『삼국유사』 속 44조목의 중간부 또는 끝부분에 붙어있다. 이는 중국 『선어록』에서 많이 등장하는 '착어著語'와도 통하는 형식이다.

동양의 문예비평서인 유협劉勰의 『문심조룡文心雕龍』에 의하면 '찬讚'은 '명明'과 '조助'의 개념으로 풀이되어 있다. 즉 중국 하은주夏殷周 삼대三代 때에 선창宣唱으로 쓴 경우와 낭송朗誦·차탄嗟歎하는 사실事實을 설명하거나 어기語氣를 조성助成해 주었던 경우가 있었다. 다시 말하면 찬讚은 장탄獎歎하는 것으로서, 사자구四字句의 몇 안 되는 짧은 형식 속에 하고자 하는 찬미讚美의 뜻을 적어 넣는 것을 말한다. 이와 같이 해당 조목의 내용을 '밝히고 돕는 것'이 바로 찬讚이라고 할 수 있다. 그러나 찬讚은 오래전부터 비롯되었으나 사용할 기회가 적어 송가頌歌의 세조細條라고 할 수밖에 없다고 했다.

이 때문에 연구자들은 "일연의 찬시는 한결같이 품위 높고, 문학적 함축이 깊은 수일秀逸한 작품이다. 본문本文이 기사위주의 서사문이라고 한다면, 찬讚은 문학의식적인 서정敍情 시문詩文으로 찬자 일연의 심오한 인생관과 문학적인 깊이를 대표할 수 있는 작품으로 일컬을만한 것이다"(황패강). 또 "시적 발상은 해당항목의 불교적 사례에 두고 있다 하더라도 전혀 그의 정서적 안목으로 파악된 내용을 시적으로 승화시켜 이를 문학적 표현으로 칠언절구七言絶句의 한시漢詩의 틀에 담음으로써 독창적인 시를 창조하고 있다"(인권환). 뿐만 아니라 찬(시)은 "결론적인 마무리라기보다 다양한 이해의 가능성을 서정시로 덧보탠 것"(조동일)이며 "일연 자신의 신앙심에서 우러나오는 감동에 바탕을 두고 주로 불력佛力의 영험이나 이적을 찬양했다"(김주한)고 할 수 있다. 이처럼 일연의 찬시에는 시인으로서의 그의 면모뿐만 아니라 선사로서의 안목도 동시에 보여 주고 있다.

가곡은 관악기와 현악기가 따르는 전통 성악곡을 가리킨다. 주로 단형시를 쓴다. 자진한잎[數大葉] 또는 노래라고도 하며 음악적(선율적)으로 연결되며 모두 27곡으로 구성된다. 가곡의 역사는 고려 말기 일연시대에 이루어졌다. 가곡의 원형은 고려시대 음악인 '정과정鄭瓜亭' 삼기三機 즉 만기慢機 중기中機·급기急機에서 파생된 만대엽慢大葉·중대엽中大葉·삭대엽數大葉이 대표적이다. 신라시대의 가곡을 계승한 고려시대 가곡이 아마도 정과정과 같은 형태로 이어진 것으로 추정된다.

민요는 말 그대로 민중의 노래이며 개인의 감정보다는 공동체적인 삶과 감정을 담고 있는 노래이다. 민요는 개인에 의해 창작이 되더라도 오랜 세월을 통해 구비 전승되는 과정에서 시대적 상황과 정서를 반영하면서 변모된다. 민요에는 크게 노동요, 유희요, 의식요로 나눠진다. 또 노동요는 농업노동요, 어업노동요, 잡역노동요로 나눠지고, 유희요는 아동유희와 여성유희요로 갈라지며, 의식요는 통과의식요와 세시의식요로 구분된다. 민중들은 노래를 위한 가창이 아니라 복잡 미묘한 감정 상태를 표출하기 위한 수단으로 노래를 불렀다. 고대의 민요에는 고조선의「공무도하가」, 금관가야의「구지가」, 고구려의「황조가」, 백제의「정읍사」등이 있다. 이러한 민요는 서민들의 애환을 함께하며 기나긴 생명력을 유지해 갔다.

용산시 이태원 면옥 삼대목

용산구 이태원 면옥 삼대목 입간판

# 득오실이 「모죽지랑가」를 지은 까닭은?

## 1. 통일 이후 화랑의 위상

통일신라는 일찍이 합병한 가야세력과 연합하여 삼한 일통을 이룬 이후 '한韓민족'으로 거듭 난다. 무열왕과 문무왕의 통일 이후 국운은 드높아지고 태평성세가 이어졌다. 하지만 당의 세력을 완전히 밀어낸 문무왕 말기부터 점차 왕권의 위기가 다가왔다. 박석김朴昔金 삼성三姓의 순번으로 왕위에 올랐던 신라는 법흥왕 이래 골품제를 본격화하였다. 통일 이후에는 성골과 진골 및 왕족과 왕비족 사이의 종래 투쟁에서 점차 진골 귀족 내부의 권력 쟁탈전으로 정치 지형이 이동하였다. 일찍이 문무왕은 이것을 예견하고 자신이 죽기 직전에 잠시도 왕위를 비우지 말고 자신의 장례를 치르기 전에 태자 신문神文(淨神)의 즉위식을 치르도록 유언을 남겼다. 그만큼 왕위의 정상적인 승계가 매우 불안했던 상황이었다. 681년 문무왕이 7월 1일에 세상을 떠나자 일주일 만인 7월 7일에 신문왕이 왕위에 올랐다. 7월 10일에 왕은 부왕의 장례를 치르고 동해바다 큰 바위 위에다 뼈를 묻었다.

신문왕은 8월에 상대등을 임명하였다. 그런데 김유신을 도와 삼한일통 전쟁의 중심에 섰던 장수이자 장인이었던 소판 김흠돌金欽突이 파진찬 흥원興元과 대아찬 진공眞功과 함께 반란을 일으켰다. 진골 가운데 왕권에 가장 가까이 가 있던 인물이었던 김흠돌은 자신의 사위인 신문왕을 밀어내고 직접 왕위에 오르려 했던 것으로 추정된다. 김흠돌이 앞장을 서고 파진찬과 대아찬이 힘을 합쳤다. 거기에다가 당시 군권을 잡고 있던 병부령 이찬 군관軍官까지 합세한 대규모 반란이었다. 하지만 이를 예견한 신문왕은 조기에 반란을 진압하였다. 결국 김씨의 딸에게서 태어난 보천寶川(출가)과 효명孝明(출가한 뒤 성덕왕에 오름) 및 부군副軍(뒤에 출가한 無相?)은 출가하였다. 이 일로 인해 김유신 계열의 사량부 진골 귀족들이 크게 타격을 받았다.

가까스로 반란은 진압되었지만 불씨는 남아 있었고 왕권은 여전히 위태로웠다. 반란이 진압된 이듬해(682년) 5월에는 동해용이 만파식적과 흑옥대를 바쳤다. 진평왕 대에 하늘에서 내려준 천사옥대의 권위를 재현한 흑옥대가 다시 등장하였다. 왕실은 문무왕 승하 뒤 해(왕)가 없던 7일간 캄캄한 밤이 계속되자 문무왕과 김유신의 합력을 상징하는 표상으로 만파식적을 내세웠다. 만파식적은 부왕인 문무왕과 통일의 상징인 김유신이 힘을 합하여 나라를 수호하여 갖은 고난을 이겨내었다는 상징적 신물神物이었다. 김흠돌의 난으로 그를 따랐던 김유신의 직계 혹은 가까운 인척이었던 진골 귀족들이 제거되자 죽은 김유신은 신문왕에게 협조할 수 없게 되었다. 해서 왕실은 죽은 문무왕과 김유신의 관계를 환기시키며 만파식적을 다시 신표信標로 내세워 그간의 갈등을 봉합하고 하나로 단결하자고 호소하였다. 흑옥대 기사에 등장하는 태자 이공理恭(理洪)은 김흠돌의 딸(제1왕후) 사이에서 태어난 보천과 효명 및 부군이 밀려나자 계비인 김흠운金欽運의 딸(제2 神穆王后) 사이에서 태어나 뒷날 효소왕孝昭王으로 즉위하는 인물이다.

692년 7월에 신문왕이 승하하자 6살의 어린 이공이 왕위에 올랐다. 하지만 왕실은 여전히 위태로웠다. 효소왕은 대현살찬大玄薩湌의 아들 부례랑夫禮郎을 받들어 국선國仙으로 삼았다. 그는 구슬 신을 신은 1천의 낭도 중에 특히 안상安常과 매우 친했다. 천수 4년 계사년(693) 3월 낭도를 이끌고 금란金蘭에 유람을 갔다가 북명北溟에 경계에 이르러 오랑캐(말갈)에게 잡혀 끌려갔다. 때마침 상서로운 구름이 천존고天尊庫를 덮었다. 왕이 두려워하여 사람을 보내 창고를 점검하니 창고 안의 거문고와 피리 등의 두 보물이 없어졌다. 4월에 왕은 거문고와 피리를 얻는 자는 상으로 한 해의 세금을 주겠다고 말했다. 5월 15일에 부례랑의 양친이 백률사의 대비상大悲像 앞에 나아가 여러 저녁 치성을 드렸다. 홀연히 향탁香卓 위에서 거문고와 피리 등 두 보물을 얻었고, 부례랑과 안상 두 사람이 불상 뒤에서 나왔다. 이로 인해 만파식적은 '만만파파식적'이라 불렸다. '효소왕 대 죽지랑' 기사는 효소왕 즉위 원년에 일어났던 일이다.


## 2. 죽지랑과 득오곡

제32대 효소왕 대에 朔州/春川都督使을 역임하였던 述宗公의 아들인) 죽지(만)랑의 낭도 가운데 득오得烏(得谷) 급간級干(6두품 출신, 제9 관등)이 있었다. 그는 (누런 종이에 쓴 명부인) 풍류황권風流黃券에 이름을 올려놓고 날마다 직무에 나아갔다. 한 열흘을 보이지 않자 죽만랑이 그 어머니를 불러 물었다. "당신의 아들이 지금 어디 있소?" 어머니가 말했다. "당전인 모량부의 익선 아간이 아들을 부산성의 창고지기로 차출시켜 급히 달려가느라 미처 낭에게 말씀드리지 못하였습니다." 낭이 말하였다. "당신의 아들이 만일 사사로운 공무로 거기를 갔다면 찾아갈 필요가 없지만, 이제 공무로 갔으니 찾아가 대접해야겠소." 이에 떡 한 합과 술 한 동이를 가지고 좌인左人(갯지, 종)을 데리고 갔다. 낭도 137명도 모두 의례를 갖추어 따라갔다. 부산성에 이르러 문지기에게 물었다. "득오실은 어디 있느냐?" 문지기가 말하였다. "지금 익선의 밭에서 전례대로 부역을 하고 있습니다." 죽지랑이 밭으로 가서 가지고 간 술과 떡을 그에게 먹이고, 익선에게 휴가를 청하여 득오와 함께 돌아오려 하니 익선이 굳게 금하고 허락하지 않았다."

그때 사리使吏 간진侃珍이 추화군推火郡(밀양군)에서 조세 30섬을 거두어 성안으로 수송하다가 죽지랑의 부하(선비)를 중히 여기는 풍모를 아름답게 여기고 융통성 없는 익선을 야비하게 생각하여 가지고 가던 벼 30섬을 주며 청해도 허락하지 않았다. 다시 진절珍節 사지舍知가 타던 말과 안장鞍裝을 주니 그제야 허락하였다. 조정에서 화주花主(風月主)가 그 말을 듣고 사신을 보내어 익선을 잡아다가 그 추한 짓을 씻어주려 하였다. 익선이 도망하여 숨었으므로 그의 맏아들을 대신 잡아갔다. 때는 동짓달이라 극히 추운 날이었다. 성 안의 못에서 목욕을 시키다 익선의 아들을 얼어 죽게 만들었다. 대왕이 그 말을 듣고 모량리 사람으로 벼슬하는 자는 모두 쫓아 버리고 다시는 공적 기관에 들이지 않았고, 검은 옷(승복)도 입지 못하게 하였다. 만일 승려가 된 자가 있어도 종 치고 북 울리는 절에는 들지 못하게 하였다. 또 명을 내려 간진의 자손을 평정호손枰定戶孫/長으로 삼아 드러내어 칭찬하였다. 이때 원측법사圓測法師는 해동의 큰 스님이지만, 모량리 사람이므로 승직을 주지 않았다.

14~15세에서 17~18세의 미소년으로 구성된 풍월도 내의 화랑들은 1명의 승려낭도의 보좌 아래 각기 200~300여 명의 낭도를 거느릴 수 있었다. 술종공의 아들로서 젊은 시절 화랑이었던 죽지랑은 커서는 벼슬길로 나아가 부사령관이 되어 김유신과 함께 삼한 일통 전쟁에 참여하여 큰 공을 세웠으며 진덕－무열－문무－신문왕 대 4대에 걸쳐 재상을 지내며 나라를 안정시켰다. 통일의 주역이었던 그는 효소왕 시절에는 퇴역한 화랑이 되어 있었다. 그런 죽지랑이 말년에 자신의 낭도 137명을 거느리고 자신을 따르던 낭도인 득오가 자신의 양해도 없이 추화군(富山城)의 창고지기로 가 버리자 떡과 술을 싸들고 면회를 갔다. 그런데 아간阿干(제6관등) 익선이 은퇴한 노화랑의 양해도 구하지 않았을 뿐만 아니라 그가 청한 휴가조차 받아들이지 않았던 것은 무엇인가 확고하게 믿는 구석이 있었기 때문으로 짐작된다. 익선이 믿었던 구석은 과연 무엇이었을까?

죽지랑이 득오를 면해 온 것은 밭일이 한창이던 때이고, 간진이 추수한 곡식을 실어 나르던 때는 음력 8~9월 전후이다. 드리고 달아난 익선대신 받아들여 연못에서 목욕을 시키다 얼어 죽게한 것은 추위가 맹위를 떨치던 11월 말경으로 추정된다. 그렇다면 사건의 발단으로부터 익선의 아들이 죽었던 시점까지는 적어도 두 달 이상의 차이가 난다. 그럼에도 죽지랑은 이 망신스런 사건을 풍월주인 화주에게 즉각적으로 보고하지도 못하였다. 결국 풍월주는 익선의 스캔들을 왕에게 보도도 하지 않고 익선을 잡아오게 하였고 대신 그의 아들을 잡아다가 동사凍死를 시켰다. 그 뒤 왕에게 보고된 뒤에야 모량리 출신으로서 현직에 있는 자들을 모두 내쫓았고 앞으로 승려가 되지도 못할 뿐만 아니라 이미 승려가 된 자들은 큰 절 근처에 얼씬도 못하게 하였다. 뒤이어 나오는 원측법사는 신라로 한 번도 돌아오지 못한 장안에서 활동했던 고승 원측이 아니라 모량리 출신의 원측(□+元測)으로 짐작된다.


## 3. 「모죽지랑가」의 해석

신라 6부 중 가장 강력했던 모량부와 사량부는 오랫동안 경쟁관계를 유지해 왔다. 모량부는 진흥왕비 사도 부인과 법흥왕비 파도 부인 등 신라 중고시대를 배출한 박씨 왕비를 배출한 본거지였다. 반면 사량부는 대대로 김씨 왕족과 김유신 계열을 따르는 진골 귀족들의 본거지였다. 그런데 성골 남자가 다하자[聖骨男盡] 성골 여인인 선덕여왕과 진덕여왕이 왕위에 오르게 되면서 왕비의 존재가 필요하지 않았다. 김유신의 누이 문희가 무열왕비에 오른 이후 모량부는 왕비를 배출하지 못하였다. 이와 동시에 왕비족을 배출했던 모량부는 급격히 약화되었다. 그런데 '효소왕 대 죽지랑' 조의 기록은 상반되는 것처럼 보인다. 하지만 신문왕 원년에 장인인 김흠돌의 난을 수습하는 과정에서 왕은 김씨 세력을 견제하기 위해 모량부와 모종의 결탁을 한 것으로 짐작된다. 그 결과 모량부 소속의 익선은 사량부 소속의 죽지랑에게 망신과 수모를 줄 수 있었다.

그러나 신문왕이 승하하자 어린 나이로 왕위에 오른 효소왕은 특별한 공훈도 없고 부친의 품계도 높지 않은 부례랑을 국선國仙으로 임명하면서 갑자기 화랑에 대한 관심을 보이기 시작했다. 그런데 사량부 출신인 김흠돌의 난으로 위기에 봉착한 신문왕은 모량부 세력과 결탁하여 사량부 진골 세력의 준동을 막아내었다. 그 결과 사량부 진골 세력들은 권력의 중심부에서 밀려났고 급기야는 몰락하였다. 하지만 익선의 스캔들 이후 효소왕은 자신의 정치적 노선을 바꾸었다. 부왕 신문왕 대에 맺은 제휴를 믿고 안하무인하는 모량부를 더 이상 묵과할 수 없었다. 그래서 종래 모량부에 대한 우대정책을 폐지하고 강력한 입장을 표명하였다. 일연은 신라의 삼한 일통 이후 통일의 주역들이 받았던 냉대를 기술함으로써 효소왕 대의 안타까움을 담아내고자 한 것으로 짐작된다. 이것은 통일의 주역들에 대한 여러 기사에 투영된 일연의 문세文勢에서도 확인된다. 그래서 죽지랑의 부하에 대한 사랑과 주군에 대한 득오실의 신뢰의 의리가 담긴 「모죽지랑가」는 더욱더 울림이 커진다.

"지난 봄 그리매/ 모든 것이 시름이라./ 아름다운 모습에 주름지니/ 눈돌릴 사이에 만나보게 되리. 낭이여, 그리운 마음 가는 길에/ 쑥이 우거진 마을에 잘 밤 있으리." (양주동 역) "지나간 봄 돌아오지 못하니/ 살아 계시지 못하여 우올 이 시름/ 전각殿閣을 밝히오신// 모습이 해가 갈수록 헐어/ 가도다/ 눈의 돌음 없이 저를/ 만나보기 어찌 이루리.// 낭 그리는 마음의 모습이/ 가는 길/ 다복 굴헝에서 잘 밤 있으리." 득오실은 "밭일이 한창인 봄날에 자신을 면회와 휴가를 청해주다 수모를 당한 주군을 그리워하면서" 찬가를 시작하고 있다. 삼한 일통을 위해 한 몸을 바친 통일 영웅 137명을 이끌고 떡과 술을 준비하여 서라벌에서 밀양군까지 면회를 온 왕년의 재상 죽지랑이 일개 아간에게 수모를 당하며 얼굴에 남긴 주름들을 떠올리며 그를 '눈돌릴 사이'인 '한 순간瞬間'에 만나보고 싶어 한다.

그런데 죽지랑은 얼마 전까지만 해도 좋은 모습으로 지내셨는데 익선의 스캔들로 인해 상심이 크더니 안타깝게도 그 즈음 세상을 떠난 것으로 짐작된다. 그의 낭도 득오실은 이 시에서 자신으로 인해 비롯된 지난봄의 일로 이어진 일련의 일들에 대해 회상하면서 착잡한 마음을 담아내고 있다. 아울러 미륵의 화신이자 삼한 일통의 주역이었으며 4대에 걸쳐 재상을 하면서 보여준 고결한 인품과 당당한 결기를 기리고 있다. 나아가 주군을 그리는 마음은 변치 않고 이어져 자신도 끝내 '쑥이 우거진 마을에 잘 밤이 있을 것'이라고 다짐하고 있다. 「모죽지랑가」는 신문왕에서 효소왕으로 이어지는 일련의 정치적 변혁기에 평생을 당당한 결기와 고결한 인품으로 살아온 주군 죽지랑을 기리는 낭도 득오실의 추모가이자 찬가였다. 그뿐만 아니라 삼한일통의 전쟁을 승리로 이끈 신라 화랑도들의 정신과 품격을 기리는 노래라고 할 수 있다.

## 孝昭王代　竹旨郎亦作竹曼亦名智官 宣將

欲偕還益宣面靦不許荷使更徵珠骭收火郡能

節迺三十石輸送城中美郎之重士風味郡宣暗塞不

通力以所領三十石贈益宣助請猶不許又以珠

知騎馬鞭具貽之乃許朝迺花主關之遣使取益宣將

滌浴其垢穢宣逃據隱其長子而去時仲冬極寒之日

浴洗投城內池中仍合凍死大王聞之勅阜梁里人從

官者並合黜遣更不接公署不著黑氷若為僧者不合

入鍾觳寺中勅史上侃珠子孫為枰定戶孫標異之時

囡測法師是海東高德以手梁里人故不授僧職初述

# 문아 원측이 일체개성설을 주장한 까닭은?

## 1. 삼성론 중심의 이해

『삼국유사』「기이」편의 '효소왕 죽지랑' 조에 실려 있는 문아 원측文雅圓測(613~696)은 동아시아 불교사상사에서 독자적 위상을 차지한 사상가이다. 그는 구역舊譯 유식이 강조하는 사물이 지닌 세 가지 속성인 삼성론三性論에 입각하여 불교 유식을 바라본다. 하지만 문아가 삼성론으로 존재를 이해한다고 해서 구역 유식의 대표자인 진제眞諦설을 지지하지만은 않는다. 그는 구역 유식의 삼성론을 긍정하면서도 의타기성依他起性까지 부정하는 진제설을 지지하지 않고 오히려 현장玄奘(602~664)설을 지지하고 있다. 문아는 식론이라는 이론적 유식에 치중한 자은 규기慈恩窺基(632~682)와 달리 실천적 유식인 유가행瑜伽行과 식론을 아우르는 삼성론에 입각하여 유식을 이해하고 있다. 바로 이 점에서 문아와 규기는 크게 변별된다.

불교는 성불을 궁극적 가치로 여기고 있다. 부처가 된다는 것은 일체의 경계에 붙들리지 않는다는 것이다. 그는 영원한 대자유를 누리며 둥근 삶을 사는 존재이다. 부처는 고통의 수레바퀴에서 벗어난 존재이기에 삶과 죽음을 자유롭게 선택할 수 있다. 그는 이미 완성을 한 존재이므로 미완성인 중생의 세계로 마음대로 돌아올 수 있다. 반면 보살은 아직 부처의 단계에 이르지는 못했지만 언젠가는 그 지위에 이를 수 있는 존재이기도 하며, 이미 부처의 단계에 이르렀지만 중생에 대한 자비심 때문에 부처의 자리에서 내려온 존재이기도 하다. 이러한 지위에 오르기 위해서는 번뇌가 있는 의식을 전환시켜[轉識] 번뇌가 없는 지혜를 얻어야만[得智] 한다. 불교 유식은 우리 눈 앞의 존재를 인식으로 환원하는 철학이다. 유식은 원인과 조건에 의한 결과로서 우리 눈앞에 던져진 존재를 어떻게 인식할 것인가라는 물음에서 출발한다. 그리고 이들 존재들에 대해 각기 의타기성依他起性과 변계소집성遍計所執性과 원성실성圓成實性의 세 가지 속성(상태)으로 구분하여 해명하고 있다.

의타기성은 연緣이라는 타자에 의지해서 생겨나는 성질이다. 즉 여러 인연에 의지해서 생겨나고 여러 현상은 타자에 의거해서 생겨나는 모든 존재의 특성을 가리킨다. 때문에 이 의타기성은 모든 존재의 기반 자체이므로 이것을 부정하고는 논의를 진행할 수 없게 된다. 반면 변계소집성은 실재하지 않는 존재의 성질을 가리킨다. 즉 존재하는 것은 모두 명칭에 의해 세워진 것이자 분별에 의해 생겨나는 성질을 가리킨다. 이를테면 변계소집성은 거북이의 털이나 토끼의 뿔 및 허공의 꽃과 석녀의 아이처럼 실재하지 않는 비존재를 존재하는 것으로 계탁하는 것이다. 원성실성은 본래부터 원만히 성취되어 있는 진실한 자성인 있는 그대로의 진여이자 현상의 본체를 가리킨다. 때문에 있는 그대로의 진여는 인연으로 성립된 허망한 존재가 아니고, 있지 아니한 데가 없으며, 생하고 멸하는 변화가 없는 것이다. 때문에 삼성설은 우리의 사유 대상인 존재에 대한 세 가지 인식방법이자 인식 주체가 지니고 있는 마음의 세 가지 존재방식이라고 할 수 있다.

문아는 번뇌가 없는 지혜만이 아공我空과 법공法空의 경지를 증득할 수 있으며, 이러한 이치에 의하여 진정한 공성을 증득할 수 있다고 했다. 이것은 미혹의 세계로부터 깨침의 세계로 나아가려는 실천적 관점에 의해서 성립하는 것이다. 해서 문아는 구역 유식의 삼성론에 입각하여 자신의 유식사상을 취입趣入하고 있다. 그는 자신의 저술에서 이 식론과 요가 수행을 통해 체험한 내용을 이론화한 유가행瑜伽行을 통일적으로 파악하는 사고방식을 제시하고 있다. 문아는 깨달음으로의 실천적 전환에 집중하는 유가행과 미혹한 현상세계의 모습에 대한 이론적 해명에 집중하는 식론을 통섭한 삼성론에 의거하여 미혹의 세계로부터 깨침의 세계로 나아가는 실천적 통로를 제시하고 있다. 그는 삼성론 위에서 유식관을 입론하고 있는 문아는 『성유식론소』(집일본)에서 현장 삼장의 풀이를 인용하면서 청변과 호법의 공유空有 논변에 대한 자신의 견해를 덧붙이고 있다.

## 2. 일천제의 성불 여부

불교사상사에서 여래장론 즉 불성론佛性論은 중생의 성불가능성을 다루는 담론이다. 붓다는 『아함경』에서 "인연이 없는 중생은 구제할 수 없다"라고 했다. 하지만 대승불교의 경교는 위의 구절에 대해 "아직 시절 인연이 도래하지 않은 중생은 구제할 수 없지만, 언젠가 시절 인연이 도래하게 되면 모두 다 성불할 수 있다"라는 지혜의 활로를 열어 상호 충돌을 피해갈 수 있게 했다. 『열반경』이래 대승경전에서는 일체 중생은 모두 평등하기 때문에 여래가 될 가능성을 가지고 있다고 설한다. 붓다는 999명의 생명을 끊은 앙굴리 말라조차도 제도하여 출가시킨 뒤 아라한으로 거듭 나게 하였다. 또 『열반경』은 무수한 생명을 끊은 일천제―闡提조차도 성불할 수 있는 길을 열어주고 있다. 그런데 자은(법상)학통에서는 『해심밀경』에서 방편으로 설한 경설을 자종의 주요 담론으로 채용하여 유정의 성불을 제한하는 오성각별五性各別설을 주장하였다.

오성각별설이란 모든 유정은 본래부터 스스로 그러해서[法爾自然] 다섯 가지 종성種性을 타고 난다는 것이다. 즉 첫째는 본래부터 부처가 될 무루無漏 종자를 갖춘 이(보살정성), 둘째는 벽지불이 될 무루 종자를 갖춘 이(연각정성), 셋째는 아라한이 될 무루 종자를 갖춘 이(성문정성), 넷째는 두 가지 종자나 세 가지 종자를 갖춘 이(삼승부정성), 다섯째는 성문 연각 보살의 무루 종자는 없고 다만 인승人乘이나 천승天乘이 될 유루有漏 종자만 갖춘 이(무성유정)이다. 여기서 위의 넷째의 성품은 다시 첫째의 부처가 될 종자와 아라한이 될 종자(보살·성문 부정성), 둘째의 부처가 될 종자와 벽지불이 될 종자를 갖춘 이(보살·연각 부정성), 셋째의 아라한이 될 종자와 벽지불이 될 종자를 갖춘 이(성문·연각 부정성). 넷째의 아라한이 될 종자와 벽지불이 될 종자와 부처가 될 종자를 갖춘 이(성문·연각 보살 부정성)처럼 인간의 성품은 태어날 때부터 각기 따로따로 결정되어 있다고 했다.

법상학통은 이것을 영구히 성불할 수 없는 무상유정과 성문과 연각의 과증果證만 얻을 결정 성문과 결정 연각의 종성을 세우고, 부정종성과 보살종성만이 성불할 수 있다고 말한다. 규기는 자신의 논지를 세우기 위해 『해심밀경』에서 단지 경계해서 교화하는 방편으로 설한 '무성천제無性闡提의 존재를 언급하여 다시 생사를 즐기는 단선근斷善根천제,

열반을 즐기지 않는 대비大悲천제, 영원한 열반의 성품이 없는 무성無性 천제로 나누어 일분무성론—分無性論, 즉 일천제불성불론—闡提不成佛論을 입론한다. 이것은 결정코 성불할 수 없는 이가 존재한다는 주장이다.

이에 대해 문아는 "보살종성과 부정종성만이 성불할 수 있고 무성종 성인 일천제는 성불할 수 없다"라는 것은 삼승가의 방편적 담론이고, "모든 존재는 누구나 성불할 수 있다"라는 것이 불설의 핵심인 중도설 에 입각한 진실한 담론이다. 해서 일승가의 입장에서 모든 중생의 성불 을 논변하였기 때문에 '일성개성설—性皆成說' 혹은 '일체개성설—切皆成 說'이라고 한다. 유식의 소의경전인 『해심밀경』에서 방편설로 제기된 오성각별설과 "살아 있는 것들은 모두 여래가 될 가능성을 지니고 있 다"라는 대승경설은 서로 위배된다. 문아 원측과 자은 규기는 인간의 성불 가능성을 바라보는 지점에서 두드러지게 대비된다.


## 3. 중생에 대한 평등적 이해

대승 경론에서는 인간을 '상중하' 3품과 다시 각기 그 아래에 3품의 차등을 두어 차별의 '근기론'을 시설하고 있다. 또 다른 대승 경론에서 는 '일체중생—切衆生 실유불성實有佛性'의 맥락에서 '근기는 끊기다'라는 평등의 관점으로 인간을 바라본다. 동아시아 불교 전통에는 이들 두 입 장이 혼재하고 있다. 종래 신라 유식가들은 일승—乘의 입장에서 소승 과 대승을 아우르는 반면 당대 법상 유식가들은 소승과 차별된 삼승三乘 우위의 입장에서 인간을 이해해 왔다. 특히 문아는 범부로 하여금 발심 發心을 통해 불교에 귀의할 것을 권장하고 있다. 동시에 그는 이승 등의 수행자로 하여금 보리菩提를 얻도록 촉구하고 있다. 그런데 중생의 성불가능성과 보살의 선교방편행을 인정하는 일승一乘 유식가인 문아와 달리 삼승三乘 유식가인 규기는 성불의 제한과 방편의 부정을 통해 평등의 인간상이 아니라 차별의 인간상으로 이해하였다. 그리하여 그는 삼승 유식을 일승 유식보다 우위에 두어 자종 중심의 배타적 유식관을 견지하였다.

　문아는 어떠한 중생이라도 언젠가는 성불한다며 중생에 대한 희망과 긍정의 시선을 열어두고 있다. 그는 『인왕경소』에서 "중생의 성품은 여의주와 같아서 반드시 모두 다 성취할 수 있고, 중생의 근기는 청정한 물과 같아서 자비심과 같이 그림자와 조화하여 더욱더 푸르게 하며, 중생의 지혜는 허공과 같아서 여여하여 바뀌지도 않고 다르지도 않으니 그 성품은 고칠 수 없는 뜻이다"라며 기리고 있다. 문아는 비록 현재는 모가 나고 이해가 모자라지만 언젠가는 둥글어지고 이해가 깊어지게 될 것임을 굳게 믿는다. 그리하여 그는 긍정적이고 희망적인 시선으로 인간과 세계를 바라보고 있으며 중생의 성불 가능성을 활짝 열어젖히고 있다. 이처럼 문아는 불교의 종교적 기능과 성격을 잘 이해하고 있다. 반면 규기를 비롯하여 혜소―지주로 이어지는 자은학통의 인간관과 세계관은 대단히 제한적이고 배타적이다.

　자은학통의 관점은 여타의 유식가들처럼 수행위에서 범부로부터 출발할 수 있는 길을 미리 막아 놓은 것이며, 이미 십신위를 거쳐 상당한 수행에 이른 십주위의 보살을 첫 출발선으로 삼고 있는 것이다. '일체의 중생이 모두 성불할 수 있다'는 경설을 수용한다면 대승의 화엄과 유식에서처럼 10신을 전제할 필요는 없다. 삼승 유식을 주장하는 규기의 입장이라면 마땅히 삼승에 포함된 성문, 연각, 보살승뿐만 아니라 범부조차도 성불할 수 있는 길을 열어두어야 하지 않을까? 하지만 규기는 범부들이 성불할 수 있는 길을 철저하게 차단하고 있다. 반면 문아는 여타의 유식가들과 달리 범부들도 성불할 수 있는 길을 열어두고 있다. 그는 규기 이래 당대 유식이 취한 것처럼 보살의 52계위에서 십신위를 생략하고 곧바로 41위를 세우지 않는다.

문아는 『성유식론』 제9권설에서 "어떻게 유식 오위로 깨달음에 들어간다고 하는가"라는 질문에 대해 수행의 시작인 자량위를 경론에서처럼 '대승을 수행하여 해탈분을 수순하는 것'이라고 전제한 뒤 해석을 덧붙여 수행의 첫 단계인 십신을 발심위發心位라 명명하고 발심보리發心菩提를 강조한다. 즉 그는 유식 오위의 첫 단계인 자량위를 '십신으로부터 시작하여 십회향에 이르는 단계'로 해명한다. 이것은 부처와 범부를 동일한 범주 속에서 이해하려는 문아의 불교관을 보여주는 대목이라고 할 수 있다. 일체 중생이 불성을 가지고 있어 붓다가 될 수 있다면 발심과 보리는 분리할 수 없다. 불교에 대한 마음을 일으킨 범부가 '발심'의 주체라면, 깨침을 얻은 붓다는 '보리'의 증득자이다. 그러므로 십신으로부터 십주와 십행과 십회향까지가 자량위라면 이것을 대승의 수행자에게만 한정할 필요는 없다. 비록 자량위가 대승을 닦아 해탈분에 수순하는 단계라고 하더라도 이미 전제된 십신을 발심위로 상정한 문아의 관심은 규기보다 더 낮은 곳으로 향하고 있다. 바로 이 지점에서 우리는 중생을 긍정과 희망의 존재로 이해하려는 문아의 대승의 마음과 일승의 지향을 읽어낼 수 있다.

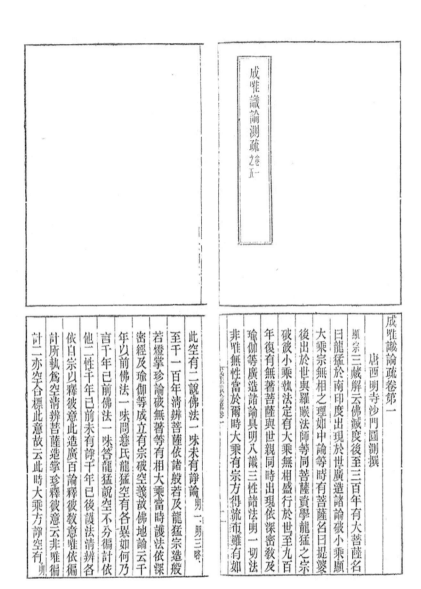

문아 원측의 도표작인 『성유식론소』 집일본

중국 서산시 대자은사의 원측법사 선각상

民國二十二年冬月
　弟子朱慶瀾沐書
　弟子歐陽斬敬撰
朗朗人來慧波無涯
新羅簫盡雜華歇酷
南山陰邃興教佳哉
唯識渝伽竺領支開
基水其騏測驂其騧
奘門多匠擲果盈懷
夫甋王孫已齒聖儕
圓測法師像贊

구양점의 찬시

242 삼국유사 인문학 유행

# 노옹이 「헌화가」를 지은 까닭은?

## 1. 수로 부인은 누구인가

시인들은 연애 감정을 가질 때 아름다운 시를 빚어낼 수 있다고 한다. 김소월의 시나 한용운의 시들은 '이성' 혹은 '조국' 또는 '님' 등에 대한 연애감정을 원용하여 형상화해 낸 절창들이다. 연애는 이성 혹은 동성 사이에서 일어나는 사랑의 감정이다. 동시에 서로에게 가까이 다가가는 보이지 않는 끈이다. 이 끈은 사람뿐만 식물과 동물과 광물 등의 사물 사이에서도 생겨날 수 있다. '꽃'은 어떠한 성취의 다른 표현이기도 하고, 이성 혹은 동성의 아름다움을 상징하는 기제이기도 하다. 신라의 '원화源花' 역시 아름다운 미소녀들로 구성된 '꽃녀'들이었고, '화랑花郎' 역시 아름다운 미소년들로 구성된 '꽃남'이었다. 인류의 역사는 남녀의 만남 혹은 음양의 조화에 의해 이루어져 왔다. 때문에 꽃과 나비 혹은 벌과의 관계처럼 사람과 사람, 사람과 사물 사이의 연애 감정 역시 매우 아름다운 것이며 건강한 것이다.

『삼국유사』를 들여다 보면 남녀의 인연은 정치와 종교 및 역사와 사상 등에 깊은 영향을 미쳤다. 환웅과 웅녀, 해모수와 유화, 진지왕과 도화녀, 호동왕자와 낙랑공주, 백제 무왕과 선화공주, 무열왕 김춘추와 문희 및 보희, 김유신과 천관녀, 원효와 요석, 의상과 선묘, 조신과 (김 흔공의 딸) 김랑 등에 이르기까지 셀 수 없을 정도로 많다. 이들 중에는 꽃처럼 아름다운 미인들도 적지 않게 등장하고 있다. 이를테면 도화녀, 선덕여왕, 선화공주, 수로 부인은 대표적인 미인들로 그려지고 있다. 예로부터 남성들에게 여인은 움직이는 꽃 혹은 말하는 꽃으로 인식되어 왔다. 아름다운 남성을 '꽃보다 아름다워' 꽃남으로 부르는 것은 '꽃다운 여인보다 아름다운 남성'이라는 뜻에서이다. 이처럼 '꽃'은 여인을 상징하기도 하지만 아름다움 그 자체를 상징하기도 한다. 통계에 의하면 『삼국유사』에는 꽃 '화花'자는 85군데에서 확인된다. 이 '화'는 화초 혹은 이미지 또는 이름으로 등장하고 있다.

'수로 부인' 조목은 암소를 끄는 노인[牽牸牛老翁]과 절세 미인[容姿絕代] 수로 부인水路夫人이 철쭉꽃[躑躅花]과 노래(獻花歌)로 매개되고 있다. 그런데 '수로'와 '수로 부인'이 누구인지에 대한 학설은 분분하다. 일연一然은 "수로 부인은 용모가 세상에서 견줄 이가 없었으므로 깊은 산이나 큰 못을 지날 때마다 여러 차례 귀신이나 영물에게 붙들려 갔다"라고 하였다. 수로 부인이 누구이기에 이런 일이 거듭해 일어나는 것일까? 그리고 "깊은 산深山이나 큰 못大澤을 지날 때마다"의 의미는 과연 무엇일까? 이 의미를 밝히는 것이 수로 부인의 정체성을 밝히는 관건이 될 것으로 보인다. '수로'는 "수신水神이 살거나 나타나는 장소"(미시나, 三品)로 보거나, "신령스런 존재로 '소도蘇塗'의 음이 변한 '사로斯盧'와 동일하며 '수로首露'의 음차로 추정"(장진호)하기도 한다. 또 '수신水神을 맞이하는 의례에 등장하는 신령神靈', "범어 살야[salya]에서 사로[saro], 다시 수로[suro]로 변형된 것이며 '태양'을 뜻하는 범어"(김재붕)로 본 경우도 있다. '수로 부인' 역시 "기우제를 진행하는 무巫"(이혜화, 김문태), "풍어제를 진행하는 무巫"(최인표), "무병巫病의 단계에 있는 아름다운 여인"(장진호), "서울(경주)의 아름다운 여인"(윤영옥, 박노준, 황패강) 등으로 보고 있다.

'수로'에 대해 '피리를 잘 불어 밝은 달을 멈추게' 했던 '월명月明'사, '백성의 안녕을 직언한 충언의 담론을 제기'한 '충담忠談'사, '천기나 천체의 운행을 조절하고 융화'한 '융천融天'사처럼 이름과 관련 내용을 연관시켜 푸는 이들도 있다. 그렇게 본다면 '수로水路'부인은 "물이라는 생명의 길을 여는" 여인으로 볼 수 있을 것이다. 다시 말해서 '물길을 연다'는 것은 기우제나 풍어제를 진행하는 무巫이거나 무병巫病단계에 있는 아름다운 여인이 될 것이다. 그렇다면 그녀는 자연과 교감하고 소통하는 영매靈媒의 권능을 보여주어야 한다. 하지만 '수로 부인' 조목에 나타난 그녀는 절벽 위의 꽃을 딸 수 있는 능력도 보이지 않고, 바다룡에 맞서는 모습도 보여주지 못한다. 소를 끄는 노인이 건네주는 철쭉꽃을 받은 여인이자 바다룡에 낚아채 들어가는 수동적이고 소극적인 여인일 뿐이다. 바다에서 돌아와 남편인 순정공의 물음에 답하는 내용도 그저 평범한 여인의 얘기에 지나지 않는다. 그렇다면 수로 부인은 강릉태수로 부임하는 순정공의 아름다운 부인으로만 보아야 하는가?


## 2. 견우노옹과 해룡의 정체

성덕왕에 의해 강릉태수로 부임해 가는 순정공純貞公은 누구였을까?

그가 성덕왕의 아들인 경덕왕비 삼모三毛 부인의 부친 이찬 김순정金順 貞이라는 설도 있으나 여기서 확정할 수는 없다. 다만 신라인들은 같은 음을 가진 한자를 많이 썼기 때문에 미루어 짐작해 볼 수도 있다. 이 조목의 맥락에서 볼 때 순정공은 이름 그대로 순수함[純]과 정숙함[貞] 을 지닌 관리였을 것으로 추정된다. 그는 바다용에게 아내를 빼앗기자 엎어지고 자빠지며 발을 구르는 평범한 지아비로 보일 뿐이다. 때문에 순정공은 남성적인 매력과 열정을 찾아볼 수 없는 순진하고 천진스런 인물이었을 것으로 이해된다. 그렇다면 수로 부인에게 벼랑끝의 철쭉 꽃을 꺾어다 준 암소를 끌고 가던 노인은 누구인가. 일연은 "그 노옹은 어떤 사람인지 알 수 없다[其翁不知何許人也]" 하였다.

이와 달리 일부 학자들은 노옹을 "그 지역에서 기우제를 주관하던 사제"(김문태), "신병神病 과정에서 나타나는 천신天神의 대리자"(장진 호, 허영순), "선승禪僧, 보살의 화신"(김종우, 김광준, 최철), "단순한 노 인"(윤영옥, 박노준, 황패강)이라고 하였다. 또 '암소'에 대해서는 "불교 의 심우도尋牛圖에서 우리들의 자성 즉 본래의 진면목"(김승찬, 최철, 김종우), "기우제에서 여성 즉 음陰을 상징"(김문태), "노인의 부인"(최 성호), "단순한 소"(윤영옥, 박노준, 황패강, 장진호)로 보았다. '점심[晝 膳]'은 "제례의식 때 신에게 바치는 제물 또는 임금의 식사"(김승찬, 김 광순), "단순한 점심"(이병도)으로 보았다. '돌로 된 산의 높이가 천길' 은 "천상과 지상을 연결하는 교통로 또는 신의 서식처인 신성지역"(김 문태, 장수근, 김승찬), "천상의 신이 강림하는 장소"(장진호), "실제의 모습을 표현"(윤영옥, 박노준, 황패강)한 것으로 보았다.

'철쭉꽃'의 의미에 대해서는 "기우제에서 양陽의 정령精靈"(김문태), "무당이 되는 과정에서 영력靈力의 매개물", "사랑의 매개물"(윤영옥, 박노준, 황패강, 최리자)로 보는 이들이 있다. '꽃을 꺾어 바침'에 대해서는 "기우제에서 양의 정령인 철쭉꽃이 음의 정령인 수로 부인에게 꽂혀짐 즉 양과 음의 교합을 통한 음양의 조화"(최진원, 김문태), "무당이 되는 과정에서 천신天神에게 감응"(장진호)하는 것으로 보기도 하였다. 그리고 '바다의 용'는 "무서운 정체불명의 존재인 손"(김문태), "수신水神 혹은 용신龍神"(장진호)으로, '용이 부인을 낚아채 바다속으로 들어가 버림'에 대해서는 "기우제를 주관했던 수로 부인은 가뭄이 계속되자 군중들에 의해 바다에 던져졌고 비가 올 때까지 물에 잠겨있는 것을 상징"(김문태), "수신水神을 체험하는 신병神病의 과정(장진호)으로 보고 있다. 이러한 관점은 수로 부인을 샤먼 혹은 사제로 보고 있기 때문에 가능한 것이다. 그런데 '수로 부인' 조목에서 수로 부인을 내놓으라는 「해가」는 수로왕을 맞이하는 「구지가」의 주가呪歌 형식과 패턴이 닮아 있다.

이 「해가」가 만들어진 계기는 또 다른 한 노인에 의해서이다. 이 노인은 또 누구일까? 수로 부인이 바다용에 납치되자 또 한 노인이 나타나 말하기를 "옛 사람의 말에 '여러 사람의 말은 쇠도 녹인다[衆口鑠金]'고 했는데 지금 바다 속의 미물이 어찌 여러 사람의 입을 두려워하지 않겠습니까. 마땅히 지역 내의 백성들이 나아가 노래를 지어 부르면서 막대기로 언덕을 치면[以杖打岸] 부인을 볼 수 있을 것입니다"라고 했다. 순정공이 그 말대로 하였더니 용이 바다로부터 부인을 모시고 나와 공에게 인도했다. 여기서 '막대기로 언덕을 치면'에 대해서는 "기우제에서 영험함을 지닌 주술도구인 막대기로 수신水神을 다스리는 행위"(김문태), "풍어제와 무당과정에서 무巫가 굿을 할 때 타악기를 쳐서 엑시타시[忘我, 脱魂] 상태에 도달하기 위한 빠른 장단의 무악巫樂"으로 보았다. '용이 바다로부터 부인을 모시고 나와 공에게 인도했다'에 대해서는 "기우제에서 강우의 목적 달성"(김문태), "무당과정에서 노인은 천신天神을 믿은 큰무당으로 수신水神인 용과의 대결에서 승리를 의미하며 이는 천신 우위사상을 나타낸 것"(장진호)으로 보았다. 만일 수로 부인을 입무入巫 과정에 들어가는 무녀나 초월적 존재로 파악한다면 이렇게 볼 수 있을 것이다. 하지만 이와 다르게 볼 수도 있을 것이다.

## 3. 「헌화가」의 해석

문정공의 아내인 수로 부인은 김수로왕 부인 허황옥許皇玉과 배경이 다름에도 불구하고 왜 「구지가」와 동일한 형식인 「해가海歌」를 덧붙이고 있을까? 가야의 수로왕은 인도 북부 갠지스 강가에 있다가 중국 남부와 동남아시아로 세력권을 옮겨온 아요디아Ayodhia(아유타)국의 공주 허황후를 아내로 맞이하였다. 가야는 한반도 남부를 거점으로 왜 열도와 대륙을 무대로 철과 배 그리고 쌀을 공급한 제국이었다. 가야의 개조 수로왕을 맞이하는 「구지가」는 신탁에 따라 군신君神을 맞이하려는 무도舞蹈에 수반되어 제창된 노래이자 제의祭儀의 한 부분이다. 그렇다면 「구지가」와 맥락이 다른 '수로 부인' 조목에 왜 이 「해가」가 실려 있을까? 정말 어떠한 연관이 있는 것은 아닐까? "거북아, 거북아, 수로 부인 내보내라/ 남의 부인 앗아간 죄 얼마나 크다 할까/ 네가 만일 거역하고 내놓지 않으면/ 그물로 잡아내어 구워 먹으리라."

이 「해가」는 『가락국기』에 나오는 "거북아 거북아[龜何龜何]/ 머리를 내밀어라[首其現也]/ 만일 내밀지 않으면[若不現也]/ 구워서 먹겠다[燔灼而喫也]"는 「구지가」를 연상시키고 있다. '수로 부인' 조목의 「해가」도 "내놓지 않으면 그물로 잡아내어 구워 먹으리라"는 주사呪詞 형식의 동일한 패턴을 보여주고 있다. 「구지가」에서 거북은 신령스런 존재이기는 하지만 군장君長 자체는 아니다. 여기서 은유의 명령법에 의한 주가呪歌는 '거북의 머리'에 가해지는 것일 뿐 군장에게 가해지는 것이 아니다. 이것은 유사한 것이 유사한 것을 불러온다는 주술심리를 통해 나타나기 힘든 거북의 머리가 출현하면 신의 출현도 가능할 것이라는 사고방식이 투영된 것으로 짐작된다.

그런데 '수로 부인'의 「해가」에 보이는 제1구는 「구지가」의 '머리' 대신 '수로 부인'으로 되어 있다. 그리고 제2구에는 '남의 부인을 앗아간 죄 얼마나 크다 할까'로 되어 있다. 이 두 노래 사이에는 어떠한 연결고리가 있는 것일까? 수로 부인이 순정공을 따라 부임하는 강릉(명주)은 서라벌에서 멀리 떨어진 곳이다. 성덕왕 자신孝明이 수행했던 곳이자 형인 보천寶川이 오대산만다라신앙을 완성시킨 곳이다. 하지만 이곳 명주 일대(오대산 포함)는 원성왕(785~804 재위)대 이래 방계 김씨周元세력의 근거지였으며 신라말에는 사굴산문의 무대이기도 하였다. 이곳에 신라의 관리인 문정공은 절세의 미인 아내 수로 부인을 대동하고 강릉(명주)태수로 부임하다가 암소를 끌고 가던 노인이 절벽에 핀 철쭉꽃을 꺾어달라는 말을 듣고 그 꽃을 꺾어 노래까지 지어 바쳤다. 그런데 이 노인은 오대산 진여원에서 매일 새벽 변신하는 36종의 화불 중 34번째의 소의 화불로 변신한 문수대성이었다. 그리고 수로 부인을 납치한 동해용은 백성들의 여론에 굴복하여 수로를 다시 바쳤다. 이것은 동해용으로 상징되는 강한 권력에 기반했던 지방 권력층이 불교인들의 여론에 굴복하였음을 상징하는 것이다. 성덕왕은 왕권강화와 사회통합을 위한 일련의 개혁사업의 적임자로 순정공을 강릉태수에 제수하였다.

그 부임과정에서 보천寶川에 의해 완성된 화엄사상과 문수(밀교)사상으로 집성된 오대산만다라신앙에 입각하여 지역세력을 통합하는 과정에서 일어난 일들로 추정된다.

이러한 관점에서 노인이 바친 헌화가를 분석해 보자. "자줏빛 바위가에/ 암소 잡은 손 놓게 하고/ 나를 아니 부끄러워하면/ 꽃을 꺾어 바치오리다."(양주동 역) "자줏빛 바위 가에/ 잡고 있는 암소 놓게 하시고,// 나를 아니 부끄러워하시면/ 꽃을 꺾어 바치오리다."(김완진 역) 이 노래에서 우리는 수로 부인을 한 노인이 꽃을 꺾어다 바칠 정도로 아름다운 여인으로만 이해해야 하는가. 아니면 다수의 선행 연구들처럼 기우제나 풍어제 혹은 무巫가 되는 과정의 무녀巫女 혹은 초월적 존재로 보아야 하는가. 수로 부인은 왜 '깊은 산'이나 '큰 못'을 지날 때마다 여러 차례 귀신이나 영물들에게 붙들려 갔을까? 단지 절세의 미인이었기 때문일까? 아니면 순정공으로 대표되는 신라 왕실세력과 '깊은 산'과 '큰 못' 및 동해용으로 상징되는 지방권력과의 갈등 해소의 메신저로 보아야하는가. 수로 부인이 '칠보로 꾸민 궁전음식은 인간세상의 것이 아니었습니다'라고 말하는 것에 대해서 일부 학자들은 "무당과정에서 불교의 미르(미륵)신앙과 결부되어 굴절한 설화로서 수로 부인이 용궁에서 겪은 내용은 『미륵하생경』의 장엄세계"(장진호), "풍어제에서 어민들의 생계와 연계된 이상향"(최인표)으로 보았다. 여기서 「해가」와 「구지가」와의 관계 속에서 「헌화가」를 살펴보면 노옹의 "나를 아니 부끄러워하시면"이라는 것이 단지 아름다운 여인인 수로 부인에게 꽃만을 건네주는 관계로 보기에는 미흡해 보인다. 반면 노인은 순정공으로 대표되는 신라왕실의 사상적 배경인 보천의 화엄사상과 문수(밀교)사상을 집대성한 오대산만다라사상과 동해용으로 상징되는 지방 권력과의 갈등 해소의 메신저인 수로 부인에게 오대산 문수보살의 36종 변상 중 34번째 '사자를 낳는 소[牛產師子]'형 화불로 나타나 보살행을 펼친 것으로 보는 것이 더 설득력이 있어 보인다.

# 충담사가 「찬기파랑가」와 「안민가」를 지은 까닭은?

## 1. 기파랑을 위한 헌가

신라의 향가鄕歌는 '시골 노래'가 아니라 '나라의 노래[國歌]'였다. 때문에 향가 속에는 당대의 시대상이 깊이 반영되어 있다. 신라인들은 오래 전부터 향가를 즐겨왔다. 향가는 노래 중의 노래이자 가사 중의 가사[詞腦歌]였다. 향가를 즐기는 이들이나 향가를 짓는 이들은 당시 최고의 문화인들이었다. 향가의 작자들은 대체적으로 왕·승려·화랑·여류·무명씨 등 여러 계층에 걸쳐 있었다. 그리고 현전하는 신라 향가의 작자들은 대부분 화랑과 승려들이었다. 충담사와 월명사는 승려이자 화랑으로 짐작되며, 또 월명사와 융천사 등은 승려이자 주술사로 추정된다. 반면 「안민가」를 지어 바친 충담사의 경우처럼 설화와 함께 재구성된 가상인물로 이해하는 이들도 있다. 그리고 「원왕생가」와 「헌화가」의 경우처럼 작가의 이름과 신분을 알 수 없는 경우도 있다.

신라의 극성기로 알려진 경덕왕 대는 매우 혼란한 시대였다. 왕은 24년간 재위기간 동안 전제왕권을 꿈꾸면서 신하들과 적지 않게 충돌하였다. 신하들과의 충돌 속에서도 왕은 문화의 힘을 알고 즐길 줄 알았다. 『삼국유사』 소재 14편의 향가 중에는 경덕왕에 활동한 당대의 풍류 가객인 월명사와 충담사 및 희명에 의해 지어진 다섯 편의 향가가 들어 있다. 충담사를 가상인물로 보는 이들과 달리 경덕왕과 대면한 실재인물로 보는 이들도 적지 않다. 『삼국유사』「기이」의 '경덕왕 충담사 표훈대덕' 조는 그의 실존적 존재감을 보여주고 있다. 이 조목에는 「찬기파랑가」와 「안민가」 두 편의 향가와 표훈대덕의 신통력 그리고 경덕왕 대의 시대적 상황이 밀도 있게 담겨 있다.

경덕왕이 나라를 다스린 지 24년 되던 해에 오악五嶽과 삼산三山의 신神들이 때때로 궁전 뜰에 나타나 대왕을 모시곤 하였다. 3월 3일 날에 왕은 반월성의 귀정문歸正門 누각에 올라 주위 사람들에게 말하였다. "누가 길에 나가 좋은 옷을 차려 입은 스님[榮福僧]을 모셔올 수 있겠느냐?" 때마침 점잖고 깨끗하게 차려입고 노닐 듯 지나가는 한 대덕이 지나가는지라 신하들이 모셔다 왕을 뵙게 하였다. 왕이 말하였다. "내가 말하는 좋은 옷을 입은 스님이 아니다." 그러고는 돌려보냈다. 다시 한 스님이 해진 장삼을 걸치고 앵통櫻筒(혹은 삼태기)을 지고 남쪽에서 오고 있었다. 왕이 그를 보고 기뻐하여 누각으로 맞아들였다. 앵통 속을 보니 차 달이는 기구가 가득 들어 있을 뿐이었다. 그는 대표적인 차인茶人이기도 했다.

왕이 물었다. "그대는 누구인가?" "충담忠談이라 하옵니다." "어디서 오는 길인가?" "소승은 매년 3월 3일과 9월 9일이면 차를 달여서 남산 삼화령三花嶺 미륵세존께 공양하는데, 오늘도 차를 올리고 돌아오는 길입니다." "과인에게도 한 잔 나누어 줄 수 있겠는가?" 곧 차를 달여 드리니 차맛이 특이하고 그릇에서도 특이한 향기가 풍겼다. 왕이 말하였다. "짐이 듣건대 일찍이 대사가 기파랑耆婆郎을 찬미한 사뇌가詞腦歌를 지었다는데, 그 뜻이 매우 고상하다 하니 과연 그러한가?" "그렇습니다." "그렇다면 짐을 위하여 「안민가安民歌」를 지어 보게나." 충담은 곧 왕명을 받들어 노래를 지어 바쳤다. 왕이 가상히 여겨 왕사王師로 봉하려 했으나 그는 두 번 절하고 굳이 사양하여 받지 않았다.

## 2. 다른 꿈을 꾸는 왕과 승

당시 오악과 삼산의 신들이 때때로 내려와 경덕왕을 모셨다는 것은 그 산을 중심으로 웅거하고 있는 세력들이 왕이 다스리는 신라사회에 편입되었음을 시사해 주는 것이다. 특히 신라는 대대로 오악과 삼산의 주재신들에게 국가적 제사를 지내오고 있었다. 때문에 이들 오악과 삼산은 국가적 제사의 대상이자 전제왕권에 통합된 고유한 세력과 신앙을 암시해 주고 있다. 그런데 이들이 신라의 왕실에 있는 왕에게 직접 내려와 왕을 모셨다는 것은 무엇인가 전달할 내용이 있었기 때문으로 짐작된다. 경덕왕은 왕권을 강화하기 위하여 재위 4년차에는 사정부司正府와 소년감전少年監典 및 예궁전穢宮典을 설치하고, 16년차에는 주군현州郡縣의 명칭과 편제를 개편하였으며, 18년차에는 병부와 예부 등 내외직에 걸쳐 편제를 개편하고 중앙과 지방의 관직 명칭을 모두 중국식으로 고쳐 전제정치를 공고히 하였다.

또 그는 표훈表訓과 신림神琳과 법해法海 등을 높이 받들어 그들로 대표되는 화엄계의 철학사상을 통치이념으로 채택하고자 하였다. 나아가 경덕왕은 불국사와 석불사 조성 등을 통해 왕실의 권위를 높이고자 하였다. 이러한 그의 전제정치는 재위 4년차에 중앙귀족인 중시中侍 유정(惟正, 1년)의 퇴직을 촉발하였고, 재위 7년차에는 경덕왕의 총신이었던 이순李純이 세속을 버리고 단속사斷俗寺를 창건하고 승려가 되었다. 재위 15년차에는 상대등 김사인金思仁이 시정施政의 득실을 호되게 따졌고, 연이어 시중侍中 김기와 염상(2년) 등의 퇴직까지 재촉시켰다. 재위 16년차에는 월봉月俸을 통해 귀족들을 경제적으로 통제하려던 월봉제를 폐하고 귀족들이 녹읍祿邑을 기반으로 다시 경제력을 확보할 수 있는 녹읍제를 다시 부활시켰다. 이렇게 되자 재위 22년차에 왕이 놀기를 놓아한다는 소문을 듣고 단속사 승려가 된 이순은 궁문으로 나아가 격렬한 충간을 하였다. 하지만 경덕왕의 전제정치는 계속되었다. 재위 33년차에는 왕은 상대등 신충信忠과 시중 김옹金邕을 한꺼번에 면직시켰다.

이들에 뒤이어 시중에 오른 이가 바로 김양상金良相이다. 그는 뒷날 경덕왕의 아들인 혜공왕을 죽이고 스스로 왕위에 올라 선덕왕宣德王이 되었다. 경덕왕은 귀족들과 끊임없이 대립하면서 한편으로는 이러한 혼란을 해결하기 위해 반월성의 가장 바깥의 서쪽에 있는 귀정문으로 나아갔다. 왕은 전제왕권의 위기를 극복하기 위해 오악과 삼산으로 대변되는 종래의 토착세력과 고유신앙과의 타협을 생각하였던 것으로 추정된다. 충담은 일찍이 자신이 존경하는 기파랑耆婆郎을 기리기 위해 「찬기파랑가」를 지었다. "열어 젖히매 벗어나는 달이/ 흰구름 좇아 떠가는 자리에/ 백사장 펼쳐진 물가에/ 기파랑이 스며 있어라/ 일오천 자갈벌에서/ 낭의 지니신 마음 좇으려 하니/ 아아, 잣나무가지 높아/ 서리 모를 씩씩한 모습이여."

이 시에는 기파랑의 고결함에 대한 충담의 존경의 염이 깊이 배어 있다. 동시에 충담의 결곡한 마음 또한 투영되어 있다. 이따금씩 경덕왕은 신라 영토를 대표하는 오악 삼산의 신들과 만나오고 있었다. 어느 해 가야의 영신제의迎神祭儀의 계욕일戒浴日인 3월 3일 날에 왕은 귀정문 누각에 올라 신하들에게 '영복승'을 모셔오라고 했다. 그는 왜 영복승을 불러오라 했을까? 그리고 모셔온 '영복승'을 자신이 찾는 이가 아니라며 돌려보냈다. 그런 뒤에 지나가는 한 스님을 맞아들여 차를 대접받았다. 그런데 왕은 충담이 「찬기파랑가」를 지었다는 사실을 알고 있었다.

## 3. 임금을 위한 헌가

충담이 지은 「안민가」는 이러하다. "임금은 아비요/ 신하는 사랑주는 어미라. 백성을 어리석은 아이로 여기면/ 백성들이 사랑을 알리라.// 꾸물대며[탄식하는] 사는[뭇] 중생/ 이들을 먹여 다스리라./ 이 땅을 버리고 어디로 가라면/ 나라가 보전될 줄 알리라.// 아아, 임금답게, 신하답게, 백성답게 하면/ 나라가 태평하리라." 충담은 「안민가」를 통해 백성을 편안하게 하는 방책을 제시하였다. 왕이 가상히 여겨 그를 왕사로 책봉하려고 했으나 충담은 거부하였다. 「안민가」는 제목처럼 백성을 편안히 하는 노래이다. 안민은 유교뿐만 아니라 불교 역시 강조하는 덕목이다. 불교는 전통적으로 호법과 호국을 강조해 왔다. 불법을 따르는 통치자는 불법을 보호할 의무가 있었다.

'호법'의 주체는 왕이며 '호국'의 주체는 교단이다. 왕이 보호해야 할 대상은 모든 국토에 거주하는 일체의 인민이다. 즉 왕은 국토와 인민의 수호에 본래 의무가 있으며 '호국'의 '국' 역시 '국토 안에 사는 인민'을 뜻한다. 신라 당시 불교가 통치이념이었음을 감안하면「안민가」를 불교적 안민호국安民護國사상으로 해석할 수도 있다. 마찬가지로 유교적 법식에 의해 다스려졌던 시대임을 감안하면 유교적 안민호국사상으로 이해할 수도 있다. 『논어』「안연顏淵」편의 "임금은 임금답고 신하는 신하답고 백성은 백성다워야 한다[君君, 臣臣, 民民]"는 구절로 보면 유교적 해석도 가능하다. 하지만 불교의 『금광명경』「사천왕호국품」이나 『인왕경』「호국품」은 모두 불법을 보호하는 왕들이 취해야 할 '호법'과 불자들이 나가야 할 '호국'에 대해 설하고 있어 불교적 해석도 가능하다.

『삼국사기』의 기록에 의하면 경덕왕 대는 천재지변이 극심하였다. 특히 가뭄(4년, 6년, 13년)과 지진(2년, 24년), 우박(4년, 13년), 폭풍(8년), 태풍(22년), 낙뢰(6년, 17년), 혜성과 요성과 천구성 등 하늘세계의 혼란(3년, 7년, 18년, 20년, 23/23년, 24/24년), 흉년(6년, 14년), 귀신이 북치는 소리(19년) 등 갖은 변화가 생겨났다. 신라 사회는 혼란스러웠고 백성들의 삶은 궁핍하였다. 또 "백성들이 굶주림을 이기지 못하고 나라를 버리고 신라를 벗어났다"라고 일본의 서책에서 기록하고 있다. 경덕왕 이후에도 잦은 흉년이 들었으며 흥덕왕 대의 향덕尙德은 다리를 베어 부모를 봉양하였다고 전한다.

이처럼 충담의「안민가」는 바로 백성을 먹여 살리는 것이 급선무임을 역설하고 있다. 그는 '탄식하는 뭇 창생'들을 '먹여 다스리는 것'이 '이 땅을 버리고 어디로 가겠는가'라는 탄식을 잠재우고 '나라를 보존하는 길'임을 알아야 한다고 일갈하였다. 가족의 관계처럼 '임금은 아버지'이고, '신하는 사랑하시는 어머니'이며, '백성은 어린 아이'라고 할 때 비로소 '백성이 사랑을 알리라'는 이 노래는 왕으로 하여금 백성들을 배

불리고 등을 따뜻하게 하라고 외치고 있다. 쓸데없이 재원을 낭비하지 말고 백성들을 혹사시키는 공역을 시설하지 말며 백성들을 먹여 살리는 일부터 하라고 말이다. 「안민가」는 나라를 보존하는 길은 바로 '백성을 사랑하는 일[愛民]'과 '백성을 안돈하는 일[安民]'임을 잘 보여주고 있다.

# 처용이 「처용가」를 지은 까닭은?

## 1. 처용은 누구인가

『삼국유사』「기이」편은 국가의 흥망에 관한 신이한 역사를 다루고
있다. 특히 이 편에 실려 있는 '처용랑 망해사' 조목에 대해서는 무속학,
불교학, 역사학, 국문학 등 다양한 분야에서 갖가지 방법으로 고찰하고
있으며 결론 역시 여러 가지로 제시되고 있다. 그런데 이들 연구의 방
향은 대부분 처용랑과 「처용가」에 대한 연구로 귀결되고 있다. 그렇다
면 일연은 어떠한 의도에서 처용설화를 수록했으며 그것을 왜 「기이」
편에 실었을까? 「기이」 1이 건국 시조 기사들에 대해 집중하고 있는
것과 달리 「기이」 2는 해당 나라의 대표적인 인물들에 대해서 뿐만 아
니라 나라의 몰락 과정을 다수 기록하고 있다. 신라 중고기中古期까지
불교의 르네상스를 경험하였던 신라는 하고기下古期가 시작되는 선덕왕
과 원성왕 대부터 기강이 해이해지고 망국의 조짐이 잇달아 나타나기
시작하였다.

　신라 말기에 재위한 헌강왕(875~886)은 총명하고 후덕한 왕이었지만

귀족세력을 압도하지는 못하였다. 당시 신라의 귀족들은 점차 경제권과 사병을 기반으로 세력을 확장하여 왕권에 맞섰다. 재위 5년에는 일길찬 신홍信弘이 배반하다가 사형을 받았다(『삼국사기』). 왕은 멈추지 않는 귀족들의 향락에 불안을 느껴 개운포로 순행하자 때마침 동해용이 나라의 위태로움을 경고하였다. 때문에 처용랑 망해사 조목은 나라가 처한 위기와의 연장선에서 해석해야 할 것으로 생각된다. 당시 중앙귀족들이 향락에 깊이 빠지자 일반 서민들 역시 이러한 영향을 받아 윤리적으로 점차 타락해 갔다. 그러자 신라의 호국신들이 나타나 나라가 망할 것이라고 경고를 주었다. 하지만 나라 사람들은 오히려 그것을 상서러움으로 이해하고 더욱 유흥에 빠져 결국 나라가 망하게 되었다는 형식으로 구성되어 있다.

당시 전성시의 신라 서라벌 규모는 1,360방 55리였으며 인구는 17만 8,936호였다. 또 왕권에 견줄만한 권세를 누리던 유력 진골층은 35개의 호화저택인 금입택을 소유하고 있었다. 헌강왕 대 역시 35개의 금입택과 사절유택이 있었다. 이들 진골층은 3,000여 명의 노비를 거느리고 1,333결의 쌀을 절에 희사할 정도로 넓은 논을 소유하였다. 그뿐만 아니라 저 남태평양과 인도 및 아라비아로부터 수입한 바다거북과 공작 깃털 및 사파이어 등으로 금입택을 치장할 정도로 사치와 번영을 독점했다. 그러다 보니 경주에서 지방에 이르기까지 집이 촘촘하여 담장이 이어져 있었고 초가는 하나도 없었다. 풍악과 노래 소리가 길에서 끊이지 않았고 바람과 비도 사시사철 순조로웠다.

이때 대왕이 개운포에 놀이를 갔다. 왕이 어가를 돌려오다가 낮에 물가에서 쉬고 있는데 홀연히 구름과 안개가 자욱하게 끼어 길을 잃어버렸다. 왕이 괴이하게 여겨 측근의 신하에게 물으니 일관이 말하였다.

"이것은 동해용의 변덕이오니 마땅히 좋은 일을 행하여 풀어야 할 것이옵니다." 이에 관원에게 명하여 근처에 용을 위한 절을 짓게 하였다. 왕의 명령이 내려지자 구름이 걷히고 안개는 흩어져 버렸다. 그래서 그곳을 개운포開雲浦라고 이름 지었다. 동해용이 기뻐서 곧 아들 일곱을 거느리고 임금이 탄 수레 앞에 나타나 왕의 덕을 찬탄하고 춤을 추고 음악을 연주했다. 그의 아들 하나가 왕을 따라 서울로 와서 왕의 정치를 도와 주었는데 그 이름을 처용處容이라고 했다. 왕은 아름다운 여인을 그의 아내로 삼게 하고 그를 머물게 하고자 다시 급간級干이라는 관직도 주었다. 그의 처는 매우 아름다워 역신疫神이 그를 흠모하여 사람으로 변한 뒤 밤이면 그의 집으로 가서 몰래 그녀와 잤다. 처용이 밖에 나갔다가 집에 들어와 두 사람이 누워 있는 것을 보았다.


## 2. 신라의 국제 교류

"서라벌 밝은 달에/ 밤새도록 노닐다가/ 들어와 자리 보니/ 다리가 넷이로다./ 둘은 내것인데/ 둘은 누구인가./ 본래 내것이지만/ 빼앗긴 것을 어찌하리."(양주동 역) 이에 처용은 노래를 부르고 춤을 추면서 물러 나왔다. 이때 역신이 형체를 드러내어 처용의 앞에 꿇어앉아 말하였다. "내가 공의 아내를 탐내어 지금 잘못을 저질렀으나 공은 노하지 않으니 감격스럽고 장하게 여겨집니다. 맹세코 이제부터는 공의 모습이 그려진 것만 보아도 그 문안으로 들어가지 않겠습니다." 이로 인하여 나라 사람들이 처용의 형상을 문에 붙여 나쁜 귀신을 물리치고[辟邪] 경사스러운 것을 맞아들이게[進慶] 되었다. 왕이 돌아와서는 곧 영축산 동쪽 기슭에 좋은 자리를 잡아 절을 세우고 망해사望海寺라고 불렀다. 더러는 신방사新房寺라고 했는데 이는 용을 위하여 세운 것이다. 여기서 동해용은 누구이며 처용은 누구일까?

신라는 일찍부터 국제교류가 활발했던 나라였다. 경주 서라벌의 관문인 울산 개운포는 외국인들이 드나들었던 국제항구였다. 서기 645년에 서역의 강대한 제국이었던 사산조 페르시아가 무너졌다. 사산왕조의 태자 일행은 왕조의 복원을 염원하며 당나라로 망명하였다. 당 황실은 새롭게 들어선 왕조와 교류를 개시하면서 사산조의 태자 일행을 홍콩 아래인 해남도海南道로 이주시켰다. 이후 이들 태자 일행은 다시 배를 타고 신라로 들어와 이곳 공주와 결혼해 살다가 돌아가 나라를 되찾았다고 이란의 구전 서사시인 『쿠쉬나메Kush-name』는 적고 있다. 『쿠쉬나메』는 총 1만 129 쿠플레對句가 넘는 방대한 양으로 이루어져 있다. 이 가운데 신라를 중점적으로 다루는 곳은 1만 219절 중에서 2,011~5,925절이다. 이 서사시가 다루고 있는 시대와 지역 및 분량은 매우 광범위하여 일부 연구자는 16세기(1517년?) 이래 청나라에서 만들었다고 보는 이들도 있다. 그렇다면 신라 김金씨와 금金(後金, 淸)나라 및 이란 페르시아와의 연계를 어떻게 설명해야 할까?

이 서사시에서는 7세기 이후부터 10세기 전반에 걸치는 신라 하대까지 언급하고 있다. 태자가 머문 곳을 '신라silla' 또는 '바 실라ba silla'로 적고 있으며 '바ba'는 '아름다운good'을 뜻하는 형용사이다. '쿠쉬'는 중국왕의 이름이며 '나메'는 책[書]이란 뜻이다. 그렇다면 이 서사시에서 "신라 법에 이방인(아비틴)에게 딸자식을 내주지 않아요. 내가 딸을 내준다면 귀족들이 우습게 볼 겁니다"라고 한 기록처럼 여러 신하들의 반대에도 불구하고 왕은 끝내 처용에게 딸(프라랑)을 주자 이를 반대했던 세력이 처용의 아내를 범한 것은 아닐까? 집에 들어와 이 광경을 본 이방인 처용이 노래와 춤을 통해 자신의 문화 방식으로 분노를 해결한 것은 아닐까? 사산조 페르시아 멸망 이후 이란 유민이 중국을 거쳐 신라로 망명하게 된 것은 처용설화가 전하는 신라의 헌강왕 시대이다. 이것은 사산조 페르시아 멸망 이후와 시대를 같이하는 것이며 처용의 아랍인설을 뒷받침하는 근거가 될 수 있다.

『삼국사기』에서는 헌강왕 5년 3월에 "나라 동쪽의 주군州郡을 순행할 때 어디서 왔는지 알 수 없는 네 사람이 나타나 가무歌舞를 하는데 그 얼굴과 옷차림이 해괴해 산해山海의 정령精靈이라 하였다"라는 대목이 있다. 『삼국유사』에는 울산의 개운포라는 지명이 구체적으로 기술되어 있고 "자욱한 안개와 함께 헌강왕 앞에 나타난 존재가 동해 용왕과 일곱 아들이며, 그중 막내를 경주에 데려와 급간級干 벼슬을 주고 아름다운 아내를 맞이하도록 했다"라고 적었다. 이와 같은 내용은 『쿠쉬나메』에서 아비틴이 이란 유민들과 함께 "신라로 기항해 항구에서 신라왕 타이후르의 아들 가람의 영접을 받았으며, 왕정을 보좌하고 왕과의 돈독한 사이를 유지하며 신라의 공주 프라랑과 결혼한다"라는 내용과 유사하다. 당시 헌강왕은 당나라에 사신을 보내려 했으나 황소黃巢의 난으로 보내지 못하였다. 하지만 일본국 사신을 맞기도 하는 등 국제교류가 원활했으므로 아랍인과 교류했을 가능성은 충분하다.


## 3. 「처용가」의 해석

헌강왕이 포석정에 행차했더니 남산의 신神이 왕 앞에 나타나 춤을 추었다. 주위 신하들 눈에는 보이지 않고 오직 왕의 눈에만 보였다. 어떤 사람(신)이 왕 앞에서 춤을 추자 왕 자신도 신이 추는 모양대로 따라 춤을 추었다. 신의 이름을 '상심祥審'이라고도 했으므로 지금까지 나라 사람들이 이 춤을 전해오면서 '어무상심御舞祥心'이라고도 하고 '어무산신御舞山神'이라고도 한다. 혹은 말하기를 원래 신이 나와서 춤을 출 때 그 모습을 자세히 본떠[審象] 조각하는 공인에게 그대로 새기도록 하여 후대에 보였으므로 '상심象審'이라고 했다. 더러는 상염무霜髯舞라고도 했는데 이것은 그 형상에 따라서 이름을 지은 것이다. 왕이 또 금강령金剛嶺에 행차했을 때 북악신이 춤을 추어 보였는데 춤 이름이 '옥도검玉刀鈐'이었다. 동례전同禮殿에서 연회를 할 때에 지신이 나와서 춤을 추었으므로 춤 이름을 '지백급간地伯級干'이라고 했다.

처용 설화를 기술한 일연은 다시 『어법집』을 인용하여 "이 당시 산신이 춤을 추면서 부른 '지리다도파도파智理多都波都波'라는 말들은 대개 '지혜[智]로 나라를 다스리는[理] 사람들이 미리 알고 많이[多] 도망[都→逃]하여 도읍[都]이 장차 파괴[波→破]될 것이다'고 말한 것이라 한다" 하였다. 그런 뒤에 "이에 지신과 산신이 장차 나라가 망할 것을 알았기 때문에 일부러 춤을 추어 경고한 것인데도 나라 사람들은 깨닫지 못하고 좋은 징조가 나타났다 하여 유흥에만 너무 빠져 있었다. 그래서 끝내 나라가 망했던 것이다" 하였다. 여기서 왕에게만 보였다는 것은 아마도 그들이 나라의 호국신들이었기 때문일 것이다.

"서라벌 밝은 달에/ 밤새도록 노닐다가/ 들어와 자리 보니/ 다리가 넷이로다./ 둘은 내것인데/ 둘은 누구인가./ 본래 내것이지만/ 빼앗긴 것을 어찌하리." 「처용가」에 대한 해석에 큰 쟁점은 없다. 다만 처용이 누구인가에 대해서는 학설이 구구하다. 양주동은 『고가연구』에서 '처용'은 원뜻은 "한자의가 아닌 '제용' 혹은 '치용'이란 말에서 그 원뜻을 찾아야 한다"라고 하였다. 김용구는 '충偁'에서 '용龍'이 되었다(『鷄林類事』 근거)고 하고, 엄원대는 "용이 머문 곳의 뜻인 '처용處龍'에서 '처용處容'으로 변화했다" 하였다. 김영수는 '터[處]+알[下]+바가지[容]'에서 '하下'가 생략되어 '처용'이 되었다 하였고, 김동욱은 "용신제의 사제자인 무당 즉 자차충次次雄 곧 자충慈充에서 처용이 나왔다고 했다. 이용범은 "이재술에 능한 이슬람 상인"으로 보았다. 실크로드를 오랫동안 연구해 온 정수일은 '처용'이 서역인, 즉 '아라비아인'이라고 단정하고 있다. 전승되어 오는 처용탈의 모습이 아랍인의 형상에 가깝고, 헌강왕 당시 개운포는 수많은 외국인들이 드나들던 국제 무역항이었다는 것을 근거로 들고 있다. 이것은 『쿠쉬나메』에서 중국으로 숨어든 이란 유민들이 신라의 항구를 통해 이주했다는 내용과도 일치한다. 이어 『삼국유사』가 기록하고 있는 여러 춤들도 서역의 페르시아 춤일 가능성이 적지 않다.

이 조목에서 일연은 신라의 국망에 대한 수호신들의 경고를 상서로움으로 알고 유흥을 멈추지 않은 신라에 대한 안타까움을 감추지 않고 있다. 경주에 정착하여 왕을 보좌하는 처용이 유락遊樂에 빠져 밤늦도록 놀러다니자 성적으로 문란한 그의 처와 타락한 인간을 상징하는 역신의 교접을 통해 서민계층의 윤리적 타락상을 보여준 것은 아닐까? "둘은 누구 것인가"는 너의 정체성을 드러내라는 주가적呪歌的 언표이며, "빼앗은 것을 어찌하리오" 하면서 춤을 추고 물러나는 것은 분노와 허탈을 극복하여 조용히 체념하는 초월의 모습을 드러낸 것으로 짐작된다. 결국 처용의 관대한 대응에 역신이 개오改悟하여 무격巫覡사회에서 처용은 존숭의 대상이 되었고 민간에 널리 퍼져 문신으로 추앙되었다. 그 결과 사기를 물리치고 경사로 나아가는[辟邪進慶]의 무속과 처용무의 민간적 풍속을 낳았던 것으로 이해된다. 그럼에도 불구하고 당시 중앙귀족들은 소비적 기풍과 퇴폐적 환락 생활을 통해 그 불안을 잊고 태평을 가장하려고 하였다. 그리하여 결국 신라는 망하게 되었다.

울산 남구의 처용암

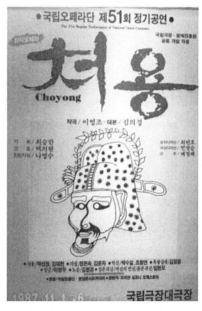

창작 오페라 처용 포스터

# 서동이 「서동요」를 지은 까닭은?

## 1. 서동은 누구인가

『삼국유사』에 소개되어 있는 향가 가운데 가장 오래된 가요는 신라 진평왕 대에 백제의 서동武王이 지은 「서동요」이다. 대다수의 향가들이 신라의 사국 통일 전후에 이루어졌으나 이 「서동요」는 예외적으로 통일 이전에 지어진 노래이다. 서동은 '마를 캐던 아이[薯童]'일 뿐만 아니라 워낙은 '막내아들'의 의미인 '맏둥' 즉 '말자末子'의 뜻이다. 때문에 『고려사』와 『세종실록지리지』에서는 '말통대왕末通大王'이라 적고 있다. 백제는 처음에는 형제 상속으로 왕위 계승의 전통을 세우다가 장자太子 상속으로 바꾸었다. 하지만 장자 상속이 여의치 않았을 때는 차자次子나 삼자三子 혹은 사자四子로 내려가기도 했지만 더러는 형제兄弟 상속으로 바뀌기도 했다. 이 때문에 숙부에게 왕위를 빼앗긴 태자 혹은 왕자들은 왕위를 되찾아 오기 위해 골육 간의 정쟁政爭을 일으키기도 했다.

일연一然이 '무왕' 조의 할주割注에 옛 책에서 '무강武康'이라고 한 것은 아마도 왜倭나라에서 태어나 백제의 왕이 된 사마왕斯麻王 즉 무녕왕

武寧王을 가리킨 것으로 이해된다. 다시 말해서 무왕을 무강왕 즉 무녕 왕이라고 한 것은 서동이 설화에서 백제의 강역을 크게 확장한 무녕왕 의 가면을 쓰고 등장한 전설적 영웅으로 만들어졌기 때문으로 짐작된 다. 서동 즉 무왕이 위덕왕威德王 사후 갑작스럽게 왕이 된 혜왕惠王과 그의 아들 법왕法王을 이은 제왕이 될 수 있었던 것은 그가 왕족이었기 때문에 가능했던 것이다. 그가 동성왕－무녕왕－성왕－위덕왕으로 이 어진 왕족의 태자夭折의 아우이든 아니면 다른 이복異腹왕자였던 간에 그는 분명 왕족의 핏줄을 타고났기에 왕위에 오를 수 있었던 것이다. 『삼국사기』에는 무왕을 법왕의 아들로 적고 있으나 『삼국유사』 「왕력」 편에서 혜왕은 위덕왕의 아들로, 법왕은 혜왕의 아들로 적혀 있지만 무 왕의 부계에 대해서는 밝히고 있지 않다. 일연 역시 할주에서 "『삼국사』 에는 법왕의 아들이라 하고 여기서는 과부의 아들이라 하니 확실하지 않다" 했다.

"제30대 왕의 이름은 장璋이다. 그의 어머니가 홀로 되어 서울 남쪽 못가에 집을 짓고 살았는데, 못에 있는 용과 통하여 장을 낳았다. 어릴 때 이름은 서동薯童이며, 재주와 도량이 한없이 넓었다. 마를 캐다가 팔 아 생업을 삼았으므로 나라 사람들이 그렇게 부른 것이다. 신라 진평왕 의 셋째공주 선화善花/善化가 아름답다는 말을 듣고 머리를 깎고 신라의 서울로 가서 동네 아이들에게 마을 나누어 주면서 가까이 지냈다. 이에 노래를 지어 여러 아이들을 꾀어 부르게 하니 그 노래는 다음과 같다. "선화공주님은/ 남 몰래 짝 맞추어 두고/ 서동 방을/ 밤에 알을 안고 간다."(김완진 역) 동요가 장안에 퍼져 궁중에 알려지니, 백관들이 적극 간하여 공주를 먼 곳에 귀양을 보내게 되었다.

왕후는 공주가 떠나려 할 때 순금 한 말을 주어 보냈다. 공주가 귀양

부여군 동남리의 궁남지

가는 길에 서동이 나와서 절을 하고 모시고 가겠다 하였다. 공주는 그
가 어디서 온 사람인지는 알지 못하지만, 우연한 만남을 기뻐하며 그를
믿고 따라가 정을 통하였다. 그런 뒤에 서동의 이름을 알고, 동요를 믿
게 되었다. 그리고는 어머니가 준 금을 내놓으며, 함께 백제로 가서 이
것으로 생활 계획을 세우자 하였다. 서동이 크게 웃으며 말하였다. "이
것이 무엇이오?" 공주가 말하였다. "황금인데 백년을 부자로 살 수 있
습니다." 서동은 그 말을 듣고 말하였다. "내가 어렸을 때부터 마를 캐
던 곳에서는 이런 것이 진흙처럼 쌓여 있소." 공주가 이 말을 듣고 크
게 놀라며 말하였다. "이것은 천하의 보배인데 당신이 금이 있는 곳을
알았으니 이 보배를 우리 부모님의 궁전으로 보내는 것이 어떻겠습니
까?" "좋소." 금을 모으니 마치 구릉처럼 쌓였다.

## 2. 선화공주와 미륵사 그리고 사택씨 왕비

용화산龍華山 사자사師子寺의 지명知命법사의 처소에 가서 금을 운반할 방법을 물었다. 법사가 말하였다. "내가 신통력으로 옮겨 줄 테니 금을 가져오시오." 공주가 편지와 함께 금을 사자사 앞에 옮겨다 놓으니, 법사가 신통력으로 하룻밤에 신라 궁중으로 날라다 놓았다. 진평왕眞平王이 그 신통한 변화를 기이하게 여겨 더욱 존경하고, 항상 서신으로 안부를 물었고, 서동은 이로 인해서 인심을 얻어 왕위에 오르게 되었다. 하루는 무왕이 부인과 함께 사자사에 행차하려고 용화산 아래 큰 못가에 이르니, 미륵삼존이 못에서 나타나는지라 수레를 멈추고 경의를 표하였다. 부인이 왕에게 말하였다. "이곳에 큰 절을 세우는 것이 저의 간절한 소원입니다. 왕이 허락하고 지명법사에게 못을 메울 일을 물으니, 법사는 신통력으로 산을 무너뜨려 하룻밤 사이에 못을 메워 평지를 만들었다. 이에 미륵 삼회彌勒三會의 형상[像]을 본떠서[法] 전[殿]과 탑[塔]과 낭무廊廡를 각각 세 곳에 창건하였다. 진평왕이 백공百工을 보내 돕도록 했는데 지금도 그 절이 남아 있다.

위의 기록은 '무왕' 조에 나오는 미륵사 연기에 대한 것이다. 무왕과 혼인한 선화善花는 '예쁜 꽃'을 의미하며 셋째 딸을 의미하는 '셋희'의 차자借字로도 읽힌다. 만일 선화가 신라 진평왕의 딸이라면 첫째인 덕만德曼과 둘째인 천명天明에 이은 셋째 공주가 될 것이다. 하지만 현재는 『삼국유사』 '무왕' 조에서만 선화가 셋째 공주임을 확인할 수 있다. 그런데 2009년 미륵사 서탑 「사리봉안기」가 공개되면서 미륵사의 설립 주체가 사택씨沙宅氏 왕비였다는 사실이 힘을 얻고 있다. 639년 1월에 안치된 이 「사리봉안기」에는 1) 이곳에 모신 것은 부처님의 진신사리이고, 2) 가람 설립과 사리 봉안의 주체는 사택씨 왕비이며, 3) 왕실의 안녕과 불법의 확산을 발원하고 있음을 보여주고 있다. 사육변려문四六變儷文으로 이루어진 「사리봉안기」의 내용을 우리말로 옮겨 보면 다음과 같다.

1) 저으기 생각하건대 법왕께서 세상에 나오시어 근기[機]에 따라 감응을 보이시었고 무리[物]에 응해 육신을 나투셨으니 마치 물에 비친 달빛과 같았습니다. 이러한 까닭에 (인도) 왕궁에 의탁해 태어나시고 (사라) 쌍수 아래서 적멸을 보이셨으며 여덟 섬의 사리를 남기시어 삼천(대천)세계를 이롭게 하셨습니다. 그 결과 섬광을 오색으로 빛나게 하여 행보를 일곱 바퀴 돌게 했으니 신통한 변화는 헤아릴 수 없었습니다. (전면) (竊以法王出世, 隨機赴感, 應物現身, 如水中月. 是以託生王宮, 示滅雙樹, 遺形八斛, 利益三千. 遂使光曜五色, 行遶七遍, 神通變化, 不可思議.)

2) 우리 백제 왕후께서는 좌평 사택적덕의 따님으로 아득한 세월[曠劫]에 선미한 씨앗을 심으시어 오늘의 이생[今生]에 수승한 과보를 받으셨으며, 만민을 어루만져 기르시어 삼보의 대들보가 되셨습니다. 때문에 능히 깨끗한 재물을 삼가 희사하여 가람을 세우시고, 기해년 정월 이십구일에 사리를 받들어 맞았습니다. (我百濟王后, 佐平沙乇積德女, 種善因於曠劫, 殊勝報於今生, 撫育萬民, 棟梁三寶. 故能謹捨淨財, 造立伽藍, 以己亥年 (이하부터 후면)正月卄九日, 奉迎舍利.)

3) 바라옵건대 세세생생 공양을 올리게 하고 영원토록 다함이 없게 하여서 이 선근善根으로써 우러러 대왕 폐하의 수명年壽을 산악과 같이 견고히 하고, 치세寶歷를 천지와 함께 영구히 하여, 위로는 정법을 넓히고 아래로는 창생을 교화하는 자량으로 삼으소서. 또 바라옵건대 왕후 자신에

게 마음은 수경水鏡과 같아 법계를 비추어 항상 밝게 하시고, 몸체는 금강金剛과 같아 허공과 나란히 불멸하시니, 일곱 세의 구원까지 함께 복리福利를 입게 하시고, 무릇 마음을 가진 이들은 함께 불도佛道를 이루게 하소서. (願使世世供養, 劫劫無盡, 用此善根, 仰資大王陛下, 年壽與山岳齊固, 寶歷共天地同久, 上弘正法, 下化蒼生. 又願王后卽身, 心同水鏡, 照法界而恒明, 身若金剛, 等虛空而不滅, 七世久遠, 竝蒙福利, 凡是有心, 俱成佛道.)

이「사리봉안기」에 의하면 미륵사와 서탑의 설립 발원자는 사택씨 왕비임이 분명하다. 하지만 사라진 중탑木塔과 동탑石塔의 봉안기에도 사택씨 왕비 이외의 발원자가 있을 수 있다.『삼국유사』'무왕' 조의 기록에 의하면 미륵사의 설립 발원자는 분명히 선화공주였음을 알 수 있기 때문이다. 의자는 641년 3월에 왕위에 올랐고 5월에 무왕이 세상을 떠났다. 641년 10월에 왜국의 서명舒明 천왕이 서거하자 의자왕은 조문사절을 왜국에 파견하였다. 그런데 1948년 부여읍 관북리 도로변에서 발견된「사택지적비」에 의하면 사택 지적砂宅智積 역시 641년 11월에 서거했다. 그 이듬해인 642년 1월에 사택씨 왕비 역시 세상을 떠났다. 위의 두 기록 사이의 간격과 이들 역사적 사건을 연관지어 보아야만 거리가 해소될 수 있을 것이다.『일본서기』의 맥락을 고려해 보면 아마도 무왕과 지적의 사후에 백제에서 친위 정변이 일어났다는 사실을 염두에 두어야 할 것이다.『일본서기』(24권) 황극皇極 원년(642)조 기사에 실린 사택 지적이 죽은 641년 11월 기록과 관련시켜 문제를 풀어보면 의자義慈는 무왕 즉위 이전 선화공주와의 사이에서 태어난 아들이고, 선화공주는 의자가 어렸을 때 세상을 떠난 것으로 추정해 볼 수 있다. 무왕이 어렵게 왕위에 올랐듯이 의자 역시 무왕 33년에야 세자로 책봉되었다. 때문에 무왕은 자신과 선화공주의 소생인 의자를 무척 아꼈으며, 의자 또한 부왕의 기대에 부응하여 부왕의 계비繼妃인 대좌평 사택지적의 딸인 사택씨 왕비에 효성을 다하고 그 소생의 이복 아우들에게 우애를 보이며 신망을 쌓아갔을 것으로 짐작된다.


## 3. 「서동요」의 해석

그렇다면 매薯]를 팔아 생계를 하던 서동이 선화공주와 어떻게 인연을 맺을 수 있었을까? '무왕' 조의 기사처럼 그는 지모와 매력이 뛰어난 인물로 보인다. 당시 백제 왕실은 불교식 왕명을 쓴 성왕聖王 — 위덕왕 威德王 — 혜왕惠王 — 법왕法王의 치세 이래 불교가 극성하였다. 법왕은 조서詔書를 내려 살생을 금하고 민가에서 기르는 매나 새매 같은 새들을 놓아 주도록 하였다. 심지어 고기잡이나 사냥하는 기구를 불태워 일체 금하게 하였다. 경신년에는 갓 머리를 깎은 30명의 승려로 하여금 당시 서울인 사자성(부여)에 왕흥사(백마강가)를 세우게 하고 겨우 터를 닦다가 승하하였다. 아마도 서동은 불교를 매개한 일련의 화친 정책을 추진하기 위한 적임자로서 법왕에 의해 발탁된 것은 아니었을까? 서동은 신라와의 화친을 추진하려는 법왕의 명을 완수하기 위해 국경의 수비를 쉽게 따돌릴 수 있도록 승려처럼 머리를 깎고 승복을 입고 서라벌로 잠입한 것으로 추정된다.

그런데 서라벌에 이른 서동은 진평왕의 셋째 공주 선화가 아름답다는 말을 들었다. 그는 선화와의 인연을 맺는 것이 신라 왕실과 백제

왕실의 화친을 위한 최고의 계책임을 간파하였다. 해서 그는 노래를 지어 서라벌의 동네 아이들에게 마를 나누어 주면서 부르게 하였다. "선화공주님은[善花公主主隱]/ 남 몰래 짝 맞추어 두고[他密只嫁良置古]/ 서동 방을[薯童房乙]/ 밤에 알을 안고 간다[夜矣卯乙抱遣去如]." 노래의 효험은 의외로 컸다. 아이들의 노래가 서라벌 곳곳에 퍼져 궁중에 까지 알려졌다. 문무 백관들은 이 해괴한 노래를 듣고 왕에게 간하여 공주를 귀양을 보내게 하였다. 서동의 지모는 예상하지 못한 결과를 불러 일으켰다. 「서동요」는 단지 네 구절에 지나지 않는 노래이지만 그 안에는 백제와 신라가 화친할 수 있는 결정적 매개항이 있었다. 그것은 이미 동성왕 대에 시도된 적이 있던 나제동맹羅濟同盟 즉 결혼동맹結婚同盟이었다.

「서동요」에 대한 선행연구에서 쟁점은 "밤에 알을 안고 간다"라는 네 번째 구절에 있다. '묘/난을[卯乙]'을 어떻게 해석할 것인가를 두고 이설이 제기되어 있다. '묘/난을[卯乙]'을 음독으로 읽으면 '몰'(모래, 양주동), '믇'(무엇을, 이탁), '몰 올'(마를, 황패강)이 된다. 반면 훈독으로 읽으면 '알[睾丸, 서재극]', '알'(당시의 은어, 비유적 표현, 김완진), '알[陰核, 홍재걸]'이 된다. 선화가 밤에 안고 간 것이 '서동'이지만 '묘/난을[卯乙]'은 '남성'을 은어로 표현한 것이라는 설이 일리가 있다. '몰래'라고만 보면 두 번째 구절의 '몰래[密只]'와 차별성이 없게 될 뿐만 아니라 동요의 힘이 약화되고 만다. 무엇보다도 '남성'을 상징하는 이 '은어'의 파워는 권위와 품위를 따지는 왕실 귀족들의 귀에 거슬렸을 것이다. '묘/난을[卯乙]'은 성을 표현하는 야한 말이었기에 자극의 강도가 배가될 수 있기 때문이다. 그렇다면 '묘/난을[卯乙]'은 '남성'을 상징하는 언어였기에 리얼리티를 획득할 수 있었을 것이다.

이처럼 '무왕' 조는 백제왕실과 신라왕실의 경쟁과 화친의 맥락을 시사해 준다. 남진 정책을 도모하는 고구려를 치기 위해 동성왕이 신라왕실과 맺은 나제 동맹이 깨어진 이후 백제와 신라는 견원지간犬猿之間이 되었다. 신라의 배신에 의해 성왕이 전사한 뒤 위덕왕은 백제의 대성大姓 귀족들로부터 크게 압박을 받았다. 해서 위덕왕 대 이래 왕실은 신권臣權 중심의 시대로 이어지고 있었다. 혜왕과 법왕은 신권 중심의 질서를 왕권王權 중심으로 되돌리고자 하였으나 역부족이었다. 이에 호불왕이었던 법왕은 불교와 결혼동맹을 매개하여 신라와 화친을 도모하려 하였다. 법왕의 명을 받은 서동은 신라 왕실로 건너가 선화와 결혼을 성사시킴으로써 진평왕과의 화친을 맺을 수 있었다. 그리고 그 덕에 서동은 왕위에 등극할 수 있었다. 따라서 「서동요」는 무왕의 지모와 매력을 엿볼 수 있는 뛰어난 정치가요라고 할 수 있을 것이다.

# 익산 미륵사 창건의 발원자는 누구일까?

## 1. 서동요와 선화공주

　인간의 삶 속에는 신화와 설화가 중첩되어 있다. 인간의 의식 속에 내재되어 있는 초월적 이상은 종종 신화로 탄생된다. 반면 인간의 의식과 현실 사이에서 설화는 탄생한다. 때문에 '역사적 사실'과 '설화적 진실'은 종종 충돌하거나 뒤집힐 때가 있다. 권위있는 저작에 의해 굳어진 우리의 상식이 '하루아침'에 뒤바뀌는 것도 이 때문이다. 우리의 의식 속에는 노래 중의 노래이자 가사 중의 가사인 향가 「서동요」의 주인공인 서동과 선화가 훗날 왕과 왕비가 되어 익산 미륵사를 창건했다고 기억되어 있다. 이것은 『삼국유사』 「기이」편의 '무왕' 조의 기록에 근거한 것이다. 반면 근래에 미륵사 서탑에서 출토된 「금제사리봉안기」에는 백제왕후가 좌평佐平 사택(砂/沙宅, 沙乇, 沙吒) 적덕積德의 딸로 되어 있다. 이것을 어떻게 이해해야 할까? 백제 왕후인 적덕의 딸은 단지 서탑의 사리봉안의 발원자로만 한정해야 할까?

　「사리봉안기」의 기록대로라면 미륵사의 창건 발원자는 사택 적덕의 딸인 왕후로 보아야 할 것이다. 그렇게 되면 '무왕' 조의 선화공주 발원 기록은 폐기해야만 하는가. 아니면 「사리기」의 문장에서 '우리 백제 왕후'(선화공주)와 '사택 적덕의 딸'을 병렬로 두고 발원자를 '두 사람'으로 보아야 할까? 이 부분은 좀 더 논의를 진행시켜 보아야 할 부분으로 짐작된다. 그런데 당시 상황으로 보아 신라와 백제 간의 결혼 동맹이 성립될 수 있었을까? 그럼에도 불구하고 두 나라 간 긴장완화와 양국의 이해를 위해 백제 왕과 신라 공주의 결혼동맹은 이루어졌을까? 『삼국사기』 백제 동성왕 15년 조에 의하면 왕이 사신을 신라왕에게 보내어 혼인을 청하자 신라 비처왕이 이찬伊湌 비지比智의 딸을 보냈다고 기록하고 있다. 이것은 신라와 백제의 결혼동맹이 이루어졌음을 의미한다.

무녕왕을 이은 성왕은 왕권을 강화하기 위해 16년 봄에 도읍을 공주에서 사비泗沘로 옮기고 국호를 남부여南夫餘라 하였다. 성왕 31년에는 왕이 신라와 연합하여 고구려를 치려고 했으나 신라의 배신으로 이루어지지 못하였다. 그해 10월에 왕의 딸이 신라에 시집을 갔다. 두 나라가 결혼을 통해 화친 동맹을 모색한 것은 모두 고구려를 의식했기 때문이었다. 하지만 국가 정세는 늘 자국의 이익을 우선시하기 때문에 이해관계에 따라 뭉쳤다가 헤어졌다. 신라가 동맹을 파기하자 성왕 32년에 왕은 신라를 공격하러 나갔다가 구천狗川(옥천)에서 전사하였다. 그 결과 백제의 국경은 축소되고 정세는 위축되었다. 『일본서기』는 당시 '나라의 대성 팔족[國中大姓八族]'은 "원로의 말을 들었다면 이런 일이 없었다" 하며 성왕을 이은 위덕왕을 심하게 추궁하였다고 적었다. 이렇게 되자 신권은 강화되고 왕권은 약화될 수밖에 없었다.

45년을 재위했던 위덕왕 이후 그의 동생인 혜왕惠王이 재위에 올랐으나 2년 만에 승하했다. 다시 혜왕의 아들 법왕法王이 재위에 올랐으나 또 2년 만에 승하했다. 이제 신하들은 '다루기 쉬운 이'나 '세력기반이 없는 이'를 왕위에 옹립하고자 했다. 해서 익산의 마룡지[馬龍池] 근처에서 어머니와 마를 캐먹고 살던 아이[薯童]였던 '장璋'은 몰락한 왕족으로서 신하들에 의해 왕위에 올랐다. 당시의 정치상황을 염두에 두면 그는 위덕왕의 아들로 추정되지만 『삼국사기』는 법왕의 아들로 적고 있다. 『삼국유사』는 과부의 아들로 적으면서도 확실하지 않다고 했다.

## 2. 서탑 사리봉안기의 이해

왕위에 오르기 전 서동은 신라 진평왕의 셋째 공주 선화가 아름답다는 말을 듣고 머리를 깎고 서라벌로 갔다. 동네 아이들에게 마[薯]를 나눠 주며 가까이 지내다가 그들을 꾀어 노래를 부르게 했다. "선화공주님은/ 남 몰래 얼어두고/ 맛둥방을/ 밤에 몰래 안고 간다." 동요가 순식간에 서라벌 안에 퍼져 궁중까지 알려졌다. 여러 신하들이 왕에게 간하여 공주를 멀리 귀양을 보내게 되었다. 공주가 떠나려 할 때 왕후는 순금 한 말을 주어 보냈다. 공주가 귀양을 떠나는 길에 서동이 나와 절을 하고 모시고 가겠다고 하였다. 공주는 그가 어디서 온 사람인지 알지 못했지만 우연한 만남을 기뻐하며 그를 믿고 따라가 정을 통하였다. 그런 뒤에 서동의 이름을 알고 동요를 믿게 되었다.

선화는 서동에게 어머니가 준 금을 내 놓으며 이것으로 함께 백제로 가서 생활계책을 세우고자 하였다. 서동이 크게 웃으며 자신이 마를 캐던 곳에는 황금이 진흙처럼 쌓여있다고 말하였다. 그곳으로 가서 구릉처럼 모은 금을 익산 용화산龍華山 사자사獅子寺 지명知命법사의 처소로 가서 신라로 금을 운반할 방법을 물었다. 공주가 편지와 함께 금을 사자사 앞에 옮겨다 놓자 법사가 신통력으로 하룻밤에 신라 궁중으로 날라다 놓았다. 진평왕이 그 신통한 변화를 기이하게 여겨 더욱 존경하고, 항상 서신으로 안부를 물었고, 서동은 이로 인해서 인심을 얻어 왕위에 오르게 되었다.

어느 날 무왕이 부인과 함께 사자사에 행차하려고 용화산 아래 큰 못가에 이르자니, 미륵 삼존이 못에서 나타났다. (왕과 왕비는) 수레를 멈추고 경의를 표하였다. 부인이 왕에게 말하였다. '이곳에 큰 절을 세우는 것이 저의 간절한 소원입니다.' 왕이 허락하고 지명법사에게 못을 메울 일을 물었다. 법사는 신통력으로 산을 무너뜨려 하룻밤 사이에 못을 메워 평지를 만들었다. 이에 미륵 삼회三會의 상[象]을 본떠서[法] 전각[殿]과 탑塔과 낭무廊廡를 각각 세 곳에 세우고 절 현판을 미륵사彌勒寺라고 하였다. 진평왕이 백공百工을 보내 돕도록 했는데 지금도 그 절이 남아 있다. 이처럼 '무왕' 조의 기록에 의하면 미륵사 창건의 발원자는 무왕의 왕후인 선화공주가 분명하다. 하지만 서탑 「사리봉안기」는 사택 적덕의 딸로 적고 있다. 이 두 기록의 상위를 어떻게 보아야 하는가.

일부 학자들은 '서동과 무왕은 동일인이 아니다'고 보아 "무왕설화는 사실史實의 기록이 아니라 무왕이라는 역사적 인물을 비범非凡의 인물로 표현하고 성화聖化시키기 위하여 기존의 구전설화를 차용借用해다가 무왕 개인의 이야기로 정착시킨 것으로 보인다"라고 보기도 한다. 또 "가난한 생활을 하던 서동 시절에 이렇게 많은 금을 모았다는 것은 현실적으로 불가능하다. (이것은) 무왕이 즉위 이후 상당한 양의 금을 확보하고 있었던 것을 상징적으로 보여주는 것(이며), 즉위 후 왕실 재정

을 튼튼히 하기 위해 금을 확보하려 하였고 그에 따라 금광을 개발하고
사금을 채취하는 것을 적극적으로 추진하지 않았을까 한다"라고 이해
하기도 한다. 이러한 관점은 설화적 요소를 역사적 사실로 해석한 예라
고 할 수 있다.


### 3. 무왕과 별도別都 익산

서탑 「사리봉안기」의 공개 이후 미륵사를 둘러싼 학자들의 논점은
크게 두 가지였다. 첫째는 이 절 창건의 중심 신앙이 무엇이며, 둘째는
발원자가 누구인가이다. '무왕' 조목에 의하면 '전殿'과 '탑塔'과 '낭무廊廡'
각 세 곳이므로 발굴 결과와 같이 3원 3탑의 가람배치로 보아야 할 것
이다. 그렇다면 미륵사의 구조는 세 불전[三殿]에 미륵 삼존불을 모시
는 미륵 삼회三會의 도량임이 분명하다. 이것은 미륵사상에 입각한 가
람배치로 보면 된다. 일부 학자는 발원자의 주체를 의식하여 "이 3원의
배치도를 보면 전체적으로 하나의 가람으로 통합되어 있으므로 그것은
곧 법화사상의 '회삼귀일會三歸一'이고, 서탑의 석가모니 진신사리는 법
화신앙자 사택 왕후가 모신 것이므로 미륵사는 미륵신앙과 법화신앙의
조화에 의해 창건된 대가람"이라고 보았다. 하지만 하나의 절 이름을
두고 몇 가지 사상의 근거로 해명하는 것은 부자연스럽다.

대개 절 이름에는 그 절의 사상적 배경이 담겨 있다. 때문에 미륵사
의 경우 미륵사상이 창건의 배경임은 분명하다. '무왕' 조 기록처럼 미
륵사상이 전제되어 있음을 고려하면 다른 사상을 끌어들일 필요는 없
다. 몇 개의 사상적 배경을 거론하게 된 것은 「사리봉안기」의 사택 왕

후 기록이 나오면서부터다. 또 다른 학자는 "사리봉안기와 '무왕' 조 기사의 등가설等價說에 입각하여 선화공주를 창건발원자로, 사택왕비를 서탑 사리봉안의 발원자"로 보기도 했다. 이와 달리 어느 학자는 미륵사의 창건 주체는 무왕이며, 그는 백제의 부흥을 위해 익산을 경영하면서 그 일환으로 미륵사를 창건했고 서탑의 발원자는 「사리기」에 적힌 대로 사택 왕후며, 그가 무왕의 '빈부嬪婦'로 등장하는 것을 보면 선화공주는 소비小妃였을 것이라고 하였다.

또 다른 학자는 "미륵사는 '선화공주'가 삼원 삼탑 대가람의 전체 밑그림을 그리고 '백제왕후'가 '가람'의 삼탑 중 서탑을 만드는데 기여하고 있다" 하였다. 하지만 이에 대해 한 학자는 "사리기든 '무왕' 조든 왕과 왕비(사택씨 혹은 선화공주)는 함께 발원하고 있으며, 가람의 일부인 탑이 아니라 이들 모두를 둘러싼 전체 즉 '가람을 조립하면서 00년월일에 사리를 봉영한다'고 사리기에 새긴 사실을 환기시키고 싶다며 절을 짓는 데 단계별로 발원자를 상정하는 것은 탑이 가람 조영의 마지막 단계라는 일련의 과정에 위배된다" 하고 정리하였다. 이러한 주장들을 종합해 보면 서로 주장이 충돌하고 있기는 하지만 공통되는 것은 미륵사의 창건 발원자가 왕비였다는 사실이다. 그리고 왕비 발원설은 수 백년 동안 면면히 이어져왔다는 것을 알 수 있다. 「사리봉안기」의 사택부인은 당대의 기록이고 선화공주는 후대 설화의 주인공이기만 할까?

아니면 청동기시대 이래 고조선이 해체된 이후 반도로 내려온 마한연맹馬韓聯盟 중심지의 하나였던 익산 지방의 왕조에 얽힌 기억이 '후조선=마한의 무강왕 사실'로 이어진 결과일까? 하여튼 이 조목의 관건은 역사적 사실과 설화적 진실을 어떻게 보아야 할 것인가에 겨냥되어 있다. 인간의 삶은 종종 사실과 진실의 경계에서 피어난다. '왕명王名'에서 풍기는 것처럼 풍채가 훌륭했고, 뜻이 호방했으며, 기상이 걸출했던 '무왕武王'은 강력한 백제를 세우려고 했다. 어렵게 재위에 오른 무왕은 고구려와 신라에 밀리며 나라가 위축되었던 상황을 극복하려고 했다. 이를 위해 그는 수도 부여에서 멀지 않은 익산에 임시 수도인 '별도別都'를 시설하였다. 익산에 별도를 둔 것은 그곳이 그의 성장 거점이자 신라로 진격하는 교두보였기 때문으로 짐작된다. 무왕은 익산에 '미륵사'와 '왕궁사王宮寺'를 세우고 신라가 합병한 가야의 고토 회복을 통해 백제의 강역 확장을 염두에 두고 있었던 것으로 짐작된다.

미륵사 당간지주와 복원동탑

# 의자왕은 과연 삼천궁녀를 두었을까?

## 1. 의자왕의 두 평가

인류사에는 영원한 승자도 영원한 패자도 없다. 한 나라의 개국 시에는 모두 승자가 되지만 한 나라의 패망 시에는 모두 패자가 되기 때문이다. 그러므로 모든 정사正史는 승자의 편에서 기록되며 패자는 정사에서 지워지거나 왜곡된다. 반면 야사野史는 승자뿐만 아니라 이따금씩 패자도 기록해 정사가 그려내지 않은 혹은 못한 그려내지 못한 진실을 전해주곤 한다. 『삼국유사』 역시 역사서라는 점에서 승자의 기록을 담아낸다. 하지만 『삼국유사』는 승자의 기록뿐만 아니라 패자의 기록도 담아냈다는 점에서 '야사'라는 평가에서 자유롭지는 못하다. 그러나 『삼국유사』는 정사인 『삼국사기』가 담아내지 못한 것을 담고 있다는 점에서 '대안사서代案史書'라는 평가가 온당한 표현일 것이다.

흔히 한 나라의 마지막 왕에 대해 역사가는 많은 분량을 할애하여 상세한 묘사를 덧붙이곤 한다. 후백제의 견훤에 의해 옹립되었음에도 불구하고 고려 태조에게 귀부한 신라의 마지막 왕인 '김부대왕(경순왕)'

조목은 대표적인 사례라고 할 수 있다. 이와 달리 일연은 백제의 의자왕에 대해서는 별도의 조목을 할애하지 않고 있다. 단지 의자왕은 삼국통일의 기반을 다진 '태종 춘추공' 조에서 무열왕의 업적 속에서 기술할 뿐이다. 아마도 일연은 의자왕이 역사의 패자였기에 그렇게 편집했을 것이다. 반면 고려인이자 국사를 역임했던 일연이었기에 고려 태조 왕건에 귀부한 경순왕의 경우는 의자왕과 다를 수밖에 없었을 것이다.

승하 이후에 후세 사가들에 의해 기록된 왕호의 풀이처럼 '의자왕義慈王'은 '의롭고 자애로운 왕'이었다. 그는 무왕과 선화공주(일설에는 익산 호족의 딸?) 사이에서 태어났다. 『삼국유사』에는 그가 "무왕의 맏아들로서 용맹하고 담력이 있으며, 어버이를 효로 섬기고 형제들과 우애하여 당시에 '해동 증자'로 불렸다" 한다. 이것은 중국의 춘추시대에 '효성'과 '우애'가 넘친 공자의 제자였던 증자에 빗댄 것이다. 『삼국사기』 제28권 「백제본기」 '의지왕' 원년 조는 그가 "웅위 용감하고, '담력'과 '결단력'이 있었다" 하였다. 하지만 재위 16년 조의 기록에는 왕이 궁녀와 더불어 음황淫荒 탐락耽樂하여 술 마시기를 그칠 줄 모르자 좌평 성충이 극간하였으나 왕이 성을 내어 성충을 옥중에 가두었다고 한다.

그런데 국립 부여박물관 유물 중에는 의자왕의 아들인 태자 융融의 묘지석이 보존되어 있다. 이 묘지석에 의하면 융은 원술 원년(682)에 68세로 죽었다고 기록되어 있다. 이를 역산하면 그는 615년에 태어났을 것이다. 융이 대략 의자왕의 20세 경에 태어났다면 의자왕은 아마도 595년경에 태어났을 것이다. 이렇게 되면 그가 재위에 올랐던 시절(641)은 46세경이었으며 기록에서처럼 재위 16년이면 의자왕이 60세경이었을 것이다. 그렇다면 60세 이상의 노왕이 과연 궁녀를 탐하고 술에 탐닉할 수 있었을까 자못 의심된다. 더욱이 젊은 시절 총명했던 그가 그렇게 쉽게 말년에 주지육림酒池肉林에 빠질 수 있었을까? 더욱이 백제가 멸망할 때의 의자왕의 나이는 66세경이었을 것으로 짐작되기 때문이다.

## 2. 정복 군주와 삼천 궁녀의 진실

부여(사비)의 왕성 중심에 있는 소박하고 우아한 정림사지 5층 석탑은 백제의 영광과 자랑을 담고 있다. 당시 백제는 큰 나라였다. 김유신의 백제 공격에 대해 진덕여왕은 "작은 나라인 우리가 큰 나라인 백제와 건드렸다가(以小觸大)' 위험을 당하면 장차 어찌하겠소"라는 대화를 남기고 있다. 이 대화에서 알 수 있는 것은 당시 신라인들에게 백제는 '큰 나라'로 인식되고 있었다는 사실이다. 의자왕은 재위 2년에는 신라를 공격하여 40여 개의 성을 빼앗아 정복군주로서의 면모를 보였다. 이후에도 10여 차례나 신라를 공격하여 낙동강 서부전선을 차지하고 신라를 동부전선 밖으로 밀어냈다. 남쪽으로는 창녕의 황강을 이용하여 경주의 관문인 합천의 대야성 일대까지 영토를 확장했다.

백제를 상징하는 정림사지 5층 석탑의 1층 탑신부에 새겨진 '대당평백제국비명大唐平百濟國碑銘'에는 당시 강성대국 백제는 620만 명의 인구를 지녔다고 기록하고 있다. 중국 기록에는 백제 멸망시 인구가 76만 호였다고 하며, 『주서』 「백제전」에는 당시 부여 인구가 1만 호였다고 하니 5인 1호로 셈하면 5만 명이었다는 사실을 알 수 있다. 이 중 여자를 그 반인 25,000명을 상정하고 어린이와 노인을 빼면 약 15,000명에 이르게 된다. 3천 궁녀라면 이 중의 20프로를 잡아야 3,000명이 된다.

하지만 당시 이렇게 많은 궁녀가 왕궁에 거처할 수 없다는 점을 고려하면 3천 궁녀의 주장은 현실성이 없다고 해야 할 것이다. 굳이 3천을 셈해 본다면 '궁녀'만이 아니라 궁중의 '부인'들까지 포함한 숫자로 보아야 할 것이다.

조선시대 명종 대 천재 시인이자 문인인 민재인閔齋仁은 「백마강부白馬江賦」라는 시를 통해 백제의 3천 궁녀에 대해 처음 언급하고 있다. 이 시는 "구름같은 삼천 궁녀/ 후궁들의 고운 얼굴에 눈 멀었네"로 시작한다. 조선 후기 이익李瀷의 『성호사설』에는 당시의 궁녀가. 684명이었다고 기록하고 있으며, 조선 고종 때 정궁뿐만 아니라 별궁의 궁녀들을 합쳐 약 600여 명이 거주했다고 기록하고 있다. 조선조 제26대 고종 당시 궁녀 수가 별궁을 합쳐 600명이었다는 기록으로 본다면 7세기 중엽 당시 사비성에 3천여 명의 궁녀가 있었다는 기록은 설득력이 없는 숫자라 할 수 있다. 이런 사실로 미루어볼 때 그리고 7세기 중엽의 왕실 규모로 볼 때 3천 궁녀가 거주하는 것은 불가능했다고 할 수 있다. 아마도 '삼천'이라는 숫자는 불교나 문학에서 즐겨 쓰는 것처럼 '문학적 장치'이자 '슬픔의 상징'으로 이해해야 할 것으로 짐작된다.


## 3. 십자 동맹과 의자왕의 최후

당시 백제는 당시 동아시아 질서를 리드하던 당나라는 백제와도 긴밀한 관계를 유지해 왔다. 백제는 성왕 이래 신라와 나제羅濟동맹을 체결하여 고구려로부터 한강 유역을 빼앗았다. 하지만 신라는 다시 백제를 쳐서 한강 유역을 빼앗아 갔다. 그러자 무왕 이래 의자왕은 한성백제의 거점인 한강 유역을 되찾는 것이 숙원이었다. 의자왕은 재위 2년에 신라를 쳐서 40여 개 성을 빼앗았다. 15년에는 다시 고구려와 말갈과 함께 신라의 30여 개 성을 쳐부수었다. 그렇게 되자 위기에 빠진 신라의 진덕여왕은 자존을 세웠던 선덕여왕 대와 달리 당을 중심으로 하는 동아시아 질서에 편입되어 갔다. 점차 신라는 당과 긴밀한 관계를 맺게 되었고 당나라의 복식과 연호를 받아들였다.

그러자 당은 백제에게 신라로부터 빼앗은 성을 돌려주라며 외교적인 간섭을 했다. 오랜 고민 끝에 의자왕은 이를 거부하였다. 그 결과 당과 신라가 '가로' 동맹을 맺고 백제의 공격에 나서자 백제는 고구려와 왜국을 설득하여 '세로' 동맹을 맺어 십자十字 동맹을 완성시켰다. 급기야 한반도를 둘러싼 정치판은 신라와 당나라의 '가로 획'과 백제와 고구려 및 왜로 이어지는 '세로 획'을 합쳐 '십자十字 동맹'을 형성시켰다. 당나라는 소정방을 총사령관으로 한 13만 명의 대군을 이끌고 산동 반도의 성산城山에서 덕물(적)도를 거쳐 금강 하구로 쳐들어 왔다. 신라는 김유신을 총사령관으로 한 5만 명의 대군을 이끌고 백제의 사비성(부여)으로 전진해 왔다. 신라와 당이 백마강과 탄현을 지났다는 소식을 들은 백제 의자왕은 계백의 5,000결사대를 모아 황산벌에서 최후의 전투를 치르게 하였다.

당시 의자왕은 웅진성에서 농성전을 이끌고 있었다. 웅진방어사령부의 실질적인 지휘관은 웅진방령 예식禮植이었다. 그런데 의자왕은 항전 10일째인 660년 7월 18일에 갑자기 항복하고 만다. 『삼국사기』 「백제본기」에는 "의자왕과 태자 효孝가 제 성주들과 함께 항복했다[王及太子孝與諸城皆降]"라고 당시 상황을 기록하고 있다. 『삼국사기』 「신라본기」에는 "의자왕이 태자 및 웅진방령군을 거느리고 웅진성에서 나와 항복했다[義慈率太子及雄鎭方領軍等, 自熊津城來降]"라고 적고 있다. 반면『신당서』에는 "그 대장 예식이 의자왕과 함께 항복했다[其大將植 又將義慈來降]"라고 했고,『삼국사기』보다 200여 년 앞선『구당서』(945)에도 "그 대장 예식이 의자왕과 함께 항복했다[其大將植, 又將義慈來降]"라고 기록하였다. 사서 기술의 문법에서 볼 때『신당서』와『구당서』가 항복의 주체를 의자왕이 아니라 부하인 예식으로 기술한 것은 그가 당시 무엇인가 특별한 역할을 했음을 암시해 주고 있다.

『구당서』의 의자왕 항복 기사 바로 뒤의 융融 관련 기사에는 "그 대장 예식이 의자왕과 함께 와서 항복했고 태자 융은 여러 성주들과 함께 [其大將植, 又將義慈來降, 太子隆幷與諸城主皆同送款]"라는 표현은 태자 융이 주체로 되어 있어 문제가 없다. 그런데 민족사학자 신채호 선생은『조선상고사』에서 의자왕의 항복 장면을 "웅진성의 수성대장이 왕을 잡아 항복하라 하매 왕이 자결을 시도했으나 동맥이 끊기지 않아… 당의 포로가 되어… 묶여 가니라….'라고 독특하게 표현하였다. 이 문구는 의자왕이 측근인 수성대장 예식에게 잡혔다는 뜻으로 이해된다. 한문을 일상적으로 접하는 중국 역사학자 바이근싱 산시대학 교수는 여기서 '데리고'는 '왕을 사로잡아서 당나라에 투항했다'는 뜻으로 단언하고 있다. 아마도 의장왕은 동아시아질서를 주도하는 당의 비위를 거슬렀기 때문이 아니었을까? 그리고 이때부터 '정복군주'였던 의자왕의 이미지는 왜곡되기 시작했던 것이 아니었을까? 그럼에도 낙화암 아래의 고란사 벽화에 그려진 삼천 궁녀의 낙화하는 모습이 봄날 떨어지는 벚꽃비와 겹쳐지는 것은 나만의 소회所懷일까?

부여 부소산성 궁녀각

부여 부소산성 궁녀상

# 사마왕 즉 무녕왕이 왜국에서 태어난 까닭은?

## 1. 사마(무녕)왕의 귀국

1971년 7월 7일 공주 송산리(현 금성동)에서 무녕왕릉이 발굴되었다. 무덤은 수만 장의 벽돌로 지은 정교한 집과 같았다. 하지만 이 낯선 형식의 벽돌무덤[塼築墳] 속의 주인공이 무녕왕일줄은 아무도 알지 못했다. 제25대 사마왕이 무녕왕임을 기록하고 있는 『일본서기』는 이 무덤 주인공의 신분과 출생을 알려주었다. 주인공은 사마(무녕)왕과 그 왕비였다. 이 왕릉은 많은 무덤 중 유일하게 주인이 밝혀진 곳이다. 발굴 당시 이 무덤의 문은 매우 단단하게 회칠이 되어 있었다. 출토된 금속공예품은 화려한 백제미를 보여주었다. 그런데 무덤의 문을 열었던 당시 발굴단(단장 김원룡)은 발굴 도중 200밀리미터의 장맛비를 만났다. 이들은 무덤 속의 108종 3,000여 부장 유물들이 어떻게 배치되었으며, 왜 이런 유물들이 안치되었는지에 대한 검토 없이 하룻밤에 발굴을 끝내 버렸다. 최초의 위대한 발굴 작업이었음에도 불구하고 가장 졸속으로 이루어지면서 최악의 발굴이 되었다.

백제의 아신阿莘왕은 가야에 이어 왜국과 화친을 맺고 맏아들인 태자 전지腆支(直支)를 왜국에 보냈다. 왕이 죽자 둘째 아우 훈해訓解가 정사를 대행하며 태자의 환국을 기다렸는데, 막내 아우 첩례(諜禮)가 훈해를 죽이고 왕이 되었다. 전지는 왜국 군사로 하여금 자신을 호위하게 하고 해도海島에 기다렸다. 이윽고 나라 사람들이 첩례를 죽이고 전지를 맞아 즉위하게 하였다. 그를 이은 구이신久尒辛왕은 재위 1년 만에 세상을 떠났고 다시 비유毗有왕이 왕위에 올랐다. 비유왕이 29년을 재위한 뒤 승하하자 아들인 개로왕이 왕위에 올랐다. 그는 북위와 신라와는 긴밀한 관계를 유지했으나 고구려와는 전쟁을 끊이지 않았다. 고구려는 개로왕蓋鹵(近蓋婁)이 바둑을 좋아한다는 사실을 알고 바둑의 고수인 승려 도림道琳을 첩자로 삼아 백제 왕실에 침투시켰다.

개로왕은 재위 21년 이래 도림의 꾀임에 넘어서 바둑으로 일관하였다. 바둑으로 신임을 얻은 도림의 꾀임에 의해 국민을 동원하여 궁실과 누각과 대사臺榭를 굉장히 화려하게 마련하자 창고가 텅비고 백성이 곤궁하여 나라의 위태함이 알卵을 포개 놓은 것 같았다. 도림이 고구려로 도망하여 이 정황을 장수왕에게 알리자 왕은 군사 3만을 거느리고 와서 왕도 한성을 포위하였다. 개로왕은 성문을 닫고 나가 싸우지 않았으나 고구려 군이 바람을 이용하여 불을 질러 성을 태우자 궁박했던 개로왕은 수십 명의 기병을 거느리고 문을 열고 나와 서쪽으로 달아나다가 고구려 군에게 살해당했다. 결국 개로왕은 한성백제의 마지막 왕이 되었고 이로써 한성백제는 문을 닫았다. 그의 아들인 문주文周/汶洲왕은 웅진으로 도읍을 옮기고 국호를 '남부여'(475년)라 하였다.

문주왕이 재위 4년 만에 실권을 잡은 병관좌평 해구解仇에게 시해되자 그 맏아들인 삼근三近왕이 재위에 올랐다. 하지만 삼근왕 역시 재위

3년 만에 승하했다. 문주왕의 아우 곤지昆支의 아들인 동성왕이 재위에 올랐다. 담력이 뛰어나고 활을 잘 쏘았던 동성왕은 재위 23년에 신라와 전투를 벌이던 중 가림성加林城(임천 성흥산성)을 지키라고 명했으나 가기를 싫어하고 반역(사직?)을 한 장군 백가苩加의 자객에게 시해당했다. 곤지는 왜국에서 태어난 동성왕의 둘째 아들 사마(隆)를 왕위에 올렸다. 그가 바로 사마왕 즉 무녕왕이다.

## 2. 무녕왕의 즉위와 국제화

개로왕(기록은 문주왕?)의 아우였던 곤지는 461년에 임신한 여인을 아내로 삼았다. 곤지는 여인은 돌려보내고 아이를 데리고 왜국의 오사카로 건너갔다. 하비키노시 아쇼카 마을에 남아 있는 아스카베 신사飛鳥戶神祀에서는 지금도 '백제의 곤지왕琨知王이 죽어서 조상신으로 추대되어 추앙을 받고 있다. 이것은 곤지가 일본 열도내에서 일정한 기반을 구축했다는 사실을 알려준다. 이곳의 신사에는 사마가 '섬에서 태어나 일본으로 건너온 아이'로 알려져 있다. 그런데 이 섬은 규슈 후쿠오카 북쪽에 있는 가카라시마各羅島이며 가당도加唐島로 표기되어 있다. 이 섬은 현재에도 약 100호 정도가 살고 있는 조그마한 섬이다.

이 섬에는 동쪽 끝 절벽의 계단 아래에는 '오비야オビャ'라는 해안동굴이 있다. 이곳 마을에서 20미터 앞에는 우물이 있으며 무녕왕이 이곳에서 태어나 우물에서 씻었다고 전한다. 지금도 '무녕왕생탄지無寧王生誕の地'라는 신위가 모셔져 있다. 무녕왕은 이곳 사람들에게는 '바람에 의해 여기에 와서 태어났'고 알려져 있다. 『삼국사기』「백제본기」

'문주왕 3년' 조에는 그해 가을 7월에 내신좌평 곤지가 죽었다 적고 있으며, '동성왕' 조목에는 동성왕이 문주왕의 아우인 곤지昆支의 아들이라고 적혀 있다. 반면 『일본서기』는 무녕왕을 곤지의 형인 개로왕의 아들이라고 적고 있다. 『일본서기』에 의하면 곤지가 아내로 청한 여인은 개로왕의 왕비였다. 그렇다면 곤지는 왜 임신한 형수를 아내로 삼으려 했을까? 그리고 『일본서기』의 기록처럼 곤지는 과연 개로왕의 동생이었을까. 아니면 『삼국사기』의 기록처럼 문주왕의 아우였을까?

무녕왕은 고구려가 말갈과 공모하여 자주 침입하자 이에 맞서 여러 차례 군사를 내어 격퇴하였다. 재위 12년에는 사신을 양나라에 보내어 조공하면서 국제질서에 대응해 갔다. 재위 21년 겨울 12월에는 사신을 양나라에 보내어 조공하고 "이에 앞서 고구려에게 패전을 당하여 여러 해를 쇠약하게 지내다가[先是爲高句麗所破, 衰弱累年], 무녕왕에 이르러 여러 번 고구려를 부수고 비로소 서로 우호관계를 개통하여 다시 강국이 되었다[稱累破高句麗, 始與通好, 而更爲强國]"라고 표를 올렸다. 중국 사서 역시 "여러 차례 고구려를 깨뜨리고 백제가 다시 강국이 되었다[累破句麗, 百濟更爲强國]" 기록하고 있다. 여기서 여러 차례 고구려를 깨뜨렸다는 것은 무명왕이 국력을 크게 키웠다는 것을 의미한다. 발굴된 합장 무덤인 무녕왕릉의 규모는 대왕으로서의 권위를 보여주고 있다.

무녕왕은 23년 동안 재위하면서 강력한 백제를 도모했다. 일본에서 태어나 백제 왕에 오른 것처럼 그는 즉위 이후부터 국제적인 시선과 감각을 보내 주었다. 무녕왕릉의 양식은 중국 남조 양나라의 탑묘塔廟제를 원용한 것이다. 부장된 유물들 역시 최고의 재질로 만든 것으로서 양나라의 무덤 속에 안장된 부장품들과 동일한 것들이었다. 발굴된 기와 역시 양나라의 기와 양식을 모방해서 새롭게 만든 것이었다. 아마도 백제와 긴밀한 교류를 했던 양나라가 무령왕릉의 부장품 목록을 만들고 건네준 것으로 짐작된다. 무령왕의 무덤 속에 부장된 왕과 왕비의 유물들은 당시 동아시아 질서 속에서 백제가 지녀왔던 위상이 결코 적지 않았음을 보여준다. 이들 유물들은 국제적 감각을 지녔던 무령왕이 재위 중 '국제화'의 전략으로 백제의 존재감을 극대화시켰다는 사실을 시사해 준다.

## 3. 백제 통치자들의 세계 인식

한반도 서남쪽에 자리했던 백제는 국제성을 지향해 왔다. 백제는 한성백제를 잃고 웅진백제로 도읍을 옮긴 지리적 조건에서부터 바다와 긴밀한 관계를 가졌다. 『삼국유사』에 인용된 『북사』에는 "동쪽으로는 신라에 닿았고, 서남쪽은 큰 바다와 닿아 있으며, 북쪽 끝은 한강에 다다랐는데, 그 군은 거발성居拔城 또는 고마성固麻城이라 하며, 그 밖으로는 오방성이 있다" 하였다. 또 『통전』에는 "남쪽으로 신라에 닿았고, 북쪽으로는 고구려가 위치하고, 서쪽으로는 바다에 경계하고 있다" 하였다. 『구당서』에는 "부여의 딴 종족으로 동북쪽은 신라요, 서쪽으로는 바다를 건너면 월주越州요, 남쪽으로는 바다를 건너면 왜국에 이르고, 북쪽은 고구려이다. 그 왕이 거처하는 곳은 동·서 두 성이 있다"고 하였다. 『신당서』에는 "서쪽으로는 월주로 경계하고, 남쪽으로는 왜국인데 모두 바다 건너편이고, 북쪽은 고구려이다" 하였다. 이들 기록에서처럼 백제는 삼국 중 가장 길게 바다를 끼고 있는 나라이면서 신라와 고구려와 왜국과 접해 있는 나라였다는 사실이다.

이러한 지리적 조건은 백제가 일찍부터 반도 밖으로 시선을 두는 계기가 되었다. 해서 가야에 이어 왜의 열도로 나아갔는가 하면, 근초고왕 대에는 여광에 의해 산동 반도로부터 허베이 성 등에 이르는 요서백제를 경영하여 백제의 강역을 확장시켰다. 서해와 남해는 백제의 앞마당이었고 그 결과 백제 문화는 신라와 고구려에 견주어 국제성을 띠었다. 이러한 국제성은 지리적 조건 때문만이 아니라 강성한 고구려와 가야의 영향 때문으로 보인다. 상대적으로 약했던 신라와 달리 남해 바다를 앞마당으로 삼았던 가야는 일찍부터 왜 가야를 경략하면서 반도와 열도를 지배하였다. 고구려 역시 경기만 일대를 앞마당으로 삼으면서도 중원과 만주대륙으로 뻗어나갔다. 고구려와 가야의 이러한 확장은 백제에 많은 자극을 주었을 것으로 짐작된다.

그 계기는 아신왕이 왜국과 화친 관계를 맺으며 태자 전지를 파견하면서 마련된 것으로 이해된다. 이즈음 왜에 대한 가야의 영향력은 반도의 임나가야뿐만 아니라 왜 가야로 뻗어나가면서 크게 확장되었다. 하지만 가야가 백제와 왜와 연합하여 신라 정벌을 도모하자 고구려 광개토태왕이 구원을 요청한 신라를 지원하면서 상황은 크게 변화되기 시작했다. 신라는 고구려의 지원에 힘입어 가야와 백제와 왜 연합군을 공략하면서 부산 복천동 전투에서 최종 승리하였다. 고구려 신라 연합군에 패한 금관가야의 응신(천황)은 왜로 민족을 대이동시켰다. 응신을 뒤이은 인덕(천황)은 30여 년 뒤 가와치 왕조를 창설하면서 가야는 다시 왜 가야로 이어졌다. 왜 가야와 새로운 관계를 개선하기 위해 아신은 태자 전지를 왜국에 볼모로 파견하였다.

이를 계기로 백제는 왜국으로 시야를 열었고 이후 백제는 국제적 인식에 있어 삼국 중 가장 앞서가기 시작했다. 왜국에서 태어난 사마왕 즉 무녕왕은 이러한 국제적 감각을 지닌 영명한 군주였다. 무녕왕릉에서 나온 왕과 왕비의 관재棺材인 금송金松은 일본에서만 나는 최고급 목재이다. 금송은 일본 왕궁을 기둥을 비롯해 귀족과 임금의 관재로 쓰였던 특산품이다. 이 금송으로 왕과 왕비의 관재를 썼다는 것은 왜국에서의 그와 백제의 영향력을 시사해 주는 것이다. 무녕왕릉에서 발굴된 지석誌石의 탁본에는 무덤의 주인공이 '영동대장군 백제 사마왕', 즉 무녕왕임을 가리키는 명문이 새겨져 있다. 이것은 일본 고고학계의 쟁점이었던 마법의 거울 인물화상경의 주인공이 무녕왕임을 밝혀준 것이었다. 이처럼 무녕왕과 무녕왕릉은 6세기 초엽 백제-왜의 국제관계를 보여주는 주요한 기준이 된다는 점에서 주목하지 아니할 수 없다.

공주 송산리 무녕왕릉

무녕왕릉 추모재

# 금관가야 본류가 왜나라로 건너간 까닭은?

## 1. 동아시아 최초의 국제전

　김부식은 『삼국사기』에서 '신라'와 '고구려'와 '백제'의 '삼국'만 기록
했다. 그는 삼국 이외에 또 다른 제국을 세워 '대륙'과 '반도'와 '열도'를
호령했던 대발해와 가야연맹에 대해서는 독립된 조목으로 싣지 않았
다. 김부식은 당시의 상황에 대해 "왕의 말이 무릎을 꿇고 슬프게 울었
다"라고 적어 가야 연합군에 거짓 항복한 내물왕 당시의 상황을 암시하
고 있을 뿐이다. 이러한 기술은 삼국의 강역을 반도 중심으로 본 김부
식 사관의 국부성 때문이라 해야 할 것이다. 반면 일연은 『삼국유사』
에서 짧기는 하지만 '말갈 발해' 조목을 두어 '대발해'의 기록을 남기고
있다. 또 가야에 대해서는 '오가야'와 '금관성 파사석탑' 조목을 싣고 있
다. 그뿐만 아니라 고려 문종 때 금관 지주사였던 김양일金良鎰이 정리한
『가락국기』를 하나의 조목으로 '간추려 싣고略而載之' 있다. 일연이 『가
락국기』 전체 분량을 얼마나 줄였는지는 알 수 없다. 다만 가야왕 세계世
系의 대체를 기록하고 있어 많은 부분을 축약한 것 같지는 않아 보인다.

이처럼 전 시대의 김부식은 정사正史『삼국사기』에서 이들 가야와 대발해 두 제국을 배제시키고 우리 역사를 반도 안에 축소시켜 한국사의 외연을 크게 축소시켰다. 그러나 후 시대의 일연은 대안사서인『삼국유사』에 두 제국을 담아냄으로써 한민족의 강역을 온전히 담아내려고 했다. 이 점은 '고조선' 조목과 '향가' 류의 수록과 함께 『삼국유사』의 가장 주요한 미덕이라 해야 할 것이다. 가야는 일찍이 신라에 합병되었고 금관가야의 본류가 왜나라로 건너갔지만 일본사에 감춰진 채 겨우 일부분만이 알려져 있을 뿐이다. 남아 있던 금관가야의 지류는 이웃 가야연맹으로 퍼져 철기 문화를 보급시켰다. 대가야는 맹주였던 금관가야의 지위를 계승했지만 곧 신라에 흡수되었다. 결국 삼국에 맞섰던 제4의 제국 가야연맹의 존재감은 신라에 귀부한 김유신계를 제외하고는 정당하게 인식되어 오지 못했다.

　하지만 김부식의 반도 중심적 사관을 넘어 대륙과 반도와 열도를 걸친 '국강상광개토호태왕'의 동북아시아적 시각에 서게 되면 종래의 역사관을 수정하지 않을 수 없게 된다. 즉 중국과 대등했던 고구려의 천하관 내지 세계관에서 본다면 이후 한반도에 널리 퍼진 중국 중심의 천하관은 받아들이기 어렵다. 고구려는 백제를 제압하여 속국으로 만들었을 뿐 아니라 신라를 구원하면서 신라까지 속국으로 만들었다. 당시 광개토대왕은 신라와 백제를 아울러 삼국통일을 할 수 있었다. 하지만 그는 백제와 신라 및 동부여와 북부여까지도 동일한 민족으로 보았다. 해서 광개토대왕은 고구려 중심의 질서에 편입시켜 조공을 바치는 속국으로 삼았을 뿐 이들을 통합하지 않았다. 하지만 비려碑麗(패려, 契丹족 일파)와 왜나라는 무너뜨려야 될 대상으로 인식하여 이들 나라와 달리 응대하였다.

한편 금관가야는 철을 생산하고 수출하면서 철기문화를 주도한 강력한 나라였다. 그들은 백제와 왜나라와 연합하여 신라를 무너뜨리고 한반도 남부를 제압하려 했다. 가야 연합군에 밀리던 신라의 내물왕奈勿王은 급히 고구려에게 구원을 요청했다. 후연後燕과 맞서던 광개토대왕은 내물왕에게 거짓 항복(受◇◇下辱, ◇◇下之辱)하여 고구려 지원군이 도착할 때까지 시간을 벌도록 권유했다. 광개토대왕은 대장군 고양에게 보기군步騎軍 5만 명을 주어 신라를 지원하게 하였다. 내물왕은 백제(阿莘王)-가야(伊尸品王-坐知王=金叱)-왜 연합군에게 성문을 열고 백기를 들고 항복하였다. 그 즈음 고구려 점령지역의 이민족인 말갈과 숙신 및 거란(비려)의 보병과 고구려 정예 기병 5만과 합세하여 경주 지역의 가야 연합군을 물리쳤다. 경주에서 밀려난 금관가야의 본류는 백제와 왜와 연합하여 '임나가라'(『일본서기』, 「봉림사진경대사탑비문」;『삼국사기』「강수열전」)의 종발성(부산 福泉洞 일대)에서 신라-고구려 연합군과 최후의 결전을 치르게 되었다.


## 2. 국강상 광개토 호태왕비의 기록

광개토대왕은 신라 내물왕을 지원하여 경주 지역에서 가야연합군을 제압했다는 첩보를 받았다. 그는 곧 대장군 고양에게 급히 전병을 보내어 별도의 지시가 있을 때까지 전투를 벌이지 말고 기다리라고 엄명을 내렸다. 태왕의 친서를 받은 고양은 용병과 전투의 귀재인 광개토대왕의 원대한 계획을 이해하지 못했다. 하지만 친서를 본 그는 명을 따랐다. 광개토대왕은 가야 연합군과의 승전 이후에 벌어질 복잡한 판도 변화를 예견하고 미리 포석을 두고자 했다. 그는 신라의 참패 이후 민심을 추스르는 주체로 내물奈勿을 적합한 인물로 여기지 않고 있었다. 때문에 광개토대왕은 가야 연합군의 격퇴에만 목적을 두지 않았다. 그는 승리 이후에 신라를 고구려의 지배 아래 두려고 구상하고 있었다.

47년 동안 재위에 있었던 내물왕에게는 여러 명의 아들이 있었다. 『삼국사기』는 태자 눌지訥祗와 왕자 미해美海, 복호卜好, 미사흔未斯欣 등이 있었다고 전한다. 하지만 이들은 모두 나이가 어려 후계를 맡길 수 없다고 여겼다. 광개토대왕은 전혀 새로운 인물로서 고구려에 인질로 잡혀왔던 실성實聖을 세우고자 하였다. 실성은 김씨의 건국시조인 알지閼智와는 먼 친척이자 제13대 미추왕 동생의 후손이었을 뿐, 내물왕의 아들이 아니었다. 내물왕 역시 선왕이었던 흘해왕訖解王이 후사 없이 돌아가자 대신들의 추대에 의해 왕위에 올랐을 뿐 적자가 아니었다. 때문에 내물은 언젠가는 자신의 아들들과 왕권을 다툴 수 있는 실성의 존재가 불편하였다. 해서 당시의 기인其人제도에 따라 자신의 아들 대신 실성을 고구려에 인질로 보냈다. 실성은 고구려에서 8년간 머물면서 자유롭게 생활할 수 있었다.

하지만 억울하게 고구려에 볼모로 잡혀갔던 실성은 늘 내물왕에게 불만이 있었다. 뒷날 왕위에 오른 실성이 고구려인을 시켜 내물왕의 아들 눌지를 죽이려 했음은 이를 뒷받침해 준다. 평소 실성의 성품을 살피고 있었던 광개토대왕은 그를 신라-고구려 연합군의 총사령관으로 임명하였다. 태왕은 그에게 전공을 몰아줌으로써 새로운 왕으로서 갖추어야 할 명분과 위엄을 얻을 수 있게 하였다. 광개토대왕은 자신이 엄선한 정예군 500명을 실성의 호위군으로 삼고 '내물왕 교체'라는 특별한 임무를 부여했다. 그 결과 동아시아 최초의 국제전쟁 결과는 가야

연합군의 패배였다. 평소 많은 배를 보유하면서 뛰어난 항해술을 지녔던 금관가야의 본류는 보트 피플boat people이 되어 현해탄을 건넜다. '출가야기出伽倻記'는 이렇게 쓰이기 시작했다.

이후 금관가야의 수도 김해는 폐허로 변하였다. 그리고『삼국유사』「가락국기」에 기술된 취희吹希왕－질지鉒知왕－구형仇衡왕 등은 금관가야의 적손嫡孫이 아니라 부산 복천동 일대에서 종래의 기득권을 가진 수장이었을 것으로 짐작된다. 장수왕 2년(414)에 고구려 옛땅 집안현에 세운 '국강상광개토호태왕비國罡上廣開土好太王碑'(6.4미터, 4면 1775자)에는 "원래 백제와 신라는 우리들(고구려)의 속민으로서 항상 조공을 바쳐왔는데 이후 신묘년辛卯年(391)에 조공을 바치지 않으므로 백제와 왜국, 신라를 쳐서 이겨 신민으로 삼았다"(李進熙, 李亨求 해석)고 적었다. 하지만 일본 메이지明治정부의 군부는 육군참모본부의 첩보 제리提理 가쓰라 국장과 첩보원 사코오 중위를 시켜 비문 속 '내도해파來渡海波'의 주체를 바꾸어 "왜, 즉 일본이 신묘년에 바다를 건너와서 백제와 신라를 쳐서 신하로 만들었다"로 조작하게 하였다. 이것이 바로 일본이 경상남도 일대에 설치했다는 '임나일본부任那日本府설'이다.


## 3. 금관가야 본류의 왜국 이주

광개토대왕은 할아버지인 고국원왕을 죽인 백제를 토벌해 항복시켰지만 멸하지는 않았다. 다만 아신의 동생과 열 명의 인질만을 데리고 국내성으로 돌아왔을 뿐이다. 또 그는 신라 역시 정복할 수 있었음에도 불구하고 실성왕을 내세워 속국으로 삼았을 뿐 나라를 멸하지 않았다.

광개토대왕은 가야 연합군을 물리치고 금관가야를 멸할 수 있었지만 바다 밖으로 달아날 퇴로를 열어둠으로써 가야인들의 비상탈출을 묵인하였다. 그는 중국과 대등한 고구려의 천하관 내지 세계관 아래에 백제와 신라 및 가야 그리고 동부여와 북부여 등을 두고자 했다. 하지만 피를 나누지 않은 왜나라와 거란(비려)은 멸하려고 했다. 신라－고구려 연합군에 밀려난 금관가야 본류는 결국 배를 타고 왜나라로 건너갔다.

5세기 초 이후 김해 대성동 고분의 왕릉과 수장급 대형 분묘 축조가 갑자기 중단되었다. 평상시 4~5미터 이상의 분묘 조영이 사라지고 겨우 2미터 전후의 봉분만이 조영되었던 것은 이를 뒷받침해 준다. 일찍이 부여 기마민족은 선비족鮮卑族의 침입을 받아 나라를 빼앗기고 남쪽으로 민족의 대이동을 감행하였다. 그들은 동해안을 따라 내려와 김해 지역에 정착하였다. 그들은 낙동강 하류로 이주하여 가야토기를 굽고 철을 생산하여 독자적인 제국을 형성하였다. 비록 철갑옷과 철기로 무장했지만 동북아시아의 강자였던 고구려의 맞수가 될 수는 없었다. 결국 또다시 민족의 대이동을 감행한 가야의 이시품왕과 그의 아들인 태자 김질(후의 좌지왕)은 왜나라로 건너가 오사카大坂의 '세츠'와 '가와치' 지역에 새로운 둥지를 틀었다. 하지만 이시伊尸(應神?)왕을 이은 인덕은 태자가 아니라 네 번째 아들이었다. 『일본서기』는 선왕 응신이 승하하자 태자金叱는 인덕에게 왕위를 양보했다고 적고 있다.

『삼국지』「위서동이전」은 가야에 대해 "나라에 철이 난다. 한과 예맥과 왜 모두가 이것을 사 가며 돈처럼 사용하기도 한다. 낙랑과 대방 2군에 공급한다"라고 적었다. 근래까지 철을 생산한 가야 물금(양산) 지역의 철은 자철광이 대부분이었다. 이곳의 철은 철분 함량이 75%에 이를 정도로 우수했다. 철은 보통 1,500도에서 녹지만 숯을 넣으면

1,300도에서 녹는다. 주로 쓰는 철과 철찌꺼기는 고온에서 12시간 동안 녹여 제련한 것들이 대부분이다. 그런데 왜(일본)지역에서 출토된 철정 鐵鋌을 보면 가야에서 출토된 것과 동일하다. 이들이 가야에서 건너왔음이 분명하다. 왜나라의 통치자는 철의 확보를 위해 가장 서부에 위치한 후쿠지 지역을 장악하려고 했다. 이곳은 예부터 철의 수입로였고 이곳을 장악해야만 정권 유지할 수 있었기 때문이다. 신기술 집단의 대표적 부족이었던 하세土師는 1,000(1,200)도를 넘는 고온을 만드는 첨단기술을 보유하였다. 그리고 이 고온을 통해 '쇠처럼 단단한 도기'인 '스에키(soi, 쇠)'인 하세기[土師器]를 만들어냈다.

금관가야를 통솔했던 이시伊尸(品?)왕은 가와치 지역에서 승하하여 응신천황릉에 묻혔다. 그리고 그의 넷째 아들이었던 인덕천황은 신라－고구려 연합군에게 패한 뒤 30여 년 뒤에 이 지역에 가와치 왕조를 열었다. 『삼국지』「위서동이전」에서 철의 왕국인 변한에 대해 "땅은 비옥하여 오곡과 벼를 심기에 알맞았다. 양잠과 겸포縑布를 하고 소와 말을 탔으며, 혼인에도 일정한 풍속이 있었으며, 남녀 간에 분별이 있었다. 큰 새의 깃털로 장사를 지냈는데[以大鳥羽送死] 이는 죽은 자로 하여금 날아오르게 하고자 함이다[其意欲使死者飛揚]" 했다. 가야인들은 새를 천상의 전령으로 믿었다. 경남 고성의 동외동에서 발견된 4세기 무렵의 제사 유물인 '새무늬청동기[鳥文靑銅器]'는 이러한 사실을 증명해 주고 있다. 아스카[飛鳥] 문명을 연 인덕은 도래인渡來人을 상징하는 '모즈[百舌鳥]' 즉 지빠귀들의 수장이었다. 그는 87년간(455~519, 『일본서기』의 313~399년은 조작, 『고사기』는 33년 재위) 재위하면서 가와치 왕조를 세워 반도 내 임나가야의 적통을 왜가야로 이어 갔다.

김해 수로왕릉(납릉) 정문

김해 수로왕릉 전경

# 대가야 태자 월광이 망국 이후
# 왕이 될 수 있었던 까닭은?

## 1. 대가야와 신라의 결혼동맹

가야연맹의 역사는 『삼국유사』 「기이」편의 '오가야'와 '가락국기'와 '금관성 파사석탑' 조목의 기록뿐이다. 이 중 '오가야'와 '가락국기'에 의하면 가야연맹의 지리적 위치를 알 수 있다. 오가야는 아라가야(경남 함안), 고령가야(경남 진주), 대가야(경북 고령), 성산가야(경북 성주), 소가야(경남 고성)에 자리해 있었다. 이들 오가야를 실질적으로 주도했던 금관가야(경남 김해)는 오가야에 포함되지 않았다. 금관가야가 신라 −고구려 연합군에 의해 부산 복천동 전투에서 최후를 맞이하고 왜나라로 떠난 이후 대가야는 후기 가야연맹을 주도했다. 대가야는 금관가야로부터 이식받은 철기를 중심으로 여타 가야국들을 이끌면서 가야연맹을 지속시켰다. 그 중심에는 가실嘉實왕과 이뇌異腦왕 및 그의 아들 월광月光(뒷날의 道設智/指王)이 있었다. 월광은 대가야의 마지막 왕 이뇌가 신라에 구혼하여 신라 왕녀 양화공주 사이에서 낳은 아들이다.

대가야는 결혼동맹을 통해 신라와의 관계를 개선한 뒤 백제에 대응하였다. 하지만 백제와 신라는 삼한통일을 위해 가야연맹을 호시탐탐 노리고 있었다. 점점 옥죄어 들어오는 두 나라 사이에서 대가야 지배층은 오랜 격론 끝에 새롭게 부상하는 신라와 등지고 기존의 백제와 연합하는 국제정책을 수립했다. 이즈음 신라와 백제 역시 나제동맹을 맺고 고구려가 차지한 한강 유역을 공격하여 한강 상류는 백제가 차지하고 중하류는 신라가 차지하였다. 다시 신라는 120여 년을 지속시켜 온 나제동맹을 깨고 고구려와 연합하여 백제의 관산성(충북 옥천)을 공격하였다. 이 전투에서 가랑(가야)은 백제군의 일원으로 참석하였다. 백제는 관산성 전투(554)에서 성왕과 좌평 4인 및 군사 29,600명이 전사했다. 살아 돌아간 군마가 한 필도 없었다고 전한다. 백제는 대가야의 원조 능력을 상실하였고 대가야는 예상하지 못한 상황에 직면했다.

당시 대가야는 신라의 양화공주를 수행하기 위해 보낸 700여 명의 하인들을 가야옷으로 변복시켰다. 이에 신라는 강력한 문제제기를 통해 결혼동맹을 파기했다. 그러자 대가야 내부는 백제와 우호관계를 유지하자는 쪽과 새롭게 부상하는 신라와 선린관계를 유지하자는 쪽으로 갈라졌다. 격론 끝에 대가야는 친백제 정책을 추진하는 쪽으로 결론을 내렸다. 그러자 태자 월광은 어머니의 나라인 신라로 망명했다. 신라의 진흥왕은 신라를 배반한 대가야를 토벌하기 위해 이사부異斯夫를 보냈으며 사다함을 부장으로 삼았다. 사다함은 기병 5,000명을 거느리고 앞질러 전단문梅檀門에 들어가 백기를 꽂았다. 온 성중의 사람들은 겁을 내어 어찌할 바를 모르다가 이사부가 군사를 끌고 들이닥치자 일시에 모두 항복해 버렸다. 전쟁 뒤 진흥왕은 사다함에게 공에 대한 보상으로 좋은 전토田土와 사로잡은 포로 200명을 주었다. 하지만 사다함은 세 번을 사양하다가 왕의 강권에 못이겨 포로들을 받아 양민을 만들고 전 토는 병사들에게 나눠 주자 사람들이 그를 아름답게 여겼다고 전한다. 대가야 지배층의 결정을 따를 수 없었던 가야금 연주자 우륵于勒도 신 라에 투항했다.

금관가야의 '출가야기' 이후 그들의 철기문화를 흡수하여 이웃 가야 연맹국으로 전파한 대가야 백성들은 망연자실하였다. 그들은 철기문화 를 발전시켜 대륙과 반도 및 열도에 수출해 오면서 선진문명의 담지자 로서 자존심이 강했다. 비록 나라가 망했지만 520여 년을 지속해 온 가 야연맹의 백성들은 신라에 마음을 열지 않았다. 『일본서기』(欽明천황 23년조)는 이때의 상황을 『양서』 「왕승변전」을 인용하여 "어찌 솔토지 빈率土之賓, 왕신으로서 사람이 곡식을 먹고 사람의 물을 마시면서 누가 이를 참아 들으며 마음에 대노하지 않을 것인가"라고 적었다. 신라는 대가야 민심을 수습하기 위해 이뇌왕異腦王의 아들인 월광을 도설지왕 으로 옹립했다. 도설지왕이 된 월광은 대가야인들을 안돈시켰다. 하지 만 신라는 대가야를 완전히 장악한 뒤 도설지를 내쳤다. 결국 도설지 즉 월광은 가야산 해인사 서쪽 5리에 월광사月光寺를 짓고 출가하여 말 년을 그곳에서 보냈다. 대가야 마지막 왕의 후손이었던 순응順應과 이정 理貞 역시 가야산에 해인사를 세우고 가야의 정신을 이어 갔다. 이후 대 가야인들의 마음은 가야 지역 곳곳에 남아 전설과 설화로 퍼져 나갔다.


## 2. 정견모주와 해인사

해인사 대웅전 계단 옆에는 대가야 시조신인 정견모주正見母主를 모신 국사단局司壇이 있다. 순응과 이정은 이 사당 주위에다 해인사를 창건하였다. 해인사는 일곱 번이나 화재가 났지만 이 전각은 불을 피해 오늘에 이르고 있다. 이곳에서는 매월 음력 보름에 큰 재를 올린다. 또 마을에 어려운 일이 있을 때에는 대재를 올린다. 『신증동국여지승람』 고령현 '건치연혁' 조에 실린 최치원崔致遠의 「석순응전釋順應傳」에는 "가야산신인 정견모주의 10세손이자 시조 이진아시왕伊珍阿豉王의 9세손이며 아버지는 대가야의 제9대 왕인 이뇌왕이고, 어머니는 신라의 이찬 비조부比助夫의 딸이다. 두 나라가 혼인을 통해 동맹관계를 맺었으나, 후에 동맹을 깨뜨린 신라의 진흥왕 23(562)년에 대가야가 멸망하였다. 그 후 월광 태자는 승려가 되어 가야산 아래 월광사를 짓고 만년을 보냈다"라고 한다.

또 여기에는 "해인사에는 정견천왕의 사당이 해인사에 있다. 해인사가 들어서기 전에 가야산신 정견모주 천신이 감응한 곳"이라고 했다. 이곳에는 1,200여 년 전 해인사 창건을 기념해 심은 나무가 지금도 자라고 있다. 또 경남 합천군 야로면 북쪽 5리에 세워진 월광사는 대가야의 마지막 태자인 월광이 불문에 귀의하여 결연(출가)한 곳이다. 월광사에는 지금도 탑 두 기가 서서 신라에 멸망한 대가야의 오백년 역사를 간직하고 있다. 여러 고분에서 출토된 유물과 유구 및 관련 자료들을 검토하여 복원한 대가야의 왕계는 이렇다. 즉 시조신인 정견모주와 이비하지 사이에서 제1세 이진아시伊診阿豉왕이 태어났고 그 아래에서 제3~4세의 금림왕(47호분), 제6~7세의 가실왕嘉實(荷智王), 제8세의 이뇌왕과 제9세의 도설지왕(월광 태자) 정도가 확인된다. 아직 제2세와 제5세는 정확히 알 수 없으나 이진아시로부터 도설지왕까지 9대에 걸쳐 이어진 것으로 짐작된다.

금관가야는 '출가야기'한 이후 적손이 아니라 지방 추장(방계?)로 이어지기는 했지만, 금관가야의 왕계 역시 9대에서 마감되었다. 반면 대가야의 월광 태자는 『삼국사기』「지리지」'고령군' 조에 나오는 대가야의 마지막 왕인 제16대 왕 도설지왕道設智王과 동일인으로 보고 있다. 세계世系가 다른 것은 10을 16의 오기로 보는 견해와 10대는 직계로, 16대는 왕계로 보는 견해에 따른 것이다. 그런데 신라가 세운 단양적성비(545~550)에는 공적을 세운 10여 명의 장군이름 가운데 금관가야의 마지막 왕이었던 구해仇亥왕의 셋째 아들이자 신라장군이었던 무력武力 (3위 迊干, 김유신의 조부)과 함께 신라장군(9위 급간지－丹陽新羅적성비; 8위 사척간－ 昌寧眞興王척경비)이었던 도설지善設指(월광)가 적혀 있다. 그리고 진흥왕순수비(561)에는 왕을 수행한 장군이었던 '도설지都設智'가 적혀 있다.

표기는 다르지만 도설지는 월광 태자가 분명하다. 나라의 비운을 온몸에 안았던 대가야의 마지막 태자 월광은 신라에 의해 도설지왕으로 왕위에 옹립된 뒤 곧 밀려나고 말았다. 그리하여 그는 월광사에서 출가하여 말년을 쓸쓸히 보냈다. 월광 태자의 이미지는 신라의 경순왕이 나라를 고려에 바치자 개골산으로 들어간 마의麻衣태자와 겹쳐진다. 대가야의 마지막 태자였던 월광月光은 우리말 '달님'을 나타낸다. 달을 가리키는 '듯'(달빛)+'지'(존칭)='달지'가 되듯이 월광은 달님의 옛 표기인 '도설지'와 같은 인물임이 분명한 것이다. 소설가 이병주는 『산하』에서 "햇빛에 바래면 역사가 되고, 달빛에 바래면 신화가 된다" 했다. 6백여 년 가까이 햇빛에 바래며 한반도와 열도를 넘나들던 제4의 제국인 금관가야와 대가야 연맹 역시 '월광'의 이름처럼 달빛에 바래어 신화가 되고 말았다.

## 3. 대가야의 햇빛과 달빛

경북 고령군 지산동 주산 7부 능선에 펼쳐져 있는 대가야 고분군은 후기 가야연맹을 주도적으로 이끌었던 대가야의 위용이 잘 나타나 있다. 금관가야가 실질적으로 한반도를 떠난 기점은 방계 세력이 남아 신라에 귀부한 종래의 535년설에서 신라-고구려 연합군에게 패한 이시伊尸(品?)왕이 금관가야인들을 이끌고 왜국의 가와치 지역으로 이주한 400년으로 보아야 한다는 주장이 설득력이 있다. 대가야는 남원과 하동 및 김해와 합천을 좌우로 날개처럼 끼고 머리 부분에 자리한 가야산 주변의 고령을 거점으로 해왔다. 발굴조사에 따르면 봉분이 사라진 무덤까지 셈하면 약 1,000기 고분군이 잔존하며 이중 일련번호를 매긴 큰 고분은 72기이다. 이 중 약 30여 기는 봉분을 지닌 고분군이다. 현존하는 무덤의 봉분들은 아래에서 위로 올라가고 있으나 공간이 모자라자 다시 아래로 내려와 서부지역으로 확장되었다.

대가야는 일찍부터 백제를 통해 중국 남조(남제)로부터 불교를 받아들이고 있었다. 금관가야를 비롯한 가야 일부지역에는 낙동강 하류를 통해 들어온 남방불교의 흔적이 일부 보인다. 하지만 가야 연맹의 불교는 중국 남조의 대승불교가 주류였다. 능선 중간에 자리한 32호분에는 회칠을 한 좌우 벽면이 드러나 있다. 천정 부분 위에 연꽃 무늬가 그려져 있어 6세기 초에는 이미 불교가 들어와 있었음을 알 수 있다. 또 32호분에는 화려한 금동관이 나와 대가야의 문화수준과 강성한 힘을 엿볼 수 있다. 북방에서 이주해 온 가야인들에게는 일찍부터 순장제 풍습이 있었다. 44호 고분에는 1인을 위해 35인이 순장되었다. 석실 3개와 석관 32개가 출토되었다. 이 무덤에서는 인골을 비롯해서 가야의 철제갑옷과 투구, 금장식, 곡옥 등 수많은 유적과 유구가 나왔다. 또 묘실 안에서도 2명의 순장자 인골이 발굴되었다. 44호분에는 오키나와에서만 나는 야광조개국자가 발굴되어 당시 대가야의 교류폭을 보여주고 있다.

대가야의 수도였던 고령은 가야금을 만든 우륵의 탄생지였다.『삼국사기』「잡지」에는 가야금에 대해 이렇게 적고 있다. "『신라고기』에는 이렇게 적혀 있다. 가야국(대가야)의 가실왕嘉實王이 당唐(중국)의 악기를 보고 만들었다. 왕이 이르기를 "여러 나라 방언이 각각 다르니 성음聲音을 어찌 단일화할 수 있겠느냐"고 하였다. 드디어 성열현省熱縣 사람인 악사 우륵于勒을 시켜 12곡을 짓게 하였다. 우륵은 12곡 모두에다 대가야의 영역을 표시하였다. 당시 가실왕은 왕도를 상부上部와 중부中部와 하부下部로 나누어 중앙집권을 도모했다. 대가야 토기의 명문에 적힌 '하부下部사리思利'는 이를 뒷받침해 주고 있다. 그는 음악을 통해 고대국가의 기틀을 공고히 하려고 하였다. 가실왕 이후 급박한 국제관계 속에서 이뇌왕은 신라와 결혼동맹을 맺었지만 이내 파기되었고 다시 백제와 연맹을 맺었다. 그러자 우륵은 나라가 장차 어지러워질 것을 알고, 악기(가야금)를 들고 신라에 가서 진흥왕에게 의탁하였다. 진흥왕은 그를 받아들여 국원(충주)에 편히 살게 하고 이에 대내마 주지注知와 계고階古와 대사 만덕萬德을 보내어 그 업을 전수받게 하였다.

세 사람이 11곡을 전수받고 서로 이르기를 "이 11곡은 번거럽고 또 음탕하여 정아正雅의 악이 될 수 없다" 하고, 드디어 요약해서 5곡을 만들었다. 우륵은 처음 이를 듣고 성을 냈다가 다섯 가지 음곡을 듣고서야 눈물을 흘리며 탄식하는 말이 "즐거우면서도 방탕하지 않고 애련하면서도 슬프지 아니 하니 정악이라 이를 만하다. 그대들의 왕 앞에 가서 연주하라" 하였다. 왕이 듣고 크게 기뻐하자, 간신이 아뢰기를 "멸망당한 가야국의 음악이니 취할 것이 못됩니다" 하였다. 왕은 말하기를 "가야왕이 음란하여 자멸한 것이지 음악이 무슨 죄냐. 대개 성인이 음악을 제정함에 있어 인정을 따라 조절하게 한 것이며, 나라의 흥망이 음조로 말미암은 것은 아니다" 하였다. 드디어 시행하여 대악大樂으로 삼게 하였다. 가야금에 2조二調가 있으니 하나는 하림조河臨調요, 다른 하나는 눈죽조嫩竹調로서 모두 185곡이다. 우륵이 지은 12곡은 첫째는 하가라도下加羅都, 둘째는 상가라도上加羅都, 셋째는 보기寶伎, 넷째는 달기達己, 다섯째는 사물思勿, 여섯째는 물혜勿慧, 일곱째는 하기물下奇物, 여덟째는 사자기獅子伎, 아홉째는 거열居烈, 열째는 사파혜沙八兮, 열한째는 이혁爾赦, 열두째는 상기물上奇物이다. 후기 가야연맹을 주도한 대가야는 사라졌지만 영원한 가야인 우륵은 가야금 12곡 이름에 가야 지명을 새겨 넣어 가야를 살려 놓았다.

삼국유사 권 제3

# 흥법 제3

## 興法 第三

三國遺事卷第三

興法第三

順道肇麗〈道公之次亦有法深義淵曇嚴之流相継而〉〈興教然古傳無文今亦不敢編次詳見僧傳〉

高麗本記云小獸林王即位二年壬申乃東晉咸安二年孝武帝即位之年也前秦符堅遣使及僧順道送佛像經文〈時堅都關中即長安〉又四年甲戌阿道來自晉明年乙亥二月創肖門寺以置順道又創伊弗蘭寺以置阿道此高麗佛法之始僧傳作二道來自魏云者誤矣實自前秦而來又云肖門寺今興國伊弗蘭寺今興福者亦誤按麗時都安市城一云安丁忽在遼水之北遼水一名鴨淥今云安民江誤矣

# '홍법'을 어떻게 이해할 것인가?

## 1. '홍법'의 함의

불교 또는 불법을 어떻게 정의할 것인가? 이것은 매우 어려운 질문일 수밖에 없다. "불타의 입멸 후 우리는 무엇에 의지해야 하는가?"라고 묻는 질문에 대해 붓다는 이렇게 말하였다. "사람[人]에 의지하지 말고 법法에 의지할 것이며, 밖으로 드러난 말[語]에 의지하지 말고 그 말에 담긴 뜻[義]에 의지할 것이며, 언어를 매개로 한 상대적 인식[識]에 의지하지 말고 통찰의 직관지[智]에 의지할 것이며, 그 뜻이 애매하거나 부실한 불요의경에 의지하지 말고 요의경了義經에 의지하라." 이 '네 가지 의지해야 할[四依]의 법문'은 이후 경전 해석의 근간이 되었지만 동시에 또 다른 문제들을 불러일으켰다. 즉 법에 의지한다면 헬 수 없는 법문 중 무엇을 법이라 할 것인가? 뜻에 의지한다면 붓다의 말씀을 통해 드러난 것인가 아니면 그 이면에 담긴 별도의 것인가? 요의(구극적 진리)와 불요의(방편적 진리)의 변별 기준은 무엇인가?

불교 전통에서는 불설(혹은 불교)과 불법(혹은 聖敎, 阿含)을 구분해 왔다. 불설 또는 불교가 붓다의 말씀이라면 붓다가 직접 설한 것만이 불설인가? 아니면 전승된 모든 불설을 곧 붓다의 가르침이라 할 수 있는가? 헤아릴 수 없는 많은 경전 가운데 붓다의 참된 가르침은 어느 것인가? 우리는 어떤 가르침에 의지해야 하는가?『대반열반경』에서 설해진 '네 가지 위대한 교설'에서는 "경에 포함되어 있고 율을 드러내면 불설이다"고 했다. 이것은 이후 사의四依설과 결부되면서 "경에 포함되어 있고 율을 드러내며, 법성法性에 위배되지 않는 것이 불설이다"로 바뀌었다. 나아가 경설의 요의인 '법성(혹은 正理)'만이 강조되기도 했다. 경부의 세친을 통렬히 비판했던 유부의 중현衆賢에게 있어 요의설과 불요의설의 판단기준은 '법성'이었다. 법성은 '모든 존재의 진실성[諸法眞實性相]'이자 올바른 이치[正理]에 의해 입증된 진실이었으며 그것은 아비달마였다. 그리고 대승의 불설론 역시 유부 불설론의 환골탈태에 다름 아니었다.

『삼국유사』에서는 '불교'에 대응하는 표현으로 '불법佛法', '불일佛日', '교법敎法', '법수法水', '대교大敎', '법륜法輪', '석사釋祀', '석풍釋風', '석씨釋氏' 등을 혼용하고 있다. 이들 용어들은 모두「흥법」편에서 확인할 수 있다.「흥법」은 겨우 7조목만을 묶었지만『삼국유사』5권 9편 중 대단히 중요한 편목이라 할 수 있다. 물론「흥법」편 이외 편명에 불교와 관련되지 않은 편목은 없다. 이 서책에서 불교 기사가 없는 편목은 없다. 그러나「흥법」편에는 고구려와 백제와 신라의 불교 관련 정보가 여타 사서에 견주어 집중되어 있으며 자세히 기술되어 있다. 일연은 '불법을 일으킨다[興法]'는 이름이 보여주는 것처럼 이 편명에 특별한 의미를 부여하고 있다. 이것은 순도와 난타, 아도와 염촉과 원종을 기리는 찬讚시에 투영된 그의 인식을 통해서도 알 수 있다.

일연은 고구려와 백제 그리고 신라의 불교 전래와 수용에 대해 제한적이나마 자세히 수록하고 있다. 각훈의『해동고승전』은 아쉽게도「유통」편 일부만이 전해지고 있을 뿐이어서 해동의 불교사를 온전히 재구하기 어렵다. 반면「흥법」편은 삼국의 불교 전래와 수용 및 삼국 불교의 특징이 투영되어 있어 이 땅의 초기 불교사의 지형도를 어느 정도나마 그려볼 수 있다. 고구려와 백제 왕실의 적극적 불교 수용과 지원과 달리 신라는 전법승들에 의해 맨땅에서 시작되었다. 이차돈의 '순교'와 법흥왕의 '사신捨身'은 흥법의 출발이라 할 수 있다. 두 사람은 모두 진리를 위해 자신을 버린 이들이다. 일연은 이들을 '원종의 흥법'과 '염촉의 멸신'으로 표현했다. 그는 신라의 흥법뿐만 아니라 백제의 법왕이 살생을 금하는 교지를 내리며 흥법을 도모한 사례를 적고 있다. 나아가 고구려의 고승 보덕이 좌도左道(道敎)의 융성을 경계하며 흥법을 위한 수차례의 주청과 완산주로의 방장(암자) 이동에 대해서도 기술하고 있다.


## 2. 「흥법」편의 지위


『삼국유사』는 5권 9편 138조목으로 된 민족의 수트라(경전)이다. 일연은 아홉의 편목을 시설하면서 중국의 삼대 고승전의 체재를 원용하여 창발적으로 변용하였다. 또 각훈의『해동고승전』의 체재와 김부식의『삼국사기』의 체재를 적용하여 독자적으로 응용하였다. 또 종래의 여러 '유사遺事'류의 사서들로부터『유사』라는 제명을 따오면서도 새로운 '유사'의 형식을 창안하여 이후 '유사'류 체재의 모범을 확립했다. 최근에 간행된 고려의 빠진 이야기들을 담은 『고려유사』와 '조선왕조실록'에 빠진 이야기를 모은 『조선유사』도 모두 『삼국유사』의 영향이라고 할 수 있다. 종래의 판본은 대개 두 책(혹은 세 책)으로 분책되어 유통되었다. 상책은 권1에서 권2까지를 묶었고, 하책은 권3에서 권5까지를 묶었다. 그런데 하책의 첫 편목인 「흥법」은 「왕력」, 「기이」, 「흥법」, 「탑상」, 「의해」, 「신주」, 「감통」, 「피은」, 「효선」 등으로 이어지는 아홉 편명 가운데 이 서책의 정체성을 가장 잘 담아내고 있다.

이를테면 「왕력」(권1)이 신라와 고구려 및 백제와 가야 그리고 후고구려와 후백제에 대한 간략한 연표를 기술한 것이라면, 「기이」(권1~권2)는 고조선 이래 후삼국까지 이 땅에서 이루어진 역사적 사실을 단편적으로 서술한 것이다. 그리고 「흥법」(권3)이 삼국의 불교 전래와 수용 및 번성에 대해 기술하고 있다면, 「탑상」(권3)은 이 땅에서 이루어진 불탑과 불상 등에 대해 기록하고 있다. 「의해」(권4)가 신라 고승들의 살림살이와 사고방식을 전기 형식으로 기술하고 있다면, 「신주」(권5)는 신라 밀교승들의 신이행에 대해 서술하고 있다. 「감통」(권5)이 지극하면 통하는 신앙의 가피와 영험에 대해 기록하고 있다면, 「피은」(권5)은 세속의 명예와 이익을 피한 숨은 일사逸士의 살림살이를 그려내고 있다. 마지막의 「효선」(권5)은 부모에 대한 효행이 불교적 선행과 만나게 되는 과정을 노모를 모시는 자신의 심정을 실어 보여주고 있다.

「흥법」편이 이 서책의 정체성을 가장 잘 담지하고 있는 것은 이러한 이유 때문이다. 먼저 저자 일연의 신분이 불승佛僧이라는 점, 이 서책이 종래의 일반사 중심의 사서인 『삼국사기』와 달리 불교사 중심의 사서라는 점, 이 편목이 '본기本紀와 다른' 「기이紀異」에 대응하는 본기本紀의 첫 편이자 삼국 국왕들의 불교 수용과정을 담아냄으로써 불교사로서의 정체성을 부여하고 있는 점 등에서 「홍법」편은 남다른 지위를 차지하고 있다. '불법을 일으킨다(興法)'는 것은 불교의 연기, 무자성, 공성, 자비의 가르침을 전한다는 것이다. 소박한 업설을 원용하여 대중들에게 다가왔던 불교는 점차 무상, 고, 무아, 열반 등 불교의 본의本義를 전하면서 이 땅의 중심부에 스며들어 갔다.

일연은 『삼국유사』라는 이름 아래 우리 조상들의 꿈과 희망 그리고 이상을 담아내려고 했다. 그는 종래의 사서가 이 땅 사람들의 맛과 멋과 한 그리고 그들의 펄펄 살아뛰는 온기를 배제하고 지나치게 건조하게 기술하고 있는 것에 대한 나름대로의 반성이 있었다. 그것은 '세 나라의 빠진 이야기', '세 나라의 잃어버린 이야기'라는 제명에 잘 드러나 있다. 그러면 무엇이 빠지고 잃어버린 이야기일까? 일연은 그것을 불교적 우주관과 세계관 속에서 살았던 사람들의 이야기로 갈파했다. 해서 그는 이 땅에서 불교적 세계관 속에서 살아갔던 사람들의 아뢰야식을 읽어내려고 했다. 일연은 그들의 의식의 씨앗 속에서 어떤 싹들이 발아했는가를 소상히 관찰하고자 헌신했다. 결국 그는 전란 이후 몽골이 간섭하는 시기에 살면서 불교의 세계관 속에서 살았던 삼국 사람들의 종자의식을 탐색하여 이 땅에 다시 현행시키는 데 성공하였다.


## 3. 한국불교의 토착화 과정

불교의 전래는 이 땅과 사람들을 크게 변화시켰다. 불교적 우주관과 세계관 및 인간관과 자연관이 자리를 잡으면서 전통적 하늘 관념이 변화하였다. 일연은 이 땅의 하느님[桓因]을 33천인 선견천의 선견성을 비롯한 사방의 32천을 다스리는 제석帝釋으로 비정하여 불법을 보호하는 호법중護法衆으로 자리매김시켰다. 해서 이 땅은 불교의 우주관 아래서 남섬부주의 한 나라가 되었다. 그 위에 불교의 언어들이 뿌리내리기 시작했다. 붓다가 사용했던 하이브리드(혼성) 산스크리트(범어)와 속어인 마가다어와 쁘라끄르띠어 등 인도 유러피안 언어가 이 땅 곳곳에 스며들었다. 현존하는 금석문 등에서 당시 통용되었던 불교 용어들의 다양한 용례들을 확인할 수 있다. 불교의 두 흐름을 나타내는 비바사(소승)와 마하연(대승)을 필두로 각종 다라니와 문두루 등 불교문화의 용어들이 보편화되기 시작했다. 『삼국유사』에는 불교 전래 이후 이 땅에 자리 잡은 여러 개념들을 고스란히 담아내고 있다.

불교가 전래되기 이전 동아시아에는 '삭발'의 개념이 없었다. 유교『효경』의 "신체와 머리카락 및 피부는 부모에게서 받은 것이므로 감히 훼손하지 않는 것이 효의 시작이다"라는 가르침의 강력한 영향에 의해 한족漢族에게는 삭발이 허용되지 않았다. 머리카락의 일부를 자르고 묶는 변발 등은 이루어졌지만 온전히 자르는 '삭발削髮'은 허용되지 않았다. 하지만 불교가 수용되면서 출가자뿐만 아니라 재가자도 삭발을 할 수 있게 되었다. 『삼국유사』의 아도阿道 혹은 아두阿頭 또는 사미沙彌 등은 고유명사가 아니라 '머리카락을 자른 구릉같은 머리를 가진 이'를 통칭하는 보통명사이다. 불교 전래 초기에는 무수한 아도들이 이 땅에 들어왔다. 『삼국사기』 이차돈의 순교 대목에서 "이른바 승려가 '머리를 빡빡 깎고' '요상한 옷'을 입고 논의하는 말들은 기이하고 위태로워 상도常道에 어긋납니다"라는 신하들의 표현은 이를 반증해 주고 있다.

신하들이 말한 '요상한 옷'에 보이는 것처럼 승복은 복식服飾에도 커다란 변화를 주었다. 4세기에서 6세기에 걸쳐 만들어진 고구려 고분벽화의 복식에는 좌임左衽과 우임右衽이 혼용되어 있다. 때문에 종래 고구려의 여맴새[衽形]가 북방계 호복계통의 좌임이었다가 이후 중국 한복계통의 영향을 받아 우임으로 되었다는 이여성의 주장과 우리 복식문화의 원류가 스키타이계 복식문화라는 김문자의 주장은 재검토가 필요하다. '임衽'은 깃이나 옷자락을 여밈을 나타낸다. 불교의 승복도 오른쪽을 여미는 우임형이다. 불경 속의 '편단우견偏袒右肩'은 '왼쪽 어깨에 법의를 걸치고 오른쪽 어깨를 드러낸다'는 표현이다. 즉 자진하여 시중을 들겠다는 것을 나타내기도 한다. 중국의 영향을 받기 전의 신라 고유 복식은 경주 백률사栢栗寺 석당기石幢記에 양각된 이차돈 순교 당시의 의복이 좋은 사례가 된다. 이후 복식은 많은 변화를 겪게 되지만 승복僧服의 여밈새와 품새 및 소매와 댕기 등은 오늘날의 한복韓服 형성에 커다란 영향을 미쳤다.

불교의 전래는 육식肉食에 대한 반성이 없던 사람들에게 생명체에 대한 새로운 인식을 일깨워주었다. 인도의 불교 교단에서 처음부터 식육을 금지한 것은 아니었다. 이것은 어떠한 사건(문제)이 발생했을 때에 그 문제(사건)를 해소시키기 위해 계목을 제정하는[隨犯隨制] 방식을 통해서도 알 수 있다. 현존 남전의 『범망경』 소계小戒 중에는 불살생계는 보이지만 불식육계는 보이지 않는다. 그러나 육식이 문제가 되기 시작하자 붓다는 몇 가지 제한사항을 두었다. 즉 1) 자기 눈으로 죽이는 것을 보지 않고[不故見－不見爲我故殺], 2) 자기를 위하여 죽였다는 말을 듣지 않고[不故聞－不聞爲我故殺], 3) 자기를 위하여 죽인 것이 아닌가 하는 의심이 가지 않은[不故疑－不疑爲我故殺] '세 가지 청정한 고기[三種淨肉]'는 먹어도 무방하다고 설했다. 하지만 이것도 모두에게 허용한 것이 아니라 병에 걸린 수행자가 자기를 위해서 먹을 때만 용납

하였다. 불교를 적극적으로 신행한 백제 법왕과 신라 법흥왕의 살생 금령은 불교에 대한 이해가 깊어지면서 내린 교지였다. 한국불교는 토착화 과정에서 불교의 지혜를 발휘하여 의식주뿐만 아니라 우주관과 세계관 및 인간관과 자연관 그리고 내세관과 수행관 등에 이르기까지 커다란 변화를 가져다 주었다.

송영방 화백의 이차돈 표준영정(국립현대미술관 소장)

# 불교의 전래가 이 땅에 미친 영향은?

## 1. 불교의 동류

진리에는 본디 방향성이 없다. 다만 우리가 그 방향을 매겼을 뿐이다. 진리[法]는 물[氵]이 흘러가듯[去] 높은 데서 낮은 데로 흘러간다. 인도에서 비롯된 붓다의 가르침은 전법승들에 의해 북서와 북동으로 흘러갔다. 붓다의 가르침을 전하기 위해 셀 수 없는 전법승들이 타클라마칸 사막을 넘어오다 목숨을 잃었다. 또 그들에 의해 붓다의 가르침을 전해받은 셀 수 없는 구법승들이 다시 사막을 넘어가다 목숨을 잃었다. 이 사막을 넘나든 이들에 의해 붓다의 가르침은 한나라에서 위진 남북조시대에 걸쳐 고구려와 백제 및 가야와 신라로 흘러들어 왔다. 그리하여 붓다의 무상과 무아와 공성의 가르침은 이르는 곳마다 뿌리를 내렸고 만나는 사람마다 새롭게 태어나게 했다.

붓다는 까르마(業)와 다르마(法)로 이 세계를 해명했다. 인간의 자유의지를 나타내는 까르마 설은 자신의 능동적인 의지로 세계를 변화시킬 수 있게 해 주었다. 또 존재와 존재의 법칙을 나타내는 다르마 설은 모든 것은 원인과 조건에 의해 생겨난 결과임을 일깨워 주었다. 연기설의 다른 이름인 업설을 받아들인 불자들은 점차 불교의 본령에 대해 알기 시작했다. '인연에 의해 생겨난 존재는 모두 변화한다'는 가르침과 '서로의 관계를 떠나 홀로 존재하는 것은 없다'는 가르침은 '오온은 실체가 아니다'는 공성의 가르침으로 이해되었고 '서로 함께 나누는' 자비행으로 실천되었다. 때문에 상호의존의 연기성에 의한 무상과 무아와 공성의 가르침은 상호존중의 자비행으로 드러나지 않으면 아니되었다.

동아시아에 전래한 불교는 종래의 사상에 깊은 자극을 주었다. 불교는 도교·도가 및 유교사상에 영향을 주어 중국의 철학을 새롭게 했을 뿐만 아니라 개인과 사회 윤리의 전개에 많은 영향을 끼쳤다. 또 불교는 소박한 자연신 신앙과 무교 신앙을 믿었던 동아시아인들의 종교적 심성을 확장시켰다. 나아가 그들로 하여금 인간의 삶의 가치와 의미에 눈을 뜨게 하였다. 불교는 동아시아인들에게 자기 행위의 주체는 자기 자신임을 역설하면서 주체적인 인격 완성을 강조하였다. 불교적 세계관을 받아들인 사람들은 주체적 인격 완성을 통해 개인을 넘어 사회와 국가까지 성찰하는 사회적 성격을 확립하게 하였다. 특히 불교의 생사관은 삶뿐만 아니라 죽음과 죽음 이후 세계의 존재에 대한 인식의 지평을 열어주었다. 육체는 소멸해도 정신은 소멸하지 않고 다시 태어난다는 불교의 내세관은 내세 관념이 결여되었던 동아시아인으로 하여금 내세의 안심을 꾀하고 생사의 도리를 깨닫게 하는 역할을 하였다. 이같은 내세관의 확장은 현실의 삶에 대한 긍정과 이타적 베풂의 논리적 근거를 제공하였다.

불교에서 제시한 연기설과 업설에 기초한 자유 의지는 동아시아인들이 주체적 인격을 완성하는 데 이바지하였으며, 불교의 윤리 사상은 개인의 윤리적 단련뿐만 아니라 타인과의 관계 형성에도 큰 영향을 미쳤다. 특히 동아시아 지역에 널리 전파된 대승 불교는 자연 및 초월적 세계에 대한 이해뿐만 아니라, 정치적 시사점과 같은 인간의 삶의 밀접한 영역에 이르기까지 중요한 역할을 하였다. 동아시아 대승 불교의 이러한 모습은 불교의 인간관뿐만 아니라 사회관 및 자연관에도 깊이 스며들어 있다. 불교 수양론의 핵심인 "악행을 하지 말고 선행을 하라"는 가르침은 스스로 '자기 마음을 밝히는' 능동성과 주체성을 강조한 것이다. 이러한 능동성과 주체성은 동아시아 사회의 인간 이해와 세계 인식에 많은 영향을 주었다.

## 2. 고구려와 백제 및 가야와 대발해의 전래

불교의 전래에 대한 고대의 기록은 지극히 소략하다. 때문에 문헌기록뿐만 아니라 유물과 유적을 통해 연구를 보완해 갈 수 밖에 없다. 그러기 위해서는 문사철 분야뿐만 아니라 종교 및 예술 등의 분야를 아우르는 통섭적 방법론이 요청된다. 아도阿道가 전해오고 소수림왕이 받아들인 고구려 불교는 왕실의 적극적인 지원 아래 널리 퍼졌다. 마라난타摩羅難陀가 전해오고 침류왕이 받아들인 백제 불교 역시 왕실의 적극적인 지원 아래 널리 퍼졌다. 이들 두 나라는 각 정부의 적극적 지지를 통해 불교의 영토를 확장할 수 있었다. 가야 역시 마찬가지였다.

고구려의 소수림왕은 재위 2년(372)에 중국 전진前秦왕 부견符堅이 보낸 사문 순도順道와 불상과 경문을 받아들였다. 순도 이후에도 법심法深과 의연義淵과 담엄曇嚴 등이 전해 온 불교를 수용하였다. 또 2년 뒤

(374) 중국 동진東晉에서 건너온 사문 아도阿道로부터 불교를 받아들였다. 왕은 사찰을 '복을 닦아 죄를 멸하는 곳[修福滅罪之處]'으로 인식했다. 왕실은 초문사肖門寺와 이불란사伊弗蘭寺를 지어 순도와 아도를 각기 머물게 했다. 그리하여 고구려 불교는 불보佛寶의 상징인 불상佛像과 법보法寶의 인증인 경문經文과 승보僧寶의 대표인 순도의 삼보 모두를 구비하면서 시작되었다. 백제의 침류왕은 원년(384)에 중국 동진東晉에서 건너온 인도승 마라난타摩羅難陀를 통해 불교를 수용하였다. 왕은 교외에까지 나아가 그를 맞아들여 궁중에 머물게 하고 공경히 받들어 공양하며 그의 가르침을 품수했다. 이듬해 2월에 왕실은 새롭게 도읍한 한산주漢山州에 절을 짓고 10명의 승려를 출가[受具得度]시켰다. 또 제17대 아신왕은 "불법을 높이 받들어 믿고 복을 구하라[崇信佛法求福]"라는 교지를 내렸다. 국왕이 불교의 교화를 좋아해 불사를 크게 일으키고 함께 기리며 받들어 행하자 불교가 널리 퍼져 나갔다.

가야는 인도의 부파불교와 백제를 거쳐 중국 남조에서 전해 온 대승불교를 모두 받아들였다. 가야불교는 시조인 수로왕(42~199)의 부인인 허황옥 왕후가 서역 아유타국阿踰陁國에서 올 때 배에 싣고 왔다는 바사석탑을 주요한 근거로 삼고 있다. 하지만 학계에서는 이것을 사실로 인정하지 않고 있다. 제8대 질지왕이 재위 2년(452)에 수로왕의 부인인 허왕후의 명복을 빌기 위해 수로왕과 왕후가 결혼한 곳에다 왕후사를 세웠다. 그리고 삼보에 공양 올릴 비용으로 절 주변의 평전 10결을 주었다. 그래서 가야불교는 왕실에 의한 기획과 지원에 의해 이루어진 왕후사 창건을 공인의 기점으로 삼고 있다. 하지만 대가야의 경우는 중국 남조를 거쳐 백제에 건너온 대승불교를 받아들였다.

대발해(698~926) 황실 역시 8세기 중후반에 무명無明과 정소貞素 등을 인도와 중국에 파견한 뒤 그들이 가져온『대승본생심지관경大乘本生 心地觀經』등을 번역할 수 있게 했다. 중국의『책부원구冊府元龜』는 713 년 12월 말갈 왕자가 왔을 때 상진문에서 교역과 입사入寺 예배를 청하 였다는 기록(권971)과 814년 대원유大元瑜 때 사신 고예진高禮進 등 37인 을 보내어 조공하고 금과 은으로 된 불상 각 1구씩을 헌상했다는 기록 (권972)을 싣고 있다. 일본문헌『속일본기』(권34)에는 776년 사신 사 도몽四都蒙 일행이 다음해 귀국할 때 '수정염주 4관貫 등이 부가되었다 고 적혀 있다.『일본후기』(권24)에는 '814년 조공사신 왕효렴王孝廉 일 행에 기록하는 일을 맡은[錄事] 승려 석인진釋仁眞'의 이름도 보이고 있 다. 또『유취국사』(권193)에는 '795년 11월 출우국出羽國에 표착한 발해 사절 여정림呂定琳이 당에 유학하고 있던 승려 영충永忠의 상서를 봉정 했다고 적혀 있다. 이들 기록을 통해 대발해의 불교 전래 과정을 알 수 있다.


## 3. 신라의 전래

신라는 제13대 미추왕 2년(263)과 제19대 눌지왕 대(417~458) 및 제 21대 비처왕 대(479~499)와 제23대 법흥왕 14년(527)에 승려 아도阿道 혹은 사문 묵호자墨胡子가 불교를 전해왔다는 기록들이 혼재한다. 그리 고 이들 기록들에는 아도와 묵호자가 거듭 등장하고 있다. 여기서 아도 는 '머리를 깎은 사람'으로, 묵(흑)호자는 '얼굴이 시커먼 외래 사람[黑 胡子]'이라는 일반명사로 보아야 할 것이다. 그렇다면 신라는 미추왕 대부터 불교가 이미 들어와 있었다는 사실을 알 수 있다. 하지만 신라

불교는 국가적 수용과 공인을 받기까지 시간이 더 필요했다. 결국 신라는 네 번째 기록처럼 법흥왕과 이차돈의 신묘한 책략[神略]인 순교사건을 계기로 삼아 불교의 교화와 전법을 공식적으로 인정하였다. 이후 왕실과 교단이 서로 협력하면서 서로의 정통성을 확보해 갈 수 있었다.

『삼국유사』「기이」편의 '사금갑' 조목은 불교 공인 이전에 불교가 어떻게 전래되었는지를 보여주고 있다. 이 조목에서는 소지왕(비처왕) 때 '신라 궁중의 첫 순교자'가 된 분수승焚修僧과 정월 대보름에 찰밥을 짓는 풍속의 유래에 대해 말하고 있다. 분수승이란 왕실의 내전內殿에서 '향을 사루어 복을 닦는 승려'를 가리킨다. 왕이 천천정天泉亭으로 거둥하자 때마침 까마귀와 쥐가 나타나 울었다. 쥐가 사람의 말로 "이 까마귀가 가는 곳을 따라가 보십시오"라고 했다. 왕은 기사騎士를 시켜 까마귀를 쫓게 하였다. 기사가 남쪽 피촌避村(壤避寺村)에 이르자 멧돼지 두 마리가 싸우고 있었다. 한참 구경을 하다가 그만 까마귀의 행방을 잃어버리고 길가를 배회하는데 어떤 할아버지가 못 속에서 나와 편지를 바쳤다. 그 겉봉에는 "이 편지를 뜯어 보면 두 사람이 죽고, 뜯지 않으면 한 사람이 죽을 것이다"라고 쓰여 있었다. 기사가 가져와 바쳤더니 왕은 말하기를 "두 사람이 죽는 것보다는 뜯지 않음으로써 한 사람만 죽는 것이 낫다" 하였다. 일관日官이 아뢰기를 "두 사람이란 서민이요, 한 사람이란 왕입니다" 했다.

왕도 그렇게 여겨 뜯어 보았더니 편지에는 "거문고 갑을 쏘아라"라고 쓰여 있었다. 왕이 궁으로 들어가 거문고 갑을 보고 쏘았더니 내전의 분수승과 궁주宮主(妃嬪)가 몰래 간통하고 있었다. 두 사람은 죽임을 당하였다. 이로부터 나라 풍속에 정월 첫 해일[上亥], 첫 자일[上子], 첫 오일[上午] 등에는 모든 일을 조심하여 함부로 움직이지 않았다. 16일에는 까마귀 제삿날[烏忌日]이라 하여 찰밥을 제사지냈는데, 지금까지도 행해지고 있다. (이런 것들을) 시쳇말로 '달도怛忉'라 하니 슬퍼하고 근심하여 모든 일을 삼간다는 뜻이다. 그 못을 이름하여 '편지가 나온 연못[書出池]'이라 하였다. 여기에 나온 멧돼지[亥]와 까마귀[烏]와 쥐[鼠]는 단순한 동물이 아니라 사람보다 더 영리한 혼령을 가리킨다. 무속의 세계에서 이들 동물은 샤먼을 하늘나라나 지하세계로 이끌며, 때로는 샤먼의 심부름을 맡은 보조령補助靈이 된다. 또 고대사회에서 일관은 조석의 날씨와 미래의 운기를 점치는 무당의 존재와 다르지 않았다.

법흥왕의 불교 공인 이전에 내전에 분수승이 있었다는 사실은 신라 전역에 불교가 이미 전래되어 있었음을 의미한다. 즉『삼국유사』「탑상」편 '전후소장사리' 조에서 '내전분수'가 승직僧職으로 사용된 예를 확인할 수 있듯이 소지왕 대의 내전은 궁중 내에 설치된 불당으로 추정해 볼 수 있다. 동시에 왕이 머무르는 궁중에 내전(內佛堂)을 두고 그곳에 분수승을 머물게 했다는 것은 이미 불교에 대한 왕의 이해와 용인이 전제되었음을 시사해 준다. 그런데 일관은 왕권을 빌어 이 사건을 반전反戰으로 삼아 내전의 분수승을 불교에 귀의한 궁중 귀족여성들과의 '스캔들'로 몰아붙여 불교의 도덕성을 타격하고 있다. 나아가 일관이 점을 친 것처럼 거문고 갑을 쏘지 않았다면 왕이 시해弑害되었을 수도 있음을 암시하고 있다. 여기에서 일관이 왕의 미래를 점쳐 화를 면하게 해 주었다는 것은 종래의 무속세력과 신흥 불교 세력과의 마찰이 만만치 않았음을 보여주는 대목이다. 독실한 불교신자였던 이차돈이나 불교 공인 당시 법흥왕의 불교 인식을 미루어 짐작해 보면 공인의 의미는 그만큼 축소될 수밖에 없게 된다. 하여튼 불교가 이 땅에 전래되면서 우리는 소박한 자연신 신앙과 무교 신앙을 뛰어넘어 인간의 삶의 가치와 의미에 눈을 뜨게 되었고 종교적 심성을 확장시켜 주체적인 인격 완성을 도모할 수 있게 되었다.

서산 운산면에서 출토된 철조불좌상

# 신라의 불교 공인이 늦어진 까닭은?

## 1. 아도의 터잡기

일연은 고구려의 불교 전래 과정을 '순도조려順道肇麗'라고 했다. 순도 법사가 고구려에 불교문명을 열었다는 뜻이다. 백제의 불교 전래 과정 은 '난타벽제難陀闢濟'라고 했다. 마라난타법사가 백제에 불교문명을 열 었다는 뜻이다. 일연은 두 나라 모두 '열었다[肇, 闢]'고 표현했다. '열었 다는 것'은 국가와 왕실의 적극적인 지지에 의해 불교의 기초와 기둥과 지붕과 벽을 마련한 뒤 문을 열었다는 것을 의미한다. 반면 신라의 불 교 전래 과정은 '아도기라阿道基羅'라고 했다. 아도법사가 신라에 불교문 명을 터잡았다는 뜻이다. '터잡았다[基]'는 것은 국가와 왕실의 도움을 받지 않고 아도법사 스스로 불교의 터를 잡고 땅을 파고 기초를 다지고 기둥을 세우고 지붕과 벽을 마련했음을 시사해 준다. 일연이 단지 동어 반복에서 벗어나기 위해 고구려의 '조'와 백제의 '벽'과 달리 신라의 '기' 로 조목명을 표현한 것으로 보이지 않는다. 오히려 신라불교의 전래와 수용이 수많은 아도들과 그들이 가르친 불교를 믿고 따르는 사람들에 의해서 이루어졌음을 암시하기 위해서였을 것으로 짐작된다.

무릇 새로운 사유가 처음 들어올 때는 늘 갈등이 있기 마련이다. 기존 사유는 새로이 전래해 온 사유에 대해 본능적으로 강력한 배타의식을 지니게 된다. 이를테면 굴러온 돌이 박힌 돌을 뽑아내려 할 때 박힌 돌 쪽에서는 강력한 저항의식을 일으키듯 말이다. 고구려를 거쳐 들어온 인도 서역의 수많은 '아도'들은 낙동강 중상류에 자리한 일선현—善縣(善山) 속림續林에 자리를 잡았다. '머리카락을 깎아 구릉같이 이마가 드러난' 아도阿道(阿頭)들은 하나 둘씩 이곳에 자리를 잡았다. 마치 서울 경기 지역에 동서남아 불교국가 사람들이 다문화 기숙 타운으로 몰려들 듯이 말이다. 이곳 '모례의 집[毛祿家, '祿'은 '禮'의 誤記]'은 육지와 강이 만나는 교통의 요충지였다. 그런데 왜 하필 모례의 집이었을까? 그리고 음독音讀인 '모례毛禮'는 사람이름이었을까? 아니면 '털례'라는 훈독訓讀의 발음처럼 일본의 사찰을 가리키는 '테라(寺, てら)'의 어원이었을까? '테라'는 일본의 사찰을 나타내는 '지(寺, じ)'와는 분명 구분된다. 그렇다면 '모례'는 사람이름이 아니라 '성황당' 혹은 '띠로 엮은 집[茅屋, 草堂]'을 가리키며, '모례가'는 사모례史毛禮라는 어느 남자의 집을 그렇게 부른 것이었을까?

모례의 누이동생 이름이 사씨史氏였다는 사실을 통해 모례 역시 사씨였음을 알 수 있다. 그렇다면 우리가 흔히 부르는 '모례'는 '초기 사원'의 역할을 했던 '모례'에 살던 주인집의 사씨 남자가 아니었을까? 그는 평범한 서민이었을까? 아니면 성황당 혹은 종교적 성소인 '모례'에 살면서 무당이나 박수 역할을 하였을까? 그리하여 그곳으로 점차 아도들 혹은 묵(흑)호자들이 다가오자 그들과 친해지면서 자기 집을 절로 만들었을까? 마치 법흥왕 때 나라의 성황당인 천경림天鏡林의 고목을 베어

내고 최초의 절인 대왕흥륜사大王興輪寺를 지었듯이 말이다. 마찬가지로 종교적 성소였던 사씨의 집이 '모례'(테라)인 절로 바뀐 것은 아니었을까? 왜 그 많은 아도들과 묵(흑)호자들은 '모례가'에 모여들었을까? 오빠의 집이 비구들로 가득 차자 그 영향을 받은 사씨 남자(모례?)의 여동생인 사씨 여인은 아도법사에게 귀의하여 신라 최초의 비구니가 된 뒤 삼천기에 영흥사永興寺라는 절을 지어 살았다.

얼마 뒤 미추왕이 세상을 떠나자 나라 사람들이 아도법사를 해치려 했다. 아도법사는 속림의 모례가로 돌아가서 스스로 무덤을 만들고 그 속에 들어가 문을 닫고 세상을 떠나 다시 나타나지 않았으므로 불교 또한 폐지되었다고 한다. 일연은 「아도본기」와 「아도본비」를 대비하면서 두 기록의 차이를 지적하고 있다. 그러면서 일연은 '짐짓 이것을 논해 보겠다[嘗試論之]'며 "아도가 고구려를 하직하고 신라에 온 것은 마땅히 눌지왕 때였을 것"이며 아도는 "고결한 행동으로 세상을 피하면서 성명을 말하지 않은 까닭"에 "'묵호자'니, '아도'니 하는 이름으로써 두 사람을 만들어 전했을 뿐 아도는 한 사람임을 알 수 있다"고 했다. 또 일연은 '논평하여 말하기를[議曰]' "관중에서 온 중국승 담시曇始가 동국에 머문 지 10년이나 되었는데 우리 역사에는 그 기록이 없으니 아마도 아도와 묵호자와 난타 세 사람 중의 한 사람이 필경 그의 바뀐 이름[變諱]이 아닌가 한다" 했다. 아마도 아도는 얼굴이 검었을 묵호자나 난타와 달리 흙탕물을 건너도 발이 젖지 않았던[白足] 화상인 담시였을 것으로 추측된다.

## 2. 법흥왕과 이차돈의 신략

법흥왕(元宗)은 키가 7척이나 되었다. 성품이 너그럽고 덕이 있어 사람들을 사랑하였고, 행동은 신령스럽고 거룩하여 만백성들이 밝게 믿었다 한다. 태자시절부터 고구려와 백제가 불교를 공인하여 나라가 크게 발전하고 있다는 얘기를 전해 들었다. 왕위에 오른 그는 부왕 지증마립간이 벌였던 일련의 개혁정치를 계승하여 중앙집권화하고 고대국가로서의 통치체제를 정비해 나갔다. 재위 4년(517) 째 되던 해에 눌지왕 이래 신설되어 왕의 직속으로서 군사권을 장악하고 있던 장군將軍과같은 직책을 중앙관부로 흡수하여 병부兵部를 설치하였다. 재위 7년(520) 째 되던 해에 율령을 선포하고 백관의 공복公服에 붉은 빛, 자줏빛 등의 차등을 정했다. 17관등과 골품제도 등에 관한 규정이 포함되었을 율령의 제정은 신라 내부로 통합된 이질적 요소들을 해소하는데 크게 이바지하였다. 법흥왕은 자신을 정점으로 하는 체제의 정비와 왕권의 강화를 통해 고구려와 백제에 대응할 통치체제를 공고히 했다. 이어 금관가야 등 작은 소국들을 합병해 가면서 영역확장을 도모하기 시작했다.

이러한 시점에 가장 절실히 요구되었던 것은 평소 지니고 있던 불법佛法을 일으킬 신략神略을 모색하는 것이었다. 법흥왕은 날이면 날마다 깊이 고뇌하였다. 일연의 『삼국유사』는 김부식의 『삼국사기』 기록과 달리 이때의 상황에 대해 자세히 싣고 있다. 당시 신하들은 불교를 일으키기 위해 천경림에 절을 지으려는 법흥왕의 정책을 거스르며 따지지 않았다. 법흥왕은 누군가가 나타나 '묘한 법의 방편'으로써 어리석은 사람들을 깨우쳐주기를 바랐다. 한동안 대답하는 이가 없었다. 어느 날

스물 두 살(혹은 26세)의 청년이자 내사內史의 사인舍人 박염촉(異次頓, 居次頓)이 찾아왔다. 그는 정직하고 성실하며 의리와 용기를 지닌 인물이었다. 염촉은 왕의 큰 소원을 돕고자 하여 가만히 아뢰었다. "왕께서 불교를 일으키시고자 하신다면, 신이 거짓으로 왕명이라 전하여[僞傳王命]라 하여 유사에게 전하기를 '왕께서 불사를 창건하려 하신다' 하겠습니다. 그렇게 되면 신하들은 반드시 간할 것입니다. 이때 왕께서는 바로 칙령을 내려 '나는 그런 영을 내린 일이 없는데 누가 거짓으로 왕명이라 꾸며대었는가?' 하십시오, 그러면 그들은 반드시 신의 죄를 추궁할 것입니다. 그때에 만일 왕께서 그 신하들의 아룀이 옳다고 하신다면 그들은 복종할 것입니다."

왕이 말하였다. "그들은 이미 완고하고 오만하니 비록 그대를 죽인다 한들 어찌 복종하겠는가?" 염촉이 아뢰었다. "대성大聖의 가르침은 천신天神이 받드는 것이옵니다. 만일 소신을 베시면 마땅히 천지의 이변이 있을 것입니다. 과연 이변이 있다면 누가 감히 오만스럽게 거역하겠습니까?" 왕은 말하였다. "본래 이로운 것을 일으키고 해로운 것을 없애야 하거늘 도리어 충신을 해한다면 어찌 슬픈 일이 아니겠는가?" 염촉은 대답하였다. "몸을 희생하여 인仁을 이룸은 신하된 자의 큰 절개이옵니다. 하물며 불법이 영원히 빛나고 왕조의 영원한 결속을 위해서라면 신이 죽는 날이 바로 다시 태어나는 해가 될 것이옵니다." 왕은 크게 감탄하고 칭찬하여 말하였다. "그대는 베옷을 입었지만 뜻은 비단을 품었구나." 왕은 염촉과 함께 깊이 큰 서원을 맺었다. 꽃다운 나이의 염촉은 인과 의를 위해 죽은 것인가? 과연 종질을 죽인 원종은 마음 편히 왕의 자리에 머무를 수 있었을까? 일연은 신라 불교 공인의 과정에서 목숨을 버린 이차돈(염촉)을 기리는 찬讚시 한편을 남겼다. "의로움에 몸 바치고 삶을 가벼히 여김도 놀라운 일인데/ 하늘 꽃잎과 젖빛 피는 더욱 다정하구나/ 홀연히 한 칼에 몸은 죽었으나/ 절마다 울리는 종소리는 제국의 서울을 뒤흔드는구나." 그의 순교는 제국의 서울을 뒤흔든 진리의 종소리가 되어 절들을 별처럼 벌리어 서게[寺寺星張] 하였고 탑들을 기러기처럼 연이어 서게[塔塔鴈行] 하였다.

## 3. 신라 최초의 절 대왕흥륜사

"하늘 땅이 여섯 갈래로 흔들렸으라/ 목 잘린 곳에서는 한 길 젖빛 피 솟았으라/ 내 다섯 눈 환해지고 여섯 감각 열리자/ 사람들의 머리에 내린 꽃비들 보였으라."(고영섭, 「진동 ―이차돈 순교에 부쳐」, 『바람과 달빛아래 흘러간 시 ―시로 쓰는 삼국유사』(연기사, 2011)) 이차돈의 죽음은 각기 보는 이의 육안肉眼―천안天眼―혜안慧眼―법안法眼―불안佛眼에 따라 달리 느껴질 것이다. 신라의 불교공인 사건을 두고 "이차돈의 순교는 순교가 아니다. 그것은 왕권이 귀족세력을 진압하기 위한 친위 쿠데타였고, 그러한 종교쿠데타를 통하여 왕권이 비약적 강화의 계기를 획득하는 호전기를 맞이하게 된다"라며 호국興國불교와 기복興福의 허구성을 폭로한 학자가 있다. 불교인은 이 사건을 정치적으로만 해석하려는 그의 주장을 수긍하기 힘들 것이다. 하지만 오늘날 우리 정부가 취하는 불교정책을 보면 귀담아 들을 내용은 있다. 왕위에 오른 지 14년(527)에 법흥왕은 신라 최초의 절인 (대왕)흥륜사(조카 진흥왕이 붙인 이름)의 터를 닦고 절을 짓기 시작했다. 천경림의 나무들을 크게 베어내고 불사를 시작했다(535).

법흥대왕은 염촉肱髑의 멸신을 통해 불교 공인한 다음 해(528)에 살생을 금하라는 영을 내렸다. 절이 어느 정도 낙성되자 왕은 임금의 관[冕旒]을 벗어던지고 가사를 입고 이름을 법공法空이라 고쳤다. 궁에 있는 왕의 친척을 내놓아 절의 종[寺隸], 왕손과 逆臣의 후손으로 삼았다. 그리고는 세 벌 옷[三衣]과 흙발우[瓦鉢]만을 생각하였다. 법공의 뜻과 행은 원대하고 고매하였으며 모든 중생에 대해 자비를 가졌다. 왕비(妙法, 巴刁夫人) 또한 부처님을 받들어 비구니가 되어 영흥사를 짓고 그 절에 머물렀다. 법흥대왕이 재위 27년(540) 째 되던 해 가을에 입적하자 나라에서는 애공사哀公寺 북쪽 봉우리에 장사를 지냈다. 지금의 경주시 충효동 선도산 기슭에 있는 능으로 알려져 있다. (사적 176호) 진흥왕은 원종元宗이 큰 불사를 열어 일으켰으므로 그 시호를 법흥왕이라 하였다. 후대에 완공된(544) 그 절 이름을 조카인 진흥은 '대왕흥륜사'라고 하였다. 이것은 법공法空(법흥대왕)이 머물러 있던 곳이기 때문에 붙여진 이름이었다. 최근 경주공고 자리에서는 '대왕흥륜사'가 적힌 기와 조각이 발견되어 이곳이 나라의 성황당이었던 천경림이었으며 대왕흥륜사터였음이 확인되었다.

진흥왕 역시 숙부의 영향을 받아 전륜성왕의 꿈을 실현하고 말년에는 왕비(妙住, 思刀夫人)와 함께 출가하였다. 일연은 "진흥와 법흥 두 왕이 왕위를 버리고 출가한 것을 사관이 쓰지 아니한 것은 출가한 일이 세상을 다스리는 교훈이 될 수 없기 때문"이라고 했다. 그 때문일까? 『조선선교사』를 지은 일본 불교학자 누카리야 가이텐은 각훈이 『해동고승전』에서 법흥왕이 왕위를 양보하고 티끌을 벗어나 흥륜사에 있으면서 법공이라고 일컬었고 그 비 또한 비구니가 되어서 영흥사에 머물렀다고 한 것은 잘못된 것이며, 따라서 법흥왕은 출가한 적이 없다고 했다. 그는 이 책에서 다섯 가지 이유를 들어 법흥왕과 그 비의 출가사실은 진흥왕의 출가사실을 혼동한 오류라고 적고 있다. 1) 법흥왕 때는 흥륜사가 아직 완성되지 않았으며, 2)『삼국사기』에는 왕이 양이한 사실을 기록하지 않았으며, 3) 법흥왕이 죽은 뒤 왕위를 이은 진흥은 겨우 7세여서 왕태후가 섭정하였으니 양위가 불가능하였을 것이며, 4)「아도비」에서 법흥의 출가명을 법운이라하고 자字를 법공이라 하였으니 진흥왕과 법흥왕을 혼동한 것이며, 5) 법흥도 진흥도 다 법운이라 칭하고 그 두 왕비가 모두 영흥사에 있었다는 것이 바로 혼동이라는 것이다. 하지만 누카리야가 오해하고 있는 것은 대왕흥륜사의 착공과 완공 시점이다.

『해동고승전』의 기록에 왕은 절이 완공되자 왕위를 벗어던지고 절로 들어갔다고 했지만, 절이 모두 완공되지 않아도 왕이 거주할 요사채는 먼저 지을 수도 있으며, 영흥사는 "아도기라"조에 나타난 일연의 할주에 근거하면 이 절도 흥륜사와 같은 시대에 착공되어진 절임이 분명하다. 때문에 법흥왕비였던 묘법비구니뿐만 아니라 후일 진흥왕비였던 묘주비구니도 이 영흥사에 머물렀기 때문에 사가들이 혼동했을 것으로 짐작된다. 다만 법흥왕은 입적 때까지 왕의 신분을 유지한 채 절에서 머물렀을 수는 있다. 대왕흥륜사에는 후일 선덕여왕 때의 승상 김양도가 조성한 미타삼존상이 있었다고 한다. 그 동쪽 벽에는 서향으로 앉은 아도·염촉·혜숙·안함·의상과 그 서쪽벽에는 동향으로 앉은 표훈·사파·원효·혜공·자장 등의 신라 십성을 신라의 흙과 물로 빚은 소상으로 만들어 모셨다. 54대 경명왕 때 조성한 보현보살벽화가 특히 유명했다. 일연은 찬시를 덧붙이고 있다. "성스러운 지혜는 예로부터 만세를 도모하는 것이니/ 구구한 여론에 어이 추호라도 마음을 쓸손가?/ 진리의 바퀴가 이 구산팔해의 사바세계를 따라 구르니/ 순임금의 해가 드디어 부처님의 해를 드높였도다." 법흥대왕은 태평성대의 하늘을 엶으로써 불교의 하늘을 열었다. "저렇게 낮아져 모두를 섬기며 사는 이가 있으랴/ 그렇게 넓어져 모두를 이해하며 사는 이가 있으랴/ 이렇게 깊어져 모두를 사랑하며 사는 이가 있으랴/ 나는 또 얼마를 비워내야 허공처럼 살 수 있으랴."(고영섭, 「바다 ―법흥대왕의 출가에 부쳐」, 『바람과 달빛 아래 흘러간 시 ―시로 쓰는 삼국유사』(연기사, 2011))

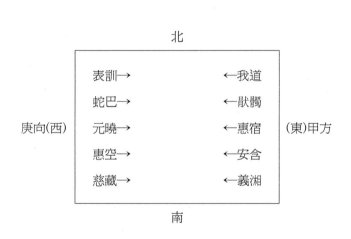

동경 흥륜사 금당십성 배치 구조

# 고구려 불교와 백제 불교의 지형도

## 1. 고구려 불교의 지형

고구려인들은 소박한 업설을 통해 불교를 받아들였다. 그들은 점차 무상, 무아, 고의 가르침을 수용하면서 자신들의 사유체계와 인식방법으로 체화하여 인간 이해와 세계 인식의 지평을 확산시켜 나갔다. 고구려 불교는 공인 전후부터 왕들의 적극적인 지원에 힘입어 크게 발전했다. 수도였던 환인恒仁의 오녀산성과 집안集安의 국내성의 불교 지형이 어떠했는지는 알 수 없다. 다만 수도인 집안에는 성문사와 이불란사를 필두로 적지 않은 절들이 존재했을 것으로 짐작된다. 고국양왕은 자신의 재위 말년(391)에 "불법을 높이 받들어 믿고 복을 구하라[崇信佛法求福]" 하고 교지를 내렸다. 이것은 당시 고구려인들은 불교를 복을 주는 가르침으로 이해하였고 절을 '복을 닦고 죄를 멸하는 곳[修福滅罪之處]'으로 인식하였다는 사실을 알려 준다. 또 광개토대왕이 명을 내려 평양에 아홉 개의 절을 세우게 했다는 기록을 통해 수도인 환도丸都(國內城)에는 더 많은 절을 세웠을 것으로 추측할 수 있다. 기록에 의하면 문자명왕은 79년 동안 재위했던 장수왕의 평양 천도에 이어 왕위에 올라 금강사를 세웠다고 한다.

또 일본 정법사頂法寺 연기에 의하면 일본의 성덕태자가 받들어 맞이하도록 한 광명사 관음상에 관한 기록에는 덕윤德胤선사가 머물러 있었던 고구려의 절 이름인 광명사의 유래를 볼 수 있다. 이 광명사가 어디에 있었는지는 알 수 없지만 왜(일본)국으로 불상을 모시고 갔다는 점에서 볼 때 수도 평양에 있었던 절로 추정된다. 또 보장왕 9년(650) 여름 6월에 보덕普德이 "나라에서 도교만 받들고 불교를 믿지 않으므로 나라가 위태로울 것입니다"라고 건의하였으나 수용되지 않았다. 보덕은 남쪽 완산의 고대산으로 거처를 옮겼다. 이렇게 본다면 현재 이름을 알 수 있는 고구려 사찰은 초문사, 이불란사, 금강사, 광명사, 반룡사 등이다. 대표적인 학승들로는 요동 출신으로서 양나라에서 활동한 승랑과 열반학의 대가였던 보덕 그리고 중국에서 지론과 계율을 전해 온 의연을 꼽을 수 있다. 이 시기 고구려 불교는 종래 수도 집안을 무대로 뻗어갔던 삼론학 계통과 집안과 평양 외곽의 열반학 계통 및 평양 중심의 지론학 계통으로 분기하고 있었다.

증손상좌인 길장의 여러 저술에 인용된 승랑의 삼론체계는 정관무득正觀無得 사상으로 요약할 수 있다. 그는 중국불학사에서 불학연구의 새로운 방법론을 제시하여 중국불학연구의 초석을 놓았다. 승랑은 유소득有自性 유무의 성실학이 지닌 한계를 지적하여 소승의 교리임을 밝혀내었고 무소득無自性 유무의 삼론학이 지닌 본의를 발휘하여 대승의 교리를 새롭게 천명하였다. 보덕 이전에 활동했던 의연義淵이 지론종 남도파의 대표주자인 혜광慧光의 제자였던 법상法上에게 불법佛法의 시말始末을 문의(576)해 오면서 지론地論 사상을 일부분이나마 소개했을 가능성은 있다. 하지만 당시 고구려에 지론 사상이 널려 퍼졌는지에 대해 서는 확인되지 않고 있다.

보덕은 열반교의 평등사상과 방등교의 불이사상을 부동심으로 표현 하여 당시의 현실 속에서 구체화하였을 것으로 짐작된다. 보덕이 『열 반경』의 메시지를 강조한 것은 도교에 대한 공격적인 의미보다는 오히 려 '일체중생은 모두 불성을 가지고 있으며' '선성의 뿌리를 끊어버린 일천제―闡提조차도 언젠가 성불할 수 있다'는 메시지를 강조함으로써 인간에 대한 드넓은 이해를 보여주려는 데에 있었다고 추측된다. 그것 은 열반교의 평등사상이 방등교의 불이사상으로 이어지는 지점에서 잘 드러나고 있다. 고구려의 삼론학은 승랑과 승전 이래 법랑을 이은 길장 의 문하에서 공부했던 혜관慧灌/慧觀과 촉蜀땅에 들어가 강설했던 인印 법사 및 혜지慧持(575~642)에게 삼론을 가르친 실實법사 등을 중심으로 매우 융성했다. 반면 고구려의 천태학은 진陳(557~589)나라와 수隋(581 ~618)나라의 교체기에 천태 지자(538~597)에게서 천태 선법禪法을 닦 은(596) 파야波若(562~613)가 돌아오지 못해 제대로 연찬되지 못했다. 때문에 고구려의 중심 교학은 중기의 삼론학과 후기의 열반학이었음을 알 수 있다.


## 2. 백제 불교의 지형


겸익은 한국불교사에서 인도로 유학을 떠나 백제로 돌아온 최초의 구법승임에 틀림없다. 그는 배달다 삼장 등과 함께 아비담장과 오부 율 문을 가져와 함께 번역하고 강론하였다. 그의 아비담장에 대한 이해와 오부 율문에 대한 인식은 자세히 알 수 없다. 또한 그가 어떻게 살았는지 그리고 어떤 생각을 하고 살았는지도 온전히 알 수는 없다. 다만 그는 시대정신과 역사의식을 가지고 인도로 유학을 떠났으며 공부를 마치고 돌아와 자신의 살림살이와 사고방식을 마음껏 펼쳤다. 특히 그는 오부 율문을 가져와 번역하고 강론함으로써 중국보다 약 1세기 앞서 백제에서 오부 율문 모두를 연구할 수 있게 했다. 이러한 사실로 미루어 볼 때 그의 율맥에 대한 기록은 남아 있지 않지만 그를 따르는 문생들에 의해 형성된 학맥은 공고했을 것으로 추정된다. 그리고 그것은 이후 백제의 계율학과 삼론학 및 성실학과 법화학의 이론적 토대를 마련했을 것으로 짐작된다.

인도의 세친은 이 논서 속에서 일체 제법의 실재를 주장하는 유부종有部宗의 학설에 대하여, 경(량)부經(量)部의 설을 채택하여 색법 11종 가운데 4대종四大種만을 '실재實在'라 하고 다른 것은 '가법假法'이라고 역설하였다. 그는 유부의 극미무분설極微無分說에 대하여 극미유분설極微有分說을 입론하였고, 유부의 삼세실유三世實有·법체항유法體恒有설에 대하여 현재유체現在有體·과미무체果未無體설을 채택하였다. 또 세친은 유부의 심소心所와 심불상응행心不相應行법에 대하여서는 가재설假在說을 취하였다. 이러한 극단적인 다원설多元說을 펼친 세친에 대하여 1부분分]만 그 실재를 인정한 유부의 중현衆賢은 『순정리론順正理論』(俱舍雹論, 80권)을 지어 세친을 반박했다. 겸익의 비담사상은 설일체유부의 존재 이해(極微無分說)를 충실히 계승하면서도 경량부의 주장(極微有分說)까지 수용하는 탄력성을 잃지 않았을 것으로 보인다. 또 겸익은 인도의 아비담장을 수용하면서도 백제의 대승교학적 토대와 충돌하지 않고 상호 투과했을 것으로 짐작된다. 아울러 그의 율학사상은 설일체유부의

『십송율』을 수용하면서도 법장부의『사분율』등 율문들과도 윤활하는 역동성을 잃지 않았을 것으로 이해된다. 불교의 중도사상은 존재와 비존재 및 연속과 불연속 등의 이항에 대한 치우침 없는 균형감각으로 나타난다. 유수한 번역가이자 사상가였던 겸익 역시 그러한 역동적 지혜 위에서 살았을 것이다. 우리는 이러한 겸익의 살림살이와 사고방식을 통해 그를 한국사상사 최초의 삼장법사이자 백제 율학의 비조라고 평가할 수 있을 것이다.

위덕왕 대(554~598)에 현광은 중국 진陳나라의 남악 형산衡山에 머무는(567~577) 혜사慧思(515~577)를 찾아가 문하에 들었다. 평소 혜사는 용수의『대지도론』에 의거하여『반야경』과『법화경』의 일치를 주장해 왔었다. 남악에 들어온 뒤 혜사는 안락행安樂行 법문으로 마지막 회향을 하고 있었다. 그의 문하에서 안락행의安樂行儀를 닦아 법화삼매를 증득한 현광은 스승에게 인가를 청하여『법화경』의 안락행문을 은밀히 전수[密授]받았다. '안락행문'을 전수받은 이후 그는 자신의 독자적 관점을 입론한 것으로 짐작된다. 그리하여 현광은 북제北齊 혜문慧文의 제자였던 남악 혜사의 문하에서 실천적 행법을 심화시켜 법화학의 체계를 정립하였고, 함께 수학한 천태 지의(537~598)는 이론적 구조를 논구하여 천태학의 체계를 구축하였다. 당시 혜사는 현광에게 "그대가 증득한 것이 진실하여 허망하지 아니하니, 그것을 잘 보호하여 법으로 하여금 증장하게 하며, 본국으로 돌아가 선교방편을 펴라"라고 하는 부촉을 하였다.

『해동불조원류海東佛祖源流』에는 현광이 혜사의 법을 잇고[行眞] 법화삼매를 증득한 뒤 강남에서 배를 타고 백제로 돌아오는 도중 천제天帝의 청으로 용궁으로 들어가 천天·룡龍들에게 몸소 증득한 법화삼매法華

三昧 법문을 7일간 강설하였다고 한다. 또 그가 중국에 있을 때는 혜민慧旻이 그 법을 받아 이름이 널리 알려졌다고 한다. 약 17여 년 동안 머물던 현광은 중국을 떠나 고향인 웅주의 옹산으로 돌아와 범찰(사원)을 짓고 교화에 힘썼다. 당시 옹산의 현광 아래에서 법화(삼매)당에 올라 수기를 받은 이가 1인, 화광火光삼매에 든 이가 1인, 수광水光삼매에 든 이가 2인이었다고 전한다. 여기서 기별을 받은 1인은 법화삼매의 증득자 또는 안락행법문을 받은 제자로서 현광의 법을 계승하여 법을 설한 이로 짐작된다. 여기서 화광삼매에 든 1인은 법화삼매 유상행의 「보문품」 '독송'을 통한 수행에서 자비慈悲에 의하여 번뇌煩惱를 멸하고 안락(安樂)을 얻게 된 이로 이해된다. 또 수광삼매에 든 2인은 관세음보살의 '칭명'으로 삼 난三難(果報水, 惡業水, 煩惱水)을 면하면서 보살의 본원本願으로 별관別觀과 원관圓觀을 닦을 때 자비가 감응한 이들로 인식된다. 이들은 각기 현광의 법화삼매 수행법을 백제에 전하였을 것으로 추정된다.


## 3. 해외로의 구법과 전법


고구려인들은 불교를 받아들인 뒤 앎의 질과 삶의 질을 크게 제고시켰다. 그들은 중국과 인도를 향해 구법하고 다시 백제와 신라 및 왜국에 전법을 하였다. 고구려 불교는 승랑, 인법사, 실법사, 관륵, 관혜로 대표되는 삼론학과 보덕 등으로 대표되는 열반학 그리고 파야 등으로 대표되는 천태학이 주축을 형성하였음을 알 수 있다. 이들은 중국불교 정착기라 할 수 있는 위진 남북조 시대의 대표적인 학통을 온축시키고 육화시켜 이웃 왜국(일본)에까지 전해 주었다. 이들 고구려 전법승들에 의해 일본 고대 불교는 그 사상적 기반을 형성할 수 있었다. 혜량惠亮은 제24대 양원왕 7년(551) 경에 신라로 가서 최초의 국통이 되어 신라불교의 전래 초기에 지대한 영향을 미쳤다. 석파야釋波耶는 중국 천태산 지자智者대사에게 수학하여 천태교관을 받았다. 실實법사는 수나라의 촉땅에 들어가 삼론을 강의하였고, 인印법사 역시 수나라에서 삼론을 크게 강의하였다. 지황智晃은 설일체유부 사상에 뛰어났으며, 현유玄遊는 인도 구법의 역정을 떠난 중국인 승철僧哲을 따라가 사자국師子國(스리랑카)의 승려가 되었다.

고구려 사문들은 일본으로도 전교를 떠났다. 혜변惠便은 일본의 백제계 대신이었던 소아마자蘇我馬子와의 인연으로 일본에 절을 짓고 전교하면서 선신善信니, 선장善藏니, 혜선惠善니의 세 여승을 배출하였다. 혜자惠慈는 일본 성덕聖德태자의 스승이 되어 불법을 가르치고 정교에 크게 이바지하였다. 또 영양왕 때에는 승륭僧隆과 운총雲聰, 담징曇徵과 법정法定 등이 전교를 위해 일본으로 떠났다. 특히 담징은 불학과 오경五經 그리고 종이와 먹 및 맷돌 등을 만드는 기술과 그림그리기를 가르쳐 주어 일본 고대 문화의 정초에 크게 이바지 하였다. 또 삼론의 대가이자 의승醫僧이었던 백제의 관륵觀勒에 이어 일본 삼론종의 제2대 승정이 된 혜관惠灌, 『일본세기日本世記』를 지은 도현道顯 등이 있었다. 고구려 불교 사상은 시대에 따라 변주되었으나 불교가 완전히 정착되었던 5세기 이후에는 삼론학과 열반학과 천태학이 주축을 이루었던 것으로 보인다.

백제 불교의 대표적인 승려들은 인도로 구법했던 겸익을 비롯해서 담욱, 혜인, 발정, 혜현, 현광, 관륵 등이다. 특히 겸익謙益은 제26대 성왕 4년(526)에는 인도로 불법을 구하러 떠난 뒤 오부율문과 아비담장의 원전을 가지고 귀국하면서 인도승 배달다倍達多 삼장과 함께 왔다. 그러자 성왕은 나라 안의 학덕이 높은 고승 28명으로 하여금 겸익을 도와 율부 72권과 소승논장인 비담의 번역을 완성하도록 하였다. 이에 담욱曇旭과 혜인惠仁이 율부에 대한 주석을 달아 율소 36권을 저술하였다. 성왕은 번역된 비담과 신율의 서문을 지었고 새로 번역된 불전을 태요전臺耀殿에 받들어 간직했다. 성왕 19년(541)에는 남조 양나라에 사신을 보내어『열반경』등 경전의 주석서(經義)와 공장工匠 및 화사畵師 등을 청하였다. 같은 왕 23년(545)에는 장육丈六불상을 조성하여 천하의 모든 중생이 다같이 해탈하기를 기원하였다. 백제가 일본에 불교를 전한 해는『원흥사가람연기元興寺伽藍緣起』와『상궁법왕제설上宮法王帝說』의 기록에 근거한 백제 성왕 16년(538)인 흠명欽明 무오년과 성왕 30년인 흠명 13년(552) 두 가지 주장으로 집약된다. 최근의 일본학계의 앞의 설을 정설로 보려는 움직임이 있다. 하지만 여러 전거를 통해 정합성을 따져보면 제17대 아신왕 때 일본에 불경이 전해지면서 문자도 함께 사용하게 되었던 것으로 추측된다. 성왕 32년(554)에 담혜曇慧 등 9명의 승려를 왜국에 보내어 도심道深 등 7명의 승려와 교대를 하였다는 기록으로 보아 성왕 32년 이전에 이미 백제의 승려들이 왜국에 간 사실을 알 수 있다.

위덕왕 24년(577)에는 경과 론, 율사, 선사, 비구니, 주금사呪禁師, 불공佛工, 사장寺匠 등을 일본에 보냈으며, 31년(584)에는 왜인이 불상과 미륵상 두 구를 가져갔다. 위덕왕 35년(588)에는 불사리와 승려, 사공寺工(太良末太文賈古子), 와장瓦匠, 화공畵工(白如) 등을 왜국에 보냈다. 왜국에서는 대신인 소아마자蘇我馬子가 백제승을 청하여 수계의 법을 물었으며, 다시 선신니善信尼 등이 불법을 배우러 백제로 왔다. 이들은 3년간 머물면서 계율을 공부하고 비구니가 되어 왜국으로 돌아갔다. 또 혜총惠總과 영근슈斤과 혜식惠寔 등 사문으로 하여금 왜국에 불사리를 전하게 했고, 영조聆照, 영위슈威, 혜중惠衆, 혜숙惠宿, 도엄道嚴, 영개슈開 등의 승려를 보냈다. 위덕왕 42년(595)에 왜국으로 건너간 혜총은 고구려의 혜자惠慈와 함께 성덕태자聖德太子를 일깨워 일본 삼보의 대들보가 되게 했다. 위덕왕 44년(597)에는 성왕의 셋째 아들인 임성琳聖태자가 왜국으로 건너가 관음(觀音)과 묘견妙見 및 영부靈符 신앙들을 전하였다. 제30대 무왕 3년(602)에는 관륵觀勒이 천문天文과 지리地理, 역서曆書와 둔갑遁甲 및 방술서方術書를 가지고 왜국에 가서 전했다. 특히 관륵은 이름을 떨친 의승醫僧이자 삼론학의 대가로서 학문에도 능통했으며 일본 최초의 승정僧正이 되어 일본 불교교단의 기강을 세웠다. 이밖에도 왜국에 가서 불법을 전하기에 힘쓴 이들은 혜륵慧勒, 도흠道欽, 의각義覺, 혜균慧均, 도장道藏, 도령道寧, 다상多常, 원세圓勢, 방제放濟 등 많은 승려들이 있었다. 이 중에서도 혜균은『사론현의기』(12권)을 지었고, 도장은 왜국에서『성실론소』16권을 지었다. 그는 성실뿐만 아니라 법상, 구사, 삼론에도 능한 학승이었다. 의자왕 115년(655)에는 비구니 법명法明이 왜국으로 건너가『유마경』을 독송하며 병자를 고쳤다. 이후 성해졌던 일본의 유마회는 그의 영향에 의한 것으로 전해지고 있다.

# 신라 법흥왕 내외의 출가를 어떻게 볼 것인가?

## 1. 대왕의 호칭 사용

일연은 신라의 불교공인을 담고 있는 조목 이름을 '원종흥법元宗興法
염촉멸신猒髑滅身'이라고 붙였다. 여기서 원종은 법흥왕이고 염촉은 이
차돈이다. 법흥왕은 즉위 당시 신라 고유 왕호인 매금寐錦왕으로 불렸
다. 영일의 냉수리비冷水里碑(503)와 울진의 봉평비鳳坪碑(524)에 나타나
있는 것처럼 불교 공인 이전까지 그는 왕으로서의 초월적 지위를 확보
하지 못하고 신료들과 동렬에 머물러 있었다. 오랫동안 신라는 경주 지
역을 분할 통치했던 육부족의 득세로 말미암아 왕권이 미미했다. 왕은
나라를 대표했을 뿐 실제에 있어서는 육부족장들과 같은 지위에 있었
다. 어렵게 병부를 설치하고 공복을 제정한 뒤 율령을 반포한 법흥왕은
불교의 공인을 통하여 강력한 왕권의 확보를 모색하였다. 당시 육부족
들은 지증왕 대 이래의 축전祝典 성립과 냉수리비와 봉평비에 보이는
살우殺牛의식 등을 통해서 알 수 있는 것처럼 유교사상과 고유신앙에
기반해 있었다.

그런데 일연은 이 조목에서 염촉의 '멸신滅身'에 초점을 맞추었을 뿐 정작 원종의 '사신捨身'에 대해서는 자세히 기록하지 않고 있다. 법흥왕은 왕권을 공고히 하려는 일련의 개혁과정 아래 불교 공인을 시도했지만 육부족의 반대에 번번이 부딪쳐 그 의욕이 좌절되었다. 결국 그는 이차돈과의 밀약을 통해 불교의 공인을 성공시켰으나 불교의 교화에 대한 중신들의 저항은 만만치 않았다. 법흥왕은 할 수 없이 특단의 조치로서 몸소 사신을 통해 출가를 감행하였다. 그러나 중신들과의 합의를 거치지 않은 채 이루어진 법흥왕의 사신 행위는 조정과 재야를 막론하고 큰 충격을 던져주었다. 통치자의 사신 행위는 일찍이 상상조차 할 수 없었던 일이다보니 조야에서는 그 일에 대한 기억을 좀처럼 지워버릴 수 없었다.

법흥왕은 염촉이 제안한 흥륜사의 창사 명령의 부인을 통해 정미년(527)에 불교를 공인했지만 왕의 사신捨身을 계기로 흥륜사 공사는 중단되었다. 이 때문에 신라 불교 공인의 기원을 정미년으로 인정하지 않으려하는 학자들도 생겨났다. 신하들은 이차돈과의 밀약에 의해 불교 공인을 거부할 수 없었지만 왕의 신분을 유지한 채 삭발 염의한 법흥왕에 대한 비판의 의견들을 쏟아내었다. 하지만 법흥왕의 사신에 대해 최치원은 「봉암사지증국사비」에서 중국 양나라의 무제와 같이 "이미 신라에서도 (백성과) 함께 즐거워할[與民同樂] 뿌리를 심었다"라며 신라 불교사를 중국불교사와 대등하게 기술하고 있다. 법흥왕의 율령 반포 8년째가 되는 해인 을유년(535)에 흥륜사 중창 불사가 시작됨으로써 신라 불교의 홍법이 본격화되었다. 그렇다면 이차돈의 처형은 정미년 당시가 아니라 을유년 이전이었음이 틀림없을 것이다.

『삼국유사』의 '원종흥법 염촉멸신' 조목의 할주割註에 인용된 향전鄕傳

에는 법흥왕의 칭호가 변화되었음을 보여주고 있다. 사인(이차돈)이 맹세하기를 "대성법왕大聖法王이 불교를 일으키고자 하기에 (나는) 몸과 목숨을 돌아보지 않고 얽힌 인연들을 버리오니 하늘은 상서로움을 내리시어 두루 사람들에게 보이게 하소서"라고 한 것에서처럼 불교 공인 이후 법흥왕은 '영즉지태왕另卽智太王'(川前里書石 乙未銘) 또는 '대성법왕' 혹은 '성법흥대왕聖法興大王'(川前里書石 乙卯題記)으로 불리어졌다. 이제 법흥왕은 더 이상 신료들과 동렬에 있는 '매금왕'이 아니라 그들 위에서 초월적 지위를 확보한 '법흥대왕'으로 불려지기 시작했다. 신라의 왕이 '대왕'이란 호칭으로 금석문 위에 처음 나타나는 갑인년(534)이 되면 법흥왕은 명실공히 신하 위에 군림하는 지위에 서게 된다. 이것은 이차돈의 처형과 맞물려 있는 것으로 보인다.

## 2. 사신의 내력

불교에서의 '사신捨身'은 불교 수행의 한 형식으로서 자리해 왔다. 즉 사신은 생명을 담지하고 있는 자신의 육신을 붓다 혹은 진리를 위해 아끼지 않고 소신燒身 또는 분신焚身 혹은 자해自害 등의 방식으로 보시하는 것을 일컫는다. 대개 사신은 왕과 귀족에게서 이루어졌지만 일반인과 노비에게도 행해졌다. 궁내의 인척이나 반역으로 멸문한 후손들도 사예寺隸로 삼았다. 왕의 경우는 인도의 아쇼카왕이 불교에 귀의한 뒤 세속의 신분과 업무를 저버리지 않은 채 승의僧衣를 입고 교단에 머물며 함께 수행을 한 사례를 들 수 있다. 신라 왕실이 흠모했던 아쇼카왕과 관련 사적으로는 진흥왕 대(573 또는 574) 또는 진평왕 대에 조성되었다는 황룡사장육존상이 대표적이다. 중국의 아쇼카왕 관련 사적은 진晋대에서 남조와 수당대에 이르기까지 아육왕사와 아육왕탑 등의 조성을 필두로 하여 끊임없이 이어져 왔다.

또 중국 남조의 양나라 무제 역시 대통 원년(527)에 황궁 옆의 동태사同泰寺(현 남경 鷄鳴寺)에 가서 붓다에 대한 은혜를 갚기 위해 사신한 뒤 궁으로 돌아왔다. 그는 불은佛恩을 갚기 위해 자신이 통치하는 전국 곳곳에 천불과 천탑을 세우며 사신을 거듭했다. 양무제는 자신을 '삼보의 노예[三寶之奴]'로 절에 바치고 신하들은 노예가 된 황제를 위해 수억만전數億萬錢을 절에 주어 죄를 대속[贖罪]하고 궁으로 돌아오게[還宮] 했다. 양무제는 짧게는 4일에서부터 17일, 37일, 43일간 네 차례나 동태사에 거둥하여 사신을 하고 교화를 하였다. 심지어는 정화조를 퍼기도 하고 불목의 일도 하였다고 전한다. 사신이 끝나면 돌아와 크게 사면을 베풀고[大赦] 연호를 고쳤다[改元]. 이 모두가 불교 수행과 신행에 기반하여 이루어졌다. 그는 고기와 술을 엄격히 금지하는 단주육문斷酒肉文의 조칙도 내렸다. 이러한 일련의 불사는 신라에까지 일정한 영향을 미쳤다.

법흥왕의 사신이 이루어진 해 역시 양무제의 사신이 이루어진 해와 동일한 정미년이다. 최치원은 「봉암사지증국사비문」에서 양무제가 동태사로 나아가 사신을 하고 돌아온 날까지 기록하고 있다. 무제가 사신한 그날이 바로 법흥왕이 흥륜사에서 사신한 날이기 때문이었다. 최치원은 '같은 (해) 봄[一春]'에 양무제와 법흥왕이 사신했다는 사실을 통해 신라가 중국 남조불교와 접촉하고 있었음을 시사해 준다. 특히 호불황제인 양무제는 '단주육문'의 조칙을 반포하였고 호불대왕인 법흥왕은 살생을 금하는 영을 내리고 있다. 일연은 「왕력」편의 법흥왕 조에서

"처음으로 십재일十齋日에 살생을 금하고 사람들이 비구승과 비구니승이 되는 것을 허락했다"라고 적고 있다.

십재일은 재가 신도가 매월 1, 8, 14, 15, 18, 23, 24, 28, 29, 30일의 열흘 간 몸과 마음을 삼가고 말고 깨끗한 일에 힘쓰며 자신의 행위를 반성하고 팔재계를 지키며 착한 일을 하면서 정진하는 날이다. 법흥왕은 이들 10일 동안 살아 있는 것들을 죽이지 말고 살려주게 했으며, 사람들로 하여금 출가를 허가하였다. 이러한 노력을 통해 신라는 빠른 시일 내에 불교를 자기화 하고 주체화할 수 있었다. 신라는 양무제 이래의 남조불교를 모범으로 삼기는 했지만 이내 신라 '본위本位'의 불교로 소화해 내어 신라불교로 자리매김해 냈다. 법흥왕의 사신은 결과적으로 왕비의 출가로 이어졌고, 나아가 진흥왕의 사신과 그 왕비의 출가로까지 이어졌다. 이들 두 왕의 내외의 사신과 출가는 결과적으로 후발주자로서 갖은 산통을 겪은 신라의 불교가 국가의 적극적 지지를 받았던 고구려 불교와 백제 불교 및 가야불교와 대발해 불교와 달리 이 땅의 자생적인 불교로 자리잡는 원동력이 되었다고 할 수 있다.

## 3. 흥륜사의 금당과 오당

법흥왕은 신라 최초의 절인 대왕사(흥륜사)에서 사신했고 그곳에 살면서 왕무를 보았다. 그는 절에 들어가 승려가 되었으며[入寺爲僧] 스스로 불법을 펼치고 행했다[肇行佛法]. 비구 법공法空이 된 그는 출가자의 몸으로서 세속의 신분과 세간의 업무를 저버리지 않았다. 이러한 법공의 모습은 조정과 재야 모두에게 낯설었지만 그는 흔들리지 않고 소신껏 밀고 나갔다. 그 과정에서 중신들과 적지 않은 갈등도 생겨났다. 불교에 대한 군신들의 반발은 천경림 숲을 베고 대왕사(흥륜사)를 세운 이차돈을 처형함으로써 활로를 열어나갔다. 해서 이차돈의 멸신을 통해 법흥왕 개인의 신앙에 대해서는 더 이상 문제제기를 하지 않는 선에서 마무리 되었다. 그리고 을유년에 대왕사(흥륜사) 중창불사가 시작되었다. 울주 천전리서석의 을사제기乙巳題記(原銘)와 을미제기乙未題記(追銘)뿐만 아니라 갑인제기와 을묘제기 등 불교관계의 단편적 명문에 의하면 흥륜사에는 안장安藏이라는 승려가 머무르며 법흥왕의 개인적 신불信佛과 깊은 관계를 유지했던 것으로 짐작된다.

이차돈의 순교로 중단되었던 흥륜사 조성공사는 을묘(535)년에 천경림을 베면서 본격적인 불사가 이루어졌다. 흥륜사는 정미년(527)에 흥륜사 공사를 처음 시작[始開]했으나 군신들의 반대에 부딪쳐 중단되었다. 그러자 법흥왕은 '절에 들어가 승려가 되는[入寺爲僧, 捨身]' 특단의 조처를 통해 '불법을 펼치며 행했다[肇行佛法].' 이 표현은 그의 '조행'이 처음에는 왕 개인의 신불 행위로 시작되었음을 시사해 준다. 하지만 왕이 사신을 감행하자 군신들은 이것을 크게 문제삼았고 이차돈에게 흥륜사 창건의 책임을 물었을 것이다. 이차돈은 이 모든 사태의 책임을 지고 처형을 당했을 것으로 추정된다. 결국 이차돈 순교는 흥륜사 중창의 물꼬를 텄다. 해서 을묘년에 흥륜사는 법흥왕 개인의 사찰에서 국가 사찰로 크게 개창[大開]되었다. 이러한 일련의 변화는 왕과 귀족간의 타협으로 왕의 정무를 대행하는 상대등上大等을 둠으로써 가능했을 것으로 보는 학자도 있다.

흥륜사에는 금당金堂과 오당吳堂이 특히 유명했다. 중국 남조의 범칭인 '오吳'를 딴 전각인 '오당'은 신라 중고기 말경에 김양도金良圖가 남조의 동태사를 본받아 지은 것으로 추정된다. 「신주」편의 '밀본최사' 조목에 의하면 그는 불교를 돈독히 믿어 일생토록 게을리하지 않았다 한다. 김양도는 흥륜사 오당의 주불인 미륵존상과 좌우보살을 소성하고 아울러 그 당에 금화를 가득 채웠다. 이러한 사실들을 통해 흥륜사의 창건과 법흥왕의 사신이 남조 불교를 모범으로 하여 이루어졌음을 알 수 있게 한다. 그러나 법흥왕 이전 미추왕과 눌지왕 대에 이미 불교가 민간에 널리 전해져 있었다는 사실과 양나라 사신 혹은 오나라 사신이 신라 왕실을 찾아와 불교를 전하고 있었다는 사실을 간과해서는 아니 될 것이다.

또 흥륜사의 금당은 오당과 함께 절의 상징이었다. 금당의 십성은 의상(625~702)의 제자인 표훈이 자리해 있음을 통해 경덕왕 대에 소성한 것으로 짐작된다. 「흥법」편의 '동경흥륜사금당십성' 조에는 주불이 등장하지 않지만 「신주」편에 의하면 오당의 미륵존상과 달리 아미타불이 주존으로 모셔져 있었음을 알 수 있다. 신라 최초의 절에 붓다를 시위하는 열 명의 제자를 붓다의 10대 제자가 아니라 신라의 8성(출가) 2현(재가, 염촉, 사파)을 모셨다는 것은 대단한 주체성을 보여준다. 더욱이 동쪽 벽에서 서향庚向으로 앉은 아도, 염촉, 혜숙, 안함, 의상과 서쪽 벽에서 동향甲向으로 앉은 표훈, 사파, 원효, 혜공, 자장 등 신라 불교를 대표하는 10성의 면면들이라는 점에서 그 의미가 배가되고 있다. 또한 이들 10성 모두를 이 땅 신라의 '흙'과 '물'과 '기술'로 빚은 소상이라는 점에서 그 상징성이 증폭된다. 법흥왕의 불교 공인과 그의 사신은 신라 불교의 진경을 열어 가는 초석이 되었고 전륜성왕을 꿈꾸었던 진흥왕이 이를 이어 가면서 민족불교의 르네상스를 열어갔다.

# 삼국 불교를 일으킨 주체는 누구였을까?

## 1. 흥법의 주체

역사는 시간 위에서 공간을 점유한 인간에 의해 이루어진다. 때문에 역사의 주체는 사람일 수밖에 없다. 인간이 역사의 능동적 동인이라면 그의 행위는 역사의 대상이 된다. 불교의 주체인 불자佛子는 붓다의 제자이자 붓다의 아들이다. 그는 유자儒者에 상응하는 불자佛者이며 불교를 믿고 알고 행하고 깨치는 사람이다. 해서 불자는 불교의 중심이자 근간이 된다. 철학하는 사람이 철학자라면 불학하는 사람은 불학자이다. 불교의 주체인 불교적 인간은 붓다의 가르침을 진리로 확신[信]하고 이해[解]하고 실행[行]하고 체증[證]하는 사람이다. 그는 붓다의 교설을 자신의 세계관으로 받아들여 그렇게 사는 사람이다. 불교적 인간은 불교의 연기적 세계관 위에서 중도적 실천행을 하는 사람이다. 때문에 불교적 인간은 불교의 주체이자 세계의 주체가 된다.

『삼국유사』「흥법」편을 통해 일연이 제시하는 불교적 인간 역시 연기적 세계관 위에서 중도적 가치관으로 살아가려는 사람이다. 그는 상호의존성[緣起性] 위에서 비고유성[無自性]과 비실체성[空性]을 통찰하여 상호존중행[慈悲行]을 실천하는 존재이다. 일연이 이 편목에서 제시하고 있는 홍법의 주체들은 고구려의 소수림왕과 순도, 보덕과 그의 제자 11인(無上, 寂滅, 義融, 智藪, 一乘, 水淨, 四大, 開原, 明德, 開心, 普明), 백제의 침류왕과 마라난타, 아신왕과 법왕, 눌지왕과 아도 및 묵호자, 비처왕과 눌지왕, 법흥왕(법공비구)과 왕비(묘법비구니) 및 이차돈(염촉), 모례와 사씨史氏 비구니, 진흥왕(법운비구)과 왕비(묘주비구니), 안함, 자장, 혜공과 혜숙, 원효와 의상, 사파와 표훈 등이다. 이들은 모두 삼국의 불교를 홍륭시킨 이들이다.

이들의 신분은 왕에서부터 출가자와 재가자에 이르기까지 다양하다. 불교를 공인한 왕 이외에도 불교를 세계관으로 받아들인 이들이 적지 않았다. 법흥왕과 진흥왕 등처럼 삼국 통일 이전뿐만 아니라 통일 이후에도 마찬가지였다. 진평왕 대의 왕손이었던 원측, 신문왕의 아들이었던 무상을 비롯하여 성덕왕은 재위 전에 오대산으로 출가했던 비구였다. 이후 그의 아들인 무루와 지장 등도 출가했다. 출가를 했다가 세간으로 돌아온 왕은 불교적 세계관을 적극적으로 수용하여 현실 정치에 원용하고자 했다. 남성 불자와 달리 존재감을 지닌 대표적인 여성 불자는 사씨 비구니와 덕만 부인(선덕여왕)과 승만 부인(진덕여왕), 진성여왕과 욱면비, 광덕의 아내, 관음의 화신 낭자 등을 꼽을 수 있다.

불교적 인간은 발심하는 존재이자 서원하는 존재이다. 발심은 발보리심의 줄임말이고 발보리심은 '발아뇩다라삼먁삼보리심'의 줄임말이다. 즉 위없이 바르고 평등한 바른 깨침을 얻으려는 마음을 일으키는 것이다. 해서 불교 공부는 발심發心에서 비롯되어 서원誓願에서 마감된다. 『삼국유사』 역시 붓다의 가르침을 머리와 가슴에 담아 온몸으로 살게 하고 있다. 특히 『삼국유사』는 '위없이 바르고 평등한 바른 깨달음을 얻으려는 마음'인 발보리심을 통해 불교적 인간으로 살게 하고 있다. 이들 불교적 인간은 삼국 '흥법'의 주체가 된다. 일연이 세운 「흥법」편의 주인공들은 모두 이러한 마음가짐을 지니고 있었던 존재로 짐작된다.

## 2. 성인과 현인

「흥법」편의 마지막에 자리한 '흥륜사 금당 십성' 조목에는 열 명의 성현이 자리하고 있다. 불교는 52단계로 보살의 계위를 시설하고 있다. 『보살영락본업경』에서 확립된 52위의 보살계위는 10신, 10주(解), 10행, 10회향, 10지, 등각, 묘각의 단계로 시설되어 있다. 이중 화엄에서는 10신을 전제하여 42위를 세우고 있다. 하지만 신라유식(圓測)에서는 10신을 전제하지 않고 자량위에 머물러 있는 범부 등 모든 이들을 섭수하기 위하여 52위를 세운다. 반면 당대유식(窺基)에서는 범부 이래의 10신을 전제하고 수습위 이후로부터 등각과 묘각을 불과로 통합해서 41위를 시설하고 있다.

보살이 불위佛位에 이르기까지 수행하는 햇수를 삼아승기겁三阿僧祇劫이라 한다. 52계위 중 10주, 10행, 10회향의 3위를 수행하여 마치는데 1아승기겁을 지내는 동안 7만 5천 붓다에게 공양을 한다. 10지중에 초지로부터 제7지에 이르기까지 수행을 마치는데 제2아승기겁을 지내는 동안 7만 6천 붓다에게 공양을 한다. 제8지에서 제10지의 수행을 마치는데 제3아승기겁을 지내는 동안 7만 7천 붓다에게 공양을 한다. 이때

10주, 10행, 10회향의 지위에 있는 보살을 삼현三賢이라 하고 10지의 지위에 있는 보살을 십성十聖이라 한다.

'동경흥륜사금당십성' 조목의 10성은 재가자인 염촉과 사파를 제외한 나머지 아도, 혜숙, 안함, 의상, 자장, 혜공, 원효, 표훈의 8성은 출가자이다. 성인이 붓다와 보살 또는 중생 제도를 위하여 출현한 출가의 성자라면, 현인은 지혜를 갖춘 재가의 달인이다. 염촉과 사파는 분명 재가자였고 아도로부터 표훈에 이르는 8인은 출가자였다. 신라의 최초의 절에는 이들 성인과 현인의 소상을 조성해 나란히 모셨다. 이것은 중앙의 주불(아미타불)을 시위하는 붓다의 10대 제자가 아니라 신라의 성현을 역할모델로 삼아 흙으로 빚어 모신 독자적인 것이었다. 일연은 신라 초기 '흥법'의 세 주체를 아도와 법흥과 염촉으로 비정하고 그들을 세 성인으로서 기리고 있다.

일연은 신라 경주의 풍경을 "절과 절들이 별자리처럼 벌여서 있고[寺寺星張], 탑과 탑들이 기러기처럼 연이어 섰다[塔塔雁行]"라고 표현하였다. 그리고 신라 불교의 풍경을 "덕이 높고 행이 깊은 승려는 천하의 복전福田이 되고, 대승과 소승의 불법이 나라의 자운慈雲이 되었다." 나아가 "타방의 보살菩薩이 세상에 나타났고 서역의 명승名僧이 이 땅에 강림했다"라고 했다. 일연은 타방의 (불)보살로서 진나陳那보살과 보개寶蓋여래와 오대五臺(文殊)보살을 제시한 뒤 원효를 '분황사의 진나陳那' 보살의 후신으로, 의상을 '부석사의 보개寶蓋'여래의 화신義湘으로, 자장을 '낙산사의 오대五臺'(文殊)보살의 화신으로 일컫고 있다. 이처럼 일연은 이들 세 보살을 각기 신라 흥법의 세 성인으로 보았다.

## 3. 거사와 부인

불교 전통에서 거사居士(kulapati, Grhapati)는 출가하지 않고 가정에 머물면서 불문에 귀의한 남자를 가리킨다. 처음에는 인도의 사성四姓제도 중공업과 상업에 종사하는 베살리 종족의 부자[長者]를 일컬었다. 거사는 좋은 집안의 남자를 일컫는 우바새 또는 족성자族姓子이자 선남자善男子이다. 선남자에서 '선善'은 '선인善因'을 가리킨다. 지난 세상에 지은 좋은 일의 공덕[善事功德]이 현세에 나타나 붓다의 교법을 듣고 믿는 남자이다. 또 붓다의 명호를 듣고 염불하는 남자이며 설사 죄악이 많은 이라도 마음을 돌이켜 참회하고 염불하면 선남자라 했다. 거사는 현생에서 불법을 믿고 선을 닦는 남자를 가리키기도 한다. 거사는 점차 학식과 도덕이 높으면서도 벼슬하지 않는 사람을 가리키기도 했다.

반면 부인夫人은 좋은 집안의 여인을 일컫는 족성녀族姓女이자 선녀인善女人이며 우바이이다. 선남자에서처럼 선녀인에서 선善은 선인善因을 의미한다. 지난 세상에 지은 좋은 일의 공덕[善事功德]이 현세에 나타나 붓다의 교법을 듣고 믿는 여인이다. 또 붓다의 명호를 듣고 염불하는 여인으로서 설령 죄악이 많은 이라도 마음을 돌이켜 참회하고 염불하면 곧 선녀인이라 했다. 그리고 부인은 현생에서 불법을 믿고 선을 닦는 여인을 일컫기도 한다. 이들은 보살의 자비심에 기초한 모성애로 인해 보살로 통칭되고 있다. 하지만 여인들만 보살이라고 할 수는 없다. 거사들도 보살이 될 수 있어야 한다.

불교 전통에서 가장 대표적인 남성불자는 유마힐(無垢稱) 거사와 급고독(須達) 장자 및 월개月蓋 장자 등이다. 그가 주인공인 『유마(거사)경』에서 그는 붓다의 재가 제자로 등장한다. 그는 인도의 비야리국의 장자로서 재가에 있으면서 보살 행업을 닦았다. 유마거사는 수행과 달변이 빼어나 붓다의 여러 제자들도 그를 대적할 수 없었다. 이후 한국불교에서는 부설거사(陳光世), 소성거사(元曉), 청평거사(李資賢), 월창거사(金大鉉), 이침산 거사, 효성거사(조명기), 백봉거사(김기추), 종달 거사(이희익) 거사, 덕산거사(이한상), 불연거사(이기영), 무애거사(서돈각) 등이 등장했다. 반면 제일 대표적인 여성불자는 승만 부인이다. 사위국 바사닉왕의 딸인 승만은 아유사국 왕인 우칭友稱의 부인이되었다. 그 뒤 붓다에게 자기의 사상을 여쭈자 붓다는 이것을 기쁘게받아들이며 부인에게 수기를 준다. 이후 한국불교에서는 덕만 부인(선덕여왕), 승만 부인(진덕여왕), 법련화 부인, 길상화 부인, 육영수 부인, 김명희 부인 등을 비롯해서 많은 부인이 등장했다.

『삼국유사』에는 '홍법'의 주체들인 승려들과 거사들과 부인들의 용례가 적지 않게 등장했다. 때로는 불보살이 그들의 모습을 빌어 화신으로 나타난다. 반면 그들이 불보살로 승화되기도 한다. 승려와 거사와부인이 향상문向上門으로 나아가면 불보살의 화신이 되고, 불보살이 향하문向下門으로 내려오면 다시 승려와 거사와 부인이 된다. 미혼의 경우에는 동남과 동녀로 일컬었지만 기혼의 경우에는 거사와 부인으로불렀다. 이름은 정체성의 근간이 된다. 불교사에서는 유마거사와 승만부인이 재가불자의 역할모델로 확립되어 왔다. 하지만 우리의 경우에는 거사보다 부인의 호칭이 부족하다. 보살이라는 호칭은 남녀 모두에게 통용되는 호칭 또는 지칭이 되어야 한다. 일연은 『삼국유사』에서신라 '홍법'의 주체들에 대해 깊은 관심을 표명했다.

# 안함 즉 안홍이 불연국토설을 창안한 까닭은?

## 1. 안함과 안홍의 동일인 여부

황룡사에 주석하였던 안함은 안홍과 같은 인물로 추정되고 있다. 그의 높은 위상에도 불구하고 그의 정체성과 인식틀이 밝혀지지 않았던 것은 안함과 안홍의 동일인 여부와 귀국 이후의 활동을 사가들이 소홀히 한 때문으로 짐작된다. 안함과 안홍이 동일 인물이라는 전제에서 보면 '신라십성新羅十聖'으로 꼽힐 정도로 그의 역사적 지평과 사상적 위상은 적지 않았음이 분명하다. 하지만 그는 지금까지도 정당하게 평가받아 오지 못하고 있다. 현존 사료에 등장하는 안함에 대한 기록은『삼국사기』「신라본기」의 진흥왕 조목에서 확인되고 있다. 반면『해동고승전』에는「안홍전安弘傳」이 실려 있다.『삼국사기』는 '안홍법사安弘法師'로 적고 있고,『해동고승전』은 '석안함釋安含'으로 적고 있다.『삼국사기』의 '수隋나라'에서 돌아온 해(576)를 기준으로 볼 때 그가 유학한 나라는 수隋나라 이전의 진陳나라였을 것으로 짐작된다. 진평왕 11년(589) 조의 '원광법사圓光法師 입진구법入陳求法'에 비추어 보면 알 수 있다. 그런데 각훈이 '안홍'과 '안함'을 섞어 쓴 것은 그 당시에 이미 「안홍비문」이 10중 4, 5가 보이지 않을 정도로 마멸되어 있었기 때문이다. 『해동고승전』 「안홍전」은 이렇게 적고 있다.

"승려 안함은 속성이 김씨요, 시부詩賦 이찬伊湌의 손자이다. 나면서부터 도리를 깨달았고 성품이 맑고 허심탄회하였다. 의지가 굳고 깊으며 아름다운 도량은 그 깊이를 헤아릴 수가 없었다. 일찍부터 자유로이 세상을 두루 돌아다니는 것에 뜻을 두어 풍속을 살피며 널리 교화하였다. 진평왕 22년(600)에 고승 혜숙惠宿과 도반이 되기를 약속하고 뗏목을 타고 (중국에 가려고) 이포진泥浦津으로 가는 도중 섭도涉島 밑을 지나다가 갑자기 풍랑을 만나 (뗏목을 돌이켜) 되돌아 왔다. 이듬해(601)에 임금이 교지를 내려 법기法器를 이룰 만한 자를 뽑아 중국에 들어가 [入朝] 유학하도록 하였는데 마침내 법사가 가게 되었다. 이에 사신과 동행하여 배를 타고 바다를 건너 중국의 조정으로 갔다. 천왕天王(天子)이 불러 친히 보고 크게 기뻐하며 칙명으로 대흥성사大興聖寺에 머물게 하였다. 법사는 단시일 내에 십승十乘의 비법秘法과 현의玄義와 진문眞文을 5년 만에 두루 보고 깊은 뜻을 깨달았다. (중략) 그 뒤 27년(605)에 우전于闐의 사문 비마라진제毘摩羅眞諦와 사문 농가타農加陀 등과 함께 본국으로 돌아왔으니 서역의 호승胡僧이 직접 계림鷄林(新羅)을 찾은 것은 대개 이때부터였다."

"최치원이 지은 「의상전」(부석존자전)에는 아래와 같이 적혀 있다. '의상은 진평왕 건복建福 42년(625)에 태어났다. 이 해에 동방의 성인 안홍安弘법사가 서역의 세 삼장과 중국의 두 승려와 함께 당나라에서 돌아왔다.'" 그 주注에는 이렇게 씌어 있다. "'북천축 오장국의 비라라진제는 당시 나이 44세, 농가타는 46세, 마두라국 불타승가는 46세였다.

(이들은) 52국을 거쳐서 비로소 중국[漢土]에 이르렀고 드디어 해동(신라)에 와 황룡사에 머물렀다. 이어 신라 승려 담화가 필수筆授가 되어 『전단향화성광묘녀경旃檀香火星光妙女經』을 역출譯出하였다. 얼마 지나지 않아 중국 승려가 왕에게 표表를 올려 중국에 돌아가기를 청하자, 왕이 이를 허락하여 돌려보냈다.' 안홍은 아마 이 안함화상일 것이다."

가마다 시게오鎌田武雄는 자신의 『신라불교사서설』에서 중국에는 『전단향화성광묘녀경』이 없으므로 이 경전은 불교 의식儀式을 적은 경이 서역으로부터 직수입되었을 것이라고 추정하였다. 또 『삼국사기』 「신라본기」에 따르면 "진흥왕 37년(576) 안홍이 진陳에 들어가 법을 구하고 호승 비마라 등 두 사람과 함께 돌아와서 『능가경』, 『승만경』 및 부처님 사리를 바쳤다" 한다. 그런데 각훈은 이들 기록의 출입에 대해 의문을 표시하였다. "진흥왕 말년에서 진평왕의 건복 연간까지는 거의 50년의 간격이 있는데, 어찌 삼장이 온 전후가 이와 같은가? 어쩌면 안함과 안홍은 실제로 두 사람이었는지도 모른다. 그러나 동행한 삼장이 다르지 않고, 그 이름도 다르지 않으므로 여기에서 합하여 전기를 만든 것이다. 또 서역의 삼장이 가고 머무르고 마친 바에 대해서는 자세히 알 수 없다."


## 2. 참서 『동도성립기』의 찬술

각훈은 『해동고승전』에서 "안함화상은 본국으로 돌아온 뒤 『참서讖書』 한 권을 지었다. (이 참서는) 글자가 벌어졌거나 붙어버려서 글을 아는 사람도 이해하는 이가 드물고, 대지大旨가 은밀하여 이치를 찾으

려 해도 궁구하기 어렵다. 즉 '부엉이가 흩어진다' 하고, 또 제일여주第
一女主를 도리천에 장사지냈고, 천리전군千里戰軍이 패했으며, 사천왕사
四天王寺가 세워졌고, 왕자가 돌아온 해이며, 대군大君이 성하여 밝아진
세상 등이 어렴풋한 예언이었지만 눈으로 본 듯 조금도 틀림이 없다'라
고 적었다. 이어서 "선덕왕 9년(640) 9월 23일, 만선도량萬善道場에서 입
적하니 향년 62세였다. 그 달에 나라의 사신이 중국에서 돌아오다가 우
연히 법사를 만나니 그는 푸른 물결 위에 자리를 펴고 앉아 가더라" 하
였다. 또 "이것은 참으로 이른바 공중으로 날아오르는 것이 마치 계단
오르듯 하고, 물 위에 앉는 것이 마치 땅 위를 다니듯 했음을 보이는
것이다"라며 적었다.

이 기록에 의거하면 안함의 번역서인 경전과 달리 유일한 저술로 알
려진 『동도성립기東都成立記』는 아마도 신라의 서울을 수나라의 서울인
수도隋都에 비견한 것으로 이해된다. 비장방費長房이 수나라 문제文帝에
게 바친 『역대삼보기歷代三寶記』에 의하면 "황제는 아육왕 못지 않은 전
륜성왕"이라고 주장하기에 이른다. 이에 힘입은 문제는 자국의 흥기가
불교에 힘입은 것으로 믿고 참위설을 곁들여 수나라 왕조의 발흥과 천
하통일을 예언하고 그 길상吉祥의 부험符驗을 설한 참위서를 만들어내
게 했다. 안홍의 참서 역시 북조 전통의 수나라 불교를 이상으로 생각
하고 이것을 본받아 선덕왕의 불교적 신이를 창출한 것으로 짐작된다.
『해동고승전』「안함전」에 나오는 '부엉이가 흩어진다'는 것은 뜻을 헤
아리기 어려워 참서의 본문으로 짐작된다. 그리고 참서 본문에 대한 후
대의 해석으로 추정되는 구체적 사건 기술의 예는 1) 선덕여왕을 낭산
에 장사지낸 것, 2) 백제가 신라의 대야성을 빼앗고 품석品釋 부처夫妻
등이 전사한 '대야지역大耶之役', 3) 삼국통일 어간에 김인문이 당에서

돌아온 사실, 4) 삼국 통일 뒤의 태평성대로 짐작된다.

『역대삼보기』에서 기술된 제왕의 욕계 육천 호지설護持說에는 "우리 황제는 사천왕이 호지하는 삼보의 명을 받아 (중략) 33천(도리천)이 각기 자기의 덕분德分을 우리 황제에게 주었다. 그래서 천왕이 호지했기 때문에 천자天子라고 칭한다" 하였다. 이 설은 곧 선덕왕 대 신라의 불국토설로 이식된다. 수나라의 참서는 건국한 뒤의 결과론적 칭송이었지만, 안홍의 그것은 선덕여왕의 결점을 보완해야 하고 암울한 신라의 현실에 희망을 고취하는 예언서였다는 점에서 그 지향이 매우 달랐다. 안홍은 선덕왕이 당의 원병을 청했을 때(643) 태종이 "그대 나라는 부인이 왕이 되어 이웃나라의 멸시를 받는다"거나, 재위 16년에 모반을 일으킨 비담 등이 "여왕은 정치를 잘할 수 없다" 한 비판을 의식한 것으로 짐작된다. 수나라에 유학했던 안홍은 중국의 힘을 빌지 않고서는 신라의 현실을 타개하기가 어렵다는 것을 인식하고 사대의 방안을 제시했다고 짐작된다. 그것이 곧 『동도성립기』 즉 『안홍기』라고 할 수 있다.

안함이 입적한 뒤 경덕왕 대에 세워진 한림대翰林臺의 설모薛某가 왕명을 받들어 비명을 지었다. 그 비명에 말하기를 "왕후(선덕여왕)가 도리천에 묻혔으며 사천왕사가 건립되었다. 괴상한 새가 밤에 우니 새벽녘에 군사들이 모두 죽었다. 왕자 김인문金仁問은 바다를 건너 중국 조정에 들어가 황제를 뵙고 5년이 지난 30세에 돌아오니 뜨고 잠기는 세월의 흐름[輪轉]을 누가 어찌 면하겠는가. 안함법사는 나이 62세에 만선도량萬善道場에서 목숨을 마쳤다. 사신이 바닷길로 돌아오다가 법사를 만나니 물 위에 단정히 앉아 서쪽을 향해 가더라" 하였다.

## 3. 불연국토설의 창안

무릇 참서란 현실의 암울을 벗어나 희망을 불러올 예언서이다. 때문에 참서는 미래 비전의 제시나 꿈의 설계보다는 시운時運의 도래나 자국 영토의 성역화를 주장한다. 안홍이 선덕왕의 도리천 승천昇天을 말한 것은 불교 우주관의 시설을 통해 신라가 사천왕의 호지護持를 받게 된다는 논리적 근거를 확보하기 위함이었다. 때문에 도리천으로 설정된 낭산 아래에 사천왕사를 건립하고자 했던 것은 안홍의 예언에 이미 포함되어 있었다. 아울러 신라의 주변국들에 대한 언급과 배정도 참문의 성격을 지니고『동도성립기』의 성격을 잘 보여주고 있다. 안홍의 구법 내용이나 신라 귀국 뒤 지은 자신의 참서가 수나라 문제의 조칙으로 만들어진『역대삼보기』속의 "……푸성귀 무성하니 도읍을 세워, 정정定鼎의 터전 영원히 다지고 무성한 업業이 여기에 있도다. ……사해四海가 이로써 고요해지고, 아홉 오랑캐가 비로소 잠잠하도다"의 구절과 긴밀하게 호응되고 있는 점에서도 확인된다.

여기서 '구복九服' 즉 아홉 오랑캐가 복종해 온다는 표현은 중국 주변국을 총칭하는 것이며, 안홍의 '구한九韓' 역시 '구복'에 상응하는 신라 주변국에 대한 총칭이며 구체적인 국명의 배대는 후대의 가필加筆 혹은 주기註記로 짐작된다. 일연은『삼국유사』「탑상」 '황룡사구층탑' 조목에서 "해동의 명현 안홍이 지은『동도성립기』에 전하기를, 신라 제27대에 여자가 왕이 되니, 비록 덕이 있으나 위엄이 없으므로 구한九韓이 침범하게 되는데, 대궐 남쪽 황룡사에 9층탑을 세우면 곧 이웃 나라의 침해를 진압할 수 있을 것이다. 제1층은 일본, 제2층은 중화中華, 제3층은 오월吳越, 제4층은 탁라托羅/乇羅, 제5층은 응유鷹遊, 제6층은 말갈靺

韡, 제7층은 단국丹國(契丹), 제8층은 여적女狄, 제9층은 예맥濊貊을 진압시킨다"고 하였다.

신라는 진평왕 대부터 성골 남자가 다하면서[聖骨男盡] 골품제骨品制와 진종설眞種說이 본격적으로 창안되었다. 신라 왕족의 이름이 석가모니 가계의 이름과 동일시하고 석가 재세시의 불국토에 비견한 것은 이지적理智的인 정법치국正法治國을 목표로 한 것이었다. 신라의 불국토 사상은 인도와 인연이 없는 신라와 인도와 인연이 있는 불국임을 전불의 교의로써 합리화하기 위해서는 자국내의 불교적 역량이 어느 정도 쌓여야 가능하고 그러한 사상이 절실히 요구되는 시대상이 반영되어야 한다. 황룡사 장육상은 인도의 아육왕이 주조에 실패하고 남염부제와 중국 등 수천국을 지났으나 조상의 인연이 닿지 않다가 신라의 진흥왕 대에 비로소 만들어졌다고 전한다. 또 '황룡사의 가섭불 연좌석'은 이곳이 전불시前佛時 '가람지허伽藍之墟'이며 이 연좌석은 사람의 수명 이만二萬 세시歲時의 가섭불 시절의 것으로서 진흥왕 대 황룡사 창사 때부터 불전 뒤에 있었다고 전한다. 이러한 불국토설화의 창안자는 자장慈藏으로 추정된다.

그런데 황룡사 구층탑 조목에 따르면 자장이 중국 태화지太和池 곁을 지나다가 한 신인神人을 만났을 때 신라는 외적에 둘러싸여 자주 침입을 받는다는 이야기를 들었다고 한다. 신인은 신라는 여왕이 다스리는 시대를 맞고 있으므로 황룡사에 구층탑을 세우도록 일러주었다. 같은 조목의 주註에 나오는 「사중기寺中記」와 황룡사 찰주본기利柱本記에는 이 말을 종남산終南山의 원향圓香선사에게서 들었다고 하였다. 때문에 자장이 탑을 세우자고 한 제안이 누구에 의해서인지 잘 드러나 있지 않다. 하지만 전후 맥락을 따져보면 대흥선사사리탑大興善寺舍利塔을 보고 온 안홍安弘의 주장이었음이 분명해 보인다. 일연은 『삼국유사』에서 『안홍기』를 두 번이나 인용하였고, '동경흥륜사금당십성' 조목에는 동쪽 벽 네 번째에 안함을 기술하고 있다. 하지만 안함과 안홍의 동일인 여부에 대해서는 전혀 언급하지 않고 있다. 일연은 각훈이 적은 『해동고승전』의 「안홍전」을 보았을 뿐만 아니라 그를 일컬으면서도 안함과의 관계에 대해 거론하지 않았음은 이해하기 어렵다. 안홍이 진골이었음에도 불구하고 사승師僧이나 승관僧官의 지위에 있지 않았기 때문에 그의 예언에 귀 기울이지 않았기 때문은 아닐까? 하지만 안홍의 입적 이후 백제의 대야성 공격을 통해 위기에 처한 신라 정국이 그의 예언을 돌이켜 보게 되었고 자장이 이를 수용하여 황룡사 구층 건탑이 이루어진 것은 아닐까?

# 고구려의 보덕이 방장을 백제로 옮긴 까닭은?

## 1. 열반경과 방등교의 대가

한반도와 대륙에 걸쳐 있었던 고구려는 사국 중 제일 먼저 불교를 공인하였다. 당시 고구려의 중심은 만주의 요서와 요동 지역에 있었다. 때문에 불교 공인 이후 고구려의 불교사찰은 만주 일대에 개창되었다. 그때 만주 지역에 분포되었던 고구려의 사찰에 대해서는 자세히 알 수는 없다. 다만 남경이었던 평양에 9개의 사찰을 세웠다는 기록으로 미루어 보아 수도 집안(국내성)에는 더 많은 사찰이 있었을 것으로 짐작된다. 한편 광개토廣開土대왕의 아들인 장수長壽왕의 평양 천도 이후 고구려의 중심은 평양으로 옮겨졌다. 해서 양梁나라 남경에서 활동했던 삼론학의 승랑僧朗과 달리 평양 천도 이래 수도(평양)에서 활동했던 지론학의 의연義淵 이후 고구려 후기의 보덕普德은 열반학과 방등교의 대표적 고승이었다. 각훈覺訓의 『해동고승전』에는 "보덕의 자字가 지법智法이며 이전 고구려의 수도 평양성 외곽의 용강현龍岡縣 출신이다"고 하였다. 일연은 보덕에 관한 자세한 것은 아래의 본전本傳을 보라고 하였다.

　보덕은 늘 평양성에 머물렀는데 어느 산방山房의 노승이 와서 강론해 주기를 청하였다. 대사는 굳이 사양하다가 할 수 없이『열반경』40여 권을 강론하였다. 강론이 끝난 뒤에는 성의 서쪽 대보산大寶山 바위굴 아래에서 참선을 하였다. 하루는 어떤 신인神人이 와서 '이곳에 오래 머물러 달라'고 청하면서 석장錫杖을 앞에 놓고 가리키며 '이 밑에 8면의 7층 석탑이 있을 것이오'라고 하였다. 땅을 파보니 과연 탑이 있었다. 보덕은 그곳에 정사를 세워 영탑사靈塔寺라 하고 머물러 살았다. 당시 탑들의 양식은 대체로 4면 3층 혹은 5층 또는 7층 탑이 주종을 이루었다는 사실에서 보면 8면 7층의 탑은 흔치 않은 양식이었다. 그리고 그 탑이 땅속에서 땅 속에서 나왔다는 것은 전 시대에 절이 있었던 곳임이 분명해 보인다. 그리고 보덕은 노승이 와서 강론을 청할 만큼『열반경』에 대해 일가를 이루고 있었던 것으로 짐작된다.

　『열반경』의 주요 메시지는 1) 붓다의 몸은 영원히 머무른다[法身常住], 2) 열반은 영원하고 즐겁고 내가 있고 청정하다[涅槃常樂我淨], 3) 살아 있는 것들은 모두 불성을 지니고 있다[一切衆生 悉有佛性]는 것으로 요약할 수 있다. 여기에서 가장 핵심이 되는 것은 모든 생명체들은 불성을 지니고 있다는 주장이다. 이것은 선성善性의 뿌리를 끊어버려 도저히 구제할 길이 없다고 낙인찍혀 온 일천제一闡提(斷善根)까지도 언젠가는 성불할 수 있는 길을 열어준 것이다. 해서 보덕의『열반경』인식은 당시 동아시아 불교학의 주요 흐름을 형성하였던 중관학과 삼론학과의 관련 속에서 이해해야만 한다.『열반경』은 '열반涅槃'과 '불성佛性'의 의미와 그 관계에 대해 집중적으로 설하고 있기 때문이다. 같은 맥락에서 보덕은 당시 고구려 불교의 주류였던 삼론학에 입각하여『열반경』의 '불성의佛性義'를 보다 발전시킨 것으로 이해된다. 보덕이『열반경』의 '불신상주'설과 '일체중생 실유불성'설의 메시지를 강조한 것은 당시 고구려 황실이 도교의 불로장생不老長生을 주장하는 것에 대한 비판으로 읽을 수 있기 때문이다.

또 보덕은 '평등의 진리를 설하는 경전'이자 '대승경전의 총칭'인 방등교를 가르쳤다. 일찍이 천태 지의天台智顗는 그의 5시 교판에서『유마경』과『범천사익소문경』을 방등교로 비정했다.『유마경』은 인도 갠지스강 중류 북쪽의 상업도시인 바이샬리를 무대로 하고 있다.『유마경』에서 붓다는 32명의 보살들에게 병이 난 유마維摩를 위문하기를 차례차례 권유한다. 하지만 보살들은 종래 유마거사에게 수행과 관련된 몇몇 잘못을 호되게 질책당했기 때문에 소임을 다할 수 없다면 사양한다. 마지막으로 권유를 받은 문수보살이 "유마거사의 상대가 될 만한 주변이 못되지만 내 몸을 돌보지 않고 명령을 받들겠다"며 석존의 성지聖旨에 따라 문안을 간다. 그리하여 그들로 하여금 대승의 사상에 접하게 한다. 결국 문수보살은 '그 어느 것도 말하려고 해도 말할 수 없고, 이야기 하려 해도 이야기를 할 수 없고, 알아보려 해도 알아볼 수 없으며, 모든 물음과 답변을 초월하는 것'이 '불이의 법문에 들어가는 것[入不二法門]'이라고 답한 뒤에 유마의 살림살이를 요청하자 거사는 '한번 침묵[一默]'의 설법을 통해 불이의 법문에 들어가는 도리를 보여준다. 보덕은 '말'과 '문자'와 '마음의 움직임'도 없음을 강조하는 이 경전의 '부동의 마음[不動心]'을 도교로 흔들리고 있는 당시 고구려 사람들에게 널리 전하였다.

## 2. 영탑사의 건립과 영탑학통의 형성

고구려 승랑의 제자들에 의해 삼론三論학통이 형성된 것처럼 보덕 역시 제자들에 의해 열반涅槃학통을 형성한 것으로 추정된다. 당시 보덕은 영탑사靈塔寺를 지어 머물면서 그곳을 찾아온 이들에게 열반교와 방등교를 가르치며 많은 제자들을 길러낸 것으로 이해된다. 고구려는 고대국가의 기반을 공고히 할 때부터 이미 불교를 통치이념의 근간으로 삼아 왔다. '살아 있는 것들은 모두 평등하다'는 가르침은 '모든 생명체들은 불성을 가지고 있다는 것'을 의미한다. 현재 보덕의 저술이 전해지지 않아 그의 『열반경』 이해의 전모를 파악할 수는 없다. 또 『방등경』 인식의 틀도 온전히 확인할 길은 없다. 때문에 보덕의 생각은 그의 삶에 관한 몇 가지 기록을 통해서 재구할 수밖에 없다. 노승에게 강론을 부탁받을 정도로 열반학의 대가였던 보덕은 『열반경』에 입각하여 평등사상을 역설했을 것으로 짐작된다. 또 방등부의 대표적 경전인 『유마경』은 출가자와 재가자를 막론하고 동아시아에서 널리 읽혔다. 보덕역시 이 경전들에 근거하여 강론했을 것으로 추정된다.

보덕은 열반교의 평등사상과 방등교의 불이사상을 부동심으로 표현하여 당시의 현실 속에서 구체화하였을 것으로 이해된다. 나아가 보덕은 고요한 승원에서 성실학을 비판하며 삼론학을 심화시켜 간 승랑과 달리 위기의 현실 속에서 불교의 대중화를 위해 헌신했을 것으로 추측된다. 왜냐하면 그의 주요 살림살이가 대승불교의 재가주의를 선양하는 방등교의 대표적인 경전인 『유마경』과 살아 있는 것들은 모두 불성을 지니고 있다[一切衆生 悉有佛性]고 설하는 『열반경』에 입각해 있기 때문이다. 보덕은 선성善性의 뿌리를 끊어버려 도저히 구제할 길이 없다고 낙인찍혀 온 일천제一闡提까지도 언젠가는 성불할 수 있다고 설하는 중국 도생道生의 해석을 적극 수용하였다. 그리고 재가신도의 종교적 덕목을 선양하는 것을 두드러진 특색으로 삼으며 불교의 대중화를 역설하는 유마거사의 메시지를 그의 주요 살림살이로 삼았다. 바로 이러한 지점에서 보덕의 시대정신과 역사의식이 잘 드러나고 있다.

보덕에게는 11명의 뛰어난 제자[高弟]가 있었던 것으로 알려져 있다. 1) 금동사金洞寺의 무상無上(제자 金趣 등), 2) 진구사珍丘寺의 적멸寂滅, 3) 진구사의 의융義融, 4) 대승사大乘寺의 지수智藪, 5) 대원사大原寺의 일승一乘(心正, 大願 등), 6) 유마사維摩寺의 수정水淨, 7) 중대사中臺寺의 사대四大(契育 등), 8) 개원사開原寺의 개원開原, 9) 연구사燕口寺의 명덕明德, 10) 처소 미상의 개심開心, 11) 처소 미상의 보명普明이다. 보덕의 빼어난 제자들이 11명이었다면 실제의 제자들은 이 보다 훨씬 더 많았을 것이다. 그리고 이러한 숫자의 제자들이라면 보덕의 열반학은 중국과 달리 독자적인 학통을 형성하고 있었을 것으로 짐작된다. 그리고 보덕의 영탑 학통은 중국 남부의 열반학이 끊어진 이후에 형성된 것이어서 주목된다.

이것은 고구려 중기 불교사상의 주축이었던 승랑 이래의 섭령학통이 의연의 계율사상 및 지론사상을 거쳐 보덕에 이르러 열반학과 방등학으로 대성되었음을 보여주는 것이다. 비록 보덕의 저술은 그 이름조차 전해지지 않지만 그 제자들 이름이 남겨져 있는 현실을 통해 그의 학문적 성취가 공고했음을 짐작해 볼 수 있다. 원효의 경우에는 「고선사서당화상비명」에 9명의 빼어난 제자들의 이름이 보이며, 의상의 경우에도 『삼국유사』「의상전교」조에는 10명의 제자들 이름과 이름을 알 수 없는 3천 명의 제자들이 있었다고 전한다. 그러므로 고구려 사람들은 승랑僧朗과 승전僧詮 이래 법랑法朗 아래의 길장의 문하에서 나온 혜관慧

灌/慧觀 등의 삼론학과 의연의 계율사상 및 지론사상 그리고 보덕의 평등사상과 불이사상을 통해 하나가 되었다.


## 3. 반룡사 비래방장과 완산주 경복사

고구려 제27대 영류왕 7년 갑신년(624)에 사람들이 다투어 병을 고치는 가르침의 댓가로 쌀 다섯 말을 주는 오두미교五斗米敎를 신봉하였다. 당나라 고조高祖가 듣고 도사道士를 통해 도교의 최고신인 천존상天尊像을 보내 『도덕경』을 강론하게 하자 왕과 국민들이 들었다. 다음 해에 고구려에서 사신을 당나라에 보내어 불교와 도교를 배우려 하자 당나라 고조가 허락하였다. 연개소문에게 독살된 영류왕에 이어 보장왕이 즉위한 뒤 불도유佛道儒 삼교를 모두 일으키고자 하였다. 당시 재상이었던 연개소문은 "유교와 불교는 흥성하나 도교는 왕성하지 못하니 특별히 당나라에 사신을 보내 도교를 구해야 합니다" 하고 왕을 설득하였다. 당시 연개소문은 영류왕을 시해하고 쿠데타로 정권을 찬탈한 뒤 불교세력을 제거하고 유자儒者들 위에 도사道士들을 앉히며 도교를 높이 받들었다. 이러한 일련의 조치는 당나라에게 왕을 시해했다는 명분을 희석하기 위한 외교적 유화책이었을 것으로 짐작된다.

그때 보덕화상은 반룡사盤龍寺에 있었다. 그는 좌도左道(道敎)가 들어와 정도正道(佛敎)와 맞서면 나라의 기틀이 위태로워질 것을 우려하여 여러 번 간하였으나 듣지 않았다. 이에 신통력으로 방장을 날려 남쪽에 있는 완산주(전주)의 고대산孤大山으로 옮겨 갔다. 이때가 영휘永徽 원년 경술년(650) 6월이었다. 얼마 뒤 고구려는 망하였다(668). 아마도 일연一然은 도교의 전신이었던 오두미교의 도입으로 고구려가 패망했다는 생각을 하였던 것으로 짐작된다. 지금 경복사에 남아 있는 비래방장은 그때의 방장이라고 한다. 고려 진락공眞樂公 이자현李資玄이 그를 위해 남긴 시가 당堂에 남아 있고, 고려 문열공文烈公 김부식金富軾이 『보덕화상전』을 지어 세상에 남겼다. 그런데 여기서 고구려의 보덕이 '4방 1장 크기인 방[方丈]'을 날려왔다는 것은 암자 그 자체를 옮겨왔다는 것은 아닐 것이다. 아마도 고승이었던 보덕 자신이 고구려를 떠나 백제의 경복사로 옮겨 와 머물렀기 때문에 그가 '마음으로 날아와[飛來]' 머문 방[方丈]을 그렇게 불렀던 것으로 추정된다.

요遼나라 도종道宗의 연호인 대안大安 8년(임신년(1092))에 우세승통 의천義天이 고대산孤大山 경복사景福寺의 비래방장에 이르러 보덕성사의 진영眞影에 예를 올리고 시를 남겼다. "열반 방등교의 가르침은/ 우리 성사로부터 전수되었네/ 애석하구나, 방장이 날아온 뒤/ 동명왕의 옛 땅이 위태롭게 되었구나." 의천은 자신의 『문집』 발문에서 이렇게 적고 있다. "고구려의 보장왕은 도교에 현혹되어 불법을 믿지 않으니 보덕법사가 그만 승방을 날려 남쪽의 이 산으로 옮겨 놓았다. 그 뒤 신령스런 사람이 고구려 마령馬嶺에 나타나서 사람들에게 말하기를 '너희 나라는 망할 날이 얼마 남지 않았다'라고 하였다." 일연 역시 보덕을 기리는 시 한 편을 덧붙이고 있다. "불교는 넓디 넓은 바다같이 무궁한데/ 백 갈래의 유교 도교 물을 모두 받아들이네/ 가소롭구나, 고구려 왕은 늦지만 경계했지/ 와룡이 넓고 푸른 바다로 옮겨간 줄 알지 못하네." 일연은 여기에서 보덕을 '와룡'으로 비정하고 유교와 도교의 하천을 받아들이다 넓디 넓은 바다에 노니는 불교의 와룡을 놓친 고구려 왕실의 어리석음을 통렬히 비판하고 있다.

# 연개소문이 영류왕을 시해한 까닭은?

## 1. 수당 교체기와 고구려

역사는 승자의 편에서만 기록하는 것일까? 아니면 패자의 편도 배려하여 기술하는 것일까? 안타깝게도 종래의 모든 역사는 승자 중심으로 기록하고 있다. 그러나 승자 독식의 역사는 '반편의 역사'에 지나지 않는다. 진정한 역사 이해는 그 이면에 실려 있는 패자의 입장까지 기술해야만 한다. 기존의 역사서들은 패자의 왜곡과 과장만 기술되어 있을 뿐, 그들의 입장에 대한 이해나 배려는 찾아볼 수 없다. 그리고 번국藩國의 역사는 제국帝國의 역사관에 입각하여 기록된 사실을 비판의식 없이 수용하여 기술하는 경우가 적지 않다. 승자 혹은 제국의 역사관에 입각하여 기록한 역사적 사실에 대한 역사가의 비판적 기술은 과연 불가능한 것일까?

역사는 대하처럼 끊어지지 않고 면면히 이어서 흘러오고 있다. 때문에 그 역사적 흐름은 사가의 시대구분에 의해 기술된 역사인식에 그 초점이 모아질 수밖에 없다. 이때 가장 문제가 되는 것은 역사가의 '사관史觀'과 '주체主體'가 된다. 어떠한 역사관에 의해 기술할 것이며 누구를 역사의 주체로 볼 것인가에 따라 역사서는 달리 기술되기 때문이다. 그러므로 역사가의 역사의식과 시대정신은 해당 역사서에 깊이 반영될 수밖에 없는 것이다. 그렇다면 중국의 사서와 『삼국사기』 등 몇몇 사료에서 극단적인 평가가 받고 있는 고구려의 연개소문淵蓋蘇文을 어떠한 관점에서 바라보아야만 할까? '뛰어난 장수'로 볼 것인가, 아니면 '최후의 권력가'로 볼 것인가, 아니면 '패망으로 이끈 주역'으로 보아야 할 것인가. 아버지 동부東部(서부?)대인 대대로大對盧가 쉰에 그를 낳았다고 해서 '갓쉰동이'로 알려진 연개소문은 태어날 때부터 남달랐다.

갓쉰동이 설화에 의하면 아버지는 반역상叛逆象을 타고난 그를 충북 진천 보탑사 아래에 있는 김유신의 생가 앞에 버린 뒤 스무 살이 될 때까지 후견인을 붙여 길렀다고 한다. 김유신 집안의 노비로 성장한 연개소문은 유신의 큰 누이 보희寶姬와 정을 통해 잉태시킨 뒤 쫓겨났다. 그 뒤 노예선을 타고 당으로 건너가 훗날 당 태종이 된 이세민李世民과 교유하다가 고구려로 돌아왔다고 전한다. 『삼국사기』에서는 "드러낸 의지[意表]가 세고 굳셌으며, 의로운 기운[意氣]이 크고 넘쳤다"라고 했다. 아버지 대대로가 죽자 연개소문이 뒤를 계승하였다. 중국 사서와 『삼국사기』는 그가 "원근을 호령하고 국사를 전제하여 위엄이 놀라웠다. 몸에 다섯 자루의 칼을 차고 있어 좌우가 감히 쳐다보지도 못하였으며[號令遠近, 專制國事, 甚有威嚴, 身佩五刀, 左右莫敢仰時] 매양 말에 오르내릴 적에는 늘 귀족이나 무장을 땅에 엎드리게 하여 발판으로 삼았다[每上下馬, 常令貴人武將覆地而履之]"라고 했다.

연개소문에 대한 사가의 왜곡과 비판 의식을 읽어내지 못하면 그는 고구려의 독재자이자 역성자이며, 권력자이자 폭력자로만 이해하게 된다. 당시 장수들은 모두 다섯 자루의 칼을 찼으며 말을 탈 때에 하마대가 없으면 무장들이 대신 엎드리는 것이 관례였다. 영양왕과 을지문덕 등의 장수들의 지휘에 의해 수나라의 네 차례 전쟁을 모두 승리로 이끈 고구려는 긴 남북조 시대를 마감시켰다. 이어 수나라에 이어 전국을 통일한 강성대국인 당에 맞서는 유일한 나라는 고구려뿐이었다. 전쟁을 승리로 이끌며 수나라의 패망을 불러일으킨 고구려는 수를 이은 당나라에 유화책을 펼쳤다. 연개소문은 642년 쿠데타를 일으켜 영류왕을 시해하고 정권을 장악하였다. 그리고 그는 영류왕의 동생인 대양大陽왕의 아들인 보장寶臧을 왕위에 옹립한 뒤 위기의 고구려를 여러 차례 구해 내었다.


## 2. 고구려의 자존심

영양왕嬰陽王의 이복동생인 영류왕榮留王(建武)은 본디 바다에 능한 장수 출신이었다. 수나라와 네 차례의 전쟁을 치르는 동안 고구려의 국제적 위상은 높아졌으나 국력이 크게 소모되었다. 고구려는 수와의 전쟁에 치중하면서 신라에게 여러 성을 빼앗기고 백제에 공격을 당하는 등 어려움이 적지 않았다. 수나라가 무너지고 당이 들어서자 영류왕은 당나라에게 유화책을 썼다. 종래 국제간의 관례에 의해 수나라에 조공朝貢을 보내고 책봉冊封을 받아 왔듯이 영류왕 역시 당나라에 사신을 보내 조공을 하였다. 재위 7년에는 당에 사신을 보내 역서曆書를 반포해 줄 것을 청하였다. 재위 9년에는 신라와 백제가 당에 사신을 보내어 "고구려가 길을 막고 조회를 못하도록 하며 또 자주 침략한다" 전하자 당제唐帝는 사신 주자사朱子奢에게 절節을 가지고 타이르게 하였다. 영류왕은 표를 올려 사죄하고 신라와 백제 양국을 평화롭게 해 줄 것을 청하였다.

심지어 재위 11년에는 당에 사신을 보내어 태종이 돌궐의 힐리가한 肸利可汗을 사로잡은 것을 축하하고 겸하여 고구려의 국가기밀인 봉역도封域圖(疆域圖)까지 올렸다. 14년에는 수나라 전사자의 해골을 묻고 위령제를 지냈으며 고—수 전쟁의 전승기념물 경관京觀을 헐게 했다. 재위 23년에 영류왕은 태자 환권桓權을 당에 보내어 조공하였고, 청년 자제들을 당에 보내어 국학國學에 입학할 것을 청하였다. 재위 24년에는 당이 고구려 태자의 입조에 대한 답례로 사신 진대덕陳大德을 보내자 수령들이 명승과 산수를 좋아한다는 그를 인도하여 고구려 곳곳의 미세한 곳까지 알게 하여 국가의 기밀이 염탐되게 하였다. 이렇게 되자 고구려가 수와의 전쟁에서 승리했다면 그를 계승한 당나라에 대해서도 당당히 승자로서의 역할을 할 수 있었음에도 불구하고 당나라에 저자세를 보이는 왕에 대한 고뇌는 깊어져 갔다. 영류왕의 이러한 저자세는 고高—수隋 전쟁의 승자였던 고구려 국민들의 자존심은 땅에 떨어질 수밖에 없었다.

재위 25년에 영류왕은 당나라에 사신을 보내 조공하고 서부西部대인 개소문을 시켜 장성의 역사를 감독하게 하였다. 이 해 10월에 대당 강경론자였던 연개소문은 당나라에 대한 영류왕의 저자세를 더 이상 두고 보지 못해 쿠데타를 일으켜 왕을 죽이고 새로운 왕으로 보장왕을 옹립했다. 연개소문은 국내 정치질서의 재편과 당나라와의 유화책을 위해 도교의 수용에 적극성을 보였다. 그는 보장왕에게 "유불도 삼교는 마치 솥발과 같아서 하나만 빠져도 되지 않습니다. 지금 유불은 아울러

흥왕하여도 도교는 번성하지 못하니 이른바 천하의 도술을 갖췄다 할 수 없지 않습니까? 청컨대 사신을 당에 보내어 도교를 구득하여 국민을 가르치소서" 하였다. 왕은 그 말을 깊이 깨닫고 당나라에 표表를 요청하였다. 당 태종은 도사 숙달叔達 등 여덟 사람을 파견하고 동시에 노자의 『도덕경』을 보내 주었다. 왕은 기뻐하여 승사僧寺에다 그들을 거처하게 하였다.

이때 평양 근교의 반룡사盤龍寺에 머무르던 열반학과 방등학의 대가였던 보덕普德은 왕에게 주청하였다. "좌도(道敎)가 들어와 정도正道에 맞서면 나라의 기틀이 위태로워질 것입니다"라고 여러 차례 간하였으나 듣지 않았다. 종래에 승려가 맡았던 관직은 도사가 맡았고 기존의 사찰은 도관으로 바뀌면서 불교는 매우 위축되었다. 결국 보덕은 650년 6월에 신통력으로 자신이 머무르던 사방 1장 크기의 방장方丈(암자)을 날려 남쪽에 있는 완산주의 고대산으로 옮겨 갔다. 이때의 기록은 이자현李資賢이 남긴 시와 김부식金富軾이 지은 「보덕화상전」에 담겨 있었으나 현존하지 않는다. 보덕이 이곳으로 옮겨오자 얼마 뒤 고구려는 망하였다. 뒷날 이곳으로 보덕을 찾아온 원효와 의상은 그에게서 열반의 도를 물었다고 일연一然은 시 「도반룡산연복사예보덕성사비방구지到盤龍山延福寺禮普德聖師飛房舊址」에 전하고 있다.

## 3. 국난을 구한 영웅

아버지 당 고조에 이어 제위에 오른 태종은 수나라의 치욕을 해소하기 위해 고구려 정벌 준비에 전력을 기울었다. 더욱이 '연개소문이 임금을 죽이고 국정을 전제한다'며 고구려 침공을 공공연히 언급하였다. 642년에 이어 영류왕에 이러 보장왕이 왕위에 올랐다. 이해 가을에 신라가 사신을 보내어 "백제가 우리 40여 성을 쳐 빼앗아 가고, 다시 또 고구려와 군사를 연합하여 입조入朝하고 길마저 끊으려고 합니다" 하며 군사를 내어 구하여 줄 것을 청하였다. 보장왕은 재위 3년에 당에 사신을 보내어 조공하였다. 이에 당제는 "신라는 우리나라에 귀의하여 조공이 끊이지 않으니 너희는 백제와 더불어 각각 휴전하는 것이 타당하다. 만일 다시 신라를 공격한다면 명년에 군사를 내어 그대 나라를 치겠다" 하였다. 이즈음 당은 주변의 여러 나라를 복속하였지만 고구려는 그들에게 굴복하지 않은 유일한 나라였다.

고구려 침공에 대한 명분을 쌓아가던 당 태종은 644년 10월 겨울에 드디어 고구려 침공의 깃발을 들었다. 요동의 6개 성 중 먼저 신성을 공략했으나 여의치 않자 백암성과 요동성과 비사성 등을 공략하였다. 마지막으로 안시성에 집중하였지만 쉽게 공략할 수 없었다. 양만춘 등 승병僧兵 3만의 집요한 방어에 부딪쳐 한 눈을 잃고 등창을 앓으며 퇴각하지 않을 수 없었다. 당태종은 장안으로 돌아와 이정李靖에게 "내가 천하의 병력을 가지고도 조그마한 오랑캐에게 곤욕을 당한 것은 무슨 까닭이오"라고 물었다. 옆에 있던 도종이 당제가 주필산駐蹕山에 있을 당시에 적의 빈 틈을 타서 평양을 빼앗기로 하였던 이야기를 낱낱이 아뢰었다. 당제가 한탄하며 말하기를 "당시에 내가 너무 조급해서 미처 생각지 못하였다" 하였다. 649년 당 태종은 유서에서 "다시는 요동을 넘보지 말라"고 언급했다. 하지만 고종은 태종의 전면전과 달리 국지전을 취해 점차 신라와의 교류를 강화하면서 백제에 이어 끝내 고구려를 무너뜨렸다.

당 태종의 치세는 '정관의 치'로 불리고 그의 통치술을 담은 책『정관정요』는 널리 읽히고 있다. 한편 중국의 전사와 비사를 추적했던 신채호는『조선상고사』에서 연개소문이 지은『해상잡록海上雜錄』과『김해병서金海兵書』는 빼어난 명저였다고 역설하고 있다. 특히『김해병서』는 중국의 7대 병서 중 하나인『이위공병서』의 모델이 되었다. 신채호는 연개소문은 중국 내륙의 북경(유주)지역까지 제패하여 고구려군을 주둔시켰으며 그 흔적이 그곳에 남아 있는 '고려영高麗營'이라고 했다. 북경순위현지의 '고려영진' 조에도 '고려영'에 대해 기록하고 있다. 그곳에는 지금도 성을 단단히 하기 위해 석회를 바른 단축한 토성土城의 흔적이 남아 있으며 옛성 주위에는 해자垓字의 흔적이 남아 있다. 중국의 송원명대 희곡을 모은『명설창사화집』(상해, 1971)에는 '막리지 연개소문비조도'가 실려 있다. 그곳에는 연개소문이 썼던 날으는 칼飛刀의 춤사위가 일부 남아 있다. 중국에서는 이 희곡집의 이야기에 기초한 연개소문 관련 경극이 매우 성행했었다. 이들 경극 속에는 고구려 막리지 연개소문과 당나라 장수 설인귀의 싸움 장면이 담겨 있다. 그런데 근래에 연개소문이 북한의 체제를 부정하는 반체제적 인물로 연상된다며 북한의 요청에 의해 그를 지워 버렸다고 전한다. 국난을 구한 민족의 영웅인 연개소문을 주체사상을 강조한다는 북한이 이를 거부했다는 것은 '반편이' 체제의 허약성을 보여주는 대목이라고 아니할 수 없다.

『일본서기』(천지천황 3년 冬10월)는 고구려대신 개금蓋金(淵蓋蘇文)이 그 나라에서 죽었다. 여러 자식들에 유언하여, "너희들 형제는 고기와 물과 같이 화합하여 작위를 다투는 일은 하지 말라. 만일 그런 일이 있으면 반드시 이웃들의 웃음거리가 될 것이다" 말했다 한다. 말이 씨가 된 것일까? 연개소문이 죽자 당나라의 이간책에 넘어가 당나라에 투항한 남생男生과 그를 방어한 남건男建과 남산男山으로 갈라져 고구려는 최후를 맞이하게 되었다. 일찍이 민족사학자 단재 신채호는 연개소문을 "4천 년 역사에서 첫 번째로 꼽을 수 있는 영웅"이라고 했다. 하지만 우리는 수나라에 이은 당나라의 공격으로부터 나라의 위기를 이겨낸 연개소문이 단지 왕을 시해했다는 이미지로만 가둬놓고 그를 바라보고 있지는 않는지 생각해 볼 일이다. 그는 강성한 당의 공경에 맞서 나라를 지켜낸 영웅이었고 동북아시아를 호령했던 고구려의 자존심이었다.

삼국유사 권 제3

# 탑상 제4

## 塔像 第四

珠立寺智藪創大秉寺一秉興心正大原等創大原寺
水淨創維摩寺四大異礙靑等創中臺寺開原尙創
開原寺明德創燕口寺開心與普明亦有傳皆如本傳
讚曰　釋氏汪洋海不窮百川儒老盡朝宗麗壽矣
封狙圳不菩滄須徒卧龍

　東京興輪寺金堂十聖

東壁坐庚向泥塑　我道　猒髑　惠宿　安含

　西壁坐甲向泥塑　表訓　虵巴　元曉

義湘

惠空　慈藏

塔像

# '탑상'을 어떻게 읽을 것인가?

## 1. 탑상의 조성 사실

『삼국유사』전 5권 9편 138조목 중 30조목을 수록하고 있는「탑상」
편은 36조목을 싣고 있는「기이」편에 이어 가장 많은 이야기들을 담고
있다. 이것은「흥법」편과「탑상」편 사이에 끼어 있는 '동경흥륜사금당
십성' 조목을 제외한 숫자이다. 이 조목은 '불법을 중흥시킨[興法]' 신라
출신 열 명을 흙으로 빚은 소상[泥塑]을 모시고 있다는 점에서 『삼국유
사』(中宗 壬申本, 1512년)의 편제와 같이「흥법」편에 포함시켜야 할
것으로 판단된다.「탑상」은 삼국 혹은 사국 시대에 조성된 탑상의 사
실을 보여줄 뿐만 아니라 탑상에 대한 신앙의 시말始末을 보여주고 있
다. 불탑과 불상을 가리키는「탑상」이라는 편명이 풍기는 이미지와 달
리 실제로는 30조목 중 네댓 이야기를 제외하고는 대부분의 이야기들
이 탑상에 대한 신앙의 연기緣起를 보여주고 있다는 점에서 주목을 요
한다. 여기에는 불탑과 불상의 조성 인연이 있는가 하면 조성과는 무관
하게 홀연히 탑상이 출현하거나 아니면 존상의 진신이 출현하게 되는

이야기들이 실려 있다.

불탑과 불상은 붓다의 삶과 직결된다. 흔히 우리는 남방 불전에 의하여 붓다는 6년 고행과 3×7일 선정 끝에 정각을 얻고 45년 전법을 한 뒤 80세에 열반에 들었다 알고 있다. 하지만 북방 불전은 붓다는 19세 출가 이후 6년 고행 끝에 다시 6년 수행을 통해 성불을 하였으며 49년 혹은 50년의 설법 끝에 79세 혹은 80세에 열반에 들었다고 전한다. 이러한 연대는 천태학의 오시五時교판에서 말하는 전법 기간을 셈해 보면 알 수 있다. 즉 12년의 수행 끝에 깨침을 얻은 붓다는 3×7일 동안 선정에 들어 2×7째에 『화엄경』을 설하였다. 일찍이 들어보지 못한 가르침이어서 오백 명의 비구들이 눈이 멀고 귀가 멀어 자리를 떴다. 그러자 붓다는 다시 그들의 안목에 맞추어 12년 동안 녹야원에서 아함부 경전을 설하였다. 이어 8년 동안 방등부 경전(『사익범천소문경』, 『유마경』)을 설하였다. 뒤이어 21년 내지 22년 동안 반야부 경전을 설하였다. 마지막으로 8년 동안 『법화경』을 설하고 열반 직전 1일 1야 동안 『열반경』을 설하였다. 설법 기간을 모두 합쳐 보면 49년 또는 50년이다.

붓다가 열반에 들자 인도의 풍습에 따라 화장을 하였다. 그의 유해(舍利)는 8등분으로 나눈 뒤 불교를 신행하는 여덟 명의 왕들에게 나누어 주었다. 그들은 유해를 가져가 분묘를 만들었다. 그들은 분묘를 신성하게 하여 신앙의 대상으로 삼았다. 뒤늦게 도착한 두 왕은 할 수 없이 그 재와 병을 가져가 각기 회탑과 병탑을 세웠다. 뒷날 아쇼카왕이 다시 이들 분묘에 모신 붓다의 사리를 나누어 다른 나라 사람들도 사리를 모시고 예배할 수 있게 하였다. 이들 사리를 모신 시설물을 탑파塔婆(stupa)라 하고 숭배의 대상으로 삼았다. 하지만 아직까지 불상의 조성은 본격적으로 이루어지지 않았다. 기원전 313년에 마케도니아의 왕

알렉산더(재위 BCE. 336~323)는 그리스와 페르시아와 인도에 이르는 대제국을 건설하여 그리스 문화와 오리엔트 문화를 융합시킨 새로운 헬레니즘 문화를 이룩하였다. 그가 서인도 지방에 진출하면서 불교계 상황은 크게 변화하였다. 알렉산더는 간다라 지역에 많은 희랍계의 예술가들을 보내 문화 공작을 적극 지원하였다. 그 결과 희랍 신상과 인도 신상의 양식이 결합된 불상이 널리 조상造像되었다. 이것은 대승불교 발전의 촉매가 되었다.

워낙은 붓다 재세 당시에 불상 조성이 이루어진 적이 있었다. 붓다가 어머니를 위하여 설법하러 도솔천에 올라가자 우전왕은 붓다가 그리워 그를 닮은 불상을 조성하였다. 그 뒤 알렉산더의 동방 원정 이후 불상 조성의 구심은 마투라 지역에서 아잔타와 엘로라 지역을 거쳐 간다라 지역 주변까지 동심원을 그리며 퍼져 나갔다. 그리고 이들 불모佛母들이 빚어낸 불상은 신앙의 대상으로 승화되면서 인간적인 붓다를 넘어서서 신비적인 붓다로 변화하였다. 보통의 인간과 다른 특색을 지닌 32상 80종호를 지닌 붓다를 형상화한 불상은 그의 비범한 인격을 상징화한 것이었다. 불모들은 점차 붓다의 신성성과 신비성을 가미하면서 더욱더 추상화된 불상을 조성해 갔다. 그리하여 불상에 대한 신앙은 법보와 승보에 대한 신앙으로 확산되면서 신성한 삼보에 대한 신앙으로 정착되어 갔다.

## 2. 탑상에 대한 신앙

인도 대승불교는 '불탑신앙의 흥기'와 '불전문학의 탄생' 및 '대승불전의 편찬' 등을 기원의 주요 근거로 삼고 있다. 출가자들은 고요한 승원에 앉아 자신의 이익[自利]과 자신의 깨침[自覺]에 치중하고 윤회의 주체로 상정한 미세한 존재를 분석하는 데에 집중하면서 대중들과 멀어져 갔다. 그러자 대중들은 붓다의 진신에서 나온 사리를 모신 불탑을 벌판에 놓고 그를 향해 칠보로서 보시 공양 공경 예배를 하였다. 모든 경제권이 불탑 주변에 집중되었다. 한동안 무관심했던 출가자들은 교단 내의 경제가 어려워지자 재자자 주도의 불탑신앙을 전환시키기 위해 공덕사상을 제창하였다. 때마침 불전문학의 탄생에 힘입어 대승불전이 찬술되었다. 그리하여 출가자들이 주장한 전법 공덕사상은 힘을 얻었다.

그들은 『금강경』의 "무릇 형상을 지니고 있는 것은[凡所有相]/ 모두 허망한 것이니[皆是虛妄]/ 만일 형상을 지닌 것들이 진실한 모습이 아님을 보게 되면[若見諸相非相]/ 곧 여래를 보게 된다[卽見如來]"라는 사구게와 같은 진리를 다른 이들에게 전해 주는 공덕이 사리와 같은 형상을 지닌 존재를 모신 불탑을 향해 칠보로 보시 공양 공경 예배하는 공덕보다 크다고 역설하였다. 출가자들은 벌판에 모신 '사리 불탑' 대신에 승원에 '경전(경권) 불탑'을 조성하면서 신앙의 구심을 승원으로 옮겨 갔다. 재가신자들은 공덕사상의 창안에 부응하여 다시 승원에 모신 경권 불탑으로 옮겨 신앙을 하였다. 결국 재자가 주도의 대승불교는 오래 가지 못하고 다시 출가자 주도의 아비달마불교로 축을 옮겨 갔다. 그리하여 아비달마불교의 주도 아래 대승불교는 부분적으로 흡수되었을 뿐 온전히 지속되지 못했다.

반면 동아시아로 전해진 북방불교는 불탑 속에 사리와 경권을 동시에 봉안하였다. 동아시아 불교에서는 중국의 여러 탑이나 한국의 불국사 서탑 석가탑에서 나온 사리병과 묵서지편 등에서 알 수 있는 것처럼 경전신앙과 사리신앙이 동거하고 있다. 한반도에 불교가 전래되면서 환인과 환웅을 숭배하는 천신신앙과 단군을 숭배하는 산신신앙 및 고목신앙과 토템신앙은 한동안 서로 길항하였다. 하지만 새로이 전래된 불교는 천신과 지신과 용신이 상호 결합된 재래신앙을 포용하여 불교의 호법신중으로 섭수하면서 대표적인 신앙으로 자리를 잡았다. 한편 신라는 고구려와 백제와 가야와 달리 이차돈의 순교 사건과 법흥왕의 출가 사건을 통해 비로소 불교를 수용할 수 있었다. 『삼국유사』는 이러한 재래신앙과 불교신앙의 갈등과 대결과 전환의 이야기를 드라마틱하게 기록하고 있다.

신라의 불교 전래 과정은 이러한 사실을 잘 보여주고 있다. 즉 묵호자가 불교를 설명하는 대목에서 "이것은 향이라 일컫는 것입니다. 향을 사루면 향기가 널리 퍼지니 신성에 정성을 도달케 하려면 신성은 삼보보다 더한 것이 없습니다"라고 하였다. 이 구절은 재래의 신성관념이 불교의 삼보에 대한 신성 관념으로 대체되면서 불교의 신성성을 일깨워 주고 있다. 단군과 주몽과 혁거세 등이 보여주는 천신신앙과 웅녀와 유화와 알영 등으로 대표되는 지모신 신앙은 천신과 지신에 대한 숭배 사상을 보여준다. 이와 달리 용신신앙의 주체였던 한 부족이 가락국을 거쳐 신라로 옮겨온 석탈해 이야기는 천신과 지신 이외에 용신 신앙의 존재를 시사해 준다.

이들 이야기들은 모두 재래의 신성관념이 불교의 신성관념과 어떻게 접목되는지를 잘 보여주고 있다. 불교는 이들 천신과 지신과 산신 및 용신신앙 등에 대해 부정적인 입장을 취하지 않고 오히려 그들의 보호를 받거나 그들을 포용하고 있다. 이것은 불교의 전입이 재래신앙의 기반 위에서 이루어질 수 있었음을 보여주는 증좌라고 할 수 있다. 『삼국유사』속의 일부 향가와 민요 등은 이러한 갈등과 전환의 소용돌이 속에서 탄생한 절창들이라고 할 수 있다. 이처럼 「탑상」편이 보여주는 신앙의 시말에 대한 이야기들 역시 재래의 천신과 지신과 산신 및 용신 신앙의 기반 위에서 불교가 뿌리내릴 수 있었음을 보여준다. 신라의 불교적 용신앙은 호법룡과 호국룡이었다는 특징을 지니고 있다는 사실 역시 같은 맥락에서 이해할 수 있다.

## 3. 탑상과 불국토사상

『삼국유사』「흥법」편의 '원종흥법 염촉멸신' 조의 "절과 절들은 별자리처럼 벌려 있괴[寺寺星張] 탑과 탑들은 기러기처럼 날아간대[塔塔雁行]"라는 묘사처럼 신라의 수도 서라벌은 신라인들에게는 불국토였다. 신라인들은 고구려와 백제와 가야보다 강력하게 이 땅을 불국토로 만들려고 했다. 그들은 불교적 우주관과 세계관 속에서 살려고 했고 실제로 그렇게 살았다. 우리 선조들은 경주 남산을 중심으로 한 수미산 세계관을 자신들의 우주관으로 확보하고 불국토를 구현하려고 하였다. 경주 불국사와 석불사(석굴암) 및 황룡사 장육상과 구층탑의 조성을 통하여 불국토를 이룩하여 불법의 보호 아래 나라의 평안을 가져오려 했던 부분에서 확인되고 있다. 이러한 노력은 신라인들의 불교에 대한 굳건한 믿음에 기초하고 있다.

그렇다면 이러한 호국 사찰들이 창건되고 불탑들과 불상들이 조성될 수 있었던 것은 어떠한 계기에서 만들어진 것일까? 고구려와 백제 역시 호국 사찰과 불탑과 불상들이 적지 않았다. 하지만 유독 신라의 경우에는 호국과 호법사상에 입각한 사찰과 불탑과 불상들이 다수였다. 호국 사찰과 불탑과 불상들은 법흥왕의 불교 공인 이래 진흥왕부터 본격화 되었다. 그런데 이후 오랜 재위를 한 진평왕 대에 이르러 성골聖骨의 남자가 다하였다. 성골 귀족들은 진골에게 왕위를 넘길 수 없다는 위기감에서 특단의 대책이 필요하였다. 그리하여 그들은 진흥왕 이래 확립된 골품제 체제에서 성골 후사를 얻지 못한 진평왕의 명에 의해 진종설 및 불연국토설을 창안한 것은 아닐까?

삼국 또는 사국에 불교가 유입된 계기를 더듬어 보면 정복 전쟁 하의 어려운 상황과 맞물려 있었다. 통치자들은 전쟁이란 상황에 직면하여 백성으로부터 왕에 이르기까지 종래의 고유신앙이 충분한 구실을 다하지 못하고 있다고 생각하였다. 해서 그들은 선진 문물을 겸비한 불교의 수용을 통해 전쟁에서도 우위를 차지하려고 하였다. 해서 삼국의 불교 전입 경로는 바로 삼국 혹은 사국이 전쟁에서 보여주는 상호관계와 긴밀하게 맞물려 있을 수밖에 없었다. 진평왕 당시 삼국 또는 사국은 수십 차례의 전쟁을 치르면서 전쟁을 불식시키기 위한 삼한일통의 프로젝트를 기획하고 있었다. 그것은 영토 확장을 꾀한 진흥왕 이래 이미 가동되고 있었다. 그런데 진평왕 대에 성골의 남자가 끊어졌다. 이제 남은 것은 국반과 같은 광인에게 정권을 넘기느냐 아니면 공주 선덕에게 왕위를 넘기느냐는 갈림길에 있었다. 결국 그들은 선덕을 후사로 결정하였다. 때문에 여인으로서 왕위에 오르게 될 선덕을 위해 보다 많은 기획과 장치가 요청되었다. 그러한 기획과 장치는 국가 프로젝트로서 추진되었지만 국민들의 마음이 뒷받침되지 않으면 아니되었다.

때문에 종래의 재래신앙을 아우른 불교는 '신라 십성'에 들어 있는 안함과 자장과 같은 고승들이 불연국토설과 진종설 등과 같은 국가 프로젝트를 창안해 내었던 것으로 추정된다. 워낙은 안함에 의해 불연국토설이 기획되었지만 실행되지 못하다가 자장이 귀국 이후 본격화한 것으로 짐작된다. 즉 왕실은 불교가 지니고 있는 개인과 국익을 위한 현세이익적인 성격은 종래의 샤머니즘의 무격적 신앙을 대신하여 그들의 현실적인 욕구를 만족시킬 수 있는 충분한 자격을 가지고 있다고 판단하였다. 해서 샤머니즘과 불교의 교대가 이루어지고 무격巫覡의 무력武力 대신 불승의 위력威力을 드러내는 사실 혹은 설화가 나타나게 된 것 역시 같은 맥락에서 이해할 수 있다. 「탑상」편은 불교의 양대 신앙 대상인 불탑과 불상에 대한 숭배와 조성사실 및 재래신앙에서 불교신앙으로 대체되는 과정과 정착되는 과정을 수록함으로써 「의해」편과 함께 『삼국유사』의 성격을 가장 잘 보여주고 있다고 할 수 있다.

# 사국에 불교 전적은 어떻게 유통되었을까?

## 1. 불전의 유통

불교 전적은 크게 사장四藏으로 대표된다. 즉 붓다의 말씀(경전) 더미인 경장經藏과 붓다 상가의 규범(율전) 더미인 율장律藏 그리고 이들 경장과 율장의 해설서(논전) 더미인 논장論藏 및 이들 삼장의 주석서 더미인 교장敎藏(章疏)을 가리킨다. 인도 산스크리트(梵語)의 속어인 마가다어와 쁘라끄리띠어로 주로 설해진 불법은 구전 암송되어 혼성 범어로 기록되었다. 이들 범본 불전은 다시 북방으로 전해져 한문[漢譯] 불전과 장문[藏譯] 불전이 되었으며 남방으로 전해져 파문[巴譯] 불전이 되었다. 고구려와 백제 및 가야와 신라 사국은 인도와 중국을 통해 이들 불교 전적을 수용했다.

고구려에는 전진에서 온 순도順道 법사의 초전(372) 이래 주로 한역 불전이 전해졌다. 백제에는 한역 불전뿐만 아니라 성왕 때 중인도의 상가나대율사常伽那大律寺로 유학을 갔다(526)가 돌아온(531) 겸익謙益이 인도의 배달다倍達多 삼장 등과 함께 가져온 아비담장阿毘曇藏과 범어 율본律本 72권 등의 범어 불전도 전해졌다. 당시 담욱曇旭과 혜인惠仁은 한 문으로 범어 율본에 의거하여 36권의 율소律疏를 지었다. 백제 불교는 겸익과 현욱과 혜인의 율학과 현광의 법화학 및 혜현의 삼론학 관련 불교 전적들이 주로 강론되었을 것으로 짐작된다. 가야에는 허황후의 오빠인 장유長遊법사의 이름만을 알 수 있을 뿐 어떠한 불전이 전해졌 는지에 대해서는 알 수 없다.

신라에는 아도阿道 법사와 묵(흑)호자墨/黑胡子 법사의 전래 이래 진흥 왕 26년(565)에는 입학승 명관明觀이 진나라 사신 유사劉思와 함께 '석 씨경론釋氏經論' 1,700여 권을 가져왔다. 진흥왕 37년(575)에는 당나라 로 유학 갔던 신라 최초의 국비유학생 안홍安弘(安含)이 서역의 세 삼 장과 중국 승려 두 사람과 함께 돌아오면서 『능가경』과 『승만경』 및 불사리를 바쳤다. 또 북인도 오장국의 비마라진제毘摩羅眞諦(44세), 농 가타農加他(46세), 마두라국의 불타승가佛陀僧伽(46세) 등이 황룡사에 머 물면서 밀교계통의 경전인 『전단향화성광묘녀경栴檀香火星光妙女經』을 번 역하자 신라승 담화曇和가 그것을 한문으로 받아 적었다. 뒤이어 선덕 여왕 12년(643)에는 당나라에 유학 갔던 자장慈藏이 돌아오면서 장경 일부(4백여 상자)를 가져왔다.

남북국시대의 남국인 통일신라 때에는 중국 전래 불전들에 기초하여 불학을 연찬하였다. 분황 원효芬皇 元曉(617~676)의 『금강삼매경론』, 부 석 의상浮石 義湘(625~702)의 『화엄일승법계도』 등 『한국불교전서: 신 라시대편』(3책)에 수록된 저술들 대부분은 당시에 필사되어 읽히다가 8세기 이후 목판 인쇄술에 의해 판각되어 인간되었던 것들로 추정된다. 또 『삼국유사』 「탑상」편 '전후소장사리' 조목의 기록처럼 통일신라 말 에는 보요普耀선사가 오월국에서 두 차례나 대장경을 가져왔으며, 묵黙

화상이 후당으로부터 대장경을 가져왔다. 북국인 대발해(698~926) 황실 역시 8세기 초반에 불전이 전해지고 후반에 당나라 유학을 다녀온 정소貞素 등이 『대승본생심지관경大乘本生心地觀經』 등을 번역하였다. 이처럼 고대 사국은 인도와 티베트 및 중앙아시아와 중국 등을 통해 들여온 불전을 한역하거나 한역된 불전을 수용하였다. 그리고 이를 기반으로 신행에 매진하고 교학을 연찬하여 저술들을 유통시켰다. 고려에는 성종 10년(991)에 한언공韓彦恭이 송宋나라로부터 들여온 480질帙 5,047권의 개보판開寶板 한역 불전들이 널리 보급되었다. 이들 불전에 의해 신행信行과 연찬硏鑽이 이루어졌고 성과물들은 목판에 의해 인쇄 출판되어 유통되었다.

## 2. 불전의 판각

중국의 제지술이 고구려에 전래(593)되면서 불교인들의 저술 활동이 활발히 이루어졌다. 한역 불전의 간행을 위해 진전된 목판 인쇄술은 7세기 경 중국에서 시작되어 740년경부터 동양과 서양으로 각각 전파되었다. 현존 기록상 목판 인쇄에 의한 가장 오랜 불전 인출은 신라 경덕왕 10년(751) 이전에 제작된 『무구정광대다라니경無垢淨光大陀羅尼經』(너비 8cm, 길이 5m)으로 추정된다. 현존 세계최고의 목판 두루마리 인쇄물인 이 경전은 한 줄이 8자로 되어 있으며 경주 불국사 석가탑 제2층 탑신부의 사리함 속에서 발견(1966.10)되었다. 이 다라니경의 출간연대는 상한선을 700년대 초로, 하한선을 석가탑의 건립연대인 751년 경으로 보고 있다. 그 근거는 이 경문 속에 당唐나라 측천무후則天武后 집권기(15년)에만 통용된 뒤 자취를 감춘 신제자新制字 4글자(注[證]·禔[地]·全[授]·曺[初])가 기록되어 있기 때문이다.

석가탑에서 발견된 『무구정광대다라니경』은 글자 크기와 정밀도精密度에서 빼어난 경전이다. 그뿐만 아니라 역사상으로도 종래 가장 오래된 것으로 알려진 일본의 『백만탑다라니경百萬塔陀羅尼經』(770년 간행)보다 20여 년 앞선 것이다. 또 중국 돈황 출토의 『금강반야바라밀경金剛般若波羅密經』(868년 간행)은 글자를 뒤집어 새긴 목판이어서 장시간 보존할 수 있으며 무한정 찍어낼 수 있는 장점이 있다. 하지만 이것 역시 한 면에 모든 글자를 새기기 때문에 한 문헌밖에 찍어낼 수 없고 비용과 노력이 많이 든다는 단점이 있다. 반면 『무구정광대다라니경』은 위의 두 인경보다 앞서 이루어졌고 지질紙質면이나 목판 인쇄에 의한 인경 형태면에서 한국 고인쇄문화古印刷文化의 높은 성취를 보여주고 있다. 그런데 글자체를 한 자씩 새긴 다음 그것을 모아 판을 짜는 인쇄술은 고려 시대에 본격적으로 시작된 것으로 추정된다. 특히 목판 인쇄술은 대장경 조성을 계기로 고려 전역으로 확산되었다.

초조본 『고려대장경』 조성은 고려 현종 2년(1011)에 대구 부인사符仁寺에 설치한 대장도감大藏都監에서 전담하였다. 현종 3~4년(1012~1013)경에 거란이 쳐들어오자 조정에서는 진행해 오던 대장경 판각사업을 문명국으로서의 자존심과 우월감을 이웃 나라에 널리 알리는 계기로 삼고자 했다. 동시에 붓다의 힘[佛力]에 의지하여 국민을 단결시키고 적병을 물리치기 위한 발원으로 이어 가면서 대장경 조성은 급진전 되었다. 그리하여 현종 대에 시작된 사업은 덕종德宗대로 이어졌으며 문종文宗에 이르러 더욱 활발히 진행되어 선종宣宗 4년(1087)에 판각이 완료되었다. 대장경의 조성에 이어 의천義天(1055~1101)은 대장경에서 빠진 소초疏鈔류를 보완하기 위해 『고려교장』 편찬사업(1096)에 착수하여 1,010부 4,740권의 목판을 판각했다. 그러나 이 『고려교장』은 초조본 『고려대장경』과 함께 유라시아를 통일하고 고려로 쳐들어온 몽골의 별동부대에 의해 대부분이 불타 버렸다.

이후 고려 조정은 붓다의 힘에 의지해 국민을 단결시키고 몽골을 물리치기 위해 강화 용장사지龍藏寺址에 대장도감을 설치(1236)하고 강화에서 재조본 『고려대장경』의 판각을 시작했다. 이어 남해 및 진주 등의 분사도감에서 경판 조성을 지원하여 16년만인 1251년에 1,539부 6,805권의 대장경 정장正藏(正板)을 완판하고 부장副藏(補板)을 덧붙여 강화의 선원사지禪源寺址에 보존하였다. 이들 판목의 판각 주체는 승려를 비롯한 당대의 지식인이었지만 정작 각수들은 대부분 서민들이었다. 그런데 이 경판은 왜구의 침탈을 피해 조선 초에 해인사海印寺로 옮겨졌으며 현재 1,749종 6,571권 154,296판이 장경각에 보존되어 있다. 여기에서 판수板數는 대체적으로 한 판의 양면에 새겨진 숫자를 가리키지만 더러는 한 판의 한 면에만 새겨진 판도 있다. 대장경 판목 총계가 81,137매枚의 양면인 162,274매가 되지 않고 154,296판이 되는 까닭은 이 때문이다. 고려 후기 이후에는 이 『팔만대장경八萬大藏經』 판목에 의해 많은 불전이 인출 간행되었고 번역 유통되었다.

## 3. 강독의 주체

고구려와 백제 및 가야와 신라에 한역 불전뿐만 아니라 범어 불전들이 유통되면서 불교에 대한 인식이 널리 퍼졌다. 당시의 지식인들도 불교전적[佛典]에 새롭게 눈을 뜨기 시작했다. 이들 불교전적은 주로 한자로 된 저술들이었다. 당시의 서민들은 한자를 사용했던 귀족들과 달리 주로 한자의 음과 뜻을 빌려 우리말을 적던 표기법인 이두吏讀, 온전한 한국어를 적기 위해 한자를 활용한 표기법인 향찰鄕札, 그리고 뾰족한 도구를 사용해 한자 옆에 점點과 선線을 새겨 넣어 발음이나 해석을 알려주는 양식으로 한문 해석을 돕기 위해 구절 사이에 한국어로 토를 다는 각필角筆, 한문의 단어나 구절 사이에 붙이는 한국어 토씨를 표시할 때 사용되었던 문자 구결口訣 등을 통해 자신의 의사표시를 해 왔다. 때문에 한자나 한자의 부수를 빌어 표기하는 이두와 향찰 및 각필과 구결 등은 당시 사람들의 언어생활을 엿볼 수 있는 주요한 자료가 된다.

고중세 이래 한자는 중국뿐만 아니라 한국과 일본과 베트남(월남)에서도 사용해 왔다. 때문에 고중세에 동아시아인들이 공유해 온 한자漢字를 중국말이라고 단정할 수만은 없다. 더욱이 중국은 문화혁명(1966~1976) 이후 문자개량을 통해 간체자를 사용하고 있다. 현재 번체자를 사용하고 있는 곳은 한국과 일본 및 대만 등이라는 점을 고려하면 한자는 동아시아에서 널리 유통된 고대 한어漢語일 뿐이다. 고대 이래 우리 민족은 이두, 향찰, 각필, 구결 등 한자 차용 표기법을 매개하여 언어생활을 했다. 하지만 사국을 통일한 신라로부터 남북국 시대의 통일신라를 거쳐 고려 초에 이르기까지 이두와 향찰 및 각필 구결 등의 한자 차용 표기법을 사용하여 언어생활을 하였다. 때문에 당시에는 번역飜譯이라는 의식이 크지 않았던 것으로 짐작된다. 오히려 우리에게 '문화의 옮김'으로서 '번역'이란 의식이 본격화된 것은 최행귀崔行歸가 한역한 균여의 향가를 혁련정赫連挺이 『균여전』에 수록하면서 본격화되었다고 할 수 있을 것이다.

사국시대에 불교 전적의 강독의 주체는 대부분이 불교 지식인인 승려들과 재가 거사들이었다. 고구려의 승랑과 보덕과 의연, 백제의 겸익과 현광과 혜현, 가야의 장유, 신라의 원광과 안함과 자장 등의 저술은 전해지지 않지만 인용 저술이나 관련 사료들을 통해 그들은 한문으로 학술활동을 한 것을 알 수 있다. 『한국불교전서』 신라시대편에 실려 있는 전적들에 근거해 보면 통일신라의 불학자들은 당에서 활동한 원측과 신방을 필두로 해서 원효와 의상 및 경흥과 태현 등 수많은 불학자들 모두가 한문漢文으로 자신의 생각을 표현하였다. 그들은 중국과 인도에서 들어온 사장四藏들을 접하면서 불교적 세계관 위에서 불전들을 강독하고 저술했다. 당시 사람들은 한문을 기반으로 하면서 그 뜻과 음을 이두와 향찰과 각필과 구결 등을 원용하여 불전을 이해하였다.

　반면 불교 지식인들은 정통 한문을 곧바로 활용하여 강독과 저술을 하였다. 때문에 불교 전적들은 대부분 정통 한문에 기초하여 이루어졌다. 이를테면 분황 원효(617~686)의 『금강삼매경론』과 『대승기신론소』와 『대승기신론별기』와 『이장의』 등은 경전과 논서에 대한 즉자적 주석 내지 대자적 창작물이다. 일연이 원효를 '분황(사)의 진나(보살의 후신이)'라고 한 것은 그가 인도의 불교논리학자인 진나(디그나가)와 같은 탁월한 논리학자임을 거론한 것이다. 원효는 87종 180여 권의 저술에서 화회和會의 매개항을 통해 일심一心의 철학을 구축했고 무애無碍의 실천을 구현했다. 사국을 통일한 통일신라는 불교 공인 100여 년 만에 불교 전적을 온전히 소화하여 자기화하였다. 그 정점에 원측(613~696, 唯識)과 원효(617~686, 起信), 의상義湘(625~702, 華嚴), 무상無相(684~762, 禪法)이 있다. 이들 네 사람은 동서아시아의 지평 위에서 통일신라문명의 르네상스 시대를 열었다.

# 가야의 불탑과 불상은 어디에 있을까?

## 1. 제4의 제국 가야

고구려와 백제 그리고 신라와 달리 가야의 실체는 잘 알려져 있지 않다. 아마도 고구려와 백제에 비해 일찍 신라에 합병되었기 때문일 뿐만 아니라 일제가 반도를 지배하면서 가야의 역사를 조작하거나 지웠기 때문이다. 하지만 가야 역사는 7백 년에 이르며 그 문화적 성취도 삼국에 견주어 결코 뒤지지 않았다. 초기 신라와 같이 6부족 연맹체를 이루었지만 금관가야를 맹주로 하는 연합체제였고, 금관가야의 왜가야 이주 이후는 대가야가 그 맹주의 역할을 하였다. 특히 가야는 일찍부터 철기로 무장하여 뛰어난 문명과 문화를 일구었으며 빼어난 조선술로 일찍부터 왜가야(야마토)로 영역을 확장하였다.

어머니 허황옥이 배를 타고 가야에 도달했듯이 김수로왕의 딸 비미호卑彌呼 공주 역시 일찍부터 규슈로 진출하여 야마이국을 세우고 여왕으로 재위하였다. 허황후의 딸인 비미호의 공주는 바다를 끼고 있는 가야의 입지를 지혜롭게 활용하였다. 이들 모녀에게는 바다영토에 대한 남다른 생각이 있었다. 공주의 규슈 진출에 대해서도 적극 지원하였다. 2천여 년 전 이미 동북아의 해양 실크로드를 장악하였다. 그리하여 가야를 고구려와 백제 및 신라에 맞서는 제4의 제국으로 확고히 자리매김할 수 있게 하였다. 하지만 지난 세기 이래 일본과 중국은 우리의 역사를 반도에 가두려 하였다. 그것도 모자라 일본은 우리나라를 식민지로 지배했으며, 중국은 남북 분단을 고착화시키기 위해 남북한 사이에서 등거리 외교를 벌이고 있다.

나아가 일본은 스스로 한국령이라고 인정했던 독도를 빼앗기 위해 역사를 날조하고 있다. 중국은 이어도를 자기의 해상영토 속에 편입시키려고 무력시위를 하고 있다. 두 나라의 역사와 문화 조작은 과거만이 아니라 미래를 겨냥하고 있다는 점에서 간과해서는 아니될 중대 사안이다. 일본보다 한국의 부산에 더 가까운 대마도對馬島는 역사적 문화적으로 보아 한반도에 편입되어 온 한국땅이다. 대마도가 일본땅이 아니었다는 사실은 대마도의 여러 기록들이 보여준다. 유구留球국 오키나와沖繩 역시 고려 삼별초 세력이 여몽연합군에 밀려 내려가 세운 나라라고 널리 알려져 있다. 그렇다면 해당 나라나 해당 지역의 역사와 문화는 현재의 실효적 지배라는 차원에서만 온전히 담을 수는 없는 것이다.

광개토대왕의 아들인 장수왕 2년(414)에 고구려 옛 수도였던 집안현集安縣에 세운 '국강상광개토호태왕비國罡上廣開土好太王碑'(6.4미터, 4면 1,775자)에는 애초부터 "원래 백제와 신라는 우리들(고구려)의 속민으로서 항상 조공을 바쳐왔는데 이후 신묘년辛卯年(391)에 조공을 바치지 않으므로 백제와 왜국, 신라를 쳐서 이겨 신민으로 삼았다"(李進熙, 李亨求 해석)라고 적었다. 그런데 일본 메이지明治정부의 군부는 육군참모본부의 첩보 제리提理 가츠라 국장과 첩보원 사코오 중위를 시켜 비문 속 '내도해파來渡海波'의 주체를 바꾸어 "왜, 즉 일본이 신묘년에 바다를 건너와서 백제와 신라를 쳐서 신하로 만들었다"고 조작하였다. 그런 뒤에 가야와 백제들을 쳐서 신하로 만들고 경상남도 일대에 설치했다는 '임나일본부任那日本府설'을 퍼트렸다. 군국주의의 한반도 지배전략에 의해 가야가 왜에 진출하여 왜가야를 지배한 역사의 팩트(사실)를 뒤집은 것이다. 『삼국유사』「가락국기」에 기술된 취희吹希왕－질지銍知왕－구형仇衡왕 등은 금관가야의 적손嫡孫이 아니라 부산 동래구 복천동 일대에서 종래의 기득권을 가진 수장이었을 뿐이다. 일본 교토 인근의 응신천황(이시품왕)릉과 인덕천황(4자 인덕)릉은 모두 제4의 제국 가야 황제들의 무덤들이기 때문이다.

## 2. 금관성 파사석탑

금관가야의 수도는 김해였다. 호계사에는 오래 전부터 파사婆娑석탑이 전해져 왔다. 이 석탑은 옛날 이 고을이 금관국이었을 때 시조 수로왕의 왕비 허황후 황옥이 동한 건무 24년 갑신년(48)에 서역의 아유타국에서 배를 싣고 온 것이다. 처음에 공주가 어버이의 명을 받들고 동쪽으로 향하다가 파신波神의 노여움으로 건너지 못하고 돌아와 부왕에게 아뢰었다. 부왕은 '이 탑을 배에 싣고 가라' 하였다. 공주는 이 탑을 배에 싣고 무사히 바다를 건너 금관국의 남쪽 물가에 와서 닿았다. 이 배는 붉은 돛에 붉은 깃발을 달았으며 아름다운 주옥珠玉을 실었다 해서 지금도 주포主浦라고 하였다. 공주가 능직 비단 바지를 벗은 곳을 능현綾峴이라 하며, 붉은 기가 처음 들어오던 바닷가를 기출변旗出邊이라 하였다.

『삼국유사』「탑상」편의 '금관성 파사석탑' 조에서 일연은 당시 가야에는 불교(像敎)가 전해지지 않아 이 땅 사람들이 믿지 않았으므로『가락국본기』에는 절을 지었다는 기록이 없다고 하였다. 그런데『삼국유사』에 실린『가락국기』에는 수로왕이 김해의 가궁假宮 남쪽 신답평新畓坪에 행차하여 도읍을 정하려 할 때에 '16나한이 거주할 만한 곳'이라고 말하는 대목이 실려 있다. 나한은 불교의 수행자 가운데 학문과 덕행이 가장 높은 성자를 일컫는 말이다. 그리고 16나한은 불교 전통에서 수행이 뛰어난 열 여섯 명의 아라한을 가리킨다. 수로왕은 신답평을 바라보며 "'하나에서 셋이 되고 셋에서 일곱이 되니 칠성七聖의 거주지로도 여기가 합당하다'며 이곳에 의탁하여 강토를 넓히는 것이 참으로 좋지 않겠는가"라며 도읍을 정하였다.『가락국기』는 일연이 고려 중기 금관주지사였던 김양일金良溢이 적은 것을 줄여서 전재한 것이라고 밝히고 있다.

여기서 "절을 짓거나 불법을 받드는 일이 없었다"라는 표현은 맞을 것이다. 현전하는 기록상 가야의 절은 질지왕이 세조와 허황후의 명복을 빌고자 그들이 결혼했던 곳에 황후사를 지었고(452) 전답 10결을 바쳤던 것이 가야불교의 공인년이 될 것이다. 하지만 여기에는 분명히 '열 여섯 나한'과 '일곱 성자'에 대해서 언급하고 있다. '칠성'은 칠성인七聖人 또는 칠성자七聖者 혹은 칠장부七丈夫라고도 하며 불교의 삼도三道 수행위에서 성자를 일곱 가지로 나눈 것이다. 세 가지 수행위는 '진리의 발견[見道位]'과 마음의 수련[修道位] 및 수행의 완성[阿羅漢位]을 가리킨다. 그리고 칠성은 믿음을 따르는 수행[隨信行], 진리를 따르는 수

김해시 구산동의 파사석탑

행[隨法行], 믿음과 이해[信解], 지견의 지극함[見至], 몸의 깨달음[身證], 지혜의 해탈[慧解脫], 모든 해탈의 구족[俱解脫]에 이른 성자를 말한 것이다. 그렇다면 가야에는 이미 불교가 전래된 것으로 보아야 하지 않을까?

'금광성 파사석탑'에는 허황후가 싣고 온 "파사석탑은 사면으로 모가 나고 5층인데 그 조각이 매우 기이하다. 돌에는 조금씩 붉은 반점이 있고, 석질이 매우 부드럽고 좋아서 이 땅에서 나는 종류가 아니었다"라고 하였다. 이 탑의 재질이 이 땅 가야에서는 찾아볼 수가 없다는 점, 그래서 매우 기이하다는 점을 근거로 보면 이것은 이국에서 가져온 것으로 짐작된다. 이 탑이 있던 호계사는 김해의 호계천변에 있었다. 1873년에 이 절은 없어졌고 이 석탑은 현재 김해 구산동에 있다. 허황후 역시도 서역 아유타국에서 왔다면 가야불교는 이미 서역 아유타국에서 불교를 가져온 것이 될 것이다. 그렇다면 가야는 이미 허황후를 통해 불교의 존재를 알고 있었다고 할 수 있다. 이 사실을 인정한다면 파사석탑은 현존하는 유일의 가야탑이라고 할 수 있다.


## 3. 신어사와 만어사 그리고 칠불사

현재 김해 수로왕릉의 정문에는 쌍어문雙魚紋이 걸려 있다. 쌍어문은 물고기 두 마리를 새긴 문양이다. 대개 사당의 문 또는 비석의 지붕돌에 새겨 있거나 사찰의 문 혹은 대웅전 수미단 등에 그려져 있다. 예로부터 김해의 신어사와 만어사의 문에는 이 문양이 있었다고 한다. 두 마리 물고기를 새긴 이 문양은 고대 인도의 아요디아시市의 상징으로 알려져 있다. 근래 김해시는 인도 남부 아요디아시와 자매결연을 맺고 그곳에 5만평에 이르는 가야공원을 조성했다 한다. 아요디야는 태국에도 있고 인도에도 있지만 지금은 인도로 정착되어 가는 까닭은 인도 아요디야 지역에 쌍어문이 널리 산재해 있기 때문이다. 그런데 이 쌍어문은 인도에만 나타나지 않고 동남아를 비롯하여 중국과 가야 일대에 보이고 있어 해상과 육상을 타고 널리 확산되었음을 알 수 있다.

경남 하동군 쌍계사 윗 편 산 자락에는 칠불사七佛寺가 있다. 칠불사는 1세기경에 가락국 시조 김수로왕의 일곱 왕자가 그들의 외숙인 범승梵僧 장유 보옥長遊寶玉 화상和尙을 따라 와 이곳에서 동시 성불한 것을 기념하여 김수로金首露 왕이 국력으로 창건한 사찰이자 가야불교의 발상지로 알려져 있다. 「가락국기」에는 "수로왕은 서기 42년에 화생化生하였으며, 남해바다를 통해 가락국에 온 인도 황하 상류의 태양왕조인 아유타국 허황옥 공주를 왕비로 맞아 10남 2녀를 두었다. 그중 장남은 왕위를 계승하였고, 둘째와 셋째 왕자는 어머니의 성을 이어 받아 김해 허씨許氏의 시조가 되었다" 전한다. 이후 이들 일곱 왕자는 외숙인 장유화상을 따라 출가하였다. 이들은 장유화상의 가르침을 받으며 가야산에서 3년간 수도하였다. 그 뒤 의령 수도산과 사천 와룡산 등을 거쳐 서기 101년에 이곳 지리산 반야봉 아래에 운상원雲上院을 짓고 정진한지 2년 만에 모두 성불하였다. 이들 칠불의 명호는 금왕광불金王光佛, 금왕당불金王幢佛, 금왕상불金王相佛, 금왕행불金王行佛, 금왕향불金王香佛, 금왕성불金王性佛, 금왕공불金王空佛이다. 이들 일곱 왕자의 성불로 인하여 칠불사라 하였다고 전한다.

가야제국은 부여로부터 이주해 온 뒤 바다영토를 개척하여 제국의 토대를 굳건히 하였다. 가야는 뛰어난 조선술과 째어난 철기생산을 통해 해양과 대륙을 넘나들며 대제국을 건설하였다. 이를 기반으로 하여 가야인들은 동아시아의 해상세력을 주도할 수 있었다. 가야제국은 왜국이 처음으로 인식했던 외국이었다. 가야인들이 주로 이용한 항로는 『삼국지』 「위지」 왜인전에 나타난 것처럼 구야한국(김해) – 쓰시마對馬島 – 이키壹崎 – 이토怡土국을 경유하는 루트였다. 왜국에서 대륙으로 건너올 때에도 반드시 쓰시마를 거쳐 낙동강 하구인 김해 부근에 도착했다가 다시 다도해를 거쳐 황해로 빠져 나가 낙랑이나 대방에 도착하였다. 때문에 구야한국은 이들의 중간 기착지가 되었다. 당시 김해항 인근은 모두 바다였는데 근래에 간척사업으로 인해 육지로 바뀌었다. 이외에도 가야인들은 이즈모[出雲] 항로도 자주 이용하였다. 이즈모 항로는 한구 동해나 남해에서 리밍한류를 타고 북위 30도 부근에서 쓰시마 해류 서파[西波]를 횡단하여 본류를 이용해서 이즈모 서안의 이나사노오하마[伊那佐之浜]에 이르는 직접 항로이다. 특히 겨울철에는 서북풍이 불기 때문에 이 항로를 자주 이용하였다.

가야제국은 이들 항로를 이용하여 북 규슈나 이즈모 지방을 왕래하였다. 이러한 항해가 가능할 수 있었던 것은 앞선 철기문명에 힘입어 빼어난 조선기술을 지니고 있었기 때문이다. 가야인들은 이 조선술에 힘입어 일본열도와 중국 대륙에 있었던 낙랑과 대방 등지를 자유로이 왕래하며 무역을 하였다. 이들의 일본 진출은 4세기 경에 조성된 고분문화 유적을 통해서 증명되고 있다. 일찍이 한반도에서 전래된 스에키[須惠器] 토기는 북 큐슈와 긴키 지방을 중심으로 널리 생산되었다. 또 가야인들의 왜나라 이동으로 인해 덩이쇠[鐵鋌]가 북 규슈와 긴키 지방에 전해지면서 왜가야에서도 철정을 사용하여 철기생산이 본격적으로 이루어졌다. 따라서 고대 가야제국과 왜나라는 하나의 문명권이었음이 분명하다고 할 수 있다.

## 미륵과 화랑을 어떻게 이해할 것인가?

### 1. 미륵과 원화

불교사상사에 등장하는 미륵은 크게 셋으로 변별된다. 첫째는 붓다 당시의 수행자 미륵 청년이다. 둘째는 대승 아비달마인 유가행 유식학을 정초한 미륵 논사이다. 셋째는 인도 바라나국의 바라문 집에 태어나 석존의 교화를 받고 미래에 성불하리라는 수기를 받아 도솔천에 올라가 있으면서 천인들을 교화하는 자씨慈氏보살이다. 여기서 다루는 미륵은 석존 입멸 후 56억 7천만 년을 지나 다시 이 사바세계에 출현하여 화림원華林園 안의 용화수 아래서 성도하여 3회의 설법으로써 석존의 교화에 빠진 모든 중생을 제도하는 붓다이다. 그는 석존의 업적을 돕는다는 뜻에서 보처補處의 미륵이라고 하며, 비바시불─시기불─비사부불을 잇는 구류손불─구나함모니불─가섭불─석가모니불의 뒤를 잇는 현겁賢劫 천불의 제5불이다. 그가 주관하는 법회는 용화삼회龍華三會라고 한다.

이 미륵보살은 현재 도솔천에 머무르고 있다가 미래에 이 땅에 하생하여 성불한 뒤에 석가불이 제도하지 못한 인연 있는 중생을 제도한다고 알려져 있다. 미륵이 하생할 때는 이 땅(閻浮提)의 토지는 넓고 평탄하며, 그 나라 사람들은 모두 온화하고 순수하여 말씨가 공손하고, 화목하고 서로 사랑하여 다툴 송사訟事와 싸움(鬪爭)이 없으며, 비와 바람이 순조로워 재난이 없으며, 곡량穀糧이 풍성하여 집의 문을 닫지 않고 산다. 이때는 모든 것이 정화되어 지상의 가장 지극한 이상향으로서 아무런 고통이 없다. 오직 먹는 것과 대소변[便利]보는 것과 늙는 것의 세 가지 병만이 있다.

요즘같이 먹는 것[食]과 누는 것[便]과 늙는 것[老]이 아니라, 밥의 쌀도 향기가 더할 수 없으며, 수고로움[勞苦]도 매우 적게 들어 식생활이 해결되며, 편리便利 때에는 땅이 갈라져서 마친 뒤에 다시 땅이 합해지고 거기서 연꽃이 솟아나 더러운 기운이 없어진다. 또 늙어서 죽음이 가까워 오면 스스로 걸어서 시신을 쌓아 두는 숲속으로 가서 고통 없이 죽는다고 한다. 그리고 이때는 금은의 칠보가 길바닥에 버려져 흡사 돌과 사금파리처럼 밟혀 있으며, 당시 사람들은 그것을 가리켜 '이것을 옛날 사람들은 가장 귀중한 보배라 여겨 아끼고 욕심을 내어 서로 죽이고 싸웠다'고 하면서 서로 돌아보며 웃는다고 한다.

진흥왕은 즉위 이후 법흥왕의 뜻을 이어 일심으로 붓다를 받들었다. 그는 불사를 널리 일으켜 나라 사람들로 하여금 승니僧尼가 되게 하였다. 왕은 나라에 유능한 인재를 양성하고 훌륭한 인물을 등용하기 위하여 아름다운 낭자를 뽑아 원화源花로 삼았다. 그는 이들 원화를 중심으로 무리를 모아 그들을 가르치고 인재를 가려서 등용하고자 하였다. 이것 또한 '나라를 다스리는데 크게 요긴한 일'이었기 때문이다. 이때 뽑힌 남모랑南毛娘과 교(준)정랑[姣(俊)貞娘] 두 낭자 주위에 3백여 명이 모였다. 그런데 어느 날 교정이 남모를 질투하여 술자리를 만들어 남모에게 술을 많이 먹여 취하게 하고 몰래 북천 가운데로 메고 가서 돌을 들어 묻어 죽여 버렸다. 그의 무리들이 그가 간 곳을 몰라 슬피 울면서 흩어졌다. 그 음모를 아는 어떤 사람이 노래를 지어 동네 아이들을 꾀어 거리에서 노래 부르게 했다. 남모의 무리들이 듣고 그 시체를 북천에서 찾아내고는 곧 교정랑을 살해하였다. 그러자 대왕이 명령을 내려 원화제를 폐지하였다.

## 2. 풍월도의 설치

진흥왕은 교육으로 나라를 흥성시키려면 청소년 수양단체인 풍월도 風月道를 반드시 먼저 일으켜야 된다고 결심하였다. 왕명을 내려 양가良家의 자제 중에 덕행이 있고 준수한 자를 가려 뽑아서 화랑으로 삼게 하고 처음으로 설원랑薛原郞을 받들어 국선國仙으로 삼았다. 이 풍월도의 공능에 대해서는 『삼국사기』의 「신라본기」진흥왕 37년조에 "김대문의 『화랑세기』에는 '어진 재상과 충성스러운 신하가 여기에서 나왔고, 훌륭한 장수와 용감한 병사가 여기에서 생겼다'라고 기록되어 있다"라는 구절과, 「열전」, '김흠운金歆運전'에도 "김대문이 '어진 재상과 충성스러운 신하가 여기에서 나왔고, 훌륭한 장수와 용감한 병사가 여기에서 생겼다'고 한 말이 바로 이를 가리킨 것이다. '3대의 화랑이 무려 2백여 명이나 되었는데, 그들의 꽃다운 이름과 아름다운 사적은 전기傳記에 기재된 바와 같다'라는 대목이 있다"는 구절에서도 확인된다.

풍월도는 국선과 화랑 및 낭도(승려낭도과 일반낭도)로 구성되어 있었다. 이들 젊은 화랑들을 이끌었던 대표적인 승려낭도로는 진흥왕과 진지왕 대의 진자眞慈, 진평왕 대의 혜숙惠宿, 진덕왕 때의 전밀轉密, 효소왕 때의 안상安常, 경덕왕 때의 월명月明, 헌안왕 때의 범교範敎 등이 있었다. 진흥왕의 왕자이름인 금륜金輪(舍輪)과 동륜銅輪에서 이해할 수 있는 것처럼 풍월도는 진흥왕의 미륵신앙과 전륜성왕사상에 영향을 받았을 것이다. 때문에 화랑의 단체를 용화향도龍華香徒 또는 미륵신도彌勒信徒라고도 하였다. 그리고 14~15세에서 17~18세의 소년들로 이루어진 화랑花郞과 그 우두머리인 국선國仙에게는 각기 약 200~300여 명의 무리들이 있었다. 또 이들 중에는 장년의 승려낭도 1인이 참여하여 국선을 보살폈다.

국선은 화랑 중의 최고의 상수上手화랑이었다. 현재 국왕이 받드는 국가적인 현재 이름을 알 수 있는 화랑들의 숫자는 약 30여 안팎이다. 김대문의 『화랑세기』에는 화랑의 기원, 역대 화랑의 지도자인 풍월주風月主 32명의 계보 및 행적 등과 향가鄕歌를 함께 수록하고 있다. 이들 화랑이 거느리는 무리들[徒]은 나라가 위급할 때에 현장에 투입시키면 일개 사단 병력에 육박하게 된다. 이것은 관창 등이 계백의 오천 결사대와 벌인 황산벌 전투에서 증명해 주었다. 여기서 주목할 것은 신라에서는 미륵을 상징하여 화랑이라 하고 그 최고 우두머리를 국선이라 했다는 지점이다. 미륵불을 상징하는 국선은 신라의 미래부처 혹은 나라의 미륵부처로 받들렸다. '화랑'이 곱게 단장하거나 장식했던 것 역시 이 미륵신앙에 연유한 것이다.

풍월도 안에는 화랑과 국선과 낭도가 있었고, 한 화랑 밑에는 무리가 있었다. 때문에 화랑의 무리들은 '근랑지도近郞之徒', '호세랑도好世郞徒', '삼화지도三花之徒', '유화랑 문노지문遊花郞 文努之門' 등과 같이 '누구의 무리', '누구의 문도'라고 불렀다. 경덕왕 때에 일식日蝕(日怪)의 기양祈禳을 위한 산화공덕의 개단작법開壇作法에 연승緣僧으로 초청된 월명月明이 왕에게 자신을 '국선의 무리'라고 아뢰었다. 그렇다면 한 화랑이 낭도를 거느리듯 그는 화랑의 우두머리인 '국선을 따르는 낭도'임에 틀림없다. 반면 김유신을 따르는 무리들을 특별히 용화향도라고 했다. 『삼국사기』「김유신전」에 의하면 "공의 나이 15세에 화랑이 되니 당시 사람들이 흔연히 따랐으며 (그를 따르는 이들을) 용화향도라 하였다"라고 한다. 그렇다면 왜 김유신을 따르는 무리만을 유독 용화향도라고 했을까?

### 3. 용화향도

용화향도는 '용화'와 '향도'를 합친 말이다. 용화는 미륵을 가리킨다. 『미륵하생경』과 『미륵래시경』에 의하면 용화는 뿜나가Pumnaga/奔那伽 나무에서 유래되었다. 이 나무의 가지는 마치 보배 용[寶龍]이 백 가지의 보배 꽃을 토해내는 것 같아서 붙여진 이름이다. 도솔천에서 인간세에 하생하여 성장한 미륵이 출가하여 이 나무 밑에 앉아서 성불하게 되며, 이 나무 아래에서 설법하여 많은 사람들을 교화하므로 용화보리수龍華菩提樹라고 부른다. 때문에 미륵불의 설법대회를 용화회상이라고 하며 미륵불이 출현하는 미래의 세계를 용화세계라고 한다. 해서 '용화'는 미륵불을 일컫는 말로 쓰이게 되었다.

향도는 부처님께 향을 사르고 절을 하는 무리[禮佛香火之徒; 禮香之道]를 가리킨다. 『삼국사기』 '원종흥법 염촉멸신' 조와 '포산이성' 조에는 '향을 사르고 부처님께 예를 드리는 무리[禮佛之香徒]'인 향도의 용례가 보인다. 이것은 미륵불에게 향을 사르고 예를 드리며 믿고 따르는 무리를 가리킨다. 앞서 살펴본 것처럼 풍월도를 이끌어 가는 최고 우두 머리인 국선은 미륵불의 상징이다. 때문에 신라의 국왕 역시 국선을 신라의 현실적인 미륵불으로 받들었다. 그리고 국선을 받드는 화랑과 그 무리들은 자연히 미륵신봉자라고 할 수 있을 것이다. 그런데 김유신金庾信(595~673)을 따르는 무리들만 용화향도라고 부른 까닭은 그가 미륵신앙을 강조하였거나 아니면 분명 어떠한 계기가 있어 그리했을 것이다.

진평왕 건복 28년(611) 신미년에 17세였던 김유신은 당시 고구려와 백제 및 말갈이 신라를 침범하는 것을 보고 구적寇賊을 평정하겠다는 뜻을 품고 중악中嶽(斷石山; 月生山)의 석굴石崛에 들어갔다. 그는 그곳에서 목욕재계하고 하늘을 향해 기원하며 맹세하였다. "적국이 무도하여 맹수처럼 우리나라를 쳐들어 오니 편한 날이 없습니다. 제가 한낱 어린 몸으로 아무 힘이 없사오나 나라의 화란禍亂을 맑히고자 뜻하오니 하늘께오서는 살피시어 저에게 힘을 주시옵소서"라고 발원하였다. 나흘째 되던 날에 갈의褐衣를 입은 한 노인이 곁으로 다가와 말하였다. "이곳은 독충과 맹수가 많아서 매우 무서운 곳인데 귀한 소년이 홀로 와서 무엇을 하는가?" 이에 유신이 물었다. "어르신께서는 어디에서 오신 누구신지요?" 노인은 말하였다. "나는 일정한 주거가 없이 인연에 따라 오갈 뿐이며 이름은 난승難勝이라 한다." 자신의 뜻을 거듭 밝힌 그는 이웃나라의 침범을 물리치기 위해 비방秘方의 술법術法을 가르쳐 달라고 눈물을 흘리면서 일곱 번을 계속해서 간절히 청하였다. 그러자 노인은 말하였다. "그대는 나이가 어리면서도 삼국을 통합할 마음을 가졌으니 어찌 장하다 하지 않겠는가?" 그리고 나서 비법을 전해주었다.

그때 노인은 말하였다. "(이 술법을) 신중히 해서 함부로 망녕되이 전하지 말라. 만일 의롭지 못하게 쓰게 되면 도리어 그 재앙을 받게 될 것이다." 이 말을 남기고는 그곳을 떠나갔다.

『화엄경』(권24)에 의하면 제5지의 난승지 보살은 대부분 도솔천의 왕이 된다고 한다. 그리고 김유신이 목욕재계하고 하늘에 고한 그 대상은 그에게 비법을 전한 난승노인이 머무르는 천신(도솔천왕)이 된다. 도솔(타)천은 욕계 제4천이자 현재 미륵보살이 살고 있는 곳이다. 그렇다면 김유신이 만난 천신은 미륵의 사자使者인 도솔(타)천왕임이 분명하다고 할 수 있다. 『삼국유사』 '태종 춘추공' 조는 김유신이 33천天의 한 아들로서 신라에 강생했다고 하였다. 33천은 욕계 제2천인 도리천忉利天이며 이 하늘의 주재자는 제석천帝釋天이다. 제석은 여러 하늘의 무리들을 거느리고 불법을 수호하는 호법護法, 권선勸善, 호세護世(國土)의 천신이다. 노인의 몸으로 나투어 내려와 비법을 전한 난승은 미륵을 믿고 받든 화랑 유신 앞에 미륵의 설법을 직접 듣고 있는 도솔천왕이었다고 할 수 있다. 난승에게서 비법을 전해 받은 김유신은 다음 해인 18세에 이르러 국선이 되어 용화향도의 우두머리로서 화랑들을 이끌었다. 결국 김유신은 미륵불에 대한 신행의 힘으로 삼한일통을 이루어 통일의 주역이 되었다.

국보 83호 삼산관미륵반의사유상

# 신라의 황룡사는 어떻게 세워졌을까?

## 1. 과거 불국토사상

과거 불국토사상은 붓다가 태어난 인도뿐만 아니라 이곳 신라도 과거부터 붓다와 인연이 있는 국토였다는 것이다. 불교의 『아함경』「대본경」에는 과거 7불사상의 원형이 투영되어 있다. "비구들이여! 지금부터 91겁 전에 비바시 여래지진如來至眞이라는 부처님이 있어 이 세상에 나오셨다. 그 다음에 지금부터 31겁 전에 시기 여래지진이라는 부처님이 있어 이 세상에 나오셨다. 비구들이여! 또 그 다음에는 저 31겁 중에 비사바 여래지진이라는 부처님이 있어 세상에 나오셨다. 비구들이여! 또 그 다음에는 현재의 현겁 중에 구루(류)손이라는 부처님과 구나함이라는 부처님과 가섭이라는 부처님이 세상에 나오셨다. 그리고 나도 지금 이 현겁 중에서 가장 바른 깨달음을 이루었다." 여기서 비바시－시기－비사배(뷔)－구루[류]손－구나함(모니)－가섭－석가모니불로 이어지는 과거 7불은 법신－보신－화신 또는 자성신－수용신－변화신으로 구분되는 삼신三身 사상과 함께 대승불교의 불신관佛身觀으로 전개되었다.

대승불교에서는 붓다의 몸에 대해 깊이 사유하였다. 윤회를 벗어난 붓다의 몸은 시간과 공간에 걸림없이 자유롭게 오고 갈 수 있었기 때문이다. 하지만 중생의 세계에 나타나는 붓다의 몸은 시간과 공간의 제약이 있었다. 해서 시간적으로는 과거 장엄겁－현재 현겁－미래 성수겁의 부처로, 공간적으로는 법신－보신－화신 또는 자성신－수용신－변화신의 부처로 구분해 보았다. 삼세의 시간관으로는 과거의 연등불과 현재의 석가모니불과 미래의 미륵불로 구분된다. 그런데 미륵계통의 경전에서는 일곱 붓다 중 앞의 비바시－시기－비사부의 삼불은 과거 장엄겁莊嚴劫에 나툰 붓다라고 설한다. 그 뒤의 구류손－구나함(모니)－가섭－석가모니불은 현재 현겁賢劫에 나툰 부처라고 설한다. 그리고 아직 오지 않은 미래 성수겁星宿劫에는 미륵불이 나툰다고 설한다. 때문에 미륵경전에서는 과거에 대해서는 얘기하지 않는다. 오직 우리가 사는 현재의 현겁 세상에는 구류손－구나함－가섭－석가불만이 오시며, 미래의 성수겁에 오실 붓다는 다섯 번째의 미륵불이라고 한다. 미륵 경전에서는 과거 장엄겁의 붓다를 제외하고 현재 현겁의 4불과 미래 성수겁의 1불을 세워 다섯 붓다를 등장시키기 때문이다.

대승 이전 불교에서는 역사적 붓다인 천백억화신千百億化身 석가모니불과 비역사적 붓다인 청정법신淸淨法身 비로자나불의 두 불신만이 논의되었다. 하지만 대승불교에서는 붓다의 화신인 보살의 존재가 등장하면서 보신불이 시설되었다. 해서 수행의 과보로서 받는 몸인 보신으로서의 붓다는 역사적 붓다인 석가모니불과 비역사적 붓다인 비로자나불의 두 측면을 아우르는 원만보신圓滿報身 노사나불 혹은 아미타불과 같은 존재로서 상정되었다. 때문에 보신불은 우리와 같은 색깔과 형상을 띠고 변화의 몸을 지닌 역사적 붓다와 진리의 육화로서의 자성의 몸을 지닌 비역사적 붓다를 모두 아우르는 수용의 몸을 지니고 있다. 이 수용신은 다시 깨달음의 법열을 자신을 위해 쓰는 자수용신自受用身 그 법열을 남을 위해 쓰는 타수용신他受用身으로 구분되었다.

그런데 신라의 수도 경주 황룡사 법당에 연좌를 잡았던 장육존상의 존호는 가섭불이었다. 이 연좌석의 시설은 역사적 존재이자 불교의 창시자인 석가모니불(현재불)의 고국인 인도에 앞서 과거 여섯 번째 부처인 가섭불이 이곳에 와서 설법을 하였던 자리라는 것이다. 즉 석가모니불 이전의 붓다인 가섭불이 신라에 와서 불연佛緣을 맺었다는 것이다. 다시 말해서 인도보다 먼저 신라에는 불교가 이미 전해져 있었다는 것이다. 이 주장은 불교적 통찰력과 예지력 위에서 신라 본위本位(중심)로 구축한 세계관이라고 할 수 있다. 붓다는 고유명사가 아니라 일반명사이다. 인도에 붓다가 있었다면 신라에도 붓다가 있을 수 있었다. 인도의 고타마 싯다르타가 출가 수행하여 얻은 깨달음이 가장 완벽하여 그는 석가불로 탈바꿈한 뒤 종래의 '붓다' 개념을 '독점'하였을 뿐이다. 연기법緣起法이란 붓다가 이 세상에 오던 오지 않던 이미 있던 것이며, 붓다는 연기법을 발견하여 여러 사람들에게 설하였을 뿐이라는 것이다.


## 2. 진흥왕과 황룡사 장육존상

『삼국유사』에서 '황룡사'를 조목명으로 하는 곳은 3곳이며 '가섭불 연좌석'까지 치면 4곳에 이른다. 고구려와 백제와 가야가 왕실의 적극적 지원에 의해 불교를 공인한 것과 달리 신라는 법흥왕의 출가와 이차돈의 순교라는 '신략神略'에 의해 불교를 공인하였다. 때문에 6부족들이 믿어 온 고유신앙과 왕실이 지지한 불교신앙의 갈등이 쉽게 해소되지는 않았다. 병부의 설치와 율령의 반포 및 공복의 제정을 꾀했던 법흥왕과 왕비는 만년에 몸소 출가까지 하였다. 그를 이은 진흥왕과 왕비 역시 만년에 출가를 하였지만 재위 시절에는 고유신앙과 불교신앙의 갈등을 해소하기 위해 다양한 정책을 추진하였다. 진흥왕은 미소녀美少女 중심의 원화源花제를 시행했다가 폐지한 뒤 다시 미소년美少年 중심의 풍월도風月道를 시행하였다. 풍월도 역시 고유신앙과 불교신앙의 접점을 모색하면서 이루어진 것이었다. 이어 안장安藏법사를 대서성大書省에 임명(550)하였으며, 고구려에서 온 혜량惠亮을 승(국)통을 시켜 불교를 통관(551)하게 하였다. 혜량은 신라에서 처음으로 백고좌법회와 팔관회를 거행하였다.

이차돈의 순교와 법흥왕의 출가로 최초의 절인 '대왕흥륜사'가 창사되었다. 하지만 그곳은 신라의 성황당이었던 천경림天鏡林을 베어내고 불교의 사찰을 지은 곳이었다. 때문에 진흥왕에게는 보다 본격적인 창사가 필요하였다. 그는 먼저 월성 동쪽, 용궁 남쪽에 궁궐紫宮을 지으려 하였다. 황룡이 그 터에 나타나자 왕이 의아하게 여겨 다시 불사를 세우기(553)로 하고 17년 만에 공사를 마치고(569) 황룡사라 하였다. 재위 26(565)년에는 진나라 사신 유사劉思와 승 명관明觀이 경론 1,700여 권을 가지고 왔다.

뒤이어 기원사祇園寺와 실제사實際寺도 창사하였다. 때마침 남쪽 바다로부터 큰 배 한 척이 와서 하곡현(울주)의 사포(谷浦)에 정박하였다. 배를 조사해 보니 첩문牒文이 있었다. 거기에는 "인도 아육왕이 황철 5만 7천 근과 황금 3만 푼을 모아 장차 석가삼존상을 주조하려다 이루지 못하고 배에 실어 바다에 띄우면서 축원하기를 '부디 인연 있는 나라에 가서 장육의 존귀한 모습을 이루소서'라 하였다" 씌어 있었다. 아울러 부처상 하나와 보살상 둘의 견본도 함께 실려 있었다.

고을의 관리가 실상을 글로 써서 왕에게 보고하자 왕이 칙사를 보내 그 고을의 성 동쪽에 높고 밝은 땅을 골라 동축사東竺寺를 세우고 세 불상을 모셔 안치했다. 금과 철은 서울로 실어가 태건 6년 갑오(574)년 3월에 장육존상丈六尊像의 주조가 단번에 이루어졌다. 무게가 3만 5,007 근으로 황금이 1만 198푼이 들었고, 두 보살은 철 1만 2천 근, 황금 1만 136푼이 들었다. 황룡사에 모시자 이듬해 불상에서는 눈물이 발꿈치까 지 흘러 땅이 한 자나 젖었으니 대왕이 세상을 떠날 징조였다. 일연은 이 사실이 진평왕 시대의 기록이라는 일부 주장을 틀렸다고 하였다. 어 떤 책에서는 인도의 전륜성왕이자 진흥왕의 역할 모델이었던 아육왕에 관해서는 다음과 같이 적고 있다.

"아육왕이 인도 대향화국大香華國에서 석존이 입멸한 뒤 1백 년 만에 태어났다. 그는 석존께 공양하지 못한 것을 한스럽게 여겨 금과 철을 조금 모아 세 번이나 불상을 주조하였으나 성공하지 못하였다. 이때 왕 의 태자가 홀로 이 일에 참여하지 않자 왕이 태자를 힐책하였다. 태자 가 말씀드리기를 '혼자 힘으로 될 일이 아니므로 일찍이 저는 이루어지 지 않을 줄 알았사옵니다'라고 하였다. 왕이 그 말을 옳게 여겨 즉시 그것을 배에 실어 바다에 띄워 남염부제 16개의 큰 나라와 5백의 중간 크기의 나라와 1만의 작은 나라, 8만이나 되는 촌락을 두루 돌아다니지 아니한 곳이 없었지만 성공하지 못하였다. 마지막으로 신라국에 도착 하자 진흥왕이 문잉림文仍林에서 주조하여 불상을 완성하니 상호가 다 갖추어졌다. 이로써 아육왕의 근심이 없어지게[無憂] 되었다." 신라에서 장육존상이 주조됨으로써 저 8백여 년 전 인도의 아쇼카왕 이름처럼 진흥왕이 '근심이 사라졌다'는 것이다. 이것은 진흥왕의 이미지가 그의 역할모델이었던 아쇼카왕의 이미지와 겹쳐진 것이라 할 수 있다. 진흥왕은 왕자 이름도 아쇼카왕을 따라 사륜舍輪(金輪), 동륜銅輪으로 지었다.


## 3. 자장과 황룡사 구층탑

신라의 국찰이었던 황룡사 관련 조목에는 진흥왕뿐만 아니라 진평왕과 선덕여왕도 등장하고 있다. 황룡사가 국가의 대찰이었던만큼 이 절과 관련된 왕들과 고승들도 적지 않았다. 특히 자장은 황룡사와 가장 깊은 인연을 가진 고승이었다. 1) 자장은 선덕여왕 때에 당나라로 유학하여 오대산에 가서 문수보살을 감응하여 비결을 받았다. 문수보살이 부촉하여 말하기를 "너희 나라의 황룡사는 바로 석가와 가섭불이 강연하시던 곳으로 연좌석이 아직도 거기에 있다. 이 때문에 인도의 아육왕이 황철을 조금 모아 바다에 띄워서 1천 3백여 년이 지난 뒤에 그것이 너희 나라에 닿아 불상이 이루어지고 그 절에 모시게 되었으니 대개 부처님의 위엄과 인연으로 그렇게 된 것이다" 했다. 불상이 완성된 뒤에 동축사의 삼존불상도 이 절로 옮겨 모셨다.

문수보살은 또 말하였다. 2) "너희 나라 왕은 바로 인도의 크샤트리아 종족의 왕족으로서 이미 부처님의 수기를 받았기 때문에 특별한 인연이 있으므로 동쪽의 오랑캐나 공공共工(야만족)과는 다르다. 그러나 산천이 험하기 때문에 사람들의 성격이 거칠고 사나우며 많은 사람들

축소 복원시킨 황룡사 모형(경주 동악미술관 제작)

이 미신을 믿어서 이따금 천신이 화를 내린다. 하지만 다문비구가 나라 안에 있기 때문에 임금과 신하들이 매우 편안하고 모든 백성들도 평화롭다'라고 하였다. 말을 마치자 문수보살이 보이지 않자 자장은 이것이 바로 보살의 화신임을 알고 감격의 눈물을 흘리며 물러나왔다. 또 3) 중국 태화지太和池 옆을 지나는데 홀연히 신인神人이 나와 묻기를 "어찌하여 이곳에 왔소?"라고 하였다. 자장이 대답하기를 "깨달음을 구하려고 왔습니다"라고 하자 신인이 그에게 절하며 다시 묻기를 "그대의 나라에 무슨 어려운 일이 있소?"라고 하였다. 자장이 말하기를 "저의 나라는 북쪽으로는 말갈에 닿아 있으며 남쪽으로는 왜나라 사람들과 접해 있고 고구려와 백제 두 나라가 번갈아 국경을 침범하여 이웃나라 적들이 함부로 날뛰니 이것이 백성들의 걱정입니다"라고 하였다. 신인

이 말하기를 "그대의 나라는 여자를 왕으로 삼았기 때문에 덕은 있으나 위엄이 없소. 그래서 이웃 나라가 침략을 도모하는 것이니 속히 본국으로 돌아가야 할 것이오"라고 하였다.

자장이 묻기를 4) "본국으로 돌아가 무엇을 해야 이익이 되겠습니까?" 라고 하였다. 신인이 말하기를 "황룡사의 불법을 옹호하는 용이 나의 맏아들로 범천왕의 명령을 받고 가서 이 절을 보호하고 있소. 본국에 돌아가 절 안에 9층 탑을 세우면 이웃 나라들은 항복할 것이고 9한韓이 와서 조공할 것이며 왕위가 길이 편안할 것이오. 탑을 세운 뒤에는 팔관회를 열고 죄인들을 용서하여 석방하여 주면 외국의 적들이 침해할 수 없을 것이요. 또 나를 위해 서울 부근 지방의 남쪽 언덕에 절 한 채를 지어 내 복을 빌면 나 역시 그 은덕에 보답하겠소" 하고 말을 마치자 드디어 옥을 받들어 바치고 홀연히 사라져 보이지 않았다. 자장이 만난 문수보살의 이야기에서 1) 아쇼카왕과 진흥왕의 재위는 약 8백여 년의 거리가 있을 뿐인데도 1천3백여 년이라고 한 것은 시대 상으로 따지면 맞지가 않다. 1), 2)의 문수보살과 3)의 태화지에서 만난 신인이 같은 인물인지의 여부가 확인이 되지 않는다.

다만 4) 신라의 국가 대찰 황룡사 창건과정과 구층탑 조성과정에서 알 수 있는 것은 이 사찰의 창사에 위로는 불보살을 비롯하여 왕으로부터 서민에 이르기까지 신라인들이 총동원되고 있다는 사실이다. 법흥왕의 불교 공인과 진흥왕의 불교 홍법과 영토 확장 이래 신라는 르네상스를 맞이하고 있었다. 그는 이 문예부흥의 에너지를 극대화하기 위해 국가의 대찰인 황룡사의 창사를 도모하였다. 진흥왕은 이 국찰의 창사에 저 인도와 중국 및 주변의 여러 나라들까지 동원하고 있다. 그리하여 그는 황룡사 창건을 통하여 대외적으로는 신라문화의 우수성을 만

천하에 공표할 뿐만 아니라 대내적으로는 불교의 통합원리에 기초하여 토착신앙을 융합하고 있으며, 정치집단 사이의 대립들을 극복시키고 있다. 무엇보다도 황룡사 창건 과정에서 주목되는 것은 재래신앙과 불교신앙의 갈등을 해소하는 주역이 '다문비구'였다는 점과 안함과 자장과 같은 선지식들이 주역이었다는 사실이다. 자장이 만난 오대산의 문수보살과 중국 태화지의 신인 및 강원도 갈반사의 늙은 거사 등은 모두 불교와 재래신앙의 화해와 통합을 상징하는 인물들이기 때문이다. 분단시대를 사는 우리들이 안함과 자장과 같이 통효한 다문비구들을 학수고대하는 것은 무리한 일일까?

신라 최대의 절이었던 황룡사지

지름이 1미터가 넘는 황룡사지 주춧돌

# 신라인과 고려인이 사리를 가져온 까닭은?

## 1. 사리란 무엇인가

사리란 인체를 다비(화장)한 뒤 남은 뼈 혹은 뼈조각을 가리킨다. 인도에서는 전통적으로 화장火葬을 해 왔다. 인도에서 불교가 중국으로 전해지면서 많은 갈등이 생겨났다. 그중에서도 화장법은 큰 문제가 되었다. 중국인들은 『효경孝經』이래 "몸체와 머리카락과 피부는 부모로부터 받은 것이므로 감히 훼손하지 않는 것이 효의 시작"이라는 인식이 매우 강하였다. 중국인들은 전통적으로 매장을 주로 해 왔다. 그들은 죽은 이후에는 가벼운 하늘적 요소인 '혼'은 날아가고 무거운 땅적 요소인 '백'은 흩어진다魂飛魄散는 인식이 강했다. 그런데 몸과 마음의 분리心身二元를 역설하는 불교와 달리 몸과 마음은 분리될 수 없다心身一元고 보았던 유교는 갈등할 수밖에 없었다.

하지만 불교는 '불효'로 이해하는 유자들에게 효의 대상을 '자신의 부모님'을 넘어 '일체의 생명체'로까지 확장한 '대효大孝'개념을 역설하였다. 불교에서는 '부모가 나를 낳았다'는 유교적 관점과 달리 '내가 부모를 선택하였다'고 인식한다. 동시에 생명 탄생의 세 가지 조건을 1) 부부의 성교(性交)와 2) 어머니의 임신 주기 및 3) 간다바(내 전생의 業識)로 해명한다. 즉 나의 업식이 현재 사랑을 하고 있는 미래의 내 부모 후보들을 엿보고 있다가 나와 '향기' 코드가 맞는 후보를 선택한 것으로 본다. 현재와 같이 찢어지게 가난한 부모를 선택한 것은 부모가 아니라 나이다. 그리고 부유한 집안의 부모를 선택한 것도 부모가 아니라 바로 나 자신이다. 이 사실을 정확히 알게 되면 부모를 원망할 이유가 없는 것이다.

이렇게 되면 부모는 나를 낳은 주체로서가 아니라 내 자유의지에 의해 선택된 인연이 된다. 그렇다고 해서 자식이 부모에게 봉양할 도리가 없는 것은 아니다. 그들 역시 내가 현재의 삶을 누릴 수 있도록 인연이 되어준 이들이므로 효도하지 않을 수 없는 것이다. 그리고 나와 과거로부터 인연이 있었던 지옥, 아귀, 축생, 수라, 인간, 천상과 같이 윤회하는 모든 생명체들을 비롯하여 성문, 연각, 보살, 부처도 받들괴[孝] 따르는[順] 마음[心]을 지녀야 한다. 여기서 한 걸음 더 나아가 이 지구, 태양계, 은하계, 우주계의 모든 생명체들과 비생명체들에게까지 효순하는 마음을 내야 하는 것이다. 이처럼 불교는 삼라만상과 두두물물 모두를 받들고 따르는 이러한 인간관과 세계관을 역설하고 있다.

붓다는 세상을 떠나기 전 출가자들의 수행을 위하여 자신의 장례는 재가자들에게 맡겼다. 당시 여덟 나라의 국왕과 늦게 온 두 나라의 국왕들이 붓다의 열반 이후 처리를 도맡았다. 사리는 여덟 나라로 분배되었고 늦게 온 두 나라의 국왕들은 '재[恢]'가 된 붓다의 육신과 그 사리를 담을 '병(甁)'을 가져가 각기 '재탑'과 '병탑'을 모시고 붓다를 예경하였다. 뒤이어 마우리아 왕조의 아쇼카왕에 의해 이들 사리는 다시 분봉되어 8만 4천 개의 탑으로 세워졌다. 그 이후 사리는 거듭 분봉되어 전 세계로 퍼져 나갔다. 붓다의 사리에 대한 신앙이 형성되면서 점차 붓다 제자들의 사리에 대한 신앙도 생성되었다.

붓다를 따르던 불자들은 붓다의 입멸 이후 붓다의 법신사리法身舍利 즉 붓다의 가르침을 담은 경전經典을 배우고 실천하였다. 경전은 암송暗 誦과 구전口傳에 의해 인도에서 네 차례 결집되었고 19~20세기 이래 미 얀마에서 두 차례 결집되었다. 인도에서 처음 결집된 경전은 오랜 뒤에 북방에서 한역되어 『장아함경』, 『중아함경』, 『잡아함경』, 『증일아함 경』으로 편찬되었고 남방에서는 속어인 마가다어와 쁘라끄리띠어로부 터 파행된 팔리어로 번역되어 『디그하니카야(長部)』, 『맛즈히마니카야 (中部)』, 『상윳따니카야(相應部)』, 『앙굿따라니카야(增支部)』, 『코다카 니카야(小部)』 5부로 편찬되었다. 남방의 제5부에 편입된 15경은 북방 에는 3종 만이 번역되었다. 이들 법사리들은 오랫동안 불자들 사이에 서 신앙의 대상이 되었다. 하지만 대승불교가 탄생하면서 이들 법신사 리들은 육신사리와 동시에 경배되기 시작했다.

## 2. 신라대에 전해진 사리

중국과 티베트 및 몽골 등으로 전해진 붓다의 몸에서 나온 육신사리 에는 머리뼈와 치아 사리도 있었다. 이들 육신사리는 법신사리와 함께 다시 이웃나라로 전해지면서 불교는 세계 종교로서 거듭 나기 시작했 다. 붓다의 가르침이 아시아에서 널리 전해진 것은 법신 사리뿐만 아니 라 육신사리에 힘입은 바가 적지 않았다. 대승불교 이후 인도에서 붓다는 힌두교의 열 세 번째 신으로서 자리했지만 북방으로는 독립된 성자로서 널리 알려졌다. 그의 가르침은 실크로드와 차마고도 등을 타고 육신사리와 함께 더욱 더 널리 퍼졌다. 특히 서진西晉과 동진東晉 이후 남북조 시대로 분기하면서 서위西魏와 북위北魏 및 동위東魏 그리고 수당 시대에 걸쳐 돈황 막고굴을 비롯한 무수한 석굴사원과 불교사원에서 꽃을 피우면서 세계 종교로서 확고하게 자리를 잡았다.

붓다의 사리는 신라시대부터 중국의 사신들과 신라의 유학승들에 의해 전해지기 시작했다. 신라 진흥왕 때(549)에는 남조의 양나라 사신 심호沈湖가 사리 몇 알을 보내왔고, 앵당)나라로 유학갔던 신라 최초의 국비유학생 안홍安弘(安含)이 서역의 세 나라 삼장과 중국 승려 두 사람과 함께 돌아오면서 『능가경』, 『승만경』과 함께 불사리를 바쳤다. 선덕여왕 때에는 자장慈藏법사가 부처의 머리뼈와 부처의 치아와 불사리 1백 알 및 붓다가 입던 붉은 비단에 금색 점이 있는 가사 한 벌을 가져 왔다. 이들 사리는 셋으로 나누어 한 몫은 황룡사 탑에, 한 몫은 (울산의) 태화사 탑에, 한 몫은 통도사 금강계단에 봉안하였다. 또 신라의 의상은 상제上帝로부터 전해 받은 붓다의 어금니 사리를 맞아 대궐에 모셨다는 이야기가 전해 온다. 내용은 이러하다.

옛날 의상법사가 당나라에 들어가 종남산 지상사의 지엄智儼존자가 계신 곳에 이르렀다. 이때 이웃에 있는 도선율사[宣律]는 언제나 하늘의 공양[天供]을 받아먹었다. 매번 재를 올릴 때에는 하늘 주방[天廚]에서 음식이 보내졌다. 하루는 도선이 의상을 청하여 재를 드리는데 의상이 와서 자리를 잡고 앉은 지 이미 오래되었다. 하지만 하늘에서 내리는 음식은 때가 지나도 오지 않았다. 의상이 공양을 하지 못하고 돌아가자 천사가 그때야 내려왔다. 도선이 물었다. "오늘은 왜 이렇게 늦었습니까?" 천사가 대답하였다. "온 동네에 신병[神兵]들이 꽉 들어차 막고 있어서 들어올 수가 없었습니다." 이때에 도선은 의상법사가 신병의 호위를 받고 있음을 알았다. 도선은 의상의 도가 자기보다 나은 것에 탄복하고 하늘에서 가져온 음식을 그대로 두었다. 이 이야기는 뒷날 낙산사에 머물던 의상을 찾아갔으나 원효를 뒤따르는 호법신중[神兵]이 계곡을 막아 공양을 가져오지 못하자 원효가 공양을 하지 못하고 돌아갔다는 이야기로 각색되어 있다.

이튿날 도선은 지엄과 의상 두 법사를 청하여 재를 올리며 그 전말을 자세히 얘기하였다. 의상이 조용히 도선에게 말하였다. "율사께서는 이미 천제의 존경을 받고 계십니다. 일찍이 들으니 제석궁에는 부처님의 치아 40개 중 어금니 하나[一牙]가 있다고 합니다. 우리들을 위하여 천제께 이것을 인간에게 내려주기를 청하여 복되게 함이 어떻겠습니까?" 도선이 뒤에 천사와 함께 이 뜻을 상제께 전하자 상제는 7일 기한으로 이것을 보내 주었다. 의상이 경의를 표한 뒤에 이를 맞아서 대궐에 모셨다. 신라의 의상이 모신 대궐은 신라의 대궐이 아니라 당나라 대궐임이 분명하다. 하지만 신라 승려의 청에 의해 상제가 내려 주었다면 이것은 신라 의상이 붓다의 어금니 사리에 감응을 받았음을 암시해 주는 것이라고 할 수 있다.


## 3. 고려대에 전해진 사리

송나라 휘종徽宗 때에 이르러 도교를 숭상하여 받들자 당시 나라 사람들이 예언하여 말하였다. "금인金人이 나라를 망칠 것이다." 도교의 무리들이 일관日官을 충동하자 일관이 임금에게 말씀드렸다. "금인이란 불교를 말하는 것이니 장차 나라에 이롭지 못할 것입니다." 나라에서 의논하여 앞으로 불교를 없애고 승려들은 모두 땅에 묻어 죽이고 경전을 불사르기로 했다. 그리고 작은 배를 따로 만들어 붓다의 어금니를 실어 큰 바다에 띄워 인연이 닿는 데로 흘러가게 했다. 그때 마침 송나라에 갔던 고려 사신이 이 사실을 듣고 눈과 같이 흰 모직물[天花茸] 50령과 3백 필을 배의 책임자인 관리에게 뇌물을 주고 몰래 부처의 어금니를 받고는 빈 배만 띄워 보냈다.

사신들이 이미 붓다의 어금니를 얻어 가지고 와서 왕에게 말씀드렸다. 이에 고려 예종이 크게 기뻐하며 십원전十員殿 왼쪽에 있는 작은 전각에 모셔 두게 하고 늘 전각의 문을 잠그고 밖에는 향을 피우고 등불을 밝혔다. 왕이 몸소 거둥하는 날에만 전각문을 열어 공손히 예를 올렸다. 하지만 몽골군이 고려에 쳐들어와 국토를 초토화시키자 고종은 임진년(1232)년에 수도를 강화로 옮겼다. 경황 중에 내관들은 사리를 거두지 못하였다. 병신(1236) 4월에 임금을 위하여 세운 절인 신효사神孝寺의 승려 온광溫光이 붓다의 어금니에 치성을 올릴 것을 청하였다. 이 사실을 왕에게 말씀드렸다. 왕이 대궐 안의 신하에게 명하여 궁중에 두루 찾아보도록 했으나 찾지 못하였다. 여러 신하들조차 오랫동안 찾지 못하자 내신內臣 김승로金承老가 왕에게 말씀드렸다. "임진년에 수도를 옮길 때의 궁중일기인 『자문일기紫門日記』를 조사해 보소서." 왕이 그 말대로 따르게 했다.

일기에는 '궁중에 들어와 시종하던 대부경大府卿 이백전李白全이 부처님 치아를 넣은 함을 받았다'고 쓰여 있었다. 이백전을 불러 힐문하자 대답하였다. "집으로 돌아가 다시 제가 기록한 것을 찾아보게 하소서"

그러고는 집에 가서 좌번左番 알자謁者 김서룡金瑞龍이 부처님 치아가 든 함을 확실히 받았다는 기록을 찾아가지고 와서 보였다. 김서룡을 불러 물어보았지만 대답을 하지 못했다. 임진년부터 병신년까지 5년간 대궐 내의 불당과 결영전에 근무한 자를 잡아 가두고 심문했으나 서로 말이 달라 결말을 내지 못했다. 3일 뒤에 서룡의 집 담장 안으로 물건을 던지는 소리가 났다. 대대적으로 조사해 보자 곧 붓다의 치아가 든 함이었다. 함의 바깥 겹은 흰 은으로 되었고, 그 다음의 바깥 겹은 유리함으로 되었고, 그 다음 바깥 겹은 나전함으로 되었으며 각 함의 폭은 서로 꼭 맞게 되어 있었다. 지금은 단지 유리함뿐이었다. 사리를 되찾은 것을 기뻐하여 대궐로 들어가 보고 하였다. 담당 관원들이 의논하여 김서룡과 두 전각에 근무한 자들을 모두 죽이려 하였다. 당시 실권자였던 진양부晉陽府 최우崔瑀가 고종에게 말씀드렸다. "불교에 관한 일로 여러 사람을 상하게 하는 것은 옳지 않습니다." 해서 모두 죽음을 면하였다.

고려조에 지방장관이었던 두 명의 안렴사가 잇달아 와서 통도사 금강계단의 돌 뚜껑을 열어 경배하였는데 처음에는 긴 구렁이가 돌함 속에 있는 것을 보았고, 그 뒤에는 큰 두꺼비가 돌 위에 웅크리고 앉아 있는 것을 보았다고 하였다. 그 뒤 고종의 명을 받고 상장군인 김이생金利生과 시랑侍郎인 유석庾碩이 통도사 금강계단의 돌 뚜껑을 들고 예를 올리며 살폈더니 그 속에는 돌로 된 작은 함 속에 유리통이 있고 통 속에는 단지 네 개의 사리舍利가 있었을 뿐이라고 하였다. 이처럼 붓다의 육신사리와 법신사리는 신라대와 고려대에 중국 사신이 보내오거나 우리나라 승려들이 가서 받아왔다. 『삼국유사』 「탑상」편의 가장 긴 조목에 해당하는 '전후소장사리前後所將舍利'에는 신라와 고려대에 전해진 사리 관련 기사를 집성하고 있다. 여기에는 사리에 대한 태도와 사리의 증감에 대한 깊은 반응을 적고 있어 당시 사리에 대한 당시 국민들의 신앙을 엿볼 수 있다. 일연一然은 「의상전」과 「부석본비」에 의거하여 의상의 생년과 출가년 및 원효와 의상의 두 차례 유학 과정을 적고 있다. 그리고 그의 제자인 무극은 이 조목에도 개입하여 자신의 기록[無極記]을 남기고 있다.

# 청년 미륵 즉 미륵반의사유상의 모델은?

## 1. 젊은 싯다르타

'나는 어디에서 와서 어디로 가는가?', '부모에게서 태어나기 전 나의 참다운 면목은 무엇인가?', '저 벌레는 왜 새에게 먹혀야만 하는가?', '태어나지 않고 죽지 않는 영원한 대자유인의 길'은 어떻게 가능할 수 있을까? 젊은 시절의 싯다르타는 이러한 질문들을 가슴에 품고 있었다. 의자에 앉아[半倚] 한쪽 손가락을 턱에 괴고 사유思惟하는 젊은 미륵의 모습은 젊은 싯다르타의 모습과 겹쳐진다. 그의 모습 속에서 서울 남산 자락에 앉아 자신의 미래를 고뇌하는 젊은 대학생들의 모습과도 겹쳐진다. '아프니까 청춘이다' 또는 '천 번을 흔들려야 어른이 된다'는 메시지가 장안의 지가를 높이는 지금 젊은 싯다르타의 모습이 청년 미륵과 겹쳐지는 까닭은 어디에 있을까? 나는 지금 일본 용곡대학에 교환강의를 와서 나라奈良 시대 이래의 옛 수도인 교토京都의 광륭사 법당에 앉아 있는 미륵반의사유상과 한국의 수도 서울 용산 국립박물관에 앉아 있는 국보 83호와 78호 미륵반의사유상을 나란히 떠올려 보고 있다.

『삼국유사』「탑상」편 '미륵선화 미시랑 진자사(彌勒善花 未尸郎 眞慈師)' 조목에는 미륵대성이 화랑花郎으로 화현化現한 내용을 담고 있다. 진지왕眞智王 대에 흥륜사의 승려 진자眞慈(貞慈)는 늘 법당의 중심인 미륵상 앞에 나아가 발원하여 맹세하였다. "바라건대 우리 대성大聖께서 화랑으로 화작化作하여 세상에 나타나시어 제가 항상 대성의 얼굴을 가까이 뵙고 받들어 시중들게 해 주옵소서." 그 정성이 간절하고 지극하여 기도하는 마음이 날로 두터워졌다. 여기서 주목되는 것은 경전 속의 미륵에 대한 신앙이 아니라 미륵대성이 화랑으로서 이 세상에 출현하도록 지극히 기도하고 있는 대목이다. 즉 미륵을 도솔천에 상주 설법하는 보살로 머물러 있게 하지 않고 신라 사회로 청해 내려서 국선화랑으로 현실화하여 신라 사회에 참여하게 하는 지점이다. 그리하여 진자를 비롯한 신라인들은 미륵의 화현을 신라 사회 속에서 실현시키고 있다.

어느 날 밤 진자의 꿈에 한 승려가 나타나 말하였다. "네가 웅천(공주) 수원사水源寺로 가면 미륵선화彌勒仙花를 볼 수 있을 것이다." 그가 꿈에서 깨어 놀라고 기뻐서 그 절을 찾아갔다. 열흘 걸리는 길을 걸어가는데 한 걸음[一步]마다 한 번씩 절하면서[一禮] 그 절에 도착했다. 절 문 밖에서 복스럽고 섬세하게 생긴 한 소년이 있었다. 어여쁜 눈매[盼]와 예쁜 눈맵시[倩]로 그를 맞이해서 작은 문으로 모시고 들어가 객실로 안내하였다. 진자가 올라가면서 읍하며 말하였다. "그대는 평소에 조금도 알지 못하는 터에 어찌하여 이렇게 은근하게 대접하는가?" 그 소년이 말하였다. "저 역시 서울 사람입니다. 덕이 높은 스님께서 먼 길을 걸어 이곳까지 오시는 것을 보고 위로했을 뿐입니다." 이윽고 소년은 문 밖으로 나가더니 어디로 갔는지 알 수 없었다.

국보 83호 삼산관미륵반의사유상

진자는 그저 우연한 일이라고 여겼을 뿐 이를 이상하게 여기지 않았다. 다만 절의 승려들에게 지난밤의 꿈과 여기까지 온 뜻만을 이야기하였을 뿐이다. 또 말하였다. "잠시 이 절에 머무르면서 미륵선화를 기다리고자 하는데 어떻습니까?" 절의 승려들은 그가 말하는 정황이 허황하다고 생각했지만 활달하고 은근한 그의 정성을 보고 말하였다. "여기서 남쪽 부근으로 가면 멀지 않은 곳에 천산이 있는데, 옛날부터 현인과 철인들이 머물러 살았으므로 은미한 감응이 많다고 합니다. 그곳에 가보는 것이 어떻겠습니까?" 진자는 그의 말을 좇아 천산 아래에 도착하였다. 산신령이 노인으로 변하여 나와서 맞이하며 말하였다. "여기에 무엇하러 왔느냐?" 진자가 대답하였다. "미륵선화를 보고자 합니다." 노인이 말하였다. "얼마 전에 수원사의 문 밖에서 이미 미륵선화를 보았는데 다시 누구를 더 찾고자 왔는가?" 진자가 이 말을 듣고 깜짝 놀라서 급히 달려 즉시 원래의 절로 돌아왔다.

## 2. 미륵선화와 선화공주

한 달쯤 있자 진지왕이 이를 듣고 조서를 내려 진자를 불러 그 사유를 묻고 말하였다. "소년이 스스로 서울 사람이라고 했는데 성인은 빈말을 하지 않는다. 왜 성안을 찾아보지 않는가?" 진자가 왕의 뜻을 받들어 많은 사람들을 모아 동리와 거리를 두루 다니면서 그를 찾았다. 단정하게 화장을 하고[斷紅] 눈썹이 수려한 한 소년이 영묘사의 동북쪽 길 옆 나무 아래에서 이리저리 돌아다니면서[婆娑] 놀고 있었다. 진자가 그를 보자 깜짝 놀라며 말하였다. "이 분이 미륵선화이시다." 곧 나아가 물었다. "낭의 집은 어디입니까? 아름다운 성씨도 듣고 싶습니다."
낭이 대답하였다. "저의 이름은 미시입니다. 어릴 적에 부모를 모두 잃
어 성이 무엇인지 모릅니다." 이에 가마[肩輿]로 모시고 대궐에 들어가
왕을 뵈었다. 왕이 그를 존경하고 사랑하여 국선國仙으로 봉하였다. 그
가 여러 자제들과 화목하고 예의와 풍속을 교화시키는 것이 보통 사람
과 달랐다. 그의 풍류가 세상에 빛난지 거의 7년이 되자 홀연히 간 곳
이 없어졌다.

진자가 미륵선화를 애타게 그리워함이 매우 심했다. 그런데 그는 미
륵선화의 자비로운 혜택을 흠뻑 입었고[飮沐] 맑은 교화를 받아서 스스
로 뉘우치고 정성을 다하여 도를 닦았으나 만년에는 그 또한 끝마친
데를 몰랐다. 때문에 논설자들은 이렇게 말한다. "'미未' 자는 '미彌' 자
와 음이 같고, '시尸' 자는 '역力' 자와 모양이 비슷하므로 그 근사한 것
을 따서 서로 바꾼 것이다." 미륵대성이 유독 진자의 정성에만 감응한
것이 아니라 이 국토와 인연이 있었기 때문에 이따금씩 나타나는 것이
다. 지금도 나라사람들이 신선을 일컬어 미륵선화라 말하며 남에게 중
매하는 사람을 미시未尸라고 하는 것은 모두 진자가 남긴 풍습이다. '선
화仙花'는 '선화善花'와도 통하며 '예쁜 꽃'을 의미한다. 진평왕의 셋째딸
'선화'공주 역시 '예쁜 꽃'이었다. 결국 신라와 백제의 '미륵 세상 만들기
프로젝트'에 동참한 청춘 남녀들은 모두 '원화'와 같은 아름다운 미소녀
이자 '화랑'과 같은 미소년이었음이 분명하다.

그런데 신라의 흥륜사 승려 진자가 백제의 중심부인 공주 수원사까
지 찾아가 미륵선화를 모셔간 이 사건은 승려로 변장한 서동이 권모를
써서 공주를 배필로 맞아 온 이야기 구조와 겹치고 있다. 때문에 이 두
사건을 하나의 계기 선상에 놓고 신라와 백제 사이에 벌어진 '미륵 쟁

탈전'으로 보는 연구 시각도 있다. 즉 앞서 진자가 모셔 간 미륵선화를 서동이 되모셔 온 것과 같은 의미로 보고, 이를 그가 민심을 얻어 백제의 왕으로 오르게 되는 계기로 보고 있다. 진자가 찾아낸 미시랑은 하생한 미륵이었다. 그는 신라에서 국선으로 7년을 지내다가 어느 날 갑자기 종적 없이 사라졌다. 이즈음 신라에서 건너온 선화공주 앞에 미륵 삼존이 출현하였다. 무왕과 선화는 미륵 삼존이 머물 가람을 창건하여 이 땅 위에 미륵의 세상을 활짝 열 희망을 품었다. 이처럼 『미륵하생경』에 입각한 미륵하생 신앙은 '예쁜 꽃'인 선화공주와 미륵선화와 겹쳐 읽게 하고 있다.

삼산관을 쓴 국보 83호의 금동미륵반의사유상은 일본 국보 1호인 광륭사 목조미륵반의사유상과 이미지가 겹친다. 그런데 두 사유상을 잘 들여다보면 이들은 모두 실제의 인물상이기보다는 이상의 인물상처럼 보인다. 날렵한 손가락과 가냘픈 허리, 아름다운 눈썹과 고운 입술은 여성의 이미지와 중첩된다. 프랑스 조각가 로댕의 '생각하는 사람'의 이미지와 다른 젊은 수행자 또는 보살의 모델은 과연 누구일까? 청년 싯다르타 혹은 청년 미륵의 이미지는 꽃처럼 아름다운 미륵선화 즉 선화공주와 겹치고 있다. 당시 신라의 진지왕과 백제의 무왕은 어떤 생각을 하고 있었을까? 비록 왕위에서 폐위가 되었지만 도화녀桃花女와 인연을 맺고 비형랑鼻荊郞을 낳은 진지왕은 진자를 통해 어떤 미륵선화를 탄생시키려 했을까? 그리고 백제의 무왕은 진흥왕 이래 시작된 진종설眞種說을 본격화시키고 신라 삼보三寶를 창안한 진평왕眞平王을 '벤치마킹'하였던 것은 아닐까? 무왕은 선화와 결혼한 뒤 전륜성왕을 꿈꾸었다. 그리하여 그는 미륵을 통해 이 땅을 희망의 세상인 즉 미륵의 세상으로 만들려 하였다.

## 3. 현실정토를 꿈꾸었던 신라인들

당시 삼국은 끝이 없는 전쟁을 치르고 있었다. 가야를 합병한 신라는 고구려와 연합하여 백제를 압박했고, 또 백제는 신라와 연합하여 고구려를 압박하기도 하였다. 신라의 진흥왕 – 진지왕 – 진평왕 – 선덕여왕은 백제의 성왕 – 위덕 – 혜왕 – 법왕 – 무왕과 때로는 연합을 하고 때로는 전쟁을 하면서 제로섬 게임을 하고 있었다. 이 시기 전쟁의 횟수는 국지전을 포함하여 년 50여 회에서 150여 회에 이를 정도였다. 이들 전쟁으로 인해 무수한 젊은이들이 죽어 갔다. 상대국들에 대한 적개심 또한 적지 않았다. 이러한 소용돌이 속에서도 불교는 삼국인들 사이에서 신행되면서 정치와 문화 및 종교와 예술 등 여러 방면에서 강력한 영향을 미쳤다. 특히 백제와 신라는 『미륵하생경』에 입각한 미륵하생 신앙에 의지하여 왕권을 공고히 하려고 했다. 때문에 통치자들의 전륜성왕의 이미지 확보는 필수적인 전략이었다.

삼국의 백성들이 체감하는 전쟁의 고통은 극심하였다. 이들은 불심에 의지하여 이 고통을 이겨내려 하였다. 백성들은 타방정토를 염원하면서도 차방정토 즉 유심정토를 꿈꾸었다. 이들은 한편으로는 아미타불을 지송하면서 현실정토를 염원하였고, 한편으로는 미륵불을 지송하고 용화정토를 염원하였다. '남백월산 이성 노힐부득 달달박박' 조목에서 엿볼 수 있는 것처럼 이들은 미타정토와 미륵정토를 동시에 꿈꾸었다. 부득은 관음보살의 안내로 미륵불로 화현하여 미륵정토를 구현하려 했고, 박박은 미타불로 화현하여 미타정토를 실현하려 하였다. 반면 '효소왕 대 죽지랑' 조에서는 술종공述宗公이 죽지령竹旨嶺에서 길을 닦던 거사가 꿈에 나타난 뒤 죽자, "필경 거사는 내 집에 태어날 것이다"

하고는 시체를 묻어 주고 그 무덤 앞에 돌미륵을 만들어 세웠다. 이 상은 다시 태어날 새로운 생명을 위하여 세운 미륵상이었다.

또 '생의사 석미륵' 조목과 '낙산 이대성 관음 정취 조신' 조목에는 꿈을 꾸고 돌미륵을 발굴하는 이야기가 실려 있다. 이러한 기록들에는 이상의 꿈을 꿈속에 내버려 두지 않고 현실로 끌어내 오려는 신라인들의 사유방식의 투영되어 있다. 월명의 '도솔가兜率歌'에서는 보다 적극적이고 영웅적靈應的 신앙이 나타나고 있다. 경덕왕 때 하늘에 두 해가 나타나 열흘 동안 함께하였다. 왕은 월명사月明師를 청하여 '도솔가'를 지어 산화공덕散花功德을 짓는 의식을 거행하였다. '도솔가'의 내용은 꽃을 뿌리며 꽃으로 하여금 도솔천에 계시는 미륵대성을 맞아서 모시라는 의미이다. 결국 왕은 월명에게 차와 수정염주를 주자 동자로 현신한 미륵이 나타나서 가져갔다. 여기에서 우리는 미륵이 동자로 나타난 것은 천상天上의 보살을 지상인 신라의 현실로 끌어내린 것과 국가 행사의 신앙 대상이 미륵이었다는 지점에서 미륵의 위상을 짐작해 볼 수 있다.

한편 '진표전간'의 미륵이 진표眞表에게 "너는 이것으로 세상에 불법을 전하여 사람들을 구제하는 방편으로 삼아라" 하는 대목에서 신라 미륵사상의 현세이익적인 면을 엿볼 수 있다. 또 경주 남산 용장사茸長寺의 장육미륵존상이 주위를 도는 태현太賢 대덕을 행해 얼굴을 따라 돌렸다는 것은 현세이익적 미륵신앙이 신라에 성행하여 늘 생활의 주변을 떠나지 않았음을 암시해 주고 있다. 그리고 신라의 미륵불이 낭자로 현신한 관음보살의 도움으로 이 땅에 현신하여 성도하였다는 남백월산南白月山의 노힐부득努肹夫得의 이야기 또한 현실정토 내지 현세이익적인 미륵신앙이 성했다는 사실을 뒷받침해 주고 있다. 나아가 노힐부득이 현신성도現身成道하였다는 것은 신라 미륵신앙의 필연적인 귀결이자 현실적인 신라불국토를 실현하고자 한 신라인들의 표현이며 현실정토 사상의 한 결과라고 할 수 있다. 이러한 모습들은 '원화'와 '화랑'으로 이어지는 '예쁜 꽃' 미륵선화에 대한 백제와 신라인들의 꿈과 이상이 지속되었음을 보여주는 것이라고 할 수 있다.

# 한 국토에 두 부처가 공존할 수 있을까?

## 1. 한 국토 한 부처

불교 경전에는 하나의 국토에는 한 분의 붓다가 설주說主가 되어 있다. 하늘에 하나의 해가 떠 있는 것처럼, 나라에 하나의 통치자가 있는 것처럼, 한 국토에는 한 붓다만이 주재主宰의 능력을 지니고 있었다. 역사적 붓다이자 천백억 화신인 석가모니불과 비역사적 붓다이자 청정법신인 비로자나불 그리고 역사적 붓다와 비역사적 붓다를 아우르는 원만보신인 아미타불 또는 노사나불 등처럼 말이다. 여러 경전에서는 한 국토에는 한 붓다만이 주재하고 교화하고 있다.

한편 밀교에서는 오방五方에다 오불五佛과 오지五智를 배대配對하고 있다. 금강계金剛界의 오불은 오지를 지니고 있어 중앙에 거주하는 대일여래는 법계체성지, 동방 유리광 정토에 거주하는 아촉불은 대원경지, 남방 보생불은 평등성지, 서방 아미타불은 묘관찰지, 북방 불공여래는 성소작지로 배대하였다. 반면 태장계의 오불은 중앙의 대일여래, 동방의 보당불, 남방의 개부화왕불, 서방의 무량수불, 북방의 천고뢰음

불을 배당하였다. 이러한 배대는 입체성과 구상성이 강조된 밀교에서 특히 발견되지만 현교의 여러 경전에도 적지 않게 나타나고 있다. 이를 테면 붓다를 설주說主로 하는 경전과 달리 한국인의 경전인 『삼국유사』 「탑상」편 '노힐부득 달달박박' 조목에는 '살아 있는 생명체들은 모두 불성을 지니고 있다'는 경설에 입각하여 한 국토에 두 부처가 존재하는 진경을 보여주고 있어 주목된다. 그리고 현신現身 그대로 성도成道한 두 부처를 미륵불과 미타불이라 한 것 역시 경전의 참뜻을 신라의 신앙으로 활용한 것으로 이해할 수 있다.

경상남도 진주(강주)가 배경이 되어 있는 『백월산양성성도기白月山兩聖成道記』는 이 지역에서만 보이는 독특한 기록이다. 그 내용은 이러하다. "옛날 당나라 황제가 일찍이 못을 하나 팠다. 매월 보름 전에 달빛이 밝으면 못 가운데 어떤 산 그림자가 하나 나타나며 사자 같은 바위가 꽃 사이로 어렴풋하게 보였다. 황제가 화공에게 명하여 그 모습을 그리게 하고, 사신을 시켜 천하에 이와같은 산을 찾으라 하였다. 사신이 우리나라에 와서 이 백월산白月山을 보니 큰 사자바위가 있고, 그 바위에서 두 보쯤 되는 곳에 삼산三山이 있었다. 그 이름은 화산花山이며 그림을 꼭 빼닮았다. 하지만 바위가 진짜 그 바위인지를 알 수 없어 신발 한 짝을 사자바위 정상에 매달아 놓고 돌아가서 아뢰었더니 신발 그림자도 못 속에 나타났다. 황제가 기이하게 여겨 그 산 이름을 '백월산'이라고 지었더니, 그 뒤로는 못 가운데 산 그림자가 없어졌다."

이 산 동남쪽으로 삼천 보쯤 가면 선천촌仙川村이라는 마을이 있었다. 그 마을에는 노힐부득과 달달박박 두 사람이 살고 있었다. 부득의 아버지 이름은 월장月藏이고 어머니 이름은 미승味勝이었다. 박박의 아버지 이름은 수범修梵이고 어머니 이름은 범마梵摩였다. 두 사람의 풍채와 골격이 범상치 않고 세속을 벗어난 기상이 있어 둘은 서로 의좋은 벗이 되었다. 그들은 약관의 나이에 그 마을의 동북쪽 재 너머에 있는 법적방法積房에 의지하여 머리를 깎고 승려가 되었다. 얼마 뒤 서남쪽 치산촌雉山村 법종곡法宗谷 승도촌僧道村에 옛 절이 있어 수행할 만하다는 말을 듣고 함께 가서 대불전大佛田, 소불전小佛田이란 두 마을에서 각각 살았다. 노힐부득은 회진암懷眞庵 일명 양사壤寺에 머물렀고, 달달박박은 유리광사琉璃光寺에 머물렀다. 이들은 모두 처자를 데리고 살면서 생계를 꾸릴 일로 서로 왕래하였다. 그러면서도 정신을 수양하고 속세를 떠날 생각을 잠시도 잊지 않고 세상의 덧없음을 보고 서로 말하였다.

## 2. 이타의 보살행과 자리의 소승독수

"기름진 밭과 풍년이 든 해에는 참으로 좋지만, 옷과 음식이 마음대로 생겨 저절로 배부르고 따뜻한 것만 못하고, 아내와 집이 정들어 좋기는 하지만, 연지화장蓮池華藏세계에서 많은 성인들과 함께 놀며 앵무, 공작과 즐거워하는 것만 못하다. 하물며 불교를 배우면 부처가 되어야 하고, 참된 마음을 닦으면 진리를 얻어야 한다. 지금 우리가 이미 머리를 깎고 승려가 되었으니 마땅히 이 굴레를 벗어버리고 위 없는[無上]의 도를 이루어야 할 것인데 어찌 세속[風塵]에 골몰하여 속물[俗輩]과 다름없이 지내려 하는가?" 드디어 인간 세상을 하직하고 깊은 산 속에 숨으려 하였다. 어느 날 밤 꿈에 백호의 빛[白毫光]이 서쪽에서 비쳐 오는데, 그 빛 속에서 금빛 팔이 내려와 두 사람의 이마를 쓰다듬었다.

꿈을 깨니 두 사람의 꿈이 어김없이 꼭 같았다. 둘은 오래도록 감탄하다가 마침내 백월산 무등곡無等谷에 들어갔다. 박박스님은 북쪽 사자바위 터를 잡고 8자 크기로 판자집을 짓고서 판방板房이라 하였고, 부득스님은 동쪽 바위 및 물가에 방장을 짓고 살았기 때문에 뇌방磊房이라고 하였다. 각각 암자에 살면서 부득은 부지런히 미륵불을 구하고, 박박은 아미타불을 염송하였다. 3년이 못되는 경룡景龍 3년 기유년(709) 4월 8일, 성덕왕 8년이었다. 해질 무렵에 20세쯤 되어 보이고 용모가 매우 아름다우며 난초와 사향 냄새를 풍기는 한 낭자가 북쪽 암자에 이르러 유숙하기를 청하며 노래를 불렀다. "길 가는 나그네 해 지니 천산이 저물고/ 길은 끊어지고 마을은 멀어 사방이 적막하네/ 오늘 밤 이 암자에 머물고자 하오니/ 자비하신 스님은 성가시다 하지 마오."

박박은 말하였다. "절이란 청정을 지키는 것을 근본으로 삼으니 당신이 가까이 할 곳이 못됩니다. 이곳에 머물지 말고 빨리 가시오." 박박은 문을 닫고 들어갔다. 낭자가 다시 남암으로 가서 또 여전히 청하자 부득이 말하였다. "그대는 이 밤에 어디서 오시었소?" 낭자가 대답하였다. "저의 고요함이 태허와 한 몸이 되어 있는데 어찌 오고 감이 있으리까? 다만 어지신 어른께서 뜻이 심중하시고 덕행이 견고하다는 말을 듣고 장차 보리菩提를 성취하시는 데 도움을 드릴까 합니다" 하고는 게송 하나를 주었다. "해는 지고 첩첩한 산길에/ 가도 가도 인가가 보이지 않네/ 소나무와 대나무의 그늘만 더더욱 깊고/ 시냇물 소리 오히려 새로워라/ 잘 곳을 청함은 길을 잃은 때문이 아니라/ 높으신 스님을 인도하려 함이네/ 바라건대 내 청만 들어 주시고/ 길손이 누구인지 묻지는 마오."

부득은 듣고 놀라면서 말하였다. "이곳은 부녀자와 함께 있을 곳이 아니지만, 중생의 뜻에 따르는 것도 보살행菩薩行의 하나인데 하물며 깊은 산 어두운 밤에 소홀히 할 수 있겠소?" 그리고는 암자로 낭자를 맞아들였다. 밤이 되자 부득은 더욱 마음을 맑게 하며 몸가짐을 가다듬어 희미한 등을 벽에 걸어 놓고 염송에만 전념하였다. 밤이 끝나갈 무렵 낭자가 불러 말하였다. "내가 불행하게도 방금 해산할 기미가 있으니, 스님께서는 거적(짚자리)이나 마련해 주세요." 부득은 가엾게 여겨 거역하지 않고 촛불을 은은히 밝혀 도와 주었다. 낭자가 해산을 하고는 또 목욕하기를 청하니 노힐부득은 부끄럽고 두려운 마음이 들었다. 하지만 가엾은 생각이 더하여 목욕통을 준비하여 낭자를 통 안에 앉히고 더운 물로 목욕을 시켰다. 목욕통 속의 물에서 향기가 나며 물이 금빛으로 변하였다.


## 3. 미륵과 미타의 공존

부득이 크게 놀라자 낭자가 말하였다. "스님도 이 물에 목욕하십시오." 마지 못해 부득은 억지로 그 말에 따르니 정신이 상쾌해지며 피부가 모두 금빛이 되고 그 옆에는 홀연히 연화대가 하나 생겼다. 낭자가 "거기에 앉으라" 하면서 말을 이었다. "나는 관세음보살인데 대사를 도와 대보리大菩提를 이루게 하려고 이곳에 왔노라." 그런 뒤에 낭자는 간데 온데 없이 사라졌다. 한편 박박은 '노힐부득이 오는 밤에 파계했으리라' 생각하고 비웃어 주리라 하였다. 그리고는 부득의 처소로 와서 보자 노힐부득이 연화대좌 위에 앉아 미륵불이 되어 환한 빛을 뿜으며 몸은 금빛으로 채색되어 있었다. 박박은 자기도 모르게 머리를 조아리고 예를 드리면서 말하였다. "어떻게 하여 이렇게 되었습니까?" 노힐이 그 사연을 자세히 말해 주었다. "나는 마음이 막혀서 요행이 성인을 만나고도 오히려 예우하지 못했는데 대덕은 지극히 현명하시어 나보다 먼저 성불하였으니 바라건대 옛날 연분을 잊지 말고 도와 주소서."

노힐부득이 말하였다. "통에 아직 물이 남아 있으니 목욕할 수 있을 것이오." 달달박박이 목욕을 하니 부득처럼 무량수존상을 이루어 두 존상이 엄연하게 마주 대하게 되었다. 산 아래 사람들이 그 말을 듣고 다투어 와서 우러러보며 감탄하였다. "참으로 드물고 드문 일이다." 두 성인이 그들을 위하여 설법하고 나서 전신은 구름을 타고 가 버렸다. 천보 14년 을미년(755)에 신라 경덕왕이 즉위하여 이 소문을 듣고 정유년(767)에 사신을 보내 큰 절을 세우게 하고 백월산남사白月山南寺라고 편액을 내렸다. 광덕 2년 갑진년(764) 7월 15일에야 절이 낙성되자 다시 미륵존상을 조성하여 금당에 봉안하고 현판을 현신성도미륵지전現身成道彌勒之殿이라 하고, 또 아미타 불상을 강당에 봉안하였으나 목욕통에 남았던 물이 부족하여 골고루 바르지 못했다. 이 때문에 아미타불상 역시 얼룩진 자국이 있었다. 그리고 현신성도무량수전現身成道無量壽殿이라고 하였다.

신라인들은 신라를 불국토로 만들기 위해 미륵선화를 이 땅에 내려오게 하였다. 그리고 국민들 역시 그렇게 믿고 살았다. 이 「백월산양성성도기」는 신라인들의 현실정토관과 현신성불관이 깊이 투영되어 있다. 여기에서 '달'이 '불법'이라면 '사자'는 '부처'를 상징하고 있다. 중국에 불법이 융성하여 달처럼 밝으면 부처의 상징인 사자가 그 못에 비치듯이 본질인 부처는 신라에 있고 그 그림자인 달빛은 중국에 있음을 암시함으로써 불국토인 신라가 중국에 견주어 우월하며 자주성이 더

강함을 암시하고 있다. 여기서 '신[履]'은 '부처의 발자국'을 상징하고 있다. 원시불교 이래 '불적佛跡'은 숭배의 대상이었다. 신발만을 남기고 떠나갔다는 달마대사의 설화도 여기에 연유하고 있다. 두 사람의 부모 이름이 불경의 미타와 미륵의 부모 이름과 같은 것은 이들이 태어날 때부터 이미 미타불과 미륵불로 성도할 수 있는 부모에게 태어났다는 것을 의미한다. 또 부처를 이루게 한 근원이 되었던 '불전佛田'은 성불成佛의 선후 개념으로 부득이 살던 대불전과 박박이 살던 소불전으로 부른 것이다. 그리고 아이를 낳았다는 것은 '새로운 불성을 지닌 아이'의 탄생을 뜻한다. 이것은 붓다의 자비의 화신인 관음이 '미륵'의 불성과 '미타'의 불성을 낳았음을 암시한다.

여기서 '금색의 팔'은 '붓다의 팔'을 상징하며, '이마를 쓰다듬은 것'은 부처가 되기를 약속하는 이마에 수기를 주는 의식[摩頂授記]을 뜻한다. 그리고 그들이 살았던 '무등無等'은 붓다의 존호 혹은 큰 깨달음을 상징하는 '무등정각無等正覺'을 의미한다. 미륵불은 현재는 보살이지만 도솔천의 천인을 위하여 설법하다가 56억 7천만 년 뒤에 이 세상에 하생하여 성불하고 설법할 부처를 뜻한다. 아미타불은 현재 서방정토인 극락세계에서 대중을 위해 설법하고 있는 부처이다. 여기서 부득이 먼저 부처가 된 것은 당시 신라인들이 미륵신앙을 더 신봉했음을 암시한다. 또 금당에 미륵상을 모시고 강당에 아미타상을 모신 것은 신라인들의 정토관을 반영한다. 부득과 박박은 미륵과 미타가 되어 구름을 타고 갔다고 하였다. 하지만 이들은 신라에서 성불하였으므로 신라에 남아 있을 수밖에 없으므로 이것은 두 성인을 법신화하여 온 신라에 가득 차 있을 것임을 시사하고 있다.

# 희명이 「도천수대비가」를 지은 까닭은?

## 1. 어머니와 아이

한 남자를 사이에 둔 어머니와 딸의 관계는 미묘할 수밖에 없다. 가장 가까운 친구 의 관계일 수도 있고 때로는 제일 미묘한 애증의 관계일 수도 있다. 부권이 상실되거나 경제가 침체된 불황의 시대에 아들은 아버지를 그리워 하지만, 딸은 위기의 터널을 슬기롭게 지나가는 어머니를 재발견 하게 된다. 아들과 딸에 대한 차별 의식이 적은 갓난 아이 때의 모성애는 다르지 않을 것이다. 점차 아이들이 자라면서 이성인 아들을 대할 때와 동성인 딸을 대할 때의 느낌이 미묘하게 다를 것이다. 그러다가 아이들이 청소년기를 지나 청년기가 되면 친구 관계에 상응하는 딸이 되거나 애증 관계가 형성되는 딸이 될 수도 있다.

한편 어머니는 자신이 애지중지 뱃속에서 열 달을 키워서 낳은 아이가 인체의 한 기능이 갑자기 마비될 때 참혹감을 느끼게 된다. 이를테면 아이가 갑자기 눈이 멀게 되거나 귀가 멀게 되거나 또는 말을 못하게 되거나 걷지 못하게 되면 어머니의 안타까움은 말로 다 표현하지 못할 것이다. 이때 우리는 불교의 삼세윤회관이나 인과응보설을 상기하게 된다. 반면 이전 생의 삶의 방식이 이후 생의 삶의 방식과 단절되지 않고 연속된다는 삼세윤회와 인과응보의 원리는 순간순간의 삶의 방식을 질적으로 승화시켜 줄 수 있는 계기가 될 수도 있다. 어제의 과거는 흘러가 버려서 내 기억記憶 속에 남아 있고, 내일의 미래는 아직 오지 않아서 내 예지叡智에 의해 파악되지만, 현재는 지금 이 순간 내 인식認識 속에서 엄연하게 존재하기 때문이다.

『삼국유사』「탑상」의 '분황사 천수대비 맹아득안' 조목은 어머니의 지극한 정성이 아이의 눈을 뜨게 했다는 기록을 싣고 있다. 지극히 짧은 조목 속에는 노래를 매개로 어머니의 발원發願과 천수대비관음의 가피加被가 접목되어 있다. 신라인들은 향가鄕歌를 오랫동안 불러왔듯이 이 조목 속의 희명希明 역시 간절한 기원을 노래에 담아 부르고 있다. 이 노래는 찬사讚詞―기도祈禱―주사呪詞의 세 구조로 되어 있다. 이러한 구조는 주가呪歌적 기능을 가진 향가가 지닌 보편적 형식이기도 하다. 경덕왕 때에 한기리漢岐里의 여인 희명의 아이가 난 지 5년 만에 갑자기 눈이 멀었다. 하루는 그 어미가 아이를 안고 분황사 좌전左殿 북쪽 벽에 그려진 천수대비千手大悲 관세음보살 앞에 나아가 '아이를 위하여 노래를 지어' 부르며 빌었더니 눈이 떠졌다. 그 노래는 다음과 같다.

"무릎 꿇고/ 두 손바닥 모아/ 천수관음千手觀音 앞에/ 축원 올리오니/ 천의 손과 천의 눈을 가졌으니/ 하나 내놓아 하나 덜기를/ 둘 다 없는 저에게/ 하나만 주어 고쳐 주시옵소서/ 아아! 저에게 그리해 주시면/ 자비심 얼마나 크시오니까." (양주동 역) 이「도천수대비(관음)가」를 현대어로 풀어 보면 이렇다. "무릎을 낮추며/ 두 손바닥 모아,/ 천수관음千手觀音 앞에/ 기구祈求의 말씀 두노라/ 천千개의 손엣 천千개의 눈을

/ 하나를 놓아 하나를 덜어,/ 두 눈 감은 나니/ 하나를 숨겨 주소서 하
고 매달리누나./ 아아, 나라고 알아 주실진댄/ 어디에 쓸 자비慈悲라고
큰고."(김완진 역) 번역자도 조금씩의 출입이 있으나 대체적으로 내
용은 서로 통하고 있다.


## 2. 지극하면 통한다

종교의 세계는 이성의 세계를 뛰어넘는다. 종교는 현실의 경계를 넘
어서고 현실의 경계를 넘어설 수 있어야 이성의 현실을 해결할 힘을
확보할 수 있기 때문이다. 종교에서 발휘되는 영험과 기적 현상은 지극
함과 가피력으로 이어진다. 하지만 그 지극함과 가피력을 언어와 논리
로는 온전히 해명하기 어렵다. 우리는 눈에 보이고 손에 잡히는 것만을
존재한다고 하고 눈에 보이지 않고 손에 잡히지 않는 것은 존재하지
않는다고 단정할 수 없다. 가시적이고 물리적인 것보다 오히려 비가시
적이고 비물리적인 것들이 더 많기 때문이다. 빙산의 일각처럼 보이는
표층세계(의식세계)와 달리 보이지 않는 심층세계(무의식세계)가 더 깊
고 넓기 때문이다.

분황사는 선덕왕 3년(634)에 낙성된 신라의 대표적 사찰이다. 이웃
한 황룡사와 미탄사와 함께 신라의 반월성 가까운 곳에 나란히 자리한
국가 대찰이다. 이곳은 원효대사가 오랫동안 머물렀던 절이다. 원효가
입적하자 그의 아들인 설총은 그 유해를 갈아서 생전의 모습과 같이
소상으로 빚어 분황사에 모시고 아침 저녁으로 모시고 예를 올렸다고
전한다. 어느 날 설총이 옆에서 절을 하자 소상이 홀연히 돌아보았다

한다. 일연이 『삼국유사』를 편찬(1281)할 때까지 돌아 본 소상이 그대로 있었다고 전한다. 이 절에는 7층이었던 모전模塼 석탑이 현재 3층만 남아 있으며, 당나라로부터 나라를 지키려한 호국룡이 살았다는 삼룡변어정三龍變魚井이라는 우물이 있다. 또 이곳에는 날아가던 새도 속아서 앉으려 했다는 신라의 화가 솔거가 그린 관음보살상 벽화가 있었다. 나아가 이 절은 광덕廣德과 엄장嚴莊이 이곳에 머물며 쟁관법錚觀法 수행을 했다고 전하는 곳이다. 그리고 분황사의 사비寺婢로 있던 광덕의 처는 관음보살 십구十九 응신應身의 하나였다고 전한다.

천수대비관음千手大悲觀音은 관세음보살의 다른 이름이다. 관세음보살은 자비로써 중생의 괴로움을 구제하는 불교의 대표적인 보살이다. 이 보살은 아승기겁 이전에 이미 성불한 정법명(왕)여래正法明王如來 즉 관음여래로 알려져 있다. 서방정토에서는 관세음보살을 무량수불無量壽佛이라고도 한다. 나아가 관음과 미타는 한 몸이면서 두 부처님이라고도 일컫는다. 대자대비를 서원으로 하여 중생의 근기에 따라 33가지 몸으로 화현하여 중생을 구제한다. 한 해를 마무리 할 때 서울 보신각 종을 서른 세 번 치는 것은 바로 이 관음보살의 33응신이 널리 퍼져 중생을 구제하기를 염원하기 때문이다. 이 보살은 아미타불의 왼쪽 자리에 머물며[補處] 중생을 구제하지만 일손이 너무 부족하기 때문에 관세음보살이 되기를 발원하는 천수행자千手行者는 관음보살을 도와드려야 한다고 의상의 「백화도량발원문」에는 적고 있다.

『법화경』「관세음보살품」에서는 "관세음보살의 명호名號를 일심一心으로 지극히 부르면 모든 고통으로부터 벗어나 해탈케 할 것이다" 설한다. 이것은 우리의 소원을 비는 대상으로서의 관음보살이 아니라 내 속에 있는 관음보살을 불러내어 우리가 대상으로 부르는 관음보살을 도

와주라는 것이다. 때문에 바깥에 있는 불보살님께 '무엇을 해 주십시오'
라는 청원이 아니라 내 안에 있는 불보살님을 불러내어 '무엇을 하겠습
니다'로 전환시키는 것이다. 즉 내 안에 있는 지혜와 자비를 불러내어
그것을 문수와 관음과 같은 보살로 인격화하여 스스로 발원하고 서원
하는 것이다. 그래서 내가 문수보살이 되고 관음보살이 되는 것이다.
『법화경』「관세음보살보문품」, 즉『천수경』의 '관음신행觀音信行'이 바
로 그것을 말하고 있다. 대상을 통해서 주체를 불러내는 것이다. 그렇
게 되면 이제 대상과 주체의 분기는 사라지고 보살행만이 행해지게 된
다. 희명은 천수관음과 같은 모성애로 지극하고 간절하게 천수대비관
음을 불러내어 아이의 눈을 뜨게 했던 것이다.


### 3. 「도천수대비가」의 해석

희명의 아이를 눈뜨게 한 이야기는 같은 「탑상」편의 '민장사' 조목에
서 나온다. 우금리禹金里의 가난한 여인 보개寶開에게는 배를 타고 장사
를 다니던 장춘長春이라는 아들이 있었다. 장춘이 장사꾼을 따라 바다
로 떠난 지 오래도록 소식이 없었다. 그 어머니가 민장사 관음보살상
앞에 나아가 7일을 정성껏 기도하였더니 장춘이 갑자기 돌아왔다. 그
동안 일에 대해 물으니 장춘이 말하였다. "바다에서 돌풍을 만나 배가
부서져 동행했던 사람들이 모두 죽고 자신만 판자 한 쪽을 타고 오나라
해변에 닿았습니다. 그 나라 사람들은 저를 데려다 밭을 갈게 해 주었
습니다. 그런데 한 낯선 스님이 마치 고향에서 온 듯이 위로하며 저를
데리고 같이 갔습니다. 그는 깊은 개울을 만나자 저의 겨드랑이를 끼고

뛰어 건넜습니다. 정신이 몽롱한 중에 고향 말소리와 울음소리가 들리기에 자세히 보니 바로 이곳이었습니다. 포시哺時(오후 3시~5시)에 오나라를 떠났는데 여기 도착한 것은 겨우 술시戌時(오후 7시~9시)였습니다." 경덕왕은 이 소식을 듣고 절에 밭을 시주하고 재물과 폐물을 받쳤다고 한다.

다시 「도천수대비가」로 돌아가 보자. 분황사 동쪽 인근에 있는 한기리에 희명希明이라는 한 여인이 살고 있었다. 예로부터 한기리는 신라 6촌 중의 하나인 금산金山의 가리촌加利村에 해당된다. 그 시조가 명활산明活山에서 내려왔다고 한다. 신라 왕경(王京)이 6부로 개편될 때는 한기부漢岐部로 바뀌었고, 방리제도坊里制度 시행되자 한기리로 불렸으며, 고려 때는 가덕부加德部로 개명되었다. 『삼국유사』 기록들을 종합해 보면 한기리는 신라 귀족의 호화주택인 35 금입택金入宅 가운데 하나인 한기택漢岐宅(法流寺 남쪽)이 있던 곳이다. 또 일산 급한의 종이 네 쌍둥이를 낳은 곳이다. 그뿐만 아니라 나이 스물 안팎의 처녀가 눈먼 어머니를 봉양하기 위하여 남의 집에 고용살이로 곡식 30석을 받아 주인집에 맡겨 두고 일을 한다는 이야기를 들은 효종랑孝宗郎이 벼 100석을 보낸 곳도 한기리이다.

이렇게 본다면 희명은 한기리에 사는 양인 계층의 부인이었던 것으로 짐작된다. 희명에게는 한 아이가 있었다. 아들인지 딸인지는 알 수 없다. 하지만 당시의 여러 맥락을 보면 아들이었을 가능성이 크다. 이 아이가 나이 다섯 살이 되었을 때 갑자기 눈이 멀었다. 그러나 어머니는 아이를 안고 분황사 좌전 북벽에 그려진 천수대비관음 앞에 나아가 '아이로 하여금 노래를 짓게 하고令兒作歌' 기도하였더니[禱之] 마침내 눈을 떴다. 여기서 '령아작가令兒作歌'를 어떻게 해석하느냐가 문제가 된다. 과연 다섯 살 난 아이가 노래를 지을 수 있을까? 서동은 「서동요」를 지은 뒤 서라벌의 아이들에게 마를 주면서 꾀어서 노래를 부르게 하였다. 어머니 희명 역시 자신이 지은 노래를 아이에게 따라 부르게 하였다. 그리하여 이 노래는 궁극적으로는 아이의 노래가 되게 하였다.

　이것은 찬讚詞과 기도祈禱와 주사呪詞로 이루어진 「도천수대비가」를 통해서 이해해 볼 수 있다. 즉 "무릎을 꿇으며/ 두 손바닥 모아 괴면서/ 천수관음 앞에/ 축원의 말씀을 두노라."라는 찬사讚詞와 "천 개의 손엣/ 천 개의 눈을/ 하나를 놓아 하나를 덜어/ 두 눈 감은 나니/ 하나를 숨겨 주소서 매달리누나"라는 기도祈禱, 그리고 "아아, 나라고 알아 주실진댄/ 어디에 쓸 자비라서 크시옵니까"라는 주사呪詞의 구조를 통해서도 엿볼 수 있다. 관음보살은 붓다의 자비의 화신으로 등장한다. 고통을 받는 사람이 지극 정성 발원하여 간절히 기도하면 그 고통을 다 들어준다는 보살이다. 아이에 대한 지극한 모성애를 지닌 희명과 보개寶開 그리고 의상의 제자가 된 진정眞定법사의 어머니나 불전 앞에서 한순간에 평소 그리던 여인과의 사랑에 빠졌던 조신調信을 깨어나 참회하게 한 보살은 모두 관음보살이거나 관음보살의 화신이었다. 중생에 대한 가없는 사랑을 베풀어 주는 정법명왕여래 즉 관음여래였다. 그 모습과 정신은 아이를 위해 자신의 모든 것을 버리려 했던 신라 어머니들의 지극한 모성애로 이어졌고 지금도 한국 어머니들의 모성애로 면면히 이어지고 있다.

# 신라의 관음보살이 조신을 교화한 까닭은?

## 1. 관음사상의 신라적 정착

우리가 사는 이 세계를 불교에서는 열 가지 악을 '참고 견디는 곳[忍土]'이라는 뜻에서 사바娑婆(堪忍)라고 한다. 중생이 있어야 부처가 있고 환자가 있어야 의사가 있듯이 아픔을 느끼는 이들이 사는 곳이 사바세계다. 만일 중생이 다하고 환자가 다하면 그곳은 이미 극락이요 정토일 것이다. 그렇다면 중생과 환자를 고칠 대의왕大醫王이 존재할 이유가 없는 것이다. 고통을 느끼는 셀 수 없는 중생들이 있기에 거기에 부응하는 구제자들이 시설되어 있는 것이다. 보살은 붓다의 자비와 지혜 및 덕행과 원력 등을 의인화한 존재이지만 중생에게는 실존적 존재로 다가오기 마련이다. 하지만 보살들은 중생들의 물리적·심리적·정신적 병들을 낫게 해 주는 순간 이내 사라진다. 이미 자신의 기능과 역할이 끝났기 때문이다.

관음신앙은 붓다의 자비의 화신인 관음보살에 대한 신앙이다. 관음신앙은 서진의 축법호가 번역(286)한 『정법화경』(10권)의 「광세음보살보문품」(제23품)에 의한 신앙에서 비롯되었다. '광세음신앙'으로 전개되었던 이 신앙은 구마라집(344~413)이 번역한 『묘법연화경』(7권)의 「관세음보살보문품」(제25품)에 의해 비로소 '관세음신앙' 혹은 '관음신앙'으로 정착하였다. 여기서 빛을 뜻하는 '광'과 '봄'을 뜻하는 '관'은 술어는 다르지만 중생 구제의 함의는 크게 다르지 않다. 관음신앙은 영험과 영응에 기초하면서 중국 민간에 빠르게 퍼져 갔다. 『법화경』의 「관세음보살보문품」이 『보문품경』 혹은 『관음경』으로 유통되면서 관음보살의 명호를 지송하는 신앙은 우리나라에까지 전해져 왔다.

통일 이전 신라의 관음신앙은 「관세음보살보문품」에서 설하는 순수한 관음신앙과 그 영험이 널리 퍼져 있었던 것으로 보인다. "모든 중생이 갖은 고뇌를 받을 때 관세음보살의 이름을 받아지니고 이름을 부르며 늘 생각하면서 공경하고 예배 공양하면 곧바로 고통과 고난을 구제하여 모든 소원을 성취하게 한다." 이것은 바로 "아들 얻기를 바라고 관세음보살에게 예배 공양하면 곧 복덕과 지혜를 갖춘 아들을 낳게 된다"라는 가르침으로 자주 원용되었다. 이를테면 자장慈藏의 아버지인 소판蘇判 무림茂林은 아들을 얻기 위해 삼보에 귀심하고 관음상 천부를 조성하여 서원하였더니 4월 8일 불탄일에 그를 낳게 되었고 이름을 선종랑善宗郞이라고 한 것이 대표적인 예이다.

하지만 그 이후 낙산사의 창건연기에 나타난 것처럼 『법화경』에 기반한 관음신앙은 『화엄경』에 기초한 관음신앙의 일면까지 수용하여 신라 관음의 신앙적 정착으로 굳건하게 확립된다. 하지만 신라의 관음신앙은 '일심칭명 예배공양에 의한 구제'와 '관음의 자발적 내현來現구제'로 대별된다. 일심칭명 예배공양에 의한 구제는 경전에서 설하는 것처럼 지송持誦과 예념豫念에 의한 영험은 조건적 구제이지만, 관음의 자발적 내현구제는 '무조건적 무연無緣자비의 영응靈應'이라고 할 수 있다. 통일신라의 경우는 전자보다 후자의 경우가 훨씬 많았다는 점에서 신라 관음신앙의 독특한 창의성과 특수성을 엿볼 수가 있다.


## 2. 관음 후신 정취보살의 신라 상주

낙산사의 연기설화에 의하면 입당入唐 구법求法을 마치고 돌아온 의상義湘(625~702)이 양양 낙산의 해변 굴 안에 관음진신觀音眞身이 머물고 있다는 말을 듣고 이곳을 서역의 보타락가산寶陁洛迦山의 이름을 따서 낙산洛山이라 하였다고 한다. 의상은 7일간 목욕 재계하고서야 비로소 굴 안에서 관음진신을 친견하게 되었으며 그 지시에 따라 산 위에 전당을 짓고 관음소상을 모셨다. 그리고 의상은 이곳 낙산을 신라 관음진신의 상주도량으로 삼았다. 이제 이곳의 관음은 서방극락세계에 상주하면서 아미타불을 협시하는 무량수불국 보살로서의 관음이 아니며, 인도 남해안의 보달락가산光明山에 머물고 있다는 『화엄경』 설의 관음과도 다른 신라의 관음보살이다.

신라의 관음보살은 이 땅 해동 낙산의 해변석굴에 항상 머물러 있으며 이곳이 진신의 주처임을 성사 원효元曉(613~686)를 등장시켜 한 번 더 확인하고 이를 증명하고 있다. 즉 당대의 고승이었던 원효와 의상이 모두 이곳 낙산의 관음주처인 해변석굴에서 관음보살의 응현을 만남으로써 신라의 관음도량을 직접 열고 있다는 것은 특기할 만한 것이다. 이와 같이 신라의 관음은 이제 전국 방방곡곡에 응현하여 인연이 있는 신라인을 구제하고 이롭게 하였다. 그 예는 『삼국유사』의 관음 응현 및 영험 사실들에서 두루 확인되고 있다. 경주 남항사의 십일면관음화상十一面觀音畵像은 스스로 비구니의 몸을 나투어 신문왕 때(681~692)의 국로國老였던 경흥憬興을 병으로부터 일어나게 하였다. 또 백율사 대비상은 사문의 몸을 나투어 이국땅에 잡혀간 국선 부례랑夫禮郎과 안상사安常師를 구해 왔다. 그리고 분황사의 천수대비화상은 가난한 여인 우조憂助의 눈 먼 딸의 눈을 뜨게 하였다.

관음보살을 친견한 원효와 의상에 이어 낙산사에 주석한 범일梵日(810~889)은 정취보살을 만났다. 정취보살은 관음과 함께 아미타불을 협시挾侍하는 대세지大勢至보살이다. 이 보살은 『화엄경』 「입법계품」에 의하면 53명의 선지식을 찾아 길을 떠난 선재동자가 28번째의 관음보살에 이어 29번째에 만난 보살이다. 경주 토함산 석불사보다 1백여 년 먼저 조성된 군위 삼존석굴에는 아미타불을 협시하는 화불 보관을 쓴 관음보살상과 정병을 든 대세지(정취)보살상이 모셔져 있다. 범일은 당나라 명주 개국사開國寺에서 승려들의 말석에 있던 왼쪽 귀가 없는 한 사미를 만났다. 사미는 말하였다. "나는 고향 사람입니다. 집이 명주溟洲 경내 익령현翼嶺縣 덕기방德耆坊에 있으니 법사께서 후일에 본국에 돌아가시면 반드시 제 절을 지어 주소서." 이후 공부를 마친 범일을 신라로 돌아가 굴산사崛山寺를 짓고 불교를 전파하였다. 어느 날 꿈에 개국사에서 봤던 사미가 창 앞에 와서 말하였다. "전에 명주 개국사에서 법사와 언약이 있어 이미 허락까지 받았는데 왜 이렇게 늦습니까?" 범일이 놀라 깨어 수십 명을 데리고 가서 익령현 경계에 가서 사미가 살던 곳을 찾았다.

낙산 아랫마을에 사는 덕기德耆라는 여인에게 여덟 살짜리 아들이 한 명 있었다. 그는 늘 동리 앞 돌다리 밑에서 나가 놀면서 어머니에게 말하였다. 어느 날 "나와 같이 노는 아이 중에 금색 동자가 있어요"라고 한 사실을 범일에게 전하였다. 범일은 놀라고 기뻐서 그 아이를 데리고 놀던 다리 밑의 물속에서 석불 하나를 주웠다. 석불의 모습은 왼쪽 귀가 떨어지고 예전에 보았던 사미의 모습 그대로였다. 이 불상은 정취보살의 존상이었다. 이때 간자簡子를 만들어 절지을 터를 점치자 낙산사 위가 좋다고 나왔다. 이에 범일은 세 칸짜리 법당을 짓고 그 불상을 봉안하였다. 여기서 범일이 만난 사미승은 스스로 신라인이라고 밝힌 것은 주목되는 대목이다. 이것은 관음보살의 후신인 정취보살이 신라 불국토에 상주하고 있음을 의미하는 것이다.


## 3. 조신의 꿈과 무상의 자각

승려 조신은 본사本寺(興敎寺)에서 명주溟洲 날리군捺李郡에 있는 농장인 장원莊園의 관리인으로 파견되었다. 어느 날 그곳에 온 태수 김흔金昕의 딸을 사모하게 되었다. 때문에 여러 차례 낙산사 관음보살 앞에 나아가 그 여인과 인연을 맺어주기를 남몰래 빌었다. 그러기 수년 뒤에 그 여자는 배필을 가지게 되었다. 조신은 법당에 나아가 관음보살이 자기의 소원을 성취시켜 주기 않음을 원망하여 슬피 울며 날이 저물도록 있다가 심정이 노곤하여 잠깐 졸았다. 꿈에 갑자기 김씨 낭자가 조용히 문으로 들어와 웃으며 말하였다. "제가 일찍이 당신의 얼굴을 보고서 마음으로 사랑하여 한순간도 잊을 수 없습니다만 부모의 명을 어기지 못하여 억지로 다른 사람의 아내가 되었지만, 지금도 소원하여 죽어서 같은 무덤에 들어갈 벗이 되고자 왔습니다."

이에 조신은 미칠 듯이 기뻐서 함께 고향으로 돌아가 40여 년을 재미있게 살면서 아이를 다섯이나 두었다. 하지만 점차 가난하여져 집이라고는 네 벽뿐이요, 나물 먹는 것도 넉넉지 못하였다. 마침내 다른 도리가 없어 서로 이끌면서 사방으로 다니며 입에 풀칠하기에 이르렀다. 이렇게 십여 년 동안 초야에 떠돌다 보니 옷이 메추라기 깃처럼 되어 살을 가리지 못할 정도였다. 마침 명주 해현령蟹縣嶺을 지나다가 열다섯 살 난 큰 아이가 갑자기 굶주려 죽으므로 통곡하면서 길가에 묻었다. 남은 네 식구를 데리고 우곡현羽谷縣으로 가서 길가에 띠풀을 엮어 집을 짓고 살았다. 부부마저 늙고 병들고 굶주려 일어나지도 못하게 되자, 열 살 된 딸애가 돌아다니며 밥을 구걸하다가 동네 개에게 물려 아파 울부짖으며 드러눕자 부모로서 한숨짓고 탄식하며 눈물을 줄줄 흘렸다. 부인이 눈물을 씻으며 창졸간에 말하였다.

"내가 처음 당신을 만나던 때에는 얼굴도 아름다웠고 의복도 깨끗했지요. 맛있는 음식을 당신과 나누어 먹고, 따뜻한 옷감이 있으면 당신과 옷을 함께 해 입으며 50년을 함께 살아왔으니 정도 막역하게 들었고 사랑도 깊어졌지요. 가히 두터운 인연이라 하겠지만 근년에 늙고 시약해져 병은 해가 갈수록 굶주림과 추위도 날로 심해져 오는데, 방 한 칸, 국 한 그릇도 남이 빌려주지 않으니 이 집 저 집 구걸하는 부끄러움이 산보다 무겁고, 어린 것들의 춥고 주림을 돌아볼 겨를이 없으니 부부간이라 하여 사랑할 마음이 있겠습니까. 젊은 날 고왔던 얼굴과 웃음도 덧없는 풀잎의 이슬이 되었고, 지란芝蘭 같던 언약도 바람 앞의 버들개지가 되었습니다. 당신은 내가 있어 더 누가 되고, 나는 당신이 있어 걱정이 더욱 많습니다. 생각건대 옛날의 기쁨을 곰곰이 생각해 보니 오늘의 우환의 시작이었습니다. 당신이나 내가 어찌하여 이 지경에 이르렀습니까? 여러 마리 새가 함께 굶주리는 것보다는 짝 잃은 난새가 거울을 보고 짝을 그리워하는 것이 낫지 않겠습니까? 힘들 때 버리고는 편안할 때 따르는 것이 인정상 못할 일이지만, 가고 멈추는 것 역시 마음대로 할 수 없는 것이고, 헤어지고 만남도 운명에 있는 것이니, 청컨대 여기서 헤어집시다."

조신은 그 말을 듣고 매우 기뻐하며 각기 아이 둘씩 갈라 맡고 가려 하는데 여인이 말하였다. "나는 고향으로 갈 것이니 당신은 남쪽으로 가십시오." 그리하여 조신은 헤어져 길을 가던 중에 홀연히 꿈을 깨니 조그마한 등불만이 어스름하게 비치고 밤은 벌써 깊었다. 아침에 보니 수염과 머리가 하얗게 세었다. 마침내 마음이 망연하여 세사에는 뜻이 없고 삶에 염증이 났다. 마치 한 평생의 괴로움을 다 겪은 듯하여 세속을 탐하는 마음이 얼음 녹는 듯하였다. 이에 부끄러운 마음으로 관음보살상을 바라보며 참회하는 마음이 끝이 없었다. 돌아오는 길에 해현蟹峴에 묻었던 아이 무덤을 파보니 바로 돌미륵이었다. 물로 깨끗이 씻어서 근처 절에 봉안하고 서울로 올라와 장원 소임을 사임하고 사재를 털어 정토사淨土寺를 짓고 착한 일[白業]을 부지런히 닦았다. 그 뒤 그의 죽음에 대해서는 알 수 없었다. 이처럼 신라의 관음보살은 꿈을 통하여 인생이란 일장춘몽一場春夢이요 남가일몽南柯一夢임을 보여줌으로써 승려 조신으로 하여금 제행무상諸行無常을 체득하게 하였다. 일연은 이렇게 논평하였다. "이 전기를 읽고 책을 덮고 지난 일을 생각해 보면, 어찌 반드시 조신의 꿈만이 그러하리요. 지금 모든 사람들이 인간세상의 즐거움만 알고 기뻐하여 애쓰지만 다만 꿈을 깨지 못할 뿐이다." 그리고 그는 찬시를 지었다. "즐겁던 한 시절 뜻은 이미 한가하고/ 시름 속에 묻힌 몸이 시나브로 늙었으라/ 한 끼 좁쌀 밥 짓는 동안 더 기다려 무엇하리/ 인생살이 꿈결인 줄 내 이제 알았노라// 몸닦음 잘잘못은 먼저 성의에 달린 것/ 홀아비는 미인을 도둑은 창고를 꿈꾸네/ 어찌 가을날 하룻밤 꿈만으로/ 때때로 눈 감아 청량산에 이를거나." 관음과 정취보살이 깃든 낙산사에서 조신은 '그리운 정에 지쳐' 잠깐의 졸음 끝에든 긴 꿈'의 욕망에서 깨어난 뒤 서울로 돌아가 정토사를 짓고 선업을 쌓으며 살아갔다.

# 만어산에 부처의 그림자가 비친 까닭은?

## 1. 인도불교와의 접점

인도불교와 한국불교와의 접점은 고대에서부터 적지 않게 있어 왔다. 하지만 그 접점은 아유타국의 허황옥 공주의 도래로부터 이루어져 왔다. 더불어 금강산의 16나한의 연기설화가 역사적 사실은 확인되지 않지만 인도불교에서 비롯되었을 개연성이 전혀 없는 것은 아니다. '어산불영魚山佛影' 조의 기록 역시 한국불교와 인도불교와의 접점을 시사해 주고 있다. 『고기』에 따르면 다음과 같이 전한다. "만어산은 옛날에 자성산慈成山이다. 또 '아야사산阿耶斯山'이라고 했는데 그 이웃에는 가라국呵囉國이 있었다. 옛날 하늘에서 알이 바닷가로 내려와 사람이 되어 나라를 다스렸으니 바로 수로왕이다. 이 당시 나라 안에는 옥지라는 연못이 있었는데 그 안에는 독룡이 있었다.

만어산에는 다섯 나찰녀가 있어 독룡과 오가며 교접을 했다. 이 때문에 때때로 번개가 치고 비가 내려 4년 동안이나 모든 곡식이 익지 않았다. 왕이 주술로써 이를 제지하려 했으나 하지 못하고 머리를 조아려 부처에게 설법을 청했다. 그 뒤에 나찰녀는 그녀가 지켜야 할 다섯 가지 계율을 받고서 폐해가 없어졌다. 이 때문에 동해의 고기와 용이 돌로 변하여 골짜기가 가득 차서 저마다 쇠북과 경쇠의 소리를 냈다." 『가락국기』와 '오가야' 조에는 "하늘에서 자주색 줄이 늘어져 땅에까지 닿았는데 줄 끝을 찾아보니 붉은 보자기로 싼 금합이 있었다. 그것을 열어 보니 태양처럼 둥근 황금빛의 알이 여섯 개가 들어 있었다"라고 하였다.

여기의 만어산은 경남 밀알시 삼랑진읍 용전리에 있는 해발 607미터의 산을 가리킨다. 그런데 만어산을 무대로 한 이야기는 가야 시대가 아니라 고려 시대로까지 확장된다. 『가락국기』가 찬술된 것도 고려 중기 즈음이다. "대정 20년 경자(1180)는 바로 명종 11년이다. 이때 처음으로 만어사를 창건했다. 고위 승직인 동량棟梁의 직위에 있던 보림寶林이 임금께 산중의 기이한 사적에 관해 글을 올려 말씀드렸다. "북천축 가라국 부처의 그림자에 관한 일과 서로 맞는 것이 세 가지가 있사옵니다. 첫째는 산 근처의 양주 땅의 옥지玉池에 역시 독룡毒龍이 살고 있다는 것이며, 둘째는 때때로 강가에서 구름의 기운이 떠올라 산꼭대기에 닿으면 그 구름 속에서 음악소리가 나는 것이고, 셋째는 부처 그림자의 서북쪽에 반석이 있어 항상 물이 고여 마르지 않는데 이곳이 부처가 가사를 세탁한 곳이라고 한 것이 이것이옵니다."

보림의 이야기에 접한 일연은 이렇게 덧붙이고 있다. "지금 와서 친히 예를 올리고 보니 역시 분명히 공경하고 믿을 만한 것이 두 가지이다. 골짜기의 돌중에서 거의 3분의 2는 모두 금과 옥소리가 나는 것이 그 하나이며, 바위의 부처 모습이 멀리서 바라보면 나타나고 가까이서 바라보면 보이지 않는다. 혹 보이기도 하고 보이지 않기도 하는 것이 그 하나이다." 그리고 일연은 북천축의 글을 모두 뒤에 싣고 있다.


## 2. 가야불교와의 통로

일연은 인도불교와 가야불교와의 접점을 깊이 의식하고 있었던 것으로 짐작된다. 앞에서 살펴본 것처럼 그는 『三國遺事』「駕洛國記」에서 "수로왕 즉위 2년에 정궁正宮을 정하기 위하여 가궁假宮의 남쪽 신답평新畓坪에 가서 사방을 둘러보고 좌우 신하들에게 이곳이 아주 명당이니 십육나한十六羅漢이 머물만한 곳이다"라고 한 것과 위에서 살펴본 것처럼 '어산불영魚山佛影' 조에서 "독룡과 다섯 나찰녀羅刹女의 장난을 수로왕이 주술呪術로도 금치 못하고 머리를 조아려 부처님께 청하여 설법한 뒤에야 나찰녀들이 오계五戒를 받아 후환이 없어졌다" 적었다. 이러한 기록은 일연이 인도불교와 가야불교와의 통로를 열기 위해 북천축 가라국의 글을 실어둔 의도에서 확인할 수 있다.

그는 『고려대장경』 '가자함可字函'의 『관불삼매경』 제7권을 인용하고 있다. "부처님이 야건가라국 고선산에 오셨다. 그곳은 악독한 용이 사는 담복화 숲의 옆이며 청련화 샘의 북쪽이고, 나찰의 동굴이 있는 아나사산의 남쪽이다. 이때 그 동굴 안에는 다섯 나찰이 암컷용이 되어 독룡들과 사통하였다. 독룡은 때때로 우박을 내리고 나찰은 난폭한 행동을 하므로 기근이 들고 전염병이 돌았다. 이렇게 4년이 지나니 왕이 놀라고 두려워 천지신명에게 기도하며 제사를 올렸으나 아무런 도움이 되지 않았다.

그때 총명하고 지혜가 많은 바라문이 대왕에게 말씀드렸다. "가비라국 정반왕의 왕자가 지금 도를 이루어 이름을 석가문釋迦文이라고 합니다." 왕이 이 말을 듣고 마음속으로 크게 기뻐하여 부처가 계시는 곳을 향하여 예를 올리며 말하였다. "오늘날 불교가 이미 일어났다고 하는데 어찌하여 이 나라에는 이르지 않고 있습니까?" 이때 여래는 여러 비구에게 명령을 내려 육신통을 얻은 자에게 뒤를 따르게 하여 야건가라국의 왕인 불파부제弗婆浮 提의 청을 받아 들였다.

이때 세존의 이마에서 광명이 솟아 나와 1만이나 되는 여러 천신과 화불을 만들어 그 나라로 갔다. 이때 용왕과 나찰녀는 오체투지 하여 부처님께 계율 받기를 원하니 부처가 즉시 삼귀와 오계를 설법했다. 용왕이 다 듣고 무릎을 꿇고 합장하여 석가부처님이 늘 여기에 머물러 있기를 청하면서 만일 부처가 여기 계시지 않으면 자기는 악한 마음이 있어 아뇩보리를 얻게 될 수 없노라고 했다. 이때 범천왕이 다시 와서 부처에게 예를 드리며 청하였다. "석가모니께서는 미래 세상의 모든 중생들을 위하셔야 하므로 편벽되게 이 작은 하나의 용만을 위해서는 안됩니다." 그러자 수많은 범왕들이 모두 이같은 청을 하였다.


### 3. 불연의 깊이와 너비

이때 용왕이 칠보로 꾸민 대[七寶臺]를 내어 석가여래에게 바치니 부처가 용왕에게 말하였다. "내가 너의 청을 받아들여 너의 동굴 속에서 1천5백 년을 지내겠다." 그리고는 몸을 솟구쳐 돌 속으로 들어가니, 그 돌이 밝은 거울과 같았으므로 사람들이 그 얼굴을 볼 수 있었으며 여러 용들도 모두 부처의 모습을 보았다. 부처가 돌 속에 있으면서 밖으로 형상을 나타내니 여러 용들이 합장하면서 기뻐하여 그곳을 떠나지 않고 언제나 부처님을 친견하게 되었다.

　이때 석가세존이 석벽 안에서 결가부좌를 하고 있었는데 중생들이 멀리서 보면 나타나고 가까이서 보면 나타나지 않았다. 여러 범천이 부처의 영상(佛影)에 공양하니 부처의 그림자가 역시 설법을 했다. 또 이르기를 '부처가 바위 위를 밟으니 문득 금과 옥소리가 났다'고 하였다. 『고승전』에는 이렇게 이르고 있다. "혜원慧遠이 천축(佛影)에 부처의 그림자가 있다는 말을 들었는데, 이것은 옛날에 용을 위하여 남겼던 그림자로서 북천축 월지국月支國 나갈가성那竭呵城의 남쪽 옛 선인의 석실 속에 있었다." 일연은 다시 법현의 『서역전』(불국기)의 기록을 덧붙이고 있다.

　"나갈국의 경계에 있는 나갈성에서 남쪽으로 반 유순되는 곳에 석실이 있다. 이곳은 박산博山 서남쪽에 있는데 그 석실 안에 부처가 영상을 남겼다. 10여 보 떨어진 곳에서 그것을 보면 부처의 참모습처럼 광명이 밝게 빛나지만 가까워질수록 희미하게 보였다. 여러 나라의 왕들이 그림 그리는 사람을 보내어 그것을 본떠 그리려 했으나 비슷하게도 그리지 못했다. 나라 사람들이 전하기로는 현겁 1천의 부처가 모두 여기에 마땅히 영상을 남겼다 하였다. 그 영상의 서쪽 백 보쯤에 부처님이 세상에 계실 때 머리를 깎고 손톱을 자르던 곳이 있었다." 일연은 다시 성함星函의 『서역기』 제2권을 덧붙여 이 사실을 뒷받침하고 있다. "옛날에 석가여래가 세상에 계실 때 용이 소를 기르는 목자(牧牛之士)가 되어 왕에게 우유를 바쳤다. (목자는) 우유 진상을 잘못하여 견책을 받으니 마음속으로 원한을 품고 돈을 주어 꽃을 사서 공양을 하면서 솔도파에 수기授記하였다. '악독한 용이 되어 나라를 파멸시키고 왕을 해치게 해 주소서.' 곧바로 석벽으로 달려가 몸을 던져 죽었다. 그리하여 이 굴에 살면서 대용왕이 되어 마침내 악한 마음을 일으켰는데 여래가 이를 알고 신통력의 조화로 여기에 오게 되었다. 이 용이 부처님을 친견하게 되자 악독한 마음이 그만 가라앉게 되어 생물을 죽이지 않겠다는 계율을 받았다.

이로 인하여 여래에게 이 동굴에 항상 머물면서 늘 자기의 공양 받기를 청하니 부처가 말하였다. '나는 장차 열반할 것인데 너를 위하여 나의 영상을 남길 터이니 만일 독하고 분한 마음이 생길 때 언제나 내 영상을 보면 독한 마음이 반드시 그치게 될 것이다.' 그리고 부처는 정신을 가다듬고 홀로 석실을 들어가니 멀리서 보면 나타나고 가까이서 보면 나타나지 않았다. 또 돌의 발자취를 칠보로 삼았다." 일연은 '아야 사산'이 마땅히 '물고기'를 뜻하는 범어 '마따야Mataya'의 음가인 '아야사산'이 되어야 할 것이라는 할주割註(分註)로부터 시작하여 꼬리에 꼬리를 물고 가야와 인도 북천축 (야건)가라국으로까지 잇고 있다. 그는 '물고기'를 뜻하는 '마야사'를 통해 쌍어문의 출발지로 알려진 인도와 부처님 그림자의 재현을 통해 불연佛緣의 깊이와 너비를 확보하려고 헌신하였다. 이것은 마치 신라의 안함과 자장의 불국토설 창안과도 맥이 닿아 있다고 할 수 있다.

# 오대산에 오만 진신이 상주하는 까닭은?

## 1. 문수신앙과 화엄신앙의 결합

한민족은 예로부터 하늘을 숭배해 왔다. 고조선을 건국한 단군왕검이 백악산白岳山(遼寧省 醫巫呂山)의 아사달(朝陽, 옛 營州)에 도읍을한 이래 이 땅은 환인桓因에 대한 천신신앙과 단군壇君 왕검王儉에 대한 산신신앙을 주축으로 고유의 신앙체계를 형성시켜 왔다. 특히 산악을무대로 하늘[天]과 땅[地]과 사람[人]을 주축으로 하는 삼재三才사상은고조선의 중심철학이었으며 이 사상은 오늘까지도 면면히 이어져 오고있다. 한漢나라의 끊임없는 공격에 맞서온 고조선은 만주 요서의 아사달로부터 요동을 거쳐 반도 내의 평양성까지 다섯 차례나 수도를 옮겨왔다. 고조선이 해체된 이후에도 산신이 된 단군을 숭배하는 산악신앙은 끊어지지 않고 면면이 이어져 왔다. 신선사상과 산신신앙을 결합한풍류도風流道는 불교와 습합하면서 고구려와 백제 및 가야와 신라의 사국, 통일신라와 대발해의 남북국, 고려와 조선 시대 및 대한 시대 이래이 땅의 저변에서 주요 사상으로 이어오고 있다.

요서의 백악산에서 시작된 흐름은 요동을 지나 백두산으로 이어졌다. 백두산에서 다시 시작된 이 흐름은 남쪽으로 방향을 틀어 백두대간으로 흘러오다가 주맥인 오대산에 이르렀다. 이후 오대산은 신라 선덕여왕 이래 자장慈藏율사에 의해 문수도량이 시설되고 화엄 신중이 머물면서 불교의 성지로 자리잡아 왔다. 특히 자장은 이 오대산을 진성眞聖(文殊菩薩)이 머무는 곳[住處]일 뿐만 아니라 오만진신五萬眞身이 머무르는 곳으로 시설하였고, 월정사에서는 석존의 전세前世였던 유동儒童보살의 화신으로 불린 신효信孝거사가 직접 오류성중五類聖衆을 만나기도 하였다. 또 신문왕神文王(淨神) 때는 보질도寶叱道 태자와 아우 효명孝明태자가 이 산에 들어와 출가하여 보천암寶川庵에서 수도하였다. 이후 효명은 서라벌로 돌아가 효성왕에 이어 성덕왕으로 재위했다. 반면 보질도(寶川) 태자는 북대의 남쪽 기슭에 암자를 짓고 부지런히 정업淨業을 닦았다.

그런데 오대산에 오만 진신이 머물러 있기 때문일까? 『삼국유사』 「탑상」편에는 오대산 관련 기사가 4조목이나 실려 있다. 황룡사 관련 4조목의 기사는 몇몇 유물을 중심으로 기술한 것이지만 오대산은 산악신앙 중심으로 기술되어 있다는 점에서 주목된다. 종래 한국의 산악신앙은 주로 현재 북한지역의 금강산과 보현산이 중심이지만 남한에는 지리산과 계룡산 등에 대한 신앙이 있어 왔다. 금강산의 이름은 『화엄경』에서 유래되었다. 이 산의 이름은 금강산 이외에도 개골산皆骨山, 풍악산楓嶽山, 열반산涅槃山, 기달산怾怛山 등의 이름이 있다. 금강산(『80권화엄경』)과 기달산(『60권화엄경』)은 신구역 『화엄경』에서 처음으로 등장하고 있다. 이후 금강산은 청량淸凉 징관澄觀의 『화엄경소』에 근거하여 불리게 되면서 지리산, 묘향산, 구월산, 오대산, 태백산, 계룡산 등과 더불어 한국 산악신앙의 대표적인 공간으로 자리잡아 왔다.

금강산은 『화엄경』의 보살주처 신앙에 의해 담무갈曇無竭보살 또는 법기法起보살이 1만 2천의 권속을 거느리고 상주해 있다고 알려져 있다. 『구역화엄경』에서는 '일만 이천' 권속과 '담무갈' 보살이 등장해 있고, 『신역화엄경』에는 '금강산'과 '법기' 보살이 등장해 있다. 금강산이 보살이 머무르는 신앙처로 형성된 것은 『화엄경』 신앙이 널리 퍼지면서 정착된 것으로 추정된다. 아울러 금강산 '1만 2천 봉'이라는 표현은 금강산의 보살주처 신앙과 맞물려 '1만 2천'의 권속으로부터 비롯되었을 것으로 보이며 '1만 2천 개 사찰' 역시 같은 맥락에서 붙여진 것으로 추측된다. 이것은 금강산의 빼어난 봉우리들과 법기보살의 권속을 연계시켜 은유한 것이라고 할 수 있다. 반면 묘향산은 보현보살이 상주하고 있는 것으로 알려져 있다. 이와 달리 오대산에는 문수보살과 오만 진신이 상주하는 곳으로 알려져 있다.

## 2. 자장의 오대산신앙 개창

오대산에 문수보살이 상주한다는 문수신앙이 정착된 것은 자장에 의해서였다. 그는 중국에 유학하여 오대산에서 문수보살을 만났다. '대산 오만진신' 조와 『오대산사적기』내 민지閔漬가 쓴 「봉안사리개건사암제일조사전기」(이하 「제일조사전기」)에는 "이것은 본사 석가(세)존이 쓰던 물건이니 그대가 잘 간직하도록 하라"고 적혀 있다. 문수보살은 또 "그대 본국의 동북방[艮方]에 있는 명주 땅 오대산에 1만의 문수보살이 그곳에 상주하고 계시니 그대는 가서 뵙도록 하라" 말하고 사라졌다.

문수보살은 다시 "그대의 본국 명주 지역에도 또한 오대산이 있으니 이곳도 1만 문수가 그곳에 상주하고 계시니 가서 뵙도록 하라" 하고는 사라졌다. 신라로 돌아온 자장은 동북방에 자리한 오대산에 가서 3일 또는 7일간 머무르며 문수보살을 친견하려 하였으나 이루지 못하였다. 그런데 『삼국유사』 '대산오만진신' 조에서는 오대산에서 문수를 만날 수 있다고 한 것과 달리 「제일조사전기」에는 "뒤에 마땅히 그대를 태백산의 갈반지처葛蟠之處에서 다시 보게 될 것이다"라는 내용을 덧붙여 수정하여 친견을 기정사실화한 것으로 이해된다.

자장이 당나라에서 돌아왔을 때 신라가 직면한 과제는 크게 두 가지였다. 첫째는 토착신앙인 무격(샤먼)과 불교사상과의 대립을 해소하는 것이었다. 둘째는 국가 사이의 갈등과 계층 사이의 대립을 해소하는 것이었다. 자장은 이러한 대립을 해결하기 위하여 통합의 원리를 지니고 있는 화엄사상을 도입하였고 이를 밀교와 결합하여 오대산신앙으로 확산시켰다. 당나라에서 비롯된 오대산신앙은 『화엄경』 「보살주처품」과 밀교 경전인 『문수사리(법보장다라니)경』에 근거하고 있다. 『화엄경』에서는 "동북방의 청량산에는 옛날부터 모든 보살이 거주하고 있는데, 현재는 문수사리보살이 1만의 권속들과 함께 살면서 그들을 위해 항상 설법하고 있다" 하였다. 그리고 『문수사리경』에서는 "그때 세존께서 금강밀적주金剛密跡呪보살에게 말하기를 '내가 멸도한 뒤에 이 염부주 동북면에 대진나국이라는 나라가 있고 그 나라 안에 오정五頂이라는 산이 있으니, 문수사리동자가 유행 거주하면서 모든 중생을 위하여 설법한다'고 한 가르침에 근거하고 있다. 이것은 현교의 청량산과 밀교의 오정(오대산)의 결합으로부터 오대산신앙이 출발하고 있음을 보여준다.

자장은 당나라 오대산에서 화엄의 설주인 문수보살을 만났다. 당시 문수보살은 신라의 오대산에 문수보살이 있으니 가서 만나보라고 했다. 이것은 현교인 화엄신앙과 밀교인 문수신앙의 결합을 통해 신라의 당면 과제였던 사상적 정치적 대립을 통합하기 위한 것으로 짐작된다. 당시 신라 정치계와 사상계는 화엄계와 밀교계가 대립하고 있었다. 자장은 이들의 갈등과 대립을 해소하기 위해 특단의 조치를 필요로 하였다. 그 뒤 자장은 오대산에 가서 문수보살을 만났으나 자신의 분별심 때문에 문수보살이 떠나갔고 그곳에서 입적하게 되었다.

현교의 화엄과 밀교의 문수사리신앙이 결합한 오대산신앙은 자장에 의해 도입되었다. 하지만 화엄사상과 밀교사상이 결합된 오대산신앙은 정착되지 못하였고 발전하지 못하였다. 때문에 자장은 선덕여왕의 승하 이후 정치적 기반을 상실한 채 오대산과 태백산 등지에 머물며 화엄과 밀교의 융합을 도모하였으나 왕실의 지원을 더 이상 받지 못하였다. 이것은 태종무열왕계의 지원을 받으며 새롭게 활동을 시작한 원효와 의상과 크게 대비된다. 결국 현교의 화엄사상과 밀교의 문수사리신앙을 결합한 오대산신앙은 신문(정신)왕의 두 태자인 보천과 효명에 의해 발전될 수 있었다.


## 3. 보천의 오대산신앙 완성

삼국통일을 완수한 문무왕의 아들 신문왕에게는 여러 명의 왕자들이 있었다. 그는 세자 책봉을 받고 소판 김흠돌의 딸(김씨왕후)과 결혼한 뒤 왕위에 올랐다. 김씨왕후 사이에서 보천寶川과 효명孝明과 부군副君이 태어났다. 신문왕의 태자이자 그(보질도, 寶川)의 아우인 부군副君

(淨衆 無相? 추정)이 왕위를 다투다가 죽임(?)을 당하자 하지만 장인 김흠돌의 반란(681) 이후 신문왕은 왕비를 폐하고 김흠돌의 반란을 진압한 혜통惠通과 김흠운의 딸을 왕비(제2 神穆王后)로 삼았다. 그 사이에서 이홍理洪(효소왕)과 흠질欽質과 사종嗣宗이 태어났다. 이홍은 왕위에 올라 효소왕(692~702)이 되었으나 보천과 효명 태자를 옹호하는 오대산 세력과의 왕위 쟁탈 싸움의 후유증으로 702년에 병사하였다. 오대산에서 수행을 하던 효명은 서라벌(경주)로 돌아와 신라 33대 성덕왕으로 등극하였다. 하지만 보천은 오대산에 머물며 오대산신앙을 심화시켜 갔다.

오대산신앙은 현교인 화엄과 밀교인 문수신앙이 결합한 문수화엄 혹은 화엄밀교사상이다. 이 사상은 중앙에 비로자나불을 모시고 동남서북 사방에 사방불을 배치하고 있다. 그리고 그에 상응하는 경전과 참법이 주야로 구분되어 정연한 일대 만다라를 형성하고 있다. 만다라는 우주의 삼라만상을 한 눈으로 통일하여 볼 수 있게 만든 지형도이다. 사방불은 만다라의 다른 표현이라 할 수 있다. 오대산은 공간적으로는 중앙과 동남서북의 오방에 상하(上院, 下院)를 연결하여 전 우주를 상징한다. 시간적으로는 그 우주의 핵에 법신비로자나불을 안치하여 영원을 상징하고 있다. 특히 복전福田의 37원員은 금강계만다라의 37존을 상징한 것으로 볼 수 있다. 이러한 체계의 정비는 보천에 의해 이루어졌다. 그런데 '대산오만진신' 조의 만다라의 사방불 배치가 금강계밀교와 다르다는 점은 주목된다. 밀교에서는 중앙에 비로자나불, 동쪽에 아촉여래, 서쪽에 아미타여래, 남쪽에 보생寶生여래, 북쪽에 불공성취不空成就 여래를 배대하고 있다. 여기서 불공성취여래의 경우는 밀교에서는 석가여래와 동체同體로 생각하고 있다.

반면 오대산신앙은 아촉여래 대신에 관음보살, 보생여래 대신에 지장보살을 시설하고 있다. 이렇게 배대된 것은 당시의 교계 형편과 신앙의 태도가 투영된 것으로 짐작된다. 오대산신앙은 당시의 주요 신앙들을 화엄의 입장에서 포섭하고 밀교의 구조로 재정립한 것이다. 때문에 당시 주요한 입지와 상당한 세력을 갖고 사회적으로 실천되고 있었던 관음신앙과 지장신앙을 무시할 수 없었던 것으로 보인다. 진평왕 대 이래 원광은 지장신앙의 일환으로 행해지던 점찰교법을 널리 대중화시켰다. 명랑은 문두루 비법을 써서 신라를 공격하려 한 당나라 고종의 침략을 물리쳤다. 자장은 오대산신앙을 도입하면서 관음상을 조성한 공덕으로 관음신앙이 탄생하였다. 의상은 낙산에서 관음도량으로 탈바꿈시켰다. 때문에 보천은 당시의 주요 신앙이었던 지장신앙과 밀교신앙 및 관음신앙의 지형을 감안하여 오대산신앙의 구조 안에 편입시켰다. 이것은 다양한 사상과 다기한 정파를 인정하여 적재적소에 배치함으로써 만다라의 우주 법계적 구조 안에서 적절한 원용이 가능할 수 있음을 상징해 주고 있다.

보천의 이러한 노력은 오대산신앙의 신라적 창안으로 자리잡았다. 보천은 문무왕의 삼국통일 이후 신문왕으로부터 효소왕-성덕왕-경덕왕으로 이어지는 신라 문명의 극성기에 살았다. 특히 성덕-경덕왕 대는 신라 문명의 최전성기였다. 이 시기에는 우리 민족문화의 금자탑으로 평가받는 토함산 석불사 본존불(석굴암)과 불국사가 완성되었다. 당시 신라는 절대왕정을 꿈꾸었던 경덕왕이 귀족세력과 반목하면서 사회적인 분열이 극심하던 때였다. 보천은 이러한 사회적 분열과 정치적 갈등을 통합하기 위해 자장계의 화엄사상을 부흥시키고 밀교적 문수신앙을 결합한 오대산신앙을 체계화시켜 신라의 통합에 크게 이바지 하였다. 그 과정에서 오대산에는 오만 진신이 상주하게 되었고 관음과 지장 신앙의 반영을 통해 오대산신앙은 중국과 다른 독자적인 체계를 지닐 수 있었다.

평창 오대산 월정사

삼국유사 권 제4

# 의해 제5
## 義解 第五

義解第五

圓光西學

唐續高僧傳第十三卷載新羅皇隆寺釋圓光俗姓朴
氏本住三韓卞韓馬韓辰韓光即辰韓人也家世海東
祖習綿遠而神器恢廓愛樂篇章挍獵玄儒討讎子史
文華騰翥於韓服博贍猶視於中原遂割略親朋發憤
溟渤年二十五乘舶造于金陵有陳之世號稱文國故
得諮考先疑詢猷了義初聽莊嚴旻公弟子講素霑世
典謂理窮神及聞釋宗反同腐芥虛尋名敎實懼生涯

# '의해'를 어떻게 읽을 것인가?

## 1. '의해'의 함의

『삼국유사』 전 9편 가운데 「의해」편은 「탑상」편과 함께 이 책의 불교문화사적 성격을 가장 잘 담아내고 있다. '의해'에는 경율론교의 사장四藏에 대해 나름대로의 입론을 세운 이들의 불학의 '뜻을 풀이한다'는 의미가 담겨 있다. 또 교학과 신앙 두 측면에서 일정한 성취를 이룬 이들의 불교 이해의 '뜻을 풀이한다'는 의미도 담고 있다. 「의해」편의 편목은 앞의 '왕력'과 '기이'를 제외하고는 「탑상」편과 함께 가장 많다. 그 분량으로 보면 「흥법」의 7조목, 「탑상」의 30조목, 「의해」의 14조목, 「신주」의 3조목, 「감통」의 10조목, 「피은」의 10조목, 「효선」의 5조목 등 83조목 중 「탑상」과 「의해」가 두 편명이 가장 많다. 「흥법」편에 이은 「탑상」편은 신라불교사의 흐름을 보여주고 있다. 그 뒤의 「의해」편은 신라불교사의 지형을 아우르고 있다. 여기에는 고승(13인)과 거사(사복) 및 인도구법승(9인)의 특징적 행적이 수록되어 있다.

「의해」편은 불교 공인 뒤 진종설과 골품제가 확립된 시대로 진입한

6~7세기 진평왕 대 이래 교학과 신앙 두 측면에서 다양한 활동을 전개한 고승들의 전기를 집성하고 있다. 여기에 담긴 서술의 형식과 내용은 양나라 혜교의 『고승전』, 당나라 도선의 『속고승전』, 송나라 찬녕의 『송고승전』 등의 역대 고승전류와는 편목명과 내용 및 기술방식 등이 매우 다르다. 찬술자 일연은 종래 여러 고승전들의 편목들을 참고한 뒤 자신의 체계에 의해 이 편명을 확정했을 것으로 이해된다. 그러나 그 역시도 현재의 편명 배치와 조목 배속 등으로 미루어볼 때 체재상의 고민을 적지 않게 했던 것으로 짐작된다. 더욱이 중종 임신본의 경우처럼 일연의 제자인 혼구 무극의 추가 부분이 있는 현실을 감안하면 간행 과정에서 체재상의 혼란이 있었을 것으로 짐작된다.

「의해」편에 실린 해당 인물의 분량과 내용 등으로 볼 때 전기 자료로는 온전하지 못하다. 우선 「원광서학」, 「보양이목」, 「양지사석」, 「귀축제사」, 「이혜동진」, 「자장정률」, 「원효불기」, 「의상전교」, 「사복불언」, 「진표전간」, 「관동풍악발연수석기」, 「승전촉루」, 「심지계조」, 「현유가해화엄」 등의 편목 중 「귀축제사」와 「관동풍악발연수석기」 2조목을 제외한 나머지 12조목은 승려 이름과 해당 승려의 특징적인 행적으로 조목명을 삼고 있다. 그런데 여기에 실린 원광, 보양, 양지, 혜숙, 혜공, 자장, 원효, 의상, 사복, 진표, 승전, 심지, 태현, 법해 등의 14인과 아리야발마·혜업·현태·구본·현각·혜륜·현유와 이름이 알려지지 않은 두 명의 법사 등의 인도구법승 9인은 당시 신라불교사를 지탱했던 가장 주요한 인물들이라 할 수 있다.

이러한 성격으로 미루어 앞 시대 각훈의 『해동고승전』에 견주어 볼 때 『삼국유사』의 전 9편 가운에 「의해」는 고승전류에 가장 부합하는 편목이라고 할 수 있다. 하지만 일연은 「의해」편에서 고승들의 전기를 모두 종합하여 체계적인 전기를 서술하려고 했던 것은 아님이 분명하다. 그는 고승전이나 행장 등에 실려 있는 내용을 거듭 수록하지 않았다. 다만 그들 행장들에서 '빠진 사실[遺事]'만을 모으는 것을 원칙으로 하였을 뿐이다. 이를테면 「원광서학」조에서 도선의 『당고승전』「원광전」을 실으면서도 「관동풍악발연수석기」를 함께 수록하여 다양한 자료의 출입을 독자 스스로 판단하도록 배려하였다. 다시 말해서 그는 자료의 오류를 분명하게 지적하여 바로잡기도 했지만 옳고 그름이 쉽지 않을 때에는 서로 다른 내용의 자료를 같이 제시하여 독자의 판단에 맡기는 신중함도 보여주고 있다. 이러한 몇몇 기술 태도 등을 통해 일연의 「의해」편 인식을 엿볼 수 있다.

## 2. 신라불교사의 지형

한반도의 남쪽에 치우쳐 있었던 신라는 고구려와 백제 및 가야와 달리 대륙의 선진 문화가 가장 늦게 들어왔다. 특히 신라는 오랫동안 고목신앙과 산신신앙 등의 고유신앙에 국집해 있던 6부족의 반대에 부딪쳐 불교 공인이 매우 늦었다. 때문에 불교문명과 함께 들어왔던 선진문물과의 접촉이 늦어질 수밖에 없었다. 해서 출가황제가 된 양나라 무제의 소식은 법흥왕에게 상당한 충격과 울림을 주었을 것으로 짐작된다. 결국 법흥왕의 출가와 이차돈의 순교에 의해 불교가 공인된 이후 신라는 서서히 전국토가 불교화되어 갔다. 최초의 승려황제가 된 법흥왕은 최초의 절인 흥륜사에서 집무를 보았고 그의 왕비도 출가하여 비구니가 되었다. 그의 뒤를 이은 진흥왕 역시 말년에 승려가 되었다. 그리고 그의 왕비 역시 출가하여 비구니가 되었다.

　이처럼 신라 왕실이 주체적으로 불교를 선도하자 나라 곳곳에는 사찰이 세워지고 많은 사람들이 승려가 되었다. 경주 서라벌에는 많은 사원들이 지어지고 법회가 수시로 열렸다. 백성들은 "불법을 높이 받들어 믿고 복을 구하였으며[崇信佛法求福]", 사찰은 그들에게 "복을 빌고 죄업을 멸하는 곳[修福滅罪之處]"으로 이해되었다. "절과 절들이 별처럼 벌려 서 있고/ 탑과 탑들이 기러기처럼 나란히 간다"라는 표현은 이러한 사실을 잘 묘사해 주고 있다. 그리하여 신라인들은 불교를 통해 한 마음이 될 수 있었으며 불교를 통해 삼한 일통을 모색할 수 있었다. 신라는 고구려와 연합하여 백제와 왜와 연합한 금관가야를 먼저 합병하고 뒤이어 백제와 연합한 대가야를 병합하였다. 그리고 당나라와 연합한 신라는 백제를 합병하고 나아가 반도내의 고구려까지 합병하였다. 이러한 합병의 정신적 힘은 백성들의 마음을 하나로 모은[一心] 불교의 힘이 매우 컸다.

　「탑상」편에는 당시 백성들의 마음을 하나로 모은 사원들의 불탑과 불상에 대해 수록하고 있다. 반면 「의해」편에는 이들 백성들의 마음을 모으게 했던 불교 수행자들의 행장이 담겨 있다. 일연은 이들의 행장을 시인의 안목 위에서 특징적 행적을 적출해 내어 조목명으로 삼았다. 즉 서쪽의 진나라로 구법 유학을 떠난 원광의 '서학西學', 원광의 행적에 부속된 것으로 보는 것이 자연스러운 보양의 '이목梨木', 지팡이를 부리며 예술가 집단을 이끈 양지의 '사석使錫', 인도로 구법여행을 간 아홉 명의 법사들('諸師'), 티끌세상과 함께했던 서민불교의 성자 혜숙과 혜공의 '동진同塵', 신라의 교단을 정비하고 계율을 제정한 자장의 '정률定律', 일체에 구속받지 않고 살았던 원효의 '불기不羈', 화엄종을 전한 의상의

'전교傳敎', 열 두 살까지 말을 못한 사복의 '불언不言', 간자를 전한 진표의 '전간傳簡', 사람의 해골을 돌로 만든 형상에게 화엄경을 강론한 승전의 '촉루髑髏', 진표 조사의 뒤를 이은 심지의 '계조繼祖', '유가'업의 종조인 태현과 '화엄'업의 종종인 법해 등을 담고 있다.

「의해」편이 담고 있는 6~7세기 진평왕 이후 신라불교사는 불교 공인 약 100여 년 만에 기라성같은 고승 대덕들 100여 명을 배출시켰다. 이들 학승들은 모두 유가, 여래장, 화엄, 정토, 진언 등의 교학을 통해 신라불교의 내포를 단단히 하고 외연을 넉넉히 한 불교 지식인들이었다. 인도에서 건너온 불교 전적들이 번경 삼장들에 의해 번역되자 이들 학승들은 짧은 시일 내에 입수하여 깊이 연구하였다. 이들 불교인들은 신라에만 머물지 않고 수당으로 유학을 하거나 심지어는 '성지 순례'와 '불전 입수'를 위해 인도와 서역을 향해 떠났다. 그리하여 본국의 성취를 단시일 내에 흡수하여 더러는 본토인들을 능가하는 모습을 보인 예도 적지 않았다. 이들의 성취는 국내로 이어져 크게 빛을 보았으며 일부는 다시 중국(지장, 무루 등)과 서역(원측, 무상 등)과 일본(혜균, 도장, 행기 등) 등지로 전해져 그 나라 불교에 커다란 도움을 주었다.


## 3. 신라불교학의 성취

「의해」편에 실린 불교인들은 신라불교학의 대표적인 학장學匠들이다. 일부 학승들은 「신주」와 「감통」과 「피은」편에도 실려 있지만 「의해」의 인물들이 대표적인 불학자들이다. 법흥왕에 의해 불교가 공인된 뒤 진흥왕 26년(565)에는 입학승 명관明觀이 진나라 사신 유사劉思와 함께 '석씨경론釋氏經論' 1,700여 권을 가져왔다. 그리고 진흥왕 37년(575)에는 진陳나라로 유학 갔던 신라 최초의 국비유학생 안홍安弘(安舍)이 서역의 세 삼장과 중국 승려 두 사람과 함께 돌아오면서 『능가경』과 『승만경』 및 불사리를 바쳤다. 이들 북인도 오장국의 비마라진제毘摩羅眞諦(44세), 농가타農加他(46세), 마두라국의 불타승가佛陀僧伽(46세) 등은 황룡사에 머물면서 밀교계통의 경전인 『전단향화성광묘녀경栴檀香火星光妙女經』을 번역하였다. 신라승 담화曇和는 이 번역을 한문으로 받아 적으면서 밀교계통의 경론도 접할 수 있었다.

뒤이어 선덕여왕 12년(643)에는 당나라에 유학 갔던 자장慈藏이 돌아오면서 장경 일부(4백여 상자)를 가져왔다. 특히 명관과 자장이 가져온 경론들은 신라불교학의 연찬에 크게 이바지 하였다. 유수한 철학자들은 이들 경론들에 힘입어 철학적 사고의 깊이를 확보하여 독창적인 저술들을 간행하였다. 분황 원효芬皇 元曉(617~676)는 『금강삼매경론』 등 100여 부 200여 권, 부석 의상浮石 義湘(625~702)의 『화엄일승법계도』 등 9부 10여 권, 경흥의 『무량수경문의술문찬』 등 40여 부, 의적의 『법화경집험기』 등 25부, 도증의 『성유식론요집』 등 13부, 승장의 『범망경보살계본술기』 등 7부, 현일의 『법화경소』 등 10부, 둔륜의 『유가사지론기』 등 20여 부, 태현의 『성유식론학기』 등 52부 등은 대표적인 저술들이다. 이들과 같이 많은 철학서를 남긴 저술가 이외에도 소수의 저술을 남긴 사상가들도 적지 않다.

즉 법위의 『무량수경의소』 1부, 지인의 『십일면경소』 등 5부, 영인의 『해심밀경소』 등 3부, 행달의 『유가론요간』 등 2부, 순경의 『법화경요간』 등 4부, 오진의 『인명론비궐약초』 등 3부, 지통의 『화엄요의문답』 등 2부, 도신의 『화엄일승문답』 1부, 표원의 『화엄경문의요결문

답』등 2부, 명효의『해인삼매론』1부, 혜초의『왕초천축국전』등 3부, 불가사의의『대비로자나경공양차제법소』1부, 연기의『화엄경요결』등 5부, 대연의『대방등여래장경소』등 4부, 견등의『화엄일승성불묘의』등 3부, 월충의『석마하연론』1부, 진숭의『화엄공목기』1부, 의융의『화엄석경명장』1부, 정달의『대비바사론소』1부, 심상의『화엄기신관행법문』1부, 범여의『화엄경요결』1부, 가귀의『화엄경의강』등 2부, 순지의『현법상표』등 3부, 단목의『범망경기』1부, 대비의『금강반야경소』1부, 법융의『법계도기』1부 등은 이 시대의 대표적 철학서들이다.

남국인 통일신라 말에도『삼국유사』「탑상」편 '전후소장사리' 조목의 기록처럼 보요普耀선사가 오월국에서 두 차례나 대장경을 가져왔으며, 묵黙화상이 후당으로부터 대장경을 가져왔다. 북국인 대발해(698~926) 황실 역시 8세기 초반에 불전이 전해지고 후반에 당나라 유학을 다녀온 정소貞素 등이『대승본생심지관경大乘本生心地觀經』등을 번역하였다. 이처럼 고대 사국은 인도와 티베트 및 중앙아시아와 중국 등을 통해 들여온 불전을 한역하거나 한역된 불전을 수용하였다. 그리고 이를 기반으로 신행에 매진하고 교학을 연찬하여 저술들을 널리 유통시켰다. 이 시대 신라 불학자들이 남긴 저술들은 한국불교의 정체성을 드높였고 인식틀을 드날렸다. 그리하여 한국불교의 성취는 신라불교의 성취에 크게 의존하고 있다.『삼국유사』의「의해」편은 해당 인물들의 특징적인 행적의 채록을 통해 신라불교의 성취를 뒷받침해 주고 있다.

# 원광의 '세속오계'와 '호국'관을
# 어떻게 이해할 것인가?

## 1. 불교의 오계

불자의 정체성은 '세 보배의 귀의[三歸依]'와 '다섯 계[五戒]'의 수지로
부터 확립된다. 삼보는 붓다라는 보배, 그의 가르침이라는 보배, 그의
가르침을 따르는 상가라는 보배라고 할 수 있다. 때문에 삼보의 귀의와
오계의 수지는 불자의 기반을 이룬다. 붓다의 열반 이후 불보는 불상
등으로 조형화되었다. 법보는 붓다의 말씀과 그 제자들의 주해서로 편
찬되었다. 승보는 붓다의 말씀을 따르는 평등과 화합의 공동체인 상가
의 수행자들이다. 이들 수행자들의 개인적 규범이 '계戒'이고, 공동적
규범이 '율律'이다. 불교의 10중대계와 48경계 및 비구의 250계와 비구
니의 348계(500계) 등의 계는 모두 오계로부터 비롯되었다. 그런데 이
계는 '지계持戒'와 '범계犯戒'로 갈라진다. 계는 '무엇을 하지 말라[禁戒]'
는 것에 겨냥되어 있지 않다. 오히려 '무엇을 하라[勸戒]'는 것에 겨냥되
어 있다.

불교의 계율은 수행자들의 수행의 정도를 가늠하는 척도라고 할 수 있다. 공동체인 상가에서 살아가는 수행자들은 공동체의 규범 설정을 대단히 중요시했다. 상가는 이러한 규범에 의해 유지될 수 있었다. 백제의 겸익이 가져온 『사분율』과 『십송율』 및 『오분율』과 『해탈율』 그리고 『마하승기율』 등 오부율은 불교공동체의 화합을 강조하는 상가공동체의 주요한 규범들이다. 여기에는 불교공동체의 일상과 문화가 고스란히 집성되어 있다. 공동체 생활에서는 주어진 일과와 물품 그리고 주어진 조건과 상황들이 모두 평등했다. 수행자들에게 주어지는 동일성과 평등성은 승가 유지의 기본 원리였고 화합상가를 떠받치는 버팀목이었다. 비둘기의 목숨 무게와 수행자의 목숨 무게가 다르지 않다는 『본생경』의 예화는 이러한 생명의 평등성을 잘 보여주고 있다.

불살생계의 진정한 의미는 '살아 있는 것들을 죽이지 말라'는 것보다는 '죽음과 공포의 굴레에 갇혀 있는 것들을 살려 주라'는 것에 있다. 또 불투도계의 참다운 의미는 '주지 않는 것을 훔치지 말라'는 것보다는 '내가 가지고 있는 것을 나눠주라'는 것에 있다. 불사음계의 진정한 의미는 배우자 이외의 이성과 음행을 하지 말고 '맑고 깨끗한 몸가짐을 지니라'는 것에 있다. 불망어계의 참다운 의미는 '거짓말을 하지 말라'는 것보다는 '진실한 말을 하라'는 것에 있다. 불음주계의 진정한 의미는 '술을 마시지 말라'는 것보다는 '맑고 깨끗한 정신을 유지하라'는 것에 있다. 이처럼 불교에서는 불자들로 하여금 '금계'보다는 '권계'에 초점을 둠으로써 적극적이고 능동적인 선행으로 유도하려고 했다.

원광(562?~660?)은 신라로 돌아와 청도의 가서[슬]갑사에 머물며 점찰법회를 주도했다. 또 그는 경주의 황룡사에 주석하면서 외교문서 등을 전담하였다. 원광은 외교문서(牋, 表, 啓, 書) 작성의 소임을 다하면

서 이후 신라 최초의 문한관직文翰官職인 상문사詳文師 설치의 산파역을
해 내었다. 그는 황룡사에 머물 때 진평왕은 고구려의 공격을 이겨내기
위해 '수나라에게 군사를 청하는 글乞師表]'을 짓게 했다. 표문에서 원
광은 "자기가 존재하기 위해 남을 멸하는 것은 사문의 행이 아니오나,
빈도가 대왕의 토지에서 대왕의 수초를 먹고 살면서 어찌 명하심을 따
르지 않으리까"라고 하였다. 원광의 이 「걸사표」는 호국과 호법의 관
한 깊은 시사를 담고 있다.


## 2. 호국과 호법

　불교사상사에서 이루어진 '호국護國'의 개념은 늘 '호법護法'과 등치의
관계를 이루어 왔다. '호국'은 '불교가 위기로부터 국가(국왕)를 수호하
는 것'이다. 이것은 인도적 토양과 사유를 반영하고 있다. 정치보다 종
교의 우위를 인정해 온 인도에서 '국가'란 국왕이 아니라 '국토'였고 그
것이 '불교의 국가관'이 되었다. 때문에 불경에서 말하는 '호국'은 '국왕
이 각종 재난으로부터 국토를 지키는 것'을 가리킨다. 여기서 국토를
수호하기 위한 전제 조건은 국왕의 불교 보호라고 할 수 있다. 이것은
붓다가 열반하면서 국왕에게 특별히 당부한 내용이기도 하다. 『인왕경
』과 『범망경』은 중국에서 성립된 위경들로 알려져 있지만 불교의 국가
관을 가장 잘 보여주는 경전들이다.
　『인왕경』에서는 16나라의 왕들이 국토를 수호할 인연에 대해 붓다
에게 묻는다. 붓다는 호국의 절대적 요건은 '호법護法'에 있으며, 반대로
불법을 파괴시키는 것은 '파국破國'의 인연이 되므로 경계해야 한다고

역설한다. 수·당 이래의 중국과 신라·고려 이래의 한국은 『인왕경』에 근거하여 여러 차례 백고좌百高座 법회를 열어 난국을 타개하려고 했다. 백고좌법회는 100명의 고승을 초빙하여 공양을 대접하고 100개의 등불을 밝히며, 온갖 향을 피우고 불상과 보살상과 나한상을 각기 백 구씩 시설하며, 이 자리에 참석한 국왕이 매일 『인왕경』을 직접 읽는 성대한 불교 의식이었다. 그런데 『인왕경』의 주요 메시지는 '호국'이 아니라 '호법'에 겨냥되어 있었다.

이것은 불교가 '국가를 어떻게 보호할 것인가[護國]'가 아니라 국왕이 '불교를 어떻게 보호할 것인가[護法]'에 맞추어진 것이었다. 이같은 호국론에 입각하여 황제(왕)는 곧 '당금當今의 여래如來'이니 승려들이 마땅히 황제(왕)에게 절을 해야 한다고 강변하였다. 이는 황제(왕)에게 절하는 것이 아니라 사실은 '부처님께 절하는 것'이라고 했다. 황즉불皇卽佛 혹은 왕즉불王卽佛 및 황즉보살皇卽菩薩 또는 왕즉보살王卽菩薩의 관념은 중국 남북조의 황제들과 당대의 측천무후, 신라 진평왕 전후기와 후고구려(태봉)의 궁예 등이 절대 왕정을 꿈꾸며 널리 활용하였다. 이 세계를 세간과 출세간으로 나눠보는 불교에서 세간의 통치자인 황제(왕)와 출세간의 통치자인 붓다를 동일시 할 수는 없다. 하지만 황제(왕)는 세간과 출세간을 동일시했고 자신과 붓다를 동일시했다.

그런데 내면의 각성을 추구하는 출가자와 현실의 행복을 추구하는 대다수 재가자들의 가치가 동일할 수는 없다. 또 불교와 사회, 교단과 국가와의 관계를 완전히 분리시켜 설명할 수만은 없다. 그렇다면 어떠한 관계 설정이 바람직할까? 여기서 국왕을 민民을 포함하는 사회 전체로 확대시킬 수 있다면 호국이 황제(왕) 한 사람을 위한 충성으로만 한정되지는 않을 것이다. 마찬가지로 호법이 불법만을 보호하기 위한 것으로만 강조되지도 않을 것이다. 그러므로 국가와 국왕을 동일시하든 차별시하든 간에 국가와 불법의 관계는 분리될 수도 없고 동일시될 수도 없다. 이러한 점을 고려하여 논의가 이루어져야만 생산적인 결론을 낼 수 있다.


### 3. 세속오계의 의미

가서갑에 머물고 있던 원광의 처소로 귀산貴山과 추항箒項이란 젊은 이들이 찾아왔다. 그들은 그에게 "죽을 때까지[終身] 계로 삼을만한 한 말씀[一言]"을 요청하였다. 원광은 "불교에는 보살계가 있어 '열 가지 무거운 대계[十重大戒]'가 있다. 하지만 너희는 남의 신하와 아들이 되어 지키기 어려울까 두렵다" 하였다. 그러면서 원광은 사군자와 교유하는 길과 훌륭한 국민이 되는 길을 위해 세속인들이 지켜야 할 사군이충事君以忠, 사친이효事親以孝, 교우이신交友以信, 임전무퇴臨戰無退, 살생유택殺生有擇의 오계[世俗五戒]를 제시해 주었다. 그런데 이 가운데에서 마지막의 살생유택 조목을 이해하지 못한 이들에게 그는 다시 '택시擇時'와 '택물擇物'의 활로를 통해 생명 존중의 길을 열어 주었다.

원광은 "여섯날과 봄철·여름철에는 생물을 죽이지 않는 것이니 이는 '시기를 가림[擇時]'이다. 가축을 죽이지 않음은 곧 말·소·닭·개를 이름이며, 작은 생물을 죽이지 않음은 곧 고기가 한 점도 되지 못하는 것을 이름이니 이는 '생물을 가림[擇物]'이다. 이는 또한 쓸모 있는 것만 하고, 많이 죽이지 말아야 할 것이다. 이것이 세속의 좋은 계목이다" 역설했다. 원광은 또 "(매월 8일·14일·15일·23일·29일·30일의) 6일(齋日)

은 사천왕이 사람의 선악을 살피는 날이자 악귀가 사람을 엿보는 날이
므로 사람마다 몸을 깨끗이 하고 계를 지켜야 하는 날이다. 때문에 이
러한 날에 생명을 죽여서는 안 된다"라고 하였다. 산 것들이 생식을 통
해 번성하는 봄철이나 여름철에 살생을 피하라는 것은 오히려 생물들
이 지니고 있는 번식의지를 잘라버리지 않아야 한다는 생명 존중의 사
상이다. 1년 365일 가운데에서 봄철과 여름철을 피하고(6×30=180여일)
다시 육재일을 피하면(6×6=36) 실제로 생명체의 생명을 끊을 수 있는
기간은 150여 일도 되지 않는다. 그렇게 되면 1년 가운데에서 생명체
의 생명을 끊는 기간보다 살려주는 기간이 더 길게 된다. 해서 이 조목
은 '생명체를 살려주어야 된다'는 부분을 더욱 더 강조하는 것이라고 할
수 있다. 이른바 '시일을 가림[擇時]'이라는 것은 바로 이것을 가리키는
것이다.

　원광은 또 인간들에게 다양한 도움을 제공하는, 이동수단인 말, 노동
수단인 소, 시간을 알려주는 닭, 집을 지켜주는 개 등의 가축들은 나름
대로 제몫이 있으므로 '생물을 가려[擇物]' 목숨을 끊어서는 아니된다고
했다. 그뿐만 아니라 한 점 고기가 되기에도 부족한[不足—臠] 미세한
생물[細物]을 가려서[擇物] 죽이지 말라고 하였다. 이 또한 쓸모 있는
것만 하되 많이 죽이지 말아야 할 것이라고 역설한다. 『법구경』에서
"꽃의 아름다움과 색깔, 그리고 향기를 전혀 해치지 않은 채 그 꽃가루
만을 따가는 저 벌처럼 잠깬 이는 이 세상을 살아가야 한다" 말한 것처
럼 원광의 생명과 생태에 대한 이해는 대단히 유연하다. 이러한 점에서
보면 원광의 이러한 해석은 『법구경』의 가르침대로 "꽃의 아름다움과
색깔과 향기를 전혀 해지지 않고 꽃가루만을 따가는 벌"처럼 지혜롭다.

　물론 살아가면서 알게 모르게 목숨 가진 것들을 죽이지 않을 수 없

는지도 모른다. 하지만 원광과 같이 발상을 바꾸면 생명에 대한 자세가 달라지게 된다. 그렇게 되면 육재일이나 봄철과 여름철을 피하면 '언제' 생명을 죽일 겨를이 있겠는가, 또 집안에 도움을 주는 가축이나 작은 생물을 죽이지 않는다면 '무엇'을 죽일 수 있겠는가? 원광은 '시기'와 '생물'을 "가려서 살려주기[擇殺] 위해" 해석의 새로운 지평을 열었다. 생물을 살려주기 위해 구체적인 실천방법을 모색해 온 원광의 혜안은 연기와 자비의 관점 위에서 상생의 생태학을 지향하고 있음을 보여준다. 이처럼 그는 사성제와 팔정도를 체계화한 성실학과 여래장사상을 조직화한 섭론학을 기반으로 하여 신라 대승불학을 정초하였다. 아울러 원광은 호국과 호법 사이의 활로를 열어 불교 국가관을 정립하고 현실적 삶의 구체적인 덕목으로서 세속오계를 창안했다.

# 보양이 작갑사 즉 운문선사를 세운 까닭은?

## 1. 나말여초의 대표 선사

『삼국유사』는 우리 고대의 역사와 문화를 담고 있다. 하지만 책의 이름 때문에 삼국의 역사만을 기록한 것으로 이해하는 이들도 적지 않다. 그런데 이 책은 '삼국의 빠진 이야기'라는 서명에도 불구하고 고려인이었던 찬술자 일연—然과 그의 제자 무극 혼구無極混丘의 역사관을 투영시켜 중세 고려의 역사도 틈틈이 담아내고 있다. 이를테면 태조 왕건王建을 가리키는 '아태조我太祖' 및 고려 태조 시절의 몇몇 기록이 이를 반증해 준다. 또 「기이」편에는 신라의 마지막 왕인 '김부(경순)대왕'과 '후백제의 견훤' 조목처럼 고려 태조와 경쟁하다 귀부한 두 왕의 전기도 실려 있다. 때문에 이들 기록들은 당시를 이해하는 데에 커다란 도움을 주고 있다.

「의해」편의 '보양이목寶壤梨木' 조목 역시 신라 말과 고려 초의 전환기를 배경으로 하고 있다. 그런데 이 '보양이목'은 '원광서학圓光西學' 조목과 연이어 있어 편집상의 혼란도 있었던 것으로 짐작된다. 현재 통용되는 중종 임신본(1512)에 의하면 '원광서학' 조목임에도 불구하고 말미 부분에는 보양의 이야기가 나오고 있다. 일연은 '원광서학'의 말미에서 "고려의 김척명金陟明은 항간의 말을 잘못 윤색하여 「원광법사」전을 만들면서 운문사 개산조인 보양의 사적을 합쳐 하나의 전기로 만들었었다. 그런데 뒷날 각훈覺訓은 『해동고승전』을 지으면서 잘못된 부분을 바로 잡지 않고 그대로 기술했기 때문에 오늘날의 사람들이 잘못 알게 되었다. 여기에서는 이들 기록과 자신의 글을 확실히 구별하기 위하여 한 자도 가감하지 않고 두 전기를 자세히 기록했다" 하였다.

일연은 「보양전」에서 보양의 고향과 성씨의 내력을 자세히 싣지 않았다고 지적하였다. 때문에 그는 청도군淸道郡의 서적들을 참고하여 보양의 행장을 재구성하고 있다. 천복天福 8년 계묘년(고려 태조 26) 정월 어느 날, 청도군 계리심사界理審使 순영順英 대내말大乃末과 수문水文 등이 주첩柱貼한 공문을 인용하여 "운문사雲門寺의 경계표[長生標]는 남쪽은 아니점阿尼岾, 동쪽은 가서현嘉西峴이라 했다." 그리고 "이곳 본사 삼강전의 주인은 보양화상이며, 원주院主는 현회장로玄會長老이고, 정좌貞座는 현량상좌玄良上座이며, 직세(直歲)는 신원선사信元禪師라고 하였다" 또 "개운開運 3년 병진년(946, 병오년), 운문산 선원의 장생표탑 공문의 하나에는 장생長生이 11곳이니 아니점, 가서현, 무현畝峴, 서북매현西北買峴, 북저족문北猪足門 등이다" 하였다.

아울러 "경인년 진양부晋陽府의 첩문에는 5도 안찰사가 각도 선교禪敎 사원이 세워진 연월과 내력 등을 조사하여 문서를 만들 때 차사원差使員이었던 동경의 장서기掌書記 이선李儒이 조사한 기록에는 정풍正豊 6년 신사년(1161) 9월, 군의 옛 전적인 『비보기裨補記』에 준하면, 청도군의 전 부호장 어모부위禦侮副尉 이칙정李則禎의 집에 옛 사람들의 행적과 이야기를 적어 놓은 것이 있다. 벼슬에서 물러난 상호장 김양신金亮辛과 호장 민육旻育, 호장 동정同正, 윤응尹應, 전기인前其人 진기珍奇 등과 당시의 상호장인 용성用成 등의 말이 기록되어 있다. 그때의 태수 이사로李思魯, 호장 김양신은 나이 89세요, 다른 사람들도 모두 70세 이상이었는데 용성도 60세 이상이라 했다'라고 적었다. 이처럼 일연은 자신이 머물렀던 운문사의 개산조인 보양의 전기를 재구성하기 위해 적극성을 띠었다. 보양에 대한 그의 기술태도는 선사로서의 면모보다는 사가로서의 풍모를 잘 보여주고 있다.

## 2. 작갑사 즉 운문사의 창사

신라 시대 이래에 청도군의 사원은 큰 사원인 작갑사 이하 중소 사원들이 있었다. 하지만 고구려와 백제와 신라가 싸우는 사이에 대작갑·소작갑·소보갑·천문갑·가서갑 등 5소갑이 모두 없어지고 다섯 갑주를 대작갑에 합쳐졌다. 작갑사의 시조인 승려 지식知識(보양)은 중국에서 불법을 전수받고 돌아올 때 용이 그를 서해에서 궁중으로 맞아들여 경문을 외게 하고 금실로 수놓은 비단 가사 한 벌을 시주하였다. 아울러 이무기[璃目]라는 아들 하나를 시봉으로 삼아 딸려 보내며 부탁하였다. "지금은 삼국이 소란하여 불법에 귀의하는 군왕이 없지만, 만일 내 아들과 본국으로 돌아가 작갑에 절을 짓고 살면 도적도 피할 것이오. 또한 몇 년이 못 되어 반드시 호법하는 어진 군왕이 나와서 삼국을 평정할 것이오." 말을 마치자 보양은 용과 헤어진 뒤 돌아와서 이 계곡에 이르렀다.

홀연히 원광圓光이라고 스스로 일컫는 노승이 인궤印櫃를 안고 나타나서 건네주고는 사라졌다. 일연은 여기에다 "원광이 진陳나라 말년에 중국에 갔다가 개황開皇 연간에 돌아와 가서갑에 머물렀고, 황룡사에서 죽었으니 청태淸泰 초까지는 무려 3백여 년이다. 지금 여러 갑사가 황폐한 것을 슬퍼하고 탄식하다가 보양이 와서 장차 절을 일으켜 세우려 한 것을 기뻐하여 알린 것이다"라고 할주를 붙였다. 보양은 황폐해진 절을 중흥하고자 북령北嶺에 올라가 바라보니, 뜰에 5층의 누런 탑이 있어 내려와 찾으니 자취가 없었다. 다시 올라가 바라보니 여러 마리의 까치가 땅을 쪼고 있었다. 해서 서해 용왕이 말하는 작갑을 생각하고 찾아가 땅을 파보니 벽돌이 없었다. 이에 이전 시절의 절터인 줄 깨닫고 절을 짓고 머무르며 작갑사라고 하였다. 얼마 뒤 고려 태조가 삼국을 통일하고 보양법사가 이곳에 있다는 말을 듣고 이에 다섯 갑의 전지 5백결을 합하여 이 절에 헌납하고 청태 4년(천복 2년) 정유년(937)에 운문선사雲門禪寺라는 편액을 내려 가사의 신령한 음덕을 받들게 하였다.

그 사이 이무기는 절 옆에 늘 살면서 보양의 불법 교화를 도왔다. 어느 해 갑자기 몹시 가물어 채소가 타들어 가고 말았다. 보양이 이무기에게 비를 내리도록 일렀다. 이무기가 비를 내리자 한 경내가 비에 흡족히 젖었다. 천제天帝는 자신도 모르게 비를 내린 죄로 이무기를 죽이려 하였다. 이무기가 사정이 급하게 되어 법사에게 말하였다. 법사는 이무기를 마루 밑에 숨겼다. 조금 있다가 천사天使가 와서 이무기를 내놓으라고 청하였다. 보양이 뜰 앞의 배나무[梨木]를 가리키자 천사가 배나무에 벼락을 치고 올라갔다. 벼락을 맞은 배나무가 말라 있는 것을 이무기가 쓰다듬자 곧 되살아났다. 그 나무가 근년에 쓰러지자 어떤 사람이 그 나무로 방망이를 만들어 법당과 식당에 두었다. 그 방망이의 자루에 다음과 같은 명문이 있었다.

처음에 법사가 당나라에 들어갔다가 돌아와 추화군推火郡 봉성사奉聖寺에 머물렀다. 마침 고려 태조가 동쪽을 정벌하는 길에 청도군 경계에 이르렀다. 하지만 산적들은 견성犬城(산봉우리가 물에 뾰쪽하게 서 있어 사람들이 그를 미워하여 견성이라 하였다.)에 모여 오만해지면서 항복하지 않았다. 이에 태조가 산 아래에 이르러 보양에게 쉽게 제압할 계책을 물었다. 보양이 대답하였다. "무릇 개라고 하는 것은 밤에만 지키고 낮에는 지키지 않으며, 앞만 지키고 뒤를 잊는 것이니 마땅히 낮에 견성의 북쪽을 치소서." 태조가 그 말대로 하자 산적들은 과연 항복하였다. 태조는 보양의 신통한 계략을 가상히 여겨 해마다 가까운 고을의 세금 벼 50섬을 주어 향화로 쓰게 하였다. 그래서 그 절에 태조와 보양 두 성인의 초상을 모시고 봉성사라고 하였다. 뒤에 법사는 작갑사로 처소를 옮겨서 불법을 크게 개창하고 그곳에서 일생을 마쳤다.


## 3. 보양전의 부전 문제

그런데 보양법사의 옛 전기에는 그 행장이 실려 있지 않았다. 아마도 언급한 것처럼 김척명이 항간의 말을 잘못 윤색하여 『원광법사전』을 만들면서 운문사 개산조사인 보양의 사적을 합쳐 하나의 전기로 만들면서 뒷사람들에게 오해를 불러 일으켰기 때문일까? 속전에는 의하면 보양은 석굴사의 비허備虛와 형제가 되었다. 아마도 비허는 보양과 긴밀한 관계를 유지했던 도반으로 짐작된다. 이들 두 사람은 봉성사와 석굴사와 운문사 세 절의 봉우리를 마주하며 서로 왕래했다고 전한다. 일연은 "후세 사람들이 『신라(수)이전新羅(殊)異傳』을 개작하면서 함부로 탑을 짓고, 이무기의 일을 『원광법사전』속에 기록하고, 견성의 사실은 『비허전』에 넣은 것은 잘못된 것이다. 『해동(고)승전』을 지은 이가 그대로 따라서 윤색하여 보양의 전기를 없애 후세 사람이 의심하고 잘못 알게 되었으니 그 얼마나 터무니없는 일인가?"라며 통렬히 비판하고 있다.

일연은 만년에 운문사에 머무르며 『삼국유사』의 많은 부분을 집필하였다. 그는 운문사에 머물며 이 절의 개조인 보양법사의 전기가 온전히 전해지지 않은 것에 대해 강한 의문을 제기하였던 것으로 짐작된다. 일연은 『삼국유사』각 조목 내용의 할주割註에서 뿐만 아니라 각 조목의 말미에 '상시논지嘗試論之'(아도기라), 또는 '의왈議曰'(아도기라), 혹은 '의왈義曰'(가락국기), 나아가 '찬왈讚曰'의 표현을 통해 자신의 생각을 직접적으로 보여주고 있다. 이러한 적극적인 그의 의사 표현은 『삼국유사』가 일연의 독창적인 저술이 아니라 종래 서적을 종합한 편집적 성격이 강한 저술이라는 세평을 다시금 생각하게 해 준다. 일연은 할주에서나 각 조목 말미에서의 종합 정리 및 찬시 등에 능동적으로 참여하면서 사가로서의 면모와 문화인으로서의 풍모를 강하게 보여주고 있다.

이처럼 보양의 행장이 옛 전기에 실리지 않았던 것에 대한 강력한 비판은 일연의 투철한 역사의식에서 비롯된다. 보양과 같은 주요한 인물의 전기임에도 불구하고 그에 관한 행장들인 『신라수이전』과 『원광법사전』과 『비허전』 등에 흩어져 실린 것들에 대해 일연은 당시 사가들의 시대정신과 역사의식의 결핍 때문이라고 지적한다. 더욱이 『해동고승전』의 저자는 이러한 잘못된 부분을 명확히 가려내어 보양의 전기를 온전히 재구성해야 함에도 이전 저술들의 오류를 그대로 따라 윤색하여 보양의 전기를 없애고 후세 사람들이 의심하고 잘못 알게 하였다며 그의 직무유기와 무책임성에 대해 통렬히 비판하고 있다.

우리는 '보양이목' 조에 나타난 일연의 인식을 통해 『해동고승전』의 역사의식과 『삼국유사』의 역사인식의 동이를 읽어낼 수 있다. 동시에 『삼국사기』의 역사의식과 『삼국유사』의 역사인식의 차이도 아울러 읽어낼 수 있다. 운문사의 개조인 보양의 전기와 그곳에 머물며 『삼국유사』의 대부분을 기술한 일연의 의식의 상통점을 읽어낼 수 있다. 나아가 김부식과 각훈의 역사의식과 일연의 역사인식의 차이를 읽어낼 수 있다. 우리는 이 조목을 통해 보양이 일연에게 상당한 영향을 끼친 인물이었음을 엿볼 수 있다.

청도군 호거산 운문사

운문사 작갑

# 신라 백성들이 「풍요」를 부른 까닭은?

## 1. 양지와 사석

　일찍이 붓다는 이 세계를 '고해苦海'라고 하였다. 갖은 굴욕과 모멸을 참고 견디며 살아가는 사바세계를 세상살이의 괴로움과 서러움을 껴안고 살아가는 바다라고 보았다. 고통은 '가지고 싶은 것을 다 가질 수 없는 불만족'과, '앞으로 펼쳐지는 세계를 다 살필 수 없는 불안정'을 가리킨다. 마치 '두 바퀴 중 하나가 찌그러지거나 부서져서 삐그덕 거리며 굴러가는 수레'처럼 불안정하고 불만족스러운 것이다. 붓다는 세상살이의 본질을 고통이라고 적확하게 제시하였다. 그는 현실에 대한 부정의 성찰이 아니라 진실의 통찰을 보여주었다. 붓다는 고통이란 '욕망하는 인간인 우리들 존재 그 자체의 기반이자 존재의 본질'이라고 갈파하였다.

　우리가 고통에서 벗어나기 위해서는 스스로 수행을 하여 극복해야만 한다. 그렇지 않으면 불보살을 향한 지극한 공덕으로 고통을 덜어 가는 수밖에 없을 것이다. 몇몇 사람들은 자기와의 싸움을 통해 고통을 스스로 헤쳐갈 수 있을 것이다. 하지만 그렇지 못한 사람들은 세상살이의 고됨과 서러움을 담아 노래를 지어 부를 수밖에 없다. 그 과정에서 공덕가와 찬불가 및 노동요와 민요들이 탄생하였다. 노래에는 그들의 고통과 슬픔 및 그리움과 희망을 담아내었다. 아이들은 이들 노래를 귀담아 듣고 흥에 겨워 따라 불렀다. 『삼국유사』 「의해」편에 실린 유일한 향가인 '양지사석良志使錫' 조의 「풍요」는 이렇게 해서 태어난 '공덕가'라고 할 수 있다.

선덕여왕 때 활동하였던 양지良志의 조상과 고향에 대해서는 자세히 알 수 없다. 양주동과 김사엽은 '양지'는 '아치'의 차자借字이며 아치는 공장工匠을 뜻하는 '바치'의 음전音轉이라고 하였다. 아마도 양지는 불상을 전문으로 만드는 조각승 즉 '불모佛母'를 일컫는 통칭으로 짐작된다. 양지는 절에 재齋가 있을 때면 늘 지팡이 머리에 포대 하나를 걸어 놓았다. 그러면 지팡이가 저절로 시주하는 집으로 날아가 흔들거리며 소리를 내었다. 그 집에서 이것을 알고 재에 쓸 비용을 넣어 주었고 포대가 차면 날아서 되돌아 왔다. 이 때문에 양지가 머물고 있던 절을 사람들은 석장사錫杖寺라고 불렀다. 그의 헤아릴 수 없는 신이한 행적은 늘 이렇게 이루어졌다. 양지는 여러 가지 기예技藝에도 두루 능통하여 신묘함이 견줄 데가 없었다. 또 글씨와 그림을 잘 그려 영묘사靈廟寺의 장륙 삼존 및 사천왕상과 아울러 전각과 탑의 기와와 사천왕사 탑 아래의 8부 신장과 법림사法林寺의 주불삼존 및 좌우 금강신 등이 모두 그가 만든 것이다.

양지는 영묘사와 법림사 두 절의 현판을 썼다. 그는 일찍이 벽돌을 다듬어 작은 탑 하나를 만들었다. 아울러 불상 3천구를 조각하여 그 탑 안에 안치하고 그 탑을 절 가운데 모시고 나서 예를 올렸다. 양지가 영묘사의 장륙삼존을 만들 때 스스로 선정에 들어가 삼매에서 뵌 부처의 모형으로 하였다. 그래서 온 성안의 남녀들이 다투어 진흙을 나르면서 「풍요風謠」를 불렀다. 이 노래는 선덕여왕 4년(635) 때 지어진 것으로 보아 사뇌가詞腦歌 가운데 「서동요」와 「혜성가」 다음으로 오래된 노래라고 할 수 있다. 「풍요」는 양지가 영묘사의 장륙 존상을 흙으로 빚어낼[塑造] 때 성안에 가득한 남녀들이 젖은 흙을 운반하면서 부른 민요라고 할 수 있다.

## 2. 노동요와 불가

본디 노동요란 사람들이 함께 노동을 하면서 부르는 노래를 가리킨다. 현재까지 전해지는 것 중의 하나인 상주시 공검면의 「모내기 노래」가 가장 대표적인 것으로 알려져 있다. 「풍요」는 신라 선덕여왕 때 불상 주조에 쓸 진흙을 나르던 이들이 부르는 노동요이다. 당시 신라인들은 이러한 노력의 공덕으로 세상살이의 고됨과 서러움을 잊으려 했다. 때문에 「공덕가」라고도 부른다. 균여대사가 지은 향가 「보현십종원왕가」(11수)는 여러 부처들의 공덕을 찬탄하고 칭찬하는 노래들로 이루어져 있다. 이들 노래는 붓다를 경배의 대상으로 설정하여 찬탄하고 칭찬하는 구도로 지어졌다. 반면 「풍요」는 붓다를 향한 경배와 찬탄과 칭찬이 아니라 불상 주조에 쓸 진흙을 나르는 자신들의 고됨과 서러움을 담아 공덕의 닦음을 환기시키는 노래이다.

"오다 오다 오다[來如來如來如]/ 오다 서럽다라[來如哀反多羅]/ 서럽다 의내여[哀反多矣徒良]/ 공덕 닷ᄀ라 오다[功德修叱如良來如]"(양주동 역). "왔구나. 왔구나./ 아 인생이란 일장춘몽이다./ 과연 서럽더라./ 그래서 왕생극락하기 위해, 절로 공덕을 닦으러 모여 들었다." (이재호 역) "온다 온다 온다/ 온다 서러운 이 많아라./ 서러운 중생의 무리여./ 공덕 닦으러 온다." (김완진 역) "오다. 오다. 오다./ 오다. 서러운 곳이 라./ 서러운 곳의 무리여!/ 공덕 닦으러 오다."(신재홍 역) "오다 오다 오다/ 오다 슬픔 많아라/ 슬픔 많은 우리 무리여/ 공덕 닦으러 오다." (황패강 역) 여기서 '래여來如'는 '이와 같이 가신 따타가타(tathaa+gatha)' 즉 '여거如去'의 다른 표현인 '이와 같이 오신 따타가타(tatha+agatha)' 즉 '여래如來'의 어순을 뒤집어 '오다'를 뜻하고 있다. 그런데 의미상으 로는 '오는구나' 혹은 '왔도다' 또는 '오라' 등의 표현으로 읽어도 무방해 보인다.

연구자들마다 해독解讀이 일정하지는 않지만 크게 노동요勞動謠로 보 는 관점과 불가佛歌로 보는 관점으로 나뉘고 있다. 노동요로 보는 관점 들은 "방아찧기(도구질) 노래의 발생 설화"(지헌영), "피지배계층의 불 사와 관련된 불만 섞인 노동요"(윤영옥), "신심이 두터운 사녀들이 불사 에 참여하며 부른 노래"(박노준)라고 주장하고 있다. 반면 불가로 보는 관점들은 "재에 드는 비용을 얻고자 시주의 문전에서 불렀던 불가"(김 종우), "불사에 참여하며 불교의 영적 체험을 노래화한 것"(황패강), "허 망한 현실을 살면서 공덕을 쌓자는 공덕가"(최철) 등이다. 양주동은 민 요 즉 자신의 서러움과 괴로움을 노동을 통해 극복하려는 공덕가로 보 고 있다. '양지사석' 조목의 내용과 연관지어 보면 이 노래는 가사 내용 에서 보이는 것처럼 '공덕가'라는 맥락에서 불가로 볼 수 있을 것이다.

양주동의 관점은 노동요와 불가를 아우르되 그 형식이나 내용이 민 요의 형식을 띠고 있다고 본 것 같다. 「풍요」는 「도솔가」와 「서동요」

와 함께 4구체 향가이며 4구의 형식 속에 밀도 있게 내용을 담고 있다. 일연이 "지금까지 이 지방 사람들이 방아를 찧을 때나 힘든 일을 할 때에 다들 이 노래를 부른 것은 대개 이로부터 시작된 것이다. 불상을 만들 때 든 비용은 곡식 2만 3,700석이었다(혹은 금색을 다시 칠할 때 든 비용이라고 한다)"라는 내용에 근거해 보면「풍요」는 '노동요'이자 '불가' 즉 '공덕가'였음을 짐작해 볼 수 있다.

## 3. 역사를 보는 눈

흔히 고대의 대형 건축물을 바라보면서 지배계급과 피지배계급의 이분법적 시각으로 바라보면 매우 경직된 관점으로 치달을 위험이 있다. 이를테면 왕실은 황룡사의 그 넓은 절터에 들어선 수많은 전각과 구층목탑을 조성하기 위해 수많은 민중들의 노동력을 착취하고 억압하였다고 보는 시각이다. 즉 당시의 지배계급은 백성을 억압하는 수단으로 불교의 세계관을 적극적으로 끌어들였다는 관점은 사안을 지나치게 정치 이데올로기적인 관점에서만 바라보는 시각이다. 물론 당시에 그런 점이 없지는 않았을 것이다. 하지만 모든 이들이 다 그렇게 생각하지만은 않았을 것이다. 그들 중에는 또 가족들을 먹여 살리기 위한 '직장' 개념으로 능동적으로 참여한 이들도 있을 것이다. 또 자신의 업장을 소멸하고 공덕을 쌓기 위해 자발적으로 장륙 불상 조성에 필요한 진흙 운송에 참여한 이들도 적지 않았을 것이다.

이러한 노력들을 배제한 채 오직 지배자와 피지배자의 이분법으로 전선을 긋고 바라보는 관점은 소모적일 수밖에 없다. 당시에 그러한 노력들이 있었기에 오늘 우리가 그 역사의 현장에 '관광차' 혹은 '연구차' 갈 수 있는 것이기 때문이다. 그러한 노력이 없었다면 역사에 아무런 흔적도 없는 그곳에 우리가 갈 아무런 이유가 없는 것이다. 우리가 밟고 있는 물적 토대 즉 역사 문화적 기반을 인정하지 않고서 모든 것을 대상화해서 비판적으로만 바라보면 진정한 역사관을 세울 수 없게 된다. 당시의 백성들이 자발적이든 강제적이든, 자율적이든 타율적이든 그곳의 역사에 참여하였기에 오늘의 우리가 그곳에 다시 참여할 수 있는 것이다. 이러한 시각은 과거의 역사에만 적용되는 것이 아니라 현재의 역사와 미래의 역사에서도 적용되는 것이다.

당시 양지는 「풍요」의 창작 계기가 된 영묘사 장륙 존상을 조성하기 위해 몸소 선정에 들어가 삼매에서 붓다를 친견하게 된다. 그리고 그렇게 친견한 붓다를 모형으로 장육 존상의 설계도를 그려냈다. 황룡사 장륙 존상과 마찬가지로 영묘사 장륙 존상은 1장 6척 즉 4미터 80센티의 거대한 소조상이었다. 이런 불상을 모시기 위한 전각은 적어도 화엄사 각황전覺皇殿과 같은 중층의 대법당이었을 것이다. 이 점을 고려해 보면 장육 존상에 들어간 진흙을 비롯해 좌우 보처의 보살상을 비롯한 사천왕상, 전각과 탑의 기와와 사천왕사 탑 아래의 8부 신장에 들어간 진흙들은 이루 헤아릴 수 없이 많은 양이었을 것이다. 거기에다 또 그가 조성한 법림사 주불 삼존 및 좌우 금강신에 이르면 소요된 진흙은 셈하기 어려울 정도로 많았을 것이다. 양지는 선덕여왕 당시 신라 원광과 안함과 자장에 필적하는 법력을 지닌 최고 승려였을 것으로 짐작된다. 그는 자신의 석장을 부리며[使錫] 그 법력을 자유자재 펴면서 대중 교화를 하였다.

하지만 당시나 지금이나 양지는 주로 사찰의 편액을 쓰는 서예가이자 불보살상을 조성하는 조각가 즉 불모로만 알려져 있다. 그것은 사람들이 양지의 법력을 온전히 이해하지 못했기 때문으로 이해된다. 해서 일연은 "양지법사는 재주를 다 갖추었고 덕행이 충만한 큰 인물이었지만 하찮은 재주만 드러내고 자기의 실력은 숨긴 것이라고 할 만하다"고 하였다. 그런 뒤에 일연은 이렇게 기리고 있다. "재 마치면 법당 앞에 석장은 한가한데,/ 정적 깃든 오리 모양 향로에 홀로 향불 피우네./ 남은 불경 읽고 나니 더 할 일 없어,/ 부처님 모습 빚어 합장하고 비오리." 일연의 찬시에 이은 현대의 시인 이성복은 「래여애만다라 3」에서 "이 순간은 남의 순간이었던가/ 봄바람은 낡은 베니어판/ 덜 빠진 못에 걸려 있기도 하고/ 깊은 숨 들여 마시고 불어도/ 고운 먼지는 날아가지 않는다/ 깨우지 마라, 고운 잠/ 눈 감으면 벌건 살코기와/ 오돌토돌한 간처녑을 먹고 싶은 날들/ 깨우지 마라, 고운 잠, 아무래도/ 나는 남의 순간을 사는 것만 같다" 하였다. 일연의 '더 할 일 없는 석장'이나 이성복의 '고운 잠 속에서 남의 순간을 사는 것' 같은 '오다 서럽더라'의 한 구절 그리고 「풍요」의 풍요로움은 '진실에 닿은 아름다움'이라고 할 수 있을 것이다.

# 법사들이 천축으로 간 까닭은?

## 1. 불전 입수와 불적 순례

인도에서 비롯된 불교는 동서로 뻗어나갔다. 이웃 나라들은 셀 수 없는 전법승과 상인들에 의해 불법을 접할 수 있었다. 동시에 헬 수 없는 구법승들에 의해 불법의 감로수를 마실 수 있었다. 인도 서역의 전법승과 달리 동아시아의 구법승들은 불전 입수와 불적 순례가 구도의 목표였다. 그들은 오직 진리에 대한 갈증에서 출발했다. 더러는 자기의 좁은 나라를 벗어나기 위해 구법을 떠난 이들도 있었다. 하지만 그들은 자기 나라를 벗어나는 순간 목숨을 걸 수밖에 없었다. 옛부터 인도를 향해 길을 떠난 고승들은 약 860여 명으로 집계된다. 이들 중 이름이 알려진 사람은 대략 165명이며, 이름을 알 수 없는 이들은 695명으로 추산할 수 있다. 이들 동아시아 구법승들의 대열에는 한국인들도 있었다. 이들 860여 명의 구법승들에는 10세기에 계업繼業의 동행자 300명과 행근行勤의 동행자 156명이 포함되어 있다.

그러면 이들이 인도로 간 길은 어떤 루트일까? 일찍이 청말 민국초의 중국 계몽철학자인 양계초梁啓超는 구법인이 이용하여 인도로 간 루트를 시기와 지역별로 나누어 여섯 갈래로 제시하였다. 그것은 1) 해로인 ① 광주廣州 출항 루트, ② 안남安南 출항 루트, ③) 청도靑島 출항 루트, 2) 서역 갈반타로渴槃陀路인 A) 소륵疏勒(카슈카르) 경유, B) 자합子合(카라샤르) 경유, C) 사차沙車(야르칸드) 경유, 3) 서역 우전－계빈로(于闐罽賓路), 4) 서역 천산북로天山北路, 5) 티베트－네팔로(路), 6) 전면로滇緬路 등이다. 그런데 인도에 대한 관심과 인도의 범본 불전을 입수하기 위한 관심이 매우 높았던 5세기에는 117인, 7세기에 124인이 이 길을 떠났던 반면 6세기에 20인만이 기록되어 있다. 이에 대해 양계초는 당시 인도 불교사상이 그렇게 활발하지 않았고, 돌궐의 득세로 인도로 가는 육상 교통로가 그전만큼 안전하지 않았으며, 중국 불교계가 나름의 이해와 성장에 눈을 돌렸다고 해명하였다.

반면 7세기에는 다시 구법인이 124명으로 급격히 늘어났다. 이것은 인도에 대한 관심이 새롭게 일어났음을 시사해 준다. 의정義淨의 『대당서역구법고승전』(691)에 의하면 인도로 건너간 한국인 승려들 9명의 일부를 알 수 있다. 특히 이 책에 실린 55명의 구법 고승 속에는 9명의 한국인이 수록되어 있다. 일연은 이 저술을 인용하여 "아리야발마阿離耶跋摩와 그를 계승하여 혜업惠業, 현태玄泰, 구본求本, 현각玄恪, 혜륜惠輪, 현유玄遊와 이름을 알 수 없는 두 명의 법사가 모두 자신을 잊고 불법을 좇아 천축에 가서 부처의 가르침을 배웠다"라고 적었다. 이어 "아리야발마는 신라 사람인데 처음에는 불교正敎를 구하러 일찍이 중국에 들어갔다가 성인의 자취를 직접 보고 싶은 마음에 용기가 생겼다. 정관 연간(627~649)에 장안을 떠나 오천축에 이르러 나란타사那蘭陀寺에 있으면서 율론律論을 많이 열람하고 불경을 커다란 나뭇잎에 베껴 썼다. 고국으로 돌아오려는 마음이 간절하였으나 기약한 것을 이루지 못하고 그 절에서 무상한 70세의 나이로 입적하였다" 하였다.

또 일연은 "하지만 어떤 이는 중도에서 일찍 죽거나 그 절에 머물렀지만, 끝내 신라[鷄貴]나 당나라로 돌아온 이가 없었고, 현태법사만이 당나라에 돌아왔으나 또한 죽은 곳을 알지 못한다" 덧붙였다. 그러면서 "천축 사람들이 우리나라를 구구타예설라[矩矩吒磬說羅]라고 부르니, 구구타는 닭[鷄]이란 말이요, 예설라는 존귀함[貴]을 말하는 것이다. 그 나라 사람들이 전하여 말하기를 '신라는 닭의 신[鷄神]을 존경하기 때문에 그 깃털을 머리에 꽂아 장식한다'고 하였다. 『삼국유사』 「의해」편의 '귀축제사' 조는 신라가 혜초 당시 계림[鷄林]으로 널리 알려진 것과 달리 천축에는 '계귀' 혹은 '구구타예설라'로 알려져 있었다는 사실을 보여주고 있다. 또 돈황 벽화에서 보이는 조우관을 쓴 신하들처럼 고구려 이래 우리 선조들이 머리에 새의 깃털을 꽂아 장식한 관[鳥羽冠]을 쓰고 있었다는 사실을 보여주기도 한다.

## 2. 한국 출신 구법인

이름을 알 수 있는 백제와 신라 및 고구려 출신의 인도 및 서역의 구법인은 모두 12인이다. 백제의 겸익謙益과 고구려의 현유玄遊를 제외하면 나머지 10인은 모두 신라인이다. 기록에 의하면 신라의 구법인은 아리야발마, 혜업, 현태, 구본, 현각, 혜륜, 실명 승 2인 이외에 혜초慧超, 무루無漏, 원표元表, 오진悟眞 등이다. 백제의 겸익은 『미륵불광사사적彌勒佛光寺事蹟』에 따르면 성왕 4년(526) 바닷길로 인도로 가서 중인도의

상가나대율사에서 수학하고 인도 승려 배달다倍達多 삼장과 함께 아비
담장阿毘曇藏과 오부 율문律文을 가지고 백제로 돌아와 번역하였다. 고구
려의 현유는 『대당서역구법고승전』에 의하면 스승인 중국인 승철僧哲과
함께 스리랑카에 가서 그곳에 머무르다가 입적하였다. 각훈의 『해동고
승전』에는 동인도로 간 것으로 기술하고 있다. 아마도 그곳에서 스승
과 헤어져 스리랑카로 간 것으로 짐작된다.

신라의 아리야발마는 정관 연간에 장안을 출발한 뒤 총령을 넘어 인
도에 건너갔다. 나란타사에 머물며 율론을 열람하고 불경을 사경한 뒤
그곳에 머물다 입적하였다. 현각玄恪은 현조玄照와 함께 인도에 가서 보
드가야를 방문한 뒤 인도에서 병사했다고 한다. 혜업惠業은 당 정관 연
간(627~649)에 인도로 건너가 날란다에 머물며 진제가 번역한 『섭대승
론』을 필사했으며 그곳에서 입적하였다. 의정은 날란다에서 그의 필사
본 『섭대승론』을 발견하였다. 현태玄泰는 영휘 연간(650~655)에 티베
트와 네팔을 거쳐 인도에 들렀으며 귀환 도중 토욕혼土浴渾까지 갔다가
다시 보드가야로 돌아와 중국으로 귀국했다고 한다. 각훈의 『해동고승
전』에는 그가 상카시야에 있는 삼도보계三道寶階를 보았다고 쓰고 있지
만 그 전거를 알 수는 없다.

혜륜은 『대당서역구법고승전』에 의하면 신라에서 인도 순례를 위하
여 중국으로 왔다가 당 인덕麟德 연간(664~665)에 현조와 함께 인도에
갔다고 한다. 그는 바이샬리의 토하라 승사僧寺에서 의정을 만났지만
그 이후 자취에 대해서는 자세히 알 수 없다. 구본은 『대당서역구법고
승전』의 서두에만 나오는 신라승이다. 원표는 『송고승전』에 의하면
신라(사실은 고구려 유민?) 출신이지만 당나라 천보 연간(742~756)에
중국에 갔다가 서역(于闐)으로 가서 성적聖跡에 참배하고 중국에 돌아

와 푸젠 성福建省의 지제산支提山 석굴에 머물렀다고 한다. 『보림사사적』 (1457~1464년 편찬)에 그가 장흥의 보림사를 세웠다고 하지만 사실은 장흥의 천관사를 세운 것으로 짐작된다. 이후 중국에 머물다가 다시 신라로 돌아와 보림사와 천관사 등에 머물렀던 것으로 추정된다.

무루는 『송고승전』에 의하면 신라 성덕왕의 왕자 출신으로 팔탑八塔에 경배하기 위해 인도로 가다 총령의 하란賀蘭에 머물다가 입적한 것으로 추정된다. 이름을 알 수 없는 신라승 2인은 의정의 『대당구법고승전』에 의하면 7세기 후반에 바닷길로 인도로 가다가 파로사婆魯師에서 입적했을 것으로 짐작된다. 오진은 『대당청룡사삼조공봉대덕행장大唐靑龍寺三朝供奉大德行狀』에 의하면 당 정원 5년(789)에 중국을 떠나 중인도에 가서 『대비로사나경』을 구해 돌아오다가 티베트에서 입적하였다. 신라 출신의 대표적인 구법승인 혜초慧超/惠超(704년~787년)는 어린 시절부터 좁은 신라를 떠나 세계인으로 살려고 유학을 시도하였다.


## 3. 혜초의 인도·둔황 순례

혜초는 신라 성덕왕 18년(719)에 신라를 떠나 당나라로 건너가 남인도南印度의 밀교승密敎僧 금강지金剛智에게 불도를 배웠다. 성덕왕 22(723)년에 당나라 광저우[廣州]에 가서 인도의 승려 금강지金剛智의 제자가 된 뒤, 그의 권유로 바닷길로 인도네시아 자바섬 근교의 나신국裸身國을 경유하여 인도 동해안에 도착하였다. 이어 인도의 사대 영탑靈塔 등의 여러 성적聖蹟을 순례하고, 오천축국五天竺國 등 40여 개국을 거쳐 파미르고원을 넘었다. 727년경(성덕왕 26)에 당나라 안서도호부安西都護府가 있는 쿠채龜玆를 거쳐 당나라 장안長安으로 돌아왔다.

그는 중국의 광저우廣州에서 시작해 수마트라와 스리랑카, 우즈베키스탄과 아프가니스탄, 파미르 고원 부근과 카슈가르喀什(당시의 疏勒國)와 쿠처庫車(龜玆國)를 마지막으로 하는 8년간의 여행을 기록한 『왕오천축국전』 3권을 남겼다. 740년(효성왕 5)부터 당나라 장안長安 천복사薦福寺의 도량道場에서 금강지와 함께 『대승유가금강성해만주실리천비천발대교왕경大乘瑜伽金剛性海曼珠實利千臂千鉢大敎王經』이라는 밀교密敎경전의 한역에 착수하였으나 이듬해 금강지가 입적하자 중단되었다. 불공의 입적 뒤 동학들과 함께 황제에게 글을 올려, 스승의 장례 때 보여준 은혜에 감사하며 아울러 스승이 세웠던 사찰을 존속시켜달라고 청원했다.

773년경 대흥선사大興善寺에서 금강지의 제자 불공不空으로부터 이경의 강의를 들었다. 그리고 787년까지 중국의 오대산五臺山(3058미터)의 금강지 대공삼장大空三藏의 역장譯場에서 54년 동안 지내면서 많은 불경을 번역하였다. 그는 불공삼장不空三藏 6대 제자의 한 사람으로 당나라에서도 이름을 떨쳤으며 불공은 유서에서 자신의 법을 이은 6대 제자 가운데 2번째로 혜초를 꼽았다. 그가 쓴 인도 기행문인 『왕오천축국전往五天竺國傳』은 오랫동안 전해지지 않았다. 1906~1909년 사이에 프랑스의 학자 폴 펠리오Pelliot가 중국 간쑤성 지방을 탐사하다가 둔황 석굴에서 구매한 앞뒤가 떨어진 책 2권을 발견하였다. 현재 이 기행문은 8세기 동서교류사 연구에 있어 너무나 귀중한 자료로 인식되고 있다.

그동안 밀교승 혜초는 단지 불공不空/Amoghavajra(705~774) 삼장의 제자라는 것만 알려졌었다. 그의 여행기가 발견된 지 7년 뒤인 1915년에 일본 학자 다카쿠스 준지로高楠順次郎는 당대 밀교 최성기의 중요 문헌인 원조圓照의 『대종조증사공대판정광지삼장화상표제집代宗朝贈司空大辮正廣智三藏和尙表制集』 속에 수록되어 있는 사료에 근거하여 밀교승 혜초가 신라인으로서 유년기에 당나라에 들어가 중국 밀종密宗의 시조인 금강지金剛智/Vajrabodhi(671~741) 삼장을 사사하고 불경의 한역에 지대한 공헌을 한 신라인이었음을 고증해 내었다. 그는 한국인으로는 최초로 이슬람 문명권을 다녀온 사람이자 기행가라는 점에서 지금도 높은 평가를 받고 있다. 일연은 천축으로 떠난 여러 법사들을 기리며 "천축땅은 멀고 멀어 만첩산이 가려 있건만/ 가련하게 유학사들 힘들어서 오르네/ 몇 번이나 저 달 따라 외로운 배 보냈건만/ 구름 따라 석장 짚고 오는 이 못 보았네"라며 안까까워 하고 있다.

# 혜숙과 혜공이 세속과 함께한 까닭은?

## 1. 화광과 동진

사람이 살아가는 공동체에는 일정한 법도가 있다. 그 법도는 공동체의 일원으로서 마땅히 지켜야 될 도덕과 윤리이다. 여기서 '도는 고금의 으뜸[道冠古今]이며 덕은 천지의 짝이다[德配天地]'는 뜻이다. 윤리는 공동체라는 동아리에서 살 수 있는 최소한의 원리이다. 때문에 한 조직의 일원으로서 최소한의 의무를 지키지 않으면 공동체에서 추방되기 마련이다. 생활공동체 혹은 수행공동체인 상가에 출가한 성직자의 경우에도 마찬가지이다. 평등과 화합의 공동체인 상가를 구성하는 출가자들에게는 엄격한 계戒와 율律이 정해져 있다. 계와 율은 구속일지 모르나 한편으로는 계와 율은 자신을 지키는 일이자 남을 지키는 일이다. 계와 율이 구속이 아니라 대자유로 나아가는 지름길이라면 지키지 않을 이유가 없다. 그러므로 계와 율은 출가자의 존재이유이자 재가인으로부터 존경받을 수 있는 최소한의 이유이기도 하다.

불교 전통에서 보면 출가자는 계와 율의 수지를 목숨의 수지로까지 여겼던 실례들이 적지 않다. 계는 오계로부터 팔계(팔재계), 십(중대)계, 사십팔(경)계, 이백 오십 계, 삼백 사십 팔계 혹은 오백계로 확장된다. 때문에 오계만 지켜도 절도있는 삶을 살 수 있게 된다. 하지만 일정한 수행력을 획득한 뒤에 계와 율에 구애받지 않고 자유자재로 살았던 이들도 적지 않았다. 그들은 그물에 걸리지 않는 바람처럼, 허공에 자취를 남기지 않는 새들처럼 자유롭게 살았다. 그러기 위해서는 계체戒體에 대한 흔들림 없는 인식이 전제되어야 한다. 그래야만 경계에 붙들리지 않고 계상戒相과 계용戒用에 의해 보살행을 펼칠 수 있게 된다. 우리의 불교 전통에서는 신라시대 서민불교의 문을 연 혜숙惠宿과 혜공惠空 및 대안大安과 원효元曉 등과 같은 자유인이 있었다.

혜숙과 혜공의 생평에 대해서는 『삼국유사』「의해」편 '이혜동진二惠同塵' 조목에 실려 있다. 일연은 이들 두 사람의 가풍을 『노자』 4장의 '화기광 동기진和其光, 同其塵'에서 따와 '동진'으로 조목 이름을 붙이고 있다. 깨침을 얻은 이는 "그 빛을 조화시켜서 그 티끌세상과 함께한다"는 것이다. 혜숙과 혜공은 너무나 확고하여 흔들리지 않는 계체 위에서 세상을 따르는 계상과 계용을 보여주었다. 때문에 전생의 석가보살이 자신의 살점을 떼어 비둘기의 목숨을 대신하려 했던 것처럼 이들의 삶은 보살의 대비행으로 드러나고 있다. 혜숙은 화랑이었던 호세랑好世郎의 무리였으나 자취를 감추고 적선촌에 이십여 년을 숨어 살았다. 때마침 국선國仙이 교외에 사냥을 하고 있었다. 하루는 혜숙이 길에 나와 말고삐를 잡고 청하였다. "소승도 따라 가기를 청합니다." 구참이 허락하였다. 혜숙이 옷을 벗어젖히고 종횡으로 내달리자 구참은 매우 기뻐하였다.

잠시 쉬는 동안 그들은 고기를 삶고 구워먹었다. 혜숙도 같이 먹으면서 조금도 싫어하는 기색이 없었다. 조금 있다가 앞으로 나아와 말하였다. "지금 더 좋은 고기가 있으니 더 드시겠습니까?" 구참이 좋다고 하였다. 혜숙이 딴 사람을 물리치게 하고 자기 허벅지 살을 베어서 소반에 바쳐 올렸다. 옷에는 피가 줄줄 흘러내렸다. 구참이 깜짝 놀라며 말하였다. "어찌하여 이러는가?" 혜숙이 말하였다. "처음에 공이 어진 사람이라 나를 용납해 주고 만물에 통달하였다 여겨서 따랐소. 그런데 이제 공을 보니 살육을 탐하고 남을 헤쳐 자신의 몸 살리기에만 성실할 뿐이니 어찌 어진이나 군자가 할 일입니까? 공은 우리와 함께할 무리가 아닙니다." 혜숙은 옷을 털고 가버렸다. 구참은 크게 부끄러워 하였다. 혜숙이 먹던 것을 살펴보니 소반에 담았던 고기가 조금도 줄지 않고 그대로 있었다. 남의 악한 행위를 일깨워주기 위해서는 법력法力을 갖추어야만 한다. 남의 어려움을 덜어주기 위해서도 마찬가지이다. 혜숙은 계와 율의 체화體化를 통해 우러나온 수행의 힘으로 보살행을 할 수 있었다.

## 2. 계에도 붙들리지 않은 자유

'계에도 붙들리지 않은' 혜숙의 보살행은 사람들에 의해 곧바로 신라 조정에 알려졌다. 이 일을 전해들은 진평왕은 사신을 보내 혜숙을 맞아 오라 하였다. 사신이 오자 혜숙은 어느 여인과 함께 자리에 누워 있었다. 사신을 여인과 함께 누워 있는 혜숙을 보고 더럽게 여겨 돌아갔다. 사신이 혜숙의 처소를 떠나 7, 8리쯤 되는 곳에서 혜숙을 만났다. 그는 혜숙에게 어디서 오느냐고 물었다. 혜숙이 말하였다. "성 안에 보시하는 집에서 7일 재齋를 마치고 돌아오는 길이오." 사신이 그 말대로 진평왕에게 아뢰었다. 임금은 사람을 시켜 보시한 집을 조사하게 하였다. 조사를 해 보니 사실이었다. 그 뒤 오래지 않아 혜숙이 갑자기 입적하였다. 마을 사람들은 그를 이현耳峴에 장사를 지냈다.

때마침 그 마을 사람이 이현 서쪽에서 오다가 혜숙을 만났다. 어디로 가느냐고 물었다. "여기에 오래 살았으니 다른 곳으로 가고자 하오." 두 사람은 서로 인사하고 헤어졌다. 마을 사람은 혜숙이 반리쯤 가더니 구름을 타고 가는 것을 보았다. 그는 이현 동쪽에 오다가 혜숙을 장사 지내려 모인 사람들을 만나 아까 있었던 일에 대해 자세히 말하였다. 그들이 무덤을 헤쳐 보자 짚신 한 짝만이 있을 뿐이었다. 이처럼 그는 삶과 죽음[生死]에도 자유자재하였다. 경주 안강현 북쪽에는 그가 머물렀던 혜숙사가 있었고 그곳에 부도가 있었다고 한다. 일연은 그의 보살행을 기려 "들판에서 사냥하고 여인과 누웠다가/ 짚신 한 짝만 남겨 놓고 어느 공중으로 갔는가"라는 찬시를 남기고 있다. 이어 또 그를 혜공과 함께 '세속의 불 속에서도 타지 않은 보배로운 연꽃[火中蓮]'이라고 기렸다. 욕망의 불꽃조차도 그의 계체戒體를 태울 수 없을 정도로 그는 자유 자재하였다는 말이다.

신라 서민불교의 기수인 혜숙과 짝을 이루는 혜공은 천진공天眞公의 집에서 고용살이 하던 할미의 아들(憂助)이었다. 일찍이 천진이 종기를 앓아서 거의 죽게 되자 문병하러 오는 이가 길을 메웠다. 그때 일곱 살이었던 우조는 어머니에게 물었다. "집에 무슨 일이 있기에 손님들이 이렇게 많습니까?" 어머니가 대답하였다. "주인 어른의 병이 악화되어 장차 죽게 되었는데 너는 어찌 그것을 모르느냐?" 우조가 말하였다. "제가 고칠 수 있습니다." 어머니가 이상히 여겨 천진에게 말하였다. 천진이 우조를 불러오라 하여 병상 앞에 앉혔다. 아무 말도 하지 않았는데 조금 후에 종기가 저절로 터졌다. 천진은 우연이라 여겨 이상하게 생각하지 않았다. 그 사이 우조는 장성하여 천진을 위해 매를 기르는데 그의 마음에 썩 들었다.

일찍이 천진의 아우가 관직을 얻어 외지에 가면서 그에게 매 한 마리를 임지에 가지고 가겠다고 하여 주었던 일이 있었다. 어느 날 저녁에 공이 갑자기 그 매 생각이 나서 내일 새벽에 우조를 시켜 가져오게 해야겠다고 생각하였다. 우조는 벌써 주인의 뜻을 알고 날이 채 밝기도 전에 그 매를 가져와 천진에게 바쳤다. 천진이 크게 놀라 비로소 전에 종기를 낫게 했던 일도 신기한 일이었음을 깨닫고 말하였다. "내가 지성至聖하신 분이 우리 집에 의탁해 있는 것을 모르고 그릇된 말과 예 아닌 일로 욕을 많이 보였으니 그 죄를 어찌 씻겠습니까? 원컨대 이제부터 스승이 되시어 저를 인도해 주소서." 드디어 천진은 우조에게 절을 하였다. 우조는 자신의 영험이 이미 드러났기 때문에 결국 출가하여 승려가 되었다. 이름은 혜공이라고 부르게 하였다.


## 3. 세간을 따른 이유

혜공은 늘 한적한 절에 있으면서 매양 삼태기를 짊어지고 술에 취하여 미친 듯이 거리를 돌아다니며 노래하고 춤을 추었다. 때문에 사람들은 그를 '부궤화상負簣和尙'이라 하였고 그가 있는 절을 부개사夫蓋寺(부개는 삼태기의 신라말)라 하였다. 또 그가 부개사 우물 속으로 들어가면 몇 달씩 나오지 않았다. 이로 인하여 우물의 이름을 혜공이라 하였다. 우물 속에서 나올 때는 반드시 푸른 옷을 입은 신동이 먼저 솟아나왔다. 해서 절의 승려들은 그가 나올 때를 짐작하였다. 하지만 우물에서 나와도 옷이 젖지 않았다. 그는 만년에 항사사恒沙寺(현 吾魚寺)로 옮겨 머물렀다. 때문에 세간에서는 그를 '항사성인恒沙聖人'이라고도 불렀다. 그때 원효元曉는 여러 불경의 소疏를 짓다가 의심이 나면 혜공에게 가서 물으며 가끔씩 농담을 하기도 하였다.

하루는 원효와 혜공이 개천에서 고기와 새우 등을 잡아먹고는 돌 위에 똥을 누었다. 혜공이 그것을 가리키며 말하였다. "자네는 똥을 누고 나는 고기를 누었다" 이 때문에 오어사라고 이름지었다. 일찍이 구참공이 산에 유람갔다가 혜공이 산 속에서 썩은 시체에 벌레난 것을 보고 한참 슬퍼하다가 발길을 돌렸다. 그런데 성 안에 들어가자 혜공이 크게 취하여 저자에서 노래하며 춤추는 것을 보았다. 하루는 새끼줄을 가지고 영묘사靈廟寺에 들어가 금당과 좌우 경루經樓와 남문의 낭무廊廡를 둘러 묶고 강사剛司에게 이르기를 "이 새끼줄을 반드시 3일 뒤에 풀라"고 하였다. 강사가 이상히 여겨 그대로 하였다. 과연 3일 만에 선덕여왕善德女王의 어가가 행차하였다. 지귀志鬼가 불을 질러 탑을 태워버렸으나 오직 새끼줄을 둘러맨 곳만 화재를 면하였다.

또 신인종神印宗 조사祖師 명랑明朗이 금강사金剛寺를 새로 짓고 낙성연落成演을 베풀었다. 모든 고승들이 모였지만 오직 혜공만이 오지 않았다. 때문에 명랑이 곧 향을 피우고 빌자 조금 있다가 혜공이 왔다. 때마침 큰 비가 왔는데도 혜공의 옷은 젖지 않았고 발에는 흙도 묻지 않았다. 혜공이 명랑에게 말하였다. "은근히 부르기에 왔소." 그에게는 이러한 신령한 자취가 있었다. 임종할 때는 공중에 높이 뜬 채로 입적하였는데 셀 수 없을 정도로 많은 사리가 나왔다. 일찍이 승조의 『조론

肇論』을 보고 말하였다. "이것은 내가 옛날에 지은 것이다." 일연은 이 일을 근거로 혜공이 승조법사僧肇法師의 후신後身인 것을 알겠다고 하였다. 일연은 혜공의 보살행을 "술집에서 미친 듯 노래하고 우물에서 잠을 잤네"라며 기리고 있다. 또 혜공을 혜숙과 함께 보배로운 '세속의 불 속에서도 타지 않은 보배로운 연꽃[花中蓮]'이라고 기렸다. 욕망의 불꽃조차도 그의 계체를 태울 수 없을 정도로 그는 자유 자재하였다는 말이다.

삶과 죽음에 자유롭기 위해서는 얼마만큼 수행해야 하는가. 살아 있는 존재는 모두 생유와 본유와 사유와 중유의 삶을 살아간다. 때문에 이 반복되는 삶의 수레바퀴를 벗어나기 위해서는 '계를 지키고[持戒]' '율을 지키기[持律]' 위한 자기와의 싸움이 필요하다. 눈앞에 펼쳐지는 온갖 유혹과 갖은 경계에 붙들리지 않고 자유 자재한 삶을 살기 위해서는 계체戒體에 대한 확고부동한 체화가 전제될 수밖에 없다. 삶의 매듭과 죽음의 매듭에 묶이지 않기 위해서 우리는 얼마만큼 절도 있는 삶을 살아야 할까? 이 조목에서 살펴본 것처럼 혜숙과 혜공의 계체는 그 어떤 욕망의 불로도 무너뜨릴 수 없었다. 보살은 '계율'이라는 견고한 갑옷을 입고 '자비'라는 따뜻한 마음을 지닌 채 살아 있는 생명체들에게 다가가는 존재이다. 혜숙과 혜공은 '세속으로 나아가기[同塵]' 위해서 얼마나 많은 나날을 정진하였까? 동시에 우리는 세속에 나아가기 위해 얼마만큼 정진하고 있는가 되물어 본다.

# 자장이 통도사 금강계단을 시설한 까닭은?

## 1. '호법'과 '정율'의 정체성

　자장慈藏(576~655, 590~658, 608~677?)은 신라의 대표적 고승이었다. 그의 입적 직후 적지 않은 전기가 지어졌음을 통해서도 알 수 있다. 고려 후기 민지閔漬가 지은 『오대산월정사사적』에는 「봉안사리개건사암제일조사전기奉安舍利開建寺庵第一祖師傳」(이하 「第一祖師傳」)가 실려 있는데 그 전거로 「원효소찬(자장)본전元曉所撰(慈藏)本傳」을 들고 있다. 이것은 일찍이 원효가 지었던 『자장조사전』으로 추정되지만 현존하지 않아 확정할 수 없다. 또 일연의 『삼국유사』「탑상」편의 '가섭불연좌석迦葉佛宴坐石'에 언급된 「자장전」이 원효 저작인지도 확정할 수는 없다. 이외에도 당나라 도선의 『속고승전』(645) 권24의 「당신라국대승통석자장전唐新羅國大僧統釋慈藏傳」(이하 「당자장전」)과 일연의 『삼국유사』「의해」의 '자장정율慈藏定律' 조가 있다. 일연의 '자장정율' 조는 도선의 '당자장전'을 거의 그대로 원용하면서도 자장이 신라로 돌아온 뒤의 말년 행적까지 담고 있어 온전한 전기로서의 모습을 갖추고 있다.

현존하는 전기들을 통해 자장의 정체성은 어느 정도 규명할 수 있다. 하지만 『속고승전』에서 언급한 경율經律의 소疏 10여 권 중 『사분율갈마사기』와 『십송율목차기』, 『아미타경소』, 『아미타경의기』(일본승 良忠의 『法華讚私記』에 신라 靑林寺 慈藏述이라고 인용됨), 『관행법』(1권) 등이 현존하지 않아 그의 인식틀을 알아보기는 어렵다. 자장은 계율과 미타 계통의 저술을 남겼고, 당에서 돌아온 뒤 분황사에서 『섭대승론』을 강론하였다, 그리고 황룡사에서 「보살계본」(유가보살계본?)을 7일 7 강의하자 하늘에서 감로가 내렸고, 운무가 강당을 덮었다는 대목을 보면 신라 불교 초전기의 섭론계 및 구역 유식계에 입각한 사상가였음을 미루어 짐작해 볼 수 있다. 이것은 그가 당나라 동아시아 불교사상사의 주요 흐름과 궤를 같이 하여 연찬했음을 보여주고 있다.

자장은 불교의 전 분야에 관심이 있었다. 때문에 도선은 그의 전기를 담은 「당고승전」에서 그의 소속을 '명율明律'편이 아니라 '호법護法'편에 분속시켰다. 이것은 자장을 '호법보살護法菩薩'이라고 총평總評한 동시대인 도선의 의식을 보여주고 있다. 반면 후대의 일연은 자장을 '정율' 즉 계율을 확정한 인물로 규정하였다. 이것은 당나라 도선과 고려 일연의 자장 인식이 동일할 수 없음을 보여주고 있다. 일연은 "이에 통도사를 창건하고 계단을 쌓아 사방에서 오는 이를 제도하였다. 또 (그가) 태어났던 집을 고쳐지어 원녕사元寧寺라고 하였다. 낙성회를 열어 잡화雜花 만게萬偈를 강의하였더니 52녀女가 감응하여 나타나 (그의 강의를) 듣고 증명하였다. 문인들로 하여금 그 숫자대로 나무를 심게 하여 이 이적을 표시하고 지식수知識樹라 불렀다" 적고 있다.

불교 공인 뒤 신라 불교는 아직 출가자를 위한 기본 위의와 법식이 확정되지 않았다. 중국으로 건너가 출가한 원광이나 안함과 자장, 혜공과 혜숙, 원효와 의상 등과 같은 신라 초기 승려들의 사승師僧관계가 분명하지 않은 것은 당시에 출가 위의나 법식이 확정되지 않았기 때문이다. 진평왕은 진陳나라에서 귀국한(602) 지명智明의 계행을 존경하여 대덕大德으로 삼았다. 지명은 『사분율갈마기』라는 저술을 지었으므로 그 당시 계본과 갈마문이 유통되어 있었음은 알 수 있다. 하지만 자장은 당에서 돌아오기 이전까지 승려들의 득도得度를 위한 계단의 시설과 수계작법이 이루어지지 않았다. 일연은 바로 이 점에 착목하여 자장의 정체성을 신라불교 승려들의 출가 위의와 법식을 확정한 '정율定律'에 두었다.

## 2. 복식의 제정과 교단의 정비

자장의 전기들은 그의 탄생을 붓다에 상응하여 윤색하고 있다. "자장의 아버지는 진골 소판 무림武林이었다. 그에게 후사가 없자 천부관음千部觀音을 조상造像하여 아들 하나 낳기를 바랐다. 꿈에 별이 떨어져[星墜受胎] 어머니의 품안으로 들어오더니 곧 임신을 하여 아이를 낳았다. 석가세존과 생일이 한 날(4월 8일)이라 이름을 선종랑善宗郎이라고 하였다." 그는 "신령한 의지가 맑고 지혜로우며 문장력이 풍부해졌으나 속세의 취미에 물들지 않았다. 양친을 일찍 여의고 속세의 시끄러움이 싫어서 처자를 버리고 전원을 희사하여 원녕사(유학 이후 조성?)로 만들었다. 홀로 깊숙한 곳에 지내면서 이리와 오랑이도 피하지 않았다. 고골관枯骨觀을 닦으면서 게으른 마음을 좇기 위하여 망을 만들어 주위를 가시덩굴로 둘러치고 그 속에 알몸으로 앉았다. 움직이면 곧 가시에

찔리도록 하고, 머리는 들보에 매달아 혼미한 정신을 없앴다."

자장이 매진했던 고골관은 젊은 시절 치열했던 그의 수행 모습을 잘 보여주고 있다. 자장이 출가했던 이유에 대해서는 1) 부모를 일찍 여읜 뒤 출가했다는 설과 2) 꿩의 눈물을 보고 출가했다는 설이 있다. 전자는 당나라에 전해져 기록된 설이다. 후자는「황룡사찰주본기」의 기록된 설이다. 거기에 따르면 자장이 어렸을 때 살생을 즐겨하였는데, 하루는 매를 놓아 꿩을 잡았는데 꿩이 눈물 흘리는 것을 보고 감동하여 출가하였다고 한다. 때마침 조정에 태보(台輔, 재상)의 자리가 비어 있었다. 진골 출신이었던 25세의 자장은 물망에 올라 여러 차례 부름을 받았으나 나아가지 않았다. 왕이 교지를 내리기를 "나오지 않으면 목을 베겠다" 하였다. 자장은 그 말을 듣고 말하였다. "내 차라리 하루 동안 계행을 지키다 죽을지언정[吾寧一日持戒而死], 계행을 깨뜨리고 백년 동안 살기를 원하지 않는다[不願百年破戒而生]."

자장의 말을 전해 들은 선덕여왕은 비로소 그의 출가를 허락하였다. "여러 바위 틈새에 깊숙이 숨어 살다 보니 아무도 양식을 도와주는 이가 없었다. 이때 이상한 새가 과실을 물어다가 바쳤으므로 손으로 받아먹었다. 얼마 뒤 꿈에는 천인이 와서 오계를 주므로 그제야 비로소 산에서 내려오니 향읍의 사녀들이 다투어 와서 계를 받았다." 이후 자장은 변방에 태어난 것을 탄식하며 서쪽으로 유학하여 문인 승실 등 10여 명과 당나라 청량산(오대산)을 찾았다." 오대산에서 문수보살은 자장에게 범게梵偈를 준 뒤, '선덕왕은 찰리종으로서 일찍이 부처님의 수기授記를 받은 인연이 있으므로 나라를 화평하게 할 것'이라 하였다. 그리고 태화지변太和池邊에서 신인神人을 만났는데 신인은 황룡사 구층탑을 세우도록 일러주었다. 또 종남산 원향圓香선사에게서 '황룡사 구층탑 건탑의 권유를 받았다는 기록도 있다.

신라는 자장 시대에 이르러 비로소 승려들의 득도를 위한 계단을 만들 수 있는 여건이 조성되었다. "조정에서 의론하여 말하였다. '불교가 들어온 지 비록 오래 되었으나 불법을 지키고 받드는 규범이나 의례가 없으니 기강을 세워 잘 다스리지 않으면 바로 잡을 수 없다.' 왕에게 아뢰자 왕은 칙령으로 자장을 대국통으로 삼고, 승려의 모든 규칙을 승통에 맡겨 주관하게 하였다. (중략) 승니僧尼 오부로 하여금 각기 옛 학문을 더 닦고 보름마다 계율을 설법하고, 겨울 봄으로 시험에 응시하게 하여 지계와 금계를 알게 하며, 사람을 두어 관리하고 유지하게 하였다. 또한 순찰하는 사람을 두어 시골의 사찰을 두루 돌아 살피게 하고, 승려의 과실을 경계하고 독려하며, 불경과 불상을 엄숙히 모시는 것을 항례로 삼으니 한 시대의 호법이 이때에 성대하였다." 이렇게 되자 당시 나라 사람들은 10중 8, 9명이 계를 받았으며 머리 깎고 불법을 청하는 이가 해마다 늘었다.

## 3. 황룡사탑 조성과 금강계단 시설

신라는 일찍부터 중국의 법식을 배워 승관제僧官制를 두었다. 진흥왕 11년에 안장安藏법사를 대서성大書省으로 삼고 이듬해에는 고구려의 혜량惠亮을 국통僧統으로 삼았다. 물론 당시까지만 해도 국통이란 왕이 승려를 우대하기 위한 영전적榮典的 칭호였으며, 승관제 역시 형식적인 데 지나지 않았다. 반면 자장이 귀국하면서부터는 승관제가 형식적인 틀을 넘어서 내용적으로 정비되었다. 신라 중고기 말엽인 선덕여왕과 진덕여왕 시기에는 국가적으로 보다 유연한 대외 관계가 요청되었다. 이 때의 분위기를 도선은 "왕은 자장이 대국에서 경앙景仰받고 정교正敎를 널리 유지하였으므로 그와 같은 강리綱理가 아니고서는 숙청肅淸할 수 없다고 하여 자장을 대국통으로 명하고 왕분사王芬寺(芬皇寺)에 거주하 도록 하였다" 적고 있다.

신라 왕실은 자장의 건의에 힘입어 진덕왕 3년(649)에 중국의 의관衣 冠을 입고, 이듬해에는 당나라 연호年號인 영휘永輝를 쓰기 시작했다. 그 러자 당나라는 중국에 조빙朝聘할 때마다 그 반열이 번국蕃國의 윗자리 에 있게 했다. 이것은 자장이 당시 국제간의 외교적 상례인 '조공朝貢'과 '책봉冊封'의 관계에 입각하여 현실적인 외교노선을 취했던 결과로 이해 된다. 그는 왕의 부름을 받아 대국통이 되었다. 당시 대국통은 단순한 승관적 지위인 '영전적' 칭호를 넘어서 '비상직非常職'으로서 자리매김되 었다. 비록 비상직이기는 했지만 불교계의 전권을 부여받음으로써 불 교 교단을 정비할 수 있었다. 자장은 통도사에 계단을 구축하여 출가자 및 일반 백성의 수계까지 이루어 내었다. 자장은 안함의 불연국토설을 계승하여 이 땅을 부처와 인연이 있던 나라로 설정하였다. 「황룡사탑 찰주기」에 이렇게 적고 있다.

"(선덕)왕 12년 계묘세에 본국으로 돌아오고자 하여 (종)남산 원향선 사에게 인사하였다. 선사가 말하기를 '내가 마음속으로 그대 나라의 황 룡사를 보았는데, 구층 솔도파率堵波를 세우면 해동의 제국諸國이 모두 그대 나라에 항복할 것이다'고 하였다. 자장은 이 말을 간직하고 돌아 와 보고하였다." 결국 조정의 결정에 의해 그는 황룡사 구층탑을 조성 하고 안함 이래의 신라 불국토사상을 계승하였다. 이러한 일련의 불사 들은 진종설과 골품제의 확립과 함께 왕족의 신성함을 강조하기 위해

추진한 것이었다. 그 결과 진평왕 이후 신라 중고기 말엽의 선덕여왕과 진덕여왕의 출현을 정당화할 수 있었다. 그리고 신라불교의 본유本有적 자긍심과 종교적 자신감을 대내외에 과시할 수 있게 되었다. 이어서 자장은 통도사를 창건하였고 그곳에 금강계단을 조성하였다. 『속고승전』 「당자장전」은 이렇게 적고 있다.

"(그는) '사탑 십여 개'를 지었다. 하나씩 세울 때마다 온 나라가 함께 숭앙하였다. 자장이 '만일 사탑을 조성함에 신령함이 있을진대 기이한 상서를 나타내 보이소서'라고 발원하니 문득 건발巾鉢 속의 사리를 감득하였다. 대중들은 눈물을 흘리며 기뻐하여, 시주를 바친 것이 산처럼 쌓였다. (대중들은) 즉시 계를 받고, 선을 행함이 더욱 많았다." 이들 중 대표적인 사찰이 통도사이며 금강계단이다. 금강계단을 세운 시기와 형태는 도선이 남산 율종을 창종하고 『계단도경』을 간행하기 전이었다. 하지만 금강계단은 이후 여러 차례 중수를 하면서 도선의 『계단도경』이 제시한 양식과 구조에 의하여 정비된 것으로 추정된다. 이러한 자장의 경세적 노력은 선덕여왕이 승하할 때까지 이어져 신라 사회를 변화시키는 기폭제가 되었다. 하지만 자장의 정신적 지원자였던 선덕여왕이 타계하고 난 뒤부터 그는 정치계 및 불교계의 주류에서 벗어난 것으로 보인다. 이후 자장은 중앙 정치와 종교계로부터 벗어나 태백산과 오대산을 순례하면서 문수신앙의 보급과 실천에 힘쓴 것으로 이해된다.

양산시 통도사 금강계단 전각

통도사 금강계단 진신사리탑

# 분황 원효가 일심의 철학을 전개한 까닭은?

## 1. 일심과 진망화합식

불교의 역사는 마음의 탐구로부터 시작되었다. 마음은 세계를 구성하는 원동력이자 주체를 변화시키는 구심력이며 무아와 윤회 및 해탈과 열반의 근거이다. 열 아홉(남전) 살 혹은 스물 아홉(북전) 살이었던 싯다르타는 태어나고 늙어 가고 병들어 가고 죽어 가는 윤회의 고리를 벗어날 수 있는 길을 찾기 위해 출가하였다. 그는 마음의 평안을 통하지 않고는 '현실에 대한 불만족'과 '존재에 대한 불안정'으로부터 비롯된 고통을 벗어날 수 없다는 사실을 자각하였다. 싯다르타는 오랜 수행 끝에 고통 발생과 고통 소멸의 연쇄 고리를 벗어나 붓다가 되었다. 붓다가 설한 안이비설신의 육근과 색성향미촉법의 육경 사이에서 일어나는 안이비설신의의 육식은 현실적 인간의 표층의식이었다. 용수는 이 제6식을 나누어 구체적으로 명명하지는 않았으나 상중하 3품으로 구분할 수 있다고 하였다. 세친은 초능변과 제이능변과 제삼능변을 통해 표층의식과 심층의식의 관계를 해명하였다. 겉으로 드러난 표층의식은 다시 7전식의 작용을 통해 심층의식으로 잠세되어 심층의식을 변화시키며 성숙시켜 갔다.

분황 원효는 일심의 철학을 통해 이 심층의식의 구조와 관계에 대해 해명하였다. 먼저 그는 『대승기신론』의 일심一心－이문二門의 구조를 적극적으로 원용하였다. 분황은 일심을 대원경지大圓鏡智의 진식眞識으로만 이해하는 유식가들을 따르지 않았다. 동시에 그는 일심을 진망화합식眞妄和合識으로 파악하는 『대승기신론』의 정의에만 붙들리지도 않았다. 분황은 오히려 일심을 진망화합식으로 해명하는 『대승기신론』의 구조를 원용하여 망식과 진식 어느 한쪽에 붙들리지 않는 독자적인 일심의 철학을 건립하였다. 분황은 부처의 영역과 범부의 영역을 갈라 볼 것인가 함께 볼 것인가에 대해 고민하였다. 결국 분황은 일심을 제8식에만 한정하지 않고 제9식을 향해 열어두었다. 그는 '자성청정심은 제9아마라식'이라고 하며 제8아라야식과는 '체는 같지만 뜻은 다르다[體同義別]'는 입장을 취하였다. 이것은 분황이 8식설을 지지하면서도 9식설을 아우르고 있음을 보여주는 주요한 지점이다. 그는 8식과 9식 사이에 '성자신해性自神解' 즉 성품이 스스로 신령스럽게 알아차리는 역동성과 신해성을 부여하고 있다.

분황은 자신의 주요 저술에서 일심을 삼보三寶, 일각一覺, 일성一性, 일제一諦, 일미一味, 일승一乘, 여래장如來藏, 아라야식阿黎耶識, 중생심衆生心, 대승법大乘法, 열반涅槃, 적멸寂滅, 불성佛性, 법성法性, 중도中道, 실제實際 등으로 확장하여 사용한다. 이들 개념 사이에는 여러 맥락이 전제되어 있다. 때문에 이들 개념 사이의 맥락을 고려하면서 각 개념 사이의 상통성과 상관성을 온전히 꿰어내지 못하면 매우 혼란스럽게 된다. 이렇게 되면 불교의 주요 개념이 모두 '일심'이라고 강변하게 될 위험이 있게 된다. 그뿐만 아니라 일심과 일심지원 사이의 역동성과 신해성이 오히려 다른 개념과 개념 사이의 스펙트럼을 차단할 수도 있다. 때문에 그는 『대승기신론』의 일심一心 이문二門의 구도를 원용하면서 자신의 논의를 전개하고 있다. 마음은 하나이지만 심진여문과 심생멸문, 즉 불변하는 마음과 변화하는 마음의 구도로 파악하는 측면을 적극적으로 활용하고 있는 것이다.

여기서 진여는 '일체의 사물과 현상을 총체적으로 포괄'한다. 반면 생멸심은 '일체의 사물과 현상을 개별적으로 수용'하고 있다. 그러므로 총상總相은 별상別相과 상대되는 통상通相과 상통하는 개념이다. 진여는 생기거나 없어지는 것이 아니며, 일체의 구별이 사라진 세계이며, 변화도 없고 파괴도 없는 세계이다. 때문에 진여는 모든 현상과 사물을 총괄한다. 하지만 진여는 생멸심과 달리 불변의 측면인 정적인 측면을 띠는 것으로 비춰진다. 여기에는 여래장을 근거로 생멸심을 낳는 작용을 한다는 점에서 동적인 측면도 있다. 즉 진여가 비록 움직여서 생멸을 낳는다고 하더라도 불생불멸不生不滅로서의 진여의 측면은 여전히 남아 있는 것이다. 이처럼 진여는 인간의 의식을 초월하여 존재하는 마음이면서도 불변의 측면만이 아니라 변화의 측면을 동시에 지니고 있다. 『대승기신론』은 진여에 불변의 의미뿐만 아니라 변화의 의미를 부여하고 있으며 동시에 생멸심에도 변화의 의미뿐만 아니라 불변의 의미를 부여하고 있다.

## 2. 진여의 개념과 실재

여기서 진여와 생멸심은 별도로 존재하는 것이 아니다. 오직 개념상으로만 구분되는 것일 뿐이다. 그렇다면 진여의 동적 측면과 생멸심의 변화 또한 별도로 존재하는 것이 아니라 오직 개념상으로만 구분되는 것으로 보아야 할 것이다. 왜냐하면 우리에게 의식되는 것은 생멸심의 변화밖에 없으며, 진여의 동적 측면은 생멸심의 단서로 하여 머릿속으로 추론해낸 것으로 보아야 하기 때문이다. 이러한 진여의 동적 측면을 분황은 일심의 '역동성' 혹은 '신해성'으로 파악한 것으로 보인다. 사실 진여의 운동은 차별이 배제된 상태에서 모든 운동과 변화를 포괄한다. 때문에 진여의 운동은 멸滅이면서 생生이며 정靜이면서 동動인 변화이다. 이것은 현상의 세계에서 일어나는 물체의 운동과는 다른 방식으로 일어나는 움직임이다. 그러므로 진여의 동정은 어떠한 힘도 움직이게 하거나 멈추게 할 수 없는 운동이면서 동시에 머물러 있는 운동이라고 할 수 있다.

이러한 운동은 진여의 불변적 의미와 생멸심의 불변적 특성과는 어떻게 변별되는지가 중요한 관건이 된다. 그런데 『대승기신론』은 진여의 자체상自體相이란 용어를 통해 이를 해명하고 있다. 이 말은 이미 입의문立義文 서두에 보이고 있다. 일심은 심진여문과 심생멸문 두 측면에서 파악되며 진여는 대승(마음)의 본체[大乘體]를 나타내고 생멸문은 마음의 자체상용自體相用을 나타낸다고 말한다. 분황은 "몸체[體]는 진여에 있고 몸꼴[相]과 몸짓[用]은 생멸심에 있으며 생멸심 안에 체가 있지만 그 체는 '상에 종속된 체[體從相]'이므로 별도로 말할 필요가 없다[大義中, 體大者在眞如門, 相用二大在生滅門, 生滅門內亦有自體, 但以體

從相, 故不別說也.]" 말한다. 하지만 법장은 "진여는 대승(마음)의 본체를 나타내지만 생멸심 안에는 체와 상과 용이 갖추어져 있다[眞如門中示大乘體, 生滅門中具宗三大.]" 말한다. 분황은 둘 사이의 유기적 관계를 고려하여 생멸문 내의 체를 '상에 종속된 체'로 보는 반면 법장은 둘 사이의 독자적 행로를 염두에 두고 생멸문 내의 체를 '별도의 체'로 파악한다. 이것은 진여와 생멸심의 관계에 대한 두 사람의 미묘한 차이라고 할 수 있다.

분황은 "'대승의 자체를 나타냈다'는 것은 곧 생멸심 내의 본각심이니, 생멸의 체體와 생멸의 인因이며 이 때문에 생멸심 내에 있는 것이다. 하지만 진여문 안에서는 곧 '대승의 체'라 말하고, 생멸문 안에서는 '자체'라고 한 것은 깊은 까닭이 있다" 덧붙이면서 아래 해석 중에서 그 의미가 스스로 드러날 것이라고 했다. '상'과 '용'에도 두 가지 뜻이 있으니 하나는 여래장 중에 헬 수 없는 본성本性의 공덕功德의 상을 잘 나타내는 것이니 이것은 곧 상대의 뜻이며, 또 여래장의 불가사의한 업용業用을 나타내는 것이니 이것이 곧 용대의 뜻이다. 다른 하나는 진여가 일으킨 염상染相을 상이라 하고, 진여가 일으킨 정용淨用을 용이라 한다고 했다. 그러면서 "진여의 정법에는 진실로 염染이 없지만 다만 무명으로 훈습되기 때문에 곧 염상染相이 있는 것이다. 무명의 염법에는 본디 정업淨業이 없지만, 다만 진여로 훈습되기 때문에 곧 정용淨用이 있는 것이다" 덧붙이고 있다. 이것은 '하나인 일심'과 '넓은 대승'과의 관계를 해명하는 부분이다. 분황은 일심 내의 심진여문과 심생멸문뿐만 아니라 대승과 심진여문과의 관계까지 고려하고 있는 것이다.

분황은 생멸심의 불변적 특성과 진여의 불변적 특성의 상호 관련성을 해명하기 위해서 아라야식 개념을 제기하고 있다. 그는 이 아라야식을 여래장이라고 규정하고 있다. 그런데 여래장은 현상계에 머물고 있는 인간이 어떻게 진여로 돌아갈 수 있는가에 관한 해답은 제시한다. 하지만 본성상 진여를 특징으로 하는 인간이 어떻게 미혹한 상태에 놓여있게 되는가에 관한 해답은 제시하지 못한다. 이 때문에 『대승기신론』에서는 여래장과 동일한 의미를 지니면서도 그와는 강조점을 달리하는 또 하나의 개념으로서 아라야식을 제시한 것이다. 분황은 이러한 측면을 고려하여 일심과 아라야식의 관계를 촘촘히 해명하고 있다. 그 과정에서 일심의 신해성 문제는 자연스럽게 아마라식과의 관계로 옮겨가게 된다.


## 3. 불리와 부잡의 관계

인간의 의식을 여덟 개로 볼 것인가, 아홉 개로 볼 것인가에 대한 논변이 팔식구식론이다. 이것은 부처의 영역과 범부의 영역을 나눠 볼 것인가 함께 볼 것인가의 문제이기도 하다. 부처와 범부를 함께 보려고 하면 8식설을 취하게 되고, 부처와 범부를 갈라 보려고 하면 9식설을 취하게 된다. 이 논제는 구역舊譯 유식唯識과 신역新譯 유식唯識의 주요한 특징이자 7~8세기 동아시아 사상 논변의 가장 큰 주제이기도 했다. 분황은 『대승기신론』의 구조에 따라 팔식설을 수용하면서도 일심의 신해성을 상정함으로써 구식설에 대한 그의 지향을 보여주고 있다. 그는 『금강삼매경론』에서 일체 정식을 여덟 가지 식으로 규정하고, 암마라식을 제9식으로 상정함으로써 구식설을 인정하고 있다. 분황이 역동성과 신해성의 의미를 부여하여 일심을 팔식으로 규정하면서도 구식과의 소통을 열어두고 있는 것은 중생의 성불가능성에 대한 열린 시선으로서 주목되는 것이다.

분황은 일심을 동과 적, 생과 멸의 구분을 넘어선 자리로 파악하고 있다. 하지만 동과 적, 생과 멸이 둘이 아니라고 하면서도 하나라고 고집하지도 않는다. 이러한 '화쟁 회통'의 인식 위에 있기 때문에 적멸은 일심이며 불성의 체가 된다. 그리고 예토와 정토는 본래 일심에서 생겨나는 것이며 생사와 열반은 같은 것이 되는 것이다. 여기서 특히 주목해야 될 것은 '하나이지도 않고 다르지도 않다[不一不異]'는 대목이다. 바로 이 대목이 있기에 동과 적, 생과 멸은 '둘이 아니지만 하나를 고수하지 않으며', 전체가 연을 따라 생하고 동하며, 전체가 연을 따라 적멸하게 되는 것이다. 불교의 모든 주제가 머물지 않고 머물며[無住而住], 떠나지 않고 떠나는 것처럼[不離而離] 서로 떨어지지 않고[不相離] 서로 섞이지도 않는[不相雜] 역동성을 확보할 수 있는 것이다. 마찬가지로 8식과 9식의 관계 역시 신해성을 매개로 하여 섞이지도 않고[不雜] 떨어지지도 않는[不離] 관계에 있는 것이다.

이러한 구조의 시설은 그의 일심관이 아라야식에만 머물러 있지 않고 제9 암마라식으로 향해 열려 있음을 보여주고 있다. 그것은 "이 둘이 없는 곳이 모든 법 중의 실체인지라 허공과 같지 아니하므로" 그런 것이다. 또 일심의 본성이 스스로 신해하기 때문에 '심'이라고 한다는 대목이나 말을 여의고 생각을 끊은 것이니 억지로 이름 붙여 '일심'이라고 하는 대목에서도 드러나고 있다. 또 분황은 일심을 고정적으로 말하는 것이 아니라 그 "일심의 본성이 스스로 신해하다" 규정한다. 일심에 대한 이러한 인식은 일심이 아라야식의 범주를 뛰어넘어 암마라식으로 나아갈 가능성을 보여준다. 결국 분황이 말하는 일심 본성의 신해성은

원효대사 영정(포항 오어사 소장)

본각의 마음 본성이 스스로 신해하며 그 신해의 의미가 제8 아라야식에만 한정되지 않고 제9 암마라식으로까지 나아가고 있음을 시사해 주고 있다.

분황은 일심의 철학을 통하여 『대승기신론』의 8식설과 『금강삼매경』의 9식설을 윤활시키고 있다. 특히 그는 종래의 해석과 달리 일심에 역동성과 신해성의 의미를 부여함으로써 인간 이해와 일심 이해의 외연을 확장시켰다고 할 수 있다. 일심의 철학은 화쟁과 회통의 논법을 통해 무애와 자재의 원행으로 구현되었다고 할 수 있다. 모두가 지니고 있는 일심은 '작은 나'의 자각을 통해 '큰 나'와 '더 큰 나'로 나아갈 수 있게 한다. '작은 나'는 '일상의 나'이며 이러한 내가 어떠한 계기를 통해 '큰 나'로 태어나게 된다. 큰 나로 태어난 나는 다시 또 어떠한 계기를 통해 '더 큰 나'로 태어나게 되는 것이다.

서울 효창공원의 원효대사 동상

聖師元曉俗姓薛氏祖仍皮公亦云赤大公今赤大淵
側有仍皮公廟父談捺乃末初亦生于押梁郡南佛地村
佛地村北栗谷娑羅樹之村名佛地或作發智村俚云
娑羅樹者諺云師之家本住此谷西南母旣娠而月
滿適過此谷栗樹下忽分蓐而生皇不能歸家且以夫
衣掛樹而寢裏其中因号樹曰娑羅樹其樹之實亦異
於常至今稱娑羅栗古傳昔有主寺者給寺奴一人一
夕饌栗二枚奴訟于官官吏怪之取栗撿之一枚盈一
鉢乃判給一枚故因名栗谷師旣出家捨其宅爲寺

의상과 원효가 비를 피해 무덤에서 묵는다. 꿈에 귀신에게 시달리는 원효.

신라에서 당으로 유학길을 떠나던 원효와
의상은 도중에 헤어진다.
정면을 보는 쪽이 원효.

# 부석 의상이 원교일승의 철학을 세운 까닭은?

## 1. 실천적 화엄의 전교

『삼국유사』「의해」의 '의상전교'라는 조목 이름처럼 의상(625~702)은 화엄원교의 구법과 전법으로 생평을 보냈다. 비록 그의 구법은 지엄 화엄에 원류를 대고 있지만 신라 귀국 이후 의상은 원교의 전교를 통해 해동화엄의 정체성을 확립하였다. 그리하여 그의 화엄사상은 신라 중대 이후 한국불교사상의 줄기를 형성하였다. 의상 화엄의 특징은 하나인 근본을 강조하여 그 속에 연기된 모든 법상法相이 융섭되어 있음을 보여주고 있다. 즉 법성 원융의 본제本際에 돌아가는 것이 구래부동불이므로 구래불의 세계나 해인삼매가 곧 여래성의 현현인 성기임을 보여주고 있다. 다시 말해서 이체理體와 사상事相은 상즉상입하는 불이의 관계이므로 원융무애한 우주관이 일승법계이므로 의상의 사상은 성기관에 기초하여 이루어진 것임을 알 수 있다.

의상은 융회적인 중도관의 전개를 통해 중도실제상을 건립하고 있다. 중도실제는 성기관을 특성으로 구축되며 구래부동의 설정으로 이어진다. 그는 원리적인 하나를 중시하여 그것의 앵글로서 전체를 미루어 파악하려 하였다. 의상의 『법계도』 중의 '일중일체다중일一中一切多中一'의 중문中門과 '일즉일체다즉일一卽一切多卽一'의 즉문卽門에 대한 균여 등 고려 승려들의 주석에 의하면 "하나 속에 일체가 융섭되며 융섭된 일체의 하나 하나에도 또한 일체의 만상이 융섭되어 있다"는 사실을 보여준다. 의상의 근본적인 '하나'로 일체의 '만상'을 융섭해 보려는 관점은 여래성의 현현인 횡진법계적 관점이자 성기적 관점이라고 할 수 있다.

의상의 화엄사상은 그 안에 관음신앙과 미타신앙을 융섭하고 있어 실천성을 띠고 있다. 귀국 이후 그는 낙산사에다 구고구난救苦救難 신앙으로서 관음신앙을 담아내었다. 동시에 부석사에다 미타신앙으로서 정토신앙을 담아내었다. 그는 관음 독존의 습속에서 벗어나 정토신앙을 흡수함으로써 관음신앙과 미타신앙을 융섭하고 있으며, 다시 화엄사상과 정토신앙을 융회함으로써 자신의 사상을 확장하였다. 의상의 관음신앙은 『화엄경』「입법계품」에 근거하고 있다. 「입법계품」은 선재동자가 몸과 마음의 본체인 법계에 들어가 53명의 선지식들에게 진리에 대해 묻는 역정을 담고 있다. 그 과정은 자기와의 싸움이자 보살행의 과정이었다. 그가 「백화도량발원문」과 「일승발원문」을 지은 것도 같은 맥락에서 생각해 볼 수 있다.

그는 우주의 원리와 세계의 법칙을 해명하는 화엄철학을 논구하는 한편 정토신앙을 통해 서민대중과 하층민을 향해 현신왕생現身往生 신앙을 제시했다. 그가 『입법계품초기』를 저술한 것과 관음신앙을 강조한 것 역시 같은 맥락에서 이해할 수 있다. 그는 이 저술을 통해 선재동자의 끊임없는 정진과 원력을 깊이 체득하고자 했다. 그리하여 보현보살의 원행으로 이어지는 화엄의 실천적 사상은 서민 대중과 쉽게 만날 수 있는 정토신앙을 포용할 수 있었다. 『삼국유사』에 실린 의상의 제자 진정眞定의 '효선쌍미孝善雙美' 즉 효행과 선행을 겸수하는 신앙은 당시 출가와 부모의 봉양 문제에 대한 사회의 요구에 대해 불교계가 보낸 답변이었다고 할 수 있다.

의상의 화엄일승법계도

## 2. 횡진법계관

화엄사상의 원리는 법계의 연기緣起와 여래의 성기性起의 구도로 해명된다. 여기서 연기는 원인과 조건에 의한 결과를 해명하는 원리이다. 우리 눈앞에 존재하는 사물은 모두 비실체성(공성)의 덩어리일 뿐이다. 그런데 이 공성으로 이루어진 '하나'의 사물은 연기에 의해 '둘'이 되고, 다시 연기에 의해 '넷'이 될 수 있다. 이처럼 연기는 사물[事]과 사물[事]의 관계에 대한 원리이다. 반면 성기는 연기의 구극, 즉 연기가 이루어진 일승법계의 극치를 가리킨다. 여기서 "'기起'는 대해大解와 대행大行의 분별을 떠난 보리심 안에 있음을 가리킨다. 이것은 연기성으로 말미암아 '기'라고 하지만 '기'는 곧 '불기不起'이며, 불기는 곧 성기性起이다." 때문에 연기는 '연'을 떠나서는 성립되지 않지만, 성기는 연을 떠나서도 줄어들거나 무너지지[損壞] 않기 때문에 성기가 더 상위 개념이다.

이것은 유위세계의 원리인 연기, 즉 삼승의 입장과 무위세계의 원리인 성기, 즉 일승의 입장에서 변별하여 바라보는 관점이라고 할 수 있다. 이러한 차별성을 가지고 연기와 성기를 바라보면 성기는 곧 연기의 구극, 즉 법계연기의 극치임이 드러난다. 다시 말해서 성기는 연 없이도 성립하는 것이며, 이런 의미에서는 연이 모이거나 흩어짐에 의존하는 삼승연기에 대해 이것을 초월하는 일승연기의 입장이 성기인 것이다. 의상의 스승인 지엄은 성기의 성을 순리純理의 행성行性, 즉 진실 그 자체의 실천의 본성으로 규정한다. 때문에 보현행이 성기에 속함을 「보현행원품」 주석에서 밝히고 있다. 이것은 여래출현을 상징하는 성기의 모습을 연기의 구극적 입장이라 파악했기에 가능한 표현인 것이다.

의상은 십지十地의 비유를 통해 횡진법계관을 밝히고 있다. 그는 '십지 중의 십지'를 '일왕십지一往十地의 비유' 또는 '십층 십탑[橫盡]의 비유'를 '십층 일탑[竪盡]의 비유'로 바꾸어 설명하기도 한다. "만일 십지론에 의거하여 초지에서 십지로 감을 세워서 말하면, 첫 환희지를 부를 때 나머지 구지가 모두 덩달아 '나도 환희지', '나도 환희지'라 일컬으면 이것은 의상의 주장이다. 첫 환희지를 부를 때 나머지 구지가 '나는 이구지', '나는 발광지' 내지 '나는 법운지'라고 하면 이것은 법장法藏(643~712)의 주장이다. 만일 십층 일탑을 세워 달리 비유하면 첫째 층을 부를 때 뒤의 아홉 층이 일컫기를 '나도 첫째 층', '나도 첫째 층'이라고 하면 이것은 의상의 주장이다. 첫째 층을 부르는데 뒤의 아홉 층이 말하기를 '나는 둘째층' 내지 나는 '나는 열째 층'이라고 하는 것은 법장의 주장이다."

의상의 횡진법계에서 가장 중요한 것은 '초지'이며 나머지 구지 역시 초지와 같은 것으로 인식한다. 이것은 초지를 환희지라고 부를 때 나머지 구지들도 각기 덩달아 환희지라고 일컫고 있음에서 확인된다. 때문에 횡진법계를 설명하는 십층 십탑의 비유는 결국 수진법계를 설명하는 십층 일탑의 비유로도 전이된다. 왜냐하면 십층 십탑의 비유는 첫 탑의 각 층에 나머지 아홉 탑의 각층이 속하게 되므로 곧 십층 일탑의 비유로 귀결되기 때문이다. 그러므로 횡진법계는 시방세계의 무진연기와 관계된다고 말할 수 있다. 왜냐하면 '십층 십탑'의 각 층이 첫째 탑의 첫째 층에 속할 수 있기 때문이다. 의상이 「법성게」에서 '일미진중함시방一微塵中含十方'이라 한 것은 한 티끌 안에는 시방세계가 들어 있고, 하나 안에는 전체가 들어 있다는 언표이다. 이것은 횡진법계의 세계관을 말하는 것이다. 다시 말해서 의상은 초지인 환희지를 통해서 십지를 말하듯 일즉다의 전개(확산)를 중심으로 다즉일의 통합(응축)을 모색하고 있는 것이다.


### 3. 중도실제상

불교는 보이는 세계[相]인 색色과 보이지 않는 세계[性]인 공空에 대해 논리적으로 해명하고 있다. 화엄은 보이지 않는 세계인 성性의 세계와 보이는 세계인 상相의 세계에 대해 조화와 균형의 논리를 보여준다. 즉 보이는 세계[有]와 보이지 않는 세계[無]를 동시에 보여주기 때문에 이것을 공관空觀 혹은 정관正觀 혹은 중관中觀이라고 한다. 의상 역시 공관 또는 중관 혹은 정관의 관점 위에서 제법을 상相으로 인식하지 않고 그것이 만들어진 인연으로 돌이켜 이치道理로 파악하려 하였다. 해서 연기된 제법은 연이 다하면 사라지므로 차별성을 인정하지 않으려 했다. 또 그것이 만들어진 인연은 다르지 않기 때문에 모두 융회되어 하나가 된다고 보았다. 때문에 연기된 제법인 색色으로서의 상相으로 보기보다는 그것이 만들어진 연緣으로서의 성性에 집중하였다.

의상은 "연기된 제법의 본성[法性]은 원융하여 둘이 아니라"고 보았다. 그래서 그는 제법의 본성인 법성은 유와 무, 일과 일체 등의 두 가지 대대待對를 융섭하기 때문에 중도라고 보았다. 그리고 의상은 법성은 진공眞空이며 진공은 '텅 빈 것'도 아니고 '꽉 찬 것'도 아니기 때문에 중도 실상을 보여준다고 하였다. 그는 성과 상, 공과 색의 두 변견을 융섭했기에 중도이며, 지극히 미묘하므로 중도이며, 두 변을 떠나지 않기 때문에 중도라고 하였다. 이러한 융섭은 인人과 법法과 교敎를 포함해서 제법의 모습이 모두 같아져 하나로 합쳐지므로 중도인 것이다. 그런데 중도는 성과 상으로 대비되는 이변二邊의 융합을 의미하지만 이것은 모든 존재[諸法] 즉 제변諸邊에 모두 시설되어 있다. 때문에 법계 연기의 현상이 원융하고 무애하다는 인식은 중도사상으로 귀결되는 것이다.

의상은 공과 가, 즉 성과 상을 차별이 없이 중도적 입장으로 보고 있다. 그는 연기론적 입장이 아니라 성기론적 입장을 취하며, 가관적 입장이 아니라 공관적 입장을 취한다. 이것은 공과 가, 즉 성과 상을 같이 보면서도 공 안에 가를 담으려 하고, 성 안에 상을 담으려 하는 것이다. 동시에 법성인 '하나' 속에 '전체'를 담으려는 의상의 구도를 보여주는 것이다. 그는 법계연기의 무진無盡한 제법을 중도 논리로 이해하였고 연기된 제법의 통합을 위해 중도를 시설하였다. 의상은 중도의 설정을 통해 법계연기를 설명하고 법계도 작성을 통해 근본인印을 세웠다. 그는 일체만상의 본성인 진여본각眞如本覺을 해인海印으로 설명하고, 해인으로부터 삼라만상이 생겨난다고 설명한다. 이것은 『화엄경』에서 설한 법계의 연기현상이 모두 해인정海印定에서 일어났다고 파악하기 때문이다.

연기된 제법의 본성에는 고유한 성품이 없으며[無性] 그 때문에 그것에 의한 법성은 머무름도 없다[無住]. 그러므로 비록 무한한 연성緣成을 갖지만 무진한 연기법 자체가 고유한 성품이 없으므로 참다운 성품이 된다. 그리고 제법 속에 상대하여 존재하는 본성과 가상은 결국 무성하고 무주하므로 서로 분별이 없고 걸림이 없어져서 혼연된 일체를 이루게 된다. 제법은 무한한 연성을 가지면서 변모해 가는 것처럼 보이지만 결국 그 연성은 바로 진성으로 이어진다. 그리하여 제법의 본성은 공하기 때문에 무성으로 나타난다. 또한 제법의 공한 성격으로 말미암아 연

기법이 분별이 없어져 실성實性을 이룬다. 그러므로 의상은 '본래 고요
한 것'이자 본성인 '공'을 '구래舊來'로 설정하고 제법의 본성인 공을 '부
동不動'으로 파악하여 '구래부동불'을 중도의 상床에 실제實際가 앉아 있
는 것으로 해명하였다. 그리고 구래부동불舊來不動佛을 자리에 앉아 잠
든 자기불로 비유하였다.

손연칠 화백의 의상 표준영정(국립현대미술관 소장)

탁발하고 있는 의상에게 애정을 고백하고 있는 선묘

영주 부석사의 무량수전

부석사의 안양루

부석사의 부석

曉當所居穴寺旁有聰家之墟云

讚曰角乘初開三

昧軸舞臺終掛萬街風月明瑤石春眠去門搖茅皇顧

影空迴顧至

## 義湘傳教

法師義湘考曰韓信金氏年二十九依京師皇福寺落
髮未幾西圖觀化遂與元曉道出遼東邊戍之爲諜
者囚閉者累旬僅免而還（事在崔侯本傳及曉師行狀）永徽初會唐
使舡有西還者寓載入中國初止揚州州將劉至仁請
留衙內供養豐贍尋往終南山至相寺謁智儼儼前夕
夢一大樹生海東枝葉溥布來蔭神州上有鳳巢登視

# 진표가 간자簡子를 전한 까닭은?

## 1. 금산사와 변산 부사의방

경덕왕 대의 진표眞表는 대중불교의 또 다른 선구자였다. 그는 혜숙과 혜공 및 대안과 원효와 달리 망신참법亡身懺法과 점찰법회占察法會를 통해 불교의 지평을 넓혔다. 『삼국유사』「의해」편의 14 조목은 '이혜동진'과 '현유가 해화엄' 조목을 제외하고는 대체적으로 한 인물의 행장을 그리고 있다. 그런데 진표는 14조목 중 2 조목에 걸쳐 다뤄지고 있다. 물론 '진표전간眞表傳簡' 조목 뒤의 '관동풍악발연수석기關東楓岳鉢淵藪石記'는 사주寺主 영잠瑩岑이 승안承安 4년에 세운 비석의 기록이고 이것은 '진표전간'에 부속된 글이다. 그리고 '심지계조心地繼祖'는 심지가 영심永深 대덕을 통해 진표 조사를 잇는 내용으로 이어진다. 『삼국유사』 내에는 자장慈藏과 원효元曉와 의상義湘과 같은 대중적 인물은 여러 편과 조목에 걸쳐서 거론되고 있다. 반면 진표는 「의해」편 내의 몇몇 조목에서 거론되고 있다. 하지만 그의 유적은 곳곳에 남아 전해지고 있다. 그 이유는 아마도 자신과의 싸움을 이겨낸 '치열한 수행력'과 함께 많은 사람들의 아픔을 덜어준 '넘치는 인간미' 때문인 것으로 짐작된다.

전주 벽골군碧骨郡 나산촌那山村 대정리大井里에서 태어난 진표는 열두 살 때에 출가할 뜻을 가졌다. 아버지의 허락으로 금산수金山藪의 숭제崇濟(順濟)법사에게 가서 머리를 깎고 승려가 되었다. 숭제법사는 일찍이 당나라에 건너가 선도善導삼장에서 수업한 뒤에 오대산에 들어가 문수보살의 헌신에 감응되어 오계를 받았던 고승이었다. 순제법사는 진표에게 『사미계법沙彌戒法』을 주고 『공양차제비법供養次第秘法』 1권과 『점찰선악업보경占察善惡業報經』 2권을 전해 주며 말하였다. "너는 이 계법을 가지고 미륵彌勒과 지장地藏 두 보살 앞에서 정성으로 참회하여 직접 계를 받아 세상에 전하라." 진표는 가르침을 받들고 물러나와 명산을 두루 돌아다녔다. 그의 나이 27세가 지나자 상원上元 원년 경자년(760)에 쌀 20말을 쪄 말려 식량을 만들어 가지고 부안의 보안현으로 가서 변산의 부사의방不思議房에 들어갔다. 하루의 식량을 5홉으로 정하고 그 중 1홉은 쥐를 먹이기로 했다. 그가 미륵상 앞에서 부지런히 계법을 구했지만 수기授記를 얻지를 못했다. 의분한 마음에 바위 아래로 몸을 던졌다.

갑자기 청의동자靑衣童子가 손으로 받아서 바위 위에 올려놓았다. 진표가 다시 발분하여 삼칠(3×7=21) 일을 기약하고 밤낮으로 수련하였다. 돌로 몸을 치며 참회하기 사흘 만에, 손과 팔이 부러져 바닥에 떨어졌다. 7일 밤이 되자 지장보살이 와서 손으로 금석장金石杖을 흔들며 가지加持를 주니 손과 팔이 회복되었다. 보살이 가사와 바리때를 주었다. 진표는 그 영험에 감격하여 두 곱 절 더 정진하였다. 삼칠 일이 되자 곧 세상을 보는 눈[天眼]을 얻어 도솔천의 무리가 와서 예를 행하는 모습을 보게 되었다. 이에 지장보살과 미륵보살이 앞에 나타나더니 자씨

(미륵)보살이 그의 이마를 만지며 말하였다. "장하다. 대장부로다! 이렇듯 계를 찾아 몸을 아끼지 않고 지성으로 참회하는구나." 그리고 지장보살은 『계본』을 주고 자씨보살은 다시 두 개의 나무 간자[木簡]를 주니, 하나는 9(九)라 씌어 있고, 또 하나는 8(八)이라 씌어 있었다. "이 두 간자는 내 손가락 뼈이다. 처음(始)과 근본(本)의 두 깨달음을 비유한 것이다. 또 9란 것은 법이요, 8은 새로 만들어져 부처를 이르는 종자이니, 이것으로 인과응보[來報]를 알 것이다. 네가 현세의 몸을 버리고 큰 나라 왕의 몸을 받아, 그 후에는 도솔천궁에서 다시 태어날 것이다." 이와 같은 말을 마치고 두 성인은 사라졌다. 그때가 임인년(762) 4월 27일이었다.

진표가 교법을 다 받고는 금산사를 창건하려고 산에서 내려와 대연진大淵津에 이르렀다. 홀연히 용왕이 나타나 옥가사를 드리고 8만의 권속을 데리고 금산사 숲으로 왔다. 사망에서 사람들이 모여 며칠 만에 금산사를 완공하였다. 다시 자씨보살이 감응하여 도솔천에서 구름을 타고 내려와 율사를 위하여 계법을 주자, 이에 율사가 불도들을 위하여 미륵장육상彌勒丈六像을 주성하였다. 다시 계법을 주던 모습을 금당金堂의 남쪽 벽에 그렸다. 불상은 갑진년(764) 6월 9일에 주성하여 병오년(766) 5월 1일에 금당에 봉안하니 이 해가 대력大曆 원년(766)이었다.


## 2. 길상사와 점찰법회

진표가 금산사에서 나와서 속리산으로 가는 길에 소달구지를 타고 오는 이를 만났다. 그 소가 그의 앞에 와서 무릎을 꿇고 울었다. 달구지에 탄 사람이 내려와 물었다. "무슨 이유로 이 소가 스님을 보고 웁니까?" 진표가 대답하였다. "나는 금산사의 진표라 합니다. 일찍이 변산의 부사의방에 들어가 미륵과 지장 두 보살 앞에서 계법진생戒法眞栍을 받았습니다. 이제 절을 창건하여 길이 수도할 절을 찾고자 합니다. 이 소들이 겉으로는 어리석지만 속으로는 슬기로워 내가 계법 받은 것을 알고 불법을 존중히 여겨 무릎을 꿇고 우는 것입니다." 그 사람이 그 말을 듣고 말하였다. "짐승도 오히려 이러한 믿음이 있는데 하물며 우리가 사람이 되어 어찌 믿는 마음이 없겠습니까?" 그는 낫으로 자신의 머리카락을 잘랐다. 진표가 자비심으로 다시 그의 머리를 깎아 주고 계를 일러 주었다.

진표는 속리산 골짜기에 이르러 길상초가 난 곳을 표시해 두었다. 다시 명주(강릉)으로 향하여 바닷가를 천천히 걸었다. 물고기와 자라들이 바다에서 나와 그의 앞으로 모여 육지처럼 이었다. 진표는 그것을 밟고 바다 가운데로 가서 계법을 외워 주고 다시 나와 고성군高城郡에 이르렀다. 그는 개골산(금강산)에 들어가 발연수鉢淵藪를 세우고 점찰법회를 열어 7년을 거주하였다. 그때 명주 경내에 흉년이 들어 백성들이 굶주리고 있었다. 때문에 진표는 그들을 위하여 계법을 강설하자 사람마다 받들어 간직하며 삼보三寶를 공경하였다. 얼마 뒤 고성 해변에 무수한 고기들이 저절로 죽어 나오므로 백성들이 이것을 팔아 양식을 마련하여 죽음을 면할 수 있었다.

진표는 발연수에서 나와 다시 부사의방에 이르렀다. 뒤이어 그는 고향 집에 가서 어버이를 만나 뵙고 진문眞門 대덕의 방에 나아가 거주하였다. 그때 속리산의 영심永深 대덕과 융종融宗 대덕과 불타佛陀 대덕 등과 함께 율사의 처소에 와서 간청하였다. "저희들이 천리를 멀다 하지 않고 와서 계법을 구하오니 바라건대 법문을 열어 주소서." 진표는 묵묵히 앉아 답을 주지 않았다. 세 사람이 복숭아 나무에 올라가서 거꾸로 땅에 떨어지며 힘써 참회하였다. 진표는 그제서야 가르침을 전하며 이마에 물을 뿌리는 의식[灌頂]을 베풀고, 가사와 바리때, 『공양차제비법』(1권)과 『점찰선악업보경』(2권) 및 간자 189개를 주고 다시 미륵진생 9와 8을 주며 경계하여 말하였다. "9는 법이요, 8은 새로 만들어질 부처가 되는 종자이다. 내가 이미 부탁했으니 너희들은 이것을 가지고 속리산으로 가서 길상초가 나는 곳에다 절을 짓고 이 교법에 따라 널리 인간 세상을 제도하여 후세에 유포하라."

진표에게서 법을 얻은 고족으로는 영심永深·보종寶宗·신방信芳·체진體珍·진해珍海·진선眞善·석충釋忠 등이다. 이들은 모두 일가를 이루어 저마다 산문의 조사가 되었다. 특히 영심은 가르침을 받들고 바로 속리산으로 갔다. 그는 길상초가 나는 곳을 찾아 절을 세우고 길상사吉祥寺라 하였다. 영심은 진표에게서 간자를 전해 받고 속리산에 머물면서 점찰법회를 개설하였다. 그리고 영심은 진표의 법통을 이어나갔다.


## 3. 금강산 발연수와 탑참법

진표는 부친과 함께 다시 발연수로 돌아왔다. 그리고 도업을 닦으며 부친에게 효행을 다하였다. 그는 천화遷化가 가까워지자 절의 동쪽 바위에 올라 입적하였다. 제자들이 시신을 움직이지 않고 그대로 공양하다가 뼈가 산화할 때에 이르러 흙으로 덮어 무덤을 삼았다. 그곳에서 소나무 한 그루가 곧 돋아나왔다. 오랜 세월 뒤에 그 소나무는 말라 죽었다. 다시 소나무 한 그루가 나고 뒤에 또 한 그루가 났는데 그 뿌리는 하나였다. 이 두 그루 소나무는 고려 후기까지도 서 있었다고 전한다. 일연의 제자인 보감 무극寶鑑無極은 "무릇 경의를 표하는 자들이 소나무 밑에서 뼈를 찾아 얻기도 하고 못 얻기도 하였다"라고 했다.

무극은 일연이 찬술한 『삼국유사』의 5권 9편 138 조목 중 두 조목에 자신의 기록을 덧붙여 놓았다. 그 하나가 바로 이 조목이다. 무극은 영잠髎岑이 세운 비석을 원용하여 다음과 같이 적고 있다. "'내(영잠)가 성골聖骨이 인멸할까 염려하여 정사년(897) 9월에 소나무 밑에 가서 뼈를 주워 통에 담으니, 세 홉 남짓 되었다. 바위 위의 두 그루 나무 아래 비석을 세우고 뼈를 봉안하였다.' 이 기록에 기재된 진표율사의 사적은 「발연석기」와 같지 않은 데가 있으므로 영잠이 기록한 것을 발췌하여 기재했으니 뒤의 어진 사람들은 자세히 살피도록 하라. 무극이 기록한다."

점찰법회를 시설하기 위해 단壇을 꾸미는 형식은 육륜六輪과 조금 달랐다. 하지만 수행 방법은 산중에 전하는 법규와 같았다. 그런데 당시에는 적지 않은 논쟁이 있었던 것 같다. 즉 진표와 영심 등이 시설한 『점찰경』에 의거한 탑참법塔懺法에 대하여 『사리불문경』에 의거한 참회법에 기초했던 법경法經과 언종彦琮 등은 문제를 제기하였다. 그리하여 '탑참법'과 '박참법'의 대립과 갈등의 문제는 곧 왕실에까지 알려졌다. 왕은 내사시랑 이원찬李元撰에게 명하여 대흥사에 가서 대덕들에게 묻게 하였다. 그곳에 머물던 대덕 법경과 언종 등은 "『점찰경』은 현재 두 권이 있는데 제목에 보리등菩提燈이라 한 것은 외국에서 번역한 가리킵니다. 그것은 근래에 간행된 것 같으며 또한 사본으로 전한 자도 있으나 여러 기록을 조사해 보아도 정확한 이름, 역자, 연대, 장소가 없고, 탑참은 여러 가지 경과는 다르니 여기에 의거하여 따를 수가 없습니다"라고 하였다. 그래서 왕은 칙령으로 금하게 하였다.

이에 대해 일연은 광주廣州의 한 승려가 자신의 몸을 학대하는 참회 방법인 박참법撲懺法을 행한 것에 대해 청주靑州의 관리들이 이 소문을 듣고 이것을 요망한 짓이라 한 『당승전』의 사례에 의거하여 『점찰경』의 탑참법을 비판한 법경과 언종 등에 대해 "청주의 거사들이 한 탑참 따위의 사건을 마치 대유학자들이 시서詩書까지 읽고도 남의 무덤파는 것과 같으니, 마치 '범을 그리다가 개를 그린 것'과 같다" 하였다. 부처가 예방한 것이 바로 이 때문이지만, 『점찰경』에 번역자나 연대, 장소가 없기 때문에 의심스럽다 하면, 역시 삼[麻]를 취하고 금金을 버린 것과 같다. 왜냐하면 그 경문을 자세히 보면, 부처가 중생을 교화하는 설법이 깊고 빈틈이 없으며, 더러움을 씻어 버리고 게으른 사람을 깨우쳐주기가 이 책만한 것이 없기 때문이다. 그러므로 대승참大乘懺이라고도 하며, 또한 육근六根 중에서 나왔다는 것이다. 그러므로 『점찰경』에서 윤輪을 던져 상相을 얻는 것이 『사리불문경』의 참회법과 어찌 다르겠느냐고 역설하였다. 일연은 미륵보살에게서 진표가 참법을 일으켜 친히 간자를 얻었으며 법문을 듣고 부처를 보았다며 진표의 손을 들어주고 있다. 반면 언종의 무리는 '금을 훔칠 때 사람은 보지 못한 것'과 같다며 독자들을 일깨워 주고 있다.

# 심지가 진표의 점찰사상을 이은 까닭은?

## 1. 동화사의 중창

사국 시대와 고려 시대의 고승들은 왕자 출신이 적지 않았다. 하늘에 해가 하나뿐인 것처럼 왕이 되지 못한 왕자에게는 출가出家 혹은 광인狂人의 길만이 주어졌다. 물론 출가 이후 신라 성덕왕과 고려 현종처럼 예외적인 경우가 없지는 않았다. 하지만 대다수의 왕자들은 왕위 쟁탈전에 의해 목숨을 잃거나 출가를 통해 자신의 인생을 바꾸었다. 신라 헌덕왕의 셋째 왕자였던 심지心地는 태어나면서부터 천성이 맑고 슬기로웠다. 그는 학문에 뜻을 둘 나이에 출가하여 스승을 따라 부지런히 불도를 닦았다. 중악(팔공산)에 머물던 그는 마침 진표眞表의 법통을 이은 영심永深법사가 진표 율사의 불골 간자佛骨簡子를 전해 받아 과증법회果證法會(占察法會)를 연다는 말을 듣고 뜻을 정하여 찾아갔다. 하지만 때가 너무 늦어 참례가 허락되지 않자 뜰에 자리를 깔고 엎드려 대중과 함께 예참했다.

일주일이 지나 큰 눈이 내렸다. 그런데 그가 섰던 땅 사방 10 여자

남짓에는 눈이 내리지 않았다. 사람들이 신기한 일을 보고 당에 오르기를 청하였다. 하지만 그는 병이 났다고 사양하고 방으로 물러났다. 심지가 불당佛堂을 향해 조용히 예불을 올리자 팔굽과 이마에서 피가 흘러 진표율사가 선계산仙溪山에서 정진할 때와 같았다. 지장보살이 날마다 와서 그를 위문하였다. 하루는 지장보살이 법석을 마치고 본산으로 돌아가는 도중에 간자簡子 두 개가 자신의 옷깃에 붙어 있는 것을 보았다. 그는 간자를 가지고 돌아가 영심에게 알렸다. 영심이 말하였다. "간자가 함 속에 있는데 그럴 리가 있는가?" 영심이 간자를 찾아보자 함은 그대로 있었지만 간자 두 개가 과연 없었다. 그는 매우 이상히 여겨 간자를 거듭 싸서 넣어 두었다.

심지가 길을 가다 다시 보니 여전히 간자가 옷깃에 붙어 있었다. 해서 심지는 되돌아와 법사에게 말하였다. 영심이 말하였다. "부처님의 뜻이 자네에게 있으니 자네가 받들고 가게." 영심은 간자를 심지에게 주었다. 그가 공산으로 돌아오자 중악의 산신山神이 두 신선神仙을 거느리고 심지를 영접하여 산기슭으로 인도한 뒤 바위에 앉혔다. 심지가 말하였다. "지금 적당한 땅을 가려 이 부처님의 간자를 봉안하려는데 우리는 정할 수가 없소. 청컨대 세 분과 함께 산에 올라가 간자를 던져 정합시다." 심지는 산신들과 함께 산봉우리에 올라가 서쪽을 향해 간자를 던지자 간자가 바람에 날려갔다. 그때 산신이 노래를 불렀다. "바위는 물러가 평지가 되니/ 낙엽은 흩날리고 눈앞이 밝아지네./ 부처님 뼈의 간자 찾아 얻었으니/ 정결한 곳에 모셔 들고 정성 드리겠네."

산신이 노래를 부르고 나자 심지는 숲속의 샘에서 간자를 찾아 불당을 짓고 봉안하였다. 지금의 동화사 첨당籤堂 북쪽에 있는 작은 우물이 그곳이다. 다른 전승에 의하면 심지는 흥덕왕 7년(832)에 이전의 유가사瑜伽寺를 거듭 개창하였다고 한다. 그런데 아직 겨울철인데도 절 주위로 오동나무[桐] 꽃이 만발[華]하였기에 동화사桐華寺로 고쳐 불렀다 전한다. 하지만 불교 공인 이전인 신라 소지왕炤知王 15년(493)에 극달極達이 절을 짓고 법상종의 성격을 띤 유가사라는 이름을 붙일 까닭이 없다는 점에서 심지가 창건한 것으로 보아야 한다는 주장도 적지 않다. 하여튼 심지는 진표─영심으로 이어지는 점찰사상을 동화사에서 이어 갔음을 알 수 있다.


## 2. 점찰사상의 가풍

점찰사상은 『점찰선악업보경占察善惡業報經』 즉 『점찰경』의 경설에 입각한 것이다. 경전에는 지장보살이 나무쪽[簡子]을 던져 길흉과 선악을 점찰하고 참회하는 법이 설해져 있다. 이 경전에 의해 이루어진 법회를 점찰법회占察法會라고 한다. 신라의 원광圓光법사는 점찰보占察寶를 만들고 이 법회를 처음 열었다. 『점찰경』의 상권에는 189간자의 이름이 서술되어 있다. 1간자는 상승上乘(大乘)을 구하여 불퇴不退를 얻고, 2간자는 구한 과위[果]를 증명한다. 3간자는 중승中乘(삼승의 중간인 緣覺乘)을 구하여 불퇴를 얻고, 4간자는 하승下乘(삼승의 맨 아래 聲聞乘)을 구하여 불퇴를 얻는다. 5간자는 신통력을 구하여 성취하며, 6간자는 사범四梵을 닦아 성취한다. 7간자는 세선世禪을 닦아 성취하며, 8간자는 받고자 하는 묘계妙戒를 얻는다.

9간자는 일찍이 받은 것에 계구戒具를 갖춘다. 이에 대해 일연은 미륵보살의 설한 신득계新得戒란 금생에 비로소 계를 얻음이요, 구득계舊

得戒란 과거에 계를 얻고서 금생에 또 얻는 것이다. 때문에 수행한 공덕에 따라 본래의 신계新戒와 구계舊戒가 있다는 말이 아니라 해명하고 있다. 10간자는 믿음에 머무르지 못하면서 하승下乘을 구하려는 것이다. 11간자는 아직 믿음에 머무르지 못하면서 중승中乘을 구하려는 것이다. 이렇게 해서 172간자까지는 모두 과거 현세 중에 혹 선하거나 악하거나 얻거나 잃는 일이다. 이하부터는 모두 미래의 과보를 가리킨다. 173간자는 자신을 버려 지옥에 들어가는 것이며, 174간자는 죽어서 축생이 되는 것이다.

이렇게 해서 아귀餓鬼, 수라修羅, 인간人, 인왕人王, 천天, 천왕天王, 법을 들으며[聞法], 집을 떠나며[出家], 성승을 만나며[値聖僧], 도솔천에 태어나며[生兜率], 정토에 태어나며[生淨土], 부처님을 찾아 뵈며[尋見佛], 하승에 머물며[住下乘], 중승에 머물며[住中乘], 상승에 머물러[住上乘] 해탈하는 것이 189간자 등이다. 여기서 일연은 "'주하승'으로부터 상승에 이르기까지는 불퇴不退를 얻고 여기서는 상승을 얻어 해탈解脫한다 했으니 이것으로 구별된다" 덧붙이고 있다. 이들은 모두 삼세의 선악과보의 차별상이다. 이것으로 점쳐 보고 그 마음속으로 행하는 것이 서로 들어맞으면 감응이 된 것이다. 그렇지 않으면 마음이 이르지 않으니 허류虛謬라고 한다. 곧 8간자와 9간자 둘은 다만 189간자 중에서 온 것이다. 그런데 여기서 일연은 『송고승전』에는 다만 108 첨자籤子라 하니 무슨 까닭인가? 아마도 저 108번뇌를 잘못 알고서 이른 것이며 경문의 글을 자세히 살피지 못한 까닭이라 해명하고 있다.

또 일연은 고려의 문인이었던 김관의金寬毅의 『왕대종록王代宗錄』(2권)을 살펴 "신라 말년에 대덕 석충釋冲이 진표율사의 가사 한 벌과 계간자戒簡子 189개를 고려 태조에게 바쳤다"는 기록을 덧붙이며 이러한 사실을 논증하고 있다. 다만 그 역시 지금 동화사에 전하는 간자와 그것이 같은 것인지 다른 것인지는 자세히 알 수 없다 말하고 있다. 그런 뒤에 그는 찬시로 심지를 기리고 있다. "귀족의 집안에서 자라나 출가하였고/ 근검과 총명함은 하늘이 주었다네/ 뜰에 쌓인 눈에서 간자를 얻어/ 동화사 산봉우리로 던졌네." 일연은 동화사의 창사가 진표－영심을 이은 심지의 점찰가풍에 의해 이루어졌음을 밝혀 주고 있다.

## 3. 진표의 계승자

점찰사상은 유식사상과 미륵사상을 기반으로 하는 유식법상종의 한 흐름이라 할 수 있다. 존재를 인식으로 환원하는 유식사상은 인도의 미륵－무착－세친 등으로 이어지면서 불교 인식론의 스펙트럼을 크게 확산시켰다. 유식사상은 다시 동아시아로 건너와 자은법상종으로 한 시대를 풍미하였다. 이 유식법상종의 스펙트럼 속에서 뻗어 나온 또 다른 광선이 석존 입멸 후 56억 7천만 년을 지나 다시 이 사바세계에 출현하여 화림원 안의 용화수 아래서 성도하여 3회의 설법으로서 석존의 교화에 빠진 모든 중생들을 제도하는 미륵의 사상이라고 할 수 있다. 미륵은 석존의 업적을 돕는다는 뜻에서 보처補處의 미륵이라고도 하며, 현겁賢劫 천불千佛의 제5불이라고도 한다. 그가 주재하는 법회는 용화삼회龍華三會이다.

점찰사상은 이들 유식사상과 미륵사상을 기반으로 하면서도 점찰하는 법과 참회하는 법을 주요 행법으로 하는 독자적인 사유체계라 할 수 있다. 수나라 보리등菩提燈에 의해 번역된 『점찰선악업보경』(2경)은 하나의 진실한 경계[一實境界]에 난행도와 이행도[二道]의 사태와 이치를 보는 도리[觀道事理]가 갖춰져 있음을 보여주는 경이다. 본디 점찰이란 점서占筮의 법이자 밀교密敎의 비법秘法으로 나의 마음을 월륜月輪 혹은 연화蓮花로 관찰하여 그 위에 글자를 관찰하면 아자阿字가 변하여 여의보如意寶가 되어 그 보주가 법계에 두루 가득하게 된다. 때문에 그 가운데 일체의 선과 악의 모습이 모두 나타나 그 길흉화복을 알게 되는 것이다. 『대일경소』(4권)에서는 "스스로 마음을 관찰하되 연꽃 위에 여의보주를 내외가 명철하도록 해야 하며, 저를 자세히 관찰할 때에 소유한 선과 악이 모두 그 가운데 나타난다" 하였다.

또 "이 여의주는 다만 아자阿字를 끌 뿐이다" 하였다. 『비장기秘藏記』말末에도 "아직 싹트지 않은 일을 결정할 때에 내 마음으로 월륜月輪을 관찰하고 윤상輪上에서 아자阿字를 관찰하여 여의주가 되고 보배구슬이 법계에 두루하게 한다" 하였다. 이러한 밀교적 수행 비법이 유식사상과 미륵사상과 결합하여 점찰사상으로 나타난 것으로 짐작된다. 때문에 점찰사상은 그 계보가 유식사상과 미륵사상뿐만 아니라 밀교사상과도 긴밀한 관련을 맺고 있음을 알 수 있다. 『점찰경』에 입각한 점찰법회는 진표 이래 신라에서 널리 유했으며 고려시대에도 지속되었다. 지눌의 정혜결사와 요세의 백련결사에 앞서 이루어진 진억津億(?~1074년 경?)의 지리산 수정결사의 사상적 배경 역시 유가 법상의 한 계통인 『점찰경』이었다.

진억은 지리산 오대사를 수축하여 수정사水精寺라 명명한 한 뒤 1) 결사대중 모두의 이름을 간자에 새겨 주고, 2) 매 15일마다 『점찰업보경』에 의해 이름 새긴 간자를 던져 선악의 보응을 점치며, 3) 점친 선악의 결과를 두 개의 함에 나눠 놓고 악보에 빠진 사람들을 위해 결사

대중들이 대신 참회하고 다시 점을 쳐 보아 선보善報를 얻게 되면 그만 두고, 4) 처음 선보를 얻었지만 다시 악보惡報에 떨어질 경우를 생각하여 일년마다 한 번씩 점을 쳐 보고 만일 악보에 떨어지면 처음과 같이 대신 참회하였다. 그는 이들 네 가지 수행 단계를 통해 수정결사의 행법을 확립하였다. 이 수정결사 역시 진표－영심을 이은 심지의 점찰사상을 계승한 결사였다고 할 수 있다.

# 태현이 삼류경설을 제시한 까닭은?

## 1. 해동 유가업의 비조

원효와 경흥과 태현은 신라의 삼대 저술가로 널리 알려져 있다. 그 중 태현太賢(680?~764?)은 유가瑜伽 유식唯識과 계율戒律의 대학자로서 한중일 삼국의 석학으로 존경을 받아 왔다. 고려의 일연뿐만 아니라 중국의 도봉道峰과 일본의 명조明照까지도 그에 대한 전기를 짓거나 자신의 저술에서 그를 기리고 있다. 『삼국유사』「의해」편의 '현유가 해화엄賢瑜伽 海華嚴' 조목에는 신라 경덕왕 대의 유가계 대덕 태현과 화엄계 대덕 법해法海의 법력 게임 설화가 실려 있다. "경덕왕은 계사년(753) 여름에 크게 가뭄이 들자 태현을 대궐로 불러 『금광(명)경』을 강론하게 하여 단비를 빌도록 하였다. 하루는 재식을 올리려고 바리때를 열어 놓은 지 오래도록 공양하는 이가 정한수를 늦게 올렸다. 관리가 꾸짖자, 공양 올리는 이가 말하였다. '궁의 샘에 물이 말라 먼 곳에서 길어오느라 늦었습니다.' 태현이 듣고서 말하였다. '어째서 일찍 말하지 않았느냐?' 이윽고 태현이 낮 강론을 할 때 향로를 받들고 묵연히 있으니,

잠깐 사이에 우물물 높이가 일곱 길쯤 솟아올라 절의 당간幢竿과 같을 정도였다. 궁중 사람들이 모두 놀라 그 우물을 금광정金光井이라 하였다. 태현은 일찍이 스스로 청구사문青丘沙門이라 일컬었다."

일연은 이어서 이렇게 적고 있다. "대덕 태현은 유가업의 비조이며 남산의 용장사에 머물렀다. 그 절 안에 1장 6척의 미륵석불이 있었다. 태현은 항상 그 주위를 돌기 좋아하였고, 그때마다 불상도 또한 태현이 도는 대로 따라 얼굴을 돌렸다. 태현은 지혜와 변재가 정밀하고 민첩하여 무슨 일이든 결택하는 것이 분명하고 정당하였다. 대개 상종相宗의 담론[詮]과 인식수단[量]은 그 뜻이 매우 깊어 분석하기가 어렵다. 그래서 중국의 이름 높은 선비 백거이白居易도 이것을 연구하다 말고는 말하기를, "유식唯識은 그윽해서 깨닫기가 어렵고, 인명因明은 분석해도 이해하기 어렵다" 하였다. 이 때문에 학자들이 배우기가 어렵게 된 것이 오래되었다. 그러나 태현은 유독 그 잘못된 점을 판정하고 깊은 뜻을 열어 보임이 마치 능한 백정이 여유 있고 능숙한 솜씨로 소를 잡아 기르는 것과 같았다. 동국의 후진들이 모두 다 그의 가르침을 따랐으며, 중화의 학자들도 자주 그의 글을 얻어 안목으로 삼았다.

중국의 도봉은 「태현법사의기서太賢法師義記序」에서 태현을 드높이 기리고 있다. "그윽한 풍모는 맑고 크며 도의 기품은 높고 웅장했다. 뛰어난 풍채와 드넓은 도량으로 스무 살을 지나서는 출가하였고, 서른 살이 되어서는 교화를 시작하였다. 그러나 자취를 감추고 만남을 멀리 해서 마침내는 행동을 숨기고 덕망을 감추었다. 불도를 펼침의 번쇄함을 탄식하고 불법의 체계가 무너짐을 한탄하여 안으로 『유가찬요』 3권을 찬술하고, 『유식결택』 1권, 『보살계종요』 1권 및 『본모송』 1백송을 지음으로써 후세에 전하였다. 말은 우아하고 뜻은 깊었으며 글월은 간략하고 의미는 풍부하였다. 글이 뿜어내는 지혜의 빛은 더욱 환해졌고, 빛이 뻗어내는 깨침의 산은 더욱 눈부셨다. 바라건대, 갈림길에서 헤매게 되면 곧바로 가르쳐 인도하는[南指] 수레를 살피고, 그 모양과 얼굴을 탐하게 되면 우러러 서쪽 나라[西秦]의 거울을 볼지언저."

일본의 명조는 이렇게 적고 있다. "원측법사의 문하였던 도증의 제자가 지금의 태현이다. 지금 법사는 처음에는 화엄을 익히다가 나중에 법상에 들었다. 고요하고 한적한 곳에 거닐며 생각했고 항시 거문고를 탔다. 밖으로는 덕행을 숨기고, 안으로는 광명을 품어 『보살계본종요』(에 실린 도봉이 쓴) 「서」에서 이르기를 '행동[用]을 숨기고 덕망[光]을 감췄기 때문에 태현太賢이라고 하니, 이는 매우 어질다는 뜻을 말함이다'라고 한 것임을 알 수 있다." 이처럼 태현을 기리는 한중일 전기류들은 한결같이 '행동을 숨기고 덕망을 감춘[潛用韜光]' 그에 대해 최고의 찬사를 보내고 있다.


## 2. 자은 유식의 비판적 수용

존재를 인식으로 환원한 철학으로 불리는 불교 유식학의 주요 담론은 '유식의 반학半學'이라고 하는 사분설四分說과 삼류경설三類境說로 대별된다. 인식 대상의 성질을 분류하는 삼류경과 달리 사분설은 인식주관의 작용을 분류하는 설이다. 흔히 '안난진호安難陳護 일이삼사一二三四'란 관형구로 널리 알려진 사분설은 우리의 의식 작용을 네 단계로 나눈 심분설이다. 호법護法(531~561)이 널리 주장해 왔다. 사분은 우리의 의식 작용을 우리 마음에 던져진 객관 사물의 그림자인 상분相分, 마음이 일어날 때에 상분에 변현하는 동시에 그것을 인식하는 작용인 견분見分, 인식 주관인 견분의 활동을 점검하는 의식작용인 자증분自證分, 다시 자증분의 활동을 점검하는 의식 작용인 증자증분證自證分의 네 부분이다. 태현은 호법의 설을 계승한 규기窺基(632~682)의 설을 따르기도 하고 비판하기도 하면서 자신의 논지를 전개하였다.

태현은 사분설에서 견분과 상분의 종자가 같은가 다른가에 대해 규기의 '같기도 하고 다르기도 하다는 설[或同或異說]'을 인용하면서 자신의 생각을 또렷이 밝히고 있다. 그는 "같은 종자同種]일 경우에는 한 식의 몸체가 상분과 견분 2분으로 전사轉似해서 생기지만 한 마리의 달팽이[蝸牛]에서 돋아난 두 뿔과 같다" 하였다. 또 태현은 "다른 종자[別種]일 경우에는 몸체가 견분으로 전사하고 상분의 종자로도 전사하며 또한 상분과 유사하게 생기고, 저것과는 유사해서 실체가 아니기 때문이며, 상분은 마음의 분별로 말미암아 생기기 때문에 때로는 동종이지만 때로는 별종이다"라는 호법의 설을 정의로 받아들였다. 다시 그는 우리의 인식대상을 그 성질상으로 보아 성경性境과 독영경獨影境과 대질경帶質境의 셋으로 나눈 삼류경설에 대해 독자적인 주장을 펼치고 있다. 현장玄奘(602~664)이 스승 계현戒賢으로부터 전수받은 것 혹은 그의 창안으로 알려진 삼류경설은 규기의 『성유식론장중추요』와 그 제자인 혜소의 『성유식론요의등』에만 게송偈頌으로 전해지고 있다. 그 게송은 다음과 같다.

"성경은 마음을 따르지 않고[性境不隨心]/ 독영경은 오직 견분만을 따른다[獨影唯從見]/ 대질경은 심정과 본질에 통하니[帶質通情本]/ 성과 종 등은 따라야 한다[性種等隨應]." 이 게송에 근거하여 태현은 규기와 변별되는 삼류경설로 발전시켰다. 여기서 대상으로서의 실재성[本

質]을 갖춘 성경은 주관과 다른 종자에서 생겨 주관의 성질의 선악에 좌우되지 않고 존재 영역[界繫]을 달리하여 다섯 감각기관에 비치어 오는 것을 다섯 의식이 대상으로 하여 인식하는 객관세계(제8식의 상분)이다. 반면 대상은 대상이지만 그 실재성을 소유하지 못한 것[幻覺]인 독영경은 별도의 객관적 존재가 없이 주관이 단독으로 드러낸 환영처럼 눈병 난 사람의 앞에 보이는 토끼뿔 혹은 거북털(제6식의 對境)과 같은 것이다. 그리고 이 두 성질을 함께 지니고 있는 대질경은 삼줄을 뱀으로 잘못하는 것과 같이 본질은 있으나 그대로 영사[影寫]되지 않은 경계이다. 즉 제7식이 제8식의 견분을 연취[緣取]하여 실아[實我]라는 집착의 견해를 일으키는 것이며 제6식이 과거를 미루어 생각함과 같은 것이다. 이 담론은 사분설에서 제기된 견분과 상분의 동일성과 차이성의 문제를 해결하기 위해 성립된 이론이다. 즉 종자의 동일성과 차이성의 논증에 잇따르는 견분과 상분의 삼성[善, 惡, 無記]을 어떻게 분별하는가 또는 삼계의 존재 영역을 어떻게 분별해야 하는가 등과 같은 복잡한 문제를 해명하기 위해 제기된 담론이다.

이를테면 "성인의 인식이 초선[初禪]에서 행해졌을 때에 삼식[三識]이 더 높은 세계[上界]의 색을 그 인식대상으로 취하며, 그것은 초선의 경우도 이선[二禪] 이상의 경우와 마찬가지로 존재영역[界繫]을 달리하지 않기 때문"이라는 규기의 해석과 달리 태현은 "초선계[初禪繫]의 식인 차기식[借起識]을 빌려 오지 않으면 아니되니, 다른 법으로서 본질을 삼지 않는다면 저 견분은 어디에서도 본질로 삼을 것이기 때문"이라고 말한다. 그 까닭은 더 높은 세계에 태어나도 아래의 세계[下界]를 인연하는 것도 역시 성경이 능연심[能緣心]을 따르지 않고 독립자존하여 그 존재영역을 달리한다는 계불수심[繫不隨心]의 원칙 때문이라고 말한다. 또 "능훈[能

熏은 제칠식의 상분이고 소훈所熏은 본질인 제팔식의 견분의 종자로서 무부무기無覆無記의 성질을 지니고 있다"는 규기의 견해와 달리 태현은 "'오직 질분質分으로부터 종자를 훈습하는 것이지 다른 것들이 그러할 수 있는 것이 아니기 때문에[唯從質分熏種非餘]' 본질인 제팔식의 견분이 제칠식의 상분의 종자를 훈습한다" 주장한다. 이것은 제칠식이 제팔식을 훈습한다는 종래의 통설을 뒤집는 것이며 태현의 독자적인 해석의 지평이다.

## 3. 『기신론』과 화엄학의 유식적 통합

신라의 불교사상가들은 불설의 핵심인 중도에 입각하여 자신의 주요 교학을 지렛대로 삼아 다른 교학을 통합하였다. 대표적인 저술가들이 었던 원효와 경흥과 태현의 경우는 특히 그러했다. 태현은 화엄가로 출발하여 유식가로 전향하였지만 그의 52종 저술에는 불교의 전 분야가 망라되어 있다. 태현은 『대승기신론내의약탐기』에서 원효의 『대승기신론별기』와 『대승기신론소』, 법장의 『대승기신론의기』와 『화엄오교장』 및 『화엄강목』의 주장을 그대로 인용 혹은 요약 정리하면서 편집하고 있다. 그중에서 특히 『대승기신론』에 대한 원효와 법장 학설의 대표적 차이인 생生, 주住, 이異, 멸滅의 '사상四相'과 「생멸인연의生滅因緣義」 속의 '오의五意'의 팔식 배대에서 독자적인 해석을 보여주고 있다. 그는 시각始覺에서의 '사상'에 대해서는 원효와 법장의 견해를 자신의 평가 없이 원용하여 기술하고 있다.

반면 태현은 심식설 이해와 관련하여 『대승기신론내의약탐기』 6장의 '생멸인연의'에서는 자신의 독자적인 해석을 덧붙이고 있다. 태현의 해석 중 주목되는 것은 본식本識을 다시 진식과 업식과 전식과 현식의 넷으로 나눔으로써 오의를 6종식으로 해석하고 있는 점이다. 이것은 원효와 법장에게서는 찾아볼 수 없는 그의 독창적인 기술이라고 할 수 있다.

"다섯 가지 뜻[五意] 가운데 처음의 업식, 전식, 현식의 세 가지는 본식의 자리[本識位]에 있고, 다음의 지식, 상속식 두 가지는 사식事識의 세분의 자리[細分位]에 있다. 본식을 다시 자세히 논하면 네 가지의 식이 있다. 첫째는 진식眞識이니 또한 자상自相이라고도 하며 또한 지상智相이라고도 한다. 둘째는 업식業識이니 또한 업상業相이라고도 하며 또한 업상식業相識이라고도 한다. 셋째는 전식轉識이니 또한 전상轉相이라도 하며 또한 전상식轉相識이라고도 한다. 넷째는 현식現識이니 또한 현상現相이라고도 하고 또한 현상식現相識이라고도 한다. 다섯째는 지식智識이니 또한 지상이라고도 한다. 여섯째는 상속식相續識이니 또한 상속상이라고도 한다. 처음의 진식은 다른 것을 빌리지 않고 지상을 이루는 것이니 깨달음이 비추는 성품이 있다. 업식은 고요함에서 일어나 움직인다. 지식智識은 허망한 경계에 의하여 더럽고 깨끗함을 분별한다. 상속식은 모든 업의 원인에 의지하여 괴로움의 과보가 끊이지 않는 것이다. 이 여섯 가지를 몸체로 드러내므로 통틀어 상相이라고 이름하고, 각기 신령스런 앎이 있어서 허공과 같지 않음으로 통틀어 식識이라고 이름한다."

이처럼 태현은 오의를 크게 본식위(업/전/현식)와 사식세분위(지/상속식)의 둘로 나눈다. 그런 뒤에 본식을 다시 네 식(진/업/전/현)으로 나눈다. 앞의 네 식은 별칭이 두 개씩이지만 뒤의 두 색은 별칭이 하나씩이다. "이 여섯 가지 뜻 가운데 처음의 하나는 소의所依이고 뒤의 다섯은 능의能依이며 또한 차례로 능의와 소의가 된다. 그리고 처음의 하나는 변하지 않는 뜻[不變義]이고 뒤의 다섯은 변하는 뜻[隨緣義]이다. 또 처음의 둘은 아리야식의 자체분이고 다음의 둘은 아리야식의 견분과 상분의 이분이며, 마지막 둘은 사식事識과 세분細分의 견분과 상분의 이분이다. 사식에 대해서는 두 가지 견해가 있으니, 첫째는 사식을 곧 육식으로 보는 것이니 지知라고 『능가경』에서 바깥 경계를 들어 설했기 때문이다. 둘째는 (사식을) 곧 칠전식으로 보는 것이니 제7전식 또한 혜수慧數(제7식의 심리작용)와 상응하여 바깥 경계를 반연하기 때문에 지知라고 한 것이다." 태현은 여섯 가지 뜻 중 처음의 하나는 '소의'이자 '불변의不變義'이지만 뒤의 나머지 오식은 '능의'이자 '수연의隨緣義'라는 것이다. 이러한 관점은 원효와 법장에게서 볼 수 없는 태현의 독자적 관점이다.

삼국유사 권 제5

# 신주 제6
## 神呪 第六

國尊曹溪宗迦智山麟角寺住持圓鏡冲照大禪師一然撰

神呪第六

密本摧邪

善德王德曼遘疾弥留有興輪寺僧法惕應詔侍疾久
而無劾時有密本法師以德行聞於國左右請代之王
詔迎入內本在宸伏外讀藥師經卷軸纔周所持六環
飛入寢內刺一老狐與法惕倒擲達下王疾乃瘳時本
頂上發五色神光覩者皆驚又承相金良圖為阿孩時
忽口噤體硬不言不逐每見一大鬼率群小鬼來家中

# '신주'를 어떻게 읽을 것인가?

## 1. 가장 짧은 분량의 수록

「신주」는 전 5권 9편 138조목으로 된 『삼국유사』 중 가장 짧은 분량 (3조목)을 담은 편명이다. 제1권이 「왕력」과 「기이」(1편)이고, 제2권은 앞 권을 잇는 「기이」(2편)이다. 제3권은 「흥법」과 「탑상」편이고, 제4권은 「의해」편이다. 제5권은 「신주」와 「감통」 및 「피은」과 「효선」편 이다. 전체 5권 분량 중 「왕력」, 「기이」, 「흥법」, 「탑상」, 「의해」가 실린 1~4권과 달리 제5권에는 가장 많은 편명이 집중되어 있다. 하지만 전체 138조목 분량 면에서 보면 제5권은 「신주」(3조목), 「감통」(10조목), 「피은」(10조목), 「효선」(5조목)편을 합쳐도 28조목에 지나지 않는다. 역사적 관점과 불교적 관점을 통합한 『삼국유사』의 체재에서 볼 때 일연은 『삼국사기』의 기전체적 체재(本紀·表·雜志)에 견주어 「왕력」·「기이」·「탑상」편을 만들고, 「열전」편의 내용을 여러 고승전의 과목에 증광하여 「흥법」－「유통」, 「신주」－「신이」, 「피은」－「망신」, 「효선」－「흥복」, 「의해」－「의해」, 「감통」－「감통」의 편목을 만든 것으로 짐작되기 때문이다.

그런데 이 5권에서 주목되는 것은 전5권 중 유독 제5권에 적힌 '국존 조계종 가지산하 인각사 주지 원경충조 대선사 일연 찬國尊曹溪宗迦智山下麟角寺住持圓鏡冲照大禪師一然撰'이라고 하여 찬자의 이름이 적혀 있는 대목이다. 이 저술의 저자가 두 조목에 참여하여 기록을 남기고 있는 그의 제자인 혼구 무극(混丘無極名)이라고 알려져 온 것은 한동안 찬자명이 쓰인 인쇄본이 발견되지 않았기 때문이다. 오랜 세월이 지나 찬자명이 적힌 제5권의 인쇄본이 발견됨으로써 우리는 비로소 이『삼국유사』의 찬자를 일연으로 확정할 수 있었다. 오랫동안 저자가 알려지지 않음으로써 이 저술의 성격을 규정하기 힘들었고 본격적인 연구가 이루어지지 못하였다. 제5권의 표기를 통한 저자의 확정은 우리 고대사를 혼자 담당하고 있는 이 저술의 가치와 무게를 새롭게 인식하는 계기가 되었다.

「신주」란 편명은 말 그대로 '신비한 주문' 즉 '신비로운 진언'이란 말이다. 밀교의 세 가지(身口意密) 가운데 주문 혹은 진언을 가리키는 구밀口密이라고 할 수 있다. 붓다의 성언량聖言量을 문자로 드러내는 가르침인 현교顯敎와 달리 붓다의 가르침을 비밀스런 의궤나 다라니로 전달하는 밀교密敎는 인도의 힌두교와 대승불교의 습합 과정 속에서 태어났다. 초기밀교는 현세이익을 추구하기 위해 제사와 점술 및 주술 등의 여러 가지가 의례가 혼효한 잡밀雜密계통이라고 할 수 있다. 반면 중기밀교는 불교의 합리적인 업설에 기초한 순수한 밀교[純密]계통으로 볼 수 있으며, 후기밀교는 탄트라 계통으로 흐른 좌도밀교라고 할 수 있다. 밀교는 교학적으로는 반야중관학과 유가행유식학의 사상을 계승하면서 독자적인 해석을 통하여 철학적이고 관념적으로 흐르는 현(로불)

교를 다시 대중화시켰다. 『대일경』과 『금강정경』이 성립된 이후의 순밀純密에서는 즉신성불即身成佛을 목표로 한 출세간의 실지悉地에서부터 연명延命·식재息災·치병治病 등 세간실지世間悉地에 이르기까지 폭넓은 사상과 작법作法이 조직적으로 교설되어 있다. 때문에 밀교는 어떠한 지역과 사상 및 역사와 문화와도 어우러질 수 있는 토대를 지니고 있다고 할 수 있다.

현교의 공인(527)에 이어 밀교가 신라에 수용된 것은 진평왕 27(605)에 안함安含과 함께 북천축 오장국의 비마라진제毘摩羅眞諦, 농가타農伽陀와 마투라국의 불타승가佛陀僧伽 등이 와서 황룡사에 머물면서 『전단향화성광묘녀경』을 번역해 간행하였다는 것을 기점으로 삼을 수 있다. 이들이 전해 온 것은 인도의 초기밀교(잡밀) 사상이었을 것으로 추정된다. 이어 명랑은 632년에서 635년 사이에 당나라에 유학을 가서 밀교를 공부한 뒤 돌아와 자기 집을 희사하여 금광사金光寺를 세웠고 신인비법으로 당나라 장수 설방薛邦의 50만 원정군이 정주해상貞州海上에 침입했을 때 경주 낭산의 남쪽 신유림神遊林에다 비단으로 임시절(사천왕사)을 짓고 풀로 오방신상五方神像을 만들어 유가瑜伽 수행이 뛰어난 12명의 승려를 뽑아 신인비법神印秘法을 행하였다. 그러자 양국 군대의 교전이 있기도 전에 바람과 파도가 크게 일어 당나라의 군함이 모두 침몰하였다 전한다. 그 이듬해에도 당나라 장군 조헌趙憲이 이끄는 5만의 군사가 침입하자 역시 신인비법을 개설하여 물리쳤다.

## 2. 무속신앙과 밀교사상의 갈등

「신주」편에는 혜통과 밀본과 명랑이라는 신라의 대표적인 밀교승려가 등장하고 있다. 밀본密本은 선덕왕 대에 활동한 금곡사金谷寺의 밀교승이었다. 선덕왕 덕만德曼이 오랫동안 병에 걸려 낫지를 않았다. 흥륜사 법척法惕이 임금의 부름을 받아 병의 치료를 맡은지 오래 되었으나 효험이 없었다. 이때 밀본의 덕행이 온나라에 소문나 있었으므로 법척을 대신하여 밀본을 궁중으로 맞아들였다. 밀본은 왕의 침실 밖에서 『약사경』을 읽었다. 경을 다 읽자마자 가지고 있던 육환장六環杖이 왕의 침실 안으로 날아 들어가 늙은 여우 한 마리와 법척을 찔러 뜰 아래로 던져 거꾸러뜨리니 왕의 병이 씻은 듯이 나았다. 이때에 밀본의 머리 위로 다섯 색깔의 신비로운 빛이 뻗치니 보는 사람들이 모두 놀랐다.

당시 승상이었던 김양도金良圖는 어렸을 때 갑자기 입이 붙고 몸이 굳어져 말도 못하고 움직이지도 못하였다. 김양도가 늘 보니 큰 귀신 하나가 작은 귀신을 거느리고 와서 집안의 상 위에 있는 음식들을 맛보고 먹으면서, 무당이 와서 제사를 지내면 떼를 지어 모여들어 저마다 욕했다. 양도는 귀신들에게 물러가라고 명령하고 싶었으나 입으로 말을 할 수가 없었다. 그의 부친이 법류사法流寺의 승려(亡名)를 청하여 경을 읽게 하자 큰 귀신이 작은 귀신을 시켜 쇠몽둥이로 승려의 머리를 쳐 땅에 넘어뜨리니 승려는 피를 토하고 죽어버렸다. 며칠 뒤에 사람을 보내 밀본법사를 맞아오게 하였다. 그 사람이 돌아와서 말하기를 "밀본법사가 우리 청을 받아들여 곧 올 것입니다" 하였다. 귀신의 무리들은 이 말을 듣고 모두 얼굴색이 변하였다. 작은 귀신이 말하였다. "법사가 오면 이로울 것이 없으니 그를 피하는 것이 어쩌면 다행한 일일 것입니다." 큰 귀신은 거만을 부리며 태연하게 말하였다. "무슨 해로운 일이 있겠는가?"

조금 뒤에 사방에서 모두 쇠로 된 갑옷과 긴 창으로 무장한 대력신大力神이 와서 귀신의 무리들을 잡아 묶어 가지고 갔다. 그 다음에는 수많은 천신들이 둘러서서 기다렸다. 조금 후에 밀본이 도착하여 경을 펼 사이도 업이 양도의 병은 즉시 나아서 말을 하고 몸도 움직일 수 있게 되니 지난 일들을 자세히 이야기 하였다. 이로 인해 양도는 불교를 독실하게 믿어서 한평생 게으르지 않았으니 흥륜사 법당의 주불인 미타존상과 좌우보살을 빚어 만들었으며 아울러 법당 안에 금빛으로 벽화를 가득 그렸다.

일찍이 밀본이 금각사에 머물고 있었다. 김유신金庾信은 연배가 높은 거사 한 사람과 교분이 두터웠다. 세상 사람들은 그가 어떤 사람인지 몰랐다. 이때 유신공의 친척되는 수천秀天이 나쁜 병에 걸린 지 오래되어 공이 거사를 보내어 진찰해 보도록 하였다. 마침 수천의 친구인 승려 인혜因惠가 중악中岳(八公山)에 찾아왔다가 거사를 보더니 업신여기며 말했다. "그대의 형상과 거동을 보니 간사하고 아첨하는 사람인데 어찌 다른 사람의 병을 고칠 수 있겠는가?" 거사가 말하였다. "나는 김유신 공의 명을 받고 부득이 왔을 뿐이외다." 인혜가 말하였다. "그대는 나의 신통력을 보라." 즉시 향로를 받들어 향을 피우고 주문을 외우자 조금 뒤 오색 구름이 그의 머리 위를 빙빙 돌고 천화가 흩어져 떨어졌다. 거사가 말하였다. "스님의 신통력은 참으로 불가사의합니다. 제자도 또한 변변찮은 재주가 있으니 시험해 보고자 합니다. 스님께서는 잠깐만 제 앞에 계십시오." 인혜는 그의 말에 따랐다.

## 3. 밀교의 안착과 확산

거사가 손가락을 한 번 튀기는 소리를 내자 인혜가 공중으로 한 길 높이 가량 거꾸로 떠올랐다. 한참 뒤에야 천천히 거꾸로 내려와 머리가 땅에 박혀 말뚝을 박은 것처럼 우뚝 섰다. 옆에 사람이 밀거나 당겨도 꼼짝하지 않았다. 거사가 떠나가니 인혜는 거꾸로 박힌 채로 밤을 새웠다. 이튿날 수천이 사람을 시켜 유신공에게 알리자 유신공이 거사를 보내 그를 풀어 구해 주었다. 인혜는 다시는 재주 부리는 짓을 하지 않았다. 밀본과 거사가 보인 신통력은 약사경 계통의『관정경』에 의한 주술신앙이라 할 수 있다. 이와 달리 혜통은『다라니집경』의 모방주술模倣呪術로 추정된다. 특히 혜통의 주술은 과거세의 원한을 푸는 것으로 이는 무속의 해원주술解寃呪術과 불교의 인과응보가 결합된 것으로 이해된다.

혜통은 명랑과 같은 시대에 살았던 승려였다. 당으로 건너가 선무외善無畏(637~735)삼장과는 다른 무외無畏삼장 아래에서 3년간 물러나지 않고 섬기며 수행하던 끝에 인결印訣을 받았다. 이때 고종(649~683재위)의 공주가 병을 앓자 고종이 무외삼장에게 치료를 청하였다. 하지만 삼장은 자기 대신 혜통을 천거하였다. 혜통은 스승을 대신하여 공주의 병을 흰 콩 한 말과 검은 콩 한 말로 백갑신병白甲神兵 및 흑갑신병黑甲神兵으로 변하게 하여 낫게 하였다. 이때 공주에게서 떨어져 나오며 원한을 품은 병귀病鬼가 교룡蛟龍이 되어 신라로 와서 많은 생명을 해치고 있다는 말을 들었다. 혜통은 신라로 돌아와 그 교룡을 찾아 불살계不殺戒를 주어 교화하였다. 그는 또 신문왕의 등창과 효소왕 공주의 병을 주송呪誦으로 낫게 하였다. 이 일로 인해 혜통은 효소왕 대에는 국사가 되었다.

명랑은 소판 무림의 셋째아들이었다. 출가한 뒤 당나라로 건너가 불도를 배웠다. 당에서 돌아온 그는 총장 원년 무진(668)년에 당나라 장수 이적이 대군을 거느리고 신라군과 합세하여 고구려를 멸망시켰다. 그 뒤에 남은 군사가 백제 고토에 웅진도독부를 만들고 체류하면서 장차 신라를 습격하여 멸망시키려고 하였다. 이 사실을 안 신라 사람들은 군사를 일으켜 이들을 막았다. 당 고종은 이를 듣고 크게 화가 나 설방薛邦에게 명하여 군사를 일으켜 신라를 치려고 하였다. 문무왕은 이것을 듣고 두려워하여 법사를 청해 비법을 써서 이를 물리치게 하였다. 명랑은 낭산 밑에 임시로 절(사천왕사)로 만들어 문두루비법文頭婁秘法으로 당군을 물리쳤다. 이로 인해 그는 신라 신인종神印宗의 시조가 되었다고 하였다. 이후 명랑은 고려 창업 때 그의 후예인 광학廣學과 대연大緣이 태조에게 도움을 준 사실과 김유신 등을 위해 창건하였다는 호원사虎願寺 연기설화와도 김밀하게 연관된다.

초기 잡밀에서 중기 순밀로 바뀐 뒤 후기 탄트라 밀교로 전개된 밀교사상은 동아시아 불교에 일정한 영향을 미쳤다. 밀교는 힌두교와 대승불교의 길항과 습합에 의해 형성된 이래 동아시아로 전래된 이후에는 점차 현교인 화엄종과 대응하면서 교리적 발전을 도모해 왔다. 현교의 화엄종이 석가모니불(비로자나불)을 주불로 모시는 것에 대응하여 밀교는 대일여래(대비로자나불) 즉 법신 중심으로 즉신성불론을 주장해 왔다. 이 몸을 법신인 우주와 일체시하는 밀교는 철학적이고 관념적으로 인식되어 온 현교에 종교성을 부여하여 신앙의례의 진전과 의궤의 활성화를 도모하였다. 일연은 밀교승인 밀본과 혜통과 명랑의 순서로 신주편을 엮었다. 이러한 순서는 그가 느낀 밀교승의 존재감 순서가 아닐까 생각된다. 일연은 특히 밀본과 명랑을 김유신으로 상징되는 전통신앙과 긴밀한 관계 속에서 기술한 점은 또 다시 주목되는 지점이다.

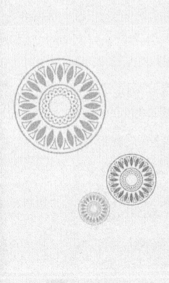

삼국유사 권 제5

# 감통 제7
## 感通 第七

所創也四大德之遺骨皆藏寺之東峰因号四靈山祖

師嵒云則四大德皆羅時萳德按瑛白寺柱貼注腩載

慶州戸長巨川母阿之女女母明珠女女母積利女之

方廣學大德大緣三重古名善會昆芽二人皆投神印宗以

長興二年辛邜隨太祖上京隨駕謀搜管員其勞給二人

父母忘日寶于塔白寺田畓若干結云則廣學大

緣二人隨聖祖入京者安師芋乃與金庾信寺剙逺源

寺者也廣學等二人骨亦來安干玆爾非四德皆剙逺

源皆隨聖祖也詳之

感通第七

# '감통'을 어떻게 읽을 것인가?

## 1. 감동과 신통

『삼국유사』전 9편 중 제 7편에 자리한 「감통」편은 모두 10조목으로 구성되어 있다. 그 앞의 「의해」편이 교학의 의미를 풀이한 고승들에 대해 언급하고 있고, 「신주」편이 밀승密僧들의 이야기를 담고 있다면, 「감통」편은 '자신이 느껴서 마침내 타인까지 움직인[感而遂通]' 신앙의 사례들과 사회적인 메아리를 싣고 있고, 「피은」편은 개인적인 은둔 수행에 치중한 주제들을 아우르고 있다. '선도성모 수희불사'와 '욱면비 염불서승', '광덕 엄장', '경흥우성', '진신수공', '월명사 도솔가', '선율환생', '융천사 혜성가', '정수사 구빙녀' 등의 조목 이름에서 나타나듯이 「감통」편은 '스스로 느껴서 마침내 남들도 움직이게' 한 이야기들을 모아놓고 있다. 불보살의 조상造像, 예배禮拜, 염불念佛, 사리 봉안, 불경의 사경寫經, 역경譯經, 강경講經, 송경誦經 등과 같은 '액션[感]'에 대해 불보살의 형상이 나투거나[見相], 소리가 들리거나[聞聲], 자신의 고통이 뽑혀지거나[拔苦], 행복이 늘어나거나[增福], 지혜가 키워져 열리는

[增智開慧] '리액션[應]'으로 나타난다. 이처럼 감응은 중생의 요청[感]에 의해 불보살이 영험을 작용하는[動, 應] 것을 가리킨다.

조목별 내용을 보면 '선도산 신모神母(娑蘇)의 도움으로 불사를 완성' 하고, 아간 집안의 여종인 욱면郁面이 미타사에서 염불하여 진신으로 왕생한다. 광덕廣德의 입적 뒤 그 아내와 통정하려는 엄장嚴莊에게 원효 元曉에게 정관淨觀 수행을 배워 왕생하게 하고, 경흥憬興이 국로國老가 되어 말을 타고 출가하다가 남산 문수사의 문수상文殊像의 일깨움으로 말을 타지 않는다. 효소왕孝昭王이 행색이 남루한 승려에게 공양하였더 니 그가 석가 진신釋迦眞身이었고, 월명사月明師가 미륵의 도움을 받아 도솔가를 짓자 두 해의 이변이 사라졌다. 선율善律이 『대반야경』을 펴 내지 못하고 죽게 되자 명부冥府의 관리가 완성하고 오라고 하여 10일 만에 다시 살아나 15년 전 죽은 여인의 간청을 들어 점등點燈하여 명복 을 빌자 여인은 고통을 벗어나고 선율은 경전을 완성하였고, 호랑이로 변신한 여인이 자신의 가족이 저지른 살생의 죄과를 참회하기 위해 김 현金現에게 공을 세워주고 죽자 그는 그녀를 위하여 호원사虎願寺를 지 어 추모하였다. 화랑들이 풍악산을 유람하다 혜성이 심대성心大星을 범 하여 유람을 그만 두자 융천隆天이 향가 「혜성가」를 지어 노래하자 괴 변이 사라지고 일본군이 물러갔으며, 황룡사의 정수正秀법사는 엄동설 한에 천엄사 앞을 지나다가 걸인이 해산하는 것을 보고 자기의 옷을 벗어 덮어 도와주었고 그로 인해 국사로 책봉되었다.

그런데 여기서 주목되는 것은 '감感'의 작용과 '통通'의 반응이 상호간 계 속에서 이루어진다는 것이다. 어더한 일방의 작용으로만 감동의 바 다가 이루어질 수 없다. 감동의 바다가 형성되기 위해서는 쌍방의 작용 의 강도와 내용이 강력하고 간절해야 한다. '감이수통'은 『주역周易』「계사繫辭」상上의 "생각이 없고[無思也], 행위가 없으며[無爲也], 고요하여서 움직이지 않다가[寂然不動] (스스로) 느껴서 마침내 천하의 연고에 통하기 때문이니[感而遂通天下之故] 천하의 지극한 신이 아니면[非天下之神] 그 누가 이와 더불어 할 수 있으랴[其孰能與於此]"에서 유래하는 것이다. 그런데 작용[感]의 주체는 승려에 한정되지 않는다. 이 편의 조목들을 보면 승려(광덕과 엄장, 경흥, 월명, 선율, 융천, 정수), 선도산 신모, 국왕(경덕왕), 일반 서민(김현), 노비(욱면) 모두가 주체가 된 이야기로 구성되어 있다.

중국의 도선道宣(596~667)은 『속고승전』에 「감통」편을 편재하면서 감통의 의미를 수행의 힘이 높은 고승高僧이 초인적인 현상인 기미[微]를 알아 느껴[感] 통하는 것으로 보았다. 그는 불교의 신앙체계에서 일어나는 헤아릴 수 없는[不思議] 영험을 '감통感通'이라고 풀이하여 이를 '감응感應'과 같은 의미로 파악하였다. 반면 찬녕贊寧(918~999)은 『송고승전』「감통」편의 의미를 수행의 계위에서 최종 단계인 증과證果로 풀이하였다. 그는 "우리 교법 가운데에서 신해행증信解行證으로써 준거를 삼아보면 「역경」과 「전법」은 '믿음의 일으킴[生信]'에, 「의해」와 「습선」은 '이해의 자각[悟解]'에, 「명률」과 「호법」은 '실행의 닦음[修行]'에, 「신이」와 「감통」은 '깨침의 과위[果證]'에 가깝게 된다" 하였다. 특히 도선은 감통 혹은 감응에 대한 인식이 남달라 출재가에게 삼보의 이로움을 널리 알려 미혹하고 깨달은 이 모두가 믿음을 내도록 하기 위해 『집신주삼보감통록集神州三寶感通錄』을 지었으며, 만년에는 자신의 감통 체험과 세인들의 감통에 대한 의심을 풀어주기 위해 『도선율사감응록道宣律師感應錄』을 지었다. 그의 이러한 노력은 이후 불교사를 감통사관感通史觀 혹은 감응사관感應史觀으로 보게 하는 근거가 되었다.

## 2. 주체와 사례의 다양성

일연은 중국 양당송梁唐宋 삼대三代 고승전의 편재를 의식하면서 『삼
국유사』를 편찬하기는 했지만 그보다 훨씬 자유롭고 독자적인 체재로
구성하였다. 그는 「감통」편을 편재하면서 도선의 감응사관 혹은 감통
사관의 영향을 받고 있다. 하지만 승려 중심의 체재로 이루어진 삼대
고승전과 달리 작용[感]의 주체와 반응[動]의 사례가 훨씬 더 다양하다.
그뿐만 아니라 작용의 주체가 이동하고 반응의 사례가 증폭되기도 한
다. 먼저 일반인들이 주체인 경우를 살펴보자. 먼저 '선도성모 수희불
사' 조에서는 안흥사에 머물던 지혜智惠 비구니가 불사에 착수하지만
점차 그의 불사에 감응한 선도산 신모娑蘇로 감통의 주체가 이동하고
있다. '욱면비 염불서승' 조에서는 귀진貴珍 아간이 선사善士 수십 인과
서방왕생을 기약하며 염불 수행을 발의하지만 이들보다 그의 집 여종
인 욱면이 먼저 왕생하게 된다. '진신수공' 조에서는 효소왕孝昭王이 몸
소 남루한 옷을 입은 승려에게 공양을 하며 '누구에게도 국왕이 직접
불공하는 재에 참석했다고 하지 말라'고 하자 도리어 비구는 '폐하도 진
신석가에게 공양했다고 얘기하지 말라'고 함으로써 주체가 진신석가의
화현인 비구로 이동하게 된다.

'김현감호' 조에서는 흥륜사의 탑돌이에 나선 청년 김현金現이 처녀로
변한 호랑이를 만나 정을 나누고 인간과 동물의 소통의 길을 열고 있
다. 하지만 하늘의 처벌을 두려워한 오빠들이 달아나자 호녀虎女는 스
스로 죽음을 자처하며 이는 낭군의 경사요, 호랑의 부족의 복이며, 나
라 사람들의 기쁨 등 다섯 가지의 이익이 있게 된다며 자신을 죽인 뒤
저를 위하여 절을 세우고 불도를 강론하여 좋은 과보를 얻는데 도움이

되어달라고 청하였다. 이에 고뇌하던 김현은 호랑이를 잡아 벼슬에 오른 뒤 그녀를 위하여 호원사虎願寺를 세우고 『범망경』을 강론하여 호랑이의 저승길[冥遊]을 인도함으로써 호랑이가 제 몸을 희생하여 자기를 성공하게 한 은혜에 보답하였다. 이 설화는 당시 신라인들의 생명관과 신앙관을 잘 보여주고 있다.

승려들이 주체가 된 예들은 다음과 같다. '광덕 엄장' 조에서는 도반이었던 광덕이 먼저 왕생하자 남은 엄장이 광덕의 처와 부부가 되어 동침을 청하자 관음觀音의 응신應身인 아내가 욕망을 절제하고 수행을 권유한다. 관음의 응신으로 화현한 광덕의 처는 향가 「원왕생가」를 지어 법장보살이 48대 서원을 이루고 아미타불이 되기 위해서 어떻게 수행해야 하는가를 되묻고 있다. 이 조목의 주체는 광덕과 엄장으로 출발하지만 점차 그들의 아내로 주체가 이동하고 있다. '월명사 도솔가' 조에서는 4월 초하루에 두 해가 나타나 열흘 동안 사라지지 않자 월명이 부름을 받고 미륵보살에게 지극한 덕과 지극한 정성을 드렸더니 해의 변괴가 사라졌다. 월명은 일찍이 죽은 누이동생을 위하여 향가를 지어 재를 올리자 홀연히 회오리바람이 일어나더니 종이돈을 날려 올라가 서쪽으로 사라지게 한 효험이 있었다.

## 3. 향가의 주력성과 감통의 인과

'융천사 혜성가 진평왕 대' 조에서는 신라의 세 화랑의 무리가 금강산에 가려고 하는데 마침 혜성이 나타나 심대성心大星을 범하자 낭도들이 의아스럽게 생각하여 그 여행을 그만두려 하였다. 이때 융천사가 향가를 지어 부르자 혜성의 변괴가 즉시 사라지고 일본 군사도 자기 나라로 돌아가니 도리어 경사가 되었고 대왕이 크게 기뻐하여 화랑들을 금강산에 보내어 노닐게 하였다. 「감통」편에는 『삼국유사』에 실린 14편의 향가 중 모두 4편이 실려 있다. 그런데 이 편에 실린 「도솔가」와 「제망매가」, 「원왕생가」, 「혜성가」는 모두 '주력呪力' 혹은 '주술呪術'적 특징을 보여주고 있다. 「도솔가」는 두 해를 물리치고, 「제망매가」는 죽은 누이를 감응케 하고 있으며, 「원왕생가」는 엄장의 정욕을 물리치고 정진하게 하며, 「혜성가」는 혜성의 변괴를 물리치게 하고 있다. 향가는 신라 사람들이 오랫동안 즐겨온 친근한 노래였다는 점에서 '감통' 혹은 '감응'과 긴밀하게 상응하고 있다.

'경흥우성' 조에서는 '국가의 원로'이자 '나라의 스승'인 '국사國師' 즉 '국로國老'였던 경흥이 늘 흰말을 타고 출근하자 행색이 초라한 거사로 화현한 문수보살이 나타나 깨우침을 주자 이후부터 다시는 말을 타지 않았다고 한다. 이것은 당시 신라 사람들의 일반적인 정서에 부합하지 않는 최고위층 승려들의 사치에 대한 질책이 반영된 것이다. '선율환생' 조에서는 『대반야경』을 펴내기를 발원한 선율이 일을 다 마치기 전에 저승으로 잡혀갔으나 저승의 관리로부터 돌아가 그 일을 마치라는 얘기를 듣고 돌아오다가 죽은 지 15년이 된 여인의 청원에 의해 기름으로 등을 밝히고 베를 팔아 불경을 반포하는 비용으로 사용하여 여인을 고통에서 벗어나게 했다고 한다. '정수사 구빙녀' 조에서는 눈이 많이 쌓인 어느 겨울날 한 가난한 여인이 아이를 낳고 얼어 죽어 가자 정수법사가 그녀를 한참동안 그녀를 안아주자 깨어난 여인에게 자신의 옷을 벗어주고 벌거벗은 채로 절로 달려가 거적으로 몸을 덮고 밤을 세웠다. 이에 한밤중에 하늘에서 대궐 뜰에 소리쳐 외치기를 '황룡사의 승려 정수를 마땅히 왕사로 봉해야 할 것이다'고 하자 왕은 그를 맞이하여 국사國師로 책봉하였다. 이들 이야기는 모두 선인善因에 따른 선과善果라고 할 수 있다.

이처럼 「감통」편에는 불교의 인과론에 기반한 이야기들로 구성되어 있다. 작용이 있어야 반응이 있듯이 좋은 씨앗을 심으면 좋은 열매를 얻을 수 있다. 몸으로는 살아 있는 것을 죽이지 말고 굴레에 갇혀 있는 것을 풀어 주고, 주지 않는 것을 가지지 말고 내가 가진 것을 나눠 주며, 부적절한 성관계를 맺지 말고 몸과 마음을 청정하게 하는 것이다. 입으로는 거짓말을 하지 말고 진실한 말을 하며, 이간질을 하지 말고 한결같은 말을 하며, 허황된 말을 하지 말고 진솔한 말을 하며, 욕지거리를 하지 말고 고운 말을 하는 것이다. 생각으로는 탐내지 말고 만족을 알고, 성내지 말고 온화하며, 어리석지 말고 슬기로워 져야 하는 것이다. 이 세 가지 범주 안에 들어 있는 열 가지 좋은 행위를 해야만 좋은 결과를 얻는다. 『삼국유사』 「감통」편의 '감응'은 이러한 불교의 인과론에 의한 작용과 반응의 상호관계에 의해 이루어진 것들이라고 할 수 있다.

여기에서는 신라 왕실 주변의 귀족불교 혹은 왕실불교와 달리 서민불교 또는 대중불교의 지향이 담겨 있다. 배타적 권위로 휘두르는 불교가 아니라 상호적 관계로 맺어 가는 불교, 골품이나 계급이라는 껍데기를 우선시 하는 불교가 아니라 능력과 인품이라는 알맹이를 주요시 하는 불교, 완장과 권력으로 어깨에 힘이 들어간 불교가 아니라 겸허와 하심으로 온몸을 던지는 불교를 제시하고 있다. 그리하여 보통 사람들과 함께 이루고 함께 나누는 사회, 자기가 이룬 만큼 자기가 얻는 사회에서 진실한 믿음과 치열한 구도가 이루어지는 신라사회를 꿈꾸었던 사람들의 이야기가 담겨 있다. 재래신앙과 불교신앙의 습합, 지체와 격식을 뛰어 넘은 삶의 체득, 중생을 제도하는 이름없는 승려의 보살행, 변괴와 간난을 물리치는 향가를 지은 이들을 통해 신라사회가 꿈꾸었던 이상향을 담아내고 있다. 고려의 일연은 신라사회의 이러한 '감동'과 '신통'을 『삼국유사』 속에서 재현하면서 고려사회 속에 신라사회의 감통을 재현하고 싶어했을 것이다.

# 여인의 몸으로도 성불할 수 있었던 욱면

## 1. 경설에 나타난 여성관

붓다는 살아 있는 것들은 모두 평등하다고 설했다. 그들은 오직 그 행위에 의해 평가받을 뿐 그의 신분과 권위에 의해 평가받지 않는다고 하였다. 그리하여 붓다는 모든 존재는 저마다 실체가 아니라는 점에서만 평등하다고 하였다. 당시 붓다가 외친 인간 평등사상은 카스트(四姓) 제도의 위계를 정면으로 부정한 것이었다. 나아가 그는 붓다는 우주에 편재하는 궁극적 원리로서의 브라흐만이나 그것이 내면화된 불변하는 실체로서의 아트만에 의한 전변설, 그리고 어떠한 쌓임과 모임에 의해 이 세계가 형성되었다는 원자결합설들을 인정하지 않았다.

붓다는 카스트제도에 대해 강력히 부정하였다. 이것은 그의 가계에 대한 문제 제기의 근거가 되기도 했다. 이를테면 그가 아리안족이 아니었기에 기마민족인 아리안족의 지배이데올로기인 카스트제를 강력히 부정할 수 있었다는 것이다. 그러나 반대로 그가 아리안족임에도 불구하고 카스트제를 부정하였기에 그의 위대함이 더욱 더 높이 평가되는 것이라고 할 수 있다. 당시 붓다는 여타의 사상가들과 달리 인간의 평등성을 누구보다도 강력히 주장하였다. 이러한 붓다의 분명한 입장은 불교의 세계관이 되었다. 하지만 붓다의 입멸 뒤 네 차례에 걸쳐 인도에서 경전이 결집되면서 붓다의 본래 입장이 곡해되기도 했다.

그리하여 일부 경전에서는 '여인의 몸으로는 성불할 수 없다[女人不成佛說]' 혹은 '여인은 남성을 빌려 성불할 수 있다는 설[女人變姓成佛說]'이 정착되었다. 이러한 경설은 대승불교 성립 이후 동아시아에서 오랫동안 정설로서의 권위를 유지해 왔다. 현존하는 대승 이전의 경전은 대부분 2차 내지 3차 결집을 통해 처음 성립된 것으로 보인다. 해서 초기 경전에서 여성에 대한 불평등의 시각은 거의 찾아볼 수 없다. 그 이유는 이 시기가 불경의 결집기이자 불교를 통치이념으로 했던 마우리야 왕조기였기 때문으로 짐작된다. 하지만 불교를 통치이념으로 했던 마우리야 왕조가 소멸하고 슝가왕조가 들어서면서 불교 주변 상황은 변화하기 시작했다.

바라문교에서 힌두교로 전환되는 슝가왕조기에는 바라문 부흥운동이 본격적으로 일어나기 시작했다. 동시에 사회적 약자였던 여성에 대해서도 불평등하고 부정적인 인식이 사회전반에서 피어나기 시작했다. 이 시기는 또 불교부파가 위축되기 시작하면서 초기의 대승불교가 흥기하던 때였다. 때문에 지역에 따라 성립되었던 불교 경전에도 이러한 내용들이 수용되기 시작했다. 대표적인 경론이 『불설초일명삼매경』, 『묘법연화경』, 『대지도론』 등이다. 이들 경론에서 여성에 대해 부정적이고 불평등한 인식을 보여주는 대표적 담론이 '여래삼십이상호설如來三十二相好說'과 '여인오장설女人五障說'로부터 비롯된 '여인불성불론女人不成佛論'이다. 여래삼십이상호설 가운데에서 특히 '음마장陰馬藏'상은 여인들에 대한 부정적이고도 불평등한 인식의 투영이라고 할 수 있다.


## 2. 여인의 몸으로도 성불할 수 있다

여인에게 부과된 다섯 가지 장애설 역시 마찬가지이다. 경전 성립사에서 보면 반야부와 법화부는 성립시기가 거의 비슷하다. 반야부의 대표적 경전인 『대품반야바라밀경』의 부분 주석서인 『대지도론』에서 오장설에 대해 기록하고 있다. "또 여인에게는 다섯 가지 장애가 있다. 전륜성왕, 제석천왕, 마왕, 범천왕, 부처님이 될 수 없기에 말하지 않는다." 이어 『법화경』 「제바달다품」 역시 오장설을 언급하고 있다. "여인의 몸에는 다섯 가지 장애가 있다. 첫째는 범천왕이 될 수 없고, 둘째는 제석, 셋째는 마왕, 넷째는 전륜성왕, 다섯째는 부처님이 될 수 없으니 어찌 여인으로서 성불을 빨리 이룰 수 있겠는가?" 여래삼십이상호설에서 나타나고 있는 것처럼 남성이 결핍된 여인들은 성불할 수 없다거나 왕들이 될 수 없다는 주장은 여성에 대한 불평등하고 부정적인 인식의 산물이라고 할 수 있다.

하지만 여성에 대한 불평등하고 부정적인 인식은 대승불교 사상이 난숙기에 접어들면서 점차 개선되기 시작했다. 이것은 존재의 평등성을 선언했던 불교 본래 정신의 회복에 근거하는 것이라고 할 수 있다. 더 구체적으로는 여성들의 사회적 위상이나 활동의 확산으로부터 비롯된 것으로 볼 수 있다. 해서 중기 대승불교 이래 새롭게 성립되는 경전들에서는 '여인의 몸으로 이루어질 수 없다'는 종래 인식에서 한 걸음 더 나아가 '여인이 남성의 몸을 빌려 성불할 수 있대女人變姓成佛論]'

는 과도기적인 경설로 변주되기 시작했다. 하지만 남성이 결핍된 여인의 몸으로는 성불할 수 없다는 경설은 여전히 여인들에 대한 당대의 굴절된 인식을 보여주는 것이라고 할 수 있다.

그러나 과도기적인 경설도 그렇게 오래가지는 않았다. 점차 여성들에 대한 종래의 부정적이고 불평등적인 시선이 완화되거나 거두어지면서 평등적 시선과 긍정적 시각이 투영되기 시작했다. 대표적인 경설은 여인불성불설에서 여인변성성불설로 옮겨가는 과정이 수용된 『법화경』의 용녀성불설龍女成佛說이다. 이 설은 『무량수경』과 『대아미타경』 등에서도 보이고 있다. 급기야는 일부에서나마 주장되어 왔던 여인즉신성불론이 대승불교의 가장 대표적인 경전인 『법화경』 「법사품」에 등장하기에 이른다. "만일 선남자 선여인이 내가 멸도한 뒤에 몰래 한 사람을 위하여 『법화경』(전체) 내지 한 구절이라도 설하게 되면 이 사람은 여래의 사도요, 여래가 보내어 여래의 일을 한 사람임을 알아야 한다."

이 경전을 설하는 이는 설법사이며, 여래사이며, 여래가 보내어 여래의 일을 하는 사람이라는 이 경설은 여성에 대한 인식의 전환을 보여준다. 여래의 일을 대신한다는 것은 여래의 '분신' 내지 '화신'이라는 의미로까지 이해된다. 나아가 이것은 여인의 몸으로도 부처가 될 수 있다는 것을 암시하고 있다. 여인의 몸으로 곧바로 성불한다는 설은 『유마경』과 『승만(사자후일승대방편방광)경』으로 이어지면서 불교의 여성관으로 확고하게 자리잡게 된다. 여인의 몸으로 바로 성불하는 천녀와 승만부인의 이야기는 종래의 여인불성불론에서 과도기의 설인 여인변성성불론을 거쳐 여인성불론으로 꽃피우게 된다. 이렇게 경설이 변주되면서 성불론으로 정착된 것은 여인들 스스로의 사회적 활동과 역할을 통해 이룩한 것으로 짐작된다. 이후 불교의 여성관은 시대와 지역에 따라 달리 변주되면서 붓다의 인간 평등의 사상으로 복귀하게 된다.


## 3. 서방에 왕생한 욱면

『삼국유사』「감통」편 '욱면비 염불서승' 조에는 이 같은 '여성즉신성불설'이 제시되어 있다. "경덕왕 대에 강주(진주)에 남자 신도 수십 명이 극락세계에 뜻을 두어 그 고을 경내에 미타사를 세우고 1만일을 기약하며 계를 모았다. 그때 아간 귀진貴珍의 집에 욱면郁面이라는 한 여종이 있었다. 그녀는 주인을 따라 절에 가 뜰에서 스님을 따라 염불을 하였다. 주인이 직분이 아닌 짓을 한다며 미워하여 매일 벼 두 섬씩을 내주며 하루 저녁에 다 찧으라 하였다. 욱면이 초저녁에 다 찧어 놓고 절에 가서 밤낮으로 염불을 게을리 하지 않았다. 뜰의 좌우에 말뚝을 세우고 새끼줄로 두 손바닥을 뚫어 꿴 다음 말뚝에 잡아매고 합장한 손을 좌우로 놀리면서 스스로 격려하였다.

이때 하늘에서 외침 소리가 났다. '욱면랑은 불당에 들어가 염불하라.' 사람들이 그 소리를 듣고 권하여 법당에 들어와서 법례에 따라 정진하게 되었다. 얼마 뒤 서쪽 하늘에서 음악이 들려오자 욱면의 몸이 솟아올라 지붕을 뚫고 나갔다. 서쪽으로 가다가 교외에 이르러 육신을 버리고 진신眞身으로 변하더니, 연화대에 앉아 큰 빛을 발하며 천천히 가는데 공중에서 풍악 소리가 끊이지 않았다. 그 불당에는 지금도 욱면이 뚫고 나간 자리가 있다." 이 이야기는 경덕왕 대 새로운 미타 염불 결사의 본보기가 된 금강산 건봉사의 발징發徵(八珍)의 결사와 연결되고 있다.

『승전』에는 이렇게 기록되어 있다. "관음보살의 현신인 동량팔진棟梁八珍이 천 명의 무리를 모아 그들을 두 파로 갈랐다. 한 파는 '일을 하게 하고[勞力]' 한 파는 '정성껏 도를 닦게 했다[精修].' 힘써 일하는 패의 우두머리가 계행을 얻지 못하고 축생도畜生道에 떨어져 부석사의 소가 되었다. 일찍이 그 소가 경을 싣고 갔기 때문에 불경의 법력을 입어서 다시 사람으로 환생하여 아간 귀진의 집 여종으로 태어나니 이름이 욱면郁面이다. 욱면이 일이 있어 하가산下柯山에 갔다가 꿈을 꾸고 감응을 받아 불도를 닦을 마음이 생겼다. 아간의 집에서 혜숙법사가 창건한 미타사까지 거리는 멀지 않았다. 아간이 늘 그 절에 가서 염불하므로 욱면도 따라가 뜰에서 염불하였다.

이렇게 하기 9년 을미년(755) 정월 21일에 욱면이 예불하다가 지붕을 뚫고 나가 소백산에 이르러 신 한 짝을 떨어뜨렸으므로 그곳에 보리사菩提寺를 지었다. 욱면이 산 아래 이르러서 육신을 버렸기 때문에 그곳에 두 번째 보리사를 짓고, 그 불당에 욱면등천지전勗面登天之殿이라는 방榜을 써 붙였다. 그때 뚫린 지붕의 구멍이 열 아름이나 되는데 폭우나 폭설이 내려도 새지 않았다. 훗날 일을 좋아하는 이가 금탑 한 좌를 만들어 바로 그 구멍을 막고 그 위에 신이한 일을 기록하였다. 그 방과 탑은 아직도 있으며, 욱면이 간 뒤에 귀진은 그의 집을 이인異人이 난 집이라 희사하여 절을 짓고 법왕사法王寺라 하였으며 밭과 소작인을 바쳤다. 그러나 오랜 뒤에 폐허가 되어 대사 회경懷鏡이 승선 유석劉碩, 소경 이원장李元長과 같이 발원하여 중건하였다. 발징(팔진)과 욱면을 주인공으로 하는 이들 미타결사는 경덕왕 대와 애장왕 대의 설화이지만 이들 두 기록은 상호 긴밀하게 결합되어 있다. 그 주제는 여인도 왕생할 수 있다는 원효류의 대중불교 사상이 알기 쉬운 설화 형태로 신라

대중사회에 널리 알려진 것이라 할 수 있다. 그뿐만 아니라 능력보다는 신분이 우선이었던 신라 중대 사회의 어두운 면모를 동시에 보여주고 있다.

# 광덕이 「원왕생가」를 지은 까닭은?

## 1. 광덕과 엄장

붓다는 수행자에게 길동무[道伴]는 삶의 전부라고 역설했다. 부처가 되고자 하는 이에게는 같은 길을 걷는 이가 제일의 벗이 된다. 수행자에게는 스승과 도량과 도반이 가장 중요한 요소가 된다. 이 셋 중에서 도반은 수행의 도정에서 끊임없이 자극을 주는 좋은 벗[善友]이자 좋은 스승[善知識]이어야 한다. 때문에 도반은 인생의 반려자일 뿐만 아니라 삶의 나침반이 되는 것이다. 신라인들은 고유신앙과 불교신앙의 일전—戰을 치르고 난 뒤 불교를 수용하여 철저히 자기화하였다. 도솔천에 머무르는 미륵보살을 신라사회 속으로 불러 내렸고, 백제 땅 공주 수원사까지 찾아가 미륵선화를 신라로 데려왔다. 또 황룡사를 역사적 붓다인 석가모니불이 설법하기 이전에 이미 가섭불이 와서 설법하던 곳으로 설정하고 이를 전 국민이 믿게 하였다. 그리고 이웃의 아홉 나라가 신라에 복속해 오게 하기 위하여 황룡사에 구층탑을 세웠다. 나아가 불국사를 세우고 석불사 본존불을 조성하였다. 이러한 수많은 장치들을 통해 그들은 신라를 불국정토로 만들었다.

때문에 신라인들은 부처가 되고자 하는 열정이 남달랐다. 그들은 배우는 범부에서 가르치는 성문으로 나아갔을 뿐만 아니라 연각과 보살을 넘어 부처가 되고자 했다. 그리하여 신라인들은 대상화된 부처에서 주체화된 부처로 탈바꿈을 시도하였다. 그들은 '마음이 곧 부처대心卽是佛'는 추상적인 전언傳言을 넘어서 '사람이 곧 부처대人卽是佛'는 구체적인 확신確信을 가졌다. 이러한 믿음 아래 밤낮으로 정진하여 셀 수 없는 부처로서 탄생하였다. 서라벌 안팎과 경주 남산에는 헬 수 없는 부처들이 석불로 환생하고 석탑으로 솟아났다. 또 신라 곳곳의 사찰 법당 안에는 여러 부처들이 봉안되었다. 관음의 화신에 의해 미륵불(노힐부득)과 미타불(달달박박)이 한 국토인 남백월산에서 탄생하였다. 강주(진주)의 미타사에서는 귀진과 그 도반들 앞에서 여종 욱면郁面이 부처로 탈바꿈하였다. 『삼국유사』 「감통편」의 '광덕廣德과 엄장嚴莊' 조목 역시 원효元曉와 의상義湘, 관기觀機와 도성道成, 노힐부득努肹不得과 달달박박怛怛朴朴처럼 도반의 역할을 보여주고 있다.

경주 분황사 서촌에 은거하여 신 삼는 것을 업으로 삼던[蒲鞋爲業] 광덕은 처자를 데리고 살았다. 출가자들이 신 삼는 일을 생업으로 삼았던 예는 불교 역사 속에서 적지 않게 보인다. 뒷날 민지閔漬는 「일연비문一然碑文」에서 일연이 황벽 희운黃蘗希運의 제자였던 진존숙陳尊宿이 그의 어머니를 봉양하기 위해 고향으로 내려가 짚신을 삼아 생업을 유지했던 일을 흠모하여 신 삼는 것을 업으로 삼아 구성하였을 것으로 보고 있다. 한편 엄장은 그 남쪽 자락[南岳]에 암자를 짓고 화전농사[大種刀耕]에 힘쓰며 살았다. 여기서 남악은 지금의 경주 남산으로 추정된다. 그리고 '대종'은 '화종'의 오기로 보인다. '화종도경火種刀耕'은 산자락에 사는 사람들이 숲의 나무를 베어 불을 사른 뒤 재가 되고 나면 씨를 뿌리는 농법으로 짐작된다.

광덕과 엄장 두 사람은 우애가 깊어 밤낮으로 약속하였다. "누구든 먼저 안양安養으로 가거든 서로 알리세." 하루는 석양이 붉은 빛을 띠고 소나무 그늘에 어둠이 깔릴 무렵이었다. 엄장의 집 창 밖에서 소리가 들려왔다. "나는 이제 서방(극락)으로 가네. 그대는 잘 있다가 속히 나를 따라 오게나." 엄장이 문을 열고 나가 둘러보니 구름 위에서 하늘의 음악 소리가 들려오고 밝은 빛이 땅에까지 뻗쳤다. 다음날 엄장이 광덕의 집을 찾아갔더니 과연 광덕이 죽어 있었다. 그래서 그의 아내와 함께 유해를 거두어 무덤을 만들고 장사[蒿里, 사람이 죽으면 혼백이 모두 이곳으로 간다는 중국 태산 남쪽의 땅이름]를 같이 지냈다.

## 2. 욕망을 이겨내는 것

장사를 다 마치고 엄장이 광덕의 부인에게 말하였다. "남편이 이미 죽었으니 이제 나와 같이 사는 것이 어떻겠소?" 광덕의 처가 이를 허락하고 엄장의 집에 머물렀다. 밤이 되어 (그가) 정을 통하려 하자, 광덕의 처가 듣지 않으면서 말하였다. "스님이 정토를 구하는 것은 가히 물고기를 잡으러 나무에 오르는[緣木而求魚] 격입니다." 엄장이 괴이하게 여겨 물었다. "광덕도 이미 그러했는데 나라고 어찌 안 되겠소?" 부인이 말하였다. "남편과 동거한지 10여 년이 지났지만 일찍이 한 자리에 눕지도 않았는데 하물며 추한 일이 있겠습니까? 그분은 다만 밤마다 몸을 단정히 하고 반듯이 앉아서 한마음으로 아미타불을 외면서 16관觀

을 짓고 마침내 관이 이루어져 미혹을 깨치고 달관하여, 밝은 달이 창에 들어오면 때로는 그 빛에 올라 가부좌를 하였습니다. 정성을 이만큼 하고서도 서방정토로 아니 간다면 어디로 가겠습니까?" 무릇 천 리를 가는 자는 첫걸음에 알아볼 수 있는 것이니, 지금 스님이 하는 일은 동방으로 간다 하면 옳을지언정 서방정토로 간다할 수 없습니다." 엄장이 부끄러워 물러 나왔다.

아미타불의 불신과 국토를 관상하는 열 여섯 가지 방법인 십육 관법은 『관무량수경』에서 위제희韋提希 부인과 다음 세상에 태어날 중생들을 위하여 극락세계에 가서 나는 한 방편으로 제시한 수행법이다. 1) 떨어지는 해를 보아서 극락정토를 관상하는 일관日觀 또는 일상관日想觀, 2) 극락의 대지가 넓고 평탄함을 물과 얼음에 비교하는 수관水觀 혹은 수상관水想觀, 3) 분명하게 극락의 대지를 관상하는 지상관地想觀, 4) 극락에 있는 보수의 묘용을 관찰하는 보수관寶樹觀, 5) 극락에 있는 연못의 여덟 공덕수의 묘용을 관상하는 보지관寶池觀, 6) 극락의 오백억 보루각을 관상하는 보루관寶樓觀, 7) 칠보로 장식한 부처님의 대좌를 관상하는 화좌관華座觀, 8) 형상과 관상하는데 나타나는 금색상을 관상하는 상관像觀, 9) 진정한 부처님의 몸을 관상하는 진신관眞身觀, 10) 관음보살을 관상하는 관음관觀音觀, 11) 세지보살을 관상하는 세지관勢至觀, 12) 극락의 주불인 아미타불과 그를 둘러싼 온갖 것을 관상하는 보관普觀, 13) 우둔한 이를 위하여 1장 6척의 아미타불상을 관상하게 하는 잡상관雜想觀, 14) 상치리들이 관상하는 상배관上輩觀, 15) 중치리들이 관상하는 중배관中輩觀, 16) 하치리들이 관상하는 하배관下輩觀이 있다. 14관 이하는 각기 자기의 깜냥에 따라 적당한 행업으로 왕생할 것을 관상하는 수행법이다.

아마도 광덕은 마음을 한 곳에 머물게 하고 닦는 선근인 앞의 정선定
善의 13관으로 아미타불의 극락정토의 국토國土와 성중聖衆 등의 모양을
관상하는 수행을 닦은 것으로 추정된다. 그리고 나서 이 13관에다 뒤의
악을 없애고 선을 닦는[散善] 9품의 3관을 닦았던 것으로 추정된다. 이
러한 관법 수행을 통해 광덕은 이성異性에 대한 미망을 깨치고 일심一心
의 진리를 달관하여 극락에 왕생할 수 있었다. 엄장은 그 길로 원효법
사의 처소로 가서 도를 닦는 요체[津要]를 간곡하게 구하였다. 원효는
정관법淨觀法을 만들어 그를 이끌었다. 여기서 '삽관법鍤觀法' 혹은 '쟁관
법錚觀法'은 청정한 관법인 '정관법'의 오기로 보이며 모두 정토의 16관
법을 가리킨다. 엄장은 이에 자기 몸을 깨끗이 하고 잘못을 뉘우쳐 스
스로 꾸짖고 한 마음으로 도를 닦으니 그 또한 서방정토로 올라가게 되
었다. 일연은 "이 정관법은 (『송고승전』 권4) 「원효(대사본)전」과 『해
동(고)승전』에 실려 있다. 그리고 광덕의 부인은 분황사의 여종인데 대
개 관음보살의 19응신 중의 한 분이다"라고 덧붙이고 있다.

관음보살은 중생을 제도하기 위하여 33응신應身으로 갖가지 모습을
나타낸다[普門示現]. 1) 불신佛身, 2) 벽지불신, 3) 성문신, 4) 대범왕신,
5) 제석신, 6) 자재천신, 7) 대자재천신, 8) 천대장군신天大將軍身, 9) 비사
문신, 10) 소왕신小王身, 11) 장자신長者身, 12) 거사신, 13) 재관신宰官身,
14) 바라문신, 15) 비구신, 14) 비구니신, 17) 우바새신, 18) 우바이신,
19) 인신人身, 20) 비인신非人身, 21) 부녀신, 22) 동목천녀신童目天女身,
23) 동남신, 24) 동녀신, 25) 천신, 26) 용신, 27) 야차신, 28) 건달바신,
29) 아수라신, 30) 가루라신, 31) 긴나라신, 32) 마후라가신, 33) 집금강
신 등이다. 광덕의 부인은 이중 19번째의 응신인 인신人身 즉 거토부녀
신居土婦女身에 해당한다. 『법화경』「관세음보살보문품」에 의하면 33관

음 응신에 대한 19설법상의 일신一身으로 해석되며,『불상도휘』에 의하면 바위에 기대고 바다를 향하여 정적靜寂한 모양을 보이는 19번째의 능정관음能靜觀音에 해당된다. 이처럼 신라를 불국정토를 만들며 이곳을 미타정토로 삼았던 신라의 수행자들에게 여인들은 관음보살 혹은 관음보살의 화신으로 현신하였다.


### 3.「원왕생가」의 해석

광덕은 일찍이 다음과 같은「원왕생가」를 지었다. 그런데 이 노래의 작자 여부에 대한 논쟁이 남아 있다. '광덕 엄장' 조목의 마지막 문장을 어떻게 끊어서 읽느냐에 따라 달리 읽을 수 있기 때문이다. "개십구응신지일덕蓋十九應身之一德/ 상유가운嘗有歌云"으로 끊어 읽으면 '일덕'은 관음응신을 가리키므로 광덕의 아내(오꾸라, 양주동, 김종우, 김선기)가 되고, "개십구응신지일蓋十九應身之一/ 덕상유가운德嘗有歌云"으로 끊어 읽으면 '덕'은 광덕을 일컬으므로 광덕(김동욱, 박노준, 황패강, 조동일)이 된다. 또한 '유가有歌'와 '작가作歌'가 의미가 틀리다는 입장에서 원효 작자설(김사엽)과 작자 실명설(최철 등)이 주장되기도 한다. 최근에는 광덕설이 더 지지를 얻고 있다. 여러 맥락으로 볼 때 이 노래는 광덕이 지은 것으로 보는 것이 설득력이 더 크다.

"달님, 이제 서방으로 가시어/ 무량수불 앞에 말씀 가져다 전해주오./ 다짐 깊으신 부처님 우러러 두 손 모아 비오나니/ 원왕생願往生 원왕생 바치오니/ 그리워하는 사람 있다 하소서./ 아아, 이몸 버리시고/ 마흔여덟 큰 소원/ 모두 이루어질까."(양주동 역) 이 시의 어세와 분위기를 좌우하는 '이저역伊底亦'에 대해 무애 양주동은 '이제'로 보았다. 이와 달리 김완진은 '어째서'로 풀고 있다. 부사 '이제'와 의문사 '어째서'는 이 시의 맛을 좌우하는 관건이 된다. 김완진은 '이데=이제', '이적'으로 보는 것이 근사近似한 해독解讀같이 보이지만, 그것은 어디까지나 근사한 데 그치는 독법이라며 두 가지 난점을 길게 설명하고 있다. 해서 그는 "달이 어째서/ 서방西方까지 가시겠습니까./ 무량수불전無量壽佛前에/ 보고報告의 말씀 빠짐없이 사뢰소서./ 서원 깊으신 부처님을 우러러 바라보며/ 원왕생願往生 원왕생願往生/ 두 손 곧추 모아 그리는 이 있다 사뢰소서./ 아아, 이 몸 남겨 두고/ 사십팔대원四十八代願 이루실까."라고 옮기고 있다(김완진 역). 하지만 그와 신재홍(애오라지, 아예)을 제외한 모든 학자들은 '이제'로 보고 있다. '이제'로 푸는 것이 자연스러워 보인다.

수행자인 광덕의 가장 큰 장애는 아내와의 세속적 관계였다. 그는 아내와 10년을 살면서도 한 자리에 눕지도 않았다. 부부로서 한 집안에 살면서 살조차 닿지 않고 산다는 것은 범부로서는 매우 어려운 일이다. 만일 범부와 같은 세속적 삶을 원했다면 그는 애초부터 독신을 고수했어야 했다. 그럼에도 불구하고 부부의 인연을 맺고 수행자로 살아가기 위해서는 일상 속에서 극락정토에 왕생하는 열 여섯 가지 수행법을 닦아야만 했다. 광덕은 밤마다 몸을 단정히 하고 반듯이 앉아서 한마음으로 아미타불을 외면서 16관을 지었다. 관법이 이미 잘 이루어지자 달빛이 창문 안으로 들어오면 때로는 빛 위로 올라가 그 위에서 가부좌를 하였다. "정성을 이만큼 하고서도 서방정토에 아니 간다면 어디로 가겠습니까?"라는 아내의 얘기는 이를 뒷받침해 준다.

광덕은 달님을 통해 본래 국왕이었다가 발심 출가한 법장비구가 세자재왕불世自在王佛에게 48원을 세우고 억조 영겁의 수행을 성취한 뒤 아미타불이 된 무량수불에게 원왕생 원왕생 그리워 하는 이 있다고 사뢰어 줄 것을 소망한다. 법장비구法藏比丘가 세운 사십 팔대원은 크게 법신을 성취하고 싶어하는 원[攝法身願, 제12, 13, 17원], 정토를 장엄하고 싶어하는 원[攝淨土願, 제31, 32원], 중생을 이익되게 하고 구제하고 싶어하는 원[攝衆生願, 나머지 43원]으로 요약된다. 광덕은 달님에게 아미타불이 자신을 남겨 두고 사십팔대원을 이루실 수 있는가 반문한다. 그만큼 그의 수행은 간절하였다. 그렇게 무량수불에게 기구하는 마음이 간절하였으니 광덕의 원대로 왕생할 수 있었다. 「원왕생가」의 바람이 성취되었던 것이다. 그의 도반 엄장 역시 광덕 부인의 도움으로 대분심大憤心을 발휘하고 원효법사의 도움으로 몸을 깨끗이 하고 잘못을 뉘우쳐 스스로 꾸짖고 한마음으로 도를 닦아서 서방정토로 올라갔다.

# 경흥이 미륵신앙을 유식사상으로 푼 까닭은?

## 1. 문무왕의 '국사' 추천

경흥憬興/璟興은 신라 문무왕(661~681)과 신문왕(681~192) 대에 활동했던 고승이다. 그는 법상종계의 학승으로 알려져 있지만 그의 저술목록을 일별하면 불교 전 방면에 걸쳐 깊은 천착을 보였다. 현존 저술을 중심으로 보면 경흥은 정토교학에도 깊은 관심을 둔 것으로 이해된다. 그의 속성은 수씨水氏였으며 웅천주熊川州 사람이다. 경흥은 18세에 출가한 뒤 삼장三藏에 통달하여 명망이 매우 높았다. 벼슬의 고하를 막론하고 법사를 따르는 자가 많아서 일시에 국가의 중추中樞가 되었다. 문무왕이 삼국통일 이후 개요開耀 원년(681)에 승하하려고 할 때 태자 신문政明을 향하여 "경흥법사는 국사로 모시는 것이 좋으니 짐의 명을 잊어서는 아니된다"라고 고명顧命을 하였다. 신문왕이 즉위하자 곧 경흥을 국로國老로 봉하여 삼랑사三郎寺에 머물게 하였다.

삼국통일을 완수한 문무왕 이래 신라는 불교의 신앙이 돈독하였다. 때문에 늘 고승을 왕실로 초대하여 법문을 듣는 것을 주요한 과업 중의 하나로 하였다. 아울러 나라가 태평하고 백성이 편안하게[國泰民安] 하는 법요를 듣고 닦는 것을 상례로 삼았다. 특히 왕은 지의知義법사가 측근에 머물며 담소를 나누는 것을 일상의 즐거움으로 삼았다. 어느 날 왕은 왜구의 침입을 염려하는 법사를 향하여 말하였다. "짐은 후세에 큰 용이 되어 불법을 높이 받들고 국가를 수호하려고 하오." 지의는 "용의 축생보畜生報란 말씀은 웬일입니까?"라고 물었다. 왕은 다시 "만일 거친 업보[麤報]를 얻는다면 용이 되는 것이 짐의 본래 마음[本懷]이오"라고 하였다. 문무왕이 나라를 사랑하고 백성을 사랑했던 왕이었던 만큼 경흥을 국사로 추천한 것은 자연스러운 일이었다.

삼랑사에 머물던 경흥은 홀연히 병을 얻어 한 달 남짓동안 앓았다. 이때 한 여승이 찾아와 문병을 하고 간호하고 있는 제자와 법사를 향하여 말하였다. "법사는 불법大法을 깨쳐 얻었다고 하지마는 사대四大가 임시로 화합하여 신체가 되어 있기 때문에 병이 없을 수 없소. 병에는 사대로부터 생기는 네 종류가 있소. 첫째는 풍황담열風黃痰熱을 주로 하는 몸의 병[身病]이고, 둘째는 전광혼란顚狂昏亂을 주로 하는 마음의 병[心病]이며, 셋째는 칼과 몽둥이의 상처와 동작의 과로를 주로 하는 객병客病이고, 넷째는 목마름과 추위와 더위, 괴로움과 즐거움을 주로 하는 구유병俱有病이오. 그 밖에는 서로의 원인이 잇달아 일어나므로 하나의 요소[一大]가 조화롭지 않으면 백 가지 병이 함께 일어나는 것이오. 이제 법사의 병은 근심과 수고로부터 생긴 것이어서 약재[藥石]로 치료할 수 없으므로 기쁘게 즐기며 크게 웃으면 치유될 것이오"라고 하였다.

이어 그 여승은 『화엄경』 중 선우善友 원병原病의 이치를 설하고 그 자리에서 열 한 가지 모양의 가면을 만들어 각 면으로 익살스런[俳諧]

춤을 펼쳐내었다. 기이하고 괴상한 낯선 모습은 말로 다 할 수 없어서 모두 턱이 빠질 정도로 크게 웃었다. 법사는 그의 괴상한 몸체와 기이한 자태를 보고 크게 기뻐하는 동안 병은 알지 못하는 사이에 놀랍게 치유되었다. 여승은 고요히 문을 나와 삼랑사 남쪽에 있는 남항사南巷寺의 불전에 들어가서 그 이를 숨어 버렸다. 사람을 보내서 그 이를 추적하여 보니 그가 가지고 있던 지팡이만 11면 관음보살상 앞에 놓여 있었다. 이것은 백의대사白衣大士인 관세음보살에게 친근하여 마음의 병을 치유한 것이었다.

## 2. 원효 학설의 취사 선택

삼국통일 이후 통일신라는 국력이 강해지고 문화가 확장되었다. 통일신라는 고구려와 백제 및 가야의 에너지를 통합하면서 신진 강국으로 도약하였다. 이웃의 당나라와 대발해 및 일본을 비롯하여 서역까지 교역을 하였다. 인도와 서역 및 중국의 불교 문헌들은 견당선을 통해 신속히 신라 지식인들에게 전달되었다. 번역된 지론地論과 섭론攝論 및 기신起信학과 긴밀한 구역 유식舊譯唯識과 신역 유식新譯唯識학의 논서들이 속속들이 입수되었다. 원효와 의상은 이들 전적들을 직접 보기 위해 당나라에 두 차례나 유학을 시도했었다. 견당선과 유학승들을 통해 들여온 불교 전적들을 기초로 신라의 불교학은 꽃을 피웠다. 특히 경흥은 원효(100여 부 240여 권)와 태현(52부 100여 권)과 함께 신라뿐만 아니라 불교의 삼대 저술가로 꼽혔다. 그의 저술은 현재 조사된 것만해도 대략 40종 270여 권에 이른다.

하지만 그의 방대한 저술량에도 불구하고 현존하는 것은 『무량수경연의술문찬』과 『삼미륵경소』 두 종에 지나지 않는다. 아쉽지만 우리는 이들 두 저술을 통해 경흥의 살림살이와 사고방식을 엿볼 수밖에 없다. 『삼미륵경소』는 미륵 6부경 가운데 3부경에 대한 주석들을 하나의 책으로 묶은 것이다. 거기에는 『미륵상생경요간기彌勒上生經料簡記』와 『미륵하생경소彌勒下生經疏』와 『불설미륵성불경소佛說彌勒成佛經疏』가 실려 있다. 원효와 태현처럼 경흥은 당나라 유학을 가지 않았지만 그의 저술은 동아시아 삼국 불학자들에게 깊은 영향을 주었다. 당시의 유수한 학자들 저술 속에서 경흥의 학설을 인용할 정도로 그의 학덕은 널리 알려졌다. 특히 일본 정토진종淨土眞宗의 비조 친란親鸞은 경흥의 저술인 『무량수경술문찬』을 여러 차례 인용하여 논거로 삼고 있다.

경흥은 많은 부분을 원효의 설에 의지하고 있다. 이를테면 미륵과 석존의 발심시기에 대해 경흥은 동시同時발심설과 전후前後발심설을 각기 부정不定발심과 결정決定발심으로 이해함으로써 그 발심시기를 회통시켰다. 『불설관미륵보살상생도솔천경』과 『현우경』에 설해진 파파리가波婆利家를 각기 생처生處로서의 파파리가와 양처養處로서의 파파리로 나누어 이해하였다. 다시 경흥은 원효에서 나아가 『화엄경』에 설한 구타취락拘吒聚落도 양처養處로 이해하였다. 또 경흥은 미륵이 염부제에 하생할 당래세수當來歲數에 관한 논설에서 "이 경에서는 마땅히 염부제에서는 56억 7천만 세로 센다고 이른다"라는 대목에 대해 '7천'을 삭제하여 56억 만 세로 고치는 것이 옳다고 주장한다.

또 미륵불의 수량에 대해서도 『관미륵상생도솔천경찬』과의 대교對校를 통하여 "대성불경에서 수명이 6백 억 세라 한다"로 한 것은 '6만 세'의 잘못이라고 했다. 경흥은 미륵불의 당래세수를 셈하는데 있어서 규기

窺基의 이 설에 전폭적으로 추종하지 않았음을 알 수 있다. 경흥은 상품上品의 상한위上限位를 칠지七地 보살로 다루었으며, 용화삼회인龍華三會人을 상중하의 삼품인三品人으로 이해함과 동시에 소승제자小乘弟子로만 다룬 원효와 달리 대승제자大乘弟子로도 다룬 것은 규기의 설과 상통하였다. 또 중품인을 위해 설한 것이『상생경』이며, 하품인을 위해 설한 것이『하생경』과『성불경』이라는 길장吉藏 및 원효의 설과 달리 경흥은『상생경』이 중품인 뿐만 아니라 상품인을 위해서도 설해진 것으로 보았다. 그리고『상생경』은 대승장大乘藏에 소섭所攝시키고 다른『하생경』과『성불경』은 소승장小乘藏에 소섭시키는 길장과 원효와 달리 경흥은 이 세 경 모두를 대승과 소승 양 장兩藏에 소섭시켰다.『상생경』의 서분序分을 분단分段함에 있어서 경흥은 원효설을 따르고 규기설을 논척하였다. 이처럼 경흥은 다수의 주장을 원효 학설에 의거하면서도 취할 것은 취하고 버릴 것은 버리면서 독자적인 사유의 지평을 열었다.


## 3. 말을 타지 않은 경흥

『삼국유사』「감통」편에는 '경흥우성' 조목이 실려 있다. 어느 날 경흥이 왕궁에 들어가려고 하자 시종들이 먼저 동문 밖에서 준비를 하였다. 말과 안장이 매우 화려하고 신과 갓도 매우 성대하였다. 때문에 길 가는 사람들이 두려워하여 피하였다. 이때 한 거사(사문이라고 함)가 손에 지팡이를 들고 등에는 광주리를 지고 말에서 내릴 때 밟는 돌인 하마대 위에서 쉬고 있었다. 그런데 광주리 속을 보니 마른 물고기[枯魚]가 들어 있었다. 시종들이 꾸짖었다. "당신은 장삼을 입고서 어찌 계율에 어긋나는 것을 지고 다니는가?" 거사가 말하였다. "두 다리 사이에 살은 들고기[馬, 生肉]를 끼고 다니는데 비하면, 시장의 마른 물고기를 진 것이 무엇이 흠이 되겠소." 거사는 말을 마치고 일어나서 가 버렸다.

경흥이 문간을 나오다가 그 말을 들었다. 그는 사람을 시켜 따라가 보라 하였다. 거사는 남산 문수사文殊寺의 문밖에 이르러서 광주리를 버리고 사라졌다. 지팡이는 보살상 앞에 걸려 있는 광주리의 말린 물고기는 소나무 껍질이었다. 심부름 갔던 자가 돌아와 경흥에게 자세히 말하니 경흥이 듣고 탄식하였다. "문수보살이 오셔서 내가 말 타는 것을 경계하심이라." 일찍이 『보현장경』을 보니 미륵보살이 이렇게 말하였다. "내가 내세에 염부제閻浮提에 출생하면 석가모니불의 말법 제자를 제도할 것이다. 다만 말 탄 비구는 제외하여 그들이 부처를 보지 못하게 할 것이다." 그러니 가히 경계하지 않을 수 있겠는가? 그 뒤로 경흥은 종신토록 다시는 말을 타지 않았다. 경흥의 덕과 도의 멋은 승려 현본玄本이 지은 「삼랑사비三郎寺碑」에 자세히 실려 있다.

일연은 그의 조목 뒤에 다음과 같은 찬시를 덧붙였다. "보현경普賢經에 모범을 드리우신 많은 뜻 있건만/ 어찌하여 자손들은 갈고 닦을 줄 모르는가./ 등에 진 마른 물고기 오히려 가하다면/ 훗날 용화수에 불법 저버리면 어이하리." 본디 '찬讚'은 해당 조목이 밋밋하거나 부연의 필요성이 있을 때 시인의 안목으로 경치(前景)나 일화(後事) 등을 덧붙여 형상화한 시이다. 이 때문에 찬은 '시'이며 '찬시'라고도 일컬어진다. 이 시에서처럼 앞의 두 구절은 미륵보살이 『보현장경』에서 모범을 드리우신 미륵보살의 원행에 견주어 자손들이 보다 더 갈고 닦기를 독려하고 있다. 그리고 일연은 설사 경흥이 두 다리 사이에 살은 들고기를 끼고 다녔다 해서 거사의 등에 진 마른 물고기가 옳은 것은 아니라고 역설하고 있다.

여기서 주목되는 것은 미륵보살은 말법시대에 제자를 제도할 것이라고 발원하지만, 말을 탄 비구는 제외시킬 것이라고 강조하는 대목이다. 좋은 '말'을 탄다는 것은 오늘 날로 말하면 좋은 '차'를 탄다는 것일 것이다. 일연의 어법을 빌리면 무소유(공동소유)를 강조하는 불교가 중생 제도를 위한 신속한 이동을 위해 좋은 차를 필요로 한다는 것은 옳을 수 없다는 것으로 읽힌다. 그것은 마치 '두 다리 사이에 살은 들고기를 끼고 다니는' 경흥보다 '등에 마른 물고기를 지고가는' 거사가 오히려 옳다'고 한다면 훗날 용화수에서 불법을 저버리게 되면 어떻게 할 것인가를 되묻고 있다. 이것은 '목적(警戒)'이 아무리 좋아도 '수단(枯魚를 짐)'이 옳지 않으면 모두가 문제라는 것을 암시한다. 결국 경흥 자신은 문수보살의 경계를 받아들여 더 이상 말을 타지 않았다. 이처럼 경흥은 '관음보살'의 화신인 '여승의 보호'와 '문수보살의 화신'인 '거사의 경계'를 함께 받았을 정도로 법력을 갖추었던 고승이었음을 알 수 있다.

# 월명사가 「도솔가」와 「제망매가」를 지은 까닭은?

## 1. 불교의 생사관

불교에서는 삶과 죽음을 갈라보지 않는다. 오히려 삶의 한 부분으로서 죽음을 내세운다. 이를테면 아버지와 어머니의 교합과 어머니의 임신주기가 맞는 미래의 후보들을 찾아간 내 업식이 향기 코드를 맞추어 태어나는 것이다. 때문에 '부모에게서 태어나기 전의 나는 누구인가'라는 화두처럼 생명의 탄생을 바라보는 관점에 있어 부모가 주체가 아니라 태어날 내가 주체가 된다. 그러므로 나의 삶은 태어남[生有] ─ 죽어감[本有] ─ 죽음[死有] ─ 죽음 이후[中有]로 이루어진다. 그리고 호흡과 의식과 체온이 유지될 때 비로소 생명체라고 부른다. 비록 의식이 없더라도 호흡과 체온이 유지될 때에는 생명체라고 부른다. 숨을 마시고 내뱉는 즉 호흡의 과정이 존재의 가장 커다란 기반이 되기 때문이다.

『삼국유사』에는 총 14편의 신라 향가가 전해져 온다. 이들 향가 14수는 형식면과 내용면으로 분류해 볼 수 있다. 형식면으로는 4구체·8구체·10구체로 나눠 볼 수 있다(도표 참조).

<표 1> 신라 가요 목록

| 번호 | 작품명 | 작가 | 창작연대 | 형식 | 출전 조목 | 표기 |
|---|---|---|---|---|---|---|
| 1 | 서동요薯童謠 | 薯童 | 진평왕 대 | 4구체 | 武王 | 향찰 |
| 2 | 혜성가彗星歌 | 融天師 | 진평왕 대 | 10구체 | 融天師 彗星歌 | 향찰 |
| 3 | 풍요風謠 | 未詳 | 선덕왕 대 | 4구체 | 良志使錫 | 향찰 |
| 4 | 원왕생가願往生歌 | 廣德? | 문무왕 대 | 10구체 | 廣德 嚴莊 | 향찰 |
| 5 | 모죽지랑가慕竹旨郎歌 | 得烏谷 | 효소왕 대 | 8구체 | 孝昭王 竹旨郎 | 향찰 |
| 6 | 헌화가獻花歌 | 失名老翁 | 성덕왕 대 | 4구체 | 水路夫人 | 향찰 |
| 7 | 원가怨歌 | 信忠 | 효성왕 대 | 8구체 | 信忠掛冠 | 향찰 |
| 8 | 제망매가祭亡妹歌 | 月明師 | 경덕왕 대 | 10구체 | 月明師 兜率歌 | 향찰 |
| 9 | 도솔가兜率歌 | 月明師 | 경덕왕 대 | 4구체 | 月明師 兜率歌 | 향찰 |
| 10 | 찬기파랑가讚耆婆郎歌 | 忠談師 | 경덕왕 대 | 10구체 | 景德土 忠談師 | 향찰 |
| 11 | 안민가安民歌 | 忠談師 | 경덕왕 대 | 10구체 | 景德王 忠談師 | 향찰 |
| 12 | 도천수대비가禱千手大悲歌 | 希明 | 경덕왕 대 | 10구체 | 芬皇寺 千手大悲 盲兒得眼 | 향찰 |
| 13 | 우적가遇賊歌 | 永才 | 원성왕 대 | 10구체 | 永才 遇賊 | 향찰 |
| 14 | 처용가處容歌 | 處容 | 헌강왕 대 | 8구체 | 處容郎 望海寺 | 향찰 |

　　여기서 '구'는 '줄' 혹은 '행'의 의미로 이해할 수 있다. 4구체인 「서동요」·「풍요」·「헌화가」·「도솔가」는 구전되던 민요나 동요가 정착된 것으로 추정된다. 또 8구체인 「모죽지랑가」·「원가」·「처용가」는 4구체에서 10구체로 발전해가는 과정에서 생겨난 과도기적 형식으로 짐작된다. 그리고 10구체인 「혜성가」·「원왕생가」·「제망매가」·「찬기파랑가」·「안민가」·「도천수대비가」·「우적가」·「보현십원가」는 향가 중 가장 정제된 형식으로 평가된다. 이들 10구체는 대체적으로 매우 세련되고 격조 높은 서정시이며 기교나 서정성이 대단히 뛰어나다. 이들 14편의 작자 가운데에서 가장 대표적인 이는 각기 두 편씩을 남기고 있는 월명사와 충담사이다. 특히 당대 최고의 풍류 가객으로 불렸던 월명사는 피리

를 잘 부른 풍류인이었다. 어느 날 달밤에 문 앞의 큰 길을 지나다가 피리를 불자 하늘의 달이 달려와 그를 위해 멈추어 섰다고 전한다.

월명의 저술은 알려져 있지 않고 그가 지은 「도솔가」와 「제망매가」 두 편의 향가만이 남아 있다. 월명의 「도솔가」에는 그의 법력 혹은 가풍이 투영되어 있다. 그는 경덕왕에게 불려 와 '열흘 동안 없어지지 않은 두 해'를 물리치도록 명을 받았다. 월명은 단을 세우고 기도문을 지은 뒤 "신승은 다만 국선의 무리에 속하여 단지 향가만 알 뿐 범성梵聲에는 익숙하지 못합니다"라고 아뢰었다. 왕은 "이미 인연 있는 승려를 불렀으니 비록 향가라 할지라도 좋다" 하였다. 월명이 「도솔가」를 지어 부르자 '이윽고 두 해의 변괴가 사라졌다[旣而日怪卽滅].' 왕이 기뻐하자 차 한 상자와 수정 염주 백팔 개를 하사하였다.

## 2. 주술가적 성격의 향가들

종래 일부 연구에서는 '두 해'를 경덕왕 당시 신충信忠 등을 중심으로 한 왕당파와 김양상金良相을 중심으로 한 반왕당파의 갈등이라고 언급하기도 했다. '두 해' 그 자체를 놓고만 보면 일리가 있는 해석이지만, 승려낭도인 월명에게 두 왕당파의 물리적 충돌을 해결할 힘이 있었을 리 만무한데도 그를 불러 물리치게 했다는 점에서 보면 설득력이 부족하다. 더욱이 월명이 주술적 치유에 의해 두 해를 물리쳤다는 점은 정치적 해석으로만으로는 설명이 부족하다. 그러면 시에 대해 살펴보자 "오늘 이에 「산화가」를 불러/ 뿌린 꽃아 너는/ 곧은 마음의 부림이니/ 미륵좌주를 모셔라." 이 시를 두고 종래 연구에서는 "머리구의 산화창

량散花唱良은 본가本歌가 「산화가」로서 지어진 것을 말한다. 요컨대 산화가는 긴 것과 짧은 것 두 노래가 있었다" 하여 이 「도솔가」를 「산화가」라고 하는 주장도 제기되었다.

하지만 대다수 연구자들은 「도솔가」와 「산화가」를 분리해 왔다. '도솔'이란 말은 '도살'의 의미인 '회생回生', '복원復元', '환생還生', '재활再活'의 뜻이며, 「도솔가」는 유리왕 대의 것이나, 월명왕 대의 것이나를 막론하고 그 어의면에서 고찰할 때 '도살'의 뜻을 가지는 것으로 곧 동명同名동의同意의 회생回生노래인 것이며, 불교 수입 이전부터 우리에게 있었던 말인데 후에 한자를 차용하여 그것을 '도솔'이라고 표기했을 뿐이라고 보기도 했다. 또 이 「도솔가」는 유리왕 대의 「도솔가」와는 다른 노래이며 특히 미륵좌주라는 말은 미륵세존이나 미륵보살과 같은 순純불교적 표현이 아니고, 낭郎·불佛 융합의 과정에서 이루어진 한 독특한 용어이며, 화랑의 고유한 신神 관념에다 불교의 화생化生적인 미륵사상을 융화시킨 표현이라는 연구도 있다.

이와 달리 「도솔가」는 「산화가」에 앞서서 가창된 서사적序詞的 노래이며, 의식 전체의 흐름으로 보아선 「도솔가」보다 「산화가」에 더욱 큰 의미가 부여되어 있다고 판단한 경우도 있다. 동시에 「도솔가」는 치리가治理歌적 성격과 주가呪歌적 성격을 지닌 것으로 평가되어 왔다. 이러한 주장은 나름대로 설득력을 얻고 있다고 이해되어 진다. 특히 주가적 성격을 지녔다는 것은 향가 자체가 '왕왕 천지 귀신을 감동시킴이 한두 가지가 아니었다[往往能感動天地, 鬼神作非一]'는 기록에서도 확인된다. 일연은 이 「도솔가」가 불리워지는 상황을 "임금 계신 누각[龍樓]에서 오늘 「산화가」를 불러/ 푸른 구름에 한 조각 꽃을 뿌려 보낸다/ 은근하고 정중한 곧은 마음이 시킴이니/ 멀리 도솔천의 부처님을 맞이하라"는 7언 4구의 한시를 덧붙이고 있다.

일연은 「산화가」가 번다하여 싣지 않는다고 하면서도 월명의 노래를 조목 명에서 「도솔가」라고 하여 싣고 있다. 그러면서 이 「도솔가」를 「산화가」라고 일컬은 것은 잘못된 것으로 비정하고 별도의 「산화가」를 언급하고 있다. 그러면 문장이 번다하여 싣지 않는다고 한 「산화가」는 어떤 것이었을까? 종래 연구에서처럼 '상단배송' 의식의 게송(「산화가」)을 한 뒤에 '산화락散花落'이라고 부른 것에서 유추해 보면 상단배송의 의식 게송이 「산화가」일 수 있을 것이다. 한편 여기서 가장 중요한 모티프는 '꽃'이라는 점에 주목해야 한다. '두 해의 괴변'을 물리칠 때 다른 인도승이 부른 것도 '꽃을 뿌리는 노래'였다는 점에서 '꽃'은 중요한 기제가 된다. 동시에 '미륵좌주를 모셔라'는 이 명령어 내지 지시어도 꽃과 미륵의 연결고리가 무엇인지를 묻게 된다. '예쁜 꽃[善花]'으로 장식한 화랑花郞과 원화源花와의 관련성을 생각하게 한다.


## 3. 떠난 누이를 보내는 노래

향가의 내용면에서 보면 먼저 떠난 누이를 보내는 월명사의 「제망매가」는 충담사의 「찬기파랑가」와 함께 향가 중 백미로 이해되고 있다. 현전하는 다수의 신라 향가는 붓다를 찬탄[佛讚]하는 데에서 기원했다는 견해가 있다. "삶과 죽음의 길은[生死路隱]/ 여기 있음에 두려워지고[此矣有阿米次肹伊遣]/ 나는 간다는 말도[吾隱去內如辭叱都]/ 못다 이르고 갔느냐?[毛如云遣去內尼叱古]/ 어느 가을 이른 바람에[於內秋察早隱風未]/ 여기 저기 떨어지는 나뭇잎처럼[此矣彼矣浮良落尸葉如]/ 한 가지에 나서[一等隱枝良出古]/ 가는 곳을 모르는구나[去奴隱處毛冬乎丁]/ 아아, 미타찰에 만나볼 나는[阿也 彌陀刹良逢乎吾]/ 도를 닦으며 기다리겠다[道修良待是古如]." 월명은 승려의 신분으로 이 시를 지었다. 그는 출가 전에 여동생을 두고 있었다. 그는 동생을 떠나 출가했고 재가에 있던 동생은 어린 나이로 세상을 떠났다. 「제망매가」는 죽음에 대한 진솔한 인식을 보여주는 순수 서정시라고 할 수 있다.

　이 시는 무상과 무아의 가르침을 깊이 체득한 엄정한 수행자의 모습을 보여주지 않는다. 오히려 누이의 죽음에 대한 인간적인 슬픔을 잔잔한 어조로 그려내고 있다. 이런 점에서 본다면 월명은 「산화가」와 같은 불교 의식[梵聲]에 능통했던 승려라기보다는 향가에 익숙했던 풍류인이었음이 분명하다. 그가 쓴 이 시에는 삶과 죽음의 공존(1행), 갑자기 찾아오는 죽음에 대한 공포와 두려움(2행), 삶에 대한 덧없음과 허무함(3~6행), 한 부모로부터 비롯된 혈육의식(7행), 죽음 이후의 세계에 대해 알 수 없음(8행) 등이 잘 나타나 있다. 이 시에 나타난 월명의 태도는 그의 인간 됨됨이를 그대로 보여주고 있다. 그는 미타신앙에 의지하여 훗날 극락세계에서 만날 것을 기약하면서 끝을 맺고 있다. 고려 후반기의 대표적 문화인이었던 일연 역시 월명의 심경을 이해하여 「도솔가」와 「제망매가」를 아울러 7언 4구의 시를 덧붙이고 있다. "바람은 종이돈을 날려 죽은 누이동생의 노자를 삼게 했고/ 피리 소리는 밝은 달을 흔들어 달속 선녀[姮娥]가 발을 멈추었다/ 도솔천이 하늘처럼 멀다고 말라/ 만덕화 한 곡조로 즐겨 맞았다." 여기서 산 월명과 죽은 누이를 매개하는 '노자'와 피리소리와 달을 매개하는 '항아'는 산 자와 죽은 자, 인간과 자연, 지상과 천상 사이를 이어주고 있다. 결국 일연은 월명을 대신하여 그가 못다 부른 노래를 시로 형상화하여 다시 부르고 있다.

신라 향가는 내용상으로는 민요계 향가와 사뇌가계 향가로 구분되고 있다. 형식상으로는 초기의 4구체에서부터 최종 완성형인 10구체로, 그리고 사뇌가인 향가로 발전한 것으로 짐작된다. 이러한 현전 향가의 몇몇 맥락을 고려해 볼 때 민요를 바탕으로 하여 점차 개인 창작시로 발전한 것이라는 주장이 더 설득력이 있어 보인다. 가장 최종적인 형태로 알려진 10구체는 6세기에 창작된 첫 작품인 「혜성가」로부터 균여의 「보현십(종)원(왕)가」가 지어진 10세기까지 활발하게 지어졌던 것으로 추정된다. 그리고 12세기에 창작된 「도이장가」는 10구체의 마지막 잔영으로 이해된다.

그런데 10구체 향가에서 낙구落句(혹은 隔句·後句)의 첫머리는 감탄사로 시작된다. 이것은 후대에 발생한 시조의 종장終章 첫 구에 흔히 나타나며, 가사의 낙구에도 이러한 형식이 나타난다. 이것으로 미루어 보아 향가의 형식은 시조나 가사의 후대 시가에 직접 영향을 끼친 것으로 보기도 한다. 설사 새로운 형식이 나타나더라도 기존 형식은 사라지지 않았으며 어느 시기에는 세 가지 형식이 공존하기까지 한 것으로 짐작된다. 하지만 이두와 향찰을 빌어 표기한 이들 신라 향가에서 '번역'의 의미를 직접적으로 느끼기는 쉽지 않다. 한 문화를 다른 문화로 옮기는 과정으로서의 번역에 대한 인식은 오히려 향찰로 표기한 균여 향가를 한자로 번역한 최행귀의 한역 향가에서 확인해볼 수 있다.

# 융천사가 「혜성가」를 지은 까닭은?

## 1. 천재지변에 대한 대응

예나 지금이나 사람들은 천재지변을 가장 두려워하였다. 천지자연의 변화무쌍함은 사람들에게 그 어떤 존재보다도 무서움으로 다가왔다. 특히 평시에는 잘 나타나지 않는 일식과 월식을 비롯하여 수시로 나타나는 태풍, 벼락, 홍수, 가뭄, 지진, 벌레떼 등의 출현은 커다란 공포심을 조성하였다. 해서 고대인들의 천재지변에 대한 대응책은 과학적이지는 못했지만 그 나름대로의 고민의 산물이었다고 할 수 있다. 신라인들은 노래의 효험을 오랫동안 귀중히 여겨 오면서 이러한 천재지변조차 향가를 지어 물리치고자 하였다. 월명사와 충담사와 함께 등장하는 융천사 역시 천재지변을 물리치는 주역으로 등장하고 있다.

『삼국유사』「감통」편의 '융천사 혜성가' 조목은 천재지변을 물리치는 노래의 효험에 대해 잘 보여주고 있다. "제5 거열랑居烈郎과 제6 실처랑實處郎(혹은 突處郎)과 제7 보동랑寶同郎 등 세 화랑의 무리가 풍악산(금강산)에 놀러가려는데 혜성彗星이 나타나 심대성心大星을 범했다.

낭도들이 의아스럽게 생각하여 그 여행을 그만두려 하였다. 이때 융천 사融天師가 노래를 지어 불렀다. '예전 동쪽 물가/ 건달파乾達婆 놀던 성 바라보니/ 왜군 왔다는/ 봉화 올린 곳도 있구나./ 세 화랑 산으로 간단 말 듣고/ 달도 부지런히 밝혀/ 길 밝히는 별 보고/ 혜성이여! 라고 알린 사람 있다./ 아! 달 아래로 떠가더라./ 이와 어울릴 무슨 혜성 있을꼬.' (양주동 역) 혜성의 변괴가 즉시 사라지고 일본 군사도 자기나라로 돌 아가니 도리어 경사가 되었다. 대왕이 크게 기뻐하여 화랑들을 금강산 에 보내어 놀게 하였다."

여타의 조목에 견주어 이 기록은 매우 짧지만 여기에는 향가의 기능 에 대한 암시가 들어 있다. 경덕왕에게 "신승은 단지 국선國仙의 무리에 속해 있어 향가는 알아도 범성梵聲은 모릅니다"라고 대답한 「도솔가」와 『제망매가』의 작자 월명사나 「찬기파랑가」와 「안민가」를 지은 충담사 처럼 융천사는 승려이기도 했지만 사실은 주술사呪術師였던 것으로 짐 작된다. 월명은 '피리를 잘 불어 밝은 달을 멈추게' 했던 것이므로 '월명 月明'이라 하였고, 충담은 '백성의 안녕을 직언한 충언의 담론을 제기'하 였기에 '충담忠談'이라 하였던 것처럼 융천은 '천기나 천체의 운행을 조 절하고 융화하였다'는 의미에서 '융천融天'이라 하였다. 이들 세 사람은 모두 이름 뒤에 '사師'를 붙이고 있어 이름 앞에 '석釋'자를 붙이는 승려 들과 구분되고 있다.

아마도 이들은 풍월도의 샤먼과 승려를 결합한 특별한 집단 계층의 일원으로 짐작된다. 이들은 범성(梵唄)을 부르는 정통 승려와 구분되는 특수 집단 계층의 일원으로서 나라의 재앙과 국가적 혼란을 물리치는 치리가治理歌 혹은 주술가呪術歌적 성격을 지닌 향가를 부르는 가인歌人 들이자 풍류객이었다. 또 월명사와 충담사와 융천사는 14, 15~17, 18의

미소년들로 이루어진 화랑들을 보좌하는 승려 낭도의 일원이었다. 융천사의 이름이 암시해 주는 것처럼 그는 '하늘과 소통하여 하늘의 운기를 주재할 힘을 가진 이'였다. 그가 노래를 지어 부름으로써 혜성의 변괴가 사라지고 일본군도 자기 나라로 돌아갔다. 이처럼 융천사는 염력과 주력을 통해 자연과 교감할 수 있는 승려이자 주술사였다.

## 2. 혜성의 등장 사례

방위상으로 보면 신라는 중국의 동쪽에 자리해 있으며 창천蒼天 아래에 자리한 나라이다. 때문에 신라인들은 동쪽 나라의 가장 중심에 자리한 심대성心大星을 신라의 상징 또는 국왕의 상징으로 여겼다. 이들은 심대성에 어떤 조짐이 일어나면 이를 국가의 안위나 국왕의 신변과 연결시켜 생각하였다. 해서 재앙의 별인 혜성이 국가와 왕을 상징하는 심대성을 범했다는 것은 중대한 국가적 변고의 조짐으로 보았다. 심대성은 우주 전체를 중앙과 8방위로 나눌 때 동방 즉 창천의 방성房星과 심성心星과 미성尾星 세 별의 하나로서 동방에서 가장 중요한 별이며 천왕天王이라고 불렀다.

반면 혜성은 장성長星, 패성孛星, 소성掃星 등으로 불린다. 고대인들이 매우 꺼리는 별로서 재앙의 별 혹은 불길의 별로 여겨졌다. 이 별이 천공에 나타나게 되면 전쟁의 발발과 국운의 쇠미 그리고 왕권의 위축 등의 조짐으로 보았다. 그런데 진평왕 대에 긴 꼬리를 그리는 별로 불리는 혜성이 심대성을 범하는 사건이 일어났다. 해서 진평왕은 국가의 근간을 떠받치는 청소년 수양단체인 화랑들의 풍악산 유람을 금지시켰다. 『삼국사기』를 통해 융천사가 부른 「혜성가」의 작사 시점인 진평왕 대를 기준으로 고대 사국에 혜성이 나타난 사례를 살펴보자. 진평왕 원년에 해당하는 백제의 위덕왕 26년 조에는 "장성長星이 출현하여 하늘에서 마치고 20일이 지나서 사라졌다"라고 적혀 있다. 위덕왕 41년(진평왕 16년)에는 "패성이 각항角亢에 나타났다"라고 적혀 있다.

여기서 '각항'은 28수宿 중 동궁의 별자리를 가리킨다. 천궁을 360도로 잡을 때 심대성과는 45도의 가까운 거리에 있는 별이다. 천문학에서 말하는 핼리혜성의 76년 주기설에 의하면 607년(진평왕 29)년에도 나타났음을 알 수 있다. 그렇다면 진평왕 재위 54년 기간 동안에 원년과 16년과 29년 등 세 차례에 걸쳐 28수宿 중 가장 중심자리에 있는 별인 혜성이 나타났다. 각항이란 별이 나타난 현상에 대해 왕은 매우 두려워했고 융천사를 불러 「혜성가」를 짓게 한 것이다. 「혜성가」의 삼화三花는 세 화랑을 가리킨다. 그리고 화랑도를 구성하는 여러 부대가 단체 유람하던 풍악산의 유람단에 의거해 보면 제5, 제6, 제7과 같은 차례 숫자는 부대이름을 지칭한 것으로 보인다. 이러한 몇 가지 정보와 이해 위에서 이 조목을 다시 살펴보기로 하자.

먼저 흉조를 상징하는 혜성 즉 일본이 동방의 큰 별인 심대성을 범하자 신라 왕실은 큰 혼란에 직면했다. 다시 말하면 붉은 줄을 그리며 나아가는 혜성이 동방의 큰 별을 상징하는 신라와 진평왕을 범하자 왕은 나라의 위기임을 직감하고 나라를 지키는 임무를 지닌 화랑도들의 산행을 파기하였다. 이러한 일련의 움직임은 하늘의 질서와 땅의 질서를 하나로 보았던 신라인들의 세계관에서는 방관할 수 없었기에 취해진 조치였다. 융천사는 천체의 일종인 혜성을 인정하면서도 흉조의 여지를 없앨 수 있는 묘안을 찾아내지 않으면 안 되었다. 해서 그는 혜성의 이름을 바꾸어 '길쓸별'이라고 불어주었다. 당시의 사용례를 보면 혜성을 '소성掃星' 즉 '빗자루' 또는 '빗자루 모양의 별'로 해석하였음을 알수 있다. 즉 혜성이 불길한 별이 아니라 '화랑이 가는 길을 쓸어주는 길한 별'로 태어나게 한 것이다. 이러한 작명作名 속에는 신라인들의 탁월한 현실감각이 반영되어 있다.

### 3. 「혜성가」의 해석

이 노래의 맥락과 해석에 대해서는 양주동과 김완진을 비롯하여 다양한 연구자들의 주장들이 있다. "옛날 동東쪽 물가/ 건달파乾達婆의 논 성城을랑 바라고,/ 왜군倭軍도 왔다/ 횃불 올린 어여 수플이여./ 세 화랑 花郎의 산山 보신다는 말씀 듣고,/ 달도 갈라 그어 잦아들려 하는데,/ 길쓸 별 바라고, 혜성彗星이여 하고 사뢴 사람이 있다./ 아아, 달은 떠가 버렸더라./ 이에 어울릴 무슨 혜성彗星을 함께 하였습니까."(김완진 역) 「혜성가」에서 주목되는 것은 혜성이 상징하는 바가 무엇이냐와 함께 '건달파'와 '건달바성' 그리고 '왜군'의 의미이다. 심대성을 범한 혜성은 왜군일 수도 있고 왕실의 적일 수도 있다. 살펴본 것처럼 혜성은 국가의 안위나 국왕의 변고일 수 있다. 그렇다면 건달파와 건달파성은 무엇을 암시하는 것일까?

건달파는 불법을 지키는 여덟 명의 호법중인 팔부신장八部神將의 하나이다. 그는 부처님의 설법하는 자리에 나타나 불법을 찬탄하고 불교를 수호하는 제석帝釋의 음악을 맡은 천락신天樂神이다. 지상의 보산寶山중에 있으며, 술과 고기를 먹지 않고 향기만 맡으므로 식향食香, 후향嗅香

이라고 하며, 생명이 탄생하는 세 가지 조건 중의 하나인 간다르바는 중음신이 그 다음에 태어날 곳의 냄새를 찾아다니므로 심향행尋香行, 심향尋香이라고 한다. 인도에서는 음악을 직업으로 하는 악인樂人 또는 배우(伎樂)를 가리킨다. 그는 음식의 향기만을 찾아 그 문 앞에 가서 춤을 추고 노래를 하여 음식을 얻어 살아가기 때문이다. 건달바성은 늘 천상에 있는 건달바가 실체 없이 공중에 나타내는 성곽 또는 바다 위나 사막 또는 열대지방에 있는 벌판의 상공에서 공기의 밀도와 광선의 굴절작용으로 일어나는 신기루蜃氣樓 혹은 해시海市를 일컫는다.

신라인들은 예로부터 신라가 불국토이고 왕은 전륜성왕이며 화랑은 미륵의 현신이라고 여겼다. 해서 이곳 신라를 과거 장엄겁의 비바시불 —시기불—비사부불로부터 현재 현겁의 구류손불—구나함모니불—가섭불—석가모니불로 이어지는 불연국토佛緣國土로 인식하고 있었다. 그런데 이 불국토의 동쪽 앞바다에 불법을 수호하는 건달바성이 생겨났다. 건달파는 불교 우주관에서 보면 사천왕천 가운데 동주東洲인 지국천持國天의 다라타천왕多羅吒天王 아래에서 그를 지키는 일을 하는 호법신장이다. 그런데 불국토인 신라의 동쪽 앞바다에 성 모양의 신기루가 생겨나자 동해가의 봉화지기는 이 신기루를 왜군의 선단이 신라를 공격해 오는 것으로 오해하여 봉화를 올렸다. 설상가상으로 혜성이 심대성을 범하는 조짐이 일어났다. 신라 왕실은 전 국토에 계엄령을 선포하고 친위군인 화랑도의 금강산 유람을 중지시켰다.

그런데 융천사가 자세히 살펴보니 이것은 왜군의 선단이 쳐들어온 것이 아니라 동해가의 신기루가 나타난 것일 뿐이었다. 해서 그는 "옛날에도 동쪽 물가에/ 건달파가 놀던 성이라고 생각하고/ 왜군이 쳐들어온다고/ 봉화를 올린 일이 있었지 않느냐/ 세 화랑이 풍악산에 오른다는 말씀 듣고/ 달도 부지런히 밝히려는데/ 길쓸별을 바라보고/ 혜성이라고 사뢴 사람이 있구나/ 아, 아, 달 아래로 떠가버리더라/ 이와 어울릴 무슨 혜성이 있겠느냐"라고 노래를 불렀던 것이다. 융천사는 이 노래를 불러 어지러운 신라 왕실을 일깨워 줌으로써 사람들로 하여금 불안해 할 필요가 없음을 역설해 주었다. 그리하여 그는 하늘의 질서에 대한 신라인들의 오해를 융화시켜 주고 바로잡아 줌으로써 그들의 마음을 편안히 해 줄 수 있었다.

삼국유사 권 제5

# 피은 제8
## 避隱 第八

卧濱死師見而憫之就抱良久氣蘇乃脫衣以覆之裸

走本寺苫草覆身過夜夜半有天唱於王逮曰皇龍寺

汲門正秀宜封王師急使人揄之具轝外聞上備威儀

近入大内冊為國師

避隱第八

　朗智乗雲　普賢樹

歃良州阿曲縣之靈就山歃良今梁州阿曲一作西又云永佛又屈弗今蔚州置風𡶶

其名有異僧庵居累紀而鄉邑皆不識師亦不言名氏

常講法華仍有通力龍朔初有沙彌智通伊亮公之家

奴也出家年七歲時有烏來鳴去靈就山投朗智為弟

# '피은'을 어떻게 읽을 것인가?

## 1. 숨음과 드러남 혹은 명예와 구도

『삼국유사』전 9편중 제8편에 자리한「피은」편은 모두 10조목으로 편재되어 있다. 이 조목에는 세간의 '명예'보다 출세간의 '구도'를 택한 열 명의 인물들이 등장하고 있다. 출사出仕하여 얻는 명예보다 출가出家 혹은 은일隱逸하여 닦는 구도를 더 높게 평가하였다. 때문에 이들을 불교에서는 '수행자'라고 하였고, 유교에서는 '유일지사遺逸之士'라고 불렀다. 이 편명은 '낭지승운 보현수', '연회도명 문수첨', '혜현구정', '신충괘관', '포산이성', '영재우적', '물계자', '영여사', '포천산 오비구 경덕왕대', '염불사' 등 열 조목으로 구성되어 있다. 이 조목에 나오는 인물 중에서도 물계자를 제외한 나머지 아홉 명은 모두 승려들이다. 이 중에서도 신충信忠은 초기에는 현사賢士였다가 나중에 출가하여 승려僧侶가 된 인물이다. 이들 대부분은 대개 인간세상과 인연을 끊고 은둔하는 소승 수행자(아라한)이기보다는 모습을 드러내지 않고 불법으로 중생을 교화시키는 대승적 수행자들(보살)이다.

여기에 등장하는 영축산의 낭지, 달라산의 혜현, 지리산의 신충, 포산의 관기와 도성, 포천산의 오비구, 남악의 영재, 사체산의 물계자 등은 모두 세속의 번거로움을 피하여 산으로 은거한 승려들과 현사이다. 다만 영축산에 숨어 살다가 시장에 가까운 문수점文殊岾으로 옮겨 머문 연회緣會의 경우만이 좀 특이할 뿐이다. 불교가 전래되기 전부터 이 땅의 수행자들은 모두 깊은 산속에서 수행했다. 왕검王儉을 비롯한 47명의 단군檀君이 그러했고, 고구려의 승랑(섭령산)과 보덕(영탑사), 백제의 겸익(미륵불광사)과 현광(옹산) 및 혜현(천장암), 가야의 장유(불모산), 신라의 원광(호거산), 안함(흥륜사), 자장(오대산), 원측(종남산), 원효(경산 자인), 의상(소백산) 및 화랑들이 모두 산과 들에서 수행하였다.

일찍이 원효는 「발심수행장」에서 수행자가 거처할 곳은 고요한 산속山林임을 역설하였다. 그는 "높은 산 불끈 솟은 바위는 지혜로운 이의 들 곳이요, 푸른 소나무 깊은 골짝은 수행자가 있을 곳이다. 배고프면 나무 열매를 먹어서 주린 창자를 달랠 것이요, 목마르면 흐르는 물을 마셔 그 갈증을 식힐 것이다" 하였다. 해서 원효는 "비록 재주가 있더라도 마을에 사는 사람에게 부처님은 슬퍼하는 마음을 내시고, 설사 도행이 없다고 하더라도 산속에 사는 사람에게는 성현들이 기뻐한다" 하였다. 아직 공부가 덜 된 수행자는 인적이 끊어진 한적한 산속에 머물러야만 힘을 기를 수 있다. 왜냐하면 마을에 머물면 소란함이 뒤따를 뿐만 아니라 그 소란함을 잠재울 힘을 아직 쌓지 못했기 때문이다.

일찍이 고운 최치원은 「해인사선안주원벽기海印寺善安住院壁記」에서 『주역周易』 「리괘履卦」 구이九二를 인용하면서 '유인幽人' 즉 '골짜기에 사는 사람'에 대해 언급하였다. "'유인幽人' 즉 은거하는 사람은 바르고 곧으며 길(吉)하다고 하였다. 바른 길[正道]을 밟고 가는 사람이라고 하였다. 유인은 누구를 말하는가? 승려가 어쩌면 여기에 가까울지도 모르겠다. 이것은 유가(儒家)의 말을 빌려서 불가(佛家)에 비유해 본 것이다." 산에는 숲과 나무가 있고 맑은 공기와 물과 바람이 있다. 그리고 커다란 하늘과 더 넓은 대지가 있다. 이 더 넓은 대지를 밟고 서서 맑은 공기와 물과 바람을 맞이하면서 수행의 진경으로 나아가는 것이다.


## 2. 출가와 출사

불자는 세상을 떠나서 출가를 하고, 유자는 세상에 나아가 출사를 한다. 모두 집을 나와 더 큰 세상으로 나아간다. 불자는 발심을 한 뒤 출세간 하여 수행을 한 뒤 다시 세간으로 되돌아와 입세간한다. 반면 유자는 수신(修身)과 제가(齊家)를 통해 치국(治國)과 평천하(平天下)의 길을 걷는다. 모두 '작은 나'에서 출발하여 '큰 나'로 나아가지만 '더 큰 나'로 나아가는 불자와 달리 '큰 나'로만 나아가는 유자와는 애초부터 목표의 지향이 다를 수밖에 없다. 신라의 낭지(朗智)는 울주의 영축산(靈鷲山)에 수십 년을 살면서 구름을 타고[乘雲] 보현행(普賢行)을 펼쳤으나 아무도 아는 이가 없었다. 법사는 일찍이 구름을 타고 중국 청량산에 가서 대중을 따라 강론을 듣고 곧 돌아오니, 그곳 승려들은 이웃에 사는 사람인 줄을 알았다. 일연은 구름을 타고 다닌 낭지의 수행을 법운지(法雲地) 보살에 이른 대자유의 경지라고 보았다.

고승 연회(緣會)는 영축산에 숨어 살며 『연화경』을 읽고 보현보살의 보현관행(普賢觀行)을 닦았다. 원성왕이 그의 이상하고 상서로움을 듣고 불러서 국사國師를 삼고자 하였다. 연회는 이 소문을 듣고 암자를 버리고 도망하였다. 도망가는 도중 한 노인(문수대성)이 연회의 '도명逃名'을 '매명賣名'으로 규정했으나 그가 문수대성이라는 변재천녀의 조언을 듣고 국사직을 받아들였다. 백제의 혜현(570~627)은 어려서 출가하여 『법화경』을 외우고 삼론을 강의하는 것을 평생의 업으로 삼았다. 수덕사에 머물 때 그의 학풍을 흠모하는 이들이 많이 찾아오자 번거롭고 시끄러운 것을 피해 남쪽의 달나산達拏山으로 거처를 옮겼다. 평소 고요히 앉아 세상 생각을 잊고 살다가 결국 산속에서 세상을 마쳤다. 호랑이가 그의 유해를 먹고 혀만 남겨 두었는데, 3년 동안이나 붉고 부드러웠고, 뒤에는 돌처럼 단단해졌다. 도속道俗이 그것을 공경하여 석탑에 간직하였다. 이 조목 말미에는 중국 천태산에서 지자智者의 교관敎觀을 받아 신이神異함으로 산중에 널리 알려졌던 고구려의 승려 파야波若(般若)의 행장이 간략히 서술되어 있다. 혜현은 「피은」편에 수록된 유일한 백제 승려다.

신라의 두 성사聖師인 관기觀機와 도성道成이 포산包山에 숨어 살았다. 관기는 남쪽 재에 암자를 짓고 살았고, 도성은 북쪽 굴에 거처하여 서로 10여 리쯤 떨어져 있었다. 이들은 구름을 헤치고 달빛에 휘파람을 불며 매양 서로 찾아갔다. 도성이 관기를 오게 하려면 산 중의 나무들이 모두 남쪽으로 향하여 굽어 마치 영접하는 형상을 하여 관기가 그것을 보고 도성에게로 갔고, 관기가 도성을 맞이할 때도 또한 그와 같이 나무가 북쪽으로 굽어 도성이 관기에게 갔다. 두 성사는 오래 바위 사이에 숨어 살며 세상과 사귀지 않고 모두 나뭇잎을 엮어 옷을 만들어 입었으며, 추위나 더위를 견디고 습기를 막고 부끄러움이 가릴 따름이었다. 일연은 관기와 도성을 '성사聖師'로 불렀고 이들의 은거 수행을

'풍류風流'로 인식하며 찬시를 덧붙였다.

물계자勿稽子는 신라 제10대 내해왕奈解王 17년에 신라의 이웃 여덟 나라가 모두 항복하였다. 그때 물계자의 군공軍功이 제일이었지만 태자에게 미움을 받아 보상을 받지 못했다. 하지만 물계자는 "공을 자랑하여 이름을 다투며, 자기를 드러내어 남을 뒤엎는 것은 지사가 할 일이 아니니 힘써 때를 기다릴 뿐이오"라고 하였다. 또 20년 을미년에 골포국骨浦國 등 세 나라 왕이 각기 군사를 거느리고 와서 갈화竭火(屈弗)를 쳤으나 왕이 친히 군사를 거느리고 방어하여 세 나라가 모두 패하였다. 이때 물계자가 적을 수십 명 베었으나 사람들이 물계자의 공을 말하지 않았다. 반면 물계자는 그의 아내에게 자신이 오히려 불충不忠과 불효不孝를 하였다며 머리를 풀고 거문고를 메고 사체산으로 들어가 거문고의 곡조를 만들며 은거하여 다시는 세상에 나오지 않았다.

실제사實際寺의 승려 영여사迎如師는 인덕과 품행이 모두 높았다. 경덕왕이 맞아들여 공양하려고 사자를 시켜 불렀다. 영여가 대궐에 와서 재를 마치고 돌아갈 때 사자를 시켜 절까지 모시고 가게 하였다. 절 문에 들어서면서 홀연히 사라져 간 곳을 알 수 없었다. 사자가 돌아와 아뢰니 왕이 이상히 여겨 그를 국사國師로 삼았으나 다시는 세상에 나타나지 않았다.


## 3. 향가의 공능과 피은

양산의 포천산 동굴에 다섯 비구가 머물며 염불을 염속하며 극락을 구하였다. 거의 10년 만에 홀연히 보살들이 서쪽에서 와서 그들을 영접하였다. 이어 다섯 비구가 각각 연화대에 앉아서 허공을 타고 가다가 통도사 문 밖에 이르러서 머물렀다. 하늘에서 음악 소리가 들리므로 절의 승려들이 나가 보니 다섯 비구가 각기 인생이 무상하고[無常] 고통스럽고[苦] 허무하다[空]는 이치를 강설하고 유해를 벗어 버리고 빛을 내며 서방으로 향해 갔다. 그들이 유해를 버린 곳에 승려들이 정자를 짓고 이름을 치루置樓라 하였는데 지금까지 남아 있다. 피리사避里寺에 이름을 알 수 없는 한 승려가 항상 아미타불을 부르는데 그 소리가 성 안까지 들려 1천 3백 60리, 17만 호에서 그 소리를 듣지 못한 이가 없었다. 염불 소리가 높낮음이 없이 한결같았다. 이에 그를 괴이하게 여겨 공경하지 않는 이가 없고 모두 그를 염불사念佛師라 불렀다. 그가 죽은 뒤에 흙으로 진상을 빚어 민장사敏藏寺에 봉안하고, 본래 있던 피리사의 이름을 염불사念佛寺로 고쳤다. 그 절 옆에 또 있는 절 이름을 양피사讓避寺라 한 것도 마을 이름에서 따서 얻은 이름이다.

「피은」편에는 신충信忠의 「원가怨歌」와 영재永才의 「우적가遇賊歌」가 실려 있다. 신라의 신충은 현사로서 동궁 시절의 효성왕을 도와 왕위에 옹립하였으나 왕은 논공행상 때에 그를 잊었다. 이에 신충은 왕을 원망하는 향가 「원가」를 지었다. "한창 무성한 잣나무/ 가을이 되어도 이울지 않으니/ 너 어찌 잊으랴 하시던/ 우러르던 그 낯이 고쳐질 줄이야/ 달 그림자 고인 옛 못의/ 흐르는 물결이 모래를 이기듯/ 그분의 모양은 바라보나/ 세상도 그대로 되는 데야. (마지막 구는 망실)" 신충은 이 시를 잣나무에 붙이자 잣나무가 갑자기 시들어 버렸다. 이를 이상히 여긴 왕이 크게 신충을 불러 벼슬을 주니 잣나무가 다시 살아났다.

두 왕대에 걸쳐 총애를 받았던 신충이 말년에 두 친구와 약속을 하고 벼슬을 버리고 남악에 들어갔다. 왕이 두 번이나 불러도 나오지 않고 머리를 깎고 승려가 되어 왕을 위하여 단속사斷俗寺를 짓고 죽을 때까지 산에 숨어 대왕의 복을 빌겠다 간청하자 왕이 이를 허락하였다. 신충의 노래가 잣나무를 시들게 한 것이나 벼슬을 주자 잣나무가 다시 살아난 것은 모두 상징적인 의미로 이해된다. 잣나무는 득오곡이 지은 「찬기파랑가」에서 보여주듯 청년의 기상을 상징하는 상록수이다. 신충이 태자를 도와 왕위에 즉위케 하였으나 측근들의 경쟁에 의해 외면되자 자신의 기백과 자존을 담은 향가를 지어 잣나무에 붙이자 잣나무가 시들었다는 것 자체가 그것을 보여주고 있다. 잣나무는 신충의 기백과 자존 그리고 의리의 상징이었다. 일연은 신충이 벼슬을 버리고 출가하여 단속사를 짓고 대왕의 명복을 빌며 생을 마감한 대목을 주목하고 있다. 그 역시 고려 말기에 충렬왕의 만류를 물리치고 개경을 떠나 '언덕 저편 산[隔岸有山]'으로 나아가 황제의 복을 빌었다[祝吾皇].

영재永才는 천성이 활달하여 재물에 얽매이지 않았다. 향가를 잘 지었는데[善鄕歌] 늙은 나이에 남악에 은거하려고 대현령大峴嶺에 이르러 60여 명의 도적을 만났다. 도적들이 그를 죽이려 하였지만 영재는 칼날 앞에서 조금도 두려워하는 기색이 없고 태연하였다. 도적들이 괴이하게 여겨 이름을 묻자 영재라고 하였다. 도적들은 평소에 향가를 잘 짓는다는 영재라는 이름을 들었으므로 곧 노래를 짓게 하였다. "내 마음의 하는 짓 모르던 날/ 멀리 □□ 지나치고/ 이제는 숨으로 가나이다/ 오직 옳지 않은 파계주破戒主의/ 무서운 모습에 다시금 돌릴러라/ 이런 무기야 아무렇지 않으오./ 좋은 날을 물리더니/ 아아, 오직 이 오름직한 선 두둑은/ 못 들어갈 큰 집이 아니외다." 도적들은 그 노래의 뜻에 감동되어 비단 두 끗을 선사하자 영재가 웃으며 앞으로 사례하였다. 재물이 지옥의 장본이 된다는 것을 알고 장차 깊은 산중으로 피하여 한평생을 보내려고 하는데 어떻게 감히 그런 것을 받겠소." 그러고는 이것을 땅바닥에 던졌다. 도적들이 또 그 말에 감동되어 모두 칼을 놓고 창을 던지며 머리를 깎고 제자들이 되어 함께 지리산에 숨어 다시는 세상에 나오지 않았다. 영재는 아흔 살이나 살았으니 원성대왕 시대였다. 일연은 「피은」편의 10조목 중 불교 인물이 아닌 물계자와 짧은 영여사, 포천산 오비구, 염불사 조목 등 4조목을 제외한 6조목에 찬시를 쓸 정도로 이들 인물들의 가풍을 높게 평가하였다. 그들은 세간적인 삶에 집착하지 않고 출세간적인 삶을 살았던 고승들이었다.

# 신충이 「원가」를 지은 까닭은?

## 1. 바둑과 약속

성덕왕과 소덕왕후(제3왕후) 김씨 사이에서 태어난 효성왕孝成王은 잠저潛邸시절 즉 왕위에 오르지 않았을 때에 현사 신충信忠과 대궐 정원의 잣나무 아래에서 자주 바둑을 두었다. 태자는 언젠가 신충에게 말하였다. "이 다음에 그대를 잊는다면 저 잣나무가 증거가 될 것이다." 이에 앞서 성덕왕은 왕과 성정왕후(제1황후) 사이에서 태어나 당나라에 숙위宿衛로 가 있던 수충守忠을 내치고 대신 그와 엄정왕후嚴貞王后(제2황후) 사이에서 태어난 중경重慶을 태자로 책봉하였다. 하지만 왕비金妃(엄정황후)의 출궁出宮을 빌미로 중경 태자를 물러나게 하고 그와 소덕왕후 사이에서 태어난 승경承慶을 태자로 삼았다. 그가 바로 효성왕이다.

효성왕이 아직 왕위에 오르지 않았을 때에 바둑을 두며 약속한 몇 달 뒤에 성덕왕이 36년 재위를 마치고 승하하였다. 당시 15~16세였던 태자 승경承慶이 효성왕으로 즉위(737)하였다. 효성왕 재위 2년 봄에 당나라 현종은 사신을 보내 신라왕으로 책봉하였다. 이어 왕이 왕비 박씨와 결혼하자 당은 사신을 보내 왕비를 책봉하였다. 왕은 즉위한 뒤에 공신[角弓]들에게 상을 주면서도 신충을 잊어버리고 등급에 넣지 않았다. 신충이 왕을 원망하여 노래를 지어 잣나무에 붙였다. 그리자 나무가 갑자기 누렇게 시들어 버렸다. 왕이 이상하게 여겨 사람을 시켜 알아보도록 하였다. 사자使者는 신충이 지은 노래를 찾아 왕에게 바쳤다. 왕이 크게 놀라며 말하였다. "(내가) 정무가 바빠 공신을 잊을 뻔 했구나." 이에 왕은 신충을 불러 이찬 벼슬을 주자 잣나무는 막 소생하였다.

효성왕은 재위 3년 봄 정월에 조고祖考의 사당에 참배하였다. 이즈음 효성왕은 부왕 성덕왕과 마찬가지로 첫 왕비를 왕실에서 내쫓았다. 그리고 중시 김의충金義忠이 죽자 이찬 신충으로 중시中侍를 삼았다. 2월에는 왕의 아우 헌영憲英을 승진시켜 파진찬으로 삼았다. 3월에는 이찬 김순원金順元의 딸 혜명惠明을 맞아들여 왕비로 삼았다. 효성왕 6년에 5월에 왕의 오래지 않아 갑자기 동모제同母弟인 헌영憲英을 태자로 책봉하였다. 효성왕은 재위한 지 6년이 되는 여름 5월에 유성流星이 삼대성參大星을 범한 뒤 갑작스럽게 승하하였다. 유성이 삼대성을 범했다는 것은 아우인 헌영의 일파가 효성왕을 암살했다는 것을 암시한다. 결국 재위 6년의 효성왕에 이어 헌영은 경덕왕으로 즉위하였다. 이어 중시는 신충에서 유정惟正으로 바뀌었다. 이후 신충은 한동안 이찬으로 재직했으며, 경덕왕 16년에는 상대등이 되었다.

하지만 형을 죽이고 왕위에 오른 경덕왕 역시 몇 차례의 반란을 감내해야만 했다. 16년 봄 정월에는 상대등 김사인金思仁이 병으로 퇴직하자 경덕왕은 이찬 신충을 상대등으로 삼았다. 3월에는 내외 여러 관원의 월봉月俸을 없애고 다시 녹읍祿邑을 주었다. 이때 왕당파의 거두였던 신충은 아찬 김양상金良相을 우두머리로 하는 반대파에 밀려 경덕왕 22년 8월에 상대등 신충과 시중 김옹金邕이 다 면직되었다.


## 2. 신충의 면직과 이순의 출가

이때 대나마 이준李俊(『고승전』에선 李純)은 왕의 총신이었다. 갑자기 하루아침에 세속을 버리고 산중에 들어갔다. 그는 여러 번 불러도 나오지 않은 채 머리를 깎고 승려가 되었다. 이준은 왕을 위하여 단속사斷俗寺를 창건하고 거기에 살았다. 그 뒤에 그는 왕이 음식을 좋아한다는 소문을 듣고 곧 궁문에 나아가 간하였다. "신이 들으니 옛날 걸주桀紂가 주색酒色에 빠져 음탕淫蕩과 안락安樂을 그칠 줄을 모르다가 마침내 정사가 문란하고 국가가 패망하였다고 하옵니다. 앞에 가던 수레가 엎어지면 뒤에 가는 수레는 마땅히 경계해야 할 것이 아니겠습니까? 엎드려 바라옵건대 대왕께옵서는 허물을 고치시고 스스로 새롭게 하시어 나라의 수명을 영구하게 하옵소서." 왕은 그 말을 듣고 감탄하여 음악을 정지하고 정전正殿으로 불러들여 도道의 진리와 세상을 다스리는 방법을 듣고 여러 날 만에 그치었다.

신충은 효성왕과 경덕왕 두 왕으로부터 "총애를 받았지만 두 친구와 서로 약속하고 벼슬을 버린 뒤 남악인 지리산으로 들어갔다". 이에 대해 양주동은 "신충이 단속사를 세웠다고 했으나 『삼국사기』의 경덕왕 22년의 기록에 의하면 일연선사는 '면免'자를 간과하여 신충과 김옹과 이순 3인이 함께 '왕의 총신이었지만 홀연히 하루 새벽에 세상을 피해 산으로 들어갔다[爲王寵臣, 忽一旦, 避世入山]'고 읽었기 때문에 『삼국유사』에 인용하면서 '신충과 두 벗이 서로 맹약하여 관복을 걸어두고 남악으로 들어가 다시 불러도 나오지 않았다[忠與二友相約, 掛冠入南岳, 再徵不就]'고 쓰게 된 것"이라고 하였다. 때문에 일연은 "(그가) 머리를 깎고 승려가 되어 왕을 위하여 단속사를 세우고, 거기에 머물면서 평생 속세를 떠나 대왕의 복을 빌겠다고 원하니 이를 허락하였다. 금당 뒷벽에 남아 있는 진영이 바로 신충이다" 하였다고 적었다.

이에 양주동은 "『삼국사기』에 인용된 개별 삼인三人을 곧 삼三 화상으로 취단驟斷한 때문이다"라고 하였다. 일연 또한 자신의 주장에 문제가 있음을 알았기에 '할주割註'에서 "살펴보건대 『삼화상전』에는 신충봉성사信忠奉聖寺가 있어 여기 이 절과 서로 혼동된다. 그러나 따져보면 전생에나 있을 일인즉 여기의 신충이 아님이 분명하다. 마땅히 자세히 살펴야 할 것이다" 적고 있다. 이어 일연은 "또 『별기』에 이런 말이 있다. '경덕왕 시대에 벼슬이 직장直長인 이준(『고승전』에선 이순이라 했다)'이 일찍부터 나이 50이 되면 반드시 출가하여 절을 세우겠다고 발원하였다. 천보 7년 무자(748)에 나이 50이 되자 조연槽淵에 있던 작은 절을 고쳐 큰 절로 만들고 절 이름을 단속사斷俗寺라 하였다. 자신도 또한 머리를 깎고 법명을 공굉장로孔宏長老라 하여 절에 20년간 머물다가 죽었다." 그러면서 "『삼국사(기)』에 실린 것과 같지 않으므로 두 가지를 다 기록하여 의심을 없앤다"라고 기록하였다.

그런데 『삼국사기』「신라본기」 제9 '경덕왕 23년' 조의 "23년 봄 정월에 이찬 만종萬宗으로 상대등을 삼고 아찬 양상良相으로 시중을 삼았다"의 기록을 함께 보면 22년 8월에 복사꽃과 오얏꽃이 두 번째 피었을 때 상대등 신충과 시중 김옹이 모두 면직되었음을 알 수 있다. 양주동은 "삼국사기 원문은 신충, 김옹 두 사람의 사면赦免과 이순의 피세避世

입산入山이 개별사실로 서술되어 있는데 선사는 '면免'일자를 간과하여 신충, 양상, 이순 삼인이 모두 왕의 총신으로서 홀연히 어느 날 새벽에 세상을 버리고 산속에 들었다고 풀이하였다"라고 하였다. 즉 양주동은 신충과 양상은 출가한 적이 없는데도 일연이 『삼국사기』의 기록에서 '면' 일자를 간과하여 신충이 두 벗과 함께 벼슬을 버린 뒤 남악으로 들어갔다고 잘못 보았다고 적었다. 다시 말해서 일연은 『삼화상전』에 실린 신문왕 대의 '신충봉성사'를 지은 '신충'과 효성왕의 벗이었던 신충은 동일 인물이 아니라고 밝히면서도 '면' 일자를 간과하여 세 사람 모두를 출가한 것으로 보았다. 때문에 일연은 이렇게 찬시를 붙였다. "공명은 다 이루지 못했는데 귀밑털이 먼저 세고,/ 임금 총애 비록 많으나 한평생이 바쁘도다/ 언덕 저편 산이 자주 꿈속에 찾아오니/ 내 가서 향불 피워 우리 임금 복 비오리."

## 3. 「원가」의 해석

향가는 주(술)가呪述歌와 치리가治理歌의 성격을 지니고 있다. 『삼국유사』에 실린 향가 14수 중 「원가」 역시 이러한 공능을 지닌 노래라고 할 수 있다. 잠저潛邸 시절의 효성왕과 바둑을 두며 벼슬을 약속받은 신충이 약속이 이루어지지 않자 원망하는 노래를 지어 잣나무에 붙이자 나무가 갑자기 누렇게 시들어 버렸다는 사실은 이를 입증한다. 여기서 나무의 소생은 나무로 상징된 권력의 재생, 왕권의 회복, 우주질서의 재생을 뜻한다. 또 바둑[圍碁]은 흔히 신전神殿이나 성수聖樹에서 지냈던 비밀스런 제사 또는 이에 관련된 상징이라 할 수 있다.

옛날에 반고班固는 "바둑판은 땅을 상징하고 두는 행위는 신명한 덕을 나타낸다. 흑백의 바둑돌은 음양의 이치이며, 바둑판에 돌을 포석布石함은 천문을 본뜬 것이다. 사상四象이 인간 세상에 나타나는 것이 대개 왕정王政이니, 바둑은 천원지방天圓地方과 음양사상陰陽思想을 위시하여 제왕의 치세[治], 오패五覇의 권세[權] 등이 재현되는 것"이라고 하였다. 때문에 풍요와 재생을 상징하는 성수 아래서의 바둑은 그 놀이 자체의 성격으로 보아 우주의 질서를 모사한 소우주적 실수행위實修行爲로 이해할 수 있다.(황패강)

잣나무는 우주의 나무이다. 우주의 나무는 세계의 이미지로 또는 세계의 축으로 인정된다. 우주의 주기적 재생 기능이나 세계의 중심으로서의 우주나무의 작용은 이 경우 왕권과 긴밀히 연결되어 있다. 따라서 신충의 첩가백수帖歌栢樹는 우주나무의 이와 같은 기능을 정지 또는 손상시키는 주술이 되었다. 우주 중심에 있는 성수에 가해진 어떠한 저주도 우주의 질서에 결정적인 타격이 되는 것이다. 왕권과 동일시된 잣나무에 대한 가해는 곧 왕권에 대한 가해로 나타난다. 이는 유감주술類感呪術로 보인다(양주동, 『국학연구논고』).

노래는 이러하다. "질質 좋은 잣이/ 가을에 말라 떨어지지 아니하매,/ 너를 중重히 여겨 가겠다 하신 것과는 달리/ 낯이 변해 버리신 거울에여./ 달이 그림자 내린 연못 갓/ 지나가는 물결에 대한 모래로다/ 모습이야 바라보지만/ 세상 모든 것 여희여 버린 처지여 버린 처지處地여." (김완진 역) "물 좋은 잣이/ 가을에 아니 이르러 떨어지매,/ '너하고 같이 다니고 싶구나' 하신,// 우러르던 얼굴이 변하신 데에야./ 달이 그림자여서 닿은 연못에/ 오고가는 물결에서 새어나감 같이,/ 모습이야 바라보나/ 세상 아무데에 숨은 적에야."(신재홍 역) "질 좋은 잣나무는 가을에 아니 그릇 떨어지되/ 너 어찌 잊으랴 말씀하신// 우럴던 낮은 변화셨도다./ 달 그림자 진 옛 못엣/ 흐르는 물결엣 모래인양/ 모습이사 바라나/ 세상 모두 잃은 처지여라." 실권이 없는 왕은 등극 이후에 신충을 잊은 것이 아니라 아마도 외척세력의 간섭으로 그를 등용할 수 없었을 것이다. 이에 신충은 각박한 인정세태와 무정한 세상사를 탄식하며 노래를 지어 불렀다. 이 노래가 '욕구충족의 상징적 제의가 되어 주가呪歌로 탈바꿈한 것이라고 할 수 있다.

# 영재가 「우적가」를 지은 까닭은?

## 1. 신라 중대의 왕권 쟁탈

통일신라 이후 정치를 주도했던 진골들은 점차 김씨 정계와 방계들이 각축하면서 왕실이 불안해져 갔다. 강력한 왕권을 행사하였던 경덕왕이 후사가 없자 표훈대덕으로 하여금 하느님(上帝, 天帝)께 청하여 아들을 점지해 달라고 하였다. 이에 표훈表訓은 하늘로 올라가 하느님께 고하고 돌아와서 아뢰었다. "하느님의 말씀이 딸이면 될 수 있으나 아들은 안 된다고 하시더이다." 왕은 말하였다. "딸을 아들로 바꾸어 주기 바라오." 표훈이 다시 하늘로 올라가 청하였다. 하느님이 말하였다. "그렇게 될 수는 있으나 아들을 낳으면 나라가 위태로워질 것이다." 표훈이 하늘에서 내려오려고 할 때에 하느님이 다시 불러 말하였다. "하늘과 인간 사이를 문란케 할 수는 없다. 지금 네가 이웃마을 다니듯 하늘을 왕래하여 하늘의 비밀을 누설시키니 금후 다시는 다니지 말라." 표훈이 내려와서 하느님이 하는 말로써 전하였다. 왕이 말하였다. "비록 나라가 위태롭더라도 아들 자식이나 얻어 뒤를 이었으면 그만이겠다." 이런 일이 있고 나서 만월滿月왕후가 태자를 낳았다.

경덕왕景德王이 승하하자 여덟 살의 어린 태자가 혜공왕惠恭王으로 즉위하였다. 재위 초년부터 표훈대덕의 말대로 초년부터 두 개의 해가 나타나고, 지진이 있었으며, 세 별이 떨어지고, 벼이삭이 쌀로 변하여 나라가 위태로웠다. 4년 봄에는 혜성이 나타났고 일길찬 대공大恭이 그 아우 아찬 대렴大廉과 함께 반란을 일으켰다. 왕궁을 포위한 지 33일 만에 관군이 쳐서 평정하고 구족을 베어 죽였다. 대공大恭 집의 재산과 보물 및 비단 등은 대궐로 실어 날랐다. 신성新城에 있는 큰 창고[長倉]가 불에 타고 사량부와 모량리 등의 동리에 있던 역도들의 보물과 곡식도 또한 왕궁으로 실어 날랐다. 난은 석 달이나 끌다가 끝이 났으며 목을 베인 자나 상을 받은 자가 헬 수 없을 정도였다. 16년 봄에는 이찬 김지정金志貞이 모반하여 도당을 모아 궁궐을 포위하였다. 여름 4월에는 상대등 김양상金良相(내물왕 10대손)과 이찬 김경신金敬信(내물왕 12대손)이 함께 군사를 일으켜 지정 등을 베어 죽이고 왕과 왕비를 살해하였다.

선덕왕宣德王 대에는 이찬 김주원金周元이 수석 재상으로 있을 때에 그의 동생 경신敬信(元聖王)은 그 차석인 각간으로 있었다. 경신이 꿈에 머리에 썼던 두건을 벗고 흰 갓을 쓰고 손에 12현금絃琴을 잡고 천관사天官寺 우물 속으로 들어갔다. 꿈을 깨어 사람을 시켜 점을 쳤더니 점쟁이가 말하였다. "두건을 벗는 것은 관직에서 쫓겨날 조짐이요, 12현금을 잡은 것은 칼을 쓸 조짐이요, 우물에 들어간 것은 대궐에 들어갈 조짐이외다." 경신은 이 말을 듣고 매우 걱정하여 문을 잠그고 출입을 하지 않았다. 이때에 아찬 여삼餘三/山이 와서 배알하겠다고 연락하였지만 그는 병으로 나가지 못하겠다고 사양하였다. 아찬이 두 번째 연락하여 말하였다. "꼭 한 번만 뵙기를 바라나이다." 경신이 승낙하였다. 여삼이 말하였다. "공께서 지금 꺼리는 일이 무엇입니까?" 경신이 꿈을 점친 사연을 죄다 이야기 하였더니 아찬이 일어나서 절을 하고 말하였다. "이 꿈은 아주 길한 꿈이외다. 공께서 왕위에 올라가도 저를 버리지 않으신다면 공을 위하여 해몽을 하겠습니다."

왕이 곧 좌우를 물리치고서 해몽解夢을 청하였다. 그가 말하였다. "두건을 벗는 것은 자기 윗자리에 사람이 없다는 뜻이요, 흰 갓을 썼다는 것은 면류관을 쓸 조짐이요, 12현금을 들었다는 것은 12대 손자에게 왕위를 전한다는 조짐이요, 천관사 우물에 들어간 것은 대궐에 들어갈 조짐이외다." 왕이 말하였다. "내 윗자리에는 주원이 있는데 어떻게 윗자리를 차지할 것인가?" 아찬이 말하였다. "청컨대 북천北川 신에게 제사를 지내면 될 것입니다." 왕은 그대로 하였다. 얼마 안 가서 선덕왕이 승하하자 나라 사람들이 왕의 족자族子 주원을 받들어 왕으로 삼으려고 그를 대궐로 맞아들이려 하였다. 주원의 집은 서울 북쪽 20리 지점에 있었는데 때마침 큰 비가 내려 알천의 물이 넘실거리므로 주원이 건너오지 못하였다. 왕이 먼저 대궐로 들어가 즉위하니 주원의 무리들은 모두 와서 그에 붙어 새로 등극한 임금에게 배하拜賀하였다. 대체로 좋은 꿈을 꾼 것이 들어맞은 셈이었다. 이로 인해 원성왕은 사람의 성공과 실패에 관한 운명을 잘 알게 되었으므로[窮達] '신공사뇌가身空詞腦歌'라는 노래를 지은 적이 있었다.

## 2. 영재사와 향가

『삼국유사』수록 향가 14수 가운데 화랑 또는 승려 혹은 주술사 등에 의해 지어진 것은 7수이다. 나머지 반은 서동, 노옹, 신충, 처용, 득오곡, 희명, 미상(풍요) 등 일반인에 의해 지어졌다. 그런데 당시에는 향가와 범패를 전문으로 하는 집단이 각기 구분되어 있었던 것으로 이해된다. 물론 경우에 따라서는 이 두 그룹을 넘나든 이들도 있었던 것으로 보인다. 원성왕 대에 살았던 영재사永才師는 성품이 익살스럽고 재물에 얽매이지 않았으며 향가를 잘했다[善鄕歌]. 만년에 장차 남악에 은거하려고 대현령大峴嶺에 이르렀을 때 60여 명의 도적을 만났다. 그들은 영재를 해치려고 했으나 그는 칼날 앞에서도 두려운 기색 없이 태연스럽게 그들을 대했다. 도둑들이 이상하게 여겨 그의 이름을 물으니 영재라고 대답하였다. 그들은 평소에 그의 이름을 들었으므로 '□□□'로 노래를 지으라고 했다. 이에 영재는 「우적가」를 지어 불렀다.

그런데 여기서 결락된 세 글자('□□□')는 무엇이었을까? 아마도 '사뇌가詞腦歌'가 아닐까? 원성왕은 전 왕인 선덕왕이 죽고 없었기에 여러 신하들이 후사를 논의하여 주원을 세우려 하였다. 하지만 때마침 큰비가 내려 알천閼川의 물이 넘쳐 주원이 건너오지 못하였다. 어떤 사람이 "무릇 임금의 대위大位에 나아가기란 실로 인모人謀로 되는 것이 아니다. 오늘의 폭우暴雨를 보면 하늘이 혹시 주원을 세우지 못하게 하려함이 아닌가? 지금 상대등 경신은 전왕의 아우요, 덕망이 본래 높아 인군人君의 체모體貌를 지니고 있다" 하였다. 이에 중론衆論이 일치되어 그를 받들어 세워 왕위를 계승하게 하였다. 결국 경신은 경쟁자였던 집안의 형인 '주원'을 물리치고 왕위에 올랐다. 일찍이 원성왕이 지은 적이 있다는 '신공사뇌가' 즉 '사뇌가'가 결락된 것이 아닐까?

사뇌가는 향가를 달리 부르는 말이다. 말 그대로 '가사 중의 가사' 혹은 '노래 중의 노래'를 뜻한다. 창조－유지－파괴의 의미를 담고 있는 태초의 소리인 '옴'처럼, 향가의 언어는 밀핵密核적 요소를 지니고 있다고 해야 할 것이다. 그렇다면 향가의 성격은 '치리가治理歌' 내지 '주가呪歌'의 성격을 지니고 있다는 것이 된다. '주가'와 '치리가'는 '병이나 해를 기원하고[呪] 다스리는[治] 노래'란 의미이다. 그렇다면 '신공身空' 즉 '몸은 실체가 아니다'는 의미와 '사뇌가'가 결합된 이유는 어디에 있을까? 신공은 사뇌가의 형식 중 하나라고 보아야 할까? 사뇌가 중에서도 신공사뇌가가 가장 널리 대중화되고 보편화된 양식이었을까? 초기불교의 사념처四念處 수행에서는 몸이 부정하고[身是不淨], 느낌이 괴롭고[受是苦], 마음이 무상하고[心是無常], 법은 무아[法是無我]임을 억념하라고 역설한다.

일찍이 '신공사뇌가'를 지었다면 원성왕은 누구보다도 인생 무상을 깊이 체험한 왕이었을까? 그래서 사람의 성공과 실패에 관한 운명을 잘 알게 되었을까[窮達]? 영재사는 이 '사뇌가'를 지어 부름으로써 60여 명의 도적들을 설복시켰다. 그렇다면 「'우적가」의 힘은 어디에 있는 것일까? 이 노래에는 희유하게도 두 글자(□□)의 결락자가 있다.

"제 마음에 모든 형상 모르고 지내오던 날/ 멀리 □□ 지나치고 이제는 숨어서 가고 있노라./ 오직 그르친 파계승이여/ 두려워할 모습으로 다시 돌아가노니/ 이 칼이사 지내고 나면 좋은 날이 오련만/ 아! 오직 요만한 선善은 새 집이 안 되느니라."(양주동) "제 마음의/ 모습이 볼 수 없는 것인데,/ 일월조일日月鳥逸 달이 난 것을 알고/ 지금은 수플을 가고 있습니다./ 다만 잘못된 것은 강호強豪님,/ 머물러 하신들 놀라겠습니까./ 병기兵器를 마다하고/ 즐길 법法을랑 듣고 있는데,/ 아아, 조만한 선업善業은/ 아직 턱도 없습니다."(김완진) 향가 중 유일하게 두 글자의 결락자가 있으며 연구자들마다 번역이 조금씩 다르다.


## 3. 「우적가」의 해석

이 노래를 「우적가」라 부르게 된 것은 일연의 표제어 '영재 우적永才遇敵'에 근거한다. 영재사는 만년에 은거하려고 대현령에 이르러 도적을 만나면서 이 노래를 불렀다. 그런데 '영재永才'의 어원에 대해 양주동은 '영永'은 '길[長]'이고 '재才'는 '치(인명접미어)' 또는 '째'이므로 '순차順次'를 뜻한다고 했다. 반면 최철은 '향가를 잘 짓는 인물[善鄕歌]'인 '영언지재永言之才'라고 하였다. 그리고 남악南岳은 지금의 지리산을 가리킨다. 60명의 도적에 대해서도 해석이 분분하다. 박노준은 "화랑단의 잔비로서 권력쟁탈에서 실패한 일단의 반체제세력"이라고 보았다. 최성호는 "지성과 감성을 갖춘 조직적 집단으로 차원높은 목표를 지닌 도둑"이라고 보았다. 이와 달리 이웅제는 "정치권에서 소외된 주원周元계, 특히 헌창憲昌계의 일파"라고 보았으며, 김승찬은 "영재가 성속경계聖俗境界에서 일으킨 갈등과 같은 모든 마음을 도적 60인에 비유"한 것으로 보았다. 반면 황패강은 "신라의 병리적 현상으로 변방에서 출몰하는 단순한 도적"이라고 보았다.

「우적가」의 성격에 대해서도 다양한 주장들이 제기되어 있다. 지헌영은 "우적가의 첫 절은 무명無明·알라야식識을 상징하고, 둘째 절은 정진精進·사생死生의 경계를 방황하는 마음의 신화적 비약을, 종결구에서

도적을 깨닫도록 한 법열에 사무친 정각의 심경을 노래"했다고 보았다. 반면 장진호는 "칼부림하는 신라사회를 불교로 교화하기 위한 방편의 노래로서 도적 60명은 붓다가 성도 후 처음으로 교화한 제자의 수와 일치"한다고 보았다. 김동욱은 "미륵정토에의 희구를 읊은 노래"로 보았고, 윤영옥은 "도적까지 연민憐憫하는 고도의 인간적 서정시로 보았다. 영재가 노래를 부르자 도둑들은 그 뜻에 감동되어 그에게 비단 두 단을 선물하였다. 영재는 웃으며 앞으로 나아가 사양하면서 말하였다.

"재물이란 지옥의 근본임을 알고 장차 깊은 산으로 피하여 일생을 보내려고 하는데 어찌 감히 받겠는가?" 이에 그것을 땅에 던져 버렸다. 도적들이 또 그 말에 감동되어 모두 검과 창을 버린 뒤 머리를 깎고 그의 제자가 되어 함께 지리산에 은거하여 다시는 나오지 않았다. 영재의 나이는 거의 90이었으니 원성왕 때의 일이라 하였다. 영재의 가사를 듣고 감동을 받았다면 이것은 법문法門적 성격을 지닌 노래였다고 짐작할 수 있다. 만일 이 노래가 단순한 노래가 아니라 법문적 성격을 지녔다면 이것은 원성왕이 지은 적이 있다는 '신공사뇌가' 형식이 아니었을까? "내 마음의/ 참모습을 모르고 살았던/ 날들이 멀리 새 달아나듯 지나서야 깨달아 알고/ 이제는 남악에 가고 있노라./ 다만 그릇된 너희들[破戒主]을 만나/ 두려운 세상으로 다시 돌아가랴./ 이런 무기야 아무렇지도 않은데,/ 좋은 세월을 바라 살아감이 어떨까./ 비록 죽지만 아아! 오직 한 가지 한은/ 아스라한 은둔처에서 도 닦기 전에 죽는 것이로다."(이범교)

이들 도적들이 신라 중고기의 막바지에 일어났던 정치적 소외자들이든 아니든 간에 「우적가」는 향가 가운데 가장 불교적 가사라고 할 수 있을 것이다. 이렇게 본다면 '신공사뇌가'는 원성왕 대에 있었던 '경찬

시뇌가慶讚詩腦歌', '신공사뇌가身空詞腦歌' 등처럼 「우적가」는 '사뇌가' 계통의 가사라고 할 수 있을 것이다. 그리고 원성왕은 '궁달窮達' 즉 인간의 사랑과 실패에 관한 '운명運命'에 대한 깊은 통찰의 소유자였다. 해서 일연은 7언 절구를 통해 영재를 이렇게 기렸다. "지팡이 짚고 산으로 들어가니 뜻 더욱 깊은데/ 비단과 구슬로 어찌 마음 움직일까./ 녹림綠林의 군자君子들아 그런 선물 주지 마라,/ 지옥의 근본은 다름 아닌 몇 푼의 재물일세." 이처럼 일연은 인간의 삶과 죽음에 대해 깊이 통찰하여 불의와 타협하지 않는 영재의 가풍을 높이 찬탄하고 있다.

삼국유사 권 제5

# 효선 제9
## 孝善 第九

真定師孝喜雙美

法師真定羅人也白衣時隷名平伍而家貧不要部後
之餘備作受票以養孀母家中計產唯折腳一鑼而已
一日有僧到門求化營寺鐵物母以鑼施之既而定
外故母告之故且震孝意何如尒定喜覩於色曰施於
佛事何幸如之雖無鑼又何患乃以瓦盆為金熱食而
養之嘗在行伍間聞人說義湘法師在大伯山說法利
人即有嚮慕之志吉於母曰畢孝之後當投放湘法師
洛髮學道矣母曰佛法難遇人生太速乃曰畢孝不亦

# '효선'을 어떻게 읽을 것인가?

## 1. 효와 선의 두 아름다움[孝善雙美]

『삼국유사』 전5권 중 「왕력」과 「기이 1」은 제1권, 「기이 2」는 제2권, 「흥법」은 제3권, 「탑상」과 「의해」 2편은 제4권, 그리고 「신주」, 「감통」, 「피은」, 「효선」 4편은 제5권에 편재되어 있다. 7조목에 지나지 않는 「흥법」은 『삼국유사』의 정체성을 가장 잘 드러내고 있는 편목답게 독립 권차로 편재되어 있다. 반면 「신주」, 「감통」, 「피은」, 「효선」 4편은 가장 많은 편명들을 담고 있음에도 불구하고 제5권에 배속되어 있다. 그런데 제5권 중에도 유교의 효행과 불교의 선행이 융합된 「효선」편은 가장 마지막에 자리하고 있다. '진정사 효선쌍미', '대성 효 이세부모 신문대', '향득사지 할고공친 경덕왕 대', '손순매아 흥덕왕 대', '빈녀 양모'의 5조목이 실린 이 편 속에는 찬자 일연의 깊은 의도가 담겨 있는 것으로 이해된다.

일연은 불교 윤리의 실천을 이상으로 하는 불교적 인간과 유교 윤리의 실현을 이상으로 하는 유교적 인간의 삶의 방식을 하나로 통합한 새로운 인간형의 제시를 염두에 두었던 것으로 이해된다. '진정사 효선 쌍미'에서 보이는 것처럼 의상의 제자 진정이 보여준 어머니에 대한 효와 부처님에 대한 선이 하나로 만나는 지점은 바로 이타적 삶의 길인 출가였다. 일연은 이것을 '효와 선의 두 아름다움'이라고 이름 붙였다. 유교의 효행과 불교의 선행이 어떻게 만날 수 있는가를 고심해 왔던 일연은 그 '아름다움의 극치'를 '효와 선의 융합'에서 찾았던 것이다. 부모를 모시고 봉양하며 결혼하여 자식을 낳고 가계를 이어 가는 것이 세속적 의미에서의 '효'라면, 부모와 자식과의 개인적 인연을 끊고 불법에 귀의하는 것이 불교적 의미에서의 '선'이다. 여기에서 효와 선의 갈등과 충돌이 생겨난다. 가난한 백성들의 보시[善]와 부모에 대한 지극한 봉양[孝] 이들 사이의 접점과 통로는 무엇일까?

일연은 「효선」을 통해 유교적 효와 불교적 선의 갈등을 '작은 나'에서 '큰 나'를 넘어 '더 큰 나'의 차원으로 나아가 해소하고 조화의 통로를 열었다. 불교적 충과 효는 일국—國에 대한 충과 일부모—父母에 대한 효를 넘어서서 만국에 대한 충[萬忠]과 모든 부모 및 삼라만상 모든 존재들을 섬기고[孝] 따르는[順] 마음을 지니는 대효大孝 혹은 만효萬孝로 확장된다. 때문에 만효萬孝와 만선萬善은 '나'라는 울타리를 넘어서 [無我] 출발하고 있기에 내 한 집[—家] 부모를 향한 '한 집의 효[—孝]' 만이 아니라 그 집을 떠난[出家], 보다 큰 집[萬家]의 효로 확장되는 것이다. 나아가 그것은 붓다에 대한 선행善行과 이타행利他行으로 귀결되는 것이다. 일세에서 삼세로, 일가에서 만가로 나아갈 수 있는 논리적 근거는 주관적 지평을 껴안고 넘어서 객관적 지평의 표면적을 늘리는 무아윤회無我輪廻사상이라고 할 수 있다. 이러한 효의 범주 역시 시간적으로 현재現在의 일세 지향에서 과현미過現未의 삼세지향으로 확장된다.

이 같은 확장은 무아로 표현되는 주관적 지평을 기어서 껴안고 넘어가면서 객관적 지평의 표면적을 넓히는 자비사상을 통해 이루어질 수 있다. 이때 나의 경계에 머물러 있던 일효[一孝]는 내가 없고[無我] 나의 것[我所]도 없음을 자각하는 인식의 전회를 거쳐 대아[大我]로 나아가는 대효[大孝]로 표현된다. 그리하여 부모의 은혜에 대한 자각[知恩]과 보답[報恩]에 입각한 부모의 봉양과 그 부모의 해탈의 길로 인도하는 것이다. 부모에 대한 효행은 곧 모든 존재의 속성인 무상, 고, 무아에 대한 명료한 통찰 위에서 이루어진다. 그렇게 될 때 불교의 효는 일세 지향이 아니라 삼세 지향이 되고, 일가 지향이 아니라 만가 지향으로 이어질 수 있다. 그리하여 곧 붓다를 향한 선행과 이타행으로 확장되는 것이다. 해서 불교의 효학은 효행과 선행이 곧 이타행임을 역설하고 있다.


## 2. 효행과 선행


부모가 생각하는 자식의 효란 살아 있을 때 자식이 베푸는 풍성한 음식으로 떠받드는 것이 아니다. 오히려 부모가 원하는 것은 자식이 출가하여 성불하는 것이다. 그리하여 자식의 안녕이 곧 부모의 안녕이며, 자식의 성취가 곧 부모의 성취가 되는 것이다. 진정[眞定]은 장가를 들지 못할 정도로 가난하여 군대에서 부역하는 여가에 품을 팔아 곡식을 얻어 홀어머니를 봉양하였다. 집안에는 전 재산인 다리 부러진 솥 하나가 있을 뿐이었다. 하루는 승려가 문간에 와서 절 지을 쇠붙이를 구하자 어머니는 솥을 그에게 시주하였다. 얼마 뒤 진정이 밖에서 돌아오자 어머니는 그 까닭을 말하면서 아들의 뜻이 어떤지를 염려하였다. 진정이 기뻐하는 낯빛을 보이면서 말하였다. "불사에 시주하는 그와 같은 일이 얼마나 다행한 것입니까? 솥이 없다 한들 또 무슨 걱정될 것이 있겠습니까?" 그러고는 질그릇 물동이로 솥을 삼아 밥을 지어 어머니를 봉양하였다.

일찍이 그가 군대에 있을 때 사람들로부터 의상법사가 태백산에서 불법을 강설하여 사람을 이롭게 한다는 이야기를 듣고 곧바로 사모하는 마음이 일었다. 그의 어머니에게 말하였다. "효도를 다한 뒤에 꼭 의상義湘법사에게 의탁하여 머리를 깎고 불도를 배우겠습니다." 그의 어머니가 말하였다. "불법은 만나기 어렵고, 인생은 몹시도 빠르단다. 그러니 네가 말하는 '효도를 마친 뒤'라고 하는 것은 너무 늦지 않겠느냐? 어찌 내 생전에 불도를 들었다는 말을 듣는 것만 하겠느냐? 삼가 머뭇거리지 말고 빨리 가는 것이 좋을 것이다." 진정이 오랫동안 생각에 잠기자 그의 어머니가 즉시 일어나 마련해 둔 자루를 거꾸로 터니 쌀 일곱 되가 나왔다. 그 쌀로 밥을 짓고 말하였다. "네가 밥을 지어 먹으면서 가면 길이 더딜까 두렵다. 마땅히 내 보는 앞에서 한 되의 밥은 먹고 나머지 여섯 되 밥은 싸서 어서 떠나거라." 진정이 눈물을 삼키고 세 번을 굳이 사양하자 어머니는 세 번을 권했다. 진정은 어머니의 뜻을 어기기 어려움을 알고 밤낮으로 길을 가서 3일 만에 태백산에 도착했다. 의상법사에게 의탁하여 머리를 깎고 승복을 입고 제자가 되어 이름을 진정眞定이라 하였다.

가난했던 김대성은 고용살이로 받은 얼마의 밭을 어머니와 상의한 끝에 점개漸開법사의 흥륜사 육륜六輪법회에 보시하였다. 그 보시의 공덕으로 대성은 뒷날 재상의 집에 태어나 전세의 부모를 위해 토함산 중턱에 석불사石佛寺를 세웠고 현세의 부모를 위해 토함산 자락에 불국사佛國寺를 창건하였다. 웅천주에 사지舍知의 벼슬에 있던 향득向得이 흉년으로 아버지가 거의 굶어 죽게 되자 자신의 넓적다리 살을 베어 봉양하였다. 어머니도 종기가 나서 거의 죽게 되자 향득이 밤낮으로 옷깃을 풀지 않고 어머니의 종기를 빨아내어 평안하게 되었다. 고을 사람들이 이 사실을 왕에게 자세히 전해드리자 경덕왕은 벼 500석을 하사하였다.

손순孫順은 아버지가 세상을 뜨자 처와 함께 품을 팔아 양식을 얻어 늙은 어머니를 봉양하였다. 그의 어린 아들이 언제나 어머니가 잡숫는 것을 빼앗아 먹었다. 아내와 상의하였다. "아이는 다시 얻을 수 있으나 어머니는 다시 모시기 어려우니 이 아이를 묻어서 어머니를 배부르게 해 드립시다." 그는 아이를 업고 모량리 취산 북쪽 들로 가서 땅을 파다가 난데없이 돌로 된 종[石鐘]을 얻어 매우 신기해하였다. 부부는 놀라고 괴이하게 여겨 잠시 나무 위에 걸고 두드려 보았더니 그 소리가 은은하여 들을 만 하였다. 생각을 바꾸어 아이를 업고 그 종을 가지고 집으로 돌아와 대들보에 매달고 쳤더니 그 소리가 대궐까지 들렸다. 흥덕왕이 이 소리를 듣고 조사하게 하여 집 한 채를 주고 해마다 메벼 50석을 주어 지극한 효를 숭상하게 하였다. 손순은 살던 옛집을 희사하여 절로 만들고 이름을 홍효사弘孝寺라 하였으며 석종을 모셔두었다.

## 3. 불교윤리와 유교윤리의 공존

가난한 여인[貧女]이 흉년이 들어 문전걸식으로 살아가기 어렵게 되자 다른 사람에게 몸을 팔고 곡식 30석을 얻어 주인집에 맡겨 놓고 일을 해 왔다. 날이 저물면 자루에 쌀을 넣어 집으로 와서 어머니께 밥을 지어드리고 어머니와 잠을 잔 뒤 새벽이면 주인집에 가서 일을 하였다. 이렇게 한 지 며칠 만에 어머니가 말하였다. "지난날에는 거친 음식도 마음이 편안하더니 요시이는 좋은 쌀밥을 먹어도 마음속을 찌르는 것 같아 마음이 편치 못하다. 어찌된 일이냐?" 그 여인이 사실을 말하자 그의 모친은 통곡하였다. 여인은 자신은 다만 먹는 것만 봉양할 줄 알았지 부모의 마음을 편안하게 해 주지 못했음을 한탄하며 서로 껴안고 울었다. 뒤늦게 달려온 문객들에게 이 말을 전해들은 효종랑孝宗郎은 눈물을 흘리며 곡식 100곡을 보냈다. 효종랑의 부모 또한 옷 한 벌을 보냈으며 그를 따르는 많은 무리들도 벼 1,000곡을 거두어 보내 주었다. 이 일이 대궐에 알려지자 진성왕眞聖王도 곡식 500석과 집 한 채를 하사하고 병사들을 보내어 그 집을 지켜 약탈당하는 것을 막게 했다. 그 마을을 표창하여 효양리孝養里라 하였고 뒤에 그 집을 희사하여 절로 삼고 양존사라 하였다.

불교의 윤리와 유교의 윤리가 만나는 접점은 효와 선이다. 『삼국유사』「효선」에 나오는 이야기들은 모두 윤리적 효와 불교적 선의 조화를 모색하고 있다. 즉 부모에 대한 효와 붓다에 대한 선이 충돌하지 않고 조화를 이루고 있다. 다시 말하면 세간적 효와 출세간적인 선이 갈등하지 않고 조화로운 길로 나아가고 있다. 유교의 효와 불교의 선이 갈등하지 않고 조화로 나아갈 수 있었던 것은 불교신앙의 통로가 있었기 때문이었다. 갈등과 충돌을 해소하는 통로는 '하나뿐인 재산인 솥'을 보시함으로써 '늙은 홀어머니를 봉양하지 않고 출가하여 정진하고', '생활의 터전인 밭을 보시함으로써 재상의 집에 환생한 뒤 석불사와 불국사를 창건하며, '효를 위해 자식을 묻으려다' 종을 얻어 포상을 받고 옛

집을 희사하여 절로 만들고, '몸을 팔아 효를 다하다가' 불교에 귀의하여 그 집을 사찰로 만드는 과정으로 이어지고 있다.

여기에는 불교적 추선을 실천한 시주施主 추선追善형 이야기와 유교적 효행을 매개한 은원恩怨 희사喜捨형 이야기가 겹쳐 있는 것이다. 왕족과 귀족층은 사후 추선과 불사 희사를 하는 반면, 평민층은 생전의 봉양, 출가의 여부, 사후의 추선, 불사의 희사 등의 특징을 보여주고 있다. 일연은 종래의 여러 편목에서 왕족과 귀족층의 불사 희사와 사후 추선 등에 대해 서술해 왔기에 이 「효선」에서는 평민층의 봉양, 출가, 추선, 희사 등을 따로 기술하고 있다. 이것은 「효선」이 본사로서의 『삼국사기』와 『삼국유사』의 다른 편에 대해 이중의 유사적 성격을 갖고 있음을 시사해 주고 있다. 이것은 『삼국유사』의 전체 맥락에서 「효선」편이 가지고 있는 편차의 불가피성일 수도 있을 것이다.

또 일연은 신라시대의 현실에서 유교의 비판에 대한 불교의 대응과 자신을 포함한 고려시대의 상황을 고려하면서 이 편목을 편재했을 것이다. 일연은 도교에 대해서는 비판적이었으나 유교에 대해서는 호의적이었다. 고려 후기의 상황은 불교의 사찰이 도교의 칠성과 무속의 산신과 불교의 독성을 삼성각 안에 아울렀듯이 불교와 유교의 공존 가능성을 모색하지 않으면 아니 되었을 것이다. 나아가 그가 효성이 지극했던 북송의 선사 진존숙陳尊宿을 사모해서 그의 아호를 '목암睦庵'이라고 했듯이, 그리고 국사國尊의 자리에 있던 78세 때에 모친이 96세로 하세下世했다는 기별이 닿자 스스럼없이 그 자리에서 물러나 하산했던 역정을 통해서도 그의 효선 인식을 짐작해 볼 수 있을 것이다. 해서 「효선」에서 주목해야 할 점은 이 편명에 실린 효선 관련 조목들 대부분이 불교와 유교의 공존 내지는 조화를 모색하고 있다는 것일 것이다.

# '토함산 석불사 석굴'을 어떻게 볼 것인가?

## 1. 종교와 예술과 과학의 만남

불교가 전래되자 이 땅에는 많은 변화가 일어났다. 고조선 이래 환인과 환웅에 대한 천신신앙과 웅녀에 대한 지모신앙 그리고 단군에 대한 산신신앙은 풍류도 세계관으로 집대성되면서 질적 전환이 이루어졌다. 종래의 무교는 불교와 갈등 혹은 대결하면서 풍류도를 아우른 불교 안으로 습합되어 갔다. 불교는 산신과 칠성과 독성 등 호법 신중들을 껴안으며 무교와 풍류도까지 아우르며 전통사상의 중심으로 자리를 잡아갔다. 점차 정치 경제 사회 문화 과학의 영역과 문학 역사 철학 종교 예술의 영역이 어우러져 불교의 지형은 더욱 확산되었다. 그리하여 신라인들은 고구려와 백제와 가야 문명과 문화적 성취를 흡수하여 민족 문화의 지형으로 그려 나갔다. 그 결과 김대성의 '종교 신념'과 아비지 阿非知의 '예술 미감' 및 신라인들의 '과학 정신'이 만나 토함산 석불사가 태어날 수 있었다. 석불사 조성의 계기는 아래와 같다.

모량리의 가난한 여인 경조慶祖에게 아이가 있었다. 아이는 머리가 크고 이마가 편편하여 성처럼 생겼기에 이름을 대성大城이라고 하였다. 집안이 군색하여 길러내기가 어려웠으므로 부자 복안福安의 집에 품팔이를 하였다. 그 집에서 밭 몇 고랑(畝, 1묘는 200평) 나누어 주어 의식衣食의 밑천으로 삼았다. 이때에 덕망있는 승려[開士] 점개漸開가 흥륜사에서 육륜회六輪會를 베풀고자 복안의 집에 와서 권선勸善을 하자 베 50필을 시주하였다. 점개가 주문呪文으로 축원祝願하였다. "신도께서 시주를 좋아하시니 천신이 언제나 보호하여 하나를 시주하면 만 갑절[萬倍]을 얻을 것이며 안락을 누리고 수명이 길어지게 하여지이다." 대성이 축원을 듣고 뛰어 들어와 어머니께 말하였다.

"제가 문간에서 스님이 외우는 소리를 들으니 하나를 시주하면 만 갑절을 얻는다고 하더이다. 생각건대 우리가 전생에 일정한 적선積善이 없었기 때문에 지금 이렇게 가난한 것입니다. 이생에서 또 시주를 않다가는 오는 세상에서 더욱 가난할 것이니 내가 품팔이로 얻은 밭을 법회에 시주하여 후생의 과보를 도모함이 어떠리까?" 어머니가 말하였다. "좋다." 이에 점개에게 밭을 시주하였다. 얼마되지 않아 대성이 죽었다. 이 날 밤 재상 김문량金文亮의 집에서는 하늘로부터 외치는 소리가 있어 일렀다. "모량리의 대성이라는 아이가 이제 너의 집에 태어날 것이다." 집안사람들이 모두 놀라 사람을 시켜서 모량리를 뒤졌더니 과연 대성이 죽었다.

하늘에서 외치는 소리가 있던 같은 날 같은 시에 그 집에서는 아기를 배어 낳았는데 아기가 왼손을 쥐고 펴지 않다가 이레 만에야 펴니 '대성大城'이라고 새긴 금 패쪽을 쥐고 있었다. 이것으로 이름을 짓고 그의 예전 어머니를 이 집으로 맞아들여 봉양하였다. 아이가 장성하자 사냥을 좋아하였다. 하루는 토함산에 올라가 곰 한 마리를 잡았다. 산 밑

마을에서 묵었더니 꿈에 그 곰이 화하여 시비를 걸어 말하였다. "네가 무엇 때문에 나를 죽였느냐? 내가 환생하여 너를 잡아먹으리라." 대성이 무서워 떨면서 용서를 빌었다. 귀신이 말하였다. "나를 위하여 절을 세울 수 있겠느냐?" 대성이 그러겠다고 맹세하고 깨어 보니 땀이 흘러 이부자리를 적셨다. 이로부터 그는 사냥을 금하고 곰을 위하여 곰을 잡았던 자리에 장수사長壽寺를 세웠다.

## 2. 본존불에 대한 몇몇 시각

대성은 이로 인하여 마음에 감동되는 바 있어 비원悲願이 한결 더하여 곧 현생의 양친[現生父母]을 위하여 불국사佛國寺를 세우고, 전생의 부모[前世爺孃, 父母]를 위하여는 석불사石佛寺를 세워서 신림神琳, 표훈表訓 두 스님을 청하여 각각 머물게 하였으며, 부모의 소상들을 성대히 세워 양육한 은혜를 갚았다. 한 몸으로써 두 세상의 부모에게 효도를 한 것은 또한 드문 일일 것이니 착한 시주의 영험을 어찌 믿지 않겠는가! 대성이 장차 석불을 조각하고자 큰 돌 하나를 다듬어 석불을 안치할 감실의 뚜껑[龕盖]을 만드는데 갑자기 돌이 세 조각으로 갈라졌다. 대성이 통분[憤恚]하면서 잠도 들지 않고 있던 차에 천신天神이 밤중에 강림하여 다 만들어 놓고 돌아갔다(당시의 공법을 고려해 보면 아마도 본존불을 중심으로 한 감실을 흙으로 채워 덮고 천개석[龕盖]를 올린 뒤 감실의 흙을 벗겨 파낸 것이 아닐까?). 대성은 막 자리에서 일어나자 남쪽 고개를 내달려가 향나무 불을 피워서 천신을 공양하였다. 이 때문에 이곳을 향고개[香嶺]라고 하였다.

흔히 분황 원효에 대한 연구를 '분황학' 혹은 '원효학'이라 하고, 『삼국유사』에 대한 학문적 연구를 '삼국유사학'이라고 하듯이, 석불사 본존불에 대한 학문연구를 '석굴암학'이라고 부른다. 지난 100여 년 동안 이루어 온 석굴함학의 가장 주요한 쟁점은 1) 주불의 명호, 2) 목조전실의 유무, 3) 비도 입구의 절개형과 전개형 여부, 4) 원실(주실) 이마의 광창光窓 유무, 5) 주실 입구의 아치형돌 유무로 집약된다. 현대 건축에서 금기로 여기고 있는 우물 위에 인공석굴을 축조한 까닭은 석굴 내부의 온도 조절 때문이었다. 하지만 현재 석굴은 우물의 온도에 기초하여 석굴 내부의 온도를 조절하였던 조상들의 '과학'을 온전히 체화하지 못하고 있다. 그 결과 원형 돔 위에 한 겹도 모자라 두 겹의 시멘트를 바르고 있으며, 석굴 뒷켠에서는 발전기를 돌려 실내 온도를 조절하고 있다. 이러한 쟁점들 중 가장 주요한 것은 본존불 즉 주불의 정체라고 할 수 있다.

흔히 석굴을 조성하는 가장 큰 목적은 본존상을 봉안하는 데에 있다. 석굴 안에 봉안되는 수많은 불상의 종류와 그들의 종교적 의의와 믿음의 내실은 모두 이 본존불과 긴밀한 관계 속에서 배치된다. 때문에 봉안되는 모든 존상들은 본존불과 관계를 가질 뿐만 아니라 그 의미와 가치는 본존불로 총결된다. 그러므로 본존불의 크기와 자리 및 양식은 석굴을 조성할 단계에서부터 이미 전제되어 있으며 그곳에는 최고의 신성성과 최미의 예술성이 갖추어져 있다. 때문에 토함산 본존불은 1) 전세부모를 위한 김대성의 발원, 2) 부석사浮石寺 무량수전無量壽殿 본존과 군위軍威 팔공산 삼존석굴三尊石窟(속칭 제2석굴암)의 본존좌상 등처럼 8세기 이전부터 유행했던 본존불의 우견편단右肩偏袒의 법의와 오른손의 항마촉지인降魔觸地印 등의 양식, 3) 1905년경에 석굴암에 걸려 있던 편액인 수광전壽光殿(1882)과 석굴을 중수할 때 마련한 현판 '미타굴

彌陀窟'(1891) 및 본존불 옆의 전각의 편액, 4) 8세기 통일신라 당시의 신앙추세 등에서 알 수 있는 것처럼 아미타불임이 분명하다.

지금까지도 많은 학자들은 본존불의 명호를 석가모니불이라 주장하고 있다. 일부에서는 비로자나불 혹은 대일여래라 주장하고 있다. 하지만 '수광전'이란 편액이 조선 후기의 중수 당시에 단 것이라고 하더라도 전세부모를 위한 김대성의 발원이라는 기록은 움직일 수 없는 사실이다. 대승불교 이전의 붓다의 몸[佛身]에 대한 담론은 역사적 붓다인 석가모니불(變化身)과 비역사적 붓다인 비로자나불(自性身)의 이신설二身說이었다. 대승불교가 흥기하자 '보살'이라는 이상적 인간형이 제시되었다. 석가모니불의 전생은 석가(호명, 선혜)보살로 불렸고, 전세 보살의 이타행에 의해 오늘의 붓다가 될 수 있었다고 하였다. 때문에 불신설은 아라한행과 보살행을 통해 깨달음의 과보로서 붓다의 몸을 받은 (수용신) 노사나불 또는 아미타불(보신불)처럼 깨달음의 법열을 자신을 위해 쓰는 자수용신과 타인을 위해 쓰는 타수용신의 사신설로까지 확장되었다. 이렇게 본다면 삼한일통을 마무리한 8세기 통일신라의 신앙추세가 내세와 극락을 갈구하는 아미타불이 주류였음은 현존 기록과 존상들을 통해서 알 수 있다.


## 3. 한국 민족문화의 금자탑

신라의 성황당인 천경림의 숲을 베어 내고 이차돈이 착공한 신라 최초의 절인 '대왕흥륜사'에는 신라 십성十聖이 소상(泥塑)으로 모셔졌다. 동쪽 벽에서 서향(庚方)으로 앉은 아도, 염촉, 혜숙, 안함, 의상과 서쪽

벽에서 동향(甲方)으로 앉은 자장, 혜공, 원효, 사파, 표훈의 열 소상은 주불을 시위하고 앉아 있다. 『삼국유사』「흥법」편 '흥륜사 금당십성' 조목에는 주불이 나타나 있지 않지만 「신주」편을 통해 신라 중고기(법흥왕~진덕왕) 당시 재상이었던 김양도金良圖에 의해 조성된 흥륜사 '오당吳堂'의 주불이 미륵불이었음을 알 수 있듯이, 하고기(무열왕~경순왕)의 '금당金堂'의 주불은 '아미타불'이었음을 알 수 있다. 이 흥륜사 금당십성은 경덕왕(742~765 재위) 때에 고덕이었던 의상의 십대제자인 표훈이 자리하고 있음을 통해 경덕왕 대나 그 이후에 조성된 것임을 알 수 있다.

의상은 677년 문무대왕의 명을 받들어 화엄의 근본도량인 영주 부석사를 지었다. 절의 법당인 무량수전에는 오직 아미타불 한 분만을 모신 채 아침 저녁으로 서방을 향해 예배하였다. 여기서 부석사 무량수전의 아미타불의 양식과 석불사 본존불의 배치법과 불상의 양식이 같다는 것은 주목되는 지점이다. 이것은 그 시대의 방식과 믿음을 그대로 계승한 것으로 이해된다. 의상의 제자인 표훈 역시 토함산 석불사에 머물면서 스승의 가풍을 그대로 계승하고 있다. 토함산 석굴이 완성된 것이 혜공왕(765~780) 대임을 감안한다면 8세기 통일신라의 신앙추세인 극락정토를 염원하는 아미타신앙을 반영하는 것은 매우 자연스러운 것이다. 석불사 본존불의 양식이 1세기 먼저 조성된 부석사 무량수전의 아미타불과 군위 삼존석굴의 아미타불 역시 똑같은 수인手印의 좌상 양식으로 되어 있는 것도 이 때문이다.

특히 본존불의 두광頭光은 직접 머리에 부착하지 않고, 머리에서 떨어져 후벽 십일면 관음입상보다 조금 높은 위치에 따로 둥근 연화판석한 장을 끼워 놓았다. 두광을 불상과 따로 떼어 천장에 고정시킨 것은 그 어디에서도 찾아볼 수 없는 통일신라 사람들의 뛰어난 착상이다. 또 주실 이마 부분의 광창은 현장玄奘(602~664)법사의 『대당서역기』에 실린 인도 보드가야 대각사의 "큰 거울로 빛을 끌어들여 내부를 비추었다[大明鏡, 引光內照]."는 기록처럼 태양빛을 끌어들여 광창과 본존불 사이의 화강석 바닥돌에 비추어 간접 조명을 사용하였다. 그리하여 태양이 떠오르면 은은한 빛을 반사시켜 본존불의 상호를 비추게 함으로써 신비로움과 성스러움을 뿜어내게 하였다. 이것은 인공 석굴의 아치형 구조를 창안해 내기 위해 치밀한 역학적 계산 위에서 '주먹돌' 즉 '돌못(key-stone)'들을 박아 놓음으로써 안팎으로 쏠림현상을 해소하고 견고한 균형을 유지할 수 있게 한 과학적 안목과도 상통하는 것이다. 이것은 불국사 청운교와 백운교 아래의 석축을 쌓는 방법에서도 확인된다.

또 30여 평 정도의 인공 석조 건축 안의 공기의 흐름과 온도를 조절하기 위하여 우물의 온도를 원용하였고, 각 층의 벽 위에 감실 안에 30센티의 틈을 열어 천년 동안 숨을 쉬며 호흡을 유지할 수 있게 설계하였다. 그리하여 이슬 맺힘[結露] 현상을 제거함으로써 동양에서 견줄 수 없는[東洋無比]의 금자탑을 세울 수 있었다. 이처럼 석불사 석굴은 김대성의 종교 신념과 아비지의 예술 미감과 신라인들의 과학 정신이 빚어낸 절창이었다. 하지만 1,250여 년이 지난 오늘에도 냉각 습기 제거를 위해 발전기를 돌리고 있으며, 광창을 폐쇄하여 전기를 쓰고, 목조 전실을 통해 예배를 하고 있다. 그뿐만 아니라 두 번이나 덮어씌운 시멘트 거푸집은 풍화작용으로 인해 곳곳에 틈새가 벌어지고 있다. 안타깝지만 이제는 한국인이 가장 사랑하는 문화재인 석굴암 원형 복원을 위해서 신라인들의 과학과 한국인들의 기술을 결합한 새로운 복원 작업이 이루어져야 할 때가 되었다.

경주 토함산 석불사 석굴

경주 토함산 석불사 본존불

해제

이병도·이동환 교감, 『한국고전총서 1: 삼국유사』(민족문화추진회, 1973)

이병도·김정배 교감, 『한국고전총서 2: 삼국사기』(민족문화추진회, 1973)

일　연, 『사진과 함께 읽는 삼국유사』, 리상호 옮김(까치, 1999)

김부식, 『삼국사기 I』, 이강래 옮김(한길사, 1998)


왕력

민족문화추진회, 『삼국유사』(민족문화문고, 1976)

일　연, 『삼국유사』, 권상로 역주(동서문화사, 1978; 2007; 2010)


기이 제1

고영섭, 『연기와 자비의 생태학』(연기사, 2001)

＿＿＿, 『한국불교사연구』(한국학술정보, 2012)

＿＿＿, 『한국불교사』(연기사, 2012)

＿＿＿, 『한국불학사: 고려시대편』(연기사, 1999; 2005)

고운기, 『토쿠가와가 사랑한 책』(현암사, 2009)

권상로 역주, 『삼국유사』(동서문화사, 1978; 2007; 2010)

김두규, 「우리 민족의 진정한 주산은 백두산이 아닌 의무려산」(조선일보, 2011.
　　　10. 15)

김문경 역주, 『입당구법순례행기』(중심, 2002)

김부식, 『삼국유사』, 이병도 역주(명문당, 1977)

김상기, 『동방사논총』(서울대출판부, 1984)

김상현, 『신라의 사상과 문화』(일지사, 1999)

김성호, 『씨성으로 본 한일 민족의 기원』(푸른숲, 2000).

김정곤, 「단군신앙에 관한 경전 연구」, 『정신문화연구』 제32호(정문연, 1987)

김정학, 「단군신화의 새로운 해석」, 『단군신화논집』(새문사, 1988)

김태식, 『가야연맹사』(일조각, 1993)

_____, 『미완의 문명 7백년 가야사』 1, 2, 3(푸른역사, 2002)

류승국, 「한국인의 신관」, 『한국종교의 이해』(집문당, 1985)

리지린, 『고조선연구』(학우서방, 1964)

박선희, 『한국고대복식연구: 그 원형과 정체』(지식산업사, 2004; 2009)

박정진, 『단군신화에 대한 신해석』(화산, 2010)

신종원, 『삼국유사 새로 읽기(1)』(일지사, 2004)

_____, 『삼국유사 새로 읽기(2)』(일지사, 2011)

신호열 역주, 『삼국사기』(동서문화사, 1978; 2010)

역사스페셜, 「가야흥망의 블랙박스, 철갑옷」(KBS1TV, 1999. 02. 20.)

_____, 「고구려 비밀의 문 광개토왕비」(KBS1TV, 1999. 05. 01.)

_____, 「김유신은 왜 천관녀를 버렸나」(KBS1TV, 2001)

_____, 「대가야 최후의 왕자, 월광은 어디로 갔나」(KBS1TV, 2001. 04. 21.)

_____, 「발해는 왜 동해를 건넜나」(KBS1TV, 1998. 11. 7.)

_____, 「왜 신라에만 여왕이 있었나」(KBS1TV, 2012)

윤내현, 『고조선연구』(일지사, 1994; 2004)

이건무, 「다호리유적 출토 붓에 대하여」, 『고고학지』 제4집(한국고고미술사연구
　　　소, 1992)

이도흠, 『신라인의 마음으로 삼국유사를 읽다』(푸른역사, 2000)

이범교, 『삼국유사의 종합적 해석』(민족사, 2005; 2007)

이병도, 『한국고대사연구』(박영사, 1981)

이재호 역주, 『삼국유사』(솔, 1997)

이종욱, 『신라골품제연구』(일조각, 1999).

이홍직, 『증보새국사사전』(백만사, 1937; 교학사, 1997)

일 연, 『삼국유사』, 권상로 역주(동서문화사, 1978; 2007; 2010)

전용신 역주, 『완역 일본서기』(일지사, 1987)

주채혁, 『순록치기가 본 조선 고구려 몽골』(혜안, 2007)

채미하, 「천사옥대와 흑옥대」, 『경희사학』 24(경희사학회, 2006)

일 연, 『증정 삼국유사』, 최남선 교감(동서문화사, 1980)

최남선, 「삼국유사해제」, 『삼국유사』(서문당, 1990)

_____, 『육당최남선전집』 2(현암사, 1973)

최인호, 『잃어버린 왕국』(열림원, 2003)

_____, 『제4의 제국』(여백, 2006)

최치원, 「석순응전」, 『동국여지승람』

최태영, 『한국 고대사를 생각한다』(눈빛, 2003)

하일식 외, 『한국고대의 신분제와 관등제』(아카넷, 2000).

한국사 傳, 「발해2부작: 대무예와 대흠무」(KBS 1TV, 2008)

한자경, 『한국철학의 맥』(이화어대출판부, 2008)

히스토리아, 「신라 골품제도에 대한 분석」


기이 제2

고영섭, 『나는 오늘도 길을 간다: 원효, 한국사상의 새벽』(한길사, 1997; 2009)

_____, 「동아시아 불교에서 유식 법상의 지형도」, 『불교학보』 제61호(불교문화
　　　연구원, 2012)

_____, 「문아 원측 『성유식론소』의 연구」, 『문학 사학 철학』 제14호(대발해동양
　　　학한국학연구원 한국불교사연구소, 2008년 가을)

_____, 「삼국유사기행: 일연시집을 묶으며」, 『동국사상』 제28집, 동국대학교 불
　　　교대학, 1989

_____, 『한국불교 서명문아(원측)학통연구: 문아대사』(불교춘추사, 1998)

_____, 『한국불교사연구』(한국학술정보(주), 2012)

_____, 『한국불교사』(강의안)

고유섭, 『고유섭전집』 4(동방문화사, 1993)

국사편찬위원회 한국사데이터베이스, 『인물 한국사: 백제의 마지막 왕 의자왕』

권상로 역주, 『삼국유사』(동서문화사, 1978; 2007; 2010)

김부식, 『삼국사기』, 신호열 역주(동서문화사, 1978; 2007; 2010)

_____, 『삼국사기』, 이재호 역주(광신출판사, 1993)

김완진, 『향가해독법연구』(서울대출판부, 1983)

김용옥, 『나는 불교를 이렇게 본다』(통나무, 1989)

노중국, 「백제 무왕과 지명법사」, 『한국사연구』 제107호(한국사연구회, 1999)

리상호, 『사진과 함께 읽는 삼국유사』(까치, 1999)

박현숙, 「백제 무왕의 익산 경영과 미륵사」, 『한국사학보』 제36호(고려사학회,
　　　2009)

신영훈, 『신라낭산유적조사』(동대 경주캠퍼스, 1985)

신종원, 『삼국유사 새로 읽기(1)』(일지사, 2004)

_____, 『삼국유사 새로 읽기(2)』(일지사, 2011)

_____, 『신라초기불교사연구』(민족사, 1992)

양주동, 『고가연구』(일조각, 1975)

역사스페셜, 「무녕왕릉 발굴 30주년, 아직도 풀리지 않은 다섯 가지 의문」(KBS1TV, 2001)

_____, 「삼천 궁녀에 가려진 의자왕의 진실」(2002. 11. 30.)

원  측, 『반야심경찬』(『한불전』 제1책)

_____, 『성유식론측소』(支那內學院, 민국 24년 편집, 민국 27년 간행)

_____, 『인왕경소』(『한불전』 제1책)

_____, 『해심밀경소』(『한불전』 제1책)

이가원·허경진 옮김, 『삼국유사』(한길사, 2006)

이기백, 『신라시대의 불교와 유교』(일조각, 1978)

이도흠, 『신라인의 마음으로 삼국유사를 읽는다』(푸른역사, 2000)

이범교, 『삼국유사의 종합적 해석(상)』(민족사, 2005; 2007)

_____, 『삼국유사의 종합적 해석(하)』(민족사, 2005; 2007)

이병도·이동환 교감, 『한국고전총서 1: 삼국유사』(민족문화추진회, 1976)

일  연, 『삼국유사』, 권상로 역주(동서문화사, 1978; 2007; 2010)

전용신 역주, 『완역 일본서기』(일지사, 1987)

정  민, 『불국토를 꿈꾼 그들』(문학의 문학, 2012)

정진원, 「익산 미륵사 서탑 금동사리봉안기에 대하여」, 2009년 6월 구결학회 월례 발표회

조경철, 「백제 익산 미륵사 창건의 신앙적 배경」, 『한국사상사학』 제32집(한국사 상사학회, 2009)

최운식, 「무왕설화의 정착 과정」, 『민속학논총』(석주선교수회갑기념논총위원회, 1971)

황수영, 「신라 문무대왕 탑묘의 조사—경주 낭지탑에 대하여」, 『한국의 불교미술』(동화출판공사, 1974)

홍법

각훈, 『해동고승전』(을유문고, 1975).

고영섭, 『거사와 부인이 읽는 불경이야기』(신아사, 2009)

_____, 『불교와 사회, 그 접점과 통로』(학고방, 2012)

_____, 『한국불교사연구』(한국학술정보, 2012)

권오민, 「불설과 비불설」, 『문학 사학 철학』 제17호(한국불교사연구소, 2009)

김철준, 「신라 상대사회의 Dual Organization下」, 『역사학보』 제2호(여사학회, 1952)

박선희, 『한국고대복식, 그 원형과 정체』(지식산업사, 2002; 2009)

신종원, 『신라초기불교사연구』(민족사, 1992)

신호열 역주, 『삼국사기』(동서문화사, 1978; 2010)

역사스페셜, 「연개소문, 독재자인가, 영웅인가」(2000. 07. 29.)

이가원·허경진 옮김, 『삼국유사』(한길사, 2006)

이기백, 『한국고대사론-증보판』(일조각, 1995; 1997)

일  연, 『삼국유사』, 권상로 역주(동서문화사, 1978; 2007; 2010)

_____, 『삼국유사』, 이재호 옮김(솔, 1997)

전용신 역주, 『완역 일본서기』(일지사, 1987)


탑상

고영섭, 『불교적 인간』(신아사, 2010).

_____, 『한국불교사연구』(한국학술정보(주), 2012)

_____, 『한국불교사』(연기사, 2012)

_____, 『한국불학사: 고려시대편』(연기사, 1999; 2005)

권상로 역해, 『삼국유사』(동서문화사, 1978; 2007; 2010)

김경복·이희근, 『가야는 신비의 왕국이었나』(청아출판사, 2001)

김영태, 『삼국유사 소전의 불교신앙 연구』(신원문화사, 1975)

_____, 『삼국유사의 불교신앙 연구』(신원문화사, 1975)

_____, 『한국불교사정론』(불지사, 1992)

_____, 『한국불교사』(경서원, 1997)

김완진, 『향가해독법연구』(서울대출판부, 1983)

김정배, 『한국고대사론의 신조류』(고려대출판부, 1980)

김정완·이주헌, 『철의 왕국 가야』(국립중앙박물관, 2006)

김태식, 『미완의 문명 7백년, 가야사』1.2.3(푸른역사, 2002)

서윤길, 『한국밀교사상사연구』(불광출판부, 2000)

양주동, 『고가연구』(일조각, 1975)

이기백, 「삼국시대 불교의 전래와 그 사회적 성격」, 『역사학보』 6(역사학회, 1954)

_____, 『한국고대사론 - 증보판』(일조각, 1995; 1997)

이도흠, 『신라인의 마음으로 삼국유사를 읽는다』(푸른역사, 2000)

이범교, 『삼국유사의 종합적 해석』 하(민족사, 2005; 2007)

이종기, 『가야공주 일본에 가다』(책장, 2006)

일  연, 『삼국유사』, 권상로 역주(동서문화사, 1978; 2007; 2010)

정  민, 『불국토를 꿈꾼 이들』(문학의 문학, 2012)

천혜봉, 「고려 팔만대장경과 강화경」(기조연설), 『고려 팔만대장경과 강화경』(새
　　　얼문화재단, 2001)

최완수, 『한국불상의 원류를 찾아서2』(대원사, 2007)

홍윤식, 「삼국유사와 탑상」, 동북아세아연구회 편, 『삼국유사의 연구』(중앙출판인
　　　쇄주식회사, 1982)

황수영, 「삼국유사와 불교미술」, 동북아세아연구회 편, 『삼국유사의 연구』(중앙출
　　　판인쇄주식회사, 1982)


의해

고영섭, 「원효 일심의 신해성 분석」, 『불교학연구』 제20호(불교학연구회, 2009)

_____, 『나는 오늘도 길을 간다, 원효 한국사상의 새벽』(한길사, 1997; 2002;
　　　2009)

_____, 『원효탐색』(연기사, 2002; 2010)

_____, 『한국불교사연구』(한국학술정보, 2012)

_____, 『한국불교사』(연기사, 2012)

_____, 『한국불학사: 고려시대편』(연기사, 2005)

_____, 『한국불학사: 신라시대편』(연기사, 2005)

고익진, 「삼국유사 찬술고」, 『한국사연구』 39(한국사연구회, 1982)

김두진, 『의상, 그의 생애와 화엄사상』(민음사, 1995)

김리나, 『한국고대불교조각사연구』(일조각, 1989)

김복순, 『신사조로서의 신라 불교와 왕권』(경인문화사, 2008)

김부식, 『삼국사기』, 신호열 역주(동서문화사, 1978; 2007; 2010)

김상현, 「삼국유사의 서지학적 고찰」, 『역주삼국유사』 V(이화문화사, 2003)

김영태, 『삼국유소소전의 신라불교사상연구』(1979)

_____, 『한국불교사』(경서원, 1997)

무함마드 깐수(정수일), 『신라·서역교역사』(단대출판부, 1992)

방  인, 「태현 유식사상 연구」(서울대 박사논문, 1992)

신종원, 『신라초기불교사연구』(민족사, 1992)

원  효, 『금강삼매경론』(『한불전』 제1책)

_____, 『대승기신론소·별기』(『한불전』 제1책)

의  상, 『백화도량발원문』(『한불전』 제1책)

_____, 『일승발원문』(『한불전』 제1책)

_____, 『화엄일승법계도』(『한불전』 제1책)

이범교, 『삼국유사의 종합적 해석』 하(민족사, 2005; 2007)

이주형 외, 『동아시아 구법승과 인도의 불교유적』(사회평론, 2009)

일  연, 『삼국유사』, 권상로 역주(동서문화사, 1978; 2007; 2010)

_____, 『삼국유사』(민족문화추진회, 1975; 1992)

전해주, 『의상화엄사상사연구』(민족사, 1989)

최병헌, 「삼국유사의 의해편과 신라불교사」, 『신라문화제학술논문집』 제33집(2012)

한국사상연구회, 『자료와 해설: 한국의 철학 사상』(예문서원, 2002)


## 신주

고익진, 「『삼국유사』 찬술고」, 『한국사연구』 38(한국사연구회, 1982)

서윤길, 『한국밀교사상사연구』(불광출판부, 1994)

이범교, 『삼국유사의 종합적 해석(하)』(2005; 2007)

정병삼, 「삼국유사 신주편과 감통편의 이해」, 『신라문화제학술논문집』 제32집(경
　　　주시 신라문화선양회/ 동국대 신라문화연구소, 2011)


## 감통

고영섭, 『원효, 한국사상의 새벽』(한길사, 1997; 2009)

_____, 『한국불교사연구』(한국학술정보(주), 2012)

_____,『한국불학사: 신라시대편』(연기사, 2005)

권상로,『삼국유사』(동서문화사, 1976; 1996)

김부식,『삼국사기』, 신호열 역주(동서문화사, 1978; 2007; 2010)

김영태,『삼국유사 소전의 불교신앙 연구』(신원문화사, 1975)

_____,『한국불교 고전명저의 세계』(민족사, 1994)

김완진,『향가해독법연구』(서울대출판부, 1983)

리상호,『사진과 함께 읽는 삼국유사』(까치, 1999)

신종원,『삼국유사 깊이 읽기(2)』(일지사, 2008)

안계현,「한국불교사상사연구』(동국대출판부, 1983)

양주동,『고가연구』(일조각, 1975)

이도흠,『신라인의 마음으로 삼국유사를 읽는다』(푸른역사, 2000)

이범교,『삼국유사의 종합적 해석』하(민족사, 2005; 2007)

일　연,『삼국유사』, 권상로 역주(동서문화사, 1978; 2007; 2010)

정병삼,「『삼국유사 신주편과 감통편의 이해」,『감통과 신통을 보여준 신라인』(신라문화선양회, 2010)

조명기,『신라불교의 이념과 역사』(1962; 경서원, 1980)


피은

권상로,『삼국유사』(동서문화사, 1976; 1996)

김부식,『삼국사기』, 신호열 역주(동서문화사, 1978; 2007; 2010)

김상현,「『삼국유사』 피은편의 의미」,『명예와 구도를 택한 신라인』(신라문화선양회, 2010)

김완진,『향가해독법연구』(서울대출판부, 1983)

리상호,『사진과 함께 읽는 삼국유사』(까치, 1999)

민족문화추진회,『삼국유사』(민족문화문고, 1976)

양주동,『고가연구』(일조각, 1965; 1990 중판)

이범교,『삼국유사의 종합적 해석』상(민족사, 2005; 2007)

_____,『삼국유사의 종합적 해석』하(민족사, 2005; 2007)

일　연,『삼국유사』, 권상로 역주(동서문화사, 1978; 2007; 2010)

황패강,『향가문학의 이론과 해석』(현암사, 1980)

효선

고영섭, 「불교의 효학의 이론과 실제」, 『불교와 생명』(불교춘추사, 2008)

김영하, 「『삼국유사』 효선편의 이해」, 『신라인들은 효와 선을 어떻게 실천했는가?』
        (신라문화선양회, 2009)

리상호, 『사진과 함께 읽는 삼국유사』(까치, 1999)

＿＿＿＿, 『삼국유사』(까치, 1999)

삼성문화재단, 『한국의 세계문화유산』(학고재, 1997; 1998)

신영훈, 『석불사·불국사』(조선일보사, 1998)

이범교 역해, 『삼국유사의 종합적 해석』 하(민족사, 2005; 2007)

황수영, 『석굴암』(열화당, 1989; 1996)